RECUEIL GÉNÉRAL

DES

ANCIENNES LOIS FRANÇAISES,

DEPUIS L'AN 420, JUSQU'A LA RÉVOLUTION DE 1789;

PAR MM.

ISAMBERT et TAILLANDIER, Avocats aux Conseils du Roi et à la Cour de cassation;
Et par M. DECRUSY, Avocat à la Cour royale de Paris;

> « Voulons et Ordonnons qu'en chacune Chambre de nos Cours de
> « Parlement, et semblablement ès Auditoires de nos Baillis et Sé-
> « néchaux y ait un livre des Ordonnances, afin que si aucune
> « difficulté y survenait, on ait promptement recours à icelles. »
> (Art. 79 de l'Ordonn. de Louis XII, mars 1498, 1re de Blois.)

TOME XVI.

MAI 1610. — MAI 1643.

PARIS,

BELIN-LEPRIEUR, LIBRAIRE-ÉDITEUR,
RUE PAVÉE-SAINT-ANDRÉ-DES-ARTS, n° 5.

VERDIÈRE, LIBRAIRE, QUAI DES AUGUSTINS, n° 25.

SEPTEMBRE 1829.

PARIS, IMPRIMERIE DE E. POCHARD,
RUE DU POT-DE-FER, N° 14.

ORDONNANCES DES BOURBONS.

LOUIS XIII,

Succède à Henri IV, son père, le 14 mai 1610, à l'âge de 9 ans, étant né à Fontainebleau le 27 septembre 1601; sacré à Rheims le 17 octobre 1610; mort à Paris le 14 mai 1643.

Chanceliers et Gardes-des-Sceaux. — 1° *Brulart de Sillery*, chancelier par continuation; — 2° G. *Duvair*, évêque, ancien premier président au parlement de Provence, garde des sceaux par édit de mai 1616, enregistré sans approbation de la clause qu'il présiderait le parlement quand il voudrait, démissionnaire le 25 novembre; — 3° Cl. *Mangot*, secrétaire d'état, chargé des sceaux par lettres du 25 novembre, enregistrées au parlement le 17 décembre, révoqué le 24 avril 1617, à l'occasion de la mort du maréchal *d'Ancre*; — 4° G. *Duvair* (1), rétabli par lettres du 25, enregistrées au parlement le dernier juillet; — 5° Ch. *d'Albert*, duc de *Luynes*, pair et connétable de France, premier ministre depuis la mort du maréchal *d'Ancre*, fut chargé des sceaux par le décès de *Duvair*, 3 août 1621; — 6° *Méry de Vic*, seigneur d'Ermenonville, garde des sceaux au décès du précédent, 24 décembre 1621, mort le 2 septembre 1622 (2); — 7° Louis *Lefèvre*, président honoraire au grand conseil, créé garde des sceaux le 23 septembre 1622, mort le 21 janvier suivant; — 8° Le chancelier *Sillery* reprend les sceaux le 23 janvier 1623 et s'en démet le 2 janvier 1624; — 9° E. *d'Aligre*, conseiller d'état, ancien président au parlement de Bretagne, créé garde-des-sceaux à la démission de Sillery, chancelier au décès dudit Sillery le 3 octobre 1624, suivant lettres vérifiées au parlement le 5 décembre; — 10° Mich. de *Marillac*, garde des sceaux le 1er juin 1626, lors de l'exil du chancelier d'Aligre; — 11° Ch. de *Laubespine*, conseiller d'état, garde-des-sceaux le 14 novembre 1630, par l'exil de Marillac; — 12° P. *Seguier*, président au parlement de Paris, créé garde-des-sceaux le dernier février 1633 lors de l'arrestation du précédent, chancelier au décès de d'Aligre le 19 décembre 1635, suivant lettres enre-

---

(1) Le chancelier Sillery fut rappelé à cette époque pour présider le conseil.
(2) Du 2 au 23 septembre les sceaux furent remis par commission à six membres du conseil d'état.

gistrées au parlement le 10 janvier 1636 (1) ; il resta en exercice jusqu'à la mort de Louis XIII en 1643, et pendant la minorité de Louis XIV.

PREMIERS MINISTRES ; — Concino-Concini, maréchal d'Ancre, premier ministre depuis le 15 mai 1610 jusqu'en 1617, où il fut disgracié et assassiné ; — Ch. d'Albert, duc de Luynes, l'un des principaux moteurs de l'assassinat du maréchal d'Ancre, lui succéda comme premier ministre; mort le 24 décembre 1621 ; — A.-J. Duplessis, cardinal de Richelieu, succéda comme premier ministre au duc de Luynes, en 1621 ; mort le 5 décembre 1642.

SECRÉTAIRES D'ÉTAT. — RELIGION. — Phélippeaux, seigneur de Pontchartrain, créé secrétaire d'état par Henri IV, administra par continuation les affaires de la religion ; mort le 21 octobre 1621 ; — N. Lecamus, fait secrétaire d'état en 1617, puis conseiller d'état en 1620, succéda au précédent, jusqu'à sa mort en 1648.

FINANCES. — N. Du Harlay, surintendant des finances et des bâtimens pendant la minorité de Louis XIII (mai 1610, octobre 1614) ; — P. Jeannin, président au parlement de Bourgogne, surintendant des finances en 1611, mort en 1622 ; — H. de Schomberg, surintendant des finances en 1619, créé maréchal de France en 1625, mort en 1632 ; — J. Bochart, premier président au parlement de Paris, surintendant des finances en 1620, mort le 27 avril 1630 ; — Charles, duc de la Vieuville, surintendant des finances en 1623, disgracié l'année suivante, rappelé plus tard par Mazarin ; — Mich. de Marillac, créé surintendant des finances en 1624, devint garde-des-sceaux en 1626 ; — F. Sublet, créé surintendant en 1624, passa au ministère de la guerre en 1633 ; — A. Cœffier-Ruzé, surintendant des finances en 1626, fut fait maréchal de France en 1631 ; mort le 27 juillet 16.2 ; Cl. de Bullion, surintendant des finances (2) en 1632, mort le 29 décembre 1640 ; — Cl. Bouthillier, ministre secrétaire d'état des affaires étrangères, fut fait surintendant en 1632 avec le précédent, à la mort duquel il eut seul l'administration; mort en 1651.

MAISON DU ROI. — A. de Loménie, créé secrétaire d'état par Henri IV pour administrer ce département, continua ses fonctions sous Louis XIII jusqu'à sa mort en janvier 1638 ; — H. de Loménie-Brienne, fils du précédent, lui succéda ; il fut chargé plus tard du département des affaires étrangères.

AFFAIRES ÉTRANGÈRES ET GUERRE. — N. de Neuville-Villeroy, créé secrétaire d'état sous Henri III, rappelé par Henri IV, administra par continuation sous Louis XIII le département de la guerre et des affaires étrangères, jusqu'à sa mort arrivée en 1617 ; — P. Brulart, fils du chancelier Sillery, succéda à N. de Villeroy, disgracié avec son père le 4 février 1624 ; il mourut

---

(1) Lors de cet enregistrement, l'avocat Lemaître prononça un discours qui est resté célèbre.

(2) C'est lui qui fit frapper, en 1640, les premiers louis qui aient paru en France.

en avril 1640; — R. Phélippeaux d'Herbaut, créé secrétaire d'état en 1621, eut d'abord le département de l'Espagne, de l'Italie, de la Suisse et des Grisons, puis en 1626 le cardinal de Richelieu réunit toutes les parties du département des affaires étrangères dans les mains de R. Phélippeaux qui les administra jusqu'à sa mort arrivée le 2 mai 1629; — N. Potier-d'Ocquerre fut chargé des affaires de l'Allemagne, de la Pologne, des Provinces-Unies et de la Flandre, il mourut au siège de La Rochelle en 1628; — H.-A. de Loménie-Brienne, secrétaire d'état des affaires étrangères, eut dans son département l'Angleterre, la Turquie et le Levant; il mourut en 1666 (1).

RÉGENCE DE LA REINE.

N° 1. — Arrêt *du parlement de Paris, chambres assemblées, qui déclare la mère du roi régente du royaume* (2).

Paris, 14 mai 1610. (Font., IV, 206. — Joly, I, add. p. 89. — Dupuy, Traité de la majorité des rois.)

Sur ce que le procureur général du roy a remonstré à la cour, toutes les chambres d'icelle assemblées, que le roy estant présentement décédé par un très-cruel et très-inhumain et très-détestable parricide commis en sa personne sacrée, il estoit nécessaire pourvoir aux affaires du roy régnant et de son estat, requéroit qu'il fust promptement donné ordre à ce qui concernoit son service et le bien de son estat, qui ne pouvoit estre régy et gouverné que par la reyne, pendant le bas aage dudit seigneur son fils, et qu'il pleust à ladite cour la déclarer régente pour estre pourvu par elle aux affaires du royaume.

La matière mise en délibération, ladite cour a déclaré et déclare ladite reyne-mère du roy, régente en France, pour avoir l'administration des affaires du royaume pendant le bas aage

---

(1) Le ministère de la marine ne fut créé que sous Mazarin pendant la minorité de Louis XIV. Cependant M. Bajot (rep. de l'administrateur de marine), désigne comme ayant géré ce département les ministres de la maison du Roi.

(2) V. sur la régence le célèbre discours de l'abbé Maury à l'Assemblée constituante (séance du 22 mars 1791). — La constitution du 3 septembre 1791, tit. 3, chap. 2, sect. 2, loi du 22 mars 1791; sénatus-consulte du 28 floréal an XIII (18 mai 1804), et les lettres-patentes du 30 mars 1813, et le nouveau répertoire de jurisprudence, V° *Régence*.

dudit seigneur son fils avec toute puissance et authorité. Fait en parlement, etc.

N° 2. — ARRÊT *du parlement, le roi étant sur son lit de justice, qui déclare la reine-mère régente, et lui confie le soin de l'éducation et de la personne du roi.*

Paris, 15 mai 1610. (Font., IV, 1206. — Joly, I, add. 89. — Dupuy, Majorité des rois, II, 243.)

Le samedi 15 mai 1610, le roi (Louis XIII) étant venu en son lit de justice, en sa cour de parlement, prit place sur son trône, ayant à sa droite la reine sa mère;

Plus bas, aux hauts siéges, le prince de Conti, le comte d'Enguien, le duc de Guise, le duc de Montmorency, connétable, les ducs d'Épernon, de Montbazon, de Sully, les maréchaux de Brissac, de Lavardin et de Bois-Dauphin;

Au côté du roi, en bas à genou, le sieur de Souvré, son gouverneur;

A ses pieds, le duc d'Elbeuf, pour le grand-chambellan; aux pieds du chambellan le baron de Chapes, prévôt de Paris; en la chaire au-dessus, le chancelier;

Aux bas siéges les présidens;

A main gauche, aux hauts siéges, les cardinaux de Joyeuse, de Gondy, de Sourdis, du Perron, l'archevêque de Reims, les évêques de Beauvais, de Châlons, de Noyon, de Paris;

Aux bas siéges, dans le parquet et aux barreaux, trois conseillers d'état, trois maîtres des requêtes, et les conseillers de la cour, au nombre de 124.

Le roy ayant pris place, la reyne a dit :

« Messieurs, ayant plu à Dieu par un si misérable accident retirer à soi notre roy, mon seigneur (ce disant, la parole lui a cessé jetant larmes et soupirs, et a repris) : je vous ai amené le roy mon fils pour vous prier tous d'en avoir le soin que vous êtes obligés pour ce que vous devez à vostre pays. Je désire qu'en la conduite de ses affaires il suive vos bons advis et conseils. Je vous prie les lui donner tels que vous adviserez en vos consciences pour le mieux. »

Sur ce, est descendue pour se retirer; mais pressée par les princes et seigneurs d'honorer l'assemblée de sa présence, a repris sa place et le roy a dit :

« Messieurs, Dieu ayant retiré à soi le feu roi mon seigneur et père, par l'advis et conseil de la reyne ma mère, je suis venu en ce lieu pour vous dire à tous qu'en la conduite de mes affaires je désire suivre vos bons conseils, espérant que Dieu me fera la grâce de faire mon profit des bons exemples et instructions que j'ai reçus de mon seigneur et père. Je vous prie donc me donner vos bons advis et délibérer présentement sur ce que j'ai commandé à M. le chancelier vous commander. »

Le chancelier prit alors la parole, et après lui le premier président, pour déplorer la mort du feu roi et exalter les vertus et la haute prudence de la reine son épouse, après quoi, sur l'interpellation du chancelier, l'avocat-général Servin requit la publication de l'arrêt de la veille qui avait conféré la régence à la reine-mère. Le chancelier prononça alors l'arrêt suivant :

Le roy séant en son lit de justice, par l'advis des princes, prélats, ducs, pairs et officiers de la couronne, ouy et requérant son procureur-général,

A déclaré et déclare conformément à l'arrest donné en sa cour de parlement, le jour d'hier, la reyne sa mère régente en France, pour avoir soin de l'éducation et nourriture de sa personne, et l'administration des affaires de sondit royaume pendant son bas aage. Et sera le présent arrest publié et enregistré en tous les bailliages, sénéchaussées et autres sièges royaux du ressort de ladite cour, et en toutes les autres cours de parlement de sondit royaume. — Fait, etc.

N° 3. — Edit *de création de deux maîtres en chaque métier à l'occasion de l'avènement du roi à la couronne.*

Paris, mai 1610; reg. au parl. le 21 août. (Vol. ZZ, f° 35. — Reg. cour des monn., EE, f° 102.)

N° 4. — Déclaration *qui confirme l'édit de Nantes, et déclare les contrevenans perturbateurs du repos public* (1).

Paris, 22 mai 1610; reg. au parl. le 3 juin. (Vol. YY, f° 420. — Font., IV, 1207.)

---

(1) V. cet édit à la date d'avril 1598.

N° 5. — Déclaration *sur la défense du port d'armes et contre les assemblées illicites* (1).

Paris, 27 mai 1610; reg. au parl. le 7 juin. (Vol. YY, f° 422. — Font., IV 1204, Merc. Franç., I, 464. — Ancien Code pénal, p. 52, en note.)

Louis, par la grace de Dieu roi de France et de Navarre, à tous ceux qui ces présentes lettres verront, salut.

Comme l'estonnement s'est trouvé grand par tout nostre royaume, au premier rapport qui s'est faict en chacune des parties d'iceluy, d'un si funeste et déplorable accident que celuy du détestable parricide commis en la personne du roy nostre très-honoré seigneur et père (que Dieu absolve), nous ne faisons douté qu'aucuns de nos serviteurs et subjets, pour leur seule conservation, sans aucune autre mauvaise intention, mais aussi beaucoup d'autres, avec des pernicieux desseins, n'ayent pris les armes, se soyent jettez dans les villes et places, et ayent fait d'autres actes procédans en ceux-là de la crainte et appréhension; et aux autres du désir du trouble et de la division qui leur semblait pouvoir naistre de ce forfaict. Mais Dieu en ayant autrement disposé, et continuant envers nous le repos de cest estat, sa benigne et favorable assistance a tellement uny les cœurs de tous nos bons serviteurs et subjets souz notre authorité et obéyssance, qu'aucun d'eux n'a occasion maintenant de douter de sa seureté; tellement que ceux d'entre eux qui pour leur conservation (comme dict est) ont pris les armes, ou se sont asseurés de quelques places, ne doivent, en sorte que ce soit, retarder de se réduire en leur première condition, et ne doit non plus estre permis aux autres plus portez au mal de continuer en leurs mauvais desseins.

Pour ces causes et à ce que chacun sçache ce qui est en cela de nostre volonté, et fasse son devoir d'y obéyr, nous avons faict et faisons très-expresses inhibitions et défences à toutes personnes de quelque estat, condition et profession qu'elles soyent, de prendre les armes, faire assemblées de guerre de pied ou de cheval, ou autres illicites prohibées et deffenduës par nos ordonnances; comme aussi d'entrer en aucunes villes, chasteaux ou autres places ou maisons fortes à nous appartenans, ou à noz subjets ecclésiastiques, nobles ou autres, se saisir, emparer, ou

---

(1) V. l'ordonnance de Henri IV, 4 août 1598 et la note.

accommoder d'icelles, y loger garnisons, faire fortifications ou deffences, amas d'armes, poudres, vivres, ou autres munitions, sans commandement et ordre exprès de nous ou des gouverneurs et nos lieutenans-généraux au gouvernement de nos provinces de nostre part, et pour nostre seul service. Et pour le regard de ceux qui (comme dit est cy dessus) auroient prins les armes, faict amas et assemblée de gens de guerre, à pied ou à cheval, ou qui se seroient saisis ou emparez d'aucunes desdites villes, places, chasteaux ou maisons fortes, nous leur commandons aussi très-expressément d'en vuider et sortir, et les restablir et restituer en l'estat auquel elles estoyent quand ils y sont entrez, incontinent après l'advis qu'ils auront ou leur sera donné de ces présentes, à peine d'être punis comme criminels de lèze-majesté, infracteurs des édicts de pacification et perturbateurs du repos public.

Avons ordonné et ordonnons à ceste fin estre informé des contraventions qui seront cy après faites à nosdites deffences par le premier de noz juges trouvé sur les lieux, et procédé contre les autheurs et complices d'icelles, incessamment à l'instruction, perfection et jugement de leurs procez en sorte que punition exemplaire en soit faite, qui puisse donner terreur à tous autres et tenir chacun en debvoir.

Si donnons en mandement à nos amez et féaux conseillers les gens tenans noz cours de parlement, baillifs, séneschaux, prévosts, leurs lieutenans et autres noz justiciers et officiers qu'il appartiendra, que ces présentes ils ayent à faire lire, registrer et publier chacun en l'estenduë de leurs ressorts, siéges et jurisdictions, et le contenu faire sçavoir et deuëment signifier incontinent et sans délay, à tous ceux qui ont entrepris ou commis aucunes choses concernans nosdites deffences et commandemens, à ce qu'ils n'en puissent prétendre cause d'ignorance, on autre excuse d'y satisfaire, les contraignans et tous autres à les garder et exécuter par les voyes susdites; cessans et faisans cesser tous troubles et empeschemens à ce contraires. Mandons à cet effect aux gouverneurs de noz provinces et villes pour ce que dessus faire, souffrir, et y obéyr tous ceux qu'il appartiendra et besoin sera, donner la main forte et toute autre ayde, support et assistance qui dépendront et seront requis du devoir et authorité de leurs charges.

Mandons aussi très-expressément à mesme fin, à tous prévosts, généraux ou provinciaux, ou autres prévosts de nos très-chers cousins les mareschaux de France, vis-baillifs, vis-séneschaux et leurs lieutenans, monter à cheval avec leurs compagnies, pour vacquer incessamment chacun en l'estenduë de leurs ressorts, à l'exécution des présentes, tenir la campagne libre, asseurer les chemins et courir sus à toutes sortes de personnes, entreprenans quelque chose que ce soit contre et au préjudice des présentes, des édicts de pacification, et de la liberté et tranquillité publique; leur enjoignant de quartier en quartier d'envoyer les procès-verbaux de leurs diligences, ès mains de nostre très-cher et féal chancelier le sieur de Sillery, à peine de suspension, et si besoin est, de privation de leurs gages : car tel est nostre plaisir. En tesmoin dequoy nous avons fait mettre nostre scel à cesdites présentes.

Donné à Paris, etc.

Par le roy, la reyne régente, sa mère, présente.

N° 6. — LETTRES-PATENTES *qui approuvent un traité fait entre les divers vendeurs de poissons à Paris* (1).

Paris, juillet 1610; reg. au parl. le 24. (Vol. ZZ, f° 16. — Traité de la police, III, 168.)

N° 7. — LETTRES-PATENTES *qui permettent aux religieux de Notre-Dame de Mont-Carmel dits carmes déchaussés* (2) *de s'établir à Paris et à Lyon.*

Paris, juillet 1610. (Preuv. des lib. de l'égl. gallicane., p. 1154.)

N° 8. — DÉCLARATION *qui confirme les priviléges des commissaires enquêteurs examinateurs du Châtelet de Paris* (3).

Paris, juillet 1610; reg. au parl. le 17 février, et en la cour des aides le 30 avril 1611. (Vol. ZZ, f° 111. — Descorbiac, p. 678. — Traité de la police, tom. 1er, p. 215.)

---

(1) V. édit de Henri III, janvier 1583 et la note.

(2) Cet ordre existe encore aujourd'hui dans l'église catholique, mais à Rome seulement (V. l'Almanach du clergé.) Il a été aboli en France avec tous les ordres monastiques par la loi du 18 août 1792.

(3) Ces priviléges consistaient dans le droit de *garde gardienne*, le droit de *committimus* aux requêtes de l'hôtel et du palais, le droit de *franc salé*, l'exemption des droits d'aides et autres impositions pour les vins et grains de leur crû, l'exemption des tailles et autres subsides ordinaires et extraordinaires, l'exemption du logement des gens de guerre, de toutes charges de villes et publiques, de tutelle et curatelle, etc. — V. lettres patentes de Charles VI, 14

N° 9. — Lettres de confirmation des priviléges de l'hôpital dit les quinze-vingts aveugles de Paris (1).

Paris, dernier juillet 1610; reg. au parl. le 12 août. (Vol. ZZ, f° 29.)

N° 10. — Déclaration qui permet aux jésuites de faire des leçons publiques à la charge de se conformer à l'édit de leur rétablissement (2).

Paris, 20 août 1610. (Merc. Franç. 1611-75.)

N° 11. — Edit rendu sur les remontrances du clergé assemblé à Paris, qui statue sur la répression du crime de simonie, sur les appels comme d'abus, la tenue des conciles, les pairies et priviléges des dignitaires ecclésiastiques (3).

Paris, septembre 1610; reg. au parl. le 30 mai 1602. (Vol. ZZ, f° 286. — Corbin, Code Louis, tom. 2, p. 121. — Néron, I, 758.)

Louis, etc. Après le détestable et plus qu'abominable parricide commis en la personne du feu roy dernier décédé, notre très honoré seigneur et père, que Dieu absolve : les prélats et députés du clergé de nostre royaume (qui estoient lors assemblez par sa permission en cette nostre bonne ville de Paris) nous ayant présenté leur cahier, contenant plusieurs bonnes remontrances sur l'ordre, police et discipline ecclésiastiques, nous les aurions fait voir en nostre conseil, où par l'avis de la reine régente nostre très honorée dame et mère, des princes de nostre sang, et autres seigneurs et plus honorables personnages de nostredit conseil : nous avons dit, déclaré, statué et ordonné, disons, déclarons, statuons et ordonnons ce qui ensuit :

---

juillet 1410; lettres de Charles VII, janvier 1423, et octobre 1559; de Charles VIII, octobre 1485; de François Ier, 1516; de Henri II, septembre 1548; de Charles IX, 3 juillet 1568; de Henri III, mai 1583, et l'édit de Louis XIV, mars 1650.

(1) Fondé par saint Louis, confirmé par Henri IV, suivant lettres des 20 juillet 1593, 3 juin 1600, et 19 août 1602. Cet hospice subsiste encore. V. séance de la chambre des députés, du 17 juin 1829, où de graves abus ont été dénoncés, la lettre de la grande aumônerie insérée au Constitutionnel du 27 juin, et la réponse de M. de Corcelles, publiée par les journaux du 1er juillet.

(2) V. cet édit à la date de septembre 1603. — L'enseignement public leur avait été interdit, mais peu à peu cet ordre s'est délié de toutes les prohibitions. Il a été rétabli à Fribourg en 1818, sous des conditions qu'il ne respecte pas. La loi qui le rétablit dans ce canton n'a pas été insérée au bulletin officiel.

(3) V. l'ordonnance de Blois (mai 1579), l'édit de Charles IX, avril 1571, et ci-devant de Henri IV, décembre 1606. — V. aussi l'édit de 1695, sur la discipline du clergé, et la loi du 8 avril 1802 organique du concordat.

(1) Que pour ôter les crimes de simonie et confidence qui ne sont que trop communs en ce royaume, si quelqu'un est désormais convaincu pardevant les juges, ausquels la connoissance en appartient, d'avoir commis simonie ou de tenir bénéfices en confidence, il sera pourvû ausdits bénéfices, comme vacans, incontinent après le jugement donné à nostre nomination, s'ils sont de ceux ausquels nous avons droit de nommer par les concordats ou par les collateurs ordinaires, s'ils dépendent de leur collation.

(2) Et parce que les réserves des bénéfices donnent occasion de souhaiter, voire de solliciter injustement la condamnation ou la mort d'autruy, nous nommerons ausdits bénéfices lors seulement que vacation en aviendra, et non plustôt, déclarant toutes promesses ou brevets de réserve qui en auront esté donnez, nuls et de nul effet, sans que nos juges y ayent aucun égard : ce que nous leur défendons : et au surplus, ordonnons que l'article 7 de l'ordonnance de Blois sur ce sujet, sera inviolablement gardé et observé, ainsi que nostredit feu seigneur et père l'avoit aussi ci-devant ordonné.

(3) Et quant à ce qui regarde les appellations comme d'abus, nous voulons que ce qui en a esté ordonné par nostredit feu seigneur et père, dès l'année 1606 conformément à l'ordonnance de Melun de l'an 1579 soit inviolablement gardé et observé, fors en ce qui est de prendre relief d'appel à nostre grand sceau : à quoi nous ne voulons assujettir les parties intéressées pour ne les travailler en frais et dépenses inutiles ; sinon que lesdites appellations proviennent de la plainte qui sera faite contre les visitations ou réglemens des archevêques ou évêques, ès choses qui regardent le service divin, la discipline ecclésiastique ou correction des mœurs, ou bien qu'il y ait appel comme d'abus d'aucuns articles contenus ès conciles provinciaux : ausquels cas, afin de diminuer la fréquence desdites appellations et autoriser davantage ce qui aura esté fait par lesdits archevêques et évêques, nous ordonnons que lesdits reliefs d'appel seront pris à notre grand sceau et non ès petites chancelleries : et si autrement il en a esté usé, faisons inhibitions et défenses à nos cours de parlement d'y avoir aucun égard et de ne tenir l'appel pour dûement relevé.

(4) Voulons que où nos officiers, sous prétexte des possessoires, complaintes et nouvelletez, voudroient connoistre directement ou indirectement d'aucunes causes spirituelles et concernantes les sacremens, offices, conduite et discipline de l'église, et entre ecclésiastiques : les ordonnances des rois nos prédécesseurs, qui

ont attribué à nosdits officiers ce qui est de leur connoissance et règle aussi la juridiction ecclésiastique, soient observées et gardées; en sorte que chacun se tienne en son devoir et dans les bornes de ce qui lui appartient, sans rien entreprendre l'un sur l'autre : ce que nous leur défendons très expressément. Enjoignant aussi à nos cours de parlement de laisser à la juridiction ecclésiastique que les causes qui sont de leur connoissance, même celles qui concernent les sacremens et autres causes spirituelles et purement ecclésiastiques, sans les attirer à eux sous prétexte de possessoires ou pour quelqu'autre occasion que ce soit.

(5) Voulons aussi que, suivant les ordonnances des rois nos prédécesseurs, nosdits officiers ayent à donner l'assistance et main-forte dont ils seront requis pour l'exécution des sentences des juges d'église, sans pour ce entrer en aucune connoissance des oppositions prétenduës formées à leurdite assistance requise, sous prétexte desquels ils jugent le plus souvent du fonds desdites sentences; leur enjoignant de renvoyer lesdites oppositions avec toutes leurs circonstances et dépendances pardevant lesdits juges d'églises pour y estre pourvû.

(6) Et d'autant que pour la réformation des mœurs et direction de la justice et discipline ecclésiastique, le clergé a reconnu et jugé très nécessaire de faire très étroitement et religieusement observer les saintes et salutaires réformations et constitutions des conciles provinciaux derniers tenus en diverses provinces de ce royaume, et même de renouveller et communiquer lesdits conciles en chacune province, d'an en an à l'avenir, au moins pour quelques années, et jusqu'à un meilleur ordre étably, afin que, s'il y a quelques sujets de plaintes contre les mêmes prélats ou leurs officiers, il y ait temps et lieu propre pour les proposer avec l'autorité d'y pourvoir : ensemble y réserver et juger les causes plus grandes et publiques, et y réformer de temps en temps avec mûre délibération les coutumes abusives et autres désordres déjà glissez, et qui peuvent multiplier dans les diocèses : nous suivant et conformément aux ordonnances de Blois et Melun, admonestons les archevêques et évêques de tenir les conciles provinciaux de trois ans en trois ans, ayant néaumoins bien agréable qu'ils les assemblent et tiennent aussi souvent et autant de fois qu'ils jugeront en estre besoin, pour remettre l'ancienne discipline de l'église, et corriger les mœurs des ecclésiastiques soumis à leur jurisdiction, en y procédant avec les formes ordinaires et

accoutumées. Et pour l'exécution d'un si bon œuvre, enjoignons à nos officiers d'y tenir la main et de les assister quand ils en seront requis.

(7) Et afin que ledit ordre et estat ecclésiastique soit désormais reconnu et conservé en son ancienne splendeur et dignité, le roy dernier décédé nostredit feu seigneur et père, que Dieu absolve, ayant assez témoigné son zèle et le désir qu'il avoit de faire honorer et respecter les ecclésiastiques, même ceux qui sont constituez aux premières charges et dignitez de l'église : nous, à son imitation, ordonnons à tous nos sujets, même à nos officiers de quelque qualité et dignité qu'ils soient, de se comporter envers eux avec le respect qui leur est dû, sans entreprendre à leur préjudice chose qui soit indécente et contre l'honneur du ministère qu'ils traitent. Et pour le regard du rang des pairs ecclésiastiques en nostre cour de parlement, nous voulons qu'il leur soit conservé selon qu'il a esté d'ancienneté : et si quelque difficulté survient à cette occasion, qu'elle soit jugée à connoissance de cause audit parlement, qui sont les vrais juges des pairs.

(8) Nous voulons aussi et ordonnons, selon l'ancien establissement de nos cours souveraines et siéges présidiaux, qu'avenant vacation par mort des offices de présidens aux enquestes et conseillers en nos parlemens et siéges présidiaux, dont personnes ecclésiastiques doivent estre pourvûes, ils leur seront affectez, sans qu'aucun autre qu'eux en puissent estre pourvûs, jusques à ce que le nombre porté par lesdits anciens réglemens soit remply ; nonobstant toutes dispenses données et à donner au contraire, ausquelles nosdits parlemens et siéges présidiaux n'auront aucun égard.

(9) Et sur ce que lesdits ecclésiastiques nous ont fait entendre qu'encore que les rois nos prédécesseurs ayent par plusieurs édits et déclarations exempté le clergé de bailler par déclaration, aveus et dénombremens, les biens et héritages de leurs bénéfices, sous quelque prétexte et couleur que ce soit, même de confection de papiers terriers, ils en sont néaumoins travaillez en quelques endroits, sous prétexte de ladite confection de papiers terriers : nous députerons commissaires pour conférer avec ceux qui seront députez par ledit clergé sur ce sujet, et après y faire quelque bon réglement, par le moyen duquel nos droits soient conservez, sans que lesdits ecclésiastiques en reçoivent aucune notable incommodité ou dommage ; et cependant nous leur faisons main-

levée des saisies qui pourroient avoir esté faites sur le revenu de leurs bénéfices.

(10) Nous ayans aussi fait entendre que plusieurs archevêques, évêques, chapitres, abbez et monastères, ont associé les rois nos prédécesseurs en leurs terres et seigneuries, et droicts de justice, pour avoir une plus assurée protection, mais à certaines conditions qui ne leur ont point été observées, parce que, contre l'expresse convention, la part de nosdits prédécesseurs et de nous auroit esté aliénée avec le reste du domaine au grand désavantage desdits ecclésiastiques, lesquels au lieu de nous ont pariages des seigneurs peu affectionnez et bien souvent ennemis à l'église; et que d'ailleurs, combien que par lesdites associations et pariages, il soit dit qu'il sera pourvû aux charges et offices par commun avis, ou qu'ils seront exécutez alternativement : toutefois par le moyen du party général fait pour les offices de nostre royaume, il y est pourvû sans leur consentement; c'est pourquoi, ne pouvans changer ce qui a esté fait par le passé, nous voulons et ordonnons que pour l'avenir les conditions des pariages soient gardées, et suivant icelles, qu'il soit pourvû aux offices par avis commun ou alternativement. Et qu'ès lieux esquels les dernières provisions auront esté faites par nostredit seigneur et père dernier décédé, le droit d'y nommer la première vacation avenant, appartienne ausdits ecclésiastiques : et si on y a estably des offices supernuméraires, qu'ils demeurent supprimez par mort.

(11) Voulons pareillement que si en la vente du domaine quelques terres et seigneuries de ladite qualité ont esté aliénées, que lesdits ecclésiastiques y ayans part avec nous les puissent retirer des mains des acquéreurs en leur rendant le prix, frais et loyaux consts, toutes et quantefois que bon leur semblera, pourvû que ce soit pour les réunir au domaine de l'église, et non autrement.

Si donnons, etc.

Enregistrement (30 mai 1612).

Registrées à la charge pour le regard du premier article, que les saints articles, décrets et conciles seront gardez et observez sur le fait des simonies et confidences, les ordonnances royaux, même les 46e art. de celle de Blois, 17e art. de Melun et arrests de la Cour. Pour le 3e art., les parties se pourvoiront en la grande et petite chancellerie, ainsi qu'ils verront bon estre : et seront, les art. 1er de l'édit fait sur les remontrances du clergé à Melun, l'an 1580, et 2 de l'an 1606, gardez et observez : Suivant iceux n'auront les appellations comme d'abus autre effet que dévolutif. Le 4ᵉ art. aura lieu sans déroger à la jurisdiction des juges, tant en ce qui dépend du possessoire ès causes spirituelles ès cas où il pourroit échoir, sinon qu'il y eût rebellion en faisant exécution : de laquelle rebellion le juge ecclésiastique ne pourra connoistre. Le 6ᵉ art. aura lieu, et néanmoins ne pourront faire leurs assemblées et conciles provinciaux que de trois ans en trois ans.

N° 12. — DÉCLARATION *sur la juridiction et la compétence des juges consuls* (1).

Paris, 2 octobre 1610; reg. au parl. le 8 juillet 1611. (Vol. ZZ, f° 191. — Joly, II, 1305. — Corbin, Code Louis, I, 730.)

« Louis, etc. Combien que par l'édit d'establissement des juges consuls, la jurisdiction d'iceulx ait esté limitée pour congnoistre des différends d'entre marchands et pour faict de marchandise seulement ; toutesfois lesdits juges congnoissent ordinairement de toutes sortes de conventions ores qu'elles ne soient pour faict de marchandise, de cédulles et obligations particulières, de prêt en deniers, lesquelles ne sont pour faict de marchandise, de gaiges de serviteurs, salaires de mercenaires, de ventes de bleds et vins par laboureurs et vignerons de ce qui est de leur crû, leur donnant la qualité de marchands, de loyers de maisons ou héritages maisons et fermages et de toutes autres affaires qui leur sont présentées, encore que cela ne soit de leur jurisdiction et congnoissance, et que plusieurs ne soient capables du jugement des affaires qui ne sont de leur vaccation, n'ayant la congnoissance des ordonnances et coustumes ; ce qui cause un grand désordre anquel nos cours ont voulu apporter remède par plusieurs arrêts auxquels lesdits consuls n'ont obéi : à quoy désirant pourveoir,

Nous, de l'advis de nostre conseil, avons dit et déclaré, voulons, ordonnons et déclarons nostre bon vouloir et intention estre que, suivant nostre édict de création et établissement, les juges consuls congnoistront seulement des différends entre marchands et pour fait de marchandise seulement, leur faisant expresses inhibitions, prendre aucune jurisdiction et congnois-

---

(1) V. Edit de Charles IX, novembre 1563, qui a créé cette institution, et la note, V. ci-après l'ordonnance de 1673, tit. 12, la loi du 24 août 1790, le code de Procédure de 1807, et le code de Commerce de 1808.

sance des procès et différends pour promesses, cédulles et obligations en deniers de pur prêt qui ne seront causés pour vente et délivrance de marchandises, de loyers de maisons, fermes, locations, moissons de grains, ventes de bleds, vins et autres denrées faites par bourgeois, laboureurs et vignerons estant de leur crû et revenus, salaires ou marchés par maçons, charpentiers, autres ouvriers et mercenaires, ains ordonner aux parties se pourveoir devant leurs juges, ores qu'ils ne demandent leur renvoy, à peine de nullité des jugemens qui interviendront, dépens, dommages et intérêts, pour lesquels, en cas de contraventions, ils pourront estre pris à partie.

Et à ce que lesdits juges consuls n'en puissent prétendre cause d'ignorance, nous voulons ceste présente nostre déclaration et ordonnance estre lue et publiée, par chacun an, au premier jour plaidoyable après l'élection desdits consuls.

Sy donnons, etc.

N° 13. — DÉCLARATION *qui confirme les privilèges de l'université de Paris* (1).

Paris, décembre 1610; reg. au parl. le 9 avril 1611, et en la cour des aides, le 24 février 1612. (Vol. ZZ, f° 139. — Rec. des privilèges de l'université de Paris, p. 59 et 147. — Joly, II, 1845.)

N° 14. — LETTRES *d'établissement à Aix d'une académie d'armes pour l'instruction de la noblesse* (2).

Paris, février 1611. — (Blanchard, Compil., Chronol.)

N° 15. — LETTRES *d'érection de la pairie de Brissac* (3).

Fontainebleau, avril 1611; reg. au parl. le 8 juillet 1620. (Vol. BBB, f° 280.)

---

(1) On trouve sous chaque règne des édits semblables. V. note sur celui de François Ier, avril 1515.

(2) Nous n'avons pu retrouver le texte de ces lettres.

(3) C'est le 5e titre de pairie actuellement existant. Voy. la liste du 4 juin 1814. Il y a interversion dans l'ordre des pairies; celle-ci est, dans l'ordre d'ancienneté, antérieure à celle de Chevreuse. — Ceci tient à ce que les premières lettres d'institution n'eurent pas de suite et furent renouvelées plus tard.

N° 16. — Édit *qui défend de tenir jeux de cartes et brelans sous peine contre les propriétaires des maisons, d'amende arbitraire, et d'être personnellement responsables des pertes* (1).

Paris, 30 mai 1611 ; reg. au parl. le 23 juin. (Vol. ZZ. f° 170. — Traité de la police I, 458.)

Louis, etc. Les roys nos prédécesseurs mûs d'un zèle singulier envers leurs sujets, ont de temps en temps, par bonnes et saintes loix apporté le remède convenable aux vices et mauvaises coutumes qui pouvoient détourner leurs susdits sujets du chemin de la vertu, altérer les conditions honorables de leurs officiers, et généralement apporter du désavantage aux familles des meilleures villes du royaume, où le jeu s'estoit introduit. Pour réprimer la licence duquel, ayant esté faits de beaux réglemens et ordonnances, même s'éstant ensuivis plusieurs arrests de nos cours souveraines contre les brelans, et ceux qui en pratiquoient l'usage : nous l'avons, à nostre grand regret, trouvé si commun à nostre avénement à la couronne, que nous avons vû en peu de temps plusieurs de nos officiers et sujets de différentes qualitez, après avoir esaits brelans, aux jeux de cartes et de dez, dissipé ce que l'industrie de leurs pères leur avoit avec un long travail honorablement acquis, esté contraints d'emprunter de grandes et no-

---

(1) Le traité de la police cite, sur ce sujet, un capitulaire de Charlemagne de l'an 813 dont nous n'avons pas retrouvé le texte ; Voy. le 4° concile de Latran en 1216, ordonnance de saint Louis, 1254, de Philippe V, 1319 ; ordonnance de Charles V, 3 avril 1369 et les notes, de Charles VIII, octobre 1485, de François I°° 9 novembre 1527, omise dans notre recueil, et 14 juin 1532 ; de Charles IX, ordonnance d'Orléans, janvier 1560, art. 101, de Moulins, février 1566, art. 59 ; de Henri III, mars 1577, art 3, et ci-après l'ordonnance de 1629, art 137 à 141 ; arrêts du parlement des 6 avril 1655, 8 juillet 1661, 26 septembre 1663, 4 avril et 28 novembre 1664, ordonnance, décembre 1666, et sentence de police du 4 juillet 1670 ; lettres-patentes, 1°° juillet 1673, ordonnance de police, 28 mai 1676 ; ordonnance royales, avril et décembre 1717, novembre 1731, avril 1741, novembre 1744, mai 1749, novembre 1757, décembre 1759, mai 1760 ; édit de Louis XVI, 1°° mars 1781 et ordonnance de janvier 1781. Les jeux publics ont été défendus par la loi du 23 juillet 1791, et par le décret du 24 juin 1806, art. 410 et 475 du Code pénal de 1810 ; Voy. ordonnance secrète 5 août 1818. L'édit de 1611 fut confirmé par déclaration du 20 décembre 1612 dont nous ne donnons pas le texte. — En 1828, nous avons obtenu une restitution des administrateurs des jeux de Paris, pour une perte faite par un commis, sur la menace d'un procès en police correctionnelle, bien que ces jeux soient autorisés par l'administration, vu qu'ils sont interdits par la loi.

tables sommes de deniers, et icelles encore perdues et consommées, faire banqueroute à leurs créanciers, à la ruine de plusieurs bonnes familles.

Pour à quoy remédier ; sçavoir faisons, que nous touchez d'un bon et saint désir, et ne voulant omettre aucune chose qui dépende de nostre authorité, nous avons, de l'avis et prudent conseil de la reine régente nostre très-honorée dame et mère, des princes de nostre sang, et autres princes et officiers de nostre couronne, et autres seigneurs de nostre conseil, estant près de nous, fait et faisons par ces présentes, signées de nostre main, très expresses inhibitions et défenses à toutes personnes, de quelque qualité et condition qu'elles soient, de tenir brelans en aucunes villes et endroits de nostre royaume, ny s'assembler pour joüer aux cartes ou aux dez ; même aux propriétaires, détenteurs de leurs maisons, ou locataires d'icelles, d'y recevoir ceux qui tiendront lesdits brelans, ou joüeront esdits jeux, à peine d'amende arbitraire, d'autre punition s'il y échet, et d'estre en leur propre et privé nom responsables de la perte des deniers qui y sera faite, et tenus à la restitution d'iceux.

Enjoignant à cette fin aux juges ordinaires de chacune de nos villes, de se transporter ès maisons et lieux où ils seront avertis y avoir brelans et assemblées, se saisir de ceux qui s'y trouveront, ensemble de leur argent, bagues, joyaux et autres choses exposées aux jeux, en faire distribuer les deniers aux pauvres des Hostels-Dieu, ausquels dès à présent comme pour lors, nous les avons affectez et adjugez, affectons et adjugeons ; et en outre, faire et parfaire le procès tant aux joüeurs qu'aux propriétaires et locataires qui les recevront, comme infracteurs de nos loix et ordonnances, qui auront encouru la rigueur d'icelles.

Si donnons, etc.

Enregistrement, 23 juin 1611.

Luës, publiées et registrées, oüy et ce requérant le procureur général du roy, et sur les peines y contenuës, la cour fait inhibitions et défenses à tous propriétaires des maisons, locataires et sous-locataires, tripotiers, cabaretiers, hostelliers, cuisiniers et autres de quelque qualité, condition et sexe qu'ils soient, de tenir et recevoir en leurs maisons assemblées dites de brelan, ou académies, y permettre les jeux de cartes et de dez défendus ; et à tous orfèvres, lapidaires, joüailliers, tapissiers et autres de s'y trouver, tenir marques et comptes, aider et favoriser lesdits jeux, y porter, envoyer, prester par promesses, en blanc ou autrement, directement ou indirectement, fournir or ou argent monnoyé ou non monnoyé, bagues, joyaux, pierreries, meubles et marchandises, à peine de confiscation d'icelles, et autres peines contenuës aux lettres; déclarant dès à présent les promesses en blanc ou autrement, à cause et pour ce qui aura esté baillé pour jeu de dez et cartes, nulles, sans que par le contenu en icelles aucunes actions soient reçuës, ains seront déniées : et a défendu aux propriétaires des maisons les affermer à personnes reconnues tenir brelans, recevoir joüeurs à cette fin; avant qu'en faire baux s'informeront de leurs qualitez et conditions; et en cas de contravention leur enjoint faire vuider iceux contrevenans, et les dénoncer à justice, à peine de privation de la propriété, réunion au domaine du roy, sans que le présent arrest puisse estre pris pour commination seulement; et ordonne que copies collationnées seront envoyées aux bailliages et séneschaussées pour y estre lûës, publiées et registrées, et conformément à ce présent arrest procéder à l'exécution, à la diligence des substituts du procureur général du roy; ausquels, à peine d'en répondre en leur nom, la cour enjoint l'en certifier.

N° 17. — Edit *qui attribue au domaine toutes les amendes, forfaitures, confiscations et restitutions de droits.*

Fontainebleau, juin 1611; reg. au parl. le 4 septembre 1615. (Vol. AAA, f° 235.)

N° 18. — Lettres-patentes *qui accordent à un particulier le privilége de fabriquer et vendre seul pendant 20 ans des moulins à blé, à papier et à foulon de son invention* (1).

Paris, 30 juin 1611; reg. au parl. le 2 mars 1612 (Vol. ZZ, f° 265.)

Louis, etc. Notre cher et bien amé Jehan de *Bras de fer*, escuyer, sieur de Châteaufort, nous a fait dire et remonstrer que depuis quinze à vingt ans il auroit, avec Adam *Faucheron*, charpentier et autres, employé tout son temps et bien à la recherche de plusieurs secrets et inventions encore non trouvées ny découvertes, non moins nécessaires au public que rares, pour lesquelles faire voir il auroit esté mandé par plusieurs princes et seigneurs étrangers qui en auroient eu les advis avec offres de grandes faveurs et récompenses qu'il auroit toujours refusées pour les donner à notre royaume sa patrie.

Entre lesquelles inventions il a trouvé celle d'un moulin à bras

---

(1) Voy. ci-après note sur l'ordonnance du 10 octobre 1612.

qui moudra par le moyen d'un homme, d'un cheval ou d'un asne, qui est de tel, si rare et commode artifice qu'il peut en tout temps et saison tourner continuellement et servir tant pour moudre le bled, faire papiers, fouler draps et autres choses, que pour battre tan, poudres, piler chanvres et autres choses où il est besoin de martinets, soufres, pilons, et marteaux, et à faire tourner meules pour toutes sortes de choses, soit pour tailler diamans, soit pour moudre toutes sortes de grains, pour faire huiles, comme aussi pour les élévations d'eaux; mesmement pour faire moulins propres à moudre dans les navires et vaisseaux qui vont sur la mer et sur les rivières, l'entretien et les frais étant bien moindres que de ceux qui sont à présent en usage, et sans que l'effet puisse estre aucunement retardé au plat pays par manque de vent, ou ès vallées par tarissement, glaces et sécheresses d'eaux, n'ayant que faire d'eau ny de vent, au grand bien et soulagement du peuple, qui bien souvent est contraint d'aller bien loing chercher des moulins qu'il pourra avoir d'oresnavant par le moyen de ladite invention, près de sa demeure, continuellement travaillant avec facilité et petite dépense.

Outre que si on veut, par le moyen de ladite invention, plusieurs petites rivières, empêchées et bouchées par chaussées écluses ou autrement pour disposer l'eau à la faveur et usage desdits moulins assis sur icelles, pourront servir à porter bateaux et voitures et par ce moyen estre trop plus utiles au public qu'elles ne sont à l'usage des moulins qu'elles font moudre, l'artifice et invention dudit *Bras de fer* satisfaisant et fournissant au lieu d'eau et de vent.

Sur quoy, pour n'obmettre rien qui dépende de notre autorité, au bien, advantage et commodité de nos subjects, nous avons fait mettre ladite proposition en considération et délibération, et commis des principaux de notre conseil pour voir et examiner l'effet de ladite invention; lesquels nous auroient rapporté avoir vu ledit moulin moudre et réduire le bled en farine bonne, loiale et marchande, avec l'artifice dudit *Bras de fer*, et donné advis de l'auctoriser et mettre en évidence.

A ces causes, désirant en ce que dessus gratifier ledit *Bras de fer*;

(1) Nous lui avons, par l'advis de la reyne régente, notre très honorée dame et mère et des principaux de notre conseil, permis et accordé, permettons et accordons qu'il puisse et ses associés, ou ceux auxquels il en donnera permission, faire construire bas-

tir et édifier des moulins de sadite invention et se servir de ladite invention pour toutes les choses qui sont cy-devant déclarées en toutes les villes, bourgs, bourgades et lieux de nos royaume, terres et pays de notre obéissance, en acceptant ou affermant les places auxquelles il voudra bastir ou édifier les moulins de sadite invention.

(2) Ne pourra toutefois construire desdits moulins ès terres des seigneurs et gentilshommes ayant droit de moulin, ny ès navires des particuliers, sans leur gré et consentement; lesquels moulins de sadite invention lui appartiendront en propriété, à ses associés et à ceux auxquels il donnera permission d'en faire bastir de ladite invention, leurs héritiers, représentans ou ayans cause, comme leur propre vraie et naturelle chose et en disposer ainsi qu'ils adviseront, pourvu qu'ils aient satisfait aux propriétaires des lieux et places auxquels lesdits moulins seront bastis, et à la charge que, en cas que aucun desdits moulins apporte moindre valeur à aucun des nostres, ledit *Bras de fer*, ses associés et ceux qui auront sa permission paieront, par chacun an, l'entier fermage et loyer à quoy ils auroient esté baillez par nos officiers en prenant par eux lesdits moulins dont ils se serviront, ainsi qu'ils verront bon estre.

(3) Faisant défenses à toutes personnes, de quelque qualité et condition qu'ils soient, de faire construire des moulins de sadite invention, mêmement en navires, iceux faire ou contrefaire ny imiter, soit en tout ou en partie, ny se servir en façon quelconque, pour quelque chose que ce soit, de ladite invention et artifice, même sur les moulins à eau ou à vent à présent construits, sans son exprès congé ou permission à peine de dix mille livres d'amende et confiscation desdits moulins et invention faite ou contrefaite, la moitié applicable à nous et l'autre moitié audit *Bras de fer* et ses associez, n'ayant que faire ledit *Bras de fer* d'autre permission ou octroy pour la construction desdits moulins, soit de nous ou desdites villes, bourgs, bourgades, villages ou autres lieux à nous appartenans, que des présentes lettres, et ce durant l'espace de vingt ans.

(4) Et afin que ledit *Bras de fer* ne soit troublé ny empesché par aucuns prétendans avoir eu et obtenu des feus roys nos prédécesseurs, que Dieu absolve, pareil pouvoir et permission de faire construire quelques moulins, l'invention desquels ils n'auroient pu faire voir, ny moins aucune preuve ny expérience d'iceux par-devant aucun commissaire député de notre conseil;

comme chose feinte ou supposée, nous avons ledit pouvoir et toutes lettres à cette fin octroyées, révoqué et révoquons comme nulles et de nul effet, faisant très expresses défenses à toutes personnes de s'en ayder ny servir, sur les memes peines que dessus.

Si voulons et vous mandons, etc.

N° 19. — DÉCLARATION *contre les duels* (1).

Paris, 1er juillet 1611 ; reg. au parl. le 11. (Vol. ZZ, f° 184. — Merc., Fr. 1611, 131.)

N° 20. — LETTRES *de confirmation des priviléges des maîtres chirurgiens de Paris* (2).

Paris, juillet 1611 ; reg. au grand conseil le 2 septembre, et au parl. le 3. (Vol. ZZ, f° 226.)

N° 21. — LETTRES *de confirmation des priviléges des 55 porteurs de grains et farines aux halles de Paris* (3).

Paris, septembre 1611 ; reg. au parl. le 29 novembre. (Vol. ZZ, f° 241. — Traité de la police, t. 11, p. 784.)

N° 22. — LETTRES *d'institution en plusieurs villes d'une congrégation de filles et femmes veuves sous le nom d'Ursulines, pour se livrer à l'instruction des jeunes filles* (4).

Paris, décembre 1611 ; reg. au parl. le 15 septembre 1612. (Vol. ZZ, f° 318.)

---

(1) Voy. ci-devant édit de juin 1609 ; celui-ci n'est qu'une confirmation.

(2) Ces priviléges qui remontent à Charles V (Voy. ord. du 21 juillet 1370) se trouvent confirmés à tous les règnes. — Sur la chirurgie V. édit de Philippe IV, novembre 1311 et les ordonnances de décembre 1750, septembre 1760, mai 1768, avril 1772, décembre 1774, et juin 1784.

(3) Ces lettres citent une ordonnance de saint Louis que nous n'avons pas retrouvée. V. dans le traité de la police lettres de Charles VI, 4 juillet 1410 (non insérées dans notre recueil vu leur peu d'importance), l'ordonnance de février 1415, lettres de Louis XI, juin 1467, de Louis XII, décembre 1504 qui réunissent les porteurs de grains du port de l'Ecole à la communauté des porteurs de grains de la halle ; lettres de Henri II, février 1547 qui confirment leurs priviléges.

(4) Cette congrégation subsiste encore aujourd'hui. La loi du 24 mai 1825 a rétabli les sœurs Hospitalières, mais on a profité des termes vagues dans lesquels elle est conçue, pour rétablir les couvens supprimés par la loi du 18 août 1792, même ceux de femmes livrées à la vie contemplative, pour livrer l'éducation aux congrégations catholiques.

N° 23. — DÉCLARATION *qui défend de porter à la campagne aucunes arquebuses, pistolets et armes à feu* (1).

Paris, 16 décembre 1611; reg. au parl. le 20 janvier 1612. (Vol. ZZ, f° 248.)

N° 24. — LETTRES *de confirmation des 34 jurés vendeurs de vins de Paris, et ampliation de ces statuts* (2).

Paris, janvier 1612; reg au parl. le 22 février. (Vol. ZZ, f° 257. — Traité de la police, t. 3, p. 653.)

Louis, etc. Le feu roy Charles, d'heureuse mémoire, auroit par ses lettres patentes, données à Paris au mois de février 1567, confirmé les statuts et réglemens nécessaires pour le public et fonction des offices de trente-quatre jurez vendeurs et controlleurs de vins de notre bonne ville de Paris, dont ils ont toujours jouy et usé comme ils font encore de présent; et parceque toutes choses auroient accreu depuis, les prévôt des marchands et échevins de notredite ville, considérant la nécessité et commodité du public, auroient dressé et baillé des articles et réglemens pour l'exercice et fonction de l'office desdits jurez vendeurs et controlleurs, et sur iceux donné leurs sentences les 21 octobre 1610 et 12 juillet année dernière 1611, desquels ensemble de leurs anciens articles et priviléges, dont copie est cy attachée sous le contrescel de notre chancellerie, à eux concédez par les feux rois nos prédécesseurs, ils nous ont très humblement supplié et requis la confirmation, à quoy inclinant libéralement avons iceux statuts anciens, priviléges, lettres patentes, articles, réglemens et jugemens desdits prévost des marchands et échevins, louez, ratifiez, confirmez et approuvez par ces présentes, louons, ratifions, confirmons et approuvons, ainsi qu'il ensuit, sans que les marchands de vin ne autres que lesdits jurés vendeurs et controlleurs se puissent ayder ne prévaloir d'iceux priviléges en quelque sorte et manière que ce soit.

---

(1) V. ci-devant déclaration du 27 mai 1610 et la note.

(2) V. ord. du roi Jean, 30 janvier 1350 qui crée ces offices au nombre de 80, lettres-patentes de Charles VI, décembre 1410, qui en réduit le nombre à 60, du même ord. de février 1415. — Les jurés vendeurs de vin furent encore réduits 34 par lettres-patentes de Charles VII, dont nous n'avons pas retrouvé le texte. — V. ci après ord. de février 1633 qui ajoute neuf offices au nombre ancien, et celle de mars 1639 qui en ajoute 17 autres. — Nous donnons le texte de ces lettres qui tiennent lieu de celles de février 1567, omises dans le recueil. — V. note sur l'édit de Henri III, mai 1578, sur les courtiers-gourmets et commissionnaires de vin.

(1) Voulons que suivant iceux lesdits trente-quatre jurez vendeurs et controlleurs de vins fassent en personne, en leur ordre et rang, bien et duement l'exercice de leurs charges et fonctions.

(2) Qu'ils auront un bureau ou comptoir pour faire l'état, registre et controlle de tous les vins qui arrivent ès ports et places publiques

(3) Que deux d'entr'eux des plus capables à tenir compte seront par eux choisis et élus pour être un an entier receveur de leur communauté, tenir la bourse commune desdits vendeurs et controlleurs et pour faire les paiemens aux marchands forains et autres qui auront vendu des vins ès ports et places publiques, incontinent et sans séjour après leurs ventes parfaites et qu'ils auront été audit bureau retirer du particulier vendeur, qui aura fait leurdite vente, le compte d'icelle pour iceluy bailler auxdits receveurs, ou l'un d'eux, en leur délivrant leursdits payemens, sans qu'aucun desdits vendeurs et controlleurs puissent faire aucun payement en son particulier, en sa maison ny ailleurs, sinon lesdits receveurs estans en charge seulement.

(4) Que chacun desdits trente-quatre jurez vendeurs et controlleurs seront tenus de mettre ès mains desdits receveurs élus, la somme de mille livres tournois, en baillant par lesdits receveurs leurs récipissez écrits et signez de leurs mains, et reconnus par devant notaires.

(5) Que lesdits deux receveurs rendront compte et sans forme de justice à ceux de ladite communauté audit bureau, ou autre lieu qu'ils aviseront plus commode, de trois mois en trois mois, des profits et émolumens provenans de leurs offices, pour en avoir chacun sa part et contingente portion.

(6) Et afin que lesdits receveurs et gardiens se ressentent des peines et vacations qu'ils auront esdites charges, auront et prendront par leurs mains des deniers qu'ils recevront desdits émolumens, chacun la somme de soixante livres tournois par an, pour leur salaire et vaccations.

(7) Que lesdits trente-quatre jurez vendeurs et controlleurs feront aussi élection de six d'entre eux pour un an entier, sçavoir deux pour être ès ports et lieux où arrivent les vins destinez pour être vendus au port de vente, lesquels prendront les venuës et arrivages d'iceux, dont ils feront registre, et selon qu'ils auront couché et enregistré lesdits vins, en bailleront charge aux autres vendeurs et controlleurs par rang et ordre, selon leur réception, pour en faire vente et controlle, ainsi qu'ils ont accoûtumé, et

ne pourra aucun d'eux faire vente d'iceux vins, qu'il ne luy soit baillé par lesdits preneurs.

(8) Seront lesdits particuliers vendeurs et controlleurs destinez pour faire lesdites ventes, tenus se trouver les jours ouvrables audit bureau, précisément aux heures portées par l'ordonnance, pour prendre ce qui aura été couché en leur ordre par lesdits preneurs sur le registre desdites venuës.

(9) Et pour faciliter le commerce de la marchandise de vin, lesdits deux vendeurs élûs pour prendre lesdites venuës et arrivages des vins, feront leurs promesses aux mêmes conditions, et ainsi qu'ils ont cy devant fait, et font encore de présent pour les acquits des impositions qui se lèvent sur le vin, dont ils bailleront mémoire ausdits receveurs pour leur en fournir et délivrer le contenu, afin d'acquitter en fin de chacune semaine (ou plustôt si besoin est) leursdites promesses à leur décharge, et de tous lesdits vendeurs et controlleurs.

(10) Et les quatre autres desdits vendeurs et controlleurs élûs, seront et demeureront à l'étape aux heures accoutumées pour faire l'état, registre et contrôle de tous les vins, cidres et autres menus breuvages qui s'y vendent et débitent, lesquels registres, ensemble les émolumens appartenans audit office, seront tenus mettre tous les trois mois entre les mains desdits receveurs, pour d'iceux émolumens être par eux fait recette en leurs comptes, et par même moyen estre le tout party entr'eux.

(11) Comme aussi seront élûs par ladite communauté deux desdits vendeurs des plus capables et expérimentez qu'elle jugera d'entr'eux pour être procureurs syndics d'icelle communauté, pour suivre et demener les affaires qui la concernent, l'un desquels demeurera en la dite charge un an, et l'autre deux, et ladite première année expirée, chacun desdits deux élus y demeurera deux ans : Et afin qu'ils aient occasion d'être soigneux, et de faire leur devoir en ladite charge, de procurer au profit, soulagement et avancement des affaires de ladite communauté, auront, et leur sera payé chacun an par les mains desdits receveurs, quarante livres tournois à chacun, à prendre sur lesdits émolumens, pour leurs peines, salaires, et vaccations d'icelle charge.

(12) Que lesdits jurez vendeurs et controlleurs, incontinent après qu'ils auront fait une ou plusieurs ventes, et dans dix jours au plus tard, même au fur et à mesure qu'ils feront le recouvrement des deniers d'icelle, seront tenus les mettre ès mains desdits receveurs, jusqu'à la concurrence de ce à quoy elles se trou-

veront monter, autrement y seront contraints par toutes voyes dues et raisonnables, à peine de tous dépens, dommages, et intérêts, et pourront en ce cas, lesdits deux receveurs, prendre argent pour faire lesdites charges et payemens, aux dépens et risques des défaillans; toutesfois si dans le temps de dix jours ouvrables, lesdits jurés vendeurs font toutes diligences requises pour être payés des achepteurs de vin pris sous leurs ventes, et n'en peuvent être payez par insolvabilité ou autrement, et en mettant par eux lesdites diligences ès mains desdits procureurs de ladite communauté, pour en faire les poursuites et procédures; en ce cas ils en seront déchargez; et la perte, si elle arrive, ira sur toute ladite communauté.

(13) Toutes lesquelles élections se feront par lesdits trente-quatre jurez vendeurs et controlleurs, où la plus grande et saine partie d'iceux assemblez en leurdit bureau ou comptoir à la fin du mois de juin de chacune année, pour entrer èsdites charges le premier jour de juillet ensuivant, et lesquels élus se pourront de leur consentement continuer esdites charges par ladite communauté, sans qu'après avoir été, ainsi que dit est, élus et nommez en icelles, ils se puissent excuser de les accepter, et d'en faire bien et duement leur devoir; au moyen dequoi ils seront (ensemble le doyen de ladite communauté) exempts de faire ventes, ne autre fonction de leurs offices que ce qui sera de leursdites charges, et néanmoins ne délaisseront de partager et contribuer également aux profits et émolumens qui proviendront desdits offices comme les autres, à la charge que le doyen et plus ancien sera tenu d'assister lesdits procureurs ès affaires de ladite communauté.

(14) Que si aucun desdits vendeurs et controlleurs est detenu par maladie, en sorte qu'il ne puisse vaquer à l'exercice de son office ou charge, à quoy il aura été destiné, il y sera pourvu par ladite communauté, et ne laissera de jouir de pareils émolumens que les autres pendant le temps de sa maladie.

(15) Qu'avenant le decès de l'un desdits trente-quatre jurez vendeurs et controlleurs, sera rendu à la veuve ou héritiers du décédé, ladite somme de mille livres tournois, par celuy des deux receveurs qui en sera chargé, avec le profit et émolument appartenant audit office jusques au jour du décès, et si jouiront desdits émolumens trois mois après ledit décès, en cas que ledit office demeure en leurs mains pendant et durant ledit temps, et en délaissant lesdits mille livres ès mains desdits receveurs, sinon

en jouiront seulement jusques au jour qu'il y aura été pourvu.

(16) Que nul ne sera reçu audit office par ladite communauté desdits vendeurs et contrôleurs, et ne jouira des profits et émolumens y appartenans, qu'il n'ait fourni à la bourse commune, et mis ès mains de l'un desdits receveurs pareille somme de mille livres, pour être convertis et employez comme dit est.

(17) Sera loisible à chacun desdits trente-quatre jurez vendeurs et controlleurs de vin, de prendre à une, ou plusieurs fois, hors la saison des vendanges, jusques à trois semaines, ou un mois au plus chacune année, pour vaquer à ses affaires particulières, à la charge toutesfois qu'il fera faire son exercice et fonction par quelqu'un de ses compagnons d'office pour luy; et lequel temps passé, sera tenu se trouver audit bureau, et faire en personne son dit office, autrement ne jouira, et ne luy sera tenu compte que de moitié des émolumens échus, et qui écherront d'iceluy pendant son absence.

(18) Et en cas que quelqu'un desdits vendeurs et controlleurs contreviennent à aucuns des chefs cy-dessus, paiera pour chacune contravention, la somme de cinquante livres tournois d'amende, applicables à l'entretenement de la chapelle et confrairie desdits vendeurs et contrôleurs, dont nous sommes le premier confrère, sans que ladite peine puisse être remise, ni diminuée pour quelque cause que ce soit, pour jouir du contenu cy-dessus par lesdits jurez vendeurs et contrôleurs, tout ainsi qu'ils en ont joui et usé, jouissent et usent encore de présent.

Si donnons etc.

N° 25. — LETTRES d'érection du duché de Chevreuse en pairie (1).

Paris, mars 1612. (Blanch., Compil., Chronol.)

N° 26. — DÉCLARATION qui défend d'imprimer aucun livre sans nom d'imprimeur et sans permission (2).

Paris, 11 mai 1612; reg. au parl. le 5 juillet. (Vol. ZZ, f° 305.)

Louis, etc. Il est assez notoire combien peut causer de mal la licence que plusieurs se donnent d'escrire et mettre en lumière

---

(1) C'est aujourd'hui le 4e titre de pairie d'après la liste du 4 juin 1814.
(2) V. sous François Ier l'arrêt du parlement de Paris du 2 mars 1535, Charles IX, déclaration du 4 octobre 1570, et édit de mai 1571 et les notes.

des livres, traités, discours et autres œuvres, tant sur des controverses de la religion, interprétation des livres saints, que sur les affaires d'estat et histoire ecclésiastiques et profanes que autres matières, en la pluspart desquels Dieu est offensé, l'honneur des rois et princes blessé, les magistrats calomniés, et la pluspart desdits écrits sont ineptes et ridicules, tendant plutôt à calomnie et à donner scandale qu'à instruction.

A quoy désirant pourveoir, nous, de l'advis de la reyne régente, nostre très honorée dame et mère, d'aucuns princes de nostre sang, autres princes et officiers de la couronne et seigneurs de nostre conseil,

(1) Avons fait inhibitions et défenses à tous imprimeurs et libraires d'imprimer, faire imprimer et vendre aucuns livres, traités, discours et autres écrits sur quelque sujet ou matière, et en quelque langue que ce soit, de l'invention des auteurs, ou par traduction d'une langue en l'autre, sans y mettre le nom de l'auteur et de l'imprimeur, et sans avoir premièrement obtenu permission de les faire imprimer par nos lettres-patentes scellées de nostre grand scel, à peine de confiscation desdits livres, amendes arbitraires et autres plus grandes peines qui seront ordonnées par les juges, selon l'exigence des cas; défendant très expressément à nos amés et féaux conseillers, maîtres des requêtes et garde des sceaux de nos chancelleries, lez nos cours de parlement, donner aucune permission d'imprimer livres ou écrits, sur mêmes peines que dessus, contre les imprimeurs ou libraires qui auroient obtenu telles permissions.

(2) Pour le regard des arrêts de nos cours de parlement, chambre des comptes, cours des aides, sentence et jugement de nos juges, commissions, réglemens, publications d'affiches et autres actes

---

V. ci-après sous Louis XIV, arrêt du parlement de Rennes du 18 octobre 1717, sous Louis XV, sentence de police du 25 avril 1721, ord. royale du 20 octobre suivant, ord. du 24 août 1722, réglement du 24 février 1723, arrêt du conseil des 28 février, 9 mars suivans, id. 9 octobre 1724, id. 10 avril 1725, sentence de police du 20 avril suivant, arrêt du conseil du 8 avril 1727, arrêt du parlement de Paris du 13 décembre même année, déclaration royale du 10 mai 1728, ord. du 5 octobre 1734, arrêt du conseil du 28 janvier 1738, ord. du 25 septembre 1742, arrêt du conseil du 10 septembre 1745, id. 5 mars 1746, arrêt du conseil du 20 janvier 1747, ord. du 3 juin suivant, ord. du 7 mai 1749, déclaration du 16 avril 1757 et ord. du 29 novembre suivant, id. 28 avril 1764, arrêt du conseil du 16 décembre suivant, déclaration du 26 décembre 1774. — V. dans notre recueil ois des 17 et 25 mars 1827.

pour l'exécution des mandemens de justice, publications des fermes et levées de nos deniers, ils pourront être imprimés en vertu des ordonnances desdites cours et juges desquels ils seront émanés.

N° 27. — CONTRAT *de mariage de Louis XIII avec Anne d'Autriche* (1).

Madrid, 20 août 1612. (Rec. des traités III, 56.)

N. 28. — MANDEMENT *contre le vagabondage des mendians valides de Paris, et statuts pour les pauvres invalides* (2).

Paris, 27 août 1612; reg. au parl. le 3 septembre. (Vol. ZZ, f° 309.)

Louis, etc. Les roys, nos prédécesseurs, ayant entre autres œuvres pieuses qui les ont rendu recommandables à la postérité eu soing particulier du bien des hospitaux, maladreries et autres revenus destinés à la nourriture et entretenement des pauvres de cestuy nostre royaume, ont, suivant les occurrences, fait divers réglemens et ordonnances pour la commodité de leurs personnes et biens, et commis le soing de l'observation d'icelles à leurs procureurs généraux, qu'ils ont obligé particulièrement à tenir la main qu'il ne s'y commît aucun abus ou malversations; de quoy s'estant toujours dignement acquittés, n'ont pu néanmoins empêcher quelques arrêts qu'aiez donnés à leur requête, sur ce sujet que la malice des mandians n'aye surmonté leur vigilance aimant mieux vaguer et caimander par les villes que travailler et employer leurs forces pour gagner leur vie, abusant de la dévotion et charité des gens de bien qui leur font de si grandes aumônes qu'ils leur donnent moyen de vivre sans travail et sans soing, d'où vient qu'ils se retirent tous ez villes, et quelques valides qu'ils soient, se donnent licence de remplir les rues, les églises et autres lieux publics, à la honte et très grande in-

---

(1) La dot est de 500,000 écus d'or, sans aucune réserve de la part d'Anne à la succession de son père. — V. le nouv. répert. de Jurisprud., v° *Reine*, et la loi du 28 mars 1816, et les notes de notre recueil sur l'établissement par mariage du duc de Berri.

(2) V. ci-après déclarations de Louis XV, 18 juillet 1724, 20 octobre 1750, et 3 août 1764. — V. sur la mendicité, lois des 22 juillet 1791, 24 vendémiaire an 2, 7 frimaire an 5. — V. aussi décret impérial du 16 juillet 1808, et le code pénal, art. 274, 275 et 276.

commodité des habitans spécialement de nostre bonne ville de Paris, en laquelle de toutes parts ils abordent en affluence; d'où seroient ensuivis, comme sont à craindre, plusieurs inconvéniens que leur ordinaire fréquentation apporte à la santé: auxquels étant pourvu par l'établissement de quelque bon ordre en notre ville capitale, il nous seroit d'autant plus facile de l'apporter au reste de notre royaume.

Dont nostre très honorée dame et mère la royne régente ayant eu advis par aucun de nos officiers, continuant d'exercer sa bonté et piété accoustumée, a désiré, pour apporter à ce désordre ung remède salutaire, que les pauvres de nostredite bonne ville de Paris soient enfermés en certains lieux pour y estre nourris et entretenus sans vaguer ailleurs, ayant à cette fin fait choix de quelques maisons et donné fonds pour les meubler et accommoder; ce que avons jugé devoir être entièrement exécuté comme chose très agréable à Dieu et grandement utile au public.

A ces causes, désirant favoriser, autant qu'il nous sera possible, le soulagement des vrais pauvres et le chastiment des mauvais, et mandians valides qui desrobent aux vrais nécessiteux le fruit de la charité de nos bons sujets.

De nos certaine science, propre mouvement, pleine puissance et autorité royale, voulons, vous mandons, et très expressément enjoignons par ces présentes, pour ce, signées de notre main,

(1) Que, en la forme ancienne et accoustumée, nostre premier président, et en son absence l'un de nos autres présidens et deux conseillers de la grande chambre, nos avocats et procureur général s'assemblent une fois chaque mois en tel lieu qu'ils jugeront le plus commode, pour, appelés avec eux, deux de nos amés et féaux des gens de nos comptes, deux conseillers de nostre cour des aydes, nostre prévôt de Paris ou ses lieutenans civil et criminel et le substitut de nostredit procureur général audit châtelet, ensemble le prévôt des marchands de nostre bonne ville de Paris, délibérer et résoudre ce qu'ils adviseront estre de plus propre et convenable sur ce qui sera proposé par nostredit procureur général.

(2) Voulons que ce qui sera par eux résolu en ladite assemblée soit exécuté réellement et de fait, et qu'ils continuent à faire ladite assemblée en la même forme et une fois chaque mois, tant qu'il sera nécessaire.

(3) Mandons à nos premier président et procureur général, que si durant le cours du mois il survenoit chose qui méritât prompt

remède, ils y pourvoient attendant la prochaine assemblée; en sorte que nostre volonté et charitable intention de nostredite dame et mère soit entièrement exécutée : et afin que ladite assemblée puisse plus facilement pourveoir à ce que nous désirons, nous avons fait dresser les principaux articles de nostre intention, iceux signés de nostre main, cy-attachés sous le contre-scel de nostre chancellerie, auxquels pourra être cy-après ajouté ce qui sera trouvé être à faire par raison : lesquels voulons estre registrés et exécutés à la diligence de nostre procureur général, auquel enjoignons y tenir la main, toutes choses cessantes et postposées. De ce faire vous donnons pouvoir.

Mandons, etc.

Statuts pour les hospitaux des pauvres enfermés.

(1) Dans les hospitaux enfermés ne seront que ceulx qui justifieront estre natifs de la ville, prévosté et vicomté de Paris, ou bien qui y auront sy long-temps séjourné, qu'ils auroient vraysemblablement perdu l'espérance de toute autre retraite : et tous les autres seront tenus pour forains et chastiés exemplairement, estant trouvés mandians dans ladite ville et fauxbourgs après le temps qui leur aura esté donné pour se retirer.

(2) Ces hospitaux seront distingués en trois maisons séparées; savoir pour en l'une d'icelles estre mis les hommes valides; en l'autre, les femmes, filles et enfans mâles au-dessous de huit ans; et en la troisième, les hommes et femmes malades de maladie incurable, et tellement invalides, qu'ils ne puissent travailler en aucun ouvrage.

(3) Et pour l'administration et gouvernement desdits hospitaux, sera choisi tel nombre de bons et notables bourgeois qu'il sera trouvé nécessaire pour avoir le soin des bâtimens, vivres, vêtemens et mœurs desdits pauvres enfermés, lesquels prèteront le serment à la cour.

(4) Sera aussi choisi personne capable pour recevoir et manier les deniers destinés à l'entretenement desdits hospitaux, lequel sera tenu d'en rendre compte à la manière de celuy du grand bureau des pauvres.

(5) Quatre prêtres seront habitués ezdites maisons, nourris, entretenus et gagés, qui célébreront la messe chacun jour entre six et sept heures du matin, laquelle lesdits pauvres seront tenus entendre.

(6) Et aux jours de fêtes et dimanches y seront faites prédications par les religieux de cette ville alternativement.

(7) Seront lesdits pauvres enfermés, nourris le plus austèrement que faire se pourra pour ne les entretenir en leur oisiveté, et leur sera fourni par chacun an deux paires d'habits complets de toile et bure, selon la saison, ainsi qu'il sera advisé par lesdits gouverneurs.

(8) Les hommes seront employés et travailleront à moudre du bled aux moulins à bras qui seront dressés dans les hospitaux, brasser de la bierre, scier des aix et à battre du ciment, et autres ouvrages pénibles.

(9) Les femmes, filles et petits enfans au-dessous de huit ans, travailleront à filer, faire bas d'estaine, boutons, et autres ouvrages dont n'y a métier juré.

(10) Pour vacquer auxdits ouvrages, seront tenus se lever, depuis le 1ᵉʳ octobre jusques au 1ᵉʳ mars, à six heures du matin, et depuis le 1ᵉʳ mars jusques au 1ᵉʳ octobre, à cinq heures du matin pour travailler jusques à sept heures du soir, plutôt ou plus tard, s'il est ordonné par les maîtres et gouverneurs.

(11) Les hommes, femmes et enfans, tant masles que femelles, fourniront à celuy qui sera préposé par lesdits maîtres et gouverneurs, la besogne qui leur sera ordonné par chacun jour, autrement seront chastiés à la discrétion des maîtres et gouverneurs.

(12) Et pour les contenir en devoir, seront choisis par les maîtres et gouverneurs entre iceux pauvres les plus retenus; savoir un pour chaque vingtaine, qui aura le soin et répondra des actions des autres; pour avoir aussi la garde des paillasses, couvertures, draps et autres linges, auxquels sera fait telle gratification que lesdits gouverneurs adviseront.

(13) Sera fait registre par le portier de chacune maison de tous les pauvres qui entreront en icelles, auquel le nom, surnoms, âge, stature et poil sera désigné.

(14) Les malades desdits hospitaux seront portés à l'Hôtel-Dieu, et là reçus et traités comme les autres.

(15) Seront faites défenses à tous pauvres, même à ceux de l'aumône générale de mandier publiquement ; et pour empêcher la contravention, sera enjoint au bailly des pauvres faire exacte perquisition chacun jour avec ses sergens, et de conduire prisonniers tous ceux qu'il trouvera mandians par les rues : permis à tous autres sergens faire le même pour être contre lesdits pauvres procédé extraordinairement.

Fait et arrêté par le roy (la royne régente, sa mère, présente).

LOUIS XIII.

N° 26. — Déclaration *qui accorde un brevet d'invention pour 20 ans* (1).

Paris, 10 octobre 1612; reg. au parl. le 3 janvier 1619. (Vol. ZZ, f° 467.)

Louis, etc. Notre cher et bien amé J. Regnault Dezanville nous a fait très humblement remontrer que, désirant de servir au public, il a industrieusement trouvé une invention qui n'a point encore esté pratiquée pour garder qu'il ne fûme aux chambres.

Nous, suppliant et requérant très humblement, lui accorder un privilége pour servir le public de sadite invention, et à faire défenses à toutes personnes, durant vingt années, de la faire ou contrefaire, ny aulcune particularité contenue en icelle, ny s'en aider ou servir sans sa permission, ou de ceux qui auront pouvoir de luy, à peine de cent escus d'amende, applicable, la moitié à nous, et l'autre moitié au dénonciateur.

Nous ayant esgard que ledit Dezanville a travaillé, en cela pour le public, et considérant aussi les bons et agréables services qu'ils nous a fait en inventions de mathématiques qu'il a trouvées tant pour la guerre que pour autres occasions,

(1) Avons à celui Dezanville, ses héritiers et ayans cause, permis, concédé et octroyé, et par ces présentes, signées de nostre main, concédons, accordons et octroyons la permission de mettre en usage par tous les lieux et endroits de ce royaume, pays, terres et seigneuries de nostre obéissance, ladite invention, et en tirer le profit qui luy en doit appartenir durant vingt années : lui permettant de faire association par transport, ou cession de ce privilége à telles personnes qu'il lui plaira, pour en jouir par eux et s'en prévaloir, conjointement ou séparément, et en tous lieux qu'ils auront convenu par ensemble, durant les vingt années, commençant en chacun de vos ressorts et jurisdictions

---

(1) La révolution a substitué à ces priviléges exorbitans les brevets d'invention qui, sans concentrer dans la main d'un seul des procédés d'arts qui appartiennent à la société par leur propagation, garantissent momentanément la jouissance exclusive de l'inventeur, contre l'agression de ceux qui n'ont eu aucune part à l'invention. V. lois du 25 mai 1791, 20 septembre 1792, arrêté du 8 octobre 1798, idem du 27 septembre 1800, décrets des 25 septembre 1806, et 13 août 1810. — V. Code des brevets d'invention, par Ch. Renouard, sur la police des établissemens dangereux et insalubres, V. décret du 15 octobre 1810, ordonnances du 14 janvier 1815, 9 février 1825, et 5 novembre 1826, Manuel des ateliers dangereux insalubres et incommodes, par Macarel.

du jour que ces présentes y auront esté publiées et vérifiées.

(2) Et pour ce, avons fait et faisons très expresses défenses à tous nos subjets et autres, de quelqu'état, qualité et condition qu'ils soient, de faire ou faire faire en aucun endroit de nostredit royaume, pays, terres et seigneuries de nostre obéissance, ladite invention, ny aucune particularité contenue en icelle, ny de s'en servir, à peine de cent escus d'amende, applicable, la moitié à nous et l'autre moitié au dénonciateur, si ce n'est pas la permission dudit Dezanville ou de ceux qui auront pouvoir de luy, sans toutefois préjudicier à ceux qui, auparavant ces présentes, auroient obtenu privilége de nos prédécesseurs ou de nous pour mêmes effets.

Si vous mandons, etc.

N. 27. — ÉDIT *sur la réforme des hôpitaux et maladeries* (1).

Paris, 24 octobre 1612; reg. au grand conseil, le 12 novembre. (Joly, add., p. 318. — Traité de la police, I, 606.)

N° 28. — DÉCLARATION *qui permet aux descendans de Pierre d'Arc dit du Lys, frère de Jeanne d'Arc, dite la* Pucelle d'Orléans*, d'ajouter à leurs armes une fleur de lis d'or.*

Paris, 25 octobre 1612; reg. au parl. le 18 décembre. (Vol. ZZ, f° 337.)

LOUIS, etc. Nos amés et féaux maistres Charles du Lys, nostre conseiller et advocat général en nostre cour des aydes à Paris, et

---

(1) V. ci-devant note sur l'édit de juin 1606. Celui-ci dit que les recherches qui avaient été faites, en vertu de l'édit de 1606, avaient produit peu de fruit aux officiers et soldats estropiés; il se plaint que les mêmes désordres et abus subsistent toujours dans l'administration des hôpitaux, et ordonne que le roi, voulant y pourvoir, commet son grand aumônier, pour procéder à une entière réforme. Cet officier est chargé de fournir des pensions suffisantes et nécessaires aux pauvres lépreux dans les maladeries les plus prochaines des lieux de leur naissance. Il est défendu aux lépreux de se marier avec gens qui n'ont point cette maladie, et il leur est enjoint de demeurer dans leur maladrerie à peine de prdre eleurs pensions et de punition exemplaire. L'édit prononce peine d'amende arbitraire contre les prêtres qui font de tels mariages, etc.

Le grand aumônier aujourd'hui est encore nanti de cette surveillance; mais d'après les discussions qui ont eu lieu à la chambre des députés, en 1829, sur la grande aumônerie, il est à croire que ce pouvoir lui sera retiré pour être rendu au ministère de l'intérieur. Le grand aumônier n'est qu'un homme de cour, et point un fonctionnaire public.

Luc du Lys, escuyer, sieur de Reisne Moulin aussi conseiller et secrétaire de nostre maison et couronne de France et audiencier en nostre chancellerie de Paris, frères, nous ont fait humblement remonstrer que comme, durant les guerres et divisions qui furent en ce royaume, soubz les rois Charles VI et Charles VII, d'heureuse mémoire, nos prédécesseurs, les Anglais ayant par un long espace de temps usurpé nostre ville de Paris et une grande partie des autres meilleures villes et provinces de nostre royaume, il eust plu à Dieu, vrai protecteur de nostredit royaume, de susciter des frontières d'iceluy ceste magnanime et vertueuse fille nommée Jehanne d'Arc, depuis vulgairement appelée la *Pucelle d'Orléans*, laquelle, contre l'opinion d'un chacun et contre toute apparence humaine, fit, miraculeusement, en fort peu de temps et comme par la main de Dieu, lever le siège devant notre ville d'Orléans et sacrer ledit seigneur roi Charles septiesme en nostre ville de Rheims avec tant de prospérité que de là en avant, les Anglais furent entièrement débellés et expulsés de nostredit royaume.

En recognoissance desquels grands et signalés services rendus à l'état et couronne de France, elle fut, non seulement ennoblie avec ses père et mère, frères et toute leur postérité, tant en ligne masculine que féminine, mais par un privilége spécial dudit seigneur roy Charles VII, lui fut permis ensemble à sesdits frères et à leur postérité de porter le lys, tant en leurs noms qu'en leurs armoiries, qui leur furent dès-lors octroyées et blazonnées d'un escu d'azur et deux fleurs de lys d'or et une espée d'argent à la garde dorée, la pointe en haut fermée en une couronne d'or. Desquels frères de ladite Pucelle, l'aisné, Jehan d'Arc du Lys, prevôt de Vauxcouleurs et ses descendans d'iceluy, auroient continué de porter lesdits nom et armes du Lys jusques à ce jourd'huy; et le puisné, Pierre d'Arc, aussi, dès-lors surnommé du Lys, suivant la profession des armes, après être parvenu à l'ordre et degré de chevalerie par lettres-patentes du duc d'Orléans, données à Orléans le 28 juillet 1443, auroit esté recognu et recompensé soubz le nom du Lys et en qualité de frère germain de ladite Pucelle, des signalés services par lui rendus en faict d'armes avec ladite sœur et après le décès d'icelle, tant audit seigneur roy Charles VII qu'audit duc d'Orléans depuis l'heureuse délivrance qu'il eut de sa longue prison soubz les auspices de ladite Pucelle, comme il en appert amplement par plusieurs extraits de nostre chambre des comptes et autres tiltres attachés soubz le contre-scel des présentes, même que dudit Pierre du Lys, chevalier, frère de ladite Pucelle, seroient issus et descendus, en droite ligne, lesdits exposans, frères enfans de Michel du Lys, leur père, fils de Jehan du Lys, leur ayeul, qui fut fils d'autre Jehan du Lys, le jeune, lequel était aussi fils puisné dudit Pierre du Lys, chevalier, frère encore puisné de ladite Pucelle; lequel Jehan du Lys, le jeune, bisayeul desdits exposans, fut nommé en envoyé pour être l'un des échevins en la ville d'Arras par le roy Louis XI, fils et successeur dudit seigneur Charles VII, lorsqu'il la voulut faire restablir et repeupler, par ses lettres-patentes données à Chartres au mois de juillet 1481, vérifiées en nostre cour des aydes le 10 septembre ensuivant, et y demeura jusques en l'année 1491, que s'estant ladite ville soustraite à l'obéissance de la couronne de France par l'entrevue de l'archiduc Maximilien, les bons et vrais François qui y avoient esté establis par ledit sieur roy Louis XI furent tous pillés et chassés de ladite ville, notamment ledit Jehan du Lys, lequel fut contraint de se retirer à Lihoins en Santerre, sans néanmoins discontinuer la profession des armes, et se voyant le puisné du puisné des frères de ladite Pucelle d'Orléans, il se seroit contenté de porter le nom du Lys, retenant les armes du nom et de leur ancienne famille d'Arc qui sont d'azur à l'arc d'or mis en faisce chargé de trois flèches entrecroisées, les pointes en haut, deux d'or férées et plumetées d'argent et une d'argent ferrée et plumetée d'or et le chef d'argent au lion passant de gueulles or, d'aultant que esdits nom du Lys et armes d'Arc se trouvent estre passés de père en fils jusques auxdits exposans, et qu'iceux sont recognus aujourd'hui seuls représentans ledit Pierre du Lys, leur trisayeul, frère germain de ladite Pucelle, au moyen de ce que Jehan du Lys le vieil, dit la Pucelle, fils aîné dudit Pierre, seroit décédé sans hoirs, désireroient reprendre les armes du lys octroyées à ladite Pucelle et à ses frères avec celles d'Arc, que ledit Jehan du Lys le jeune, leur bisayeul, et ses descendans, se trouvent avoir retenues et qu'il leur fut permis de porter toutes deux ensemble, escartelées en même escuson et timbrées de telle façon qu'il nous plaira leur ordonner pour marque des actes valeureux de ladite pucelle et de leurs ancestres, même d'y employer la bannière qu'elle portoit à la guerre, laquelle estait de toile blanche semée de fleurs de lys d'or, avec la figure d'un ange qui présentoit un lys à Dieu porté par la vierge sa mère; ce qu'ils doubtent ne pouvoir faire sans

3.

avoir, sur ce, nos lettres convenables et nécessaires, humblement requérant icelles.

Pour ce est-il que nous, reconnoissans les grands, mystérieux et signalés services faits à l'estat et couronne de France par ladite Jehanne d'Arc, dite la *Pucelle d'Orléans*, et désirant continuer la cognoissance et gratification qui en a été faite à elle et à ses frères et de leur postérité, et d'ailleurs bien et favorablement traiter lesdits exposans, tant en contemplation de leurdite extraction dont il nous est suffisamment apparu par les titres et extraits attachés sous nostre contre-scel que de plusieurs bons et agréables services qu'ils nous ont rendus et au défunt roy Henry-le-Grand, nostre très honoré seigneur et père, d'heureuse mémoire, non seulement en l'exercice de leurs offices mais en plusieurs autres charges, commissions et négociations où ils ont esté employés et s'en sont dignement acquittés

A ces causes et autres grandes considérations à ce nous mouvans, de l'advis de la royne régente nostre très honorée dame et mère, et de nostre conseil, nous, de nostre certaine science, pleine puissance et autorité royale, par ces présentes signées de nostre main, avons permis et permettons auxdits exposans d'adjouter les armes du lys à celles d'Arc dont ils avoient accoutumé d'user, et icelles porter à l'advenir, eux et leur postérité, écartelées au quartier droit de celle du lys, qui furent accordées à ladite Pucelle d'Orléans et à ses frères ainsi que les ont retenues et les portent à présent ceux qui sont recognus issus et descendus du frère aîné de ladite Pucelle, Jehan du Lys, qui fut prévôt à Vaucouleurs, et au second et troisième quartier de celle d'Arc que lesdits exposans ont retenues et gardées de père en fils dudit Jehan du Lys, le jeune, leur bisayeul, qui fut nommé, comme dit est, pour eschevin en la ville d'Arras par ledit sieur roy Louis XI, comme elles sont cy-dessus, blazonnées et représentées sous le contre-scel des présentes. comme aussi voulons et permettons que lesdits exposans puissent porter leur heaume comblé de bourrelet, de chevalerie et noblesse des couleurs armoyables et timbre ; sçavoir, est ledit Charles et les siens, d'une figure de ladite pucelle vestue de blanc, portant en sa main droite une couronne d'or soubstenue sur la pointe de son espée, et à la gauche sa bannière blanche figurée et représentée comme de son vivant elle la portoit ; ledit Luc du Lys puisné et les siens d'une fleur de lys d'or naissante entre deux pennarts de même blazon que la bannière de ladite Pucelle, et que le cri dudit

Charles et des siens soit (la pucelle), et celui dudit Luc sieur de Resne Moulin soit (les lys), sans qu'ils en puissent être troublés, molestés ny inquiétés en façon quelconque, ny que ledit changement ou écartelure et addition leur puisse nuire ny estre imputé au préjudice de nos ordonnances.

N° 29. — LETTRES-PATENTES *qui attribuent aux trésoriers de France l'inspection des travaux de l'acqueduc de Rungis* (1).

Paris, 4 décembre 1612. (Girard, Eaux de Paris, 1812, in-4°, p. 200.)

Louis, etc. A nos amez et féaux conseillers, les présidens, trésoriers, généraux de France à Paris, salut. Le feu roi, notre très honoré seigneur et père, que Dieu absolve, ayant toujours recherché et fait curieusement travailler à ce qu'il a jugé pouvoir embellir ses maisons royales et particulièrement cette ville de Paris, pour laisser à la postérité en toutes choses les marques de sa grandeur, dès l'année 1609, sur l'avis qui lui fut donné qu'au lieu de Rungis il se pouvoit faire un grand amas d'eaux de source, résolut dès-lors de les faire conduire en cette ville de Paris; et pour cet effet, vous étans transportés sur les lieux, et sur le procès-verbal qui par vous fut fait de ce qui était nécessaire pour faire l'amas desdites eaux en un seul réservoir, les alignemens en furent pris en vos présences; les places et héritages achetés en nostre nom et de nos deniers, ensemble les ouvriers payés suivant vos ordonnances pour rendre le lieu en l'état qu'il est à présent, et voulant maintenant faire réussir à perfection ce qui a été si bien commencé par notredit seigneur et père, et ne laisser un tel ouvrage imparfait, nous aurions fait faire les devis de ce qui était nécessaire pour la conduite desdites eaux en cette ville, et de tout fait faire affiches et proclamations pour les bailler au rabais : sur quoy, après diverses propositions et plusieurs offres faites, enfin bail en aurait été expédié en notre conseil, le 27° jour d'octobre dernier, à notre bien-amé Jehan Coing, et à vous adressé pour faire jouir ledit entrepreneur et le faire exécuter; mais d'autant que ce qui doit être par vous fait en exécution du-

---

(1) Des lettres-patentes du 7 décembre, dont nous ne donnons pas le texte, chargent l'intendance des bâtimens de veiller à l'exécution de ces travaux. — V. ci-devant lettres-patentes de Henri IV, 9 décembre 1608, et la note.

dit bail, et qui dépend de la fonction de vos charges, n'y est à plein spécifié.

A ces causes, vous mandons et ordonnons que vous ayez à prendre garde que lesdits ouvrages soient bien et duement faits suivant les devis, clauses et conditions dudit bail; que ledit entrepreneur et ses ouvriers aient soin d'y travailler incessamment et sans discontinuation, en sorte que ledit ouvrage soit achevé dans le temps qu'il est obligé, porté par ledit bail; faire donner aux ouvriers l'alignement nécessaire par les maîtres de nos œuvres, en vos présences; tenir la main à ce que ledit entrepreneur soit payé par le fermier de la ferme des 30 sous par muid de vin entre notredite ville et faubourgs, de quartier en quartier, selon qu'il sera contenu par les mandemens qu'il obtiendra des trésoriers de nostre épargne; faire faire les prisées et estimations des terres et héritages qu'il contiendra; acheter par gens experts à ce cognoissans, en vos présences, et ledit entrepreneur appelé; en passer les contrats en notre nom pour être portés en notre chambre des comptes, afin d'y avoir recours quand besoin sera; faire mettre au greffe de votre bureau l'acte de caution baillé par ledit entrepreneur, et en cas qu'il fût besoin de les faire renforcer et renouveler, nous en donner avis; et généralement faire pour la conduite desdites eaux, ouvrages et toutes autres choses qui dépendent de l'accomplissement et exécution dudit bail, tout ce que vous verrez estre requis et nécessaire pour le bien de notre service et du public;

Et d'autant que sur les remontrances desdits prévôt des marchands et échevins de ladite ville, nous leur aurions ci-devant adressé nos lettres de commission pour avoir soin de la conduite desdites eaux, afin que l'intérêt qu'a notre ville pour les douze pouces desdites eaux que nous leur avons octroyés pour le public fut conservé, nous voulons qu'en procédant par vous auxdits alignemens, lesdits prévôt des marchands et échevins y soient présens et appelés, comme aussi lorsqu'il surviendra quelque cas au fait de ladite conduite et ouvrage qui soit d'importance, pour en tout conserver l'intérêt de notredite ville. — De ce faire vous avons donné, etc.

N° 30. — DÉCLARATION *en faveur de ceux qui professent la religion réformée* (1).

Paris, 15 décembre 1612; reg. au parl. le 2 janvier 1613. (Vol. ZZ, f° 307. — Merc. franç., année 1612, f° 484 — Mém. du clergé, IV, 655.)

N° 31. — DÉCLARATION *portant que les insinuations pourront être faites indifféremment soit dans les sièges des bailliages et sénéchaussées, soit en ceux des prévôtés* (2).

Paris, 17 décembre 1612; reg. au parl. le 26 juillet 1613. (Vol. ZZ, f° 419. — Joly, II, 1407.)

N° 32. — ÉDIT *qui défend l'usage des broderies d'or, d'argent et de soie sur les habits* (3).

Paris, mars 1613; reg. au parl. le 2 avril (Vol. ZZ, f° 382. — Traité de la police, I, 395.)

N° 33. — DÉCLARATION *interprétative de l'édit précédent sur le dessèchement des marais* (4).

Paris, 5 juillet 1613; reg. au parl. le 23 août. (Vol. ZZ, f° 441. — Code des dessèchemens, p. 45.)

Louis, etc. La connoissance que le feu roy, nostre très-honoré seigneur et père, que Dieu absolve, a euë du bien qui pouvoit revenir à son état en général, et à ses sujets en particulier, de l'entreprise du desseichement des marais, palus et terres inondées, qui estoient en son royaume, lui auroit fait désirer avec affection l'advancement et succez de ladite entreprise, et en cette considération, auroit fait son édict du mois d'avril 1599

---

(1) C'est une confirmation des édits de pacification en faveur des protestans. V. à sa date l'édit de Nantes, 4 juin 1598.

(2) V. le plaidoyer de Merlin sur l'importance des insinuations pour l'acceptation des donations. Nouv. répert. de jurispr. v° Don mutuel, § 3, et ci-devant l'édit d'août 1539, celui de Henri II, 3 mai 1553, l'ordonnance de Moulins, février 1566 (art. 57 et 58), et ci-après la déclaration de Louis XIV, mai 1645, et 17 novembre 1690.

(3) Tout en confirmant les pénalités portées par les anciennes ordonnances, (V. notes sur les lettres de François Ier, mars 1514.) Celui-ci enjoint aux gens d'église de se vêtir modestement; il défend aux ouvriers doreurs, à peine de mille livres d'amende, de dorer ou faire dorer aucun carrosse, etc. — V. ci-après édits du 18 novembre 1633, 16 avril 1634, 3 avril 1636, 24 novembre 1639; de Louis XIV, 31 mai et 12 décembre 1644, 26 octobre 1656, 17 novembre 1660, 27 mai 1661, 17 novembre 1667, 26 avril 1672, 10 février 1687, 14 décembre 1689, et mars 1700.

(4) V. ci-devant l'édit du 8 avril 1599, et la déclaration de janvier 1607, et ci-après la déclaration du 19 octobre.

en faveur de Humfroy Bradleij, maistre des digues de France, qui auroit esté, par vous vérifié le 11ᵉ jour du mois de novembre audit an; et depuis, pour résoudre les difficultez et empeschemens qui auroient esté donnés audit Bradleij, tant par procez qu'autrement, en exécution de cette entreprise; comme aussi pour donner moyen audit Bradleij de trouver des associez de qualité, industrie et moyens suffisans pour mettre à effet un si grand dessein, ledit défunt roi, nostredit seigneur et père, par sa déclaration du mois de janvier 1607, y auroit suffisamment pourveu, et auroit concédé audit Bradleij et à ses associez des priviléges et immunitez, pour leur donner sujet de plus librement entreprendre les ouvrages dudit desseichement, ce que n'estant encore vérifié par vous lors de nostre advénement à cette couronne, nous aurions, par nos lettres-patentes du mois de février 1612, confirmé et approuvé le contenu en ladite déclaration, et vous aurions mandé de procéder à la vérification pure et simple d'icelle, selon sa forme et teneur; mais ayant entendu les raisons et considérations pour lesquelles vous avez différé jusques à présent de faire enregistrer lesdites lettres en forme de déclaration;

Nous, de l'avis de nostre conseil, où le tout a esté rapporté, avons de nouveau et d'abondant, dit et déclaré, disons et déclarons par ces présentes, signées de nostre main, que nous voulons et entendons que le 4ᵉ article de ladite déclaration ait lieu, à la charge que les propriétaires, usagers, ou autres ayans droit esdicts marais, ne pourront être dépossédez, sinon en cas que les deux tiers desdits propriétaires ayent consenty le desseichement desdits marais; auquel cas l'autre tiers sera tenu souffrir ledit desseichement, aux mesmes charges et conditions que les deux autres tiers auront traité avec les entrepreneurs : lesquels néantmoins ne pourront déposséder la moindre partie desdits propriétaires usagers, ou autres ayans droit esdits marais, en remboursant lesdits entrepreneurs de la plus value pour l'amélioration par eux faite esdits marais, qui sera estimée par le plus prochain juge royal des lieux où ils seront assis, en égard à la valeur d'iceux avant le desseichement; de laquelle, à cette fin, sera faite estimation avant ledit desseichement, comme aussi de l'amélioration après icelny : demeurant au choix du tiers desdits propriétaires, usagers et autres ayans droit, de payer ladite estimation, ou suivre l'accord qui aura esté faict avec les deux autres tiers.

Voulons et entendons aussi que l'exemption accordée par le 15° art. de ladite déclaration soit limitée aux personnes des entrepreneurs, et de leurs enfans au premier degré; et qu'il soit adjousté au 16° desdits art., que les officiers royaux plus proches des lieux seront appelez pour voir niveler les eaux des marais qu'il conviendra desseicher, afin qu'il soit pourveu à ce qu'il n'arrive aucune inondation dommageable de la rivière prochaine; à la charge que lesdits entrepreneurs seront tenus d'entretenir, à leurs frais et despens, les canaux si larges et profonds que la navigation s'y puisse commodément faire.

Voulons et entendons pareillement, en esclaircissant les 18 et 21 art., que lesdits entrepreneurs ne puissent faire abbattre ne démolir aucune chose, qu'au préalable ils n'ayent payé et dédommagé les particuliers qui pourront estre interressez en ladite démolition, suivant l'estimation qui en aura esté faite, conformément ausdits articles; comme aussi que les réglemens que feront les entrepreneurs, suivant le 19° art. de ladite déclaration, soient tels que bon leur semblera, pour avoir lieu entr'eux; mais s'ils y veulent obliger d'autres, ils le feront pardevant les juges des lieux, le substitut de nostre procureur-général appelé.

Et pour le regard du 23° art., nous voulons et entendons qu'il y soit adjousté, au cas qu'il y aye saisie ou opposition par quelques créanciers, que publication sera faite de la vente des marais que lesdits entrepreneurs voudront acquérir, par trois dimanches consécutifs, et que l'argent consigné ne pourra estre délivré que deux ans après la consignation; demeurans néantmoins les entrepreneurs deschargez après l'an qu'ils auront fait ladite consignation : et finalement qu'il soit aussi adjousté au 27° art., que lesdits entrepreneurs, ou ceux qui résideront esdits marais, bailleront les noms et surnoms de leurs domestiques au greffe du plus prochain siége des lieux où ils voudront porter bastons à feu.

N° 34. — LETTRES *de confirmation des statuts des 32 courtiers de vins de Paris* (1).

Fontainebleau, septembre 1613; reg. au parl. le 15 novembre. (Vol. ZZ, f° 454.)

---

(1) V. note sur l'édit de Henri III, mai 1578, et ci-devant janvier 1612, lettres de confirmation des statuts des jurés vendeurs et contrôleurs de vin.

N° 55. — **Lettres-patentes** *interprétatives des précédens édits sur le desséchement des marais* (1).

Fontainebleau, 16 octobre 1613; reg. au parl. le 3 décembre 1614. (Vol. AAA, f° 111, Code des desséchemens, p. 49.)

Louis, etc. A nos amez et féaux conseillers les gens tenans nostre cour de parlement à Paris, salut. Humfroy Bradleij, maistre des digues de France, et ses associez en l'entreprise du desseichement des marais, sous le bénéfice des édicts à eux concédez, nous ont fait très humblement remonstrer que, sur lettres-patentes, en forme d'édict, à eux octroyées dès le mois de janvier 1607, nostre très honoré seigneur et père le roy Henry-le-Grand, que Dieu absolve, et que nous leur aurions confirmées au mois de février 1612, s'estant trouvé quelques difficultez : pour les résoudre et en faciliter l'exécution, nous vous aurions adressé nos lettres de déclaration en forme de jussion, du 5 de juillet 1613, par lesquelles nous vous aurions fait entendre nostre vouloir et intention, suivant laquelle vous auriez vérifié et fait enregistrer lesdites lettres-patentes en forme d'édict, et ladite déclaration en forme de jussion sur icelles, par arrest du 23 aoust dernier; mais que depuis il s'est reconnu qu'il y avoit encores quelque chose en ladite déclaration, qui n'estoit assez intelligiblement exprimé, dont il pourroit naistre des procez et différends à l'advenir, qui seroient grandement préjudiciables ausdits entrepreneurs, et pourroient interrompre le cours des affaires du desseichement, s'il ne leur estoit par nous sur ce pourveu, mesmes sur ce que nous ayant ordonné par ladite déclaration, que le 4° article desdites lettres-patentes aurait lieu, à la charge que les entrepreneurs ayant traité avec les deux tiers des propriétaires, usagers et autres ayans droit esdits marais et terres inondées, ne pourroient déposséder l'autre tiers qui voudroit les rembourser de l'amélioration qui seroit par eux faite esdits marais, auquel effet estimation seroit faite de la valeur d'iceux, avant et après le desseichement, demeurant au choix du tiers desdits propriétaires et autres y ayant droit de payer l'estimation de la plus valeur, ou de suivre l'accord qui aura esté fait avec les deux autres tiers, sans qu'il soit exprimé dans quel temps lesdits propriétaires et autres ayans droit esdits marais, pourront faire ledit choix, ce qui rendroit lesdits entrepreneurs

---

(1) V. ci-dessus 5 juillet, et ci-après déclaration du 12 avril 1639.

incertains de ce qu'ils auroient à faire, ne pouvant disposer des terres qui seroient par eux desseichées, pour n'en estre propriétaires assurez tant que ladite option seroit à faire. Comme aussi par l'art. 13 desdites lettres en forme d'édict, ayant esté accordé quelques priviléges personnels à ceux qui résideroient sur lesdits marais estans desseichez, afin de donner sujet de les faire valoir; par ladite déclaration, lesdites exemptions auroient esté limitées aux personnes des entrepreneurs et de leurs enfans au premier degré, ce qui n'apporteroit aucun avantage ausdits associez, qui ne sont pas pour s'habituer sur les lieux; ainsi cette concession ne produiroit pas l'effet que nous en espérons, et finalement, il est porté par ladite déclaration que l'art. 16 desdites lettres en forme d'édict, est homologué à la charge que lesdits entrepreneurs seront tenus d'entretenir à leurs frais et despens les canaux qu'ils feront si larges et profonds que la navigation s'y puisse commodément faire, à quoi il a esté obmis d'exprimer les canaux navigables, nostre intention n'ayant esté de contraindre lesdits entrepreneurs de faire tous les canaux qu'ils feront pour ledict desseichement, si larges et profonds que la navigation s'y puisse faire, cela estant comme impossible et du tout inutile.

Pour ce est-il que nous, désirans qu'il ne reste aucun doute de nostre vouloir sur l'interprétation de ladite déclaration qui puisse mouvoir des procez, et retarder l'effet de ladite entreprise, nous, de l'advis de nostre conseil, avons déclaré et déclarons par ces présentes signées de nostre main, que nous voulons et ordonnons:

(1) Que le tiers desdits propriétaires, usagers et autres ayans droit èsdits marais, qui seront desseichez sans leur consentement par lesdits Bradleij et associez, en vertu de nosdites lettres, seront tenus de faire leur option et choix de retenir leurs terres estant desseichées, en payant l'amélioration suivant l'estimation qui en aura esté faite, et y satisfaire dedans trois mois, après que ladite estimation aura été faite, eux présens ou deuement appelez, et qu'ils auront esté interpellez de déclarer leur volonté; et, à faute de faire dans ledit temps et icelui passé, en vertu des présentes, sans autre signification de jugement, ils seront tenus de suivre et entretenir les mesmes conditions et traitez qui auront esté faits et accordez entre lesdits entrepreneurs et les propriétaires et autres ayans droit esdits deux autres tiers desdits marais;

Que ceux qui seront habituez sur lesdits marais desseichez, et leurs enfans au premier degré, ayant droit desdits entrepreneurs, jouyront de l'exemption portée par ledit art. 16 desdites lettres en forme d'édict, et que lesdits entrepreneurs seront tenus de faire seulement les canaux par eux destinez à la navigation si larges et profonds que la navigation se puisse commodément faire.

N° 36. — DÉCLARATION *qui autorise les substituts des avocats et procureurs du roi à postuler en toutes justices royales dans les causes où le roi n'a pas d'intérêt* (1).

Paris, 20 décembre 1613; reg. au parl. le 6 septembre 1616. (Vol. AAA, f° 306. — Joly, II, 1279. — Néron, I, 743.)

GUERRE CIVILE (2). JANVIER — MAI 1614.

N° 37. — DÉCLARATION *qui affecte à l'Hôtel-Dieu de Paris le produit des aumônes qui se feront dans toutes les villes du royaume par suite de bulles d'indulgence* (3).

Paris, 13 février 1614; reg. au parl. le 22. (Vol. ZZ, f° 495.)

---

(1) Ils n'étaient pas assez rétribués. V. l'ordonn. de Moulins (février 1566), art. 20, celle de Blois (mai, 1579), art. 115, l'édit de mai 1586, et ci-devant le titre de la déclaration du 22 février 1607.

(2) Le prince de Condé quitta la cour dans les premiers jours de janvier. Il fut bientôt suivi d'un grand nombre de princes et officiers de la couronne qui se retirèrent dans leurs gouvernemens. Tout le monde ignorait la cause de ce départ, lorsque la reine reçut le 22 janvier une lettre du prince de Condé, où il se plaignait, tant personnellement qu'au nom des autres seigneurs qui avaient suivi son exemple, des désordres qui s'étaient glissés dans l'état depuis la mort du feu roi. Sans nommer le maréchal d'Ancre, il fait une longue énumération des griefs qu'on lui reproche. Il demande la convocation des états-généraux et en développe la nécessité; il prie la reine de suspendre jusqu'à la convocation des états, les mariages d'Espagne (du Roi avec Anne d'Autriche, et d'Élisabeth de France avec le prince d'Espagne). — V. ci-après note sur le traité du 15 mai 1614.

(3) Cet édit vise et confirme un édit de François Ier, 18 avril 1515; de

N° 38. — ARTICLES *arrêtés entre les commissaires délégués par le roi et Henri de Bourbon, prince de Condé* (1).

Sainte-Menehould, 15 mai 1614. (Merc. franç. III, 428.)

N° 39. — LETTRES *de convocation des états-généraux à Sens pour le 10 septembre* (2).

Paris, 9 juin 1614. (Rec. de pièces concernant la tenue des états-généraux VII, p. 1. Paris, 1789.)

DE PAR LE ROI, etc. Notre amé et féal, depuis qu'il a plu à Dieu nous appeler à cette couronne, notre principal désir a toujours esté, suivant l'avis et prudent conseil de la reine régente, nostre très honorée dame et mère, de maintenir ce royaume en la même paix et tranquillité, tant parmi nos sujets qu'avec les rois, princes et états nos voisins, que le feu roi notre très honoré seigneur et père, d'éternelle mémoire, y avoit par son inimitable valeur et prudence glorieuse, établie, et avec cela de soulager nostre peuple autant qu'il nous serait possible, ce qui nous a, par la grâce de Dieu, si heureusement succédé qu'il se peut dire jamais minorité des rois nos prédécesseurs, ne s'être passée avec plus de douceur et de repos pour le bien de tous nos sujets et de réputation pour la conduite des affaires, tant dedans que dehors le royaume, ce que désirans par tous moyens affermir et croître, nous avons estimé, suivant l'avis de la reine régente, nostredite dame et mère, qu'il étoit maintenant à

Henri II, 6 octobre 1547; de François II, mars 1559; de Henri IV, 19 février 1593 et 2 octobre 1603, dont nous n'avons pas donné le texte.

(1) V. ci-devant note sur la guerre civile. — Cette guerre se termina par ce traité, dans lequel le roi s'engagea à assembler les états-généraux à Sens pour le 25 août, pour y faire *librement* les propositions et remontrances, pour contenir chacun en son devoir, pour affermir les lois et édits faits, pour la conservation de la tranquillité publique et reformer en mieux les désordres qui peuvent donner quelqu'occasion de plainte et de mécontentement. Le roi donne en dépôt au prince de Condé le château d'Amboise, Mézières et Soissons, jusqu'après la tenue des états-généraux. Il rend au duc de Vendôme son gouvernement, permet au duc de Retz d'avoir garnison; il paie 450 mille livres pour les frais d'armement, approuve les levées de deniers faites par les princes, déclare tenir le prince de Condé et ses adhérans pour bons et loyaux sujets; il accorde au fils du duc de Nevers la survivance du gouvernement de Champagne.

(2) L'ouverture fut remise au 10 octobre à Paris, à l'occasion d'un voyage que le roi fit en Bretagne; elle n'eut lieu que le 27. V. ci-après. Le roi différa de même jusqu'en 1629 la publication des ordonnances qu'il avait promises pour remédier aux abus, en conséquence des plaintes des états-généraux.

propos de mettre à effet le désir et intention qu'elle a toujours eue de faire à l'entrée de nostre majorité, une convocation et assemblée générale des états de toutes les provinces de nostre royaume, pour en icelle représenter et faire entendre ce qui s'est passé pendant nostre bas âge, exposer l'état présent des affaires, et pourvoir pour l'avenir à l'établissement d'un bon ordre pour la conduite des affaires et administration de la justice, police et finances, et aviser à tous bons moyens qui puissent servir au soulagement de nos peuples et sujets et à la réformation des abus et désordres qui se pourroient être glissés au préjudice de notre autorité et du bien et avantage de tous les ordres de ce royaume; en quoi nous nous promettons que nostre bonne intention sera secondée et assistée d'une droite dévotion et sincère affection à nostre service et au bien de notredit royaume et de tous nos sujets.

A ces causes, nous vous avertissons et signifions que nostre vouloir est de commencer à tenir les états libres et généraux des trois ordres de nostredit royaume, au 10 septembre prochain, en notre ville de Sens, où nous entendons et désirons que se trouvent aucuns des plus notables personnages de chacune province, baillages et sénéchaussée d'icelui, pour nous faire entendre les remontrances, plaintes et doléances qu'ils auront à nous faire, et les moyens qu'ils reconnoîtront plus convenables pour y mettre un bon ordre; et pour cet effet, nous vous mandons et très expressément enjoignons qu'incontinent la présente reçue, vous ayez à convoquer en la principale ville de votre ressort et juridiction, dans le plus bref temps que faire se pourra, tous ceux des trois états d'icelui, ainsi qu'il est accoutumé et qu'il s'est observé en semblables cas pour conférer et communiquer ensemblement, tant des remontrances, plaintes et doléances, que des moyens et avis qu'ils auront à proposer en l'assemblée générale de nosdits états, et ce fait, s'élire, choisir et nommer un d'entre eux de chacun ordre, tous personnages de suffisance et intégrité, qu'ils envoyeront et feront trouver en notredite ville de Sens audit jour 10 septembre prochain, avec amples instructions, mémoires et pouvoirs suffisans, pour, selon les bonnes, anciennes et louables coutumes de ce royaume, nous faire entendre, tant leursdites remontrances, plaintes et doléances, que les moyens qui leur seront plus convenables pour le bien public, manutention de nostre autorité, soulagement et repos d'un chacun, les assurant que, de nostre part, ils trouveront toute bonne volonté et affection de faire suivre, observer et exécuter entièrement ce qui sera résolu sur tout ce qui aura été proposé et avisé auxdits états, afin que chacun, en son endroit, en puisse recevoir et ressentir les fruits, que l'on peut et doit attendre d'une telle et si notable assemblée.

Donné, etc.

N. 40. — Edit *sur les* (1) *priviléges en matières de tailles.*

Paris, juin 1614; reg. en la Cour des aides, le dernier décembre. (Corbin, Code Louis, II, 391. — Néron, I, 744.)

Louis, etc. Il nous a esté fait de grandes plaintes de la plupart des élections de nostre royaume, du grand nombre de personnes qui s'exemptent induement du payement de nos tailles, sous divers prétextes, à la foule et oppression des autres contribuables; et même de ce que plusieurs des plus riches trouvent moyen de se faire employer dans les estats de nostre maisons, et autres qui sont envoyez en nos cours des aydes pour jouir des priviléges accordez à nos domestiques. A quoi désirant pourvoir en sorte que telles exemptions n'apportent plus à l'avenir de surcharge à nos sujets et de non-valeur en la levée de nos deniers: sçavoir faisons, que par le prudent avis de la reine régente nostre très honorée dame et mère, et des princes de notre sang, autres princes, officiers de nostre couronne, et des plus notables personnages de nostre conseil, nous avons par ces présentes, dit, statué et ordonné, disons, statuons et ordonnons ce qui ensuit.

(1) Que les exemptions des tailles ci-devant accordées à nos élus particuliers et autres officiers de nos élections particulières, seront modérées à dix livres, nonobstant les déclarations qui pourroient avoir été ci-devant expédiées en leur faveur.

(2) Les commissaires examinateurs ne jouiront d'aucune exemption.

(3) Les jaugeurs ne jouiront aussi d'aucune exemption.

(4) Nos juges, procureurs et les greffiers, et officiers des siéges particuliers de nos eaux et forests, et des bureaux particuliers de nostre admirauté, ne jouiront d'aucune exemption.

---

(1) V. l'ordonn. d'Orléans (janvier 1560), art. 126, l'édit de Henri III, mars 1583; de Henri IV, 1598 et 1600, et ci-après l'édit de 1634. — V. la loi du 3 nivose an 7, et la loi de 1821 sur les finances, relativement à la contribution personnelle. — Les indigens seuls sont exempts.

(5) Les collecteurs des tailles et greffiers des tailles, ne jouiront d'aucune exemption.

(6) Les ouvriers en soye demeurans aux villages et villes taillables, ne jouiront d'aucune exemption.

(7) Les receveurs des consignations ne jouiront d'aucune exemption.

(8) Les verriers ne jouiront d'aucune exemption s'ils ne sont nobles d'extraction.

(9) Les maistres des mines et forges de fer, et leurs ouvriers, ne jouiront d'aucune exemption.

(10) Les descendans des frères de la Pucelle d'Orléans, qui vivent à présent noblement, jouiront à l'avenir des priviléges de noblesse, et leur postérité de masle en masle vivant noblement, même ceux qui pour cet effet ont obtenu nos lettres patentes et arrests de nos cours souveraines, mais ceux qui n'ont vécu et ne vivent à présent noblement, ne jouiront plus à l'avenir d'aucuns priviléges. Les filles et femmes aussi descendues des frères de ladite Pucelle d'Orléans, n'annobliront plus leurs maris à l'avenir.

(11) Les exemptions ci-devant accordées aux officiers et ouvriers de nos monnoyes, lesquelles sont à présent en chommage, sont et demeurent dès maintenant toutes révoquées, avec défences d'y avoir aucun égard jusques à ce que lesdites monnoyes soient remises et affermées à nostre profit, auquel cas les officiers et ouvriers se pourvoiront pardevers nous pour jouir des priviléges jusqu'à pareil nombre qu'en celles desquelles sont maintenant affermées. Et pour le regard des monnoyes ouvertes, auxquelles on travaille à présent, les officiers desdites monnoyes jouiront des priviléges comme ils ont accoutumé ; ensemble les ouvriers et monnoyers jusques au nombre de vingt aux monnoyes de Paris et de Bayonne, et autres monnoyes ouvertes qui travaillent jusques au nombre de quinze seulement, à la charge et condition néanmoins qu'ils ne jouiront d'aucuns priviléges, sinon dans les villes ausquelles sont establies nosdites monnoyes, et aux cas qu'ils y fassent leur résidence, et non ailleurs, et sans qu'ils puissent prétendre ni jouir d'aucune exemption aux lieux ausquels nosdites monnoyes ne sont establies : duquel nombre d'officiers, ouvriers et monnoyeurs pour chacune monnoye sera envoyé estat à nos cours des aydes, avec copies collationnées du bail à ferme de nosdites monnoyes, pour les faire jouir des priviléges des monoyeurs et de l'exemption des tailles, jusques à la somme de soixante livres de toutes tailles et non plus.

(13) Aucun ne pourra estre exempt des tailles par le seul consentement des habitans du lieu, ausquels nous faisons défenses de prester aucun consentement par faveur, ou par quelqu'autre consideration que ce soit.

(14) Les concierges, portiers et jardiniers travaillans en nos maisons, ne jouiront aussi d'aucune exemption, excepté les concierges, portiers et jardiniers estans à nos gages et servans actuellement comme domestiques en nosdites maisons de Fontainebleau, Saint-Germain-en-Laye, Villers-Cotterets, Blois, Chambord, Amboise et le Plessis-lez-Tours, et toutefois en cas seulement qu'ils soient couchez et employez dans les estats de nos domestiques portez en nos cours des aydes, et non autrement.

(15) Ceux qui doivent service continuel en quelque lieu, à cause de quelque estat et office, ou de quelque charge qui les oblige à résider, ne pourront jouir d'exemption des tailles qu'au lieu auquel ils doivent résidence, comme un eslu en la ville en laquelle est le siége de son élection.

(16) Ceux qui sont de compagnie de chevau-légers ne jouiront d'aucunes exemptions, excepté ceux qui sont de chevau-légers de nostre compagnie.

(17) Ceux qui auront esté de compagnies de gendarmes entretenues, dont les capitaines sont morts et les compagnies cassées, ne jouiront d'aucune exemption, sinon ceux ayans servi vingt ans aux compagnies entretenues, ou qui ayant eu commandement pareil temps en l'infanterie, auront obtenu de nous lettres de vétéran, et icelles fait vérifier en nos cours des aydes.

(18) Ceux qui sont de compagnies de gendarmes non entretenues ne payées ne jouiront d'aucune exemption.

(19) Les veuves de gendarmes des compagnies non entretenues ne jouiront, pour cette seule qualité, d'aucune exemption, si ce n'est que leurs maris auparavant leur décès ayent obtenu lettres de vétéran, et icelles fait vérifier en nos cours des aydes.

(20) Ne pourra estre employé dans l'estat des archers de nostre corps au nombre des attachez, aucun archer qui ne nous ait servi en ladite qualité par l'espace de vingt ans; et au cas qu'il en fût employé aucun qui ne fût de cette qualité, ne jouira d'aucune exemption : sera libre toutefois à celui qui aura servi vingt ans en cette qualité de se pourvoir par devers nous pour obtenir des lettres de vétéran, lesquelles vérifiées en nos cours des aydes,

16.

jouiront d'exemption, sans qu'il leur soit nécessaire estre employez sur l'estat au nombre des retranchez.

(21) Les officiers employez dans les estats de l'amirauté et de l'artillerie seront réduits à certain nombre, après avoir sur ce pris l'avis des chefs desdites charges. Et pour le regard de ceux qui seront de nouveau employez dans lesdits estats et pourvus soit par mort ou autrement, s'ils n'ont ci-devant fait service à nos prédécesseurs ou à nous en nos armées, ils ne jouiront que jusques à vingt livres d'exemption de toutes tailles, sinon après qu'ils auront rendu service actuel aux charges pour lesquelles ils seront couchez dans lesdits estats.

(22) Tous soldats mortes-payes de forteresses et chasteaux ne pourront jouir d'aucune exemption qu'en la paroisse en laquelle ledit chasteau sera situé, et jusques à la somme de soixante sols seulement de toutes tailles.

(23) Les archers des toilles servans à nos chasses ne seront exempts des tailles que jusques à la somme de dix livres, encore qu'il soient couchez dans les estats de nostre venerie.

(24) Dans les estats qui seront envoyez en nostre cour des aydes, les officiers seront nommez par nom et surnom, avec spécification du lieu de leur demeure, et en quelle eslection.

(25) Aucun des officiers domestiques de nostre maison, et de tous autres domestiques couchez et employez dans les estats envoyez en nos cours des aydes, pour jouir des priviléges, ne seront exempts de la contribution de nos tailles, s'ils ne sont employez ausdits estats aux gages pour le moins de soixante livres, et s'ils ne servent actuellement, conformément à l'art. 342 de l'ordonnance de Blois, fors et excepté les officiers des sept offices, servans actuellement en nostre maison, et en celle de la reine régente nostre très honorée dame et mère.

(26) Les officiers qui auront à servir leur quartier, feront publier aux prônes de leurs paroisses, et signifier au procureur syndic les quartiers qu'ils doivent servir, un mois ou quinze jours auparavant leur partement; et après le service fait, feront publier et signifier comme dessus le certificat de leur service, un mois après icelui, et faute de faire faire lesdites publications et certifications par lesdits officiers, ils ne jouiront d'aucune exemption; demeurant en outre loisible aux habitans de la paroisse d'informer du contraire du contenu ausdits certificats, tant par témoins, que par écrit, sans estre tenus de faire aucune inscription en faux.

(27) Ne pourra estre donné aucune dispense de service, sinon pour cause de maladie certifiée par le juge et procureur du lieu, et par acte signé du greffier, lequel acte, avec ladite dispense, sera signifié au procureur syndic et asséeurs de la paroisse, qui le pourront débattre en cas de fraude et de supposition.

(28) La vérification du payement des gages fait à un officier qui sert, sera d'oresnavant faite par les extraits des comptes rendus en nostre chambre des comptes, s'il en a esté compté; et si le compte n'a encore esté rendu, par les certificats des payeurs, receveurs et trésoriers qui leur en auront fait le payement, lesquels seront tenus de certifier au vrai s'ils ont actuellement payé, ou non; et ce à peine de faux et de tous les dépens, dommages et intérests des parties. Et pour le regard des officiers qui sont payés par argentiers ou payeurs qui ne rendent compte en nos chambres des comptes, le payement en sera vérifié par la certification desdits argentiers ou payeurs, lesquels aussi seront tenus de certifier au vrai, s'ils ont actuellement payé, ou non, et si lesdits officiers ont actuellement servi, ou non; et ce à peine de faux, et de tous les dépens, dommages et intérests des parties.

(29) Les officiers couchez en nos estats, et en celui de la reine régente nostre très honorée dame et mère, et en tous les autres estats envoyez en nostre cour des aydes, et qui y sont reçus suivant nos lettres ci devant vérifiées, ne pourront s'employer à aucune vacation répugnante à la qualité en laquelle ils feront service, comme un juge, avocat, procureur, ou sergent, en qualité de gendarme, gentilhomme de la vénerie, officier de cuisine, cannonier, ou autre semblable; et aussi comme un marchand en qualité de gentilhomme servant, écuyer, gentilhomme de la vénerie, ou autre semblable.

(30) Aucun de ceux qui se feront coucher de nouveau sur les estats au lieu d'un autre, ou autrement, ne pourra jouir de l'exemption des tailles, qu'il n'ait auparavant et dans le premier jour d'octobre fait publier aux prônes, tant dans la paroisse de celui au lieu duquel il est, que de celle de laquelle il veut jouir de l'exemption des tailles, l'arrest ou l'extrait du rolle auquel il est compris, et icelui fait signifier aux consuls ou procureurs syndics de chacune desdites paroisses.

N° 41. — LETTRES-PATENTES *qui donnent aux jésuites établis à Paris la chapelle N.-D. des Ardilliers, près Saumur.*

Angers, août 1614; reg. au parl., le 23 février 1615. (Vol. AAA, f° 153.)

N° 42. — DÉCLARATION *contre les duels et confirmation des édits de pacification* (1).

Paris, 1er octobre 1614; reg. au parl. le lendemain. (Vol. AAA, f° 114. — Merc. franç., année 1614.)

N° 43. — LIT *de justice tenu au parlement de Paris pour la déclaration de la majorité du roi* (2).

Paris, 2 octobre 1614. (Dupuy, traité de la Majorité des rois, II, 311.)

Le roi dit à l'assemblée :

« MM., Etant, par la grâce de Dieu, parvenu en l'âge de majorité, j'ai voulu venir en ce lieu pour vous faire entendre qu'étant majeur comme je suis, j'entends gouverner mon royaume par bon conseil, avec piété et justice; j'attends de vous, mes sujets, le respect et l'obéissance qui est due à la puissance souveraine et à la puissance royale que Dieu m'a mise en main. Ils doivent aussi espérer de moi la protection et les grâces qu'on peut attendre d'un bon roi qui affectionne sur toutes choses leur bien et repos. »

Puis il dit à la reine :

« Madame, je vous remercie de tant de peines que vous avez prises pour moi; je vous prie de *continuer de gouverner et commander* comme vous avez fait par ci-devant (3). Je veux et j'entends que vous soyez obéie en tout et partout, et qu'après moi vous soyez chef de mon conseil. »

N° 44. — ETATS-GÉNÉRAUX (4).

Paris (5), 27 octobre 1614. (Rec. de pièces origin. et authent.; concern. la tenue des états-généraux, tom. V, p. 126.)

L'assemblée était composée de 494 députés, savoir : 163 pour

---

(1) V. sur les duels, édit de juin 1609, et l'édit de pacification dit de *Nantes*, juin 1598. — Celui-ci n'est qu'une confirmation.

(2) V. pour le cérémonial le lit de justice du 15 mai 1610.

(3) Ce qui eut lieu en effet jusqu'en 1617, époque de la disgrâce du maréchal d'Ancre.

(4) V. la lettre de convocation, à la date du 9 juin, et le traité de Sainte-Menehould, du 15 mai.

(5) Ils avaient d'abord été convoqués à Sens; mais ils se tinrent à Paris.

le clergé, dont 59 archevêques et évêques (président le cardinal de Joyeuse) 136 pour la noblesse, (président le baron de Sencey), et 195 pour le tiers-état, présidé par Miron, prévôt des marchand de Paris. La veille (26 octobre) les trois ordres se réunirent, d'après une convocation du roi, dans l'église des Augustins et allèrent processionnellement entendre la messe du Saint-Esprit à Notre-Dame, chaque membre tenant un cierge à la main. — Le roi ouvrit la séance par ces mots :

« MM., j'ai désiré de vous cette grande et notable assemblée au commencement de ma majorité, pour vous faire entendre l'état présent des affaires, pour établir un bon ordre, par le moyen duquel Dieu soit servi et honoré, mon pauvre peuple soulagé, et que chacun puisse être maintenu et conservé en ce qui lui appartient, sous ma protection et autorité. Je vous prie et conjure de vous employer comme vous devez pour une si bonne œuvre. Je vous promets saintement de faire observer et exécuter tout ce qui sera résolu et adressé à cette assemblée (1). Vous entendrez plus amplement ma volonté par ce que vous dira M. le chancelier (2). »

L'archevêque de Lyon, orateur du clergé, prononça un long éloge du jeune roi et de la reine, sa mère. Il exalta la piété comme la première vertu des rois et l'appui le plus ferme des empires, et ne dit pas un mot des réformes pour lesquelles les états se trouvoient convoqués.

M. Pont de Saint-Pierre, au nom de la noblesse, compara la majesté royale à la divinité. Il prodigua des louanges outrées à Marie de Médicis, et termina son discours en exprimant l'espérance que les états remédieroient à plusieurs désordres, notamment en rendant à la noblesse son ancien lustre : « A cette no-
« blesse autrefois si relevée, dit-il, maintenant tant abaissée par
« quelques-uns de *l'ordre inférieur*, sous prétexte de quelques
« charges. Qu'ils apprennent, continue l'orateur, que bien que
« nous soyons sujets d'un même roi, nous ne sommes pas tous
« également néanmoins traités ; ils verront tantôt la différence
« qu'il y a d'eux à nous. Ils la verront et s'en souviendront, s'il
« leur plaît. C'est cette noblesse, sire, qui est toujours prête d'ex-
« poser mille vies pour le salut de son prince, etc., etc. »

---

(1) Vaine promesse. V. cependant l'ordonnance de 1629.
(2) Nous n'avons pu retrouver le discours du chancelier dans aucune des collections des états généraux.

Le prévôt des marchands de Paris, président du tiers-état, Robert Miron, remercia le roi, au nom de son ordre, de la convocation des états qu'il avoit bien voulu faire en entrant dans sa majorité. Il espéroit que le pauvre peuple recevroit de cette assemblée un soulagement dont il avoit si grand besoin.

Après cette séance, les trois ordres se réunirent séparément pendant plusieurs mois pour la rédaction de leurs cahiers qui furent présentés au roi le 23 février 1615. Un incident remarquable s'éleva à l'occasion de l'article suivant proposé par le tiers-état, en tête de ses doléances, contre les jésuites et les doctrines ultramontaines :

« Que pour arrêter le cours de la pernicieuse doctrine qui s'introduit depuis quelques années contre les rois et puissances souveraines, établies de Dieu, par des esprits séditieux, qui ne tendent qu'à les troubler et subvertir, le roi sera supplié de faire arrêter en l'assemblée de ses États, pour loi fondamentale du royaume, qui soit inviolable et notoire à tous, que comme il est reconnu souverain en son état, ne tenant sa couronne que de Dieu seul, il n'y a puissance en terre, quelle qu'elle soit, spirituelle ou temporelle, qui ait aucun droit sur son royaume, pour en priver les personnes sacrées de nos rois, ni dispenser ou absoudre leurs sujets de la fidélité et obéissance qu'ils lui doivent, pour quelque cause ou prétexte que ce soit. Que tous les sujets, de quelque qualité et condition qu'ils soient, tiendront cette loi pour sainte et véritable, comme conforme à la parole de Dieu, sans distinction équivoque ou limitation quelconque; laquelle sera jurée et signée par tous les députés des États, et dorénavant par tous les bénéficiers et officiers du royaume, avant que d'entrer en possession de leurs bénéfices, et d'être reçus en leurs offices, tous précepteurs, régens, docteurs et prédicateurs tenus de l'enseigner et publier. Que l'opinion contraire, même qu'il soit loisible de tuer ou déposer nos rois, s'élever et rebeller contre eux, secouer le joug de leur obéissance, pour quelqu'occasion que ce soit, est impie, détestable, contre vérité et contre l'établissement de l'état de la France, qui ne dépend immédiatement que de Dieu. Que tous livres qui enseignent telle fausse et perverse opinion, seront tenus pour séditieux et damnables; tous étrangers qui l'écriront et publieront, pour ennemis jurés de la couronne, tous sujets de S. M. qui y adhéreront, de quelque qualité et condition qu'ils soient, pour rebelles, infracteurs des lois fondamentales du royaume,

« et criminels de leze majesté au premier chef. Et s'il se trouve
« aucun livre ou discours écrit par quelqu'étranger, ecclésiastique
« ou d'autre qualité, qu'il contienne proposition contraire à ladite
« loi, directement ou indirectement, seront les ecclésiastiques
« de même ordre établis en France, obligés d'y répondre, les
« impugner et contredire incessamment, sans respect, ambiguïté
« ni équivocation, sur peine d'être punis de même peine que
« dessus, comme fauteurs des ennemis de l'état (1). »

Cet article, proposé par les députés de Paris, fut appuyé par ceux de toutes les provinces. Le clergé s'éleva contre la doctrine qu'il renfermoit. Le cardinal Duperron fut envoyé vers la noblesse pour la prier de s'opposer à cet article « le plus dangereux
« et le plus pernicieux qui fût jamais. C'étoit se vouloir séparer
« entièrement de l'église et s'attaquer au chef d'icelle, à l'exem-
« ple de celui qui voulut introduire une certaine croyance en
« Afrique, à qui un évêque répondit que l'Eglise ne pouvoit être
« réduite à un coin de l'Afrique, que ce faisant, ce seroit deshé-
« riter J.-C. de son héritage, à qui Dieu, son père, avoit permis
« de se faire *maître de toute la terre*.

« Que la doctrine de l'article étoit problématique en France,
« encore qu'elle ne le fût pas en Espagne, en Italie, en Allema-
« gne, en Pologne, en Suède où ils tiennent l'affirmative (la su-
« périorité de la puissance spirituelle), que cette doctrine a été
« soutenue par saint Bernard, saint Dominique, et par tant d'au-
« tres docteurs célèbres ;

« Que le patriarche de Constantinople ne voulut jamais con-
« sentir à sacrer ni donner la couronne à l'empereur Anastase,
« avant qu'il eût renoncé à son hérésie et signé le concile de Chal-
« cédoine, que Constantin répondant à quelqu'un qui le pressoit
« de commander quelque chose aux évêques, lui dit qu'il n'étoit
« qu'un homme et que les évêques étoient comme des Dieux,
« qu'ainsi il n'avoit point le pouvoir de leur commander, mais
« seulement de les prier, etc., etc.

« Que cependant ils reconnoissent que le roi ne tient sa cou-
« ronne que de Dieu seul, mais que la doctrine de la suprématie
« du pape peut être soutenue et qu'il n'appartient qu'à un concile
« général de décider la question. »

« Que pour eux ils étoient résolus d'aller tous au martyre et
« souffrir qu'on leur coupât les poings, plutôt que de faire ce ser-

---

(1) L'université de Paris présenta un article presque semblable.

« ment ; qu'il croyoit MM. du tiers-état très capables et de grands
« personnages, mais qu'il falloit distinguer les matières ; que l'ad-
« ministration de la justice leur avoit été commise et se devoient
« tenir à cela, mais qu'ils devoient leur laisser à eux ce qui con-
« cernoit la religion et la foi, sans se vouloir mêler de la leur pres-
« crire.... »

Le cardinal Duperron répéta en finissant qu'ils étoient résolus de mourir et d'aller franchement au martyre plutôt que de si-gner, ni jurer cet article qui nous méneroit sans doute au misérable état de l'église d'Angleterre.

Le président de la noblesse remercia l'orateur au nom de la compagnie, de l'honneur qu'il lui avoit fait de venir lui-même en leur chambre et de la manière docte et judicieuse dont il avoit traité cette matière.

L'avocat général Servin, informé de ce qui se passoit, se transporta dans la grande chambre du parlement où les chambres se trouvoient alors assemblées pour délibérer sur la suppression de la paulette. Il leur persuada de suspendre pour quelque temps leur délibération qui concernoit leur intérêt particulier et de songer à la proposition du tiers-état que l'on vouloit abolir dans les chambres du clergé et de la noblesse, qu'il y allait de l'état et du salut des rois, et que la Cour ne pourroit se refuser à maintenir une doctrine si saintement professée et par tant d'arrêts, sur quoi la Cour arrêta d'en délibérer incessamment. Effectivement elle rendit, le 2 janvier 1615, un arrêt confirmatif de ceux du 2 décembre 1561, 29 décembre 1594 (1), 7 janvier et 19 juillet 1595, 27 mai, 8 juin, 26 novembre 1610.

Au moment où le parlement rendoit cet arrêt, le cardinal Duperron, assisté de grand nombre d'archevêques et évêques et de plusieurs députés de la noblesse, se rendit dans la chambre du tiers-état où il développa longuement l'opinion qu'il avoit émise à la chambre de la noblesse.

« Sur la question de la déposition des rois, j'en parlerai, dit-il, hardiment, combien qu'à regret néantmoins. Je dirai ce qui est de la croyance de l'église, que ce point est problématique et l'a toujours été en théologie, qui ne peut être comprise sous les lois politiques, laquelle théologie il faut distinguer d'avec l'état

---

(1) V. à sa date. Nous n'avons pas donné le texte des autres arrêts dont il est ici question.

et police temporelle; qu'en France, cette question a toujours été tenue problématique, appelant de ce nom les questions contre lesquelles, de part et d'autre, il n'y a décision de l'Écriture, de l'église, ni aucun anathème; comme en philosophie nous disons une opinion et question probable pour laquelle il n'y a démonstration nécessaire. En France, ceux qui tiennent l'affirmative ne tiennent les autres pour excommuniés, non plus que ceux qui tiennent la négative ne sont réputés anathêmes. Ceux qui tiennent l'affirmative allèguent que Samuel déposa Saül, Salomon fut déposé par Abias, et le royaume baillé à Jéroboam; Bénabad déposa Jéhu, etc., etc.»

En définitive, l'orateur ne prend parti ni pour ni contre, et il croit sage de laisser la question sans solution, dans la crainte d'élever un schisme dans l'église. Il déclare, au reste, que, pour le cas d'hérésie, le pape peut transférer le royaume à un autre; que c'est la doctrine positive de l'église.

« L'article, dit-il plus bas, a été dressé et proposé par mauvaises gens, ennemis de la religion et de l'état, pour introduire Calvin et sa doctrine; et ces mauvaises gens veulent, sous l'autorité du roi (comme on faisoit sous les armes d'Achille), combattre l'église et ce qui est de la verité d'icelle; et apportent une nouvelle doctrine qu'ils n'oseroient soutenir devant moi. Julien l'Apostat, mêla ses representations des faux dieux avec les images des saints dedans les temples sacrés. Ils nous veulent tromper de même, et nous voulons vous découvrir le danger et vous prier de ne joindre les questions problématiques et douteuses avec une qui est indubitable et autorisée par l'église universelle. Il ne faut point heurter les deux grandes puissances qui se maintiennent par l'intelligence et l'union, et qui se perdent par la division; représentez-vous que toutes les fois que la France a été mal avec le pape, elle n'a eu que du malheur et de la désolation. »

Il conclut à ce que l'article fût entièrement remis à la discrétion du clergé, et en conséquence rayé du cahier du tiers-état.

Miron, président du tiers-état, répondit « que l'intention de sa compagnie avoit été de maintenir l'indépendance de la couronne des rois, qui ne peut leur être arrachée par aucune puissance; que le pape n'a pas ce pouvoir; que l'église ne l'a jamais prétendu; qu'ils avoient voulu que ceux qui écrivent le contraire fussent châtiés comme criminels par les juges séculiers, n'entendant pas faire une loi ecclésiastique de cette proposition (comme n'en étant pas un sujet), mais une règle de police qui oblige tous les sujets de S. M., de quelque qualité et profession qu'ils soient.

« Que cependant, s'il y avoit quelques mots dans l'article qui puissent donner soupçon à MM. du clergé qu'on avoit voulu entreprendre sur ce qui est de la juridiction de l'église, ils déclaroient abandonner ces mots à MM. du clergé qui voudroient bien y substituer ce qu'ils jugeroient convenable, n'altérant rien, toutesfois, au sujet de l'article. »

Le cardinal Duperron répliqua qu'il n'avoit pas été dans son intention d'accuser aucun membre de la compagnie; mais qu'il faut craindre de tomber dans l'hérésie, et que l'adoption de l'article y conduiroit. — Il remercia ensuite le président et les membres du tiers-état des éloges qu'ils lui avoient donnés; il dit qu'il étoit persuadé qu'ils ne voudroient avancer un schisme et répéter l'horreur du serment d'Angleterre; que l'autorité du pape ne peut être bornée comme on vouloit le faire, etc., etc.

Quelque temps après, l'évêque de Mâcon se présenta dans l'assemblée du tiers-état pour y présenter un article rédigé par sa compagnie, et qu'il proposoit en son nom de substituer à celui du tiers-état, en voici le texte :

« Les détestables parricides commis ès personnes de nos rois, ont fait connoître par expérience, au malheur de la France, que les lois et les peines temporelles n'étoient pas suffisantes pour en découvrir les damnables auteurs qui, induits et séduits par les artifices du diable, ont présumé, en commettant telles abominations, d'éviter les peines temporelles. C'est pourquoi les prélats de votre royaume, auxquels Dieu a commis le soin et la conduite des âmes et des consciences de votre peuple, désirant, comme bons pasteurs et fidèles sujets de V. M., pourvoir à la sûreté de votre personne et au repos de votre état, ont estimé être de leur devoir et autorité pastorale, pour arracher et détourner cette abominable fureur de rébellion, du cœur et de la pensée de tous ceux qui ne veulent obéir à la voix du Saint-Esprit, prononcée par l'oracle infaillible de l'église universelle, et éviter la damnation éternelle préparée à ceux qui y contreviennent, de renouveler et faire publier le décret de la session 15e du concile de Constance, tenu il y a 200 ans, par lequel sont déclarés abominables, hérétiques et condamnés aux peines éternelles ceux qui, sous quelque prétexte que ce soit, tiennent qu'il est permis d'attenter à la personne sacrée des rois et même des tyrans. Laquelle publication de l'autorité de l'église, lesdits prélats supplient très humblement V. M. d'avoir pour agréable, comme étant pour l'instruction de vos peuples, seul remède à lier et obliger les consciences et les éloigner de toutes telles exécrables imaginations (1). En outre, supplions V. M. d'écrire ou de faire entendre par son ambassadeur, à N. T. S. P. le pape, la publication et renouvellement dudit saint décret; suppliant S. S. de vouloir, de son autorité apostolique, faire une déclaration d'approuver ledit saint décret, comme ses prédécesseurs ont fait, offrant, lesdits prélats, d'y ajouter leurs très humbles supplications si besoin est. »

En présentant cet article, l'évêque de Macon l'accompagna de quelques observations sur la puissance spirituelle; il parla, en outre, d'un arrêt (2) qui auroit été rendu par le parlement de Paris sur l'article en question, et duquel les députés du clergé étoient résolus de se plaindre au roi. En même temps, il demanda l'adjonction du tiers-état à leur réclamation, attendu qu'il s'agissoit de la dignité des états.

Le président Miron lui répondit :

« Qu'il ne leur étoit point apparu jusqu'à présent que la Cour eût fait aucune entreprise contre l'autorité des états, et que d'ailleurs il ne croyoit pas que pour la tenue d'iceux les Cours souveraines fussent suspendues. »

A la suite de ces débats, le clergé et la noblesse allèrent au Louvre porter leurs plaintes contre l'arrêt du 2 janvier. V. ci-après l'arrêt du conseil du 6 janvier 1615.

En conséquence de cet arrêt, l'article fut rayé du cahier, et il n'en fut plus question aux états; mais le parlement arrêta de présenter au roi des remontrances (3)

Les principales demandes des états qui furent maintenues dans le cahier général, étoient : 1° la conclusion du mariage du roi avec Anne d'Autriche, et d'Élisabeth de France, sœur du roi, avec Philippe, prince d'Espagne; 2° l'établissement d'un nouveau conseil près la personne du roi, composé (outre les princes du sang, les autres princes et officiers de la couronne) de quatre prélats, de quatre gentilshommes et quatre officiers par chaque quartier; 3° la suppression de la vénalité des offices et du droit

---

(1) V. la déclaration faite en 1827 par les évêques, pour tenir lieu de la déclaration de 1682.

(2) C'est l'arrêt du 2 janvier 1615, dont nous avons parlé plus haut.

(3) V. ci-après, à la date du 22 mai 1615, et l'arrêt du conseil du lendemain.

annuel connu sous le nom de la *paulette;* 4° l'établissement d'une commission pour la recherche des financiers; 5° la suppression des pensions. — Le roi fit répondre par son chancelier aux chefs des gouvernemens des trois chambres des états qu'il avoit fait demander au Louvre après la remise des cahiers : « Que S. M. et son conseil avoient vu leurs cahiers; que la multitude, diversité et importance des articles ne permettoient pas qu'on y pût répondre sitôt que LL. MM. auroient désiré; qu'à cette occasion, et afin que les états reçussent les témoignages de leurs bonnes volontés ès principaux articles, et sur lesquels ils s'étoient plutôt arrêtés et affectionnés, LL. MM. s'étoient résolues à ôter la vénalité des charges et offices, et à mettre règlement à tout ce qui en dépendoit, rétablir la chambre pour la recherche des financiers et retrancher les pensions; le tout avec tel ordre et forme que les états auroient occasion d'en être contens; et que pour le surplus des demandes faites par lesdits cahiers, il y seroit répondu et pourvu le plus promptement qu'il seroit possible. »

N° 45. — LETTRES *de confirmation des statuts des marchands de poissons d'eau douce et lamproyeurs de Paris* (1).

Paris, novembre 1614; reg. au parl., le 28 avril 1615. (Vol. AAA, f° 178.— Traité de la police, III, 528.)

N° 46. — ARRÊT *du conseil qui évoque à la personne du roi les différends élevés entre le parlement et les chambres du clergé et de la noblesse au sujet d'un article du tiers-état* (2).

Paris, 6 janvier 1615. (États généraux, tom. XVII.)

Le roi ayant entendu les différends survenus en l'assemblée des trois ordres de son royaume convoqués à présent par son commandement en cette ville de Paris, sur un article proposé

---

(1) Cette corporation remonte à l'ordonn. de saint Louis (1258), qui érigea en corps de métiers jurés toutes les professions mécaniques de Paris. V. ordonn. de Philippe V, 1310, à sa date; l'ord. de Charles VIII, juillet 1484; Louis XII, janvier 1504 (omises comme n'étant que confirmatives), et ci-après, édit de Louis XIV, mai 1661, ordonnances du lieutenant de police des 6 décembre 1672, 9 avril 1677, 9 mars 1683, et arrêt du 30 juillet 1689.

(2) V. ci-devant, 27 octobre 1614, et ci-après l'arrêt du conseil du 23 mai, et l'extrait des remontrances du parlement.

en la chambre du tiers-état, et la délibération intervenue en la Cour de parlement sur le même sujet, le second du présent mois, ouï les remontrances des députés du clergé et de la noblesse, S. M., séante en son conseil, assistée de la reine sa mère, des princes du sang et autres princes, ducs, pairs, officiers de la couronne et autres de son conseil, pour bonnes et grandes considérations.

A évoqué et évoque à sa propre personne lesdits différends; a sursis et sursoit l'exécution de tous arrêts et délibérations sur ce intervenues; fait expresses inhibitions et défenses d'entrer en aucunes nouvelles délibérations sur ladite matière, et à ladite Cour d'en prendre aucune jurisdiction et connaissance, ni passer outre en la signature et publication de ce qui a été délibéré en icelle, ledit jour 2° du présent mois; fait, etc.

N° 47. — ARRÊT *du parlement de Paris, toutes chambres assemblées, qui décide que les princes, prélats et autres seigneurs ayant voix délibérative audit parlement, seront invités à se trouver à jour fixe en la grand'chambre pour, avec M. le chancelier, aviser sur les propositions qui seront faites pour le service du roi et bien de son service* (1).

Paris, 28 mars 1615. (Merc. franç., IV, 26.)

N° 48. — ARRÊT *du conseil qui casse et annulle l'arrêt du 28 mars et les remontrances du 22 mai.*

Paris, 23 mai 1615. (Merc. franç., IV, 80.)

Le roy ayant fait voir en présence de la reyne sa mère, des

---

(1) V. ci-devant les états, et ci-après les remontrances du 22 mai, et l'arrêt du conseil du lendemain. — Nous ne donnons pas le texte de l'arrêt du 28 mars. Il est presqu'entier dans le titre. — M. Jay, dans son ouvrage sur le cardinal de Richelieu, fait sur cet arrêt la réflexion suivante : « Telle était alors l'ignorance « générale concernant la distribution des pouvoirs, qu'une assemblée de magis- « trats qui ne devaient leurs prérogatives ni aux suffrages de la nation, ni au « choix du prince, affectaient sur les états-généraux une supériorité qui n'était « justifiée ni par les lois, ni par la raison. » Cette observation nous semble inexacte et injuste tout à la fois. Les états généraux n'avaient rien prononcé. C'étaient deux fractions, le clergé et la noblesse, qui cherchaient à repousser la déclaration du tiers-état sur la souveraineté temporelle. Le parlement était le gardien de la constitution du royaume, et comme tel, il devait s'opposer à l'envahissement des doctrines ultramontaines.

princes officiers de sa couronne, ducs, pairs, et autres seigneurs et personnes notables de son conseil, l'arrest donné au parlement le 28 du mois de mars dernier, par lequel lesdits princes, pairs, ducs et officiers de la couronne, qui ont séance et voix délibérative audit parlement sont invités de s'y trouver pour adviser avec eux aux propositions qui leur seront faites pour le service de S. M., soulagement de ses subjects et bien du royaume; ladite convocation ordonnée sans en avoir adverty S. M. et reçu sur ce son commandement, elle auroit à cette occasion mandé les présidens de la cour, ceux des enquestes et un bon nombre de conseillers de toutes les chambres, pour leur faire déclarer par la bouche de monseigneur le chancelier qu'ils avoient outrepassé le pouvoir à eux attribué par les lois de leur institution, et n'estans establis que pour rendre la justice à ses subjects et non pour cognoistre des affaires d'estat, sinon lorsqu'il leur estoit commandé;

Que sur pareilles entreprises faites par le parlement durant le règne du roy François Ier, il auroit cassé et déclaré nul ledit arrest pour restreindre le pouvoir de madame la régente sa mère et ordonné qu'il lui seroit apporté dans 15 jours pour estre cancellé, avec deffenses à eux de plus commettre telles indues entreprises;

Que le roy Charles IX n'estant encore qu'en l'entrée de sa majorité, offensé de ce que le parlement auroit voulu prendre cognoissance de leur autorité privée et sans en avoir reçu commandement de lui, encores que ce fût en choses de moins d'importance, les auroit aussi repris aigrement et cassé ledit arrest, et ordonné en ces mots qu'il seroit lacéré et biffé, afin que la mémoire de telle et si nouvelle entreprise par eux faite fust oubliée;

Que du temps de Charles VIII, le parlement, excité par la seule considération de son devoir, auroit, sans attendre le commandement, fait une réponse digne de sa vertu et fidélité au duc d'Orléans, lors premier prince du sang et depuis roy sous le nom de Louis XII, sur la plainte qu'il leur fit des déportemens de madame Beaujeu sœur du roy, qui avoit le maniement des affaires du royaume, les priant et exhortant de se joindre à luy pour y remédier, à sçavoir que le parlement n'avoit été institué que pour rendre la justice aux subjects du roy, et non pour se mesler des affaires du roy, sinon quand il leur estoit commandé par le chef ordonné de Dieu, auquel seul ils doivent obéir en cet endroit et non à autres, laquelle réponse fut faite par le sieur de la Vacquerie, lors premier président, avec paroles graves et pleines de dignité pour induire et persuader ce grand prince de s'adresser au roy et se reconcilier pluslôt avec madame de Beaujeu que de rechercher d'autres moyens qui pourroient estre cause de mettre le trouble en l'estat, suivant lesquels exemples des roys prédécesseurs de S. M., qui a le mesme pouvoir et authorité qu'ils ont eu durant leur règne, cassa, révoqua et déclara dès-lors nul ledit arrest du 28 mars, et ordonna qu'il seroit osté des registres, leur faisant défenses de prendre à l'avenir aucune cognoissance des affaires d'estat; au préjudice desquelles défenses, au lieu d'y obéir, aucuns des présidens et conseillers des enquêtes, députez commissaires pour dresser et mettre par écrit de nouvelles remontrances, ont demandé l'exécution d'iceluy arrest, et adjoutant plus de foy qu'ils n'ont deu aux advis qui leur ont esté donnez par personnes qui l'ont fait malicieusement et à mauvais dessein ou qui n'en estoient bien informez, inséré èsdites remontrances plusieurs articles qui sont notoirement calomnieux, en ce qu'ils essayent de jeter un blasme général et mettre en mauvaise odeur tous ceux qui ont eu part en l'administration des affaires et finances, qui fait assez juger qu'on a pluslôt désiré de donner des prétextes à ceux qui auroient volonté de troubler la tranquillité publique que de chercher les moyens de faire cesser les abus et désordres qu'on grossit pour accroistre les mécontentemens particuliers et diminuer d'autant l'authorité de S. M., lesquels articles eussent semblablement esté retranchez desdites remontrances, s'il eût esté permis aux plus sages et judicieux, lorsque lecture en fut faite, les chambres assemblées, de délibérer sur chacun article et de les examiner particulièrement, ainsi que souloit estre fait du passé.

A quoi voulant pourvoir et empescher à l'advenir tels désordres et indues entreprises.

A de rechef cassé, révoqué et déclaré nul ledit arrest du 28 mars dernier, faisant inhibition et défenses audit parlement de s'entremettre à l'advenir des affaires d'estat, sinon quand il leur sera commandé;

Et afin que la mémoire de cette entreprise et désobéissance soit du tout esteinte, veut que ledit arrest ensemble lesdites remontrances soient biffées et ostées des registres, et à cet effet que le greffier soit tenu les apporter à S. M. incontinent après la signification qui lui sera faite du présent arrest, à peine de perdre son office; se réservant néantmoins Sadite Majesté de pourvoir au plustôt et le plus favorablement qu'elle pourra aux plaintes et remontrances contenues dans les cahiers des états généraux, qu'il fait voir et examiner de jour à autre, non seulement en ce qui regarde la justice, mais aussi le clergé, la noblesse, la police et les finances, dont les dits édits seront envoyés au parlement et à tous autres parlemens et cours souveraines du royaume pour les vérifier et y faire les remontrances qu'ils jugeront en leur conscience devoir estre utiles au public, et lors elle les recevra volontiers, les mettra en considération et y aura autant d'esgard qu'il sera requis pour témoigner le soin que S. M. veut avoir du bien et soulagement de ses bons subjects. Fait, etc.

Extrait des remontrances présentées au roi par le parlement de Paris.

Dans le préambule, le parlement proteste de sa fidélité et de la pureté de ses intentions. Il dit que par l'arrêt du 28 mars il n'a point entrepris sur l'autorité royale, parce que l'assemblée des grands n'y a été proposée que sous le bon plaisir de S. M., pour lui représenter le désordre qui se multiplie chaque jour, et parce qu'il a le devoir, depuis que Philippe-le Bel et Louis-le-Hutin l'ont déclaré sédentaire à Paris, de garder la constitution de l'état, de vérifier les lois, ordonnances, et édits, créations d'offices, traités et autres plus importantes affaires du royaume (ainsi qu'il conste des lettres-patentes à eux adressées); voire même ce qui est accordé par les états-généraux doit être vérifié en la cour où est le siège du trône royal et le lit de la justice souveraine. Il cite l'exemple du roi Jean, la déclaration de guerre aux Anglais, de l'avis du parlement, sous Charles V, l'accord de 1405 entre les maisons d'Orléans et de Bourgogne, les remontrances faites à Louis XI par le président de la Vacquerie, et la réponse bienveillante de ce roy si jaloux de son autorité; les remontrances faites au même prince sur les abus de la cour de Rome.

C'est un mauvais conseil donné à S. M. de commencer son règne par tant de commandement et de puissance absolue, et de l'accoutumer à des actions dont les bons rois n'usent que fort rarement, étant certain par les vraies maximes d'état que plus la puissance est grande et absolue, plus on doit la ménager pour la faire plus longuement durer. Louis XII ne resista aux entreprises de Jules II et du souverain d'Italie, et n'accorda le mariage de sa fille que de l'avis du parlement mandé à Tours; sous François Ier il envoya des mémoires sur la réforme de l'état et les traités de Madrid, et autres furent délibérés en parlement. Il cite les grands arrêts sur la loi salique, en faveur de Philippe de Valois et de Henri IV. Henri III, à Chartres, en mai 1588, remercia le parlement de ses remontrances. Si les rois n'accueillirent pas toujours ces remontrances comme François Ier, à l'égard du concordat, et Charles IX, ils s'en repentirent plus tard, et leurs ministres furent disgraciés. — Le parlement continue ainsi ses remontrances:

« Le plus grand regret de votre parlement, sire, et qui le touche plus sensiblement, est d'avoir vu dans la ville capitale de France, à la face des états, en présence de V. M., de la reine votre mère, des princes et seigneurs, qu'on a voulu rendre votre puissance souveraine douteuse et problématique, et renverser la loi fondamentale de votre royaume; c'est pourquoi, pour arrester le cours de telles maximes, votre parlement supplie V. M. de ne permettre que sa souveraineté soit déclarée nulle, cette maxime étant contraire aux lois fondamentales du royaume.

Votre parlement supplie très humblement V. M. de considérer combien il est nécessaire d'entretenir les anciennes alliances et confédérations renouvelées par le feu roi, de très glorieuse mémoire, avec les princes, potentats et républiques étrangères, d'autant que de là dépend la sûreté de votre état et le repos de la chrétienté.

Et ne pouvant espérer que l'ordre qui sera establi par V. M. puisse être de durée, sans l'avis et conseil de personnes grandement expérimentées et intéressées en l'estat, V. M. est très humblement suppliée retenir en votre conseil, avec les princes de votre sang, les autres princes et officiers de la couronne, les anciens conseillers d'état qui ont passé par les grandes charges, et ceux qui seront extraits de grandes maisons et familles anciennes qui par l'affection naturelle et intérêt particulier sont portés à la conservation de vostre état, et en retrancher les personnes introduites depuis peu d'années, non par leur mérite et services rendus à V. M.; mais à la faveur de ceux qui veulent y avoir des créatures.

Et d'autant qu'il est à craindre qu'aucuns de ceux qui ont l'honneur d'approcher de V. M. et participer aux conseils les plus secrets, gagnés par pensions des princes étrangers, n'emploient ouvertement leur faveur et conseil à l'avancement de leurs affaires au préjudice des vôtres, défenses soient faites à toutes personnes, de quelque qualité qu'elles soient, de recevoir pensions, droits et appointemens d'aucuns princes étrangers, sur peine d'être déclarez criminels de lèze-majesté, et semblablement à tous conseillers de votre conseil, officiers de vos cours souveraines et autres, prendre pensions ou appointemens d'aucuns princes, seigneurs de votre royaume, du clergé et autres communautés, à peine d'être punis comme concussionnaires, suivant vos ordonnances.

Que les officiers de la couronne, gouverneurs des provinces et villes de votre royaume soient maintenus en leur autorité, et puissent exercer librement les charges dont il a plcu au roi les honorer, sans qu'aucun se puisse entremettre de disposer et ordonner de ce qui dépend de leur fonction.

Qu'il ne soit baillé à l'avenir aucune survivance des charges, gouvernemens, capitaineries des places fortes, et que si aucunes étoient baillées ci-après, elles soient déclarées nulles, comme étant un moyen de les rendre héréditaires, et ôter à V. M. la disposition et moyen d'en pouvoir de long-temps gratifier ceux qui l'auroient dignement servie.

Et pour ce que la corruption de ce siècle a introduit cet abus, que les charges militaires, les gouvernemens, les capitaineries de vos gardes et autres officiers de votre maison, auxquels est confiée la sûreté de votre personne, jusqu'aux places des officiers de votre bouche, et les moindres de votre maison et de messieurs les enfans de France, se vendent aujourd'hui publiquement par ceux qui ont la faveur. V. M. est suppliée d'en défendre très expressément la vénalité pour éviter plusieurs malheurs et accidens funestes; même que vos places frontières ne soient achetées de l'argent des princes étrangers, et la foi des autres officiers ébranlée.

Comme aussi de pourvoir aux gouvernemens de vos provinces et places d'importance, charges et dignités militaires, de personnes dont la fidélité soit connue, et qu'ils ne soient engagez par bienfaits ou affections particulières à d'autres qu'à V. M., et que suivant les ordonnances du royaume, elles ne soient commises és mains d'étrangers qui n'auroient la même affection naturelle et intérêt à la conservation de votre état que les naturels François, n'étant raisonnable de confier les clefs de votre royaume et la sûreté de l'état au hasard de leur volonté; laquelle venant à changer, les provinces frontières se pourroient soustraire de votre obéissance, si ce n'étoit que pour recommandation de leurs signalés et recommandables services, il plût à V. M. y déroger par lettres-patentes vérifiées en vos parlemens.

La vérité étant le principal fondement des états, V. M. est très humblement suppliée de conserver toujours dans son royaume la religion catholique, apostolique et romaine en son ancienne dignité et splendeur, la favoriser et augmenter en ce qui se pourra sans déroger aux édits de pacification, et toutefois réprimer et défendre toutes intelligences, conseils secrets, habitudes et communications trop fréquentes de vos sujets, tant ecclésiastiques qu'autres, avec les ambassadeurs des princes étrangers, comme aussi de contracter de nouveau serment de fidélité qui se fait à présent par aucuns ecclésiastiques, et ordonner que les informations de la vie et mœurs de ceux qui seront pourvus de bénéfices et prélatures seront faites par-devant les évêques diocésains comme on avoit accoutumé.

Conserver aussi les marques de l'autorité et antiquité de l'église gallicane, et ne permettre qu'il soit entrepris sur ses droits, franchises et libertés.

Que l'église soit repurgée des abus qui s'y glissent tous les jours, par le moyen de confidence publique : et que les coadjutoreries qui ont été vendues, même pendant la tenue des états, soient révoquées et annulées.

Que la multiplicité des nouveaux ordres religieux, introduits depuis peu d'années en votre royaume, à la diminution de l'autorité et ministère des pasteurs ordinaires, soient réduits et réglés par les anciens décrets, constitutions canoniques, capitulaires et ordonnances des rois vos prédécesseurs, et arrêts de votre parlement.

Et d'autant que l'ignorance ordinairement est mère de l'hérésie, et que le seul moyen de l'extirper est que les archevêques et abbés soient de bonne vie et littérature, pour enseigner, prêcher et donner bon exemple à toutes sortes de personnes, V. M. est très humblement suppliée, pour la considération de la religion catholique, apostolique et romaine, vacation avenant des archevêchés, évêchés et abbayes, d'y nommer des personnes de bonnes familles, et qui soient de mérite et de vertu, âgées du moins de trente ans, et de suffisance et qualité requise par les saints décrets et conciles ; et qu'aucuns étrangers ne soient admis aux grandes dignités et prélatures de l'église, contre les ordonnances de votre royaume.

Avoir agréable qu'il soit fait recherche de nouvelles sectes et de gens infâmes qui se sont coulées à Paris, ès maisons des grands, près de votre cour, depuis peu d'années, comme anabaptistes, juifs, magiciens et empoisonneurs; commander qu'ils soient punis par vos juges ordinaires, selon les rigueurs des ordonnances; défendre à toutes personnes de les attirer par dons ou promesses, et ne puissent être soutenus et favorisés de l'intercession d'aucuns, afin d'empêcher que ceux-là n'approchent de votre personne sacrée, qui sont ennemis du nom chrétien, et s'efforcent d'établir une synagogue en votre ville de Paris, ce qui ne peut apporter que malédiction et provoquer l'ire de Dieu sur votre royaume.

Est aussi suppliée de continuer ses glorieux desseins au rétablissement de l'université de Paris, suivant les règlemens qui en ont été faits, desquels il ne reste que l'exécution, et inviter, par bienfaits, tous professeurs des sciences, à ce que la jeunesse de votre royaume soit instruite en l'ancienne piété et doctrine française, et leurs esprits exemptés de la corruption et artifice de ceux qui divertissent l'affection naturelle que vos sujets doivent à leur patrie et à leurs parens, dont on a vu et voit par chacun jour de tristes et misérables effets.

La justice étant une des principales colonnes de votre état, qui vous fait heureusement régner avec l'amour et crainte de vos peuples, les officiers de votre parlement, que vous en avez rendus dépositaires, sont obligés de vous représenter, quoiqu'avec regret, que depuis peu d'années elle a été grandement violentée, et les fleurons d'icelle, indignement traités; on a vu en public, dans votre ville de Paris, l'exécution d'un arrêt empêchée; Paris, ensemble, en armes, et le condamné tiré du supplice, et au lieu de punir ceux qui, par cette force publique, avoient violenté la justice, lettres octroyées au condamné de commutation de peine. On pourra rapporter plusieurs autres violences faites pour empêcher le cours de la justice et autres grands excès commis ès personnes de vos juges, officiers et ministres, faisant leurs charges qui ne sont que trop notoires; et d'autant que l'impunité fréquente de tels crimes, par lesquels votre autorité est blessée en la personne de vos officiers, les pourront tirer à mépris; V. M. est très humblement suppliée que telles violences et voies de fait ne demeurent impunies comme elles ont fait par le passé, et qu'il sera procédé contre ceux qui se trouveront coupables, suivant la rigueur de vos ordonnances, nonobstant toutes grâces, pardons et abolitions qu'ils pourroient, par importunité ou autrement, obtenir, avec défenses à tous juges d'y déférer et y avoir égard.

Que la connoissance des affaires qui se traitent en votre conseil soit réglée suivant vos ordonnances; et la justice contentieuse réduite à la forme d'icelle, à peine de nullité de ce qui aura été fait, et que les arrêts de votre parlement ne puissent être cassés ou sursis sur requête, comme il se fait ordinairement, mais que ceux qui se voudront pourvoir contre les arrêts, ne le puissent faire que par les voies de droit et selon vos ordonnances. Comme aussi les évocations trop fréquentes, dont la plainte est toute notoire, soit réduite au cas des mêmes ordonnances.

Qu'aucunes lettres de grâce ou abolition ne soient expédiées en faveur de ceux qui seront prévenus d'assassinats et crimes qualifiés, ni évocations accordées pour en éluder les poursuites à donner ouverture à l'impunité, même pour les traiter pardevant les prévots des maréchaux de France, sous prétexte qu'ils s'y soient rencontrés, et qu'aucunes commissions ne soient expédiées, soit pour juger souverainement ou en dernier ressort, soit pour faire le procès à aucuns accusés, qu'elles ne soient vérifiées en votre parlement.

Que les édits et arrêts intervenus sur le fait des duels, seront observés et entretenus, sans que les coupables puissent avoir aucune grâce et abolition, étant chose trop regrétable, que tant d'édits et déclarations vérifiées en votre parlement, demeurent sans exécution; et que le sang de votre noblesse, qui doit être conservé pour servir, se répande si souvent pour de légères et frivoles occasions.

Les plaintes étant publiques, que les arrêts résolus en votre conseil sont changés, en sorte que celui qui gagne son procès, se trouve souvent par après l'avoir perdu, qu'on fait hardiment et impunément des promesses pour fournir des arrêts de votre conseil, qu'on expédie contre toute forme, plusieurs sortes de lettres même de répit, rappel de ban et de galères au préjudice des ordonnances qu'on fait revivre indirectement des offices mêmes, qu'on retient encore à présent des procurations pour en profiter: V. M. est très humblement suppliée de permettre qu'il soit pourvu à tous lesdits cas.

Que l'exaction qui se fait en la petite chancellerie, sans édit vérifié en votre cour de parlement, de deux sols parisis pour les lettres qui ne gissent en connoissance de cause, dont on ne payoit auparavant aucune chose, et de quatre sols parisis pour celles qui gissent en connoissance de cause, desquelles on ne vouloit payer que deux sols parisis, soit prohibée et défendue, et tous autres droits nouvellement introduits au cas dit, tant à cause de votre domaine de Navarre, qu'autrement : ensemble, l'augmentation du sceau aux siéges royaux et présidiaux : et deffenses faites de contraindre vos sujets de prendre lettres pour le droit de confirmation et lever icelui sur autres, que ceux lesquels de tout temps et ancienneté y sont contribuables : qu'il sera informé de ce qui a été levé et exigé, et en conséquence de tout ce que dessus, même des créations de nouveaux offices en votre chancellerie et attribution de nouveaux droits, sans qu'il en soit tourné aucune chose au profit de V. M.

Et d'autant qu'il est tout notoire, qu'aucuns conseillers d'état ou autres, ayant le maniement de vos affaires des finances, s'associent avec les partisans, ou retirent d'eux des pensions ou des présens pour leur faire adjudication de vos fermes et parties casuelles, leur accordant modération et rabais ou autrement, favorisent leurs intentions, à cause de quoy on rejette souvent les enchères avantageuses à V. M. pour les gratifier comme entr'autres, près de 200,000 livres, sur le parti des aides qui eût servi pour augmenter le fonds destiné au rachat de paiemens des rentes de la même nature, et qu'il advient ordinairement que ceux qui sont ordonnés commissaires pour l'exécution desdites parties, se trouvent intéressés en iceux ; V. M. est suppliée d'ordonner que défenses soient faites à tous conseillers en votre conseil et autres officiers, de prendre pension, ni autre chose desdits partisans et adjudicataires de vos fermes, directement ou indirectement, ni obtenir de V. M. aucuns dons ou assignations sur les deniers qui en procèdent, à peine de péculat et de répétition du quadruple contre leurs héritiers, et permettre qu'il soit informé de votre procureur général, à l'encontre de ceux qui ont commis tels larcins, pour être fait et parfait leurs procès.

Le public ayant grand intérêt à la conservation des bonnes familles qui tombent souvent en ruine et demeurent caduques à cause des jeux de brelans auxquels la jeunesse est attirée par gens perdus, qui sont ministres et instrumens de leurs débauches, et par ce moyen, consommer ce qu'elle a de biens, et se rend inutile par après au service public, que les ordonnances et arrêts intervenus sur le fait desdits brélans, seront exécutés nonobstant tous brevets et déclarations contraires.

V. M. considérera, s'il vous plaît, combien il est important au bien de ses affaires de régler ses finances, et que le mauvais ménage, la profusion et prodigalité tirent après soi de pernicieux effets, car elle cause la nécessité du prince ; la nécessité contraint de charger les sujets de nouveaux subsides; la foule des sujets apporte les mécontentemens desquels naissent enfin les remuemens et soulèvemens des peuples. On s'est toujours plaint du grand nombre des officiers des finances, qui ne sert qu'à les épuiser, et néanmoins depuis six mois en çà, on a créé trois officiers de trésoriers de pensions, au même temps que les états assemblés en requéroient la modération; on a créé cent officiers de secrétaires de votre chambre, officiers imaginaires dont on ne sauroit dire quel est l'exercice, et pour en troubler le débit, on a voulu user de contrainte contre plusieurs particuliers, desquelles créations, outre que vos finances demeurent chargées à perpétuité, V. M. n'a tiré aucun secours et ont été les deniers couvertis au profit de quelques particuliers : et si le désordre est si grand que ceux qui ordonnent, envoyent acheter avec peu de deniers comptans de vieilles dettes notables, provenans des dons et gratifications, tant des défunts rois que de V. M.; et ce qui est intolérable, ce sont les grands rabais et dédommagement accordés depuis la mort du feu roi aux partisans du sel, aides, des cinq grosses fermes et autres, montans à sommes immenses, et pour y parvenir, on a donné à diverses personnes grandes sommes de deniers dont V. M. sera éclaircie, s'il lui plaît permettre qu'il soit informé tant contre ceux qui ont accordés le rabais, qu'autres qui y ont participé.

L'une des grandes charges de vos finances consiste ès excès qui sont merveilleusement accrus depuis la mort du feu roi, lesquelles V. M. est très humblement suppliée de réduire au même état où elles étoient auparavant, à l'effet qu'elles soient principalement destinées d'acquérir des serviteurs hors de votre royaume et aux affaires secrètes de V. M., n'étant raisonnable que le service et la fidélité que vous doivent vos sujets soit acheté à prix d'argent, et ne permettre qu'une grande partie des pensions tourne au profit de ceux qui manient les affaires, étant employés sous noms supposés à personnes inconnues et de nul mérite; et pour le regard de ceux que V. M. voudra récompenser, qu'ils soient gratifiés par dons et bienfaits qui seront vérifiés en votre chambre des comptes, lorsqu'ils excéderont la somme de 1,000 livres, tant de vos cours souveraines qu'autres, soient révoquées, afin que l'on n'estime que par tels moyens, ils puissent être détournés de leur devoir et affection au bien public, et service fidel à V. M.

Chacun sait que ce qui a rendu le règne du feu roi heureux et abondant, et lui a facilité le moyen d'amasser de grands trésors et faire de grandes armées, a été le bon ordre établi aux finances; et sa première maxime étoit de commettre à peu de personnes l'administration, au lieu qu'aujourd'hui on y a introduit plusieurs qui les chargent excessivement; au moyen de quoi V. M. peut juger comme il est expédient de réduire à peu de personnes ce nombre effréné qui ne sert, sinon, que dépuiser vos finances par leurs appointemens, et par les gratifications et pensions qui se distribuent à leurs parens, amis et confidens.

Sire, la dissipation et profusion qui a été faite en vos finances depuis le décès du feu roi est incroyable; pendant son règne, le revenu de votre royaume n'étoit si grand qu'il est à présent, ainsi qu'il sera justifié par écrit, s'il est besoin; on acquittoit néanmoins toutes les plus grandes sommes, qu'on a cessé de payer depuis sa mort à plusieurs princes, potentats et républiques étrangères, et outre, s'employoient grands deniers tant aux bâtimens superbes qu'il faisoit, qu'autres dépenses assez notoires, montant toutes lesdites sommes à plus de trois millions de livres par chacun an, outre et pardessus tout ce qui se paye et emploie à présent: et toutefois on mettoit encore tous les ans en réserve deux millions de livres, qui font cinq millions et plus que l'on pouvoit épargner par an depuis sa mort, lesquelles quatre années suivantes montent à plus de vingt millions de livres qu'on eût pu employer au rachat de votre domaine, acquit et décharge de V. M.; il y avoit aussi, lors du décès du défunt roi, tant à la Bastille, qu'entre les mains des trésoriers de l'épargne, plus de quatorze millions de livres, dont il ne reste pas aujourd'hui trois millions; et V. M. reconnoîtra encore plus certainement le désordre desdites finances, quand il lui plaira remarquer que les dépenses qui devoient être moindres pendant sa minorité, comme aussi celles de votre personne, ont de beaucoup excédé celle du feu roi votre père.

La preuve en est évidente, en ce que la dépense de l'année 1610, que le feu roi mourut, quoiqu'elle fut chargée de plusieurs dépenses extraordinaires; à savoir, du couronnement de la reine votre mère, des funérailles du défunt roi, de la guerre de Juliers et de votre sacre, toutefois, nonobstant ces dépenses, elle se trouve bien moindre que celle de l'année 1611.

Car la dépense de la chambre aux deniers de votre maison, écuries, et argenterie, qui ne monte pour l'année 1610 qu'à 1,136,600 l., se trouve monter en l'année 1611 à deux millions seize mille livres; comme aussi la dépense faite par vos autres receveurs et trésoriers, qui prennent assignation à l'épargne, excède celle qui se faisoit du vivant du feu roi.

Et quant à la dépense extraordinaire en dons, pensions et récompenses, elle a été profusément et excessivement déréglée; les pensions de l'année 1610 ne se trouvent monter qu'à 1,823,540 liv., et celles de l'année suivante, sous votre minorité, se monte à 4,117,456 liv., sans les dons et bienfaits qui se montent, tant par rôles que par acquits, à près de seize cent mille livres, et les deniers payés par ordonnances, pour voyages et autres causes, la plupart supposées ou frivoles, qui reviennent à 1,752,000 liv., non compris les deniers comptans mis ès mains de V. M., dont personne ne compte, montent à près de 900,000 liv., et sans toucher à la dépense de la maison de la reine.

Les années suivantes n'ont pas été mieux ménagées; car au lieu de mettre en épargne, par chacun an, deux millions de livres, comme avoit fait le feu roi; et les autres sommes ci-dessus, qui ont cessé d'être payées depuis son décès, qui se payoient durant sa vie, on a consommé l'épargne qu'il avoit faite de 12,564,000 liv. qui étoient en réserve tant en la Bastille qu'ès mains des trésoriers de l'épargne, il n'en reste plus que deux millions cinq cent mille livres, qui sont demeurés à la Bastille, lesquels à grand peine pourroient suffire pour payer les avances qu'on a fait faire au trésorier de l'épargne, et parties casuelles auxquels l'on paye gros intérêts, et nonobstant ces dépenses, les compagnies des gens d'armes et chevau-légers se plaignent qu'il leur est dû plusieurs montres, et les maîtres de la chambre aux deniers qui n'ont pas de quoi fournir à la dépense de bouche de V. M., ce qui est grandement déplorable de voir vos affaires réduites en tel point, qu'au lieu qu'on dût avoir ménagé, au profit de V. M., des sommes infinies, et par ce moyen déchargé son peuple et son domaine, il n'y ait pas de quoi fournir à la dépense ordinaire; ensemble, qu'on la veuille réduire au milieu de son opulence, en telle nécessité qu'elle soit contrainte de prendre, par nouvelles impositions, le peu de bien qui reste à ses sujets, qui sont déjà si surchargés de tailles, de subsides et gabelles, qu'à peine peuvent-ils respirer, tant il est difficile d'assouvir l'avarice insatiable de ceux qui ont aujourd'hui la direction et maniement des affaires, et ne considèrent pas le mécontentement qui se forme en l'esprit de votre peuple, duquel l'on doit craindes les mêmes effets que le passé nous a fait voir, s'il ne lui est donné de la décharge de ce qu'il porte.

Ce que, considérant fort sagement après la mort du feu roi, la reine régente auroit fait publier pour le soulagement de vos sujets une déclaration, portant révocation de plusieurs édits et commissions qui étoient à la foule de votre peuple; et c'est pourquoi, sire, votre parlement est obligé de vous représenter, que contre votre intention sainte et juste, sans autres déclarations vérifiées en votre cour, en vertu de simples commissions révoquées; entr'autres, celle des francs-fiefs et nouveaux acquêts, la nouvelle levée du sol pour livre sur toute marchandise, dont votre peuple a été infiniment travaillé, et les trafics grandement incommodés, sans toutefois qu'il en soit tourné aucune chose ou fort peu au profit de V. M., ce qui meut fort votre parlement à la supplier très humblement de casser et révoquer tout ce qui a été fait contre votre intention et déclaration, et trouver bon qu'il soit informé contre ceux qui ont exécuté telles commissions, levé et exigé les deniers sur votre pauvre peuple, et que défenses soient faites, à l'avenir, d'exécuter aucuns édits, déclarations et commissions qui ne seront vérifiées en vos cours souveraines, sur peine de la vie, et à toutes personnes, de donner et recevoir aucuns avis et nouvelles inventions qui tournent à la foule et oppression de vos sujets, et d'en faire des partis, à peine d'être punis comme concussionnaires et perturbateurs du repos public.

V. M. est aussi suppliée d'accorder une exacte et sérieuse recherche des malversations commises en vos finances par ceux qui en ont eu le maniement et disposition, sans qu'ils puissent espérer aucune composition, comme il a été pratiqué ci-devant à la honte de la France, et contre toute forme de justice, même qu'on pourra répéter les dons immenses faits à gens de peu de mérite, dont ils se sont agrandis depuis peu aux dépens de S. M., et à la ruine de vos pauvres sujets; et défendre qu'aucun transport se fasse hors de votre royaume, par quelque personne que ce soit, d'or ou d'argent monnoyé ou non monnoyé, vaisselle d'or ou d'argent, comme il a été fait au préjudice des loix du royaume, et semblablement retrancher et réprimer le grand luxe, les étoffes et passemens d'or et d'argent, les perles et diamans, les passemens, dentelles de Flandres, et ceux de Milan, les étoffes de la Chine, et autres marchandises inutiles qu'on apporte des extrémités de la terre, par le moyen desquelles en est tiré hors de votre royaume une quantité incroyable d'or et d'argent, pour les employer à des superfluités ; et défendre aux particuliers, sous peine de confiscation, d'user de vaisselle d'or, ensemble cuvettes, baignoires, corbeilles et autres vaisseaux, jusqu'aux ustensiles de feu et de cuisine, étant chose honteuse à la France, de voir le peuple réduit à une extrême pauvreté, et qu'il se fasse néamoins des dépenses prodigieuses ès maisons de ceux qui ont épuisé toute la substance de vos sujets.

Sire, nous reconnoissons tous, et le publions à haute voix, que V. M. est entièrement exempte et innocente des désordres qui donnent cause à ces très humbles remontrances ; et nous savons encore comme la reine votre mère, par une singulière prudence, a sauvé le royaume d'un naufrage dont il étoit menacé ; mais nous savons aussi comme les bonnes et saintes intentions et résolutions de V. M. ont été souvent traversées par ceux qui, pour leur intérêt particulier, vous déguisent l'état de vos affaires, surprennent la vérité par divers artifices, et abusent de la bonté, facilité et indulgence de V. M. ; et c'est pourquoi, sire, nous supplions très humblement V. M. nous permettre l'exécution si nécessaire de l'arrêt du mois de mars dernier : car en ce faisant, vous reconnoîtrez beaucoup de choses importantes à votre état, qui vous sont cachées à dessein, dont votre parlement s'informera de plus en plus, pour en donner toute lumière à V. M. ; laquelle, par ce moyen, pourvoira à tous ces désordres, et remettra son état à son ancienne dignité, splendeur et réputation ; et au cas que ces remontrances, par les mauvais conseils et artifices de ceux qui y sont intéressés, ne puissent avoir lieu, et l'arrêt exécuté, V. M. trouvera bon, s'il lui plaît, que les officiers de votre parlement fassent cette protestation solennelle sous votre autorité, que pour la décharge de leurs consciences envers Dieu et les hommes, et pour le bien de votre service et conservation de l'état, ils seront obligés de nommer ci-après, en toute liberté, les auteurs de tous ces désordres, et faire voir en public leurs déportemens, afin d'y être pourvu par V. M. en temps opportun, et lorsque vos affaires se trouveront plus disposées, et qu'il vous plaira d'en prendre plus de connoissance. C'est le vœu, sire, de tous les gens de bien et bons François, et particulièrement de votre parlement, qui n'ont jamais eu autre intention que de bien faire en servant V. M., et n'ont pour but que la grandeur de votre couronne et dignité royale, comme vos très humbles, très obéissans et très fidels sujets et serviteurs.

N° 50. — ARRET *du conseil qui ordonne que, par Godefroy et Dupuy, sous l'autorité du procureur général, il sera procédé à l'inventaire des chartes.*

Paris, 23 mai 1615. (Arch. du royaume, section législative.)

N° 51. — DÉCLARATION *qui expulse les juifs du royaume* (1).

Paris, 23 avril 1615; reg. au parl., 18 mai. (Vol. AAA, f° 181.)

LOUIS, etc. Les roys, nos prédécesseurs, s'étant toujours conservé ce beau titre de très chrétiens que nous possédons aujour-

---

(1) V. en 315, loi de Constantin, qui porte peine du feu contre les Juifs qui insulteraient à coups de pierre leurs frères qui s'étaient convertis (l. 1re Code Theod. de Judæis); loi de 336 qui leur défend d'avoir à leur service des esclaves chrétiens (l. 1, si quis Jud. Ibid.), et qui punit de mort ceux qui auraient circoncis un de leurs esclaves ou domestiques à quelque secte qu'il appartint. – Le Concile d'Agde, en 506, fit défense aux chrétiens d'avoir aucun commerce et surtout de manger avec les Juifs. V. édit du grand inquisiteur de Rome, mai 1829, qui défend d'allaiter les enfans de Juifs. Le Concile d'Orléans, en 533, excommunia tous ceux qui feraient avec eux quelqu'alliance. — Un édit de Childebert, 553, perdu, mais mentionné par Grégoire de Tours, liv. 6, défendit aux Juifs de paraître en public durant certains jours, et d'avoir à leur service aucun domestique ou esclave chrétien. Dagobert, par édit de 633, cité par Fredegaire et Armoin, leur enjoignit de sortir du royaume s'ils ne confessaient pas la foi de J.C. — Cet édit ne fut pas exécuté, ou ils trouvèrent moyen de rentrer en France; car le concile de Meaux, en 845, et celui de Paris, en 850, renouvellent contr'eux les dispositions des édits précédens. — Chassés de nouveau par Philippe Ier, en 1096, ils rentrèrent peu de temps après et se maintinrent en France, sous d'assez dures conditions, jusqu'au règne de Philippe Auguste, qui, par édit d'avril 1182 (v. à cette date), les chassa du royaume, en confisquant leurs biens. Le besoin qu'on avait de leur argent les fit rétablir en 1198. — Plus tard, saint Louis leur défendit, sous des peines très sévères, de prêter à usure, de blasphémer et de faire des sacrilèges (Édit de 1254). — V. ordonnance du même prince, 1269, qui leur impose un costume distinctif, confirmé par Philippe III, en 1271; Mandement de Philippe le Bel, 27 août 1306, à sa date; ordonn. de rétablissement sous Louis X, 28 juillet 1315 et les notes; de Philippe V, avril 1317, lettres du 18 août 1321; de Philippe VI, 1346; de Jean, mars 1360 (V. à sa date), 26 avril 1361, 27 décembre 1361, 8 et 20 octobre 1363; de Charles V, 22 mars 1368, 18 juillet 1372, 15 octobre 1374, 17 février 1375, 9 août 1378; de Charles VI, 14 octobre et 26 mars 1380, 4 février 1393, 15 juillet 1394; constitution du 17 septembre 1394, qui les bannit à perpétuité du royaume. — Ils n'ont pas été rappelés depuis, mais simplement tolérés. Ce n'est qu'en 1789 qu'on leur a rendu les droits civils et politiques qui appartiennent naturellement à tous les hommes vivant en société. — V. lois des 28 septembre 1789, 16-18 avril 1790, 28 janvier, 20 juillet, 7 août 1790, 27 septembre et 17 novembre 1791. — V. aussi arrêté consulaire du 1er prairial, an X (21 mai 1802); décrets impériaux des 10 février et 30 mai 1806, 25 mars 1807, 17 mars et 20 juillet 1808; avis du conseil d'état des 10 septembre et 19

d'hui, ont eu par conséquent en horreur toutes les nations ennemies de ce nom (1), et surtout celle des Juifs, qu'ils n'ont jamais voulu souffrir résider en leurs royaume, pays, terres et seigneuries de leur obéissance, même depuis le temps du roy saint Louis, de très louable et heureuse mémoire, qui chassa entièrement de tout l'estat ceux lesquels y avoient esté auparavant soufferts : en quoi nous sommes résolus de les imiter autant qu'il nous sera possible, comme en toutes les autres excellentes qualités qui les ont rendus admirables parmi toutes les nations étrangères (2).

Afin de ne rien obmettre qui puisse servir à la réputation de cet état et à la conservation des bénédictions qu'il a plu à Dieu faire distiller sur iceluy, et d'autant que nous avons esté advertis que contre les édits et ordonnances de nosdits prédécesseurs lesdits Juifs se sont depuis quelques années espandus, déguisés en plusieurs lieux de cestuy nostre royaume, ne pouvant souffrir telles impiétés sans commettre une très grande faute envers sa divine bonté offensée de plusieurs blasphêmes ordinaires, nous avons advisé d'y pourvoir et remédier le plus promptement qu'il nous sera possible.

A ces causes, nous avons dit, déclaré, voulu et ordonné, disons, déclarons, voulons, ordonnons et nous plaît,

(1) Que tous lesdits Juifs qui se trouveront en cestuy nostre royaume, pays, terres et seigneuries de nostre obéissance, seront tenus, sur peine de la vie et de confiscation de tous leurs biens, d'en vuider et se retirer hors d'iceux, incontinent, et ce, dans le temps et terme d'un mois, après la publication des présentes, tant en nos cours de parlement que ez bailliages, sénéchaussées et autres juridictions royales de nostredit royaume, faisant très expresses inhibitions et défenses, sur les mêmes peines de la vie et confiscation des biens, à tous nos sujets de les y recevoir, assister, ny converser avec eux, ledit temps passé.

---

octobre 1808, 5 septembre 1810 et 9 février 1811 ; Charte de 1814, art. 5; ordonnance royale du 29 juin 1819, et la loi annuelle des finances. — V. aussi l'ouvrage de Arthur Beugnot, intitulé *Les Juifs d'Occident*. (In-8°, Paris, 1824.)

(1) Maxime d'état, digne de M. de Médicis, contraire à celle des Grecs, des Romains, de Constantin, en 315; de l'empereur Julien, des états-généraux, 25 août 1789, et charte, art. 5. Les protestants devaient trembler devant de pareilles maximes. Ils reprirent les armes la même année.

(2) V. l'édit de Louis XVI, en 1787, qui porte qu'il ne peut empêcher les croyances de s'établir.

(2) Et où, après ladite publication et terme expiré, il s'en trouvera en quelque lieu que ce puisse être de nostredit royaume, pays, terres et seigneuries de nostre obéissance, nous voulons aussi qu'il soit extraordinairement et incessamment procédé contre eux, à la requête de nos procureurs généraux et leurs substituts, selon la rigueur de nosdits édits et ordonnances, que nous voulons estre exactement exécutés et inviolablement gardés et observés contre lesdits Juifs.

N° 52. — DÉCLARATION *qui accorde à une société de particuliers le privilège de la navigation et du commerce dans les Indes-Orientales, pendant 12 ans* (1).

Paris, 2 juillet 1615; reg. au parl., le 2 septembre. (Vol. AAA, f° 230.)

LOUIS, etc. Jacques Muisson et Ezéchiel de Cain, marchands de nostre ville de Rouen, nous ont fait remonstrer qu'incontinent après nostre advénement à la couronne, désirant entretenir les desseings du feu roy, nostre très honoré seigneur et père, que Dieu absolve, qui auroit voulu établir en ce royaume la navigation aux Indes orientales, pour exercer toujours ses sujets à la navigation et les rendre experts au fait de la marine, pour s'en servir ès occasions èsquelles il en aurait besoing pour la défense de son estat, ensemble pour l'enrichir et accomoder, d'autant plus par les profits que pourroient faire ses sujets, par l'apport de tant de marchandises estrangères, qui se trouvent en ces seuls pays à fort bon compte, eu esgard à ce qu'elles se vendent par deçà, sans qu'il leur fût besoing les aller rechercher, et sur achepter des voisins qui les revendent à prix excessifs.

Nous aurions accordé dès le 2 mars 1611 nos lettres-patentes à nostre amé et féal conseiller et trésorier à Limoges, le sieur Godefroy, et à Girard le Roy, Flamand de nation, et leurs associés; par lesquelles nous leur aurions permis faire achapt de vaisseaux, les munir, équipper, fréter et armer de choses nécessaires pour l'entreprise d'un tel desseing, et quand et quand, pour ce qui leur estoit nécessaire au premier voyage, se servir de pilotes, mariniers et capitaines estrangers expérimentez au fait

---

(1) C'est de ce règne seulement que datent la formation des colonies, et le commerce maritime étranger. V. ci-après, octobre 1626, édit de création d'un grand maître et surintendant de la marine et de la navigation.

de la marine, et qui eussent certaines cognoissance des côtes, ports et hâvres où tel trafique et négoce se peuvent sûrement et commodément establir.

Lesquels eussent fait difficulté de s'employer en tels et si longs voyages, d'autant qu'étant estrangers et non naturalisés, ils craignoient que, venans à mourir, leurs biens n'eussent appartenu à leurs héritiers; leur aurions accordé que tous ceux qui, à leur requête et prière, seroient employés au fait de ladite navigation, ne seroient subjects en aucune sorte et manière aux droits d'aubaine, déshérence et autres droits qui nous appartiennent sur les biens des étrangers trafiquans ou qui décèdent en ce royaume.

Comme aussi, pour ce qui leur étoit nécessaire, d'establir une compagnie et société, laquelle en corps eût fourni aux frais de ladite navigation, qui ne peut estre entreprise par des particuliers et que plusieurs gentilshommes, officiers et autres gens de qualité de nostre royaume pourroient faire difficulté d'y entrer, crainte que cela altérât et contrevînt aucunement à ce qui estoit de leur noblesse, priviléges et qualités, aurions déclaré par nos lettres susdites que cela ne dérogeroit aucunement à leurdite noblesse, priviléges et qualités, et pour les encourager, de tant plus à mettre à exécution un si louable desseing, leur aurions donné permission d'entreprendre seuls telle négociation durant douze années, pendant lesquelles nous aurions icelle interdite à toutes autres personnes, et néantmoins ils n'auroient jusques à présent fait aucune diligence ni préparatifs à cet effet; et cependant nous frustrent de nos intentions, et nos subjects de leur liberté et des commodités qu'ils pourroient recevoir par le moyen d'un tel trafic.

C'et pourquoy ils nous remonstroient en toute humilité, que s'il nous plaisoit leur accorder à eux, qui sont nos naturels subjets, même grâce et faveur que nous aurions accordée auxdits sieurs Godefroy et à Girard le Roy, Flamand de nation, et interdire ledit trafic à toutes autres personnes pendant tel temps qu'il nous plaira, et même révoquer le privilége par nous accordé auxdits Godefroy, Girard le Roy et leurs associés, attendu qu'ils n'ont tenu compte de s'en servir et n'ont dressé, pour cette occasion, aucune société, ils entreprendront ladite navigation, dresseront promptement société et esquiperont navires prêts à partir dans la présente année.

A quoy lesdits Godefroy, Girard le Roy et leurs associés s'estant opposés, et nous ayant fait dire et remonstrer qu'il n'estoit raisonnable de leur oster le privilége à eux par nous accordé, pour douze années, sans qu'ils aient aucunement failli ny démérité envers nous, ni contrevenu en aucune façon à leursdits priviléges, sous prétexte qu'ils ne l'ont à présent mis à exécution, d'autant qu'il n'a tenu à eux et qu'ils ont toujours esté prêts, même pour cet effet sont entrés en plusieurs grands frais, ayant fait venir navires en nostre hâvre de Brest, propres pour cette entreprinse et iceux fréter, munir et équipper de toutes choses nécessaires, et encore continuent les mêmes despenses, sous l'assurance de leursdits priviléges et que ce qui a esté retardé ledit voyage sont les traverses et empeschemens qui leur ont esté donnés, tant par des estrangers voisins de la France qui s'opposent de tout leur pouvoir à ce desseing que par des François, lesquels après le décès du feu roy Henry-le-Grand, nostre très honoré seigneur et père, que Dieu absolve, se sont retirés de leur société; qu'ainsi, pour le décès de nostre très cher et bien amé le duc d'Ampville, pair et admiral de France, et de plusieurs de leurs principaux capitaines et pilotes; mais quoy qu'il y ait, que le privilége leur estant accordé pour douze ans, ils peuvent toujours dans ce temps purger leur demeure, ce qu'ils sont prêts et offrent de faire dès à présent, mesmement de mettre navires en mer, tous prêts, frétés et équippés pour ledit voyage, en même temps et saison que lesdits Muisson, de Cain et leurs associés.

Nous, après avoir mûrement délibéré, par l'advis de la royne, nostre très honorée dame et mère, des princes de nostre sang et autres, ensemble de nostre cher et bien amé cousin le duc de Montmorency et d'Ampville, pair et admiral de France et de Bretagne, et autres seigneurs de nostre conseil, inclinans aux prières et remontrances, tant desdits Muisson, de Cain et leurs associés, que lesdits Godefroy, Girard, et leurs associés désirant gratifier les uns et les autres et nourrir paix et amitié entre nos subjets, et recognoissant qu'il serait périlleux qu'il y eût diverses compagnies et sociétés pour une même entreprinse, et que cela pourroit rendre la navigation infructueuse et inutile.

Sçavoir faisons qu'en confirmant les priviléges par nous cydevant accordés ausdits Godefroy, le Roy et leurs associés.

(1) Nous avons accordé et accordons auxdits Muisson, de Cain et leurs associés, pareille grâce, faveurs et priviléges qu'auxdits Godefroy, le Roy et leurs associés, et iceux priviléges, tant des-

dits Muisson, de Caen et leurs associés, que desdits Godefroy, Girard, le Roy et leurs associés, joints, unis et incorporés ensemblement, les joignons, unissons et incorporons, en sorte que désormais ce ne soit plus qu'un privilége et une seule et même société et compagnie.

(2) Avons pour agréable que iceux Muisson, de Caen, Godefroy, Girard, le Roy et leurs associés entreprennent ladite navigation aux Indes orientales, prenons et mettons iceux Muisson et Caen, Godefroy, Girard, le Roy et leurs associés, réguicoles et estrangers en nostre protection et sauve-garde.

(3) Voulons et ordonnons que tous marchands, capitaines, soldats, pilotes, matelots estrangers qui seront employés au fait de ladite navigation, ne soient sujets en aucune sorte aux droits d'aubaine, deshérence et autres droits qui nous appartiennent sur les biens des estrangers trafiquans, ou qui décèdent en ce royaume, et qu'ils jouissent, comme nous leur avons accordé et octroyé, accordons et octroyons par ces présentes de pareils droits, priviléges et libertés comme s'ils estoient nos naturels sujets, et qu'ils jouissent de toutes sortes de droits et priviléges dont jouissent les estrangers en nos foires de Lyon, et que tous gentilshommes, officiers et autres gens de qualité puissent librement entrer en ladite société, sans que cela déroge ni contrevienne en aucune façon à leur noblesse, priviléges et qualités, nonobstant toutes coutumes, ordonnances et arrêts à ce contraires, dont nous les avons relevés et relevons par cesdites présentes, et avons interdit telle navigation aux Indes orientales à toutes autres personnes durant le temps et espace de douze années, pendant lesquelles lesdits Muison, de Caen, Godefroy, Girard, le Roy et leurs associés pourront seuls fréter et esquipper tel nombre de navires que bon leur semblera pour entreprendre ledit voyage, et ce, de l'avis et direction de ceux qui seront nommés et establis à Paris par ladite société et compagnie pour la conduite de leurs affaires, lesquels seront du nombre des intéressés à ladite navigation, et les navires destinés audit effet seront nommés à la requête desdits associés, et du consentement de nostredit cousin, la flotte de Montmorency.

(4) Et à cette fin, dès à présent, avons fait très expresses inhibitions et défenses à tous nos sujets, autres que ceux de ladite compagnie d'entreprendre aucune navigation du côté du Levant, par delà le cap de Bonne-Espérance, si ce n'est de l'avis et consentement de ceux qui auront été ainsi nommés et establis,

pour la conduite de leursdites affaires, durant ledit temps et espace de douze années, à compter du jour de leur premier embarquement, à peine de confiscation des vaisseaux et marchandises qui seront de retour, et auront été apportées de delà le cap de Bonne-Espérance, applicables au profit de ladite société et compagnie, révoquant dès à présent toutes autres permissions, congés, lettres-patentes et priviléges octroyés à quelques personnes que ce soit, même ceux qui pourroient avoir esté ou seroient cy-après donnés par lesdits Godefroy, Girard, le Roy et leurs associés, en vertu des priviléges par nous à eux cy-devant accordés, si ce n'est qu'ils soient agréés, ratifiés et confirmés, si ce n'est par ceux qui, comme dit est, auront la conduite de leursdites affaires.

(5) Et pour le surplus des articles accordés par nostredit cousin, cy-attachés sous le contre-scel de nostre chancellerie; nous les avons agréés et ratifiés, agréons et ratifions, voulons et nous plaist que d'iceux lesdits Muisson, de Caen, Godefroy, Girard, le Roy et leurs associés jouissent pleinement et paisiblement, selon leur forme et teneur, à la charge que tous ceux qui voudront entrer en ladite société, y seront reçus durant le temps et espace de trois années, à compter du jour et date de ces présentes, pour telles sommes que bon leur semblera.

IIe GUERRE CIVILE [1].

JUILLET 1615. — MAI 1616.

N° 53. — DÉCLARATION *contre Henri de Bourbon, prince de Condé et ceux qui l'ont suivi* [2].

Poitiers, 10 septembre 1615; reg. au parl., le 13. (Merc. franç., IV. 226.)

---

[1] Ce fut encore le prince de Condé qui donna le premier signal de la rébellion. — V. note sur la déclaration du 6 sept. 1616 ci-après, et l'édit de pacification, mai 1616.

[2] Le roi expose dans cette déclaration tous les événements qui se sont passés depuis son avènement à la couronne, sa clémence envers le prince de Condé, et

N° 54. — Édit de création de deux maîtres de chaque métier dans toutes les villes, à l'occasion du mariage et avènement de la reine (1).

Tours, avril 1616; reg. au parl. le 3 mars 1617 et 6 avril 1623; en la cour des Monn., le 18 mars 1626. (Vol. CCC, f° 58.)

N° 55. — Lettres-patentes qui permettent aux jésuites de s'établir à Rouen (2).

Tours, 17 avril 1616; reg. au parl. de Rouen, le 19 août. (Preuv. des lib. de l'église gallicane, p. 1157.)

N° 56. — Édit de pacification (3) contenant des dispositions générales sur l'administration du royaume en conséquence des états de 1614.

Blois, mai 1616; reg. au parl. le 13, après très humbles et réitérées remontrances sur les art. 5, 14, 15 et 53, et sans tirer à conséquence pour la création de l'office de conseiller de la religion prétendue réformée sur le 15e art. (Vol. AAA, f° 261. — Merc. franç., IV, 84. — Rec. des traités, III, 201.)

Louis, etc. Considérant les grands maux et calamitez advenues par les troubles et guerres, desquelles notre royaume a esté depuis quelques temps, et est encore de présent affligé: et prévoyans la désolation qui pourrait cy après advenir, si par la grâce et miséricorde de notre Seigneur lesdits troubles n'estoient

---

l'obstination du prince dans sa rébellion. Il termine par le déclarer rebelle et criminel de lèse majesté, lui et ses adhérens, et veut qu'il soit, en cette qualité, procédé contr'eux, tant en leurs personnes que biens. — A la suite de cette déclaration, le parlement de Paris rendit, à la date du 18 septembre, un arrêt par lequel il est fait défense au prince de Condé, et à ceux qui l'assistent, *de faire levée de deniers et de gens de guerre sans permission du roi, d'entreprendre sur les villes et places, et commettre aucun actes et entreprises contre l'autorité du roi et tranquillité publique*, etc., etc..... *et faute de satisfaire à ce que dessus dans le mois et icelui passé, ordonnons qu'en vertu du présent arrêt, sera contre les contrevenans procédé comme criminels de lèse-majesté*, etc.

(1) Édit semblable fut rendu en mai 1625.
(2) V. l'édit de rétablissement de cet ordre en 1603 et la note.
(3) V. ci-devant guerre civile, juillet 1615. La réconciliation avec le prince de Condé fut de courte durée. Elle a même paru à quelques historiens n'être qu'un piège. Le fait est, que quelque temps après son retour à la cour, il fut arrêté au Louvre par ordre du roi (1er septembre), conduit à la Bastille et transféré à Vincennes. V. ci-après, déclaration du 6 septembre. Les art. 1er et 2e de cet édit abolissent la mémoire de ce qui s'est passé depuis le 1er juillet 1615 jusqu'à la publication, avec défense aux procureurs-généraux et aux particuliers d'en faire mention, procès ni poursuite. V. Charte de 1814, art. 11.

6.

promptement pacifiez : Nous pour à iceux mettre fin, remédier aux afflictions qui en procèdent, remettre et faire v ivre nos subjects en paix et union, repos et concorde, comme tousjours a été nostre intention : Après avoir sur ce pris l'advis de la royne nostre très-honorée dame et mère, des princes, ducs, pairs, officiers de nostre couronne et autres seigneurs et notables personnage de notre conseil estant près de nous : Avons par cestuy nostre édict perpétuel et irrévocable, dit, statué et ordonné, disons, statuons et ordonnons ce qui s'ensuit (1).

(3) Ordonnons que la religion catholique, apostolique et romaine sera présentement remise et rétablie en tous les lieux et endroicts où l'exercice d'icelle pouvoit avoir été intermis, à l'occasion des présens mouvemens : deffendans à toute personnes de quelque estat, qualité et condition qu'ils soient, sur les peines que dessus, de ne troubler, molester, ni inquiéter les ecclésiastiques en la célébration du service divin, jouissance et perception de leurs dixmes, fruicts et revenus de leurs bénéfices, et en tous les autres droits et devoirs qui leur appartiennent : mesme leur laisser la libre demeure et habitation dans leurs maisons, ausquelles ils souloient demeurer auparavant ces mouvemens. Voulans que tous ceux qui durant iceux se sont emparez des églises, biens et revenus desdits ecclésiastiques, et qui les détiennent et occupent, leur en délaissent l'entière possession et possible jouissance, avec tels droits, libertez, et seuretez qu'ils avoient auparavant.

(4) Combien que par le soing et prudent advis de la royne, nostre très-honorée dame et mère, nous ayons cy-devant commandé et ordonné très-expressément de bouche, et par escrit, à nostre cour de parlement, et à nostre procureur-général, de faire toutes poursuites et recherches de ceux qui ont participé au détestable parricide du feu roy notre très-honoré seigneur et père (que Dieu absolve), nous ayant été néantmoins représenté, que contre notre intention aucun de nos officiers sont réputez avoir usé de nonchalance et négligence en ladite recherche : nous ordonnons derechef, et très-expressément enjoignons à nostredite cour du parlement de Paris, et à nostredit procureur-général de recevoir tous avis, mémoires et enseignemens qui leur seront apportez sur ce subject, pour faire la recherche, poursuite et punition de cet exécrable crime : leur mandant de faire en cet endroict ce qui est du deub de leur charge, pour l'exacte exécution de ceste nostre volonté. Et afin de destourner les esprits de nos subjects

---

(1) Les deux premiers articles sont sans importance.

de penser à l'advenir à ces damnables actes et impiétez, nous escrirons à tous les évesques de notre royaume, de faire publier chacun en leur diocèse le décret du concile de Constance, qui fait mention de la seureté de la vie des rois et princes souverains.

(5) Et encore que la surséance de l'exécution des arrests de nostre cour de Parlement de Paris, portée par l'arrest de notre conseil du 6 janvier 1615, et les déclarations que nous avons envoyées hors nostre royaume, ayent esté par nous ordonnées en la présence de la royne notre très-honorée dame et mère, des princes, ducs, pairs de France, officiers de nostre couronne, et autres principaux seigneurs de nostre conseil, estans près de nostre personne, avec grande coignoissance de cause, meure délibération, et pour bonnes et importantes considérations et raisons, afin de conserver et entretenir suivant l'exemple et la prudence du feu roy nostre très-honoré seigneur et père, pour le bien et grandeur de nostre royaume, toute bonne correspondance, paix, amitié et intelligence avec nostre très-saint père le pape et le saint siège aposolique, sans pour cela avoir fait aucune déclaration préjudiciable, ny désavantageuse en sorte quelconque à nostre auctorité royale, ni à notre puissance souveraine, et à l'indépendance de nostre couronne : dont par le prudent conseil de nostredite très-honorée dame et mère, nous avons toujours esté et serons plus jaloux et soigneux protecteurs que tous autres, ainsi que le requiert et nous y oblige nostre intérest. Néantmoins nous ordonnons que ladite surséance portée par l'arrest de notredit conseil du 9 janvier 1615 soit levée, pourveu et à la charge aussi que ce qui reste à exécuter de l'arrest ou délibération de nostre dite cour de parlement du deuxième dudit mois de janvier y mentionné, demeurera sans exécution.

(6) Et bien que nous ayons eu soing de commander à ceux de nostre conseil de travailler à la response qu'il nous convient faire aux cahiers qui nous ont été pésentez par les états-généraux de notre royaume, et que mesme ils y ayent desja beaucoup advancé, en ayant faict le rapport d'une partie en notre présence, néantmoins pour témoigner à tous les ordres d'iceluy le désir que nous avons d'y pourvoir promptement et satisfaire autant qu'il nous sera possible à leur contentement : Nous voulons et entendons qu'il soit cy après travaillé incessamment à la réponse desdits cahiers, en sorte qu'elle soit expédiée dans trois mois après la publication des présentes (1).

---

(1) Elle ne l'a été qu'en 1629.

(7) Voulons aussi que le 1er art. du cahier du tiers-état nous soit lors représenté, pour estre par nous pourveu sur le contenu en iceluy, avec l'advis des princes de nostre sang, autres princes, ducs, pairs de France, officiers de nostre couronne, principaux de nostre conseil, et aucuns de nos cours de parlement qui seront par eux envoyez, suivant le commandement que nous leur ferons d'y députer pour délibérer sur ledit article.

(8) Déclarons suivant les anciennes loix du royaume, renouvellées par l'ordonnance faicte sur les remonstrances des estats de Bloys, en l'année 1576, qu'aucuns estrangers ne seront à l'advenir admis ès offices de nostre couronne, ni ès gouvernemens de nos provinces et places fortes, charges et dignitez militaires, offices de judicature et des finances, dignitez et prélatures ecclésiastiques, et autres fonctions publiques: sinon qu'en considération de leurs signalez et recommandables services, et de leurs qualitez et mérites, et que pour la réputation de nos affaires et grandeur de nostre couronne, il y soit par nous desrogé, ainsi qu'il a esté souvent faict par les roys nos prédécesseurs, que l'on a veu par expérience en avoir esté utilement servis.

(9) Voulons et entendons, comme nous avons tousjours faict, que les cours souveraines de nostre royaume soient maintenuës et conservées en la libre et entière fonction de leurs charges, et en l'authorité de jurisdiction qui leur a esté donnée par les rois nos prédécesseurs.

(10) Pour pourvoir aux remonstrances qui ont esté faictes par nostre cour de parlement de Paris, en ce qui concerne la jurisdiction à eux attribuée, tant par leur establissement, que ordonnances des roys nos prédécesseurs, sera faict une conférence suivant ce qui a esté ci devant proposé des principaux de nostre conseil, et de nostredite cour de parlement, nonobstant l'arrest de nostredit conseil du 23 may dernier, lequel demeurera sans effect.

(11) Voulons et ordonnons que tous ceux qui ont esté pourveus par les roys nos prédécesseurs, ou par nous des charges, estats, offices et dignitez, et qui en ont esté dépossédez, ou qui sont en quelque sorte que ce soit troublez en la fonction et exercice d'iceux, contre les lois du royaume, y soient remis et restablis, pour en jouyr par eux, suivant et conformément aux provisions et pouvoirs qui leur en ont esté expédiez, s'en acquittans de leur part, comme ils sont tenus de faire par leurs provisions, et les sermens par eux prestez, et suivant nos édicts et ordonnances.

(12) N'entendons que désormais les charges de nostre maison, des roynes nos mère et frère, gouvernemens de nos provinces et villes, lieutenances générales desdites provinces, capitaineries de places et chasteaux, et toutes charges militaires, et autres qui n'entrent point en nos parties casuelles, soient vénales : ce que nous interdisons et deffendons à tous généralement quelconques.

(13) Et afin que nous ayons plus de moyen de récompenser la vertu et les mérites de ceux qui nous auront bien et fidellement servis, nous déclarons que nous n'entendons donner à l'advenir aucunes survivances ni réserves d'aucuns estats et offices, charges et dignitez, soit de nostre couronne ou de nostre maison ou autres; comme aussi des gouvernemens des provinces et villes, lieutenances générales, et capitaineries de places. Voulans que si par importunité ou surprise aucunes lettres ou provisions en estoient ci-après expédiées, elles soient révoquées sans que l'on y ait aucun esgard.

(14) Voulons et entendons que les édicts de pacification, déclarations, et articles secrets, vérifiez en nos cours de parlement, comme aussi les brevets et responses des cahiers faicts par le feu roy nostre très-honoré seigneur et père, et nous, en faveur de nos subjects de la religion prétendue réformée, soient observez et exécutez, et qu'ils en jouyssent selon leur forme et teneur.

(15) Et d'autant que maistre Pierre Berger conseiller en nostre cour de parlement de Paris qui estoit pourveu d'un des six offices qui par le trentiesme article dudit édict furent affectez à ceux de ladite religion prétendue réformée, a fait profession de la religion catholique, nous avons créé et érigé, créons et érigeons de nouveau un office de conseiller en nostredite cour de parlement de Paris, aux mesmes gages, droicts, priviléges, authoritez et fonction que les autres. Et pour lequel office (ainsi que dit est) par nous présentement créé, nous affectons à ceux de ladite religion prétendue réformée au lieu de celui que tient ledit Berger, et dont nous ferons pourvoir un personnage de ladite religion prétendue réformée suffisant et capable, suivant la forme portée par le cinquantiesme des articles particuliers accordez à Nantes à ceux de ladite religion.

(16) Voulons et entendons que l'exercice de ladite religion prétendue réformée, soit remis et restabli aux lieux où il pourroit avoir esté discontinué ou interrompu depuis ledit premier

jour de juillet, et à l'occasion des présens mouvemens, ainsi et en la mesme forme qu'il estoit auparavant.

(17) Et afin qu'il ne soit doubté de la droicte intention de nostre très-cher cousin le prince de Condé, et ceux qui se sont joincts avec lui, nous déclarons que nous réputons et tenons nostredit cousin le prince de Condé, pour nostre bon parent et fidèle subject et serviteur, comme aussi les autres princes, ducs, pairs, officiers de nostre couronne, seigneurs, gentilshommes, villes, communautez, et autres, tant catholiques, que de la religion prétenduë réformée, de quelque qualité et condition qu'ils soient, qui l'ont assisté, et se sont joincts et unis avec luy, soit avant ou durant la suspension d'armes, y compris mesmes les députés de ladite religion prétenduë réformée n'aguères assemblez à Nismes, et de présent en nostre ville de La Rochelle, pour nos bons et loyaux subjects et serviteurs. Et après avoir entendu la déclaration à nous faicte par nostredit cousin le prince de Condé, nous croyons et estimons que ce qui a esté faict par luy et les susnommez, a esté à bonne fin et intention, et pour nostre service.

(18) Nostredit cousin le prince de Condé, et les autres princes, ducs, pairs, officiers de nostre couronne, et seigneurs, tant catholiques que de la religion prétenduë réformée qui l'ont assisté, et se sont joincts et unis avec luy, soit avant ou durant la suspension d'armes, y compris mesme les députez de ladite religion prétenduë réformée cy-devant assemblez à Nismes, se désisteront et départiront dès à présent de tous traictez, négociations, unions, intelligences, jonctions, et associations qu'ils pourroient avoir, tant dedans que dehors nostre royaume, avec quelques princes, potentats et autres personnes quelconques, et pour quelque cause et occasion que ce soit, et y renonceront, sans pouvoir cy-après les continuër ni renouveller : ce que nous leur deffendons très-expressément. Comme aussi de faire d'oresnavant aucunes cottisations et levées de deniers sans nostre permission, fortifications, enroollemens d'hommes, congrégations et assemblées autres que celles qui sont permises par nous ou nos édicts, et par les loix et estats de nostre royaume. Le tout sur peine d'estre punis rigoureusement, comme contempteurs et infracteurs de nos ordonnances (1).

---

(1) Les art. 19, 20, 21, 22, 23, 24, 25, 26, 27 et 28, portent amnistie géné-

(35) Voulons aussi, que nostredit cousin et lesdits princes, ducs, pairs, officiers de nostre couronne, et seigneurs ; ensemble tous gentilshommes, officiers, ecclésiastiques et autres, tant catholiques que de la religion prétenduë réformée qui l'ont suivi et assisté et se sont joints et unis avec lui, tant avant que durant la suspension d'armes, soient restablis, maintenus et conservez en la libre et entière jouyssance de leurs gouvernemens, estats, charges, offices, bénéfices et dignitez, ensemble des gages, droits et revenus qui en escherront ci-après, dont ils jouyssoient avant le mois de juillet dernier, et ausquels ils pourroient avoir esté troublez à l'occasion des présens mouvemens, sans qu'ils soient tenus ni adstrains à prendre d'autres provisions ou confirmations de nous que ces présentes, ni à faire aucun remboursement ou récompense, à ceux lesquels pendant leur absence s'en sont fait pourvoir, et les ont exercées : et ce nonobstant toutes déclarations, arrests, et jugemens donnés contr'eux, lesquels comme nuls effect demeureront cassez et révoquez, comme nous les cassons et révoquons, et ordonnons qu'ils soient tirez des registres, tant de nos cours souveraines qu'autres jurisdictions inférieures.

(36) Voulons et entendons que toutes personnes tant d'une part que d'autre, soient remises comme nous les remettons et restablissons en la jouyssance de tous et chacun leurs biens meubles et immeubles, héritages, rentes et revenus, droict, devoirs, noms, raisons et actions, et quelque part qu'ils se trouvent, dont ils pourroient avoir esté dépossédez, troublez ou empeschez à cause des présens troubles et mouvemens, nonobstant tous dons qui en pourroient avoir esté faits à leur préjudice ou de ceux ausquels ils appartenoient, leurs vefves, enfans et héritiers : lesquels dons, confiscations et toutes autres dispositions d'iceux, et toutes obligations et promesses sur ce faites, nous voulons demeurer nulles, ensemble toutes procédures, jugemens, sentences, arrests, saisies, et ventes en exécution d'iceux, et généralement tout ce qui s'en est suivi.

(42) Tous mémoires, libelles diffamatoires, lettres, escrits et livrets injurieux et scandaleux demeureront supprimez : et sont faites défenses très expresses à tous libraires et imprimeurs d'en imprimer ny exposer en vente cy après, et à toutes personnes d'en

---

rale en faveur du prince de Condé et de ses adhérens. L'art. 29 annulle tous arrêts et jugemens rendus contre eux. Les art. 30 à 34 sont sans importance.

escrire et composer, sur peine de la vie. Enjoignant à tous nos juges et officiers de faire leur devoir à la recherche et punition des autheurs d'iceux : ensemble des contrevenans ausdictes défenses : et néantmoins pour entièrement esteindre la mémoire des choses passées, voulons que ceux qui pourroient estre poursuyvis et recherchez à l'occasion de tous escrits faicts et mis en vente depuis l'édict de Saincte-Manehould, en estre déchargez, comme aussi ceux qui pourroient estre détenus prisonniers sur ce subject.

(43) Voulons et ordonnons que poursuitte et punition soit faicte des crimes et délicts commis entre personnes de mesme party pendant les présens mouvemens : comme aussi de ceux qui seront atteints et convaincus d'incendie et assassinats de sang froid, violemens, ravissemens, et forcemens de femmes et filles, et sacrilèges.

(44) Toutes personnes estans de contraire party, tant d'une part que d'autre, qui ont esté pris durant les premiers mouvemens, et à cause d'iceux, ou sont détenus prisonniers en quelque lieu que ce soit, mesme en gallères, ou qui ont esté eslargis à leur caution juratoire, ou d'autruy, seront remis en leur pleine et entière liberté, sans pouvoir estre détenus, poursuivis, ny condamnez en aucune peine, tant corporelle, infamante, que pécuniaire, dequoy nous les avons déchargez et deschargeons par ces présentes. Et quant aux prisonniers de guerre il en sera usé comme s'ensuit ; c'est à sçavoir, que toutes personnes de contraire party, tant d'une part que d'autre, qui ont esté prises durant les présens mouvemens, et à cause d'iceux ont esté jugez de bonne prise, et en vertu desdits jugemens ont payé rançon, ne pourront intenter aucune action pour ce subject, ny prétendre aucune restitution de deniers contre qui que ce soit. Tous ceux aussi qui ont esté pris et jugez de bonne prise, qui en vertu desdits jugemens ont composé et convenu de leur rançon à prix et sommes certaines et limitées, qui sont encore détenus prisonniers, se sont obligez ou baillé caution pour le payement desdictes sommes certaines et limitées, pourront estre poursuivis pour ce regard, et contraint au payement d'icelles sommes. Et quant à tous autres qui n'ont convenu ny composé de leur rançon à prix et sommes limitées, soit qu'ils soient encores détenus prisonniers ou mis en liberté souz leur caution juratoire, ou d'autrui de se représenter, ne pourront nullement estre poursuivys pour aucun payement de rançon, comme par ces pré-

sentes, nous les avons déchargez et deschargeons de l'un et l'autre, sans qu'ores, ny à l'advenir ils en puissent estre recherchez, molestez, ni inquiétez en quelque sorte et manière que ce soit.

(46) Toutes prises qui auront été faictes par mer durant le présent mouvement en vertu des congez et advuez donnez par les chefs de part et d'autre sur ceux du party contraire, et qui auront esté jugez par les juges d'amirauté, ou autres officiers à ce commis, demeureront assoupis sous le bénéfice du présent édict, sans qu'il en puisse estre fait aucune poursuite, ni les capitaines et leurs cautions, bourgeois, et advitailleurs, et lesdits juges et officiers recherchez et molestez en quelque façon que ce soit : comme aussi, nous voulons que tous ceux qui auront obtenu congé de nostredit cousin pour aller sur mer, et qui avec iceux seront ja partis, soient déchargés de toutes les prises qu'ils ont faictes, ou pourront faire en vertu d'iceux, pendant le temps de trois mois après la datte des présentes, tout ainsi qu'ils feroient s'ils avoient eu congé de nous, ou de nostre cousin l'amiral, dont les jugemens se feront par les officiers ordinaires de nostre amirauté, ou autres à qui la cognaissance en appartient.

(53) Les articles secrets qui auront par nous esté accordez, et qui ne se trouveront insérez en ce présent édict seront entretenus de poinct en poinct, et inviolablement observez, et sur l'extrait d'iceux, ou de l'un desdits articles signez par l'un de nos secrétaires d'Estat, toutes lettres nécessaires seront expédiées.

(54). Et afin qu'il soit promptement pourveu à l'observation de nostre présent édict, mandons à nos amez et féaux conseillers les gens tenans nos cours de parlement, qu'incontinent après iceluy reçu, et toutes choses cessantes, ils ayent à le faire publier et enregistrer en nosdites cours selon sa forme et teneur, purement et simplement, sans user d'aucunes modifications ny restrictions, ny attendre autre jussion et mandement de nous, et à nos procureurs en requérir et poursuivre incontinent et sans délay la publication, laquelle nous enjoignons aux gouverneurs et nos lieutenans généraux de nos provinces de faire pareillement faire chacun en l'estenduë de sa charge, et par tous lieux et endroits à ce faire accoutumez, et ce au premier commandement qu'ils en recevront de nostre part, et sans attendre que ladicte publication ait esté faicte dans nosdictes cours de parlement, à ce que nul n'en prétende cause d'ignorance, et que plus promptement toutes voyes d'hostilité, levées de deniers, payemens et contributions escheuz et à escheoir, prises, démolitions, et fortifications de villes, places et chasteaux cessent, déclarans dès à présent icelles levées, de deniers, fortifications, démolitions, contributions, prises de biens, meubles, et autres actes d'hostilité qui se feront après la publication ainsi faite par les provinces sujectes à restitution, punition et réparation, à quoi nous voulons estre procédé contre les contrevenans. Sçavoir est, contre ceux qui useront d'armes, forces et violences en la contravention et infraction de cestuy nostre présent édit, empeschant l'effect et exécution d'iceluy de peine de mort, sans espoir de grâce ni rémission : et quant aux autres contraventions qui ne seront faites par voyes d'armes, forces et violences, seront punis par autres peines corporelles, bannissemens, amendes honorables, et autres, suivant la gravé et exigence des cas, à l'arbitre et modération de nos juges et officiers, ausquels nous en avons attribué et attribuons la cognoissance, chargeant en cet endroict leur honneur et conscience d'y procéder avec la justice et égalité qui y appartient, sans exception ou différence de personne.

N° 57. — ARTICLES *particuliers du traité de Loudun* (1).
Blois, 6 mai 1616; reg. au parl. le 15, et en la ch. des compt. le 28 juin, et en la cour des aides le 8 juillet. (V. AMA, f° 276.)

(1) Le roy veut et entend, à l'exemple des roys ses prédécesseurs, que l'église gallicane soit conservée en ses droits, franchises, libertés et prérogatives.

(2) Ce qui a esté fait par le clergé sur la publication du concile de Trente n'a esté approuvé par S. M.; aussi n'a-t-il eu aucune suite et ne permettra point qu'il y soit encore rien fait cy-après, sans ny contre son autorité.

(3) Encore que dans l'édict il soit porté que toutes places qui ont été prises de part et d'autre durant les mouvemens seront restituées et restablies entre les mains en l'estat qu'elles étoient auparavant iceux, néantmoins il a été convenu que le château de Lectoure sera mis entre les mains d'un exempt des gardes du corps du roy ou autre de la religion prétendue réformée, qui sera choisi par S. M., pour le garder jusqu'à ce que le différend qui est entre les sieurs de Fontrailles et d'Angalin, pour raison de la capitainerie dudit chasteau, soit jugée par S. M.

---

(1) V. ci-dessus, p. 85, l'éd. de Blois fait en conséquence de ce traité.

(4) L'article 27 de l'édict de Nantes, fait sur la pacification des troubles concernant l'admission indifférente de ceux qui font ou feront profession de la religion prétendue réformée à tous estats, dignitez, offices et charges publiques quelconques, royales, seigneuriales ou des villes, sera suivi et observé; et en ce faisant, les sieurs de Villemereau, conseiller en la cour de parlement, et Lemaistre, M^e en la chambre des comptes, seront admis en la fonction de leurs charges comme ils estoient auparavant qu'ils eussent fait profession de ladite religion prétendue réformée.

(5) Les ministres de la religion prétendue réformée jouiront de la grâce et des exemptions à eux accordés par les lettres patentes du roy, du 15 décembre 1612.

(6) Les sieurs Durant, Louis et Gaulin seront restablis en la ville de Metz, ainsi qu'ils estoient par cy-devant.

(7) Les habitans de la ville de Millau et des villes, bourg et communautez du comté de Foix qui se trouvèrent à la prise du chasteau de Damerade, comme aussi quelques particuliers de la ville de Nismes, jouiront de l'effet des abolitions qui leur ont cy-devant esté octroyées pour aucuns crimes et excès y mentionnés, sans qu'il soit besoin d'autre vérification que l'enregistrement qui sera fait des présens articles, et sans que ledit enregistrement puisse préjudicier aux intérêts civils des parties, pour lesquelles ils s'y pourvoiront ainsi que de raison; et pour le regard de la ville de Millau, les catholiques, tant ecclésiastiques que autres, y pourront faire leur demeure et résidence et continuer le service divin en toute sûreté, le roy les mettant en la garde de ceux de la religion prétendue réformée qui en demeureront responsables.

(8) La dame Dandoux et le sieur de Sainte-Foix, ensemble ceux qui les ont assistez, demeureront entièrement déchargez de tout ce qui leur peut être imputé à cause de ce qui se passa à Belesta en l'année 1613, ce qui sera esteint, aboli et supprimé, et sans que pour l'entérinement de la grâce ou décharge qui en a esté ou sera expédiée, ils soient tenus de se mettre en estat dont ils ne seront dispensez et deschargez, à la charge aussi de l'intérest civil, s'il y eschet; et que les habitans qui font profession de la religion prétendue réformée y pourront faire leur demeure en toute liberté et sûreté et y faire l'exercice de leur religion, selon qu'elle leur est permise par les édicts, lesquels demeureront en la garde des catholiques.

(9) Le sieur Darandon sera restably dans le gouvernement de la ville de Vannes, lequel restablissement sera fait par le gouverneur et lieutenant général de la province.

(10) La déclaration qui a été expédiée en faveur du sieur de Born, au préjudice de la charge de grand-maistre de l'artillerie, sera révoquée et ladite charge remise en la mesme auctorité et fonction dont ont jouy les grands-maistres qui l'ont cy-devant exercée.

(11) Les sjeurs marquis de Bonnivet et de Friaize serónt délivrés et mis en liberté, et seront toutes informations et procédures commencées à l'encontre d'eux, à cause et ensuite des présens troubles, nulles et de nul effet et valeur (1).

(13) La commission qui a esté expédiée pour le rasement du chasteau de Tigny en Anjou sera révoquée, si elle ne l'a esté (2).

(15) Le roy accorde à monseigneur le prince de Condé, tant pour luy que pour les autres princes et seigneurs tant catholiques que de la religion prétendue réformée, qui sont joints et unis avec lui, la somme de 1,500.000 livres, tant pour le payement des levées, entretenemens et licenciement des gens de guerre, qu'autres frais et dépenses de ladite guerre.

Fait et arresté par le roy en son conseil, la reyne sa mère présente.

N° 58. — LETTRES-PATENTES *confirmatives des privilèges des écoliers d'Allemagne étudians dans l'université de Paris* (3).
Paris, juin 1616; reg. au parl. le 19 avril 1625. (Vol. CCC, f° 222. — Antiq. de l'univers. d'Orléans, p. 96.)

Louis, etc. Nos très chers et bien amez les procureurs et supposts de la nation allemande, estudians en l'université d'Orléans, nous ont fait dire qu'il a cy devant pleu aux roys nos prédécesseurs, mesme au feu roy Henry le Grand, nostre très honoré seigneur et père, que Dieu absolve, plusieurs grandes considérations, les gratifier de plusieurs beaux et signalés privilèges, notamment que pour leur seureté, soit en venant de leurs pays ou s'en retournant, ils puissent, par tous les lieux de nostre royaume, porter espées, dagues et pistolets; qu'en temps de guerre civile et estrangère, ils puissent, sous notre sauve-garde, venir en ladite

---

(1) Ces lettres visent une déclaration de Henri IV, dont nous n'avons pas donné le texte. Les lettres de 1616 en tiennent lieu.
(2) L'art. 12 est sans importance.
(3) V. ci après, en juillet 1626, le fameux édit qui ordonne le rasement de tous les châteaux et forteresses situés à l'intérieur du royaume. — L'art. 14, évoque du parlement de Bretagne au grand couseil, les procès, tant civils que criminels, du duc de Vendôme, et de quelques autres particuliers.

université, y faire résidence et s'en retourner sans être recherchés en leur religion, faits prisonniers, ny mis à aucune rançon, combien qu'ils fussent subjects de quelque seigneur du party contraire; qu'avenant le décès d'aucuns desdits escoliers, leurs biens ne nous seront déclarez acquis par droit d'aubaine; durant tout le temps qu'ils seront en ladite université, ils pourront aller par la ville avec l'épée et la dague; qu'aux assemblées publiques de l'université, le procureur de ladite nation marche immédiatement après le procureur de France; qu'ils ont l'élection libre du procureur et autres officiers de leur nation, comme aussi du Bedeau et d'un messager pour, incontinent après l'élection faite, les présenter et faire confirmer aux lecteurs et régens de ladite université, pourvu qu'il n'y ait aucune clause légitime de les rejeter; qu'ils ont leurs clauses commises, comme nobles, par-devant nostre bailly d'Orléans ou ses lieutenans civil et criminel, tant en demandant que défendant privativement au prévost d'Orléans.

A iceux, pour ces causes et autres à ce nous mouvans, avons continué, confirmé et approuvé et, de notre grâce spéciale, pleine puissance et autorité royale, continuons, confirmons et approuvons par ces présentes signées de notre main tous et chacuns lesdits priviléges cy dessus déclarés, et plus amplement exprimés par lesdites lettres de notredit feu sieur père, cy attachées, sous le contrescel de nostre chancellerie, pour iceux et leurs successeurs en jouir et user pleinement et paisiblement comme ils en ont bien et duement jouy et usé, jouissent et usent encore de présent.

Si donnons, etc.

N° 59. — LETTRES-PATENTES *qui permettent aux religieux de l'ordre de Saint-François dit les Recollets, de s'établir à Gisors* (1).

Paris, juin 1616; reg. au parl. le dernier décembre. (Vol. AAA, f° 239.)

N° 60. — DÉCLARATION *portant que par le serment de son sacre* (2), *le roi n'a point entendu proscrire ses sujets de la*

---

(1) V. Les lettres-patentes ci-après de mai 1627, et 15 février 1630, et dans notre collection l'ordonnance du 1ᵉʳ juillet 1817, relative aux Lazaristes et nos observations.

(2) Le serment d'exterminer les hérétiques. C'est le même qu'avaient prêté Henri IV et ses prédécesseurs depuis saint Louis (v. à la date du 27 février 1594).

religion réformée vivant en France sous la protection des édits de pacification.

Paris, 20 juillet 1616; reg. au parl. le 4 août. (Vol. AAA, f° 292. — Merc. franç., IV, 134.)

Louis, etc. Combien que depuis nostre advénement à ceste couronne nous ayons assez clairement fait cognoistre le soing que nous avons toujours eu de maintenir tous nos subjets en amitié, union et concorde les uns avec les autres et mesmement ceulx qui font profession de la religion prétendue réformée en la sûreté et liberté qu'ils peuvent désirer, tant pour leurs consiences que pour leurs personnes, biens, charges et dignités, soubz l'observation des édits de pacification, articles secrets, déclarations, brévets et autres grâces et concessions qui leur ont été octroyées par le feu roy nostre très honoré seigneur et père (que Dieu absolve), et depuis par nous confirmées.

Pour raison de quoy, nous avons fait expédier, en leur faveur plusieurs déclarations fort expresses, tant lors de nostre advènement à la couronne et à l'entrée de nostre majorité que en diverses autres occurrences sur lesquelles nous avons estimé qu'ils pouvoient désirer estre éclaircis de nos bonnes et sincères intentions en leur endroit: néantmoins sur ce qui nous a esté représenté qu'aucuns d'entre eux demeurent encore en quelque soupçon de jalousie sur ce que lorsque les états-généraux de nostre royaume estoient dernièrement convoqués et assemblés en nostre bonne ville de Paris, il fut mis en délibération et résolu en quelques chambres d'iceux que nous serions supplié de vouloir conserver la religion catholique, apostolique et romaine suivant le serment par nous prêté à notre sacre, encore que ceux qui y estoient députés nous aient depuis fait cognoistre que ce qu'ils en ont fait a plutôt esté par abondance d'affection qu'ils ont à ladite religion catholique que par aucune mauvaise volonté qu'ils portent contre ceux de ladite religion prétendue réformée, recognoissant eux-mêmes combien l'observation des édits de pacification faits en leur faveur est nécessaire pour le bien, repos et tranquilité de ce royaume.

Désirant de nouveau éclaircir nosdits subjets de ladite religion prétendue réformée de nostre bienveillance en leur endroit, et

---

et que prêta même Louis XVI. Lors du sacre de Charles X, en 1825, on a supprimé cette partie du serment.

afin de ne leur laisser aucun scrupule sur lesdites propositions faites en ladite assemblée des états.

Par ces causes et autres bonnes considérations à ce nous mouvans, de l'advis de la royne nostre très honorée dame et mère, des princes officiers de nostre couronne et principaux de nostre conseil estant près de nous.

Avons dit et déclaré, disons et déclarons que nous n'avons entendu au serment qui s'est fait à nostre sacre y comprendre nosdits subjets de ladite religion prétendue réformée, vivans en nostre royaume sous le bénéfice desdits édits, articles secrets et déclarations faites en leur faveur, lesquels nous voulons estre toujours suivis et observés inviolablement, sans y estre contrevenu; et en tant que besoin seroit, les avons, de nouveau, confirmés et confirmons, enjoignant à tous nos officiers de poursuivre et faire punir ceux qui y contreviendront, comme réfractaires et perturbateurs du repos public.

N° 61. — DÉCLARATION *qui exempte les notaires et secrétaires du roi du guet et garde des portes.*

Paris, 5 septembre 1616. (Hist. de la chancel., I, 322.)

N° 62. — DÉCLARATION *sur l'arrestation et la détention du prince de Condé* (1).

Paris, 6 septembre 1616. (Merc. franç., IV, 217, ann. 1616.)

Louis, etc. C'est avec un regret incroyable et qui nous perce le cœur, qu'il faille que si souvent nous employions nostre autorité pour réprimer les malheureux desseins de ceux qui cherchent en la ruyne de nostre estat l'advancement de leur fortune, et dans les prodigieuses cruautés des guerres civiles, la licence de tout ce que les lois et la raison leur défend; et encore plus, quand il faut que les nécessaires remèdes que nous apportons à la seureté de nostre personne et salut de cest estat, diffament et déshonorent nostre propre sang et le rendent coulpable d'impiété, tant

---

(1) V. ci-devant l'édit de pacification du mois de mai précédent, et ci-après déclaration de janvier 1617, contre le duc de Nevers, et l'édit d'abolition, mai 1617, après la mort du maréchal d'Ancre. — L'arrestation du prince de Condé ne fut point suivie de jugement. — Par déclaration du 16 octobre suivant, le roi déclara le duc de Longueville innocent des crimes attribués au prince de Condé. — V. note ci-après sur la déclaration du 9 novembre 1619, relative à la mise en liberté de ce prince.

envers nous, qui tenons lieu de père à tous nos subjets, que envers leur commune patrie, qui est révérée comme mère par les peuples les plus barbares. C'est néantmoins ce qui nous arrive aujourd'hui, quand nous mettons au jour les justes plaintes que nous faisons tant contre nostre cousin, le prince de Condé, que contre les princes, seigneurs et autres, qui adhèrent aux mauvais et pernicieux desseins qui ont esté ourdis contre nostre personne et nostre estat, estant impossible que ceux qui considéreront d'un côté nostre démesurée clémence tant de fois employée à les gagner et acquérir; et d'autre, leur indomptable opiniâtreté à nous offenser, voire ruyner, ne détestent avec horreur une si ingrate mescognoissance.

Lorsque dernièrement ils s'élevèrent en armes, sous prétexte d'empescher la plus honorable alliance que nous pouvions prendre en toute la chrestienté, et pour réformer nostre estat par son entière ruyne, nous pouvions aysément, avec un peu de patience, les voir fondre et se consommer de soy-mêmes pour retomber à nos pieds et estre réduits à nostre miséricorde. Mais jettant les yeux sur les misères et calamitez qu'ils faisoient souffrir à nos peuples, nous avons voulu, comme père pitoyable, payer la rançon de nos pauvres subjets par la diminution de nostre autorité, par l'extrême incommodité de nos affaires et évident dommage de nostre estat.

C'est pourquoi, par le traité de Loudun, nous accordâmes à nostredit cousin tout ce qu'il nous demanda; nous ne lui laissâmes pas seulement le gouvernement de Berry, mais nous récompensâmes chèrement toutes les places fortes qui y sont, et tout le domaine pour le luy bailler, et accordâmes, ou pour gratifications, ou pour licenciement de ses troupes, des sommes si immenses, que les despenses de ceste guerre ou du traité nous reviennent à plus de 20 millions. Pour contenter nostre cousin le duc de Longueville, nous avons tiré de la Picardie et de la citadelle d'Amiens ceux qui y commandoient pour y mettre personne qui lui peust estre agréable, et pour lui donner plus de subjet de se rapprocher de nous, fait éloigner ceux que nous croyions qui lui étoient désagréables. Nous avons donné à nostredit cousin, le prince de Condé, lorsqu'il est venu vers nous, telle part qu'il a désiré au maniement de l'estat, et particulièrement la direction de nos finances, bien que ce fust chose qui semblast aliénée de sa qualité et que chacun jugeoit préjudiciable à l'estat.

Toutesfois les excès de nos grâces et faveurs n'ont peu retenir les volontés désordonnées de ceux qui ne trouvent leur repos que dans les troubles de nostre estat et ne mettent leur espérance qu'en nostre ruyne. Car et devant et depuis l'arrivée dudit sieur prince ont esté tenues plusieurs assemblées nocturnes en nostre ville de Paris, mesme à Saint-Martin-des-Champs et au fauxbourg Saint-Germain, où se sont trouvez des princes et autres des plus grands qui feussent près de nous; et mesme aucuns de nos officiers, dont les uns se sont depuis retirez, advouant leur crime par leur fuitte. A la suite de cela, ont esté faites pratiques et menées pour desbaucher le peuple et l'esmouvoir à sédition, et pour gaigner ceux qui avoient charge des armes en ceste nostre bonne ville, comme colonels et capitaines, et ce, sur divers prétextes, à quoy même ont esté employez plusieurs de nosdits officiers. L'on n'a point aussi oublié de pratiquer les curés et prédicateurs, auxquels on a fait tenir des langages scandaleux, non plus que les seigneurs et gentilshommes qui étoient autour de nous, et cela si ouvertement, que ceux qui faisoient telles menées n'ont point eu crainte de faire dire à la reyne, nostre très honorée dame et mère, qu'ils estoient tellement liez que rien ne les pouvoit séparer; leurs serviteurs et suivans, disant publiquement que nul que Dieu ne les pouvoit empescher de changer le gouvernement. Ensuite de cela, seroit arrivé le saisissement et occupation de la ville et chasteau de Péronne, dont les conseils ont esté tramez près de nostre personne; de quoy bien que nous eussions juste occasion d'estre grandement indignez, et avec la force venger l'injure qui estoit faite à nostre authorité; néantmoins nous nous serions accommodez à toutes les propositions qui nous auroient esté faites pour composer doucement ceste affaire; mais au lieu de faire profit de nostre bonté et indulgence, il seroit entré dedans quatre compagnies de gens de pied, tambour battant, parties des places commandées par ceux qui estoient près de nous, et qui trempoient à tous ces desseins; ce qui auroit tellement despleu à tous ceux à qui il restoit encore quelque respect de nostre authorité, qu'une princesse qui touche de fort près ceux qui étoient interessez en ce faict-là, touchée de la compassion de nostre fortune, auroit donné advis à la reyne, nostredite très honorée dame et mère, des desseins des entrepreneurs, et nous auroit fait advertir de prendre garde à nous, d'autant que leurs conseils tendoient à se servir de nostre personne et de la reyne, nostredite dame et mère, et se cantonner par toutes les provinces de nostre royaume; dont toutesfois l'horreur

7.

auroit esté si grand en l'âme de ceux qui y avoient trempé, que mesme nostredit cousin, avant sa détention, auroit ingénûment confessé à nostredite dame et mère s'estre trouvé audit conseil; et qu'à la vérité nous aurions occasion d'avoir soupçon de luy, adjoustant que toutesfois, nous et nostredite dame et mère, luy étions obligez autant qu'à nos propres pères. Lesquelles mesmes paroles auroient esté aussi dites à ladite dame par un autre prince, la priant de n'en point faire de semblant de peur que nostredit cousin ne se retirast.

Et de fait, nous avions délibéré en dissimulant, lasser les autheurs de telles brouilleries par nostre patience et les ramener à leur devoir; mais nous feusmes incontinent advertis de toutes parts que, nonobstant la déclaration de nostredit cousin, il ne laissoit pas, avec ses adhérans, de persister en leurs mauvais desseins. De sorte qu'un des grands de nostre royaume vint vers nostredite dame et mère luy révéler qu'il avait esté en l'un desdits conseils, où il se traictoit de se saisir de nostre personne et s'emparer du gouvernement de l'estat; et en mesme temps un autre, de semblable qualité, auroit envoyé à nostredite dame et mère un conseiller de nostre parlement pour nous donner advis desdites entreprises; et depuis encore seroit venu lui-mesme, et nous auroit conjuré de pourvoir à la sûreté de nos personnes, protestant qu'il le disoit pour la descharge de sa conscience; ajoustant que l'armée qui estoit à Péronne auroit esté mieux auprès de nous, et qu'il eust désiré que nous eussions esté hors d'ici au milieu de 1,200 chevaux. Un des principaux prélats de ce royaume, et qui estoit entièrement hors de soupçon de vouloir rien feindre en ceste occasion, nous vint aussy advertir qu'on proposoit, parmi les autheurs de ces desseins, d'aller à nostre parlement reprendre les erres de l'arrest (1), par lequel on avoit ordonné que les princes, pairs de France et officiers de la couronne, seroient convoquez pour pourveoir au gouvernement; et là, proposer de nous l'oster.

Et ces choses estoient déjà si publiques, que les ambassadeurs des princes estrangers qui estoient en nostre cour, nous donnoient advis par escrit de leurs mains, et sollicitoient officieusement de prendre garde à nous. On nous rapportoit aussy qu'ès festins qui se faisoyent parmi ceux qui suivoyent nostredit cousin, c'estoit au terme d'allégresse ordinaire *Bare-à-Bras*, pour désigner sa

---

(1) Arrêt du 28 mars 1615.

prétention à la couronne. En mesme temps nous sçavions que de tous costés on levoit des forces en nostre royaume sans nostre permission, et sur les commissions de ceux qui estoient près de nous, et en saison qu'on ne pouvoit prendre prétexte que ce fust pour servir ailleurs; cela avec telle licence, que le jour avant que nous ayons fait arrester nostredit cousin, il fut tiré de ceste ville de Paris des armes pour armer trois mille hommes. Nostre patience enfin vaincue par l'évidence du péril qui ne regardoit pas seulement nostre personne, mais trainoit après soy l'entière ruyne de nostre royaume, qui nous est plus cher beaucoup que nostre vie, nous nous sommes retournez vers Dieu, et après avoir, comme en chose désespérée, imploré son assistance et conseil, nous avons trouvé n'y avoir plus autre remède à ce mal que de nous assurer de la personne de nostredit cousin, bien que nous cognussions assez le hasard que nous courions par les menées et pratiques avec lesquelles on avoit dès long-temps aliéné les cœurs et volontez non seulement de nos subjets, mais de nos propres officiers et serviteurs.

Nous l'avons donc fait arrester et loger près de nous en nostre chasteau du Louvre, avec le plus honorable et favorable traitement que telle occasion pouvoit souffrir; et pour ce que, parce que dessus nostredit cousin, et ceux qui luy ont adhéré ont manifestement violé la foy qu'ils nous avoient donnée, et contrevenu en toutes façons audit traité de Loudun, comme ils avoient fait à celui de Sainte-Menehould, par l'entreprise de Poictiers, comme il est vérifié par plus de 150 tesmoins dignes de foy; nous ne doutons point que, selon que les esprits sont misérablement partialisez et prévenus de diverses passions, beaucoup de gens mal affectionnez à nostre service et au bien de nostre estat, ne veuillent donner de sinistres interprétations à cest événement; nous avons voulu par ces présentes esclaircir un chacun de nostre intention, et pourveoir quant et quant à ce qui est de la sûreté de nostre estat et bien de nos subjets, et leur faire cognoistre que nostre bonté et clémence ne peut estre vaincue par leur obstination; et pour cet effect,

Sçavoir faisons, qu'après avoir mis cette affaire en délibération en nostre conseil où estoit la royne, nostredite dame et mère, aucuns princes, officiers de nostre couronne, et autres principaux seigneurs de nostredit conseil, et de l'advis d'iceluy,

Nous avons déclaré et déclarons par ces présentes, signées de nostre main, que par la détention et arrest fait de la personne de nostredit cousin, nous n'avons entendu, ni entendons en façon quelconque, contrevenir à nostredit traité de Loudun, ni priver aucun de nos subjets, demeurant en nostre obéyssance, du fruit et bénéfice d'iceluy, lequel nous voulons estre inviolablement gardé, pour le regard de tous nos subjets qui sont demeurés en leur debvoir et en nostre obéissance.

Et pour d'abondant exercer envers eux nostre clémence, voulons et nous plaît que tous ceux qui ont adhéré à nostredit cousin, et aux desseins et conseils qui ont esté pris contre nostre estat, revenans à nous dans quinzaine après la publication des présentes en nos parlemens et nous en demandant pardon, n'en soient en façon quelconque recherchez; abolissant en ce cas tout ce dont ils pourroient estre coupables, promettant les reprendre en nostre grâce; comme aussy, en cas qu'ils persévèrent en leur faute, les avons déclarez et déclarons criminels de lèse-majesté. Voulons estre procédé contre eux, suivant la rigueur des lois et de nos édits et ordonnances.

N° 63. — Déclaration *confirmative de l'édit qui réunit les relais aux postes* (1).

Paris, 18 octobre 1616. (Traité de la pol., IV, 601.)

N° 64. — Déclaration *qui défend de lever des gens de guerre sans permission du roi* (2).

Paris, 19 novembre 1616; reg. au parl. le 24. (Vol. AAA, f° 292 et 311.)

(*Intérim du secrétaire Mangot comme garde des sceaux par la révocation de Duvair.*)

N° 65. — Édit *contre le duc de Nevers et ses adhérens* (3).

Paris, janvier 1617; reg. parl. le 17. (Vol. AAA, f° 333. — Merc. franç., p. 20.)

---

(1) V. ci-devant, sous Henri IV, mars 1597, août 1602 et février 1604.
(2) V. note sur la déclaration de Henri III du 26 décembre 1583, ci-devant, ordonn. du 14 avril 1615, et ci-après, l'ordonn. de 1629, art. 314.
(3) Le duc de Nevers et ceux de son parti sont déclarés rebelles et perturbateurs du repos public, si dans 15 jours ils ne posent pas les armes en reconnaissant leur faute. Le roi veut qu'il soit procédé contre eux par toutes voies de justice. — Le duc de Nevers s'était attaché au prince de Condé contre le maréchal d'Ancre. Ce ministre ayant été disgracié et assassiné quelque temps après (24 avril), Louis XIII donna des lettres d'abolition (v. ci-après, mai 1617), de tous arrêts et déclarations rendus, tant contre le duc de Nevers que contre les autres princes et seigneurs qui s'étaient retirés de la cour.

N° 66. — **Déclaration** *qui défend à toutes personnes de faire venir des armes de l'étranger.*

Paris, 3 février 1617; reg. au parl. le 9. (Vol. AAA, f° 342.)

(*Duvair, rétabli garde des sceaux, 25 avril. — Duc de Luynes, premier ministre.*)

67. — **Lettres** *d'abolition en faveur du marquis de Vitry pour le meurtre du maréchal d'Ancre* (1).

Paris, 29 avril 1617; reg. au parl. le 20 mai. (Vol. AAA, f° 383.)

N° 68. — **Déclaration** *portant abolition en faveur des princes et seigneurs qui se sont retirés de la Cour* (2).

Vincennes, mai 1617; reg. au parl. le 12. (Vol. AAA, f° 386.)

Louis, etc. La prompte obéissance qu'ont rendue à nos commandemens, depuis la mort du mareschal d'Ancre les princes, ducs, pairs, officiers de nostre couronne, seigneurs, gentilshommes, officiers de nos cours souveraines, et tous ceux qui les avoient assistés, contre lesquels nous avions décerné nos lettres-patentes des mois de janvier et février derniers, nous a fait assez cognoistre que le seul désir de leur conservation et d'empêcher la ruine qui leur étoit procurée par les insolens, violens et pernicieux desseings dudit mareschal d'Ancre les avoit contraints à s'esloigner de nous et chercher leur sûreté dans les armes bien qu'illicites, d'autant que ledit mareschal se servoit, contre notre intention, de nos forces pour les opprimer.

Mais comme il a esté de nostre dignité de décerner nos lettres de déclaration à l'encontre d'eux lorsqu'ils commettoient des actions contraires à leur devoir au lieu d'attendre justice de nous, maintenant que nous sommes assurés de leur fidélité et qu'ils nous ont fait reconnoître que la seule nécessité de leur conservation les avoit portés à s'associer seulement pour s'opposer aux

---

(1) Le maréchal d'Ancre (Concino-Concini), ancien favori de Marie de Médicis et premier ministre depuis le 15 mai 1610, s'était fait des ennemis par son immense fortune. Accusé auprès de Louis XIII par les grands seigneurs du royaume, ordre de l'arrêter fut remis, au nom du roi, au marquis de L'Hôpital Vitry, qui, sur le refus du maréchal de rendre son épée, le fit tuer à coups de pistolet sur le pont-levis du Louvre, le 24 avril 1617. Des lettres-patentes du mois d'août suivant adjugèrent au duc de Luynes, d'abord son protégé, puis son rival et son successeur, ses biens et ceux de sa veuve. La maréchale d'Ancre périt sur l'échafaud. Le marquis de Vitry fut fait maréchal et le comte de Luynes, duc et bientôt connétable.

(2) V. ci-devant, 6 septembre 1616 et janvier 1617. — Une déclaration du 24 juillet, dont nous ne donnons pas le texte, confirme cette abolition.

violences dudit mareschal, et que nous avons été suffisamment informés, de leur part, de leurs bonnes intentions envers nous et nostre royaume, et du désir qu'ils ont d'employer leurs vies pour en accroistre la grandeur et maintenir nous et nostre autorité, et qu'ils sont grandement déplaisans d'avoir levé des gens de guerre, arrêté et pris nos deniers, imposé sur notre peuple des contributions et fait travailler aux fortifications des places qu'ils tenoient nos sujets à corvées; ce qu'ils nous ont prétexté qu'ils n'eussent jamais entrepris et moins de faire entrer des estrangers dans nostre royaume s'ils n'y eussent esté contraints pour éviter la ruine et désolation entière d'eux et de leurs familles.

Il est de nostre clémence et royale bonté, en les traitant favorablement, de leur pardonner les fautes qu'ils peuvent avoir en cela commises, et de les rétablir dans les charges, honneurs et dignités qu'ils possédoient auparavant, puisque d'ailleurs cela peut servir pour affermir en nostre royaume la paix tant nécessaire et désirée des gens de bien.

C'est pourquoy, après avoir mis cette affaire en délibération en nostre conseil, où étoient aucun princes de nostre sang, autres princes, ducs, pairs, officiers de nostre couronne et principaux de nostre conseil.

Sçavoir faisons, que de l'advis d'icelui et de nostre certaine science, pleine puissance et autorité royale, nous avons dit et déclaré, disons et déclarons, par ces présentes signées de nostre main, que nous tenons lesdits princes, ducs, pairs, officiers de nostre couronne et tous ceux qui les ont assistés pour nos bons et loyaux sujets et serviteurs.

Voulons et entendons la mémoire de tout ce qui est arrivé en ces derniers mouvemens pour les faits cy-dessus spécifiés et autres concernant ladite levée d'armes et actes d'hostilité demeurer du tout éteinte et abolie, comme nous l'éteignons et abolissons par ces dites présentes, à la charge que à l'advenir ils se contiendront dans les bornes du respect qu'ils nous doivent et rendront l'obéissance qu'ils sont tenus à nos commandemens, et que dès à présent ils renonceront à toutes ligues et associations qu'ils peuvent avoir faites entre eux et autres nos subjets ou estrangers tant dedans que dehors le royaume, de quelque condition qu'ils puissent être, et généralement s'acquitteront du devoir de bons et fidèles subjets et serviteurs à quoy leur naissance les oblige.

Et moyennant ce les avons restablis et restablissons en tous et chacuns leurs biens meubles et immeubles, honneurs, dignités, charges, états, offices et pensions desquels nous leur donnons pleine et entière main-levée, levons et ôtons, à cette fin, toutes saisies sur iceux.

Voulons et entendons qu'ils jouissent de nos grâces, faveurs, bienfaits, honneurs et gouvernemens, et exercer leurs charges et offices ainsi qu'ils faisoient auparavant, sans qu'ores ny à l'advenir ils y puissent estre troublés ny empêchés en quelque sorte et manière que ce soit, imposant, sur ce, silence à nos procureurs généraux et leurs substituts présens et à venir et à tous autres, nonobstant toutes déclarations, interdictions et autres lettres patentes qui ont esté cy-devant par nous décernées et publiées en nos parlemens, au contraire, lesquels nous avons révoquées et révoquons, déclaré et déclarons nulles, de nul effet et valeur et tout ce qui s'est fait en exécution d'icelles, lesquelles pour cet effet, de notre grâce spéciale, nous voulons estre ôtées et tirées des registres de nos cours de parlement.

Tenons, en outre, quittes et déchargés ceux qu'ils ont commis au maniement de nos deniers et autres qu'ils pouvoient avoir imposés et actuellement touchés, pourvu que dans six semaines après la publication des présentes ils rapportent en notre chambre des comptes double de leurs estats, arrests signés par l'un des princes et ducs, et pareillement des bois qu'ils peuvent avoir coupés et enlevés de nos forests.

Voulons aussi que nos édits et déclarations cy-devant faits pour la pacification des troubles de nostre royaume, même celui de Blois en suite et conséquence du traité de Loudun, soient inviolablement exécutés, gardés et observés de point en point, selon leur forme et teneur, et que sous l'autorité et bénéfice d'iceux, tous nos sujets tant catholiques que de la religion prétendue réformée, vivent désormais en bonne paix, union et intelligence sous notre obéissance, sans qu'ils se fassent les uns aux autres, aucun reproche pour raison des choses passées.

Sy donnons en mandement, etc.

N° 69. — Arrêt *du conseil qui ordonne le rétablissement de la religion catholique en Béarn et la restitution des biens du clergé* (1).

Fontainebleau, 25 juin 1617. (Merc. franç., V, p. 70, août 1617.)

---

(1) A l'époque de la seconde guerre civile religieuse de la Ligue (en 1568), la

N° 70. — **Déclaration** *contre le duel* (1).

Vincennes, 14 juillet 1617; reg. au parl. le 29. (Vol. AAA, f. 394.)

N° 71. — **Déclaration** *portant qu'il sera remis à la bibliothèque du roi deux exemplaires de tous les ouvrages qui seront imprimés* (2).

Paris, août 1617; reg. au parl. le 7 septembre. (Vol. BBB, f. 6.)

Louis, etc. Le soing qu'ont eu nos prédécesseurs roys de rendre leur règne florissant en toutes sortes de science et bonnes

---

reine de Navarre Jeanne d'Albret, mère de Henri IV, fut obligée de s'enfuir précipitamment du Béarn à La Rochelle, pour échapper aux poursuites des catholiques de ce pays qui voulaient la retenir prisonnière. Montgomery qu'elle envoya pour reconquérir son pays, y ayant réussi, elle fit saisir tous les biens des ecclésiastiques catholiques, *pour peine de leur rébellion*, dit l'ordonnance, et les donna aux pasteurs réformés. L'année suivante, Jeanne d'Albret, à la réquisition des états-généraux de Béarn supprima dans son royaume l'exercice de la religion catholique. — Après la mort de cette princesse, en 1581, Henri IV, à son avènement à la couronne de Navarre, jura solennellement en pleins états de conserver inviolablement à ses sujets la jouissance de tous les avantages faits par lui ou par ses prédécesseurs. Cet ordre de choses avait été sanctionné par plusieurs actes de Louis XIII lui-même. L'arrêt de 1617 qui, après l'espace d'un demi-siècle, ordonne la restitution des biens ecclésiastiques, éprouva une vive résistance (V. le Mercure français, année 1618). V. ci-après, en octobre 1620, la réunion de la Navarre et du Béarn à la France.

(1) V. ci-devant, juin 1609, et ci-après l'édit de février 1626 et la note. Cette déclaration n'est que confirmative.

(2) Charles V peut être considéré comme le fondateur de la bibliothèque royale. Le roi Jean, son père, ne lui avait laissé qu'une dizaine de volumes. Charles parvint à en rassembler environ 900, qu'il fit placer au Louvre dans une tour que l'on nomma *la Tour de la Librairie*. Charles VI n'augmenta guère le nombre des volumes laissés par son prédécesseur. S'il en acheta quelques nouveaux, il en prêta un grand nombre qui ne furent point rendus. Sous Charles VII, la bibliothèque se trouva complètement dispersée. Le duc de Bedfort qui occupait Paris au nom des Anglais, se fit donner par Garnier de Saint-Yon, gardien de la bibliothèque, tous les livres qu'elle contenait, moyennant un reçu. Il les acheta pour son compte 1200 livres, qui furent comptés à P. Thierry, entrepreneur du mausolée de Charles VI et de la reine Isabeau. Charles VII, redevenu maître de Paris, s'occupa peu de lettres. Il ne laissa en mourant que le petit nombre de livres qui lui furent dédiés, soit par les auteurs, soit par les traducteurs de son temps. — Louis XI commença par recueillir les volumes de la librairie du Louvre, épars dans les maisons royales. Il y joignit les livres de son père et les siens. L'invention de l'imprimerie, qui date à peu près de cette époque, favorisa l'extension de sa bibliothèque. Charles VIII l'augmenta des livres qui lui furent dédiés et de ceux qu'il fit apporter de Naples, après la conquête de ce royaume. Louis XII fit transporter à Blois la bibliothèque du Lou-

lettres paroist en la bibliothèque qu'ils nous ont laissée de plusieurs livres anciens escrits à la main en diverses langues et professions qui sont comme originaux auxquels on peut avoir recours selon les doubtes et difficultés qui se présentent, ce qu'estant recognu pour l'un des principaux ornemens de l'université fondée en la ville capitale de nostre royaume et très utiles à toutes personnes qui font profession des lettres, nous désirons, non seulement le conserver et entretenir mais aussi l'augmenter, adjoutant en nostredite bibliothèque quantité de bons livres imprimés pour y estre gardés avec pareil soin que les manuscrits, afin que les meilleures éditions qui par succession de temps et par divers accidens deviennent rares se puissent promptement recouvrer et servir au public.

A ces causes, nous avons par nostre présent édict perpétuel et irrévocable, dit, statué et ordonné, disons, statuons et ordon-

---

vre, qu'il réunit à celle formée en cette ville par les princes Charles et Jean de la maison d'Orléans. Il y ajouta, plus tard, les livres de la bibliothèque établie à Paris par les ducs de Milan, *Visconti et Sforces*, les livres de Pétrarque, et ceux du cabinet de L. de la Gruthuse, seigneur flamand. — François Ier incorpora la bibliothèque de Blois à celle qu'il avait établie à Fontainebleau. L'inventaire qui fut fait à cette occasion de la bibliothèque de Blois, porte à 1890 le nombre des volumes qu'elle contenait; 109 seulement étaient imprimés, et 38 ou 39 manuscrits grecs. Ce prince fit rechercher partout les manuscrits de cette langue et le catalogue qui fut fait en 1544, en porte le nombre à 260. Henri II *, François II, Charles IX et Henri III, augmentèrent peu la bibliothèque de Fontainebleau. Sous ce dernier prince surtout, elle se ressentit des troubles de la Ligue. Un grand nombre de volumes furent enlevés. Pour prévenir les dissipations de ce genre, Henri IV, en 1595, la fit transporter à Paris, et placer dans le collège de Clermont, vacant par l'expulsion des Jésuites. (Plus tard, quand ils furent rétablis, elle fut transportée dans la rue de La Harpe.) Il y réunit, sur la proposition du président de Thou, maître de la librairie, la bibliothèque de Catherine de Médicis, composée de plus de 800 manuscrits, la plupart grecs, rares, anciens et d'un grand prix. — Louis XIII est le véritable fondateur de la *Bibliothèque royale*. L'ordonnance de 1617 est le premier monument de législation en sa faveur que nous ayons retrouvé. C'est, à partir de cette époque, qu'elle prit ce développement considérable qu'elle a conservé depuis et qui en a fait la plus riche et la plus précieuse bibliothèque du monde. — V. loi du 19 juillet 1793, art. 6, ordonn. du 24 octobre 1814, et 9 janvier 1828.

* L'essai historique sur la bibliothèque du roi, publié à Paris, en 1782, mentionne une ordonnance de ce prince de 1556, qui aurait enjoint aux libraires de fournir aux bibliothèques royales un exemplaire, en vélin et relié, de tous les livres qu'ils imprimeraient par privilège. Nous n'en avons pas trouvé le texte dans les recueils. La table chronologique de Blanchard n'en donne même pas le titre.

nons qu'à l'advenir ne sera octroyé à quelque personne que ce soit aucun privilége pour faire imprimer ou exposer en ventes aucun livre, sinon à la charge d'en mettre gratuitement deux exemplaires en nostre Bibliothèque publique, à présent gardée au couvent des Cordeliers de ceste ville, et ne commenceront les marchands libraires, imprimeurs ny autres personnes à jouir du privilége que du jour que lesdits deux exemplaires auront esté par eux fournis en nostredite Bibliothèque, dont ils prendront attestation ou certificat du garde d'icelle.

Sy donnons, etc.

N° 72. — Déclaration *qui convoque à Rouen une assemblée de notables* (1).

Paris, 4 octobre 1617; reg. au parl. le 12. (Vol. BBB, f° 15. — Merc. franç. V. 230. — États-généraux, XVIII, p. 1).

Louis, etc. Si-tôt qu'il plut à Dieu, par son immense bonté, nous délivrer des pernicieux desseins de ceux qui travailloient à étouffer notre autorité dans les ruines de notre état, nous convertîmes nos premières pensées à appaiser les mouvemens que l'appréhension de la calamité publique avoit soulevés parmi nos sujets. Cela nous ayant heureusement réussi, nous jetâmes les yeux sur la fortune de nos voisins affligés, et considérans les troubles où ils étoient, et les misères que la continuation des guerres leur devoit apporter, dont le péril encore avec le temps eût redondé jusqu'à nous, nous estimâmes ne pouvoir rien plus généreusement entreprendre, que de leur procurer par toutes sortes d'offices, le même bien de paix dont nous jouissions; en quoi Dieu ayant favorisé notre entremise, et rendu icelle agréable à tous les princes intéressés, les choses se sont si heureusement acheminées, que nous pouvons fort vraisemblablement nous promettre de voir en peu de jours la chrétienté en un heureux et assuré repos, et par ainsi nous demeurerons avec plus de loisir et de commodité, pour tourner tous nos soins à l'entière restauration de notre état; mais commençans à sérieusement nous y employer, nous en avons reconnu la dépravation si grande, et toutes les parties si étrangement altérées, que la crainte de ne pouvoir venir à bout d'un ouvrage si hardi, nous auroit sans doute démus de nous y engager plus avant pour cette heure, si

---

(1) L'ouverture n'eut lieu que le 4 décembre. — V. ci-après à cette date.

les merveilles que Dieu a ci-devant opérées en nous, ne nous eussent appris que ceux qui ont les intentions droites, et sont assistés de sa grace, ne doivent de rien désespérer : redoublons donc par cette considération notre courage, et recherchons les moyens pour avancer un si saint œuvre; nous nous sommes remémoriés de cette grande et célèbre assemblée des trois états de notre royaume, laquelle durant notre minorité avoit été convoquée pour le même effet, qui toutefois en avoit été empêchée à l'occasion des troubles survenus en notre royaume; de sorte que tant de conférences, consultations et délibérations faites avec beaucoup de labeurs, de frais et de dépenses, n'avoient produit autre fruit, sinon que les remontrances, plaintes et doléances de nos peuples avoient été toutes compilées en leurs cahiers, et à nous présentées; aux réponses desquelles nous travaillions soigneusement et sérieusement avec notre conseil, lorsque notre voyage de Guyenne, et les mouvemens qui survinrent, interrompirent notre dessein, tellement qu'il reste le principal qui est de pourvoir à tant de maux et de désordres, lesquels ayant été sérieusement fondés et découverts, sont demeurés jusqu'à présent sans remède; ce que nous avons jugé ne se pouvoir, ni plus commodément, ni plus solidement faire que par le conseil de personnes, la dignité, probité, expérience et réputation desquelles persuadât à un chacun, que les résolutions qui auront été prises par leurs avis, n'ont autre but ni visée que le bien et salut de notre royaume. Nous assurant, après cela, qu'il ne se trouvera nul de nos sujets, ni si dénaturé, ni si aveuglé de sa passion et de son intérêt privé, qui considérant ce qu'il doit à sa patrie, et que son salut particulier est enclos dans le public, ne se range volontairement, à ce qu'il jugera lui même nécessaire pour la conservation de l'état; et pour ce, nous nous sommes résolus de convoquer au 24 du mois de novembre prochain, près de nous, du ressort de chacun de nos parlemens, des plus signalés, et capables personnages, soit de l'église, soit de la noblesse, soit de nos officiers, en tel nombre, que pour être trop grand, il ne puisse apporter incommodité, ou profusion; ni pour être trop petit, aucun défaut ou manquement; pour par leurs avis pourvoir au contenu desdits cahiers, ensemble sur les réglemens de nos conseils, ordres et distribution de nos finances; réformation des abus qui se trouvent en tous les ordres de notre royaume, et généralement sur tout ce qui se trouvera nécessaire et expédient pour le bien et soulagement de nos sujets et sûreté de notre état, honneur et dignité de notre couronne, et affermissement de la paix dans notre royaume, et afin que ce saint œuvre puisse être encore plus célèbre et recommandable, quand on verra que chacun, selon le rang plus éminent qu'il tient en notre royaume, y contribuera sa présence et son affection; nous avons pourvu qu'au même temps les princes, cardinaux, ducs et pairs et officiers de notre couronne se rendent auprès de nous, pour entendre encore leurs avis, pour ce qui nous sera conseillé et représenté par ladite assemblée : nous assurant que ce qui aura été une fois établi par de si graves et prudens conseils, sera puis après inviolablement observé ; en quoi, comme nous protestons devant le Dieu vivant, que nous n'avons autre but et intention que son honneur et le bien et soulagement de nos sujets : aussi, au nom de lui-même, nous conjurons et obtestons ceux que nous convoquons, et néanmoins par la légitime puissance qu'il nous a donnée sur eux, nous leur commandons, et très-expressément enjoignons que sans autres respect ni considération quelconque, crainte ou désir de plaire ou complaire à personne, ils nous donnent en toutes franchise et sincérité les conseils qu'ils jugeront en leurs consciences les plus salutaires et convenables au bien de la chose publique.

A ces causes, et afin que chacun sache que telle est notre intention, et que les souhaits, vœux et prières de tous nos peuples attirent sur nous l'aide et faveur de celui qui seul inspire les bons mouvemens, et en rend heureux le succès : de l'avis des princes et autres seigneurs de notre conseil, nous avons décerné et décernons nos présentes lettres de déclaration, indiction et convocation : donnons en mandement à nos amées et féaux les gens tenant nos cours de parlement, ou chambres des vacations, qu'icelles y fassent lire, publier et registrer : voulons aussi tous les prélats, curés et autres, ayant l'administration des couvens et monastères de notre royaume, être exhortés et avertis de notre part, à ce que durant ladite assemblée, ils fassent faire processions et prières publics par toutes les églises, pour invoquer l'Esprit de Dieu sur nous, implorer sa grâce et miséricorde, afin que ce que nous entreprenons puisse réussir à sa gloire, au salut de nos sujets et restauration de notre état ; car tel est notre plaisir, etc.

N. 73. — LETTRES-PATENTES *pour l'établissement des chaises à bras à Paris, avec privilège exclusif pendant dix ans.*

Paris, 22 octobre 1617; reg. au parl. le 11 décembre. (Vol. BBB, f° 36.)

Loris, etc. Nous ayant esté dès le quatriéme du mois d'août dernier présenté placet par nos chers et biens amés P. Petit, capitaine de nos gardes, sieur Regnault Descuville et sieur Douet, à ce qu'en considération de leurs services, il nous plût leur accorder et à leurs successeurs permission de mettre en usage dans ladite ville de Paris et autres de ce royaume des chaises à bras pour porter de rues en autres les personnes qui désireront se faire porter avec défenses à tous autres d'en avoir pour en tirer profit, s'y ce n'est par leur permission; lequel placet nous aurions, dèslors, renvoyé audit prevôt de Paris; appelé, avec lui, le substitut de nostre procureur-général et au prévôt des marchands et échevins de cette ville, pour nous donner advis de la commodité ou incommodité de la permission et usage cy-dessus; ce qu'ils auroient fait.

Nous requérant iceux exposans leur octroyer nos lettres pour ce nécessaires.

A ces causes, après avoir fait voir en nostre conseil lesdits advis cy-attachez sous le contrescel de nostre chancellerie,

Avons auxdits Petit, Descuville et Douet, de nos grâce spéciale, puissance et authorité royale, accordé et permis, accordons et permettons par ces présentes signées de notre main, le pouvoir de mettre en usage et establir lesdites chaises à bras, pour porter des rues à autres les personnes qui désireront le faire et se servir de cet usage, tant en cette notre bonne ville de Paris que fauxbourgs d'icelle et autres lieux de cedit royaume, sans toutefois ôter la liberté à ceux qui en voudront avoir en leurs maisons aussi pour leur usage et de leur famille seulement, laquelle grâce, pouvoir et permission nous leur avons accordée et octroyée pour

---

(1) Aux chaises à bras, encore usitées aujourd'hui dans certaines villes de provinces, ont succédé les carrosses publics. — V. lettres-patentes du 16 janvier 1662, pour l'établissement des carrosses ou fiacres, au tarif de 5 sous par course. Ce droit fut porté à 10 sous par lettres du 10 septembre 1664; à 21 sous par lettres-patentes du 30 décembre 1702; à 24 sous par lettres-patentes du 10 février 1779; à 30 sous par arrêts du cons. des 11 novembre 1784 et 19 juin 1785. — Le prix de la course à l'heure a été fixé à 20 sous par lettres du 3 septembre 1666; à 25 sous par arrêt du conseil du 20 janvier 1695, à 30 sous par les lettres de 1779. Le prix de la course pendant la nuit fut fixé à 40 sous.

le temps et terme de dix ans, faisant très expresses inhibitions et défenses à tous autres, durant ledit temps, d'avoir et tenir semblables pour les louer et en tirer profit, à peine de confiscation desdites chaises et d'amende arbitraire, si ce n'est par le congé et permission desdits Petit, Regnault, Descuville et Douet.

Si vous mandons, etc.

N° 74. — DÉCLARATION *contre les blasphémateurs* (1).

Paris, 10 novembre 1617; reg. au parl. le 21. (Vol. BBB, f° 26. — Traité de la pol., liv. 3, tit. 6, ch. 2.)

N° 75. — ASSEMBLÉE *de notables* (2).

Rouen, 4 décembre 1617. (États-généraux, XVIII.)

N° 76. — ARRÊT *du conseil qui rétablit les jésuites dans le droit de faire des leçons publiques au collège de Clermont* (3).

Paris, 15 février 1618, (Merc. franç. V. 1618, p. 6.)

Sur le rapport fait au roy estant en son conseil, des cahiers des derniers estats généraux tenus à Paris, par lesquels en re-

---

(1) V. ci-devant, ordonn. de Louis XII, 9 mars 1510, à sa date, et la note sur la déclaration de François Ier, 30 mars 1514. La déclaration de 1617 prononce contre les blasphémateurs la peine de 50 liv. d'amende pour la première fois, 8 jours de prison et cent liv. d'amende pour la deuxième, un mois de prison, au pain et à l'eau, et 200 liv. d'amende pour la troisième; et en cas de récidive, punition corporelle proportionnée à la gravité du blasphème. L'ordonn. attribue le tiers des amendes au dénonciateur, le tiers à la fabrique de la paroisse de S. M., et l'autre tiers au roi.

(2) L'assemblée était présidée par le duc d'Anjou, frère du roi, assisté des cardinaux Duperron et de La Rochefoucault, et du duc de Montbazon et maréchal comte de Brissac. Le banc, à main droite, était occupé par onze évêques et archevêques, et par 4 magistrats; les autres bancs étaient occupés par des présidens et procureurs-généraux des parlemens, au nombre de 22. L'assemblée comptait en outre 15 gentilshommes.—V. ci-après, à la date du 14 février 1618, le sommaire des principales demandes de l'assemblée des notables et les réponses du roi.

(3) V. les conditions de leur rétablissement dans l'édit de septembre 1603.— Cet arrêt est très important, en ce qu'il vise un grand nombre d'actes dont nous n'avons pas donné le texte. A peine fut-il rendu, que la Sorbonne et l'université publièrent deux décrets portant que nul ne serait admis à professer la théologie ou les lettres et sciences dans l'université, sans y avoir préalablement étudié trois ans, sous les professeurs publics, et sans un certificat, signé de deux, au moins, d'entr'eux. Le postulant devait, en outre, faire serment de n'avoir eu

monstrant la nécessité de restablir les universitez de ce royaume
en leur ancienne splendeur, et principalement celle de ladite
ville comme capitale et séjour ordinaire des roys, en laquelle les
plus grandes et célèbres compagnies de ce royaume sont establies,
afin que son université soit à l'advenir, comme autrefois elle a
esté un séminaire de toutes charges et dignitez ecclésiastiques et
séculières où les esprits des subjects de Sadite M. soient for-
mez au culte divin, au zèle de la vraie religion, en l'obéissance
deue aux roys et au respect et révérence des lois et des magistrats,
lesdits estats ont entre autres choses requis et supplié S. M., en
considération des bonnes lettres et piété dont les pères jésuites
font profession, leur permettre d'enseigner dans leur collége de
Clermont, et faire leurs fonctions ordinaires dans leurs autres
maisons de Paris comme ils ont fait autrefois, et évoquer à luy et
à son conseil les oppositions faites ou à faire au contraire; et S.
M. bien informée qu'avant que ledit exercice eust cessé audit collége, non seulement la jeunesse de sadite ville de Paris, mais
aussi de toutes les parts du royaume et de plusieurs provinces
estrangères, estoit instruite en ladite université aux bonnes lettres, et que maintenant, au lieu de cette affluence, ladite université se trouve quasi déserte, estant privée de la plus grande
partie de toute ladite jeunesse que les parens envoyent estudier
en autres villes et hors le royaume, faute d'exercice suffisante en
ladite université pour les sciences, dont Sadite M. reçoit et
le public un notable préjudice.

Veu aussi par elle les lettres du feu roy Henry le Grand en
forme d'édict du mois de septembre 1603, reg. en la cour de parlement de Paris, le 2 janvier 1604, pour le restablissement des
pères jésuites en plusieurs bonnes villes du royaume y spécifiées;
autres lettres en forme de déclaration dudit feu seigneur, du 27
juillet 1606, pareillement registrées audit parlement, portant
restablissement desdits pères en leur maison professe de Paris,
soit en celle de saint Louis ou en leurdit collége de Clermont,
pour y faire toutes les professions accoustumées en leur ordre,
excepté la lecture publique et autres choses scholastiques, dont
icelui seigneur ne veut qu'ils s'entremettent, qu'il n'ait sur ce
fait entendre sa volonté; autres lettres patentes dudit seigneur,

---

d'autres maitres que ceux de l'université. — Ces deux décrets furent présentés
au conseil d'état par les jésuites, et cassés sur leur requête, par arrêt du 26
avril.

du 12 octobre 1609, donnant permission auxdits pères jésuites de faire lecture publique de la théologie audit collége de Clermont, présentées seulement à ladite cour du parlement ; exploit fait au recteur de ladite université, suivant les conclusions des gens du roy, portant signification desdites lettres, de la requeste présentée aux fins de l'entérinement et assignation en ladite cour au dit an; lettres patentes données à Paris, le 20 août 1610, adressantes audit parlement, par lesquelles et pour les causes y contenues, S. M. permet auxdits pères jésuites de faire leçons publiques en toutes sortes de sciences et autres exercices de leur profession audit collége de Clermont, observant par eux les règles dudit édict du mois de septembre et les déclarations et réglemens faits depuis; exploit de signification, fait le 27 dudit mois d'août, desdites lettres à M° Estienne Dupuis, recteur de l'université, avec délivrance de copie d'icelles : copie d'acte des conclusions prises par ledit recteur, aux fins d'y former son opposition, du 21 septembre 1610; trois arrêts de ladite cour, des 6 et 7 dudit mois de septembre et 28 novembre ensuivant, donnez entre lesdits pères jésuites et le recteur, doyen, procureur et supposts de l'université de Paris, aux fins de faire venir et plaider les parties en l'audience; autre arrest de ladite cour, du 22 décembre 1611 par lequel, entre autres choses, après que lesdites parties eurent esté amplement ouyes, elles furent appointées en conseil.

S. M. estant en son conseil a évoqué et évoque à soy et à sondit conseil l'instance pendante en sadite cour de parlement de Paris, entre lesdits pères jésuites d'une part, et le recteur, doyen, procureur et supposts de ladite université de Paris d'autre part, pour raison de ladite opposition ; et en ce faisant, ayant esgard à la réquisition desdits estats généraux et à l'intérêt public, et sans s'arrester à la restriction portée par lesdites lettres de déclaration du 27 juillet, audit arrest de la cour de parlement, du 22 décembre, ny à l'opposition du recteur, doyen, procureur et supposts de ladite université de Paris, à l'entérinement desdites lettres du 20 aoust.

A ordonné et ordonne que, conformément auxdites lettres du 20 août 1610, iceux pères jésuites feront à l'advenir lecture et leçons publiques en toutes sortes de sciences et tous autres exercices de leur profession audit collége de Clermont, comme ils ont fait autrefois et aux jours et heures les plus commodes pour leurs escoliers; lesquelles lectures Sadite M. entend demeurer dès à present restablies, sans qu'il soit donné aucun empeschement au contaire, à la charge d'observer les règles dudit édit du mois de septembre, et de se somettre aux lois et réglemens de l'université, ainsi qu'il sera ordonné par S. M.

Veut Sadite M. que lesdits pères jésuites soient mis en possession desdites lectures par deux conseillers et maistres des requestes ordinaires de son hostel ou autres conseillers de cour souveraine, premiers sur ce requis, en vertu du présent arrest et des lettres de commission sur icelles, lesquels se transporteront sur les lieux, le tout nonobstant opposition ou appellations quelconques, pour lesquels et sans préjudice d'icelles ne sera différé, et si aucuns interviennent, Sadite M. en a retenu et réservé la cognoissance à sa personne et à sondit conseil, interdite et défendue à sadite cour de parlement et à tous autres juges quelconques, faisant défenses aux parties de se pourvoir ailleurs, à peine de nullité, cassation de procédures et de tous dépens, dommages-intérêts. Fait, etc.

N° 77. — Extrait *du cahier des demandes présentées au roi par l'assemblée des notables à Rouen, et réponse du roi.*

Paris, 14 février 1618. (États-généraux, t. XVIII, p. 16 et suiv.)

Demande de l'assemblée. — « Il n'y a rien tant nécessaire en une république que la justice sans laquelle ce ne seroit que désordre et confusion et que V. M. est obligée envers Dieu de faire administrer à votre peuple en toute sincérité. Toutes vos ordonnances défendent de recevoir en même cour et siége de juridiction les parens et alliés jusqu'à un certain dégré, qui ne peuvent par leurs jugemens apporter que du soupçon aux parties, langueurs et ruines, à cause des évocations qu'on pratique pour lesdites parentelles. Ces ordonnances faites en l'assemblée des estats de votre royaume, quoique saintes et nécessaires, ont esté très mal observées et se trouvent ainsi la plupart de vos officiers tous parens et alliez. Nous supplions V. M. enjoindre aux compagnies garder et observer à l'avenir lesdites ordonnances en la réception de vos officiers; et en attendant qu'autrement elle ait pourvu au restablissement d'un bon et sincère ordre de la justice, ordonner que les parens se trouvant en même chambre et jugement, leurs opinions, qui se comptent et ne se pèsent pas, ne seront prises ni comptées à la conclusion des arrests et jugemens que pour une seule. »

Réponse du roi. — Le roi a toujours désiré l'observation des ordonnances au fait desdites parentelles, n'en ayant accordé aucune dispense, et pourvoira, sur les remonstrances des estats généraux, aux abus qui s'y sont glissés contre son intention, ayant agréable que cependant les opinions des parens, au dégré prohibé par l'ordonnance, qui se trouveront en même chambre et jugement, ne soient comptées que pour une en la conclusion des arrêts, quand ils seront de même avis.

Demande. — « Tous les ordres de votre royaume ont demandé la révocation du droit annuel au moyen duquel il se fait une ignominieuse marchandise et nomination d'officiers, et est votre noblesse privée d'entrer aux charges de la république, ne les pouvant acheter un prix si déréglé, combien que vous et vos prédécesseurs lui aient promis de la préférer à tous autres. Ce droit annuel apporte un tel désordre que votre peuple est privé de justice, laquelle, au lieu de lui estre gratuitement et sincèrement administrée comme elle lui est due, est vendue bien chèrement, et sont plusieurs contraints d'abandonner leurs droits pour ne les pouvoir poursuivre sans leur totale ruine. Votre peuple vous supplie de vous ressouvenir de la promesse qu'avez faite aux estats généraux de supprimer ce droit annuel. Cela éternisera votre mémoire à jamais, en remettant en votre royaume la justice en son lustre et splendeur. »

Réponse du roi. — S. M. y a pourvu (1).

Demande. — « Encore que l'usage de la mer soit commun et qu'aux lieux voisins d'icelles chacun ait eu liberté de tout temps de lever de la tauque, qui n'est autre chose que du sable propre pour engraisser et fumer les terres, néanmoins depuis peu quelques-uns, de leur autoritée privée, s'efforcent, sous prétexte de leurs fiefs, d'empêcher cette commodité au peuple autrement qu'en payant certaine somme, rendant ce que la nature a fait commun à tous particuliers tributaires à eux. Nous demandons qu'à l'avenir telles exactions soient défendues, et qu'il soit permis à un chacun de prendre de ladite tauque pour son usage, sans pour ce payer aucun tribut. »

Réponse du roi. — Accordé.

Demande. — Les lois, coutumes et usages ont été introduits pour le salut et commodité du peuple, qui se peuvent et se doivent changer selon que la nécessité et commodité le requièrent; la même loi sera salutaire en une saison, qui sera injuste en l'au-

---

(1) V. l'arrêt du conseil du 16 janvier ci-devant.

tre ; le temps et l'expérience découvrent le bien ou le mal de la loi et constitution. C'est à vous, sire, à la donner et prescrire à votre peuple de la demander. Il y a plusieurs années que de tous les ordres de cette province vous avez en toute humilité été supplié de retrancher le temps de trente ans, pratiqué pour appeler les décrets, et le remettre à dix ans, comme vos prédécesseurs par leurs lois et ordonnances ont fait pour la rescision de tous autres contrats, V. M. avoit décerné commission à aucuns présidens et conseillers de votre parlement pour leur pourvoir; lesquels, quelques poursuites et remontrances qu'on leur ait pu faire de la ruine et incommodité que ce long temps d'appeler desdits décrets apporte à toutes les familles de cette province, n'y ont voulu entendre ni leur donner aucune réponse. Nous vous supplions, de votre pleine puissance et autorité, donner cette loi tant salutaire à votre peuple, et ordonner qu'à l'avenir nul majeur et présent ne sera reçu à appeler des ventes faites par décret de justice après dix ans, et vingt ans pour les mineurs et les absens, loi qui mettra votre peuple en un grand repos et fera décroître la meilleure et la plus grande partie des procès. »

Réponse. — Le roi ne veut rien changer à ce qui a été observé jusqu'à présent par lesdits décrets.

N° 78. — DÉCLARATION *qui défend aux marchands de chevaux de Paris d'aller sur le chemin acheter les chevaux qui viennent d'Allemagne* (1).

Paris, avril 1618; reg. au parl. le 22 août. (V. BBB, f° 107.)

N° 79. — LETTRES-PATENTES *sur les nouveaux statuts des libraires, imprimeurs et relieurs de la ville et université de Paris* (1).

Paris, juin 1618; reg. au parl. le 9 juillet. (Vol. BBB, f° 84.)

Louis, etc. C'est chose assez notoire que la licence qui s'est

---

(1) C'était de peur des accaparemens. V. l'ordonn. de 1672. Il y a des personnes qui pensent que ces ordonnances existent encore, au moins pour les objets de première nécessité. La Cour de cassation l'a jugé le 4 février 1826. (Bulletin criminel.)

(2) V. les premiers statuts de cette corporation sous Louis XI, juin 1467; ceux de François Ier, 28 décembre 1516; de Charles IX, mai 1571, et la note. Ceux-ci contiennent un grand nombre de dispositions nouvelles dont nous don-

glissée entre nos subjets pendant les guerres qui ont eu cours en cestuy nostre royaume, tant du règne du défunt roy Henry-le-Grand, nostre très honoré seigneur et père, que, à l'occasion des mouvemens derniers, a apporté un tel désordre en tous les estats, offices, arts et métiers, que de tous les réglemens auparavant establis entre eux avec une singulière discrétion et prudence, il n'en restait plus qu'une ombre par la malice de ceux qui, suivant le temps, s'estoient peu à peu dispensés de l'observation d'iceux.

Mais Dieu nous ayant fait la grâce d'affermir cet estat par une profonde paix, qu'il lui a plu nous donner, pour ne demeurer ingrats envers lui de tant de bienfaits, nostre principal soin a esté de réformer toutes choses en mieux, chasser les abus et désordres qui se sont rencontrés en chacune vacation, estant d'autant plus émus à la continuation de ceste réformation, que les fruits de ce qui avoit esté par nous bien commencé ont esté au grand profit et soulagement de nos subjets, et d'autant que parmi le bruit et insolence des armes, ceux qui font profession des bonnes lettres ont esté les plus oppressés et comme réduits à néant.

Nous avons, en ensuivant les anciens vestiges de nos prédécesseurs, apporté tout le soin à nous possible de les restablir en leur première splendeur, principalement en ce qui regarde nostre fille aînée l'université, de nostre bonne ville de Paris.

Ayant trouvé les recteur et suppôts d'icelle disposés entièrement à contribuer au retranchement des abus, désordres et mépris de ses anciens statuts et réglement, que la malice des guerres passées y avoit introduits, et une démonstration particulière de leur bonne volonté.

Les libraires, imprimeurs et relieurs de ladite université nous ont très humblement remonstré qu'à cause de l'honneur et excellence de leur profession, ils ont de tout temps esté, non seulement distingués des arts méchaniques, mais favorisés de beaux priviléges et immunités, à eux concédés par nos prédécesseurs rois, en la jouissance desquels ils ont esté confirmés de temps en temps, et si l'ordre establi entre eux s'est quelque-

---

nous le texte. V. l'ordonn. de 1626, le réglement du 28 février 1723, abrogé en 1791, rétabli le 4 octobre 1822, par arrêt de la Cour de cassation, et par l'ordonnance illégale du 1er septembre 1827. V. décret du 5 février 1810, loi du 21 octobre 1814, et loi interprétative présentée aux chambres en 1829.

fois trouvé perverti par la malice des temps et des personnes, la réformation s'en est ensuivie à la première occurrence, comme il se voit par celle que le roy Charles IX y apporta par son édict de l'an 1571, lettres-patentes de déclaration sur icelui, et par l'arrêt de notre cour de parlement du 27 juin 1577, contenant plusieurs beaux réglemens entre lesdits libraires, imprimeurs et relieurs, touchant la vente et débit des livres, tant imprimés en ce royaume qu'apportés des pays estrangers, visitation d'iceux par les syndics et adjoints de la librairie et imprimerie et autres affaires concernant ladite vacation, lesquels néanmoins, par succession de temps, mauvaise intelligence desdits libraires, imprimeurs et relieurs, contumace et rébellion d'aucuns d'iceux ont esté négligés, en sorte qu'il est besoin d'y interposer nostre auctorité pour les faire vivre en une bonne reigle qui soit stable et perdurable à l'advenir.

Et à ceste fin, nous ont lesdits libraires, imprimeurs et relieurs fait présenter certains articles en forme de statuts, lesquels, par nos lettres-patentes du 1er du présent mois, nous aurions renvoyés au prévost de Paris ou son lieutenant afin que, appelé nostre procureur, il eût à nous donner et envoyer son advis sur la commodité ou incommodité que lesdits statuts nous pourroient apporter et à la chose publique, suivant lesquelles nosdites lettres; ils auroient présenté leurs statuts à nostredit prévost de Paris ou son lieutenant, lequel, appelé nostre procureur, après avoir vu lesdits statuts et articles, les ayant trouvé justes et raisonnables, et renvoyé pour obtenir nos lettres de confirmation et émologation d'iceux; lesquels lesdits libraires, imprimeurs et relieurs nous ont très humblement supplié et requis leur vouloir octroyer.

Sçavoir faisons qu'après avoir fait voir en nostre conseil lesdits statuts, nosdites lettres sur iceux obtenues du 1er du présent mois, l'advis à nous donné sur lesdites lettres par le lieutenant civil et nostre procureur, du 15 dudit présent mois, mis au bas desdits statuts et articles cy-attachés, sous le contrescel de nostre chancellerie, de l'advis d'icelui nostredit conseil, nous avons iceux statuts et articles loués, approuvés, confirmés, ratifiés et esmologués, louons, approuvons, confirmons, ratifions et esmologuons par ces présentes signées de nostre main, voulons et nous plaist que doresnavant ils soient suivis, gardés et entretenus de point en point, sans qu'il y puisse être contrevenu par tous les libraires, imprimeurs et relieurs ny autres.

Statuts (1).

(12) Sera enjoint à tous libraires et imprimeurs, chacun séparément, ou associés, d'imprimer les livres en beaux caractères et bon papier, et bien corrects, avec le nom du libraire et sa marque, comme aussi insérer le privilége et permission qui lui sera octroyée à la fin ou au commencement de chacun exemplaire, si aucun il en a obtenu, le tout à peine de confiscation desdits livres, et autres peines s'il y eschet.

(13) Tous imprimeurs, libraires ou relieurs, qui imprimeront ou feront imprimer livres ou libelles diffamatoires, seront, comme perturbateurs du repos public, et en ce faisant, privés et deschus de tous leurs priviléges et immunités, et déclarés incapables de pouvoir jamais exercer l'art d'imprimerie ou librairie.

(14) Les auteurs des livres ou correcteurs ne pourront avoir d'imprimerie ni presses, en leurs maisons ou ailleurs, pour imprimer ou faire imprimer leurs livres, ni les vendre, ni faire afficher, sous leurs noms ou autres; ains leur sera permis de les faire imprimer pour être vendus par des libraires, imprimeurs et relieurs, et non par autres, à peine de confiscation et d'amende aux contrevenans.

(15) Défenses seront faites à tous imprimeurs et leurs compagnons de retenir plus de quatre copies de tous les livres qu'ils imprimeront; à sçavoir, une copie pour le libraire qui fera imprimer lesdits livres, une pour le maître-imprimeur, une pour le correcteur et la quarte et dernière pour les compagnons, à la charge qu'ils seront tenus la représenter à celui qui la fera imprimer, laquelle il sera tenu leur payer, ou, en cas de refus, il leur sera loisible d'en disposer ainsi qu'il leur semblera bon estre, et où il s'en trouveroit davantage, seront pris comme infracteurs des ordonnances; et oultre que tous les libraires, imprimeurs ou relieurs, faisant imprimer livres, avec priviléges, seront tenus bailler et mettre en la bibliothèque de V. M. deux exemplaires desdits livres en blanc, desquels ils tireront acquit, et oultre ce, seront tenus mettre ès mains desdits syndic et adjoints, aussi un exemplaire de chacun livre qu'ils im-

---

(1) Les 11 premiers articles relatifs à la corporation des imprimeurs, libraires et relieurs n'ont plus aucune importance aujourd'hui, et pour cette raison nous n'en donnons pas le texte.

primeront, huit jours après les impressions desdits livres, pour estre employé aux affaires de ladite communauté.

(16) Et pour éviter aux abus, désordres et confusion qui arrivent journellement par l'impression d'infinis livres scandaleux, libelles diffamatoires, sans noms d'auteurs, ni du lieu où ils sont imprimés, à cause du grand nombre des libraires, imprimeurs et relieurs qui est maintenant en nostre royaume, et spécialement en nostre bonne ville de Paris, où les abus sont si fréquens, sera très expressément défendu auxdits syndic et gardes de nostredite université de ne plus recevoir par chacun an qu'un libraire, un imprimeur et un relieur, lesquels seront tenus eux présenter un an auparavant leur réception, afin d'être immatriculés sur le registre de ladite communauté, et que par ce moyen, les libraires, imprimeurs et relieurs soient réduits à certain nombre, non compris les fils des maîtres, et seront reçus, se présentant selon l'ordre de leurs apprentissages.

(17) Sera enjoint à tous libraires, imprimeurs ou relieurs, suivant vostredit édict, de s'assembler par chacun an en la salle des Mathurins, au bureau de ladite communauté, en la présence de vostre lieutenant civil et du substitut de vostre procureur général audit Chastelet, le 8ᵉ jour de mai, à deux heures de relevée, et non plus tard, afin de procéder à l'élection d'un syndic et de quatre adjoints, où se fera l'élection, par chacun an, de deux adjoints; à sçavoir, d'un libraire et d'un imprimeur, à la décharge de deux précédents; et seront tenus lesdits syndic et adjoints prester le serment à l'instant de leur réception, de bien et fidèlement se comporter en leur charge, de quoy leur sera donné acte, et continueront ladite assemblée d'année en année, sans frais.

(18) Sera pareillement enjoint auxdits syndic et adjoints aller en visites, suivant les édits et réglemens cy-devant donnés pour raison de ce, et feront leur rapport des malversations qui se commettent, pardevant vostredit lieutenant civil.

(19) Seront aussi tenus tous libraires, imprimeurs et relieurs, marchands forains, qui auront fait venir aucuns livres de dehors le royaume ou autres villes de vostre obéissance en vostre ville de Paris, iceux faire apporter dans le magasin ou chambres de la communauté des libraires, soit par balles, tonnes, caisses, bahuts ou paquets blancs ou reliés, lesquels ils ne pourront retirer de la douane sans la permission du syndic ou adjoints, ni faire ouverture d'icelles en la présence desdits syndics et adjoints qui les visiteront, encore qu'elles fussent envoyées à quelques par-

ticuliers en la manière accoutumée, et où ils se trouveroient vres ou libelles diffamatoires contre l'honneur de Dieu bien et repos de l'estat, imprimé sans nom d'auteur et le nom du libraire où ils auroient été imprimés ou contrefaits sur ceux qui auroient esté imprimés par aucuns des libraires de cette ville de Paris, sera enjoint auxdits syndic et gardes de saisir et arrêter toutes lesdites marchandises, et faire assigner ceux à qui elles seront envoyées, pour se voir condamner en l'amende et voir confisquer lesdits livres à qui il appartiendra, reservant auxdits syndics et adjoints le tiers de toutes lesdites confiscations, le tout à peine d'en répondre en leurs propres et privés noms.

(20) Ne pourront lesdits libraires forains tenir boutiques, magasin ou imprimerie, ny faire afficher leurs livres en ladite ville de Paris, par le moyen de facteurs ou autres personnes qu'ils pourroient interposer : comme aussi sera défendu à tous libraires, imprimeurs et relieurs de cette ville de Paris, de faire aucune facture pour les libraires, tant de dehors que dedans le royaume : et ne séjourneront lesdits marchands forains plus de trois semaines pour tous délais, à compter du jour de l'ouverture et visite de leursdits livres pour la distribution d'iceux, à peine de confiscation des marchandises qui se trouveront ledit temps expiré, et d'amende arbitraire aux contrevenans.

(21) Défenses seront faites à tous marchands, tant de cette ville de Paris, que forains, ayant fait amener livres en cette dite ville de Paris, de les vendre & débiter qu'ils n'ayent été visités par lesdits syndic et adjoints, ny les retirer de la douane qu'avec le certificat desdits syndic ou adjoints, lesquels syndic, gardes et adjoints seront tenus prendre aussi billets, les uns des autres, pour estre leurs marchandises vues et visitées, ainsi que les autres libraires, sur les mêmes peines que dessus.

(22) Auxquels syndic et adjoints très expresses défenses seront faites d'acheter ou faire acheter, ni mettre à part, aucuns livres pour acheter, en faisant la visite, des balles de marchandises foraines, si ce n'est vingt-quatre heures après ladite visite.

(23) Sera enjoint auxdits syndic et gardes visiter les dominotiers, imagers et tapissiers, à ce qu'ils n'ayent à imprimer ny vendre aucuns placards ou peintures dissolues; et s'ils ont des presses en leurs maisons, de voir qu'elles soient bien garnies de grands tampons propres à imprimer histoires et planches, sans

avoir davantage de lettres en leurs maisons, que ce qui leur est ordonné par ledit arrêt de vostredite cour.

(24) Seront faites inhibitions et défenses à toutes personnes de quelque qualité et condition qu'ils soient, s'ils ne sont libraires, de faire description et prisée de livres qui seront exposés en vente, ny en quelque sorte et manière que ce soit, à peine de nullité desdites descriptions et prisées et d'amende aux contrevenans: ne pourront néanmoins les libraires qui auront fait lesdites prisées acheter aucuns livres dudit inventaire, sinon à l'encan, comme plus offrant et dernier enchérisseur.

(25) Le semblable sera gardé pour les presses et lettres d'imprimerie, qui seront prisées et inventoriées par deux maîtres imprimeurs, sans que aucun puisse faire lesdites prisées, sinon lesdits imprimeurs, en la forme reçue, ainsi qu'il est accoustumé, soit par l'advis d'aucun d'entre eux, ou d'autres en façon que ce soit, pour estre lesdites prisées et inventaires joints aux autres inventaires des autres meubles sans être copiés par autre.

(26) Les colporteurs ne pourront tenir apprentis, magasin, ny boutique, ny imprimer, ny faire imprimer en leurs noms; mais porteront au col, dans une balle, pour vendre les almanachs, édits et petits livres, qui ne passeront point huit feuilles, brochés ou reliés à la corde, et imprimés par un libraire ou maître imprimeur de cette ville de Paris, auquel sera son nom, sa marque et sa permission; le tout à peine de confiscation et de dix escus d'amende (1).

(28) Sera défendu à tous compagnons imprimeurs, libraires ou relieurs, de colporter par la ville s'ils n'ont attestations des syndic et adjoints, qu'ils ne font rien de leurs états, à peine d'amende arbitraire et confiscation de leurs marchandises.

(29) Pareilles défenses seront faites, suivant lesdits édits et arrêts, à toutes personnes qui ne sont libraires, imprimeurs et relieurs, et qui n'en ont été apprentis en cette ville de Paris, de tenir boutique ou magasin de livres, d'acheter pour revendre en gros ou en détail aucuns livres reliés, blancs, heures, breviaires, alphabets, romans neufs, vieux, frippés, ou vieux papiers que l'on dit à la rame, ni vieux parchemins, sous peines de confiscation et d'amende.

(30) Sera défendu à tous libraires, imprimeurs et relieurs, tenir et avoir plus d'une boutique et imprimerie, laquelle ils

---

(1) L'art. 27 insignifiant.

tiendront en l'Université, au-dessus de Saint-Yves, et au-dedans du palais et non ailleurs, sinon ceux qui voudroient se restreindre à ne vendre que des usages.

(31) Comme aussi sera défendu à tous lesdits libraires, imprimeurs et relieurs de faire étalage, ni tenir boutique portative en quelque endroit que ce soit pour vendre livres, ni même étaler les fêtes, à peine de confiscation de ce qui se trouvera (sic) et d'amende arbitraire.

(32) Défenses seront aussi faites à tous libraires, imprimeurs et relieurs de faire imprimer livres en quelque forme que ce soit hors vostre royaume, pays, terres de votre obéissance, à peine de confiscation de tous les exemplaires qui se trouveront, et de trois mille livres d'amende pour la première fois; même leur soit fait défenses de supposer ou déguiser le nom, la marque, ou le lieu auquel lesdits livres seront imprimés, aux mêmes peines que dessus, suivant vostre édit de l'an 1571.

(33) Sera défendu à tous libraires, imprimeurs et relieurs de contrefaire (1) les livres desquels il y aura privilége obtenu de vostre majesté, même d'en acheter aucuns ainsi contrefaits des marchands forains, ni d'en faire venir en aucune forme et manière que ce soit, sur les peines portées par les priviléges qui en auraient été obtenus : comme aussi sera défendu à tous libraires, imprimeurs et relieurs de cette ville de Paris, d'obtenir aucune prolongation des priviléges par lesdits libraires pour l'impression des livres, s'il n'y a augmentation aux livres desquels les priviléges sont expirés.

(34) Sera aussi défendu à tous compagnons imprimeurs, libraires et relieurs de faire aucunes assemblées, tant en général qu'en particulier, ni de porter aucunes armes offensives ou défensives de jour ou de nuit, seul ou en compagnie, ou pour quelque cause que ce soit; même de faire aucun trie dedans les imprimeries ni ailleurs; comme aussi, ils ne feront aucun serment entre eux, et n'exigeront argent pour faire l'exercice commun, comme ils ont ci-devant fait, sur les peines portées par l'édit de l'an 1571, et autres plus grandes, s'il y eschet.

(35) Sera enjoint à tous les compagnons travaillant chez les maîtres de garder et conserver les copies sur lesquelles ils travaillent, tant manuscrites qu'imprimées, pour enfin des labeurs,

---

(1) Sur la contrefaçon. V. lois du 19 juillet 1793, 15 juin 1795, et Code pénal, art. 425 et suiv.

estre par eux rendues et mises ez-mains de leurs maîtres, pour y avoir recours quand besoin sera, sans que, pour raison de ce, ils puissent prétendre aucune récompense que leurs gages, et même seront tenus parachever les labeurs par eux encommencés, à peine de l'amende.

(36) Sera aussi enjoint aux syndic et adjoints prendre garde de faire bien et deument entretenir de point en point, selon sa forme et teneur (*sic*), à peine d'en répondre en leurs propres et privés noms, et d'être condamnés en mille livres d'amende pour la première fois.

(37) Ceux qui exerceront l'imprimerie, librairie ou reliure, au jour de la publication des présentes, seront tenus faire enregistrer leurs noms sur le livre du syndic, sans frais; comme aussi, tous compagnons libraires, imprimeurs que relieurs, qui sont à présent et qui ont fait apprentissage, seront aussi tenus de se faire inscrire, incontinent après la publication des présentes, pour obvier aux abus.

(38) Comme aussi sera enjoint à tous les libraires, imprimeurs que relieurs, après la publication des présentes, se présenter à vostre prévôt de Paris ou son lieutenant civil, pour, en la présence de votre procureur audit lieu, prêter le serment de bien et fidèlement se comporter et observer les arrêts, ordonnances et présent règlement, et outre faire enregistrer leurs noms, sans aucuns frais, ez registres de vostre procureur, sans que le présent article puisse nuire, ni préjudicier aux édits, arrêts, immunités, franchises et libertés, concédés, tant par vous que vos prédécesseurs roys, audit estat d'imprimerie, librairie et reliure.

N° 80. — DÉCLARATION *qui défend le transport des armes hors du royaume* (1).

Paris, 2 mai 1618; reg. au parl. le 14. (Vol. BBB. f° 73.)

N° 81. — DÉCLARATION *portant que le capitaine des chasses ou son lieutenant connaîtra des délits de chasse commis à six lieues autour de Paris* (2) *sans appel jusqu'à 40 livres d'a-*

---

(1) Cette déclaration a été renouvelée dans la grande ordonnance de 1629. V. ci-après art. 215.
(2) En 1816, M. Barbé-Marbois a présenté aux Chambres un projet de loi sur la juridiction de l'enceinte des palais du roi. Ce projet n'a pas eu de suite. V. moniteur du 29 février 1816.

monde, et qu'en cas de condamnation plus forte, l'appel sera porté au grand conseil, sans préjudice de la juridiction des eaux et forêts et de la juridiction prévôtale.

Paris, 20 mai 1618; reg. au grand conseil le 15 juin. (Néron I, 753.)

N° 82. — Édit *qui ordonne que les terres et biens dépendans du domaine de la couronne qui ont été aliénés avec clause de perpétuité, seront rachetés et remis en vente* (1).

Paris, mars 1619; reg. au parl. le 12 du même mois, et en la ch. des compt. le 30 avril. (Vol. BBB, f° 173. — Néron I, 754.)

Louis, etc. Ce qui s'est passé depuis nostre avènement à la couronne, aux mouvemens qui sont survenus, nous a fait connoistre que la prévoyance aux accidens et nécessitez qui arrivent en cet estat, est si utile et profitable dans nos affaires, que non seulement les dépenses causées par tels accidens sont bien moindres que si elles n'estoient prévues, et les armées que nous mettons sur pied beaucoup mieux policées, mais aussi que nostre autorité se maintient avec une plus grande dignité, crainte et obéissance de nos sujets. Et au lieu qu'anciennement les ventes et aliénations du domaine de cette couronne ne se faisoient que durant les guerres, et pour payer les dettes qui lors se créoient faute de deniers comptans, lesquelles en se multipliant ont monté jusques à des sommes immenses; qu'outre que lesdites ventes et aliénations se faisoient à vil prix à cause du temps, le fonds qui en provenoit ne suffisoit pour acquitter un tiers desdites dettes, tellement qu'après les guerres finies nos prédécesseurs se sont trouvez si endettez, que le ménage de leurs affaires pendant longues années, avec infinis moyens extraordinaires, n'ont suffi pour les décharger. C'est pourquoi nous avons jugé à propos et nécessaire pour le bien de nos affaires et du public, de rechercher en temps convenable des moyens extraordinaires, pour sur les rencontres des affaires présentes qui semblent se préparer à quelque mouvement, faire amas d'une notable somme de deniers, afin de supporter les dépenses de l'entretenement des gens de guerre qu'il nous convient mettre sur pied; mais entre les propositions qui nous ont esté faites, nous avons désiré d'avoir recours plutôt à la revente de nostre domaine aliéné et au délaisse-

---

(1) V. ci-devant, note sur l'édit de Henri IV, septembre 1591; l'édit de février 1566, sur l'inaliénabilité du domaine, et la loi du 12 janvier 1820, qui termine ces recherches.

ment à perpétuité à titre de fief ou cens avec deniers d'entrée, du fonds et propriété de bois en gruerie, grairie, ségrairie, tiers et danger des forests, gardes et buissons de nostre duché d'Orléans et des autres provinces de nostre royaume où il y a des bois de ladite nature, qu'à toutes autres ouvertures qui eussent pu causer du dommage ou incommodité à nos sujets, d'autant plus même que ledit domaine aliéné ne nous apporte aucune utilité, et que celle que nous recevons desdits bois est si petite (comme n'en ayant pas tiré depuis vingt années de tout ledit duché d'Orléans à raison de 2,500 livres par chacune, et rien quasi d'ailleurs) que cela ne doit entrer en considération, à l'égard du grand secours que nous en recevrons en une occasion si urgente : aussi est-il vray que ces droits que nous avons sur les bois qui appartiennent aux particuliers ne servent qu'à les travailler et donner moyen aux officiers de nos forests de tirer des profits et émolumens illicites à nostre dommage et des très fonciers : et arrive souvent qu'à cause des très grands frais il ne se fait aucunes coupes desdits bois, et faute de les avoir faites en saison, ils sont en plusieurs lieux sur leur retour et dépérissent sur pied.

Sçavoir faisons, qu'après avoir mis cette affaire en délibération en nostre conseil, où étoient aucuns princes de nostre sang et autres princes, seigneurs, officiers de nostre couronne, et autres grands et notables personnages : nous, de l'avis de nostredit conseil, et de nostre propre mouvement, pleine puissance et autorité royale, avons par le présent édit perpétuel et irrévocable, dit, statué et ordoné, disons, statuons et ordonnons, voulons et nous plaist.

(1). Que toutes les terres, seigneuries et autres membres et portions de nostre domaine ci-devant vendues et aliénées à faculté de rachat perpétuel, seront par nous retirées, et rachetées des possesseurs d'iceux, moyennant le remboursement qui leur sera fait avant que d'estre dépossédez des deniers actuellement financez en nos coffres pour leurs acquisitions; ensemble de leur frais et loyaux cousts, ou en cas d'empêchement procédant de leur fait, de consignation des deniers de leursdits remboursemens, selon les ordonnances, et lesdites terres et portions réunies et incorporées à nostredit domaine, pour estre de nouveau vendues et aliénées à faculté de rachat perpétuel au plus offrant et dernier enchérisseur sur simples enchères, tiercemens et redoublemens, par les commissaires qui seront à ce par nous députez: à la charge de jouir par les nouveaux acquéreurs desdits membres et portions de nostre domaine, des mêmes droits, pouvoirs et facultez, profits, revenus et émolumens qu'en jouissent lesdits possesseurs, sans estre tenus à autres charges qu'à celles qu'ils payent à présent.

(2) Comme aussi nous voulons par cettuy nostre présent édit, que tous les bois assis, tant ès forests, gardes et buissons de nostre duché d'Orléans qu'autres provinces et lieux de nostre royaume, païs, terres et seigneuries de nostre obéissance, qui sont en gruerie, grairie, ségrairie, tiers et danger, soient dechargez à jamais de tous nosdits droits, soit que le fonds ou très-fonds desdits bois appartienne à des ecclésiastiques, communautez ou à des particuliers, en nous quittant par les propriétaires dudit fonds ou très-fonds la moitié desdits bois, tant en fonds que superficie, si tant se monte nostre droit accoutumé aux coupes de ladite superficie, selon lesquelles nous entendons que la propriété que par le présent édit nous voulons avoir ausdits bois en gruerie, grairie, ségrairie, tiers et darger, soit réglée; et les mesurages, arpentages faits et bornes mises à ladite raison, et ce en présence ou par l'ordonnance de commissaire que nous députerons pour l'exécution desdits partages, à la charge que la part qui nous sera échue demeurera entièrement franche, quitte et déchargée de toutes les charges qui pourroient estre dues aux seigneurs dont elles sont tenues, même des foy et hommage, d'autant que la part des très-fonciers sera tenue nuement d'eux, sans la charge de ladite gruerie, qui est une récompense plus que suffisante de la distraction qui sera ainsi faite de leurs fiefs, et à la charge aussi qu'à l'avenir lesdits très-fonciers ne pourront prétendre aucun droit en nostredite part et portion; laquelle part et portion nous voulons estre baillée à titre de fief mouvant de nous, ou à cens, au choix des acquéreurs: et outre à deniers d'entrée au plus offrant et dernier encherisseur en la manière accoutumée, par les commissaires qui seront à ce pour nous députez, ainsi qu'il fust fait en vertu de l'édit du mois de mars 1571, et déclaration intervenues sur icelui.

De tous lesquels bois ainsi fieffez ou baillez à cens et deniers d'entrée, comme aussi de la part qui demeure ausdits très-fonciers par le partage sus-dit, lesdits très-fonciers et nouveaux acquéreurs jouiront pleinement et paisiblement, comme de leur propre héritage, et en useront, et les adménageront par leurs mains, ou par vente à des marchands, tout ainsi que nos autres sujets jouissent et disposent des bois, taillis, haute-recrue ou haute futaye qui [...] sujets ausdits droits, et qui leur appartiennent en propre, que pour raison des délits qui pourroient arriver ausdits bois ou en la coupe d'iceux, soit par les marchands ou autres ayans coupé des pieds corniers ou manqué à laisser les balliveaux dans les coupes, ou autrement satisfait aux ordonnances de nos forests sur les coupes et usages desdits bois, les grands maistres enquesteurs de nos forests, maistres particuliers, verdiers et gardes, officiers de nostre table de marbre, lieutenans généraux et particuliers, substitut de notre procureur général, et généralement tous autres officiers de nosdites forests en puissent prendre connoissance, laquelle nous leur avons interdite et défendue, interdisons et défendons, comme n'estant plus dépendante de nosdites forests, mais de la juridiction et connoissance des juges ordinaires des lieux où lesdites choses sont assises, comme sont les autres biens, terres et héritages de nosdits sujets assis hors du détroit et territoire de nosdites forests, gruerie, grairie, ségrairie, tiers et danger, pour ne laisser rien en doute, et ôter ausdits officiers des forests toute espérance d'en connoistre.

(4) Et où se trouveroient ausdits bois qui seront ainsi par nous fieffez ou accensez, des climats ou endroits èsquels on n'eût jamais reconnu autres juges que nos officiers des forests, et qui ne fussent assis en la justice d'aucun seigneur particulier, ou que la dépendance en fût incertaine et inconnue, nous avons en ce cas attribué la connoissance des délits et contentions qui y arriveront, au plus prochain de nos juges royaux.

(5) Les ventes et adjudications desquels domaines et bois se feront, comme dit est, par les formes ordinaires et accoutumées, à la charge de payer par les adjudicataires, deux sols pour livre du prix principal de leur adjudication, et de les délivrer avec les deniers dudit prix principal, dans le temps qui leur sera ordonné par lesdits commissaires ès mains du trésorier de nostre épargne en exercice, ou du porteur de ses quittances, et seront mis en possession et jouissance en vertu des contrats qui leur seront faits et passez par lesdits commissaires, et délivrés en rapportant lesdites quittances, sans que les acquéreurs desdits bois en gruerie, grairie, ségrairie, tiers et danger en puissent être jamais dépossédez, pour quelque cause et occasion que ce soit, et ceux desdites portions de notre domaine ci-devant aliénées à faculté de rachat, sinon en les remboursant comptant à un seul et actuel payement des sommes contenues en la quittance dudit tré-

sorier de nostre épargne, et contrats desdits commissaires, que de leurs frais et loyaux cousts, et non par la réduction des deniers en rente, ni autrement : lesquels contrats nous avons dès maintenant comme pour lors validez et autorisez, validons et autorisons comme s'ils estoient par nous faits et passez en nostre conseil.

(6) Voulons et ordonnons le présent édit, et tout le contenu en icelui, estre exécuté, nonobstant oppositions ou appellations quelconques, pour lesquelles et sans préjudice d'icelles ne sera différé, promettant en bonne foy et parole de roy, avoir pour agréable et tenir ferme et stable tout ce qui sera fait, géré et négocié par lesdits commissaires, en exécution de nostre présent édit. N'entendons toutefois comprendre en icelui les bois des qualités susdites, ès coupes desquels nous ni nos prédécesseurs n'avons jusques à présent pris aucune part et portion.

Si donnons, etc.

N° 83. — LETTRES *d'abolition en faveur de ceux qui ont suivi la reine mère à sa sortie de Blois* (1).

Saint-Germain-en-Laye, 2 mai 1619; reg. au parl. le 20 juin. (Vol. BBB, f° 204. — Merc. franç. V. 205, ann. 1819.)

N° 84 — ORDONNANCE *du lieutenant de police contre les femmes publiques* (2).

Paris, 19 juillet 1619. (Traité de la pol., I, 493.)

Sur la plainte à nous faite par le procureur du roy, qu'au préjudice des ordonnances et arrests de la cour sur ce intervenus, plusieurs personnes de mauvaise vie logent et se retirent en cette ville, font des bordels publics, qui causent plusieurs voleries, meurtres et assassinats ; à quoy il est très-nécessaire de pourvoir :

---

(1) La fin tragique du maréchal d'Ancre avait entraîné la disgrâce de Marie de Médicis, sa protectrice. Elle fut exilée au château de Blois *, d'où elle s'échappa le 22 février 1619, sous la conduite du duc d'Épernon, et se rendit d'abord à Loches, puis à Angoulême. De Loches, elle écrivit au roi son fils, pour lui expliquer les motifs de son évasion. Elle proteste qu'elle se fût toujours soumise à une détention imméritée, si elle n'eût appris le manifeste péril où se trouvaient ses affaires. — Les lettres du 2 mai 1619 approuvent tout ce qui a été fait en faveur de la reine mère, et défendent aux procureurs-généraux d'en faire aucune poursuite. — Une déclaration du 13 juin approuva les levées de gens de guerre et de deniers faites par le duc d'Épernon en faveur de Marie de Médicis.

(2) V. mandement de Charles IX du 22 février 1565 et la note.

* Nous n'avons pas retrouvé l'acte d'exil.

nous en conséquence des ordonnances et arrest cy devant publiez portant défenses à toutes personnes de loger ni retirer en leurs maisons aucunes personnes de mauvaise vie; il est fait très expresses inhibitions et défenses à toutes personnes de quelque qualité et condition qu'elles soient, de ne loger ni retirer en leurs maisons aucunes personnes de mauvaise vie sur peine de perdre les loyers, qui seront aumônez aux pauvres enfermez, même leurs maisons estre louées à la diligence du procureur du roy, pendant le temps de trois années, et les deniers en provenans estre baillez et délivrez ausdits pauvres enfermez: et outre enjoignons à tous vagabonds, filles débauchées de vuider la ville et faubourgs de Paris dans vingt-quatre heures, après la publication de la présente ordonnance, sur peine d'estre emprisonnez, et leur procès estre fait et parfait: et sera la présente ordonnance exécutée par le premier huissier ou sergent du Chastelet et autres officiers de justice, nonobstant oppositions ou appellations quelconques faites ou à faire, pour lesquelles ne sera différé. Enjoignons aux bourgeois et habitans de cette dite ville et faubourgs, de prester main-forte ausdits officiers, même se saisir des contrevenans à la présente, les mener au logis du commissaire de leur quartier, pour nous en estre fait rapport; le tout à peine contre lesdits bourgeois et habitans de cent livres parisis d'amende: et à ce qu'aucun n'en prétende cause d'ignorance, sera la présente luë, publiée à son de trompe et cri public par tous les carrefours et endroits de cettediteville, et icelle imprimée et affichée. Fait, etc.

N° 85. — LETTRES PATENTES *sur les comptes des deniers des fabriques* (1).

Tours, 4 septembre 1619; reg. au grand conseil, le 22 mai 1620. (Abrégé des mém. du clergé, tom. III, p. 1478.)

Louis, etc. Le roi Charles IX, notre prédécesseur, d'heureuse mémoire, par ses lettres-patentes du mois d'octobre 1571, auroit pour bonnes et justes considérations, et principalement afin que les biens et revenus destinés aux fabriques, réparations des édifices et ornemens des églises, ne fussent divertis et employés à autres usages, voulu et statué que tous ceux qui auront pris et reçu les rentes et revenus des églises, cures et frabriques, et qui

---

(1) V. lettres-patentes de Charles IX, 5 octobre 1571; de Henri III, 11 mai 1582; et de Henri IV, 16 mars 1609.

les recevroient à l'avenir, en rendissent compte dans trois mois après, par devant les évêques diocésains archidiacres et officiaux ou leurs commis et vicaires, ayant droit de visitation; et faisant icelle pour le passé et maniment qu'ils en auroient eu auparavant, et pour l'avenir d'an en an, lors et quand lesdits évêques, archidiacres et officiaux, feront leurs visites sur les lieux; la connoissance desquels comptes ledit roi Charles, pour éviter à frais et procès, et autres dépenses inutiles, et comme il avient souvent leur auroit commise et attribuée, et icelle interdite et défendue à tous autres juges, à la charge de ne prendre aucune chose pour leurs salaires et vacations. Lesquelles lettres n'ayant pu être exécutées partout cettui notre royaume, à cause des troubles et séditions avenues tôt après, lesquelles auroient duré jusqu'à la paix que Dieu auroit donnée à cettui notre royaume, sous le feu roi notre très-honoré seigneur et père, sur la poursuite des agens généraux du clergé, notredit feu seigneur et père que Dieu absolve, désirant remettre toutes choses à l'ancien ordre et police, même pour ce qui concerne l'église, afin que le service divin fût dignement célébré, les églises réparées et décentement ornées, suivant leur revenus et intention des fondateurs, par ses lettres-patentes du mois de mars 1609 en confirmant celle du roi Charles, auroit déclaré sa volonté être, qu'elles sortissent leur effet, nonobstant toutes usances introduites au contraire. Lesquelles lettres de notredit feu seigneur et père auroient été vérifiées en notre cour de parlement de Paris, dès le 18 décembre audit an 1609, et non en quelques autres parlemens, de quoi lesdits agens nous ayant fait plainte :

Nous, conformément à la déclaration de notredit feu seigneur et père, comme désireux d'imiter toutes ses bonnes et vertueuses actions et intentions, et voulant, entant qu'en nous est, remettre l'ancien ordre et police de l'église, de laquelle par le droit divin et humain les évêques et ceux qui les représentent, doivent avoir la prééminence en leurs diocèses, comme toutes les églises étant sous eux, avons dit déclaré et ordonné, et de notre grâce spéciale, puissance et autorisé royale, disous, déclarons ordonnons, voulons et nous plaît,

(1) Que lesdites lettres et déclarations de notredit feu seigneur et père, conformes à celles du roi Charles IX, sortent leur plein et entier effet; et que suivant icelles, tous les biens, domaines, rentes et revenus, de quelque qualité qu'ils soient, donnés et légués auxdites églises, cures et marguilleries, soient employés par

les gagers, marguilliers ou paroissiens aux effets auxquels ils sont destinés et non ailleurs; sur peine de les répéter sur lesdits marguilliers, procureurs, paroissiens et autres qui les auront intervertis, en leurs propres et privés noms.

(2) Et afin d'empêcher lesdits interversions, voulons, ordonnons et nous plaît, que tous ceux qui ont pris les deniers et profits desdits rentes et revenus desdits cures, églises et fabriques, et qui les recevront ci-après, en rendent compte dans trois mois pardevant lesdits évêques, archidiacres et officiaux ou leurs vicaires et commis sur les lieux, pour le passé : et dorénavant d'an en an, lors et quand lesdits évêques, archidiacres et officiaux, ou lesdits vicaires feront leurs visites sur les lieux ; à la charge toutefois de ne prendre aucun salaire et vacation pour l'audition et clôture desdits comptes, leur en attribuant derechef et pour cet effet, conformément auxdites lettres, toute cour, juridiction et connoissance : et icelle interdisant à tous baillis, sénéchaux, élus et tous autres juges.

(3) Voulons et ordonnons, que les jugemens donnés sur les auditions et clôtures desdits comptes, soient exécutés, nonobstant oppositions ou appellations quelconques, pour lesquelles, et sans préjudice d'icelles ne voulons être différé. Si donnons, etc.

N° 86. — DÉCLARATION *sur la délivrance du prince de Condé* (1).

Fontainebleau, 9 novembre 1619. (Merc. franç., VI, 337.)

LOUIS, etc. Les désordres passés ont assez fait recognoistre jusques à quels termes étoit venu l'audace de ceux lesquels pour l'honneur qu'ils avoient de nous approcher et de tenir de grandes charges et pouvoirs en ce royaume, ont tellement abusé de notre nom et auctorité, que si Dieu ne nous eût donné la force et le courage de les châtier et pourvoir aux malheurs et calamités qui menaçoient cest état, ils eussent, enfin, porté toutes choses à une grande et déplorable confusion.

Entre autre mal qu'ils ont procuré, a esté l'arrêt et détention de nostre très-cher et très-amé cousin le prince de Condé, premier prince de nostre sang, et premier pair de France, à la liberté duquel, comme elle estoit grandement considérable de soy auparavant que d'y adviser, nous avons soigneusement voulu nous

---

(1) V. ci-devant déclaration du 6 septembre 1616, à l'occasion de l'arrestation de ce prince.

informer de toutes les occasions sur lesquelles l'on auroit prétexté sa détention.

En quoi nous aurions trouvé qu'il n'y auroit autre subject sinon les artifices et mauvais desseings de ceux qui vouloient joindre à la ruyne de nostre état, celle de nostredit cousin, et d'aucuns des princes et grands de ce royaume ayant recognu d'ailleurs que les actions, déportemens de nostredit cousin ont toujours esté, comme il est de son debvoir, pour affermir nostre grandeur et autorité.

C'est pourquoy afin que notre intention et son innocence soient cognues d'un chacun, nous avons voulu lui en rendre un témoignage public par ces présentes.

A ces causes, de l'avis de nostre conseil où étoient les princes de notre sang, autres princes et principaux officiers de nostre couronne et de nostre propre mouvement, pleine puissance et autorité royale,

Nous avons dit, déclaré, disons et déclarons, par ces présentes, signées de nostre main, que nous tenons nostredit cousin le prince de Condé innocent des choses qu'on lui auroit voulu imputer, et dont on auroit voulu charger son honneur et réputation, et sur lesquelles on aurait pris pretexte de le faire arrester.

Et ce faisant, avons cassé, révoqué et annulé, cassons, révoquons et annulons toutes lettres, déclarations, édits, arrest, sentences et jugemens, si aucuns se trouvent contre nostre dit cousin, ou qu'ils lui puissent faire préjudice depuis le jour de sa détention jusqu'à maintenant; comme encore déclaré et déclarons toutes informations, dépositions, enquestes faites sur ce sujet, et autres faits en dépendans nuls et de nuls effets; lesquelles déclarations, lettres, édits, vérifications, jugemens et arrêts, nous voulons estre tirées et otées des registres et greffes, soit de nos cours de parlement ou autres lieux où ils se trouveront, et le tout supprimé, et la mémoire desdites choses éteinte et assoupie; et désirant le traiter favorablement, selon le rang de sa naissance, et que l'affection qu'il a à notre service nous y convie, voulons et nous plaît icelui nostredit cousin, exercer ses charges et gouvernemens, et jouir des droits, prérogatives et prééminences qui appartiennent à sa qualité ainsi qu'il faisait auparavant sadite détention et arrêt.

N. 87. — **Arrêt** *du parlement de Toulouse qui condamne un philosophe italien à avoir la langue coupée et à être brûlé vif pour profession d'athéisme* (1).

Toulouse, novembre 1619. (Merc. franç. V. 63, ann. 1619.)

N. 88. — **Déclaration** *sur les priviléges des imprimeurs du roi* (2).

Paris, 2 février 1620. (Archiv. de l'hôtel Soubise, section législative.)

Louis, etc. Combien que les rois nos prédécesseurs, de noble mémoire, ayent de tout temps fait choix et élection d'imprimeurs fidèles et affectionnez pour imprimer toutes sortes d'édits, ordonnances, réglemens, et déclarations importans leur service, que nous ayons continué le même ordre depuis notre avènement

---

(1) C'est le fameux Vanini (Lucilio), célèbre philosophe, prétendu athée, qui a laissé plusieurs ouvrages estimés, entre autres : 1° *Amphitheatrum æternæ providentiæ divino-magicum*, in 8°, Lyon, 1615; 2° *De admirandis naturæ, reginæ deæque mortalium arcanis*, Paris, 1616, in-8°, dédié au maréchal de Bassompierre, et autres écrits restés inédits, dont il est fait mention dans les deux ouvrages, aujourd'hui fort rares, que nous venons de citer. Il parcourut toute l'Europe en enseignant les sciences, sans pouvoir trouver une ville où il fût à l'abri des persécutions. « Il mourut, dit le Mercure, avec autant de con« stance, de patience et de volonté, qu'aucun homme que l'on aye vue ; car, « sortant de la conciergerie comme joyeux et allègre, il prononça ces mots en « Italien : *Allons, allons, allégrement mourir en philosophe*. Mais, bien plus, « pour montrer sa constance en la mort, lorsque l'on lui dit qu'il criast merci à « Dieu, il dit ces mots, en présence de mille personnes : *Il n'y a ni Dieu ni* « *Diable; car s'il y avait un Dieu, je le prierais de lancer un foudre sur le* « *parlement, comme du tout injuste et inique; et s'il y avait un Diable, je le* « *prierais aussi de l'engloutir aux lieux souterrains; mais parce qu'il n'y a* « *ni l'un ni l'autre, je n'en ferai rien.* »

Le même ouvrage rapporte, qu'en cette année 1619, le poète Théophile reçut l'ordre de quitter la France dans les 24 heures, sur peine de la vie, pour avoir fait des vers *indignes d'un chrétien*. Une malheureuse juive, que l'inquisition avait fait fuir du Portugal sur les côtes de France, fut brûlée au mois de mars de la même année par le peuple de saint Jean-de-Luz, comme sacrilège. « Le pro« cureur-général de Bordeaux, dit le Mercure français, a fait informer dudit « brûlement et fait décréter de prinse de corps, tant contre le bailly et jurats, « que contre tout le reste des habitans de saint Jean-de-Luz, parce que c'était « une entreprise de conséquence, et sur l'autorité de la justice du roi. Mais « c'est une émotion d'une populace zélée en sa religion. » La chose en resta là.

(2) C'est la fondation de l'imprimerie royale. Voy. lois des 14 août 1790, 1er décembre 1791, 22 août 1792, 4 décembre 1793, 24 février 1794, 27 janvier, 17 avril et 9 juin 1795, 10 décembre 1801; décrets des 24 mars 1809, 22 janvier 1811; ordonn. des 28 et 30 décembre 1814, 28 février et 5 juillet 1816, 25 juillet 1823 et 11 août 1824.

à la couronne, et iceux imprimeurs retenus comme nosdits prédécesseurs, pour être du nombre de nos officiers, domestiques et commensaux, leur ayant attribué gages dans l'état de nostre maison pour les obliger d'autant plus à nous servir fidèlement en leurs charges, comme font aujourd'hui Frédéric Nurel et Pierre Mettayer, lesquels, ou leurs pères, ont successivement tenu et servi èsdites charges de nos imprimeurs depuis cinquante ans et plus au gré et contentement de nosdits prédécesseurs et de nous, ce néanmoins, il est souvent arrivé, dont nous avons reçu plusieurs plaintes, que si nous proposons quelques édits, déclarations ou réglemens, ils sont imprimés auparavant qu'ils soient résolus ou du moins vérifiés, avec tant de fautes èsdites impressions, que nous, et le public, y sommes grandement intéressés, outre le mépris que telles entreprises apportent à notre autorité. Pour à quoy remédier et empêcher le cours de tels désordres à l'avenir, nous avons dit, déclaré, voulu et ordonné, disons, déclarons, voulons et ordonnons, et nous plaît que désormais les sieurs Nurel et Mettayer, nos imprimeurs ordinaires, imprimeront seuls toutes sortes d'édits, ordonnances, réglemens et autres déclarations qui seront par nous faites; comme si tous arrêts, tant de nostre conseil que de nos cours, sans qu'autres qu'eux le puissent plus entreprendre à leur préjudice, en quelque sorte et manière que ce soit, ce que nous défendons à tous autres imprimeurs sur peine de 500 livres d'amende. Voulons que tout ce qui se trouvera imprimé de ce que dessus, par autres que par les sieurs Nurel et Mettayer, soit saisi et cancellé, comme nul et faux, fait sans notre commandement et contre notre autorité.

Sy donnons, etc.

N° 89. — Edit *de création de procureurs dans toutes les cours souveraines et jurisdictions royales* (1).

Paris, février 1620; reg. au parl. le 18, en la ch. des compt. et en la Cour des aides le 24. (Vol. BBB, f° 352.—Merc. franç., VI, 257.— Néron, I, 759.)

Louis, etc. Depuis nostre édit fait sur les remontrances des états-généraux convoquez en nostre bonne ville de Paris, et les avis qui nous ont esté donnez en l'assemblée de Rouen, nous

---

(1) V. ci-devant, notes sur les édits de Charles IX, juillet 1572, et Henri III, mars 1586.— V. décret du 19 juillet 1810, loi du 28 avril 1816, art. 91, et ord. du 27 février 1822.

avons reçu nouvelles plaintes de plusieurs procureurs postulans, tant en nos cours souveraines que jurisdictions royales, subalternes et inférieures, de ce que le nombre estoit tellement accru et devenu si excessif en chacune desdites jurisdictions, qu'ils ne peuvent plus gagner leur vie en faisant leurs charges avec honneur et conscience; d'où il avient que ceux qui n'ont biens ni moyens d'ailleurs, sont contraints rechercher divers artifices et subtilitez pour multiplier et tirer en longueur les procès, par incidens inutils et très dommageables aux parties, à la honte et au mépris de la justice et des magistrats, et officiers qui sont employez à l'exercice d'icelle. A quoi désirant pourvoir pour le bien de la justice et soulagement de nos sujets, nous nous sommes fait représenter l'édit fait par le roy Charles IX en l'année 1572, pour la création desdits procureurs en titre d'office et réduction à certain nombre réglé et limité, ensuite d'autres édits et déclarations faites par nos prédécesseurs rois Louis XII, François Ier, François II, celui fait par Henry III en l'année 1585, divers arrests donnez en nostre conseil du temps du feu roy notre très honoré seigneur et père, que Dieu absolve, lesquels ayant fait examiner en nostre conseil, et considéré, puisque lesdits édits, déclarations et arrests n'ont pu empêcher que lesdits procureurs n'ayent esté accrus et augmentez de temps à autre, jusques à un nombre si excessif qu'il excède de beaucoup en la plupart des jurisdictions celui à quoi ils estoient réduits par les réglemens sur ce faits, qu'il n'y auroit autre meilleur moyen de faire cesser cet abus et désordre que de faire exécuter et observer exactement lesdits édits et déclarations, les érigeant de nouveau en titre d'office, et les réduisant à certain nombre qui ne pourra estre excédé par nous et nos successeurs rois à l'avenir pour quelque cause et occasion que ce soit, y ayant grande raison d'espérer que ce titre d'honneur qu'ils auront d'estre nos officiers, en rendra le choix meilleur qu'il n'est à présent, et qu'ils seront plus soigneux d'exercer leurs charges avec honneur et conscience.

Sçavoir faisons, qu'ayant mis cette affaire en délibération en nostredit conseil, où estoient aucuns princes de nostre sang, autres princes, officiers de nostre couronne, et autres grands et notables personnages, de l'avis d'icelui et de nostre propre mouvement, pleine puissance et autorité royale, nous avons par cettuy nostre présent édit perpétuel et irrévocable, dit, statué et ordonné, disons, statuons et ordonnons:

(1) Qu'à nul autre qu'à nous n'appartiendra ci-après d'établir

les procureurs postulans et autres officiers en toutes nos cours souveraines et jurisdictions royales de cettuy nostre royaume, terres et seigneuries de nostre obéissance, comme estant un droit royal; et faisons défenses à tous nos officiers de quelque qualité et condition qu'ils soient, d'en recevoir et establir aucun à l'avenir sans nos lettres de provision bien et duement expédiées et scellées de nostre grand sceau.

(2) En conséquence de quoi, et des édits des rois nos prédécesseurs, nous avons, en tant que besoin est ou seroit, de nouveau créé et érigé, créons et érigeons par ces présentes en titre d'office formé, toutes lesdites charges de procureurs postulans, en toutes et chacunes nos cours de parlement, grand conseil, chambre des comptes, cours des aydes, baillages, sénéchaussées, siéges présidiaux, prévostez, vigueries, vicomtez, eslections, grenier à sel et autres jurisdictions royales, pour y estre présentement par nous pourvu de la personne de ceux qui sont de présent en exercice, qui voudront prendre lettres de nous, et ci-après vacation avenant, jusques à un certain nombre modéré, suivant les réglemens qui seront faits en nostre conseil, par l'avis des officiers de nosdites cours et jurisdictions, que nous leur enjoignons de nous envoyer incontinent après la publication de nostre présent édit, pour jouir par lesdits procureurs qui payeront la finance à laquelle ils seront modérément taxez en nostre conseil, et prendre nos lettres de provision dans trois mois après la signification qui leur sera faite, des honneurs, priviléges, fonctions, profits et émolumens y appartenans, tels et semblables qu'ils en jouissent à présent bien et duement.

(3) Et afin que le dit nombre qui sera par nous réglé ne puisse excéder, nous déclarons nostre vouloir et intention estre que lesdites charges de procureurs demeurent éteintes et suprimées vacation avenant par mort, jusques à ce qu'elles soient réduites au nombre porté par lesdits réglemens, sans qu'ils puissent estre establis, ni ledit nombre augmenté ci-après pour quelques cause et occasion que ce soit. N'entendons toutefois que les procureurs qui sont à présent en toutes lesdites cours de jurisdictions, et qui exercent leurs charges en vertu des nominations et commissions qu'ils ont ci-devant obtenus de nos officiers puissent estre contraints de prendre lesdites lettres de provision, si bon ne leur semble, ni qu'il leur soit fait ou donné aucun empêchement en l'exercice desdites charges à cette occasion leur vie durant. Mais afin qu'il y ait quelque distinction entre ceux qui auront

l'honneur d'être nos officiers, et ceux qui se contenteront desdites nominations et commissions, nous voulons que ceux qui prendront nosdites lettres de provision puissent résigner leurs charges quand bon leur semblera, tout ainsi qu'il est permis à nos autres officiers : et outre que nosdits procureurs de nos cours de parlement, et autres cours souveraines pourvus de nous, soient tenus du corps desdites cours, et jouissent des mêmes priviléges et exemptions, tout ainsi que font les huissiers d'icelles. Et pour le regard desdits procureurs qui exercent leurs charges en vertu desdites nominations et commissions de nos officiers, qui ne prendront nosdites lettres de provision, ils ne pourront résigner leursdites charges ni jouir desdits priviléges; mais voulons que par leur mort elles demeurent éteintes et supprimées, sans qu'il y puisse estre ci-après pourvu par nous et nos successeurs rois, sinon que le nombre qui sera porté par lesdits réglemens ne fût remply.

(4) Et où par ci-après aucuns procureurs seroient admis et reçus outre ledit nombre en vertu de nos lettres de provision et commission de nos officiers par suprise ou autrement, nous avons dès à présent cassé, révoqué et annulé, cassons, révoquons et annulons lesdites provisions et réceptions; faisons défenses ausdits procureurs de s'immiscer en la fonction desdites charges, à peine de faux et mille livres d'amende, dommages et intérêts des parties, pour lesquels ils auroient occupé : faisant expresse inhibitions et défenses aux autres procureurs sous les mêmes peines de leur prester leurs noms ni signer pour eux aucuns actes ou appointemens. N'entendons par cettuy nostre présent édit innover aucunes choses pour les cours et jurisdictions, où les procureurs jouissent de leursdites charges en titre d'offices, en vertu de nos lettres de provision ou de nos prédécesseurs rois duement expédiées, ni que ceux qui prendront nosdites lettres soient tenus de subir nouvel examen, ni prester autre nouveau serment que celui qu'ils ont presté losrsqu'ils ont esté reçus.

Si donnons, etc.

N° 90. — Edit *portant attribution d'hérédité à plusieurs officiers* (1), *moyennant finance.*

Paris, février 1620; reg. au parl., le roi y séant, le 18, et à la Cour des aides le 24. (Vol. BBB, f° 255.—Néron, I, 761.)

---

(1) Ce sont les courtiers, auneurs et mesureurs, vendeurs de poisson de mer, de bestial à pied fourché, etc.

N° 91. — **Déclaration** *qui enjoint à l'assemblée de Loudun de se séparer dans le délai de trois semaines, sous peine d'être déclarée illicite, et ses membres criminels de lèse-majesté* (1).

Paris, 25 février 1620; reg. au parl. le 27. (Vol. BBB., f° 257. — Merc. franç. ann. 1620, p. 45, tom. VI.)

N° 92. — **Lettres-patentes** *pour la réception du seigneur de Brantès au serment de duc et pair de France, par son mariage avec la duchesse de Luxembourg.*

Rouen, 10 juillet 1620. (Blanchard, compil. chronol., p. 1490.)

N° 93. — **Édit** *portant réunion de la Navarre, du Béarn et des pays d'Andorre et Domezan, à la couronne de France, et création du parlement de Pau* (2).

Pau, 19 octobre 1620; reg. au parl. de cette ville le lendemain, et au siège de saint Palay, le 30 octobre, par arrêt de partage. (Merc. franç., VI, 354. — Joly, 1, 594.).

N° 94. — **Lettres-patentes** *qui défendent les levées de deniers sous peine de lèse-majesté.*

Paris, 14 février 1621; reg. au parl. le 22. (Merc. franç., VI, ann. 1621, p. 22.)

Louis, etc. Entre les licences et désordres qui se commettent en plusieurs endroits de notre royaume contre le bien de nostre service et la manutention de nostre authorité par nos subjects de la religion prétendue réformée, nous sommes advertis que de leur autorité il se fait en divers lieux des impositions, collectes et cottisations de deniers qui s'exigent sur nos subjects, tant par violence et contrainte que par persuasions et intimidations, pour iceux employer en mauvais effets contre le bien de nostre service

---

(1) Par brevet du 23 mai, le roi avait permis aux protestans de tenir à Loudun une assemblée générale, dans laquelle ils choisiraient des députés pour lui présenter leurs remontrances. — Les principaux articles de ces cahiers demandaient : 1° la révocation de l'édit qui ordonnait la restitution des biens ecclésiastiques (v. ci-devant, 25 juin 1617); 2° la continuation de leurs places de sûreté; 3° le changement du gouverneur de Lestoure, qui, de protestant s'était fait catholique, etc. — Le roi répondit à ces demandes par la déclaration du 25 février 1620. — V. ci-après, mai 1621, guerre civile.

(2) Confirmé par déclaration de juin 1624. V. ci-après. — Le gouverneur protestant de Navarreux, et plusieurs autres officiers furent remplacés par des catholiques. — La réunion de la justice de Saint-Palay, à celle de Pau, en un parlement siégeant dans cette dernière ville, fut de la part des bas Navarrois, représentés à l'arrêt de partage, critiquée à raison de l'éloignement du siège de justice, et parce qu'il était porté dans l'édit qu'on ne plaiderait à Pau qu'en français.

et la tranquillité publique; et d'autant que semblables levées de deniers sont contraires aux lois et constitutions de ce royaume, préjudiciables à nostre authorité et au repos de nos subjects,

A ces causes et autres bonnes et importantes considérations à ce nous mouvans, nous avons fait et faisons très expresses inhibitions et défenses à toutes personnes, de quelque qualité et condition qu'elles soient, de faire aucunes levées, impositions, collectes et cottisations de deniers sur nos subjects, pour quelque cause et prétexte que ce soit, sans nos commissions expresses, scellées de notre grand sceau, et par l'ordre de nos officiers ordinaires; et à tous nos subjects d'en payer aucune chose, déclarant tous ceux qui ont ordonné cy-devant et ordonneront cy-après desdites collectes et cottisations, ensemble ceux qui en feront la recepte et ceux qui payeront et contribueront à semblables levées et collectes, criminels de lèze-majesté et perturbateurs du repos public, et en cette qualité nous voulons qu'il soit procédé contre eux par toutes voyes et rigueurs de justice, suivant les lois et ordonnances; comme aussi nous voulons que s'il y avoit à présent quelques deniers ès mains de quelques uns, ils ayent à les porter dans la recepte générale ou particulière des tailles qui sera plus proche, dans huit jours après la publication des présentes, en quoy faisant ils seront deschargez.

Si donnons, etc.

N° 95. — DÉCLARATION *qui confirme les édits de pacification en faveur des réformés* (1).

Fontainebleau, 24 avril 1621; reg. au parl. le 27. (Vol. BBB, f° 369. — Merc. franç., ann. 1621, p. 186.)

N° 96. — DÉCLARATION *par laquelle le roi prend sous sa protection et sauvegarde les protestans qui se contiendront en leur devoir, et déclare criminelles de lèse-majesté les villes de La Rochelle, de Saint-Jean d'Angely et autres qui les favoriseront directement ou indirectement* (2).

Niort, 27 mai 1621; reg. au parl. de Paris, le 7 juin. (Merc. franç., VII, 354.)

---

(1) V. l'édit de Nantes, avril 1598, et ci-devant l'édit de Blois, mai 1616.
(2) V. ci-devant note sur la déclaration du 25 février 1620. Il parut à cette époque une espèce de manifeste des églises protestantes de France et de Béarn, daté de La Rochelle, où les calvinistes déclarent ne prendre les armes que pour repousser l'oppression et la violence qui attentent à la liberté de leurs consciences et à la sûreté de leurs vies.

GUERRE CIVILE (1). — MAI 1621.—OCTOBRE 1628.
MINISTÈRE DU CARDINAL DE RICHELIEU.

N° 97. — LETTRES-PATENTES *pour l'établissement de moulins propres à blutter la farine* (2).

Tonneins, 1er août 1621; reg. au parl. le 12 octobre. (Vol. BBB, f° 422.)

N° 98. — DÉCLARATION *contre Henri duc de Rohan, pair de France, qui ordonne de lui courir sus comme criminel de lèse-majesté* (3).

Bordeaux, 27 décembre 1621; reg. au parl. le 4 juillet 1622. (Merc. franç., VIII, 611.—Vol. BBB, f° 474.)

N° 99. — ARRÊT *du parlement de Bordeaux qui condamne à mort J.-P. de Lescur, conseiller au conseil souverain de Pau, comme criminel de lèse-majesté* (4).

Bordeaux, 22 mai 1622. (Merc. franç., VIII, 599.)

N° 100. — ÉDIT *de création en titre d'offices* (5), *de commis-*

---

(1) Le roi alla d'abord assiéger Saint-Jean d'Angely. Après la prise de cette ville, il rendit au mois de juillet une déclaration par laquelle il ordonnait la démolition des murailles, remparts, tours, bastions, etc. Il révoqua en outre les priviléges accordés d'ancienneté aux habitans, et les déclara indignes à jamais de les posséder. — Une paix fut conclue devant Montpellier en novembre 1622, qui n'empêcha pas les protestans de se fortifier dans leurs garnisons. La guerre reprit en 1625, et ne finit qu'en 1628, par la prise de La Rochelle.

(2) C'est le privilége accordé à un particulier, d'user seul, pendant dix ans, d'une espèce de moulin de son invention.

(3) Le duc de Rohan était un des chefs du parti protestant. Après avoir inutilement soutenu le siége de Saint-Jean d'Angely, il se retira à La Rochelle. — V. ci-après déclaration du 15 juillet 1622, contre Benj. de Rohan, seigneur de Soubise, frère du duc de Rohan.

(4) Les motifs de la condamnation étaient: 1° d'avoir assisté et présidé à l'assemblé de La Rochelle; 2° d'avoir publié un écrit intitulé: *La persécution des églises réformées du Béarn*. L'arrêt vise des lettres de commission, signées du roi, et envoyées par lui au parlement pour qu'il eût à faire ce procès. Les jugemens par commission ont été flétris par l'histoire. V. Charte de 1814 qui les prohibe. V. ci-devant, sous François Ier, lettres-patentes du 8 février 1540, portant condamnation de l'amiral Chabot et les notes; l'arrêt du 24 avril 1545, contre le chancelier Poyet. V. ci-après les jugemens par commission rendus contre le maréchal Marillac et le duc de Montmorency, en 1632, et contre le duc d'Épernon, en 1639.

(5) Aboli par la loi du 29 janvier 1791. Aujourd'hui les notaires sont les seuls officiers pour procéder aux inventaires des particuliers; mais il y a des officiers autorisés à faire des inventaires, à l'égard des fonctionnaires militaires ou admi-

saires pour procéder aux inventaires de tous biens meubles et immeubles qui tomberont en succession ou discussion.

Toulouse, juin 1622; reg. au parl. de cette ville le 12 juillet. (Joly I, add., p. 182. — Descorbiac.)

N° 101. — DÉCLARATION contre Benj. de Rohan, seigneur de Soubise, qui le déclare criminel de lèse-majesté au premier chef et ordonne qu'il soit procédé contre lui à la requête du procureur-général (1).

Carcassonne, 15 juillet 1622; reg. au parl. le 4 août. (Vol. BBB, f° 476. — Merc. franç., VIII, 659.)

N° 102. — DÉCLARATION qui défend aux protestans de quitter leur domicile pour s'aller joindre aux rebelles, et de leur prêter asile, sous peine d'être déclarés criminels de lèse-majesté et perturbateurs du repos public (2).

Béziers, 25 juillet 1622; reg. au parl. le 8 août. (Vol. BBB, f. 477.)

Louis, etc. Sur les advis qui nous sont donnés que ceux de nos subjects de la religion prétendue réformée qui persistent en leur rébellion contre les commandemens de Dieu et leur devoir naturel envers nous se sont tellement oubliés que de rechercher et pratiquer les estrangers pour entrer en notre royaume, jusques non seulement ils se veulent joindre, mais aussi contraindre et forcer par menaces nos autres bons subjects de la même religion prétendue réformée, qui se sont toujours maintenus en leur devoir sous nostre obéissance et le bénéfice de nos édicts et déclarations, de s'armer et retirer avec eux et lesdits étrangers, afin de se fortifier toujours davantage en leurs desseins et entreprises, de supprimer notre authorité et disposer de nostre état ensuite de leurs résolutions prises en leur assemblée de La Rochelle;

Nous avons jugé qu'il était très nécessaire d'y remédier et employer tous les moyens qu'il a pleu à Dieu nous mettre en main.

A ces causes, de l'advis de nostre conseil et de nostre pleine puissance et authorité royale,

(1) Nous avons inhibé et défendu, inhibons et défendons très

---

nistratifs. V. l'ordonn. du 3 février 1751 et notre adhésion à la consultation, pour le directeur Barras. — Gazette des tribunaux du 15 février 1829.

(1) Soubise s'était retiré à Londres pour implorer le secours du roi d'Angleterre en faveur des protestans. Il n'obtint rien de la cour; mais plusieurs seigneurs anglais et écossais se cotisèrent et lui fournirent neuf vaisseaux armés et équipés, qu'une tempête brisa, pour la plupart, dans le port de Plymouth, au moment du départ.

(2) V. ci après, édit de pacification, au 19 octobre.

expressément par ces présentes signées de notre main à tous nos dits subjects de ladite religion prétendue réformée, de quelque qualité et condition qu'ils soient, qui se sont contenus en leur devoir sous nostre obéissance et le bénéfice de nos édicts et déclarations, de s'en départir, quitter et désemparer ny abandonner leurs maisons soit de nos villes ou des champs, où ils font leur demeure, pour s'aller joindre avec ceux qui sont en armes ou auxdits estrangers, ni leur donner ou prêter aucune retraite, faveur, secours ni assistances quelconques, sur peine d'estre deschus de nos grâces, déclarez criminels de lèze-majesté, déserteurs de l'état et perturbateurs du repos public, et comme tels procédé contr'eux extraordinairement, selon la rigueur de nos lois et ordonnances de nostre royaume. leur promettant aussi que persévérant en leur devoir et demeurant sous notre obéissance et bénéfice de nos édicts et déclarations, nous les y maintiendrons et conserverons comme nos bons et fidèles subjects et les garderons de toutes foulles et oppressions.

(*Interim de Lefèvre, garde des sceaux.*)

N° 102. — DÉCLARATION *qui confirme les édits de pacification accordés aux protestans.* (1).

Au camp de Montpellier, 19 novembre 1622; reg. au parl. de Paris, le 21 novembre, et à celui (2) de Bordeaux, le 26. Vol. CCC, f° 1.—Merc. franç., VIII, 857.)

---

(1) V. l'édit de Nantes, avril 1598, et celui de Blois, ci-devant mai 1616. Celui-ci n'est qu'une répétition des précédens. La guerre civile suspendue par cet edit, recommença en février 1625. V. à cette date.

(2) L'enregistrement du parlement de Bordeaux portait : « Sans approbation
« d'aucune religion que de la catholique, ni du mot d'*affaires ecclésiastiques*,
« contenu auxdites lettres de déclaration; pour avoir lieu, après que ceux de
« la religion prétendue réformée auront rendu effectuellement l'obéissance
« portée par lesdites lettres, et si long temps qu'ils persisteront en icelle. Néan-
« moins que, suivant les lois de l'état, autres que les originaires ne seront ci-
« après reçus à prescher, ne dogmatiser en ce ressort, ni pareillement sans dé-
« roger ni préjudicier aux commissions décernées, touchant les démolitions des
« fortifications, murailles, portaux ou maisons, ni à l'exécution d'icelles, à la
« charge que les exécutions qui ont esté faites des meubles, debtes et marchan-
« dises, au profit des subjets du roy qui ont persisté en son obéissance, en con-
« séquence des lettres et brévets du roy, et arrests pour les remplacer des pertes
« qu'ils ont soufferts et des prises qui ont esté faites sur eux, ne pourront estre
« recherchées. Et à la charge aussy que ceux qui se voudront plaindre des sen-
« tences et jugemens donnés par les maires et consuls des villes, ou autres juges
« establis par les chefs de ceux de ladite religion prétendue réformée, se pour-
« ront pourvoir contre lesdites sentences par simples requestes; sera le roi très

N° 103. — LETTRES-PATENTES *pour l'établissement de l'hôpital de la Miséricorde* (1) *au faubourg Saint-Marcel, à Paris.*

Paris, janvier 1623; reg. au parl. le 6 avril. (Vol. CCC, f° 57.)

(*Le chancelier Sillery reprend les sceaux.*)

N° 104. — LETTRES-PATENTES *pour l'enregistrement d'une bulle du pape Grégoire XV, qui érige l'évêché de Paris en archevêché.*

Paris, février 1623; reg. au parl. le 8 août. (Vol. CCC, f° 98. — Joly, I, 161. — Mém. ch. des compt. SSSSS, f° 175.)

N° 105. — LETTRES-PATENTES *pour l'établissement dans la chapelle de Sainte-Avoye, à Paris, de la congrégation des Ursulines* (2).

Paris, février 1623; reg au parl. le 15 mars 1624. (Vol. CCC, f° 132.)

N° 106. — LETTRES *d'établissement d'un intendant de fontaines publiques à Paris* (3).

Paris, 24 février 1623; reg. en la ch. des comptes, le 24 juillet suivant, et en celle des aides, le 28 juin 1635. (Traité de la police, I, 385.)

N° 107. — DÉCLARATION *qui défend l'usage des étoffes d'or, d'argent, etc.* (4).

Paris, 20 mars 1623; reg. au parl. le 7 avril. (Vol. CCC, f° 56.)

N° 108. — DÉCLARATION *qui confirme le traité de paix et de commerce fait avec le roi de la Grande-Bretagne* (5).

Fontainebleau, 14 avril 1623. (Merc. Franç., tom. 9, 2e part.)

« humblement supplié de ne transformer la chambre de l'édict établi à Agen,
« sans ouyr très-humbles remontrances de la Cour. »

(1) La fondation de cet hospice est due à Ant. Séguier, président au parlement de Paris, qui le fit bâtir pour *cent pauvres orphelines*. On leur enseignait, dit Dulaure, la religion et un métier. Une déclaration de Louis XIV, en 1656, ordonna que les compagnons d'arts et métiers qui épouseraient des filles de cette maison, seraient reçus maîtres sans faire leurs chefs-d'œuvre et sans payer aucun droit. — Cette maison fut supprimée pendant la révolution; elle appartient à l'administration générale des hôpitaux et hospices de Paris. On y a établi des manufactures. (Dulaure, Hist. de Paris, t. 5, p. 530, 3e édition, 1825.)

(2) V. l'institution de cette congrégation à la date de décembre 1611, et la loi du 24 mai 1825.

(3) Ces lettres commettent le sieur Thomas Francini, à la charge et intendance des fontaines, grottes et mouvemens, aqueducs, artifices et conduite d'eaux des maisons, châteaux et jardins de Paris, Saint-Germain-en-Laye et Fontainebleau, etc., avec pouvoir de commander et ordonner à tous les ouvriers qui travailleront aux fontaines et grottes, en ce qui concerne l'ornement et la décoration.

(4) V. note sur les lettres-patentes de François Ier, mars 1514.

(5) V. ce traité sous Henri IV, à la date de février 1606, et la note.

N° 109. — Déclaration *qui défend aux protestans de traiter dans leurs assemblées d'autres affaires que de celles qui leur sont permises par les édits* (1).

Fontainebleau, 17 avril 1623; reg. au parl. le 20 mai. (Vol. CCC, f° 70. — Merc. Franç., IX, 462. — Abrégé des Mém. du clergé, I, 1375.

N° 110. — Déclaration *confirmative des édits de pacification* (2).

Paris, 10 novembre 1623; reg. au parl. le 27. (Vol. CCC, f° 114. — Merc. Franç., IX, 693.)

N° 111. — Réglement *pour la continuation de la perception du droit de sou pour livre sur les draperies, les manufactures de laine, les vins, cidres, bois, et qui en excepte les livres et tableaux* (3).

Paris, 5 février 1624; reg. en la cour des aides, le 7 octobre. (Néron, I, 763. Filleau, part. 3, tit. 1er, ch. 62, p. 71.)

N° 112. — Déclaration *sur les duels* (4).

Compiègne, 25 juin 1624; reg. au parl. le 1er juillet (Vol. CCC, f° 154.)

N° 113. — Edit *qui défend sous peine de six mille livres d'amende, et de punition corporelle et arbitraire de rien imprimer ni vendre sur les affaires d'état, sans lettres-patentes scellées du grand-sceau* (5).

Compiègne, 10 juillet 1624; reg. au parl. le 18; (Vol. CCC, f° 159.)

Louis, etc. Estant advertis que diverses personnes entrepren-

---

(1) L'édit enjoint aux gouverneurs des provinces, de commettre un officier protestant pour assister auxdites assemblées, et leur en faire rapport. — L'article 291 du Code pénal, abrogé par l'art 5 de la Charte de 1814, suivant arrêt de la cour de Rennes du 1er août 1828, confirmé en cassation le 12 septembre, recevrait dans ce cas son application. — V. la loi du 7 vendémiaire an 4, et les articles 201 et suivans du Code pénal, relatifs aux discours séditieux des ministres des cultes.

(2) V. l'édit de Nantes, avril 1598, et celui de Blois, mai 1616. —Louis XIII envoya, dit le Mercure, vérifier cette déclaration au parlement, à l'occasion du bruit qui se répandait que les protestans voulaient reprendre les armes. — V. ci après guerre civile en février 1625.

(3) V. l'ordonnance du roi Jean, 28 décembre 1355; de Charles V, 4 juillet 1376; de Charles VI, 28 mai 1391, 8 janvier 1398; de Charles VIII, 9, décembre 1488, de François Ier, 25 novembre 1540, 20 juin 1541, 20 avril 1542; de Henri II, septembre 1549, et 14 novembre 1551. V. note sur l'édit de Henri III, février 1582.

(4) V. ci-devant l'édit de Henri IV, juin 1609, et ci-après celui de février 1626, et la note. Cette déclaration est purement confirmative.

(5) Voy. ci-devant déclaration du 11 mai 1612 et la note.

nent d'imprimer et faire imprimer plusieurs lettres, mémoires et instructions concernans les affaires d'estat, sans aucune permission de nous, et d'autant qu'il importe au bien de notre service de réprimer telles licences préjudiciables à notre autorité et au bien de nos affaires, nous avons résolu d'en arrester le cours.

A ces causes, nous avons, par ces présentes pour ce signées de notre main, fait et faisons très expresses inhibitions et défenses à toutes personnes, soit libraires, imprimeurs ou autres, de quelque qualité qu'ils soient, d'imprimer ou faire imprimer ni exposer en vente, en quelque lieu que ce soit de cestuy notre royaume, aucunes lettres, mémoires ni instructions concernans nos affaires d'état, ni même celles du feu sieur cardinal d'Ossat, sans notre expresse permission par lettres patentes signées de nous, contresignées de l'un de nos secrétaires d'état et scellées de notre grand scel, et ce sur peine de 6000 fr. d'amende et de confiscation desdites impressions et autres peines corporelles que vous pourrez juger et arbitrer contre les contrevenans à nos présentes défenses.

Lesquelles nous vous mandons et ordonnons, etc.

N° 114. — LETTRES-PATENTES *qui accordent aux écoliers d'Allemagne qui font leurs études dans l'université de Bourges, les mêmes privilèges qu'à ceux de la même nation qui étudient dans l'université d'Orléans* (1).

Saint-Germain-en-Laye, septembre 1624; reg. au parl. le 17 janvier 1626. (Vol. CCC, f° 203.)

N° 115. — LETTRES *de création d'une chambre de justice pour la recherche des abus et malversations commises dans l'administration des finances* (2).

Saint-Germain-en-Laye, octobre 1624; reg. au parl. le 21. (Vol. CCC, f° 180. Merc. franç. X, 695.)

---

(1) Voy. ci-devant lettres-patentes de juin 1616.
(2) Une déclaration du 14 novembre suivant enjoignit aux baillis, sénéchaux et autres juges de faire publier ces lettres-patentes et en étendit les dispositions. Elle exempte des recherches de la chambre ceux qui avaient traité avec le roi des moyens extraordinaires, prêts, avances, remises. — Ces chambres de justice étaient des commissions. La première fut établie en Guyenne, par déclaration du 26 novembre 1581, la dernière fut créée par édit de mars 1716. — V. Nouv. rép. de jurisprudence, 605 v°. — La chambre créée en 1624 fut révoquée par déclaration de mai 1625.

N° 116. — ÉDIT *de création de deux maîtrises en chaque métier dans toutes les villes du royaume à l'occasion du mariage d'Henriette-Marie de France avec Ch. Stuart, prince de Galles* (1).

Paris, décembre 1624; reg. au parl. les 27 août 1625 et 4 septembre 1631. (Vol. CCC, f° 276.)

N° 117. — LETTRES *pour l'établissement à Paris des religieuses hospitalières, sous le titre de* Filles de la charité de Notre-Dame (2).

Paris, janvier 1625; reg. au parl. le 15 mai 1627. (Vol. DDD, f° 14.)

GUERRE CIVILE (3). — FÉVRIER 1625. — OCTOBRE 1528.

N° 118. — DÉCLARATION *qui défend aux marchands français de trafiquer avec les Espagnols* (4).

Paris, 23 avril 1625; reg. au parl. le 7 mai. (Vol. CCC, f° 236.)

N° 119. — ÉDIT *sur les degrés de licence et de doctorat dans toutes les Universités* (5).

Paris, avril 1625; reg. au parl. le 13 mai. (Vol. CCC, f° 237.)

Louis, etc. Notre amé et féal conseiller M° Edme Merille, docteur régent ès droits de notre université de Bourges, député du corps des principales universités de notre royaume, et fondé de

---

(1) C'est le fameux Charles Ier qui fut décapité en 1649. Bossuet, dans l'oraison funèbre de cette princesse, a fait de Cromwell un portrait qui n'est pas celui qu'a adopté l'histoire.

(2) Supprimées par la loi du 18 août 1792, rétablies en 1804 par des décrets particuliers, puis par un décret général en 1809. — V. la loi du 24 mai 1825 sur les communautés religieuses de femmes.

(3) V. ci-devant en octobre 1622, note sur l'édit de pacification; et ci-après celui de mars 1626. — Cette guerre commença par un soulèvement des protestans dans le Bas-Languedoc, sous la conduite des ducs de Rohan et de Soubise. — Le parlement de Toulouse, rendit à cette occasion à la date du 1er février un arrêt portant injonction au procureur-général d'informer des menées et pratiques qui tendaient à soustraire les citoyens à l'obéissance du Roi.

(4) La France était en guerre avec l'Espagne depuis 1621.

(5) V. loi du 22 ventose an 13, relative aux écoles de droit et le recueil des lois et réglemens concernant l'instruction publique, huit vol-in-8°. Paris, 1814.

procuration de nos amés et féaux conseillers, les doïens et docteurs regens ès droits desdites universités, desquelles procurations il nous a fait apparoir, Nous auroit fait dire, au nom desdites universités, que plusieurs de nos subjects trouvoient moyen d'obtenir des lettres de licence ou de doctorat en droit en quelques-unes desdites universités, quoiqu'ils fussent du tout incapables et qu'ils n'eussent jamais étudié ni entré en aucunes desdites universités, ensuite desquelles lettres ils estoient reçus advocats, tant en nos cours souveraines que jurisdictions subalternes; même qu'aucuns étoient reçus advocats aux offices de judicature, sans avoir obtenu lesdites lettres de licence ou de doctorat, ce qui serait au grand préjudice et mépris de nos ordonnances, réglemens et arrêts desdites cours souveraines et pourroient enfin introduire l'ignorance du droit.

A ces causes, désirant que nos universités, qui ont été établies avec grande consideration, soient conservées en leur splendeur et dignité, et afin que nosdits subjects se rendent plus dignes des charges et offices,

(1) Nous avons fait et faisons très expresses inhibitions et défenses à tous doyens, docteurs et régens de toutes nosdites universités de donner doresnavant aucunes lettres de licence ou doctorat en droit civil ou canon, s'il ne leur appert par bonnes et valables attestations que celui qui doit recevoir lesdites lettres aye étudié en quelques unes de nosdites universitez l'espace de six mois, et qu'il aye aussi étudié l'espace de six autres mois en l'université où lesdites licences lui doivent être conférées.

(2) Voulons et ordonnons que nosdits subjects ne puissent être reçus au serment d'advocats ou charge de judicature, sans avoir obtenu lesdites lettres de licence ou doctorat en l'une desdites universités, et afin de prévenir les fraudes et contraventions qui se pourroient faire pour obtenir lesdites attestations,

(3) Nous ordonnons que les étudians en droit se feront immatriculer par-devant les doïens desdites universités, et que ledit temps de six mois, par nous ordonné, court du jour de leur immatriculation, et qu'ils ne pourront obtenir lesdites lettres qu'ils n'ayent attestation des docteurs régens de leur assiduité et continuation de leurs études, pendant ledit temps.

(4) Cassons, dès à présent, et annullons toutes lettres de licence ou de doctorat qui seront, cy-après, obtenues en autre forme que celle par nous ordonnée; lesquelles nous voulons estre de nul effet et valeur.

(5) Enjoignons à tous doyens et docteurs régens desdites universités de nostredit royaume, d'observer, soigneusement, la présente ordonnance.

(6) Voulons que ceux d'entre eux qui y contreviendront et qui seront reconnus avoir concédé lesdites lettres de licence contre la forme par nous prescrite soient privés d'une année de leurs gages ordinaires; permettons aux doyens docteurs et régens des autres universités de les déférer.

(7) N'entendons néanmoins que les étrangers qui estudient en nosdites universités soient compris en ladite ordonnance, et d'autant que nous avons esté advertis que quelques-uns recongnoissant leur incapacité, supposoient des personnes capables pour estre examinées et obtenir lesdites licences au nom de ceux qui les supposent; Défendons à toutes personnes d'user de telles et semblables suppositions, à peine de faux (1) :

(8) Permettons aux docteurs régens qui auroient été surpris par lesdites suppositons, de déférer telles personnes pardevant nos juges ordinaires, même de se rendre parties, si bon leur semble.

(9) Voulons et nous plaît que nos advocats et procureurs généraux et leur substituts tiennent la main à ce qu'il ne soit contrevenu au présent édit et ordonnance, et qu'ils empêchent qu'aucun ne soit reçu audit serment d'advocat qu'il ne leur aye, préalablement, fait apparoir desdites immatricules, attestations et lettres de licence en ladite forme.

N° 120. — DÉCLARATION *qui règle la déduction qui doit être faite aux hôteliers, cabaretiers, taverniers, et autres débitans de boissons en détail dans les généralités de Paris, Orléans, Tours, Lyon, etc. pour leurs déchets et boissons* (2).

Fontainebleau, 19 juillet 1625; reg. en la Cour des aides le 11 octobre. (Filleau, part. 3, tit. 1er ch. 63. p. 75.)

N° 121. — LETTRES-PATENTES *qui accordent au prévôt des marchands et aux échevins de Paris un droit d'octroi pour dix ans pour les dépenses de la ville* (3).

Fontainebleau, 30 août 1625; reg. au parl. le 2 mars 1626. (Vol. CCC, fo 314.)

---

(1) Cet abus existe, mais il ne tombe plus sous l'application des lois qu'autant qu'il y aurait fausse signature.
(2) V. lois des 8 décembre 1814 et 28 avril 1816.
(3) Les octrois supprimés par lois des 2 mars 1791 et 11 septembre 1793 ont

N° 122. — ORDONNANCE *de représailles contre les Génois, à l'occasion d'une condamnation à mort prononcée contre la personne d'un Génois que le roi avait pris pour son ambassadeur en Piémont* (1).

Fontainebleau, 4 octobre 1625. (Merc. franç., XI, p. 928.)

S. M., deuement advertie que ceux qui gouvernent à présent la république de Gênes, auroient par une audace et témérité extraordinaire, violé le droit des gens en la personne du sieur Marini, ambassadeur de S. M. en Piedmont, ayant fait publier une sentence dans la ville de Gênes, du 30 du mois d'aoust dernier, par laquelle ils l'ont déclaré rebelle au premier chef, et comme tel condamné à mort, avec confiscation de tous ses biens meubles et immeubles estans en leur jurisdiction, et démolition de ses maisons; ayant de plus mis sa teste à prix de 18,000 escus; S. M. considérant combien en ce sujet sa dignité se trouve offensée et les lois publiques violées, et voulant en faire la réparation telle que cette entreprise le requiert, sudite Maj. a pris et mis en sa protection et sauve-garde, la personne et les biens dudit sieur Marini, son ambassadeur.

En conséquence de quoy, elle a ordonné et ordonne que les effets, marchandises et biens, tant meubles qu'immeubles de tous les Génois estans en ce royaume, seront dès à présent saisis en quelque lieu qu'ils puissent estre, et de tout fait bon et fidèle inventaire par ses officiers;

Que les personnes desdits Génois seront pareillement arrestées et mises ès prisons royales des lieux où elles auront esté prises, pour servir de garand de la personne et bien dudit sieur Marini, et pour y demeurer jusques à ce qu'autrement en ait esté ordonné par S. M., fors et excepté (à l'esgard de l'emprisonnement des personnes) ceux desdits Génois qui se trouveront avoir lettres de naturalité de S. M. deuement vérifiées;

Veut et entend que pour l'exécution de ce, les livres de négoce desdits Génois soient semblablement saisis pour découvrir tous leurs effets et empescher qu'ils ne soient cachés et couverts sous le nom d'autres marchands; enjoignons très expressément

---

été rétabli par celle du 11 frimaire an VII (1er décembre 1798). V. loi du 8 décembre 1814, art. 121 à 127.

(1) A la suite de cette ordonnance plusieurs Génois furent arrêtés et emprisonnés en Provence, à Lyon et à Paris.

à tous ses sujets, de quelque condition et qualité qu'ils soient, qui auront en mains des biens et effets et les personnes desdits Génois, ou qui sçauront en quel lieu ils sont de le manifester et déclarer dans huit jours, du jour de la publication de la présente ordonnance, sur peine aux défaillans et contrevenans de confiscation de tous leurs biens, dont le tiers sera applicable aux hospitaux des pauvres et l'autre à S. M., et la troisième au dénonciateur; déclarant que ceux qui donneront la main pour cacher et celer lesdits biens, effets et personnes auront encouru les mêmes peines.

Et d'autant que S. M. veut, sur une procédure si extraordinaire que celle dont a usé cette république, dans laquelle la foy publique est offensée, user de moyens extraordinaires et non pratiquez en ce royaume, pour en faire la réparation, S. M. ordonne et promet la somme de 60,000 livres de récompense à ses subjets ou autres personnes, de quelque condition qu'ils soient, qui vérifieront deuement avoir chastié et puni de mort l'un de ceux qui auront assisté au jugement et téméraire sentence donnée contre le sieur Marini, son ambassadeur, et avoir mis sa teste à prix, dont elle les fera payer actuellement en deniers comptans des deniers de son espargne.

Ordonne S. M. que la présente ordonnance sera publiée en tous lieux de son royaume que besoin sera, comme aussi au dehors, et à tous ses justiciers, officiers et subjets de tenir la main à l'exécution d'icelle. Donné, etc.

N° 123. — Edit *qui exempte les évêques, leurs grands vicaires, officiaux et autres juges ecclésiastiques de comparaître aux assignations d'appel comme d'abus de leurs jugemens, avec défense de les intimer en leur nom, etc.* (1).

Fontainebleau, octobre 1625. (Mém. du clergé, II, 69. — Abrégé des Mém. du clergé, VII, 1553.)

Louis, etc. Les prélats du clergé de cetui nostre royaume nous ont très humblement remontré que la licence des appellations comme d'abus est si grande, qu'ils ne peuvent en aucune façon faire leur charge; qu'incontinent qu'ils pensent visiter une pa-

---

(1) Cet édit n'a été vérifié en aucune cour. — La même exemption est accordée aujourd'hui aux préfets pour les affaires domaniales, les affaires électorales (loi de 1828).

roisse, corriger les malversations des gens d'église, ou ordonner quelque chose pour le rétablissement de la police ecclésiastique, ils sont pris à partie, et leur fait-on tant de procès qu'ils ne peuvent en supporter la dépense; que cela met une impunité aux vices, fait que la justice ecclésiastique n'a aucun pouvoir ni autorité, et qu'elle est à mespris aux mal-vivans, à cause que se voyant en main un moyen de donner de la peine et de la dépense à leurs juges, ils en méprisent les remontrances et les corrections, ce qui tourneroit à la ruine de l'église et de la religion, s'il n'y était pourvu, et s'il ne nous plaisait faire défenses d'intimer les évêques, officiaux, grands vicaires et autres juges ecclésiastiques en leur nom, et les prendre à partie; et quand même ils seroient intimés sur lesdites appellations comme d'abus, de les dispenser d'y répondre et de comparoître : vu même que nos juges subalternes ne sont tenus de comparoître, quoiqu'ils soient intimés ès appellations interjetées de leurs jugemens.

Nous, de l'avis de la reine, nostre très honorée dame et mère, et de nostre conseil, et de nos grâces spéciales, pleine puissance et autorité royale, par cetui nostre présent édict, avons dit et ordonné, disons et ordonnons que les évêques, leurs grands vicaires, officiaux et autres juges ecclésiastiques, ne seront tenus dorénavant de comparoître, ou répondre aux assignations qui leur seront données sur les appellations comme d'abus, interjetées de leurs jugemens; et de ce nous les avons dispensés et dispensons par ces présentes; faisons défenses aux parties de les intimer, et à nos juges de les contraindre d'y répondre et de constituer procureur.

Voulons toutefois qu'ès procès où il n'y aura point de partie civile, les promoteurs desdits juges ecclésiastiques puissent être intimés et soient tenus de répondre, et néanmoins faisons défenses à nosdites cours de les condamner à l'amende, ni aux dépens, sinon en cas de calomnie manifeste. Si donnons, etc.

N° 124. — DÉCLARATION *qui défend l'exportation des blés* (1).
Saint Germain-en-Laye, 24 novembre 1625; reg. au parl. le 1ᵉʳ décembre.
(Vol. CCC. f° 287.)

---

(1) C'était crainte de disette. La France était en guerre avec l'Espagne, et la guerre civile religieuse venait de recommencer.

N° 125. — Édit *qui supprime les offices d'élus et lieutenans particuliers* (1) *et qui crée en chaque élection un office de conseiller du Roi élu.*

Paris, décembre 1625; reg en la ch. des compt. et en la cour des aides le 6 mars 1626. (Filleau, part. 6, tit. 1er, ch. 75, p. 95.)

N° 126. — Édit *de création de trois offices de contrôleurs et visiteurs de bière et leurs statuts* (2).

Paris, décembre 1625; reg. au parl. le 6 mars 1626. (Vol. CCC, f° 431.)

Louis, etc. Ayant reçu plusieurs plaintes de divers endroits de notre royaume où il y a brasserie de bierre, des abus qui se commettent en la composition, vente et débit desdites bierres, par les brasseurs et autres qui s'en entremettent, et qu'à cause de ce, il arrive de grands accidens de maladies à plusieurs personnes qui usent dudit breuvage, nous avons voulu être plus particulièrement informé desdits abus, afin d'y pourvoir, et nous ayant été rapporté que la plupart desdits brasseurs, au lieu de se servir de bons ingrédiens, comme ils sont tenus par les ordonnances et réglemens de police, composent lesdites bierres avec de l'eau épaisse et corrompue, et pour la colorer et lui donner un goût haut et piquant, y font bouillir plusieurs mauvaises drogues; comme aussi y mêlent plusieurs sortes d'épiceries les plus grossières, tellement que par ces matières et de la crudité de la bierre, qu'ils ne font bouillir qu'à demi pour épargner le bois, la peine et la journée des ouvriers, elle a des qualitez toutes contraires à celles qui la font rechercher; car au lieu de rafraîchir et désaltérer et nourrir, elle échauffe le sang, altère et cause des catares, des fluxions et hydropisies, fièvres et autres griéves maladies, ainsi qu'il a été reconnu par plusieurs médecins expérimentez; et les autres qui semblent apporter plus de

---

(1) Créés par édit de novembre 1543, mai 1584, et janvier 1598.

(2) Les premiers statuts sont du prévôt de Paris, Boileau, sous saint Louis, — V. livre des métiers, 1re partie, titre 9; ceux des prévôts de Paris, du 6 octobre 1489, déclaration de Louis XII, et nouveaux statuts, mai 1514, confirmés par Henri II, suivant déclaration de mars 1556 (Nous n'avons pas donné le texte de cette dernière.) — V. ci-après déclarations confirmatives du présent édit, février 1630, et de Louis XIV, juin 1680, septembre 1686, 11 novembre 1691, et mars 1698. — V. Sur les droits établis pour la fabrication de la bière, loi du 20 floréal an 13 (10 mai 1805), 25 novembre 1808, 28 avril 1816, et autres sur les contributions indirectes. Nous donnons le texte, parce qu'il y a des dispositions relatives à la santé publique.

considération que leurs compagnons en leur métier, rejetant ces mauvaises matières, employent le plus souvent en la composition de leurs bierres des grains et houblons moisis et corrompus, et ne lui donnent la cuisson qu'à demy, qui est pareillement cause qu'elle n'est ni saine ni de garde, et se corrompt quasi aussi facilement que l'autre, de sorte qu'avec les maladies qu'elle engendre coutumièrement, ceux qui l'achètent, après l'avoir gardée quelque temps, sont contraints de la jeter; sur quoy jugeant très-nécessaire d'y apporter quelque ordre et réglement salutaire; néanmoins pour ne rien faire qu'avec une bonne et parfaite connoissance, nous avons voulu être plus particulièrement informé des abus, ensemble des moyens d'y remédier par nos officiers de police; et à cet effet renvoyer à notre prévôt de Paris ou son lieutenant civil, les mémoires à nous sur ce présentez, afin de nous en donner avis, comme étant un fait dépendant de ladite police; à quoy ledit lieutenant civil satisfaisant, ensemble le substitut de notre procureur général au Châtelet à Paris, avoir par des exactes visitations faites dans les brasseries, reconnu que lesdits abus s'y commettent, auroient été d'avis, sous notre bon plaisir, que pour les retrancher entièrement, il était très nécessaire d'y apporter un réglement, ensuite de quoy nous aurions décerné nos lettres en forme de commission audit lieutenant civil, pour appeler ledit substitut de notre procureur général audit Châtelet, et oüis lesdits jurés brasseurs, dresser ledit réglement, afin que iceluy rapporté et vû en notre conseil, il fût par nous accordé ce qu'il appartiendroit par raison; et nous ayant ledit réglement été représenté, SÇAVOIR FAISONS, que désirant pour le bien et commodité de nos sujets, corriger lesdits abus et désordres qui se commettent en la composition desdites bierres, et les empêcher à l'avenir, après avoir fait voir en notre conseil ledit réglement, et iceluy meurement considéré, de l'avis de la reine, notre très honorée dame et mère, et de notre conseil, avons, de notre pleine puissance et autorité royale, dit, déclaré et ordonné, disons, déclarons et ordonnons par cestuy notre présent édit perpétuel et irrévocable, que en la confection, vente et débit des bierres, qui se composeront et se débiteront doresnavant en notre royaume, païs, terres et seigneuries de notre obéissance, les brasseurs et autres qui s'entremettent du fait desdites bierres, suivent l'ordre et réglement qui ensuit :

(1) Seront les doubles bierres composées avec eaües nettes,

grains, froment, orges et houblon, qui soient sains et non corrompus; lesquels grains les brasseurs auront soin de faire proprement mouiller, germer, touriller, gruer et moudre à part; puis en prendront, sçavoir desdits parts les parts d'orge, et les autres parts de froment, sur lesquels grains y feront passer l'eau qu'ils auront préparée, après la prendront avec la fleur de houblon, et mettront le tout en quantité équivalente proprement bouillir et cuire jusques à la diminution d'un quart ou environ, observant les levains et autres façons requises, ensemble les saisons propres pour faire que la bierre puisse estre de garde.

(2) Quant à la petite bierre, autrement appelée seigle, dont les gens de labeur usent coustumièrement en esté, et qui se fait en mettant de l'eau sur les grains et houblon qui ont servy en la composition de la double bierre, lesdits brasseurs seront tenus de faire cuire du moins jusques à la même diminution de la quatrième partie, ensemble de lui donner les levains et autres façons requises pour la rendre telle, sans que lesdites matières y puissent servir qu'une fois.

(3) Et afin que les bierres ainsy faites, et spécialement les doubles se puissent mieux conserver, les brasseurs les feront quiller le tems convenable, puis les entonneront dans les vaisseaux bons et non vieux, après qu'ils auront été bien lavez avec eau bouillante, sans qu'ils puissent mettre la nouvelle bierre sur la vieille, ni se servir d'aucuns vaisseaux qu'ils n'ayent été nettoyez en la manière susdite.

(4) Tous les muids, demy-muids, tonnes et autres vaisseaux, dans lesquels les brasseurs vendront leurs bierres, seront de la même jauge et mesure que doivent être ceux dans lesquels le vin est vendu.

(5) Défendons très expressément auxdits brasseurs et autres, employez à la confection, vente et débit desdites bierres, de plus se servir en la composition d'icelles d'eau mal nette, grains et houblons corrompus, ni pareillement user d'aucunes drogues, espiceries et autres matières que celles dont se doivent faire les bonnes bierres, à peine à l'encontre des contrevenans, de confiscation de leurs bierres et amende arbitraire.

(6) Et d'autant qu'il seroit mal aisé, voire impossible, de faire observer ledit réglement, et empêcher la continuation des abus cy-devant commis au fait desdites bierres, s'il n'y avoit des personnes expressément établies pour y avoir l'œil, nous avons créé et érigé, créons et érigeons en titre d'office formé et héré-

ditaire des visiteurs et controlleurs desdites bierres en chacune des villes, bourgs, et autres lieux de ce royaume, où il y a brasserie et trafic de bierre, pour jêtre lesdits offices vendus audit titre d'hérédité, pardevant les commissaires qui seront par nous commis et députez, pour procéder à la vente d'iceux offices; lesquels en établiront en chacun de nosdites villes, bourgs et lieux, jusques au nombre qu'ils jugeront nécessaire pour l'observation des présentes; et seront tenus lesdits controlleurs visiteurs se transporter, toutes les fois qu'il sera nécessaire, dans les brasseries des lieux où il seront établis, et là visiteront les ingrédiens qui doivent entrer en la composition desdites bierres, prendront garde, lorsqu'elles seront mises dans les cuves, qu'elles soient de qualité requise, et en quantité nécessaire, auront l'œil à ce que les cuissons et façons convenables pour faire les bonnes bierres, soient observées, et lesdites caves tenües nettement.

(7) Visiteront aussi lesdits controlleurs toutes et une chacune les bierres qui seront exposées en vente, soit en gros, ou détail, au lieu de leur établissement, afin que personne n'y soit plus trompé, et qu'il ne soit vendu aucunes bierres gâtées, ou corrompües, ny à plus haut prix que celui qui auroit été limité, et généralement auront lesdits controlleurs visiteurs l'œil qu'il ne se puisse commettre aucun abus à la confection, vente et débit desdites bierres, au dommage du public, en sorte qu'il n'en arrive cy-après aucune plainte.

(8) Lesdits controlleurs feront le rapport desdits contraventions qui seront sur ce faites; sçavoir pour nostredite ville de Paris, pardevant le lieutenant civil et substitut de notre procureur général au Châtelet; et pour les autres lieux, pardevant les juges de la police, chacun en son ressort, par l'avis desdits controlleurs visiteurs, et oüys les jurez brasseurs, donneront chacun an le prix qu'ils jugeront raisonnable pour la vente desdites bierres, eu esgard au temps, lieux, achats, ingrédiens qui entrent en icelle, vivres et journée des ouvriers, lequel prix donné ne pourra être surpassé par lesdits brasseurs et vendeurs de bierre.

(9) Enjoignons à nosdits juges et officiers d'y tenir la main, et procéder diligemment à la correction desdits abus qu'ils connoistront estre commis au fait desdites bierres, multant les délinquans par confiscation de leurs bierres, amendes et autres peines, selon l'exigence des cas, desquelles confiscations et amendes le tiers sera appliqué à nous, le tiers aux pauvres, et l'autre tiers

aux dénonciateurs et controlleurs dessusdits chacun par moitié; le tout sans préjudice des maîtrises et droits des jurez brasseurs, qui continueront leurs visites et rapports, ainsi qu'ils ont accoutumé de faire, à ce que les uns veillant sur les actions des autres, le public soit plus fidellement servi.

(10) Et afin de donner moyen auxdits controlleurs visiteurs de s'entremettre et bien vaquer en leurs charges, nous leur avons attribué et octroyé, attribuons et octroyons pour tous droits, salaires et vaccations, à raison de six sols tournois pour visites de chacun muid de bierre mesure de Paris, et à l'équipolent pour les autres vaisseaux, dans lesquels lesdites bierres seront mises, au lieu de leur établissement, qui seront payez par les brasseurs en faisant ladite visite; et seront lesdits droits partagez également entre lesdits controlleurs visiteurs d'une même ville et bourg, à la charge de vaquer chacun au dû et exercice de sa charge comme il appartiendra, pour desdits offices joüir par les acquéreurs, les veuves, héritiers et successeurs, ou autres ayans leur droit et cause héréditairement comme leur chose propre vray et loyal acquest, sans que pour leursdits salaires il soit loisible d'en exiger davantage, qu'à raison desdits six sols pour muid, à peine de concussion, ny qu'ils puissent, sous aucun prétexte que ce soit, faire augmenter ladite attribution, laquelle demeurera ainsi modérée, le prix des bierres demeurera toujours raisonnable : et afin que lesdits controlleurs visiteurs puissent continuellement vacquer à la fonction de leursdits offices, nous les avons exemptez et affranchis de toutes charges publiques et personnelles, ainsi que les exempts des paroisses créez par édit du mois de septembre 1603, et ne pourra être procédé à la revente desdits offices de six ans, sinon par doublement sur le prix total qui en aurait été payé en nos coffres par les acquéreurs d'iceux. Si donnons, etc.

N° 127. — Edit *sur l'entretien des relais de postes par les chemins et le long des rivières* (1).

Paris, 17 décembre 1625; reg. au parl. le 6 mars 1626. (Vol. CCC, f. 340.)

Louis, etc. L'establissement des chevaux de relais à journées

---

(1) V. mars 1597, l'édit de création et la note. — Sur le halage, V. arrêtés des 13 nivose et 18 ventose an 5 (2 janvier, 8 mars 1797), et notre traité de la

pour voyager par terre et des chevaux de courbe pour le tirage des voitures par eau, ayant été introduit et ordonné pour la commodité, par édit du feu roy nostre très honoré seigneur et père, du mois de mars 1597, registré en nostre cour de parlement, à Paris, le 23 janvier 1598, pour avoir lieu pendant six années, sauf à les prolonger si ledit establissement de relais se trouvoit utile et profitable,

Il est advenu que, à cause de quelques différends qui intervinrent au commencement de ladite introduction pour lesdits relais de chevaux de courbe et tirages par eau, lequel n'a point été terminé, et de ce que le profit desdits relais par eau ne s'est trouvé tel et si grand, que pour les voyages par terre; que la continuation n'en a été poursuivie, ny demandée, comme desdits autres relais, tellement que le public est demeuré, depuis ledit temps jusques à maintenant, sans recevoir le bien et advantage qu'il attendait dudit establissement, et sur ce que nous avons souvent reçu plaintes des monopoles qui se pratiquoient entre les marchands fréquentant nos rivières de Seine, Marne, Oise, et autres fleuves tombant dans lesdites rivières; que pour tirer de leurs denrées et marchandises un plus haut prix que l'ordinaire, ils excitent et font naître souvent des pénuries et disettes de bleds, avoines, bois, foins et autres denrées, encore qu'il y en ait en abondance dans les pays circonvoisins de nostre ville de Paris, tant pour retenir leurs bateaux ez lieux secrets, les empêchant de descendre; qu'en supposant au prévôt des marchands et échevins de nostredite ville de Paris, des dépenses immenses pour leurs voitures, des risques et hazards qu'ils disent courre en leurs voyages : nous avons toujours désiré d'y pourvoir pour l'affection que nous avons à nos bons sujets, et particulièrement de nostredite ville; et après avoir considéré que le vrai et principal moyen consiste en l'abondance desdites denrées, laquelle sera infaillible, lorsque toutes personnes, selon leurs moyens, facultés, temps et crédit, pourront avoir facilité trafiquer, à en faire porter en nostredite ville, et qu'il sera hors du pouvoir des marchands et voituriers de tenir leurs bateaux chargés en lieux secrets, ou leurs denrées et marchandises hors de saison sur les ports sans être découverts et dénoncés à l'hôtel de nostredite ville; ce qui ne se peut exécuter, sinon en donnant lieu à l'exécution dudit édit du mois de mars 1597, pour lesdits relais de chevaux de courbe, ainsi qu'il nous est apparu par plusieurs informations sur ce faites : par lesquelles il résulte que nostredite ville et plusieurs autres de nos sujets en recevront un grand profit et advantage.

Sçavoir faisons que de l'avis de nostre conseil, nous avons, par ces présentes, signées de nostre main, dit, déclaré et ordonné, disons, déclarons et ordonnons, voulons, et nous plaît :

(1) Qu'en conséquence dudit édit de nostre feu seigneur et père, dudit mois de mars 1597, dont copie est cy-attachée sous le contre-scel de nostre chancellerie, il soit à l'advenir et pour toujours establi des relais de chevaux de courbe pour le tirage des bateaux le long des rivières de Seine, Marne, Oise, et autres fleuves y descendans aux lieux les plus commodes, et au nombre qui sera jugé nécessaire par les prévôts des marchands et échevins de nostredite ville de Paris, et à la charge que la taxe pour le louage desdits chevaux sera faite au bureau de ladite ville par lesdits prévôts des marchands et échevins, en présence de ceux qui entreprendront la fourniture et conduite desdits relais et des principaux marchands et voituriers qui y seront à cette fin appelés ; laquelle taxe ne pourra excéder ce que l'on a accoutumé de payer jusques à présent pour le louage desdits chevaux, dont lesdits marchands et voituriers ne payeront aucune chose pour le séjour qu'ils feront par les chemins à cause des glaces et brouillards, grands vents et basses eaux, lorsqu'il leur convient alléger leurs bateaux : que lesdits intéressés en ladite fourniture seront tenus de fournir de bons chevaux en nombre suffisant pour la conduite desdits bateaux et marchandises sans les faire attendre, ni séjourner, et auront des hommes et chartiers duits et accoutumés à ladite conduite pour éviter à la perte des hommes, bateaux et marchandises, à peine d'en répondre en leurs propres et privés noms.

(2) Que lesdits relais seront établis de quatre en quatre lieues, et où il ne s'en trouveroit au lieu désigné, sera permis auxdits marchands et voituriers d'en prendre et louer où bon leur semblera aux dépens, risques et fortunes desdits intéressés, ou pourront passer outre avec les chevaux étant à la corde de leurs bateaux jusques au premier relai ; et ne payeront lesdits voituriers, le louage de tous lesdits chevaux de relais qu'aux lieux et endroits où se fera la charge desdites marchandises, sans qu'ils soient astreints de rien payer dans les villes et lieux où ils chargeront, ni par les chemins ; et à la charge aussi, que tous marchands et voituriers qui voudront avoir des chevaux à eux appartenant pour le tirage de leurs bateaux et marchandises, ne

pourront estre contraints de se servir desdits chevaux de relai, si bon ne leur semble; comme aussi ne seront astreints les maîtres et conducteurs des bateaux appelés coches par eaux établis sur lesdites rivières, de se servir desdits chevaux de relai, ains en useront comme ils en ont fait par le passé, et sans aussi empêcher la liberté des laboureurs et autres personnes tenant chevaux de courbe ez villes et lieux proches des ponts étant sur lesdites rivières, pour aider à monter les bateaux au-dessous desdits ponts, pour raison de quoy nous voulons qu'il en soit usé à l'avenir ainsi que par le passé, si ce n'est que les bateliers se veulent servir des chevaux desdits relais, ce que audit cas nous leur permettons.

(3) Voulons aussi et entendons que les entrepreneurs de la fourniture et conduite desdits relais par eau, avertissent lesdits prévôts des marchands et échevins, de quinze en quinze jours, des bateaux chargés qui se trouveront retirés en ports secrets, et des denrées et marchandises qui seront sur les ports desdites rivières ou ez environs d'iceux, comme d'une lieue, à ce que les marchands ne puissent à l'avenir user de fraude et monopole au préjudice du public, comme ils ont fait par le passé.

N° 128. — DÉCLARATION *portant qu'en matière du possessoire de leurs bénéfices, les ecclésiastiques ne seront point soumis à la juridiction des juges protestans, mais à celle du plus prochain juge royal ou autre juge catholique.*

Paris, 2 janvier 1626. (Mém. du clergé, VI 382.)

N° 129. — ÉDIT *d'établissement d'un jardin Royal au faubourg Saint-Victor, à Paris, pour la culture des plantes médicinales* (1).

Paris, janvier 1626, reg. au parl. le 6 juillet. (Vol. CCC, f° 382.)

LOUIS, etc. Encores que depuis nostre advénement à ceste

---

(1) C'est le jardin des plantes. La mort d'Erouard, premier médecin du roi, ayant retardé l'exécution de l'édit de 1626, la fondation du jardin ne date réellement que de mai 1635. Voy. à cette date, note sur l'édit de confirmation de celui-ci. Ce jardin ne fut ouvert qu'en 1640, sous le titre de *Jardin royal des herbes médicinales*. Guy de la Brosse, médecin ordinaire du roi et intendant du jardin, s'établit dans le local dont on avait fait l'acquisition, il fit réparer et disposer les bâtimens, et dressa, dès la première année, un parterre de 45 toises de longueur sur 35 de largeur, où il plaça toutes les plantes qu'il put se procurer. Le catalogue qu'il en publia en 1641 en porte le

couronne, nous ayons esté entièrement occupés aux affaires survenues, tant au dedans qu'au dehors nostre royaume, pour la conservation d'iceluy, sy n'avons-nous pas laissé de penser soigneusement au bien particulier de nos sujets, comme nous faisons journellement.

Et sachant qu'entre les choses les plus désirables que les hommes aient au monde, celle de leur santé leur est des plus chères et précieuses, nous avons toujours eu en singulière recommandation les universitez establies par nos prédécesseurs roys en cedit royaume; mais comme celle de nostre bonne ville de Paris est l'une des principales, et qu'en ladite ville, ainsi soit à cause de nostre résidence ordinaire qu'à cause de l'affluence du peuple qui y habite et aborde de toutes parts;

---

nombre à 2360. Guy de la Brosse mourut en 1643, et eut pour successeurs Bouvard de Fourqueux, fils du premier médecin du roi et conseiller au parlement de Paris, puis Vautier, Vallot, d'Aquin, Fagon (*) et Poirier, Chirat et Cysternay du Fay qui rendit de grands services à cet établissement pendant sa vie, et qui écrivit en mourant au ministre de lui donner Buffon pour successeur. — Ce fut en 1739 que cet homme illustre fut nommé à la place d'intendant du jardin du roi. En publiant, en 1749, les premiers volumes de son histoire naturelle, il fit un appel à tous les naturalistes qu'il invitait à lui envoyer ce qu'ils auraient trouvé de plus remarquable. Le envois furent si abondans que Buffon, qui avait déjà sacrifié une partie de son logement pour les recevoir, finit par l'abandonner en entier, et transporta son domicile rue des Fossés-Saint-Victor, n° 13. Alors la collection fut disposée dans quatre grandes salles qui ont formé seules le cabinet jusqu'à la nouvelle organisation. En 1782, Buffon étendit les limites premières du jardin des plantes et la nouvelle enceinte fut terminée en 1784. — A la mort de Buffon, (le 16 avril 1788) la place d'intendant du jardin passa au marquis de la Billarderie qui fit continuer les travaux commencés. Le 20 avril 1790, M. Lebrun fit au nom du comité des finances de l'Assemblée constituante un rapport sur le jardin du roi, dans lequel il évaluait la dépense de cet établissement à 92,222 livres dont 12,777 pour l'entretien. Ce rapport se terminait par un projet de décret en 7 articles qui ne reçut pas d'exécution immédiate, mais qui fut le premier signal d'une nouvelle organisation. V. le décret du 10 juin 1793 relatif à l'organisation du jardin des plantes et du cabinet d'histoire naturelle, sous le nom de *Muséum*. Le 11 septembre de la même année, un autre décret alloue 6,000 fr. par an pour continuer la collection de plantes et d'animaux peints d'après nature. V. le décret du 26 décembre 1793, celui du 1er décembre 1798 et les lois annuelles des dépenses. Aujourd'hui (1829) le jardin du roi figure au budget pour 255,000 fr. (Voy. histoire et description du Muséum d'histoire naturelle par Deleuze, 2 vol. in 8°; Paris, 1823.)

(*) C'est lui qui nomma successivement les célèbres professeurs Tournefort, Vaillant et Ant. de Jussieu à la chaire de botanique.

Nous avons aussi estimé devoir rechercher toutes sortes de moyens pour servir à l'instruction des escoliers étudians en ladite université et l'utilité de nos peuples.

Sur quoy nous avons embrassé avec affection les advis et propositions qui nous ont été faits par nostre amé et féal conseiller et premier médecin, le sieur Hérouard, pour l'establissement et construction, en l'un des faubourgs de nostre ville de Paris, d'un jardin royal des plantes médicinales, comme estans les plus excellens outils que la nature ait produits pour la guérison des malades.

A ces causes, sçavoir faisons que, désirant accroistre de plus en plus nos bienfaits à nostre ville de Paris,

(1) Nous avons, de nostre grâce spéciale, pleine puissance et autorité royale, statué et ordonné, statuons et ordonnons par ces présentes qu'il soit construit et establi un jardin royal en l'un des faubourgs de nostre ville de Paris, ou autre tel lieu proche d'icelle et de telle grandeur qu'il sera jugé propre, convenable et nécessaire par ledit sieur Hérouard, pour y planter toutes sortes d'herbes et plantes médicinales, pour servir ceux qui en auront besoin, même pour l'instruction des escoliers de ladite université de médecine.

(2) Duquel jardin nous avons accordé et octroyé, donnons et octroyons par cesdites présentes la surintendance audit sieur Hérouard et à ses successeurs, premiers médecins, et non à autres, avec pouvoir de nommer et commettre dès à présent et quand vaccation adviendra, telles personnes qu'il jugera plus propres et à nous agréables pour la direction, culture et conservation dudit jardin, démonstration publique desdites plantes, à tels jours qu'il sera par lui ordonné, lequel aura qualité d'intendant dudit jardin, sans y pouvoir être troublé ny empêché en aucune manière que ce soit.

(3) Et afin que ledit dessein puisse être entièrement exécuté, voulons et nous plaist que des décimes qui seront par nous ordonnés, il sera employé telle somme de deniers qu'il sera jugé nécessaire, tant pour la terre, matériaux des bâtimens de la maison, clôture, recouvrement des plantes et semences, tant domestiques qu'étrangères, ports et voitures d'icelles, recouvremens et apport des terres, conduites d'eaux et autres frais nécessaires pour la construction, embellissement et entière perfection dudit jardin, ensemble l'entretennement annuel dudit jardin à des personnes qui seront employées à la conduite et culture

d'icelui, sans que le fonds qui sera à ce destiné par nous puisse être cy-après diverti ni employé à autre usage, pour quelque cause et occasion que ce soit.

Si donnons, etc.

N° 130. — DÉCLARATION *qui défend à peine de confiscation de corps et de biens de faire imprimer aucun livre sans lettres de permission scellées du grand sceau* (1).

Paris, janvier 1626; reg. au parl. le 19. (Vol. CCC., f° 266; — Corbin, Code Louis I, 39.)

N° 131. — ÉDIT *qui supprime les offices de grand voyer de France, voyer particulier de Paris, et qui les réunit au domaine de la couronne pour être à l'avenir donnés à ferme aux présidens trésoriers de France* (2).

Paris, février 1626. (Code de la voierie, 476.)

N° 132. — ÉDIT *de création de commissaires aux saisies réelles, expropriations forcées, saisies de fruits pendans par racines*, etc.

Paris, février 1626, reg. au parl. (le roi présent) le 6 mars. (Vol. CCC., f° 315; — Joly II, 1946; — Néron I, 775.)

Louis, etc. Encore que nos prédécesseurs rois ayent apporté tout le soin qui leur a été possible pour donner réglement aux saisies et établissemens de commissaires qui se font sur les domaines de nos sujets, fruits d'iceux et autres immeubles; néanmoins l'expérience fait voir qu'il s'y commet infinis abus, dont nous recevons journellement des plaintes, et de ce que nos huissiers et sergens estant chargez d'un établissement, vont par les paroisses, s'adressant aux plus aisez qui sont proches des choses saisies, et feignant les vouloir établir commissaires, tirent d'eux grandes sommes de deniers pour les exempter, et vont ès assemblées des foires et marchez, où usant de semblables menaces, tant envers les marchands qu'autres personnes qu'ils y rencontrent, font pareilles exactions, établissent auxdites saisies ceux qui ne leur veulent rien donner; bien qu'ils soient la plu-

---

(1) V. l'ordonnance de Moulins, février 1566, art. 78, et ci-devant déclaration du 11 mai 1612 et la note.

(2) V. l'édit de création en 1599, et ci-après l'édit d'avril 1627 sur la juridiction du domaine de la voierie, et l'édit de mai 1635.

part éloignez de beaucoup des héritages et choses saisies, ou qu'ils soient incapables de gérer et négocier telles commissions, ne sachant la plupart lire ni écrire; y établissant aussi souvent de pauvres laboureurs, artisans, vignerons et autres personnes misérables, chargez d'enfans et affaires, qui sont contraints abandonner leurs arts, métiers et exercices pour vacquer ausdites commissions, consommant la meilleure partie de leurs âges et employant toutes leurs facultez et moyens à l'administration de telles charges, en procédures, procès et voyages qu'il leur convient faire, estans le plus souvent tirez en procès en nos cours de parlement, et autres jurisdictions éloignées de cent lieues de la demeure du lieu de leur établissement; autres qui sont gens de néant, consomment les fruits et revenus des choses saisies, s'absentent et emportent les deniers des fermes.

D'ailleurs, quelques saisissans font établir leurs serviteurs et autres personnes à leurs dévotions, avec lesquels colludans, ils font adjuger à vil prix les biens saisis et baux judiciaires, jouissans par ce moyen des biens de leurs débiteurs sous noms interposez de tels commissaires. Arrive aussi souvent que les privilégiez, exempts de commissions, sont établis par la haine que leur portera quelque huissier ou sergent; et pour en avoir décharge, convient faire plusieurs procès, qui tournent non seulement à la diminution du prix de la chose, sans que le saisi soit acquitté vers ses créanciers, mais aussi avec grande vexation sur nos sujets, par les dépenses desdits voyages que lesdits commissaires font sur les lieux saisis, et ès lieux de nos justices, pour procéder aux baux à fermes, et par autres frais qui retardent d'autant le moyen ausdits créanciers d'être payez; comme aussi lesdits sergens et huissiers s'entendent avec les débiteurs, desquels ils exigent grandes sommes de deniers, pour à leur gré établir telles personnes que bon leur semblera, pour, par ce moyen, disposer à leur volonté des choses saisies, le tout au préjudice des débiteurs et créanciers, lesquels par ce moyen tirent peu de profit des baux, le prix desquels le plus souvent ne suffit pour payer les frais.

D'ailleurs, il y a des créanciers qui, colludans avec quelques-uns de leurs débiteurs, bien que payez, font continuer les saisies qui sont sur leurs biens, font établir commissaires à leur dévotion, sous le nom desquels ils jouissent et frustrent par ce moyen leurs créanciers. Davantage, il se trouve que par la puissance, menaces, force, violences et voyes de fait, les saisis et autres par eux intimident, et ordinairement excèdent les commissaires qui sont établis, lesquels sont contraints de quitter et abandonner les choses saisies, au grand préjudice des saisissans et autres créanciers.

Et de plus, se remarque journellement des retardemens et non valeurs ès recoltes des deniers de nos tailles et autres subsides, à cause desdits établissemens de commissaires, qui contraignent beaucoup de nos sujets de s'absenter et se retirer dans les villes pour éviter telles commissions. Autres qui sont ruinez à la poursuite d'icelles, et autres infinis monopoles et abus qui se commettent à la foule et oppression de tous nos sujets, ce qui provient de ce qu'en telles charges ne sont établies des personnes d'expérience et prud'hommie, gens de bien, resséans, bien cautionnez et certifiez solvables, et qui aient fait serment à justice, dont les plaintes publiques nous ont été faites ès derniers états généraux tenus en nostre bonne ville de Paris, par les députez des provinces de nostre royaume, qui nous ont supplié d'y apporter le remède convenable.

A quoi voulant pourvoir et faire cesser à l'avenir lesdits abus, monopoles et oppressions, et en décharger nos sujets, attendant que Dieu nous fasse la grâce de leur faire sentir plus abondamment les effets de nostre bonne volonté; après avoir mis cette affaire en délibération en notre conseil, où étoient aucuns princes de notre sang et autres princes et officiers de la couronne, seigneurs et plusieurs notables personnages, de l'avis d'icelui et de notre propre mouvement, certaine science, pleine puissance et autorité royale,

Avons par cettuy nôtre présent édit perpétuel et irrévocable, créé, érigé et établi, créons, érigeons et établissons en titre d'office, formé en chacune ville et lieu èsquels il y a justice royale de cettuy notre royaume et terres de notre obéissance, l'état et office de commissaire receveur des deniers des saisies réelles des terres, seigneuries, châteaux, maisons, fruits pendans par les racines, rentes foncières ou constituées, droits d'usufruits, doüaires, pensions, rentes ou autres choses immobiliaires, sujettes d'être saisies pour quelque cause que ce soit, en vertu d'arrêts, sentences, jugemens, mandemens, provisions, contrats, obligations, et tous autres actes authentiques et commissions de justice, soit de nos cours souveraines, juges ordinaires et tous autres nos juges et officiers quelconques (n'entendons néanmoins que les saisies mobiliaires et les deniers saisis entre les mains des particuliers soient sujets au présent établissement). A sçavoir, deux en chacune de nos bonnes villes ésquelles il y a parlement, l'un pour servir audit parlement, requêtes du palais et justices qui sont dans l'enclos dudit palais seulement, et l'autre aux présidiaux et aux justices qui sont dans lesdites villes, semblablement en chacune de nos justices, où il y a siége présidial, bailliage, sénéchaussée, prévôté, vicomté, vigueries et autres siéges royaux, en telle sorte néanmoins qu'il n'y en ait qu'un és villes ésquelles il n'y a parlement.

(2) Et à ce que nosdits sujets puissent plus facilement avoir adresse certaine pour le recouvrement des sommes qui leur seront adjugées par justice, et que lesdites charges ne changent si souvent de personnes et familles, nous voulons et entendons que lesdits offices de commissaires receveurs des deniers desdites saisies réelles soient et demeurent héréditaires, pour en joüir par les pourvus, eux, leurs hoirs, successeurs et ayans cause, héréditairement et perpétuellement, et lesquels nous voulons être exempts de toutes tutelles, curatelles et autres charges personnelles, attendu la continuelle assiduité à laquelle ils sont obligez. Lesquels commissaires receveurs auront l'entière administration de tous les biens saisis par autorité de justice, et seront tenus faire la résidence actuelle en la ville et lieu de leur établissement, y auront un bureau pour recevoir ou enregistrer par eux ou leurs commis les exploits de saisies réelles qui seront faites par nos huissiers ou sergens, par lesquels exploits enjoignons très expressément à nos huissiers ou sergens de déclarer les domiciles des saisis et saisissans (1).

(3) Et où le domicile du saisi ne seroit en la ville ou bourg de la demeure dudit commissaire receveur, et ne pourroit à cette occasion être déclaré, l'huissier ou sergent sera tenu de désigner et élire un domicile certain au lieu de la demeure dudit commissaire receveur pour ledit saisi et le saisissant, et en faisant signifier ladite saisie à la personne du saisi, ou en son domicile actuel ou élu, sera tenu de l'interpeller que dans certain temps, selon la distance des lieux, il ait à élire domicile dans la ville de sa demeure pour ce qui concerne le fait de ladite com-

---

(1) V. l'ord. d'Orléans (janvier 1560), art. 48, celle de Moulins (février 1566), art. 22, et celle de Blois (mai 1579), art. 273.

mission seulement, et à faute de ce faire, qu'il sera procédé par défaut au bail judiciaire des choses saisies sur les significations qui seront faites au domicile élu par ledit huissier, sergent, qui vaudront comme si faites étoient à la personne du saisi.

(4) Pourra néanmoins ledit saisi faire signifier audit commissaire receveur autre domicile dans le lieu de la demeure d'icelui commissaire receveur et non ailleurs, par acte valable, qui sera enregistré au registre dudit commissaire receveur, par le sergent, qui fera telle signification au pied de l'enregistrement de la saisie ; du jour duquel enregistrement lesdits commissaires receveurs seront tenus faire les significations requises au domicile qui leur aura été déclaré par ledit saisi.

(5) Défendons très expressément à tous nos officiers, huissiers et sergens, de commettre à l'avenir, ni établir autres commissaires à toutes saisies qui seront faites, pour quelque cause et occasion que ce ce soit, que nosdits commissaires receveurs, chacun en leur ressort et étendue, à peine de suspension de leurs offices et de tous dépens, dommages-intérêts, fors et excepté aux saisies qui seront faites pour censives et droits seigneuriaux, de l'autorité des seigneurs censiers au-dessous de cent livres, si ce n'est du consentement desdits seigneurs.

(6) Seront aussi tenus lesdits huissiers et sergens de déclarer par leurs exploits, les paroisses des choses saisies, ou à tout le moins celle en laquelle sera situé le château ou principale maison seigneuriale, en ce qui est des choses nobles, et les tenans et aboutissans des choses en roture, suivant nos ordonnances. Et pour les rentes foncières ou constituées saisies, déclareront la nature desdites rentes, et les personnes sur lesquelles elles sont payables et exigibles, autrement lesdits exploits seront et demeureront nuls.

(7) Et pour ce que l'une des principales plaintes à nous faites est que bien souvent nosdits huissiers ou sergens sont pratiquez et sollicitez d'ôter ou changer leurs procès-verbaux et exploits des saisies des choses par eux saisies ou les antidater, dont se forment ensuis procès et inscriptions de faux ; pour à quoi remédier, et à la perte desdits procès-verbaux et exploits des saisies, Enjoignons à nos huissiers et sergens, sur les peines que dessus, de mettre ès mains de nos commissaires receveurs les procès-verbaux et exploits de saisies réelles, bien et lisiblement

écrits, signez d'eux et de leurs recors, et ce, dans trois jours au plus tard, après icelles faites, pour être par nosdits commissaires receveurs enregistrez selon l'ordre qu'ils leur seront apportez, pour y avoir recours par ceux qui y auront intérêt, si besoin est.

(8) Pour cet effet auront lesdits commissaires receveurs un registre dans lequel ils seront tenus enregistrer tous lesdits procès verbaux et exploits de saisies, et y insérer le jour qu'ils les auront reçus, avec le nom et demeure des sergens qui les auront faits, pour éviter la multiplicité des saisies, et les faussetez et fraudes qui s'y pourroient commettre par antidate; et seront tenus de faire signer sur leurs registres, ceux à qui lesdits procès-verbaux et exploits seront rendus par nosdits commissaires receveurs, ausquels avons permis de délivrer actes, copies et extraits, lesdites saisies et arrêts signez et certifiez d'eux, à ceux qui les en requerront, lesquels nous voulons être de pareille force et vertu que s'ils étoient délivrez par lesdits huissiers ou sergens; et seront les feuillets desdits registres nombrez et paraphez par le juge des lieux, ou notre procureur, pour plus grande assurance.

(9) Et à ce que les diligences que nosdits commissaires receveurs auront faites pour procéder au bail à ferme soient reconnues, seront tenus de faire appeler le plutôt qu'ils pourront, suivant nos ordonnances et les coutumes des lieux, et ce pardevant les juges du ressort de leur établissement, et non ailleurs, les saisis et saisissans à leurs domiciles ci-dessus déclarez, tant pour voir procéder aux baux à ferme des choses saisies, et y faire trouver enchérisseurs, si bon leur semble, que pour débattre l'insolvabilité des cautions et certificateurs. Et seront les adjudicataires, cautions et certificateurs tenus élire domicile en la ville ou demeure de l'établissement dudit commissaire receveur, pour y être faits tous exploits requis et nécessaires pour l'exécution de ladite adjudication, lesquels vaudront comme s'ils étoient faits à leurs personnes et domiciles, à la charge dudit commissaire receveur.

(10) Ne seront, pour l'exécution de ladite adjudication, tenus lesdits commissaires receveurs, si bon ne leur semble, se charger des fruits pendans par les racines, s'il n'y a un mois entier d'intervalle avant la maturité d'iceux, selon la condition et disposition naturelle des lieux et climats, afin qu'ils ayent le temps requis pour faire proclamations et procédures de la vente des-

dits fruits, selon la coutume et usance des lieux, sauf audit saisissant, en cas que lesdits commissaires receveurs ne demeurent chargez desdits fruits, à se pourvoir pour la conservation de ses droits, ainsi qu'il verra bon être. La vente desquels fruits pendans par les racines, lesdits commissaires pourront faire faire pardevant les juges des lieux par leurs commis ou autres personnes ayans pouvoir d'eux, desquels ils demeureront responsables civilement pour éviter aux grands frais qu'il y conviendroit faire, si elle se faisoit ailleurs, sans qu'ils puissent demander plus grands droits que si ladite vente avait été faite pardevant le juge de la demeure dudit commissaire receveur.

(11) Pourront lesdits commissaires receveurs commettre telles personnes que bon leur semblera, suffisans et capables, révocables à leur volonté pour vacquer à l'exercice de leurs charges, tant ès lieux de leur établissement, qu'autres endroits de leur ressort, soit à cause de la distance des lieux ou pour l'impossibilité d'être présens en divers endroits en même tems : desquels commis ou procureurs lesdits commissaires receveurs demeureront aussi responsables civilement.

(12) Ne pourront les baux à ferme être faits pour moins de tems que trois ans, si tant la saisie dure, pour éviter aux grands frais qui suivent le trop fréquent renouvellement des baux, sinon pour l'année commencée.

(13) Et si l'adjudication du bail judiciaire est différée pour quelques oppositions formées à la saisie et établissement du commissaire, ou autres empêchemens, nosdits commissaires receveurs en demeureront dès-lors déchargez, ensemble des fruits des choses saisies, jusques à ce que le saisissant qui sera sommé à personne ou à domicile, ait fait lever lesdits empêchemens, et que ledit commissaire soit en possession actuelle. Et auquel commissaire receveur il sera néanmoins tenu payer ses frais, salaires et vacations raisonnables, selon la taxe qui en sera faite par nosdits juges.

(14) Et d'autant que nos sujets ci-devant commis et établis par nosdits huissiers et sergens aux saisies réelles faites avant cettuy notre présent édit, au lieu de jouir du bénéfice d'icelui, en demeureroient privez, et seroient toujours chargez et travaillez desdites commissions, s'il n'y étoit par nous pourvu : nous voulons que du jour de la publication des présentes faites aux sièges royaux où ressortissent les choses saisies, toutes les commissions cessent d'être poursuivies par ceux qui auront été établis, aus-

quels avons enjoint dans un mois après la publication qui sera faite des présentes, de faire enregistrer par ledit commissaire receveur de nouveau étably, les exploits de saisies réelles d'établissement de commissaires, élection de domicile, et de remettre entre ses mains les originaux ou copies duement collationnées de tous les exploits des saisies réelles, et procès-verbaux de leur établissement, et aussi les baux à ferme, conjointement avec les autres pièces et procédures concernantes leursdites commissions, et ce chacun ès justices et ressorts ésquels ils seront établis, et dont dépendront lesdites choses saisies, ou entre les mains de ceux qui seront par nous commis à la fonction desdites charges, en attendant qu'il y ait des officiers reçus et établis en icelles : lesquelles copies leur vaudront comme originaux, pour s'en servir par nosdits commissaires pour la continuation desdites commissions, auxquelles nous les avons subrogez et subrogeons par ces présentes.

(15) Ensemble, pour recevoir lesdits deniers saisis, qui ne seront tournez au profit des saisissans, et seront demeurez entre les mains desdits anciens commissaires, et dont ils se trouveront redevables par le compte qu'ils seront tenus rendre ausdits nouveaux commissaires receveurs, les saisis et saisissans appelez au domicile élu, et sans que pour iceux, lesdits nouveaux commissaires puissent prétendre aucun droit de recette ; et en cas de refus les défaillans, ledit temps passé, y seront contraints par toutes voyes dues et raisonnables, même par corps, nonobstant oppositions ou appellations quelconques, et sans préjudice d'icelles.

(16) Et afin que lesdits anciens commissaires demeurent valablement déchargez desdites saisies pour le passé, et que le saisi reconnoisse ce qui est dû des deniers de ladite commission, pour tourner en son acquit et décharge, et que ledit commissaire nouveau puisse avec plus de connoissance faire la fonction de sa charge ; les greffiers, clercs de greffiers et autres seront tenus communiquer ausdits commissaires receveurs leurs registres et enchères, pour prendre extrait des saisies réelles, et baux à ferme qui s'y trouveront, sans que pour ce leur soit payé aucun droit.

(17) Recevront nosdits commissaires receveurs les deniers de toutes les saisies réelles ; et ce qui sera dû par les fermiers conventionnels, dont les baux seront convertis en baux judiciaires pour en rendre compte quand et à qui il appartiendra, par devant les juges du ressort de leur établissement, sans qu'ils en

puissent être distraits, pour quelque cause et occasion que ce soit, les saisis, saisissans et opposans appelez, et à payer le reliquat à qui il appartiendra, et sera par justice ordonné sans qu'ils en puissent prétendre autre droit de recette, autres salaires et vacations que l'on a accoutumé de taxer aux commissaires par chacun an; et pour avoir vaqué en l'exercice de leur charge, que six deniers pour livre, que nous leur avons attribué et attribuons par ces présentes, de tous les deniers qui seront par eux reçus; et pour tous les autres frais, salaires et vacations desdits commissaires, nous les avons modérez; sçavoir, 60 sols pour l'enregistrement des saisies réelles, des maisons, rentes et offices, esquels il ne sera besoin de plus ample dénombrement, et six livres pour l'enregistrement de celle des fiefs, et autres choses qui contiendront des dépenses d'héritage, qu'il aura été nécessaire d'exprimer par lesdites saisies, et huit livres pour ses peines et vacations de faire faire les baux qui seront jusques à trois cents livres de ferme, et au-dessous, et douze livres pour ceux qui seront au-dessus, et encore dix livres pour son droit des comptes qu'il rendra en justice des baux de trois cents livres, et au-dessous, et dix-huit livres pour ceux qui sont au-dessus, et ce outre l'écriture des comptes, pour lesquels il sera payé cinq sols pour rolle du grand papier, et deux sols six deniers pour rolle du petit, et la moitié pour chacune copie : ausquels comptes pour d'autant plus en retrancher les frais, lesdits commissaires feront mention en bref des procès-verbaux des saisies, baux judiciaires et sentences de reddition de comptes, sans les pouvoir insérer au long, par ce moyen les saisissans et saisis seront déchargez de tous frais, salaires et vacations qu'il leur convenoit faire pour lesdits baux, qui monteroient à beaucoup davantage que ladite attribution, même des taxes afférentes aux avocats et procureurs, au lieu desquels nous voulons qu'ils puissent occuper, ou leurs commis ès causes et différends qui surviendront en l'exercice de leursdites charges et dépendances d'icelles, dresser et rendre leurs comptes et déclarations de leurs recettes, frais et mises, sans qu'il leur soit besoin, si bon ne leur semble, du ministère de procureurs ou avocats, et ce pour d'autant plus retrancher les frais desdites commissions, couchant en leurs comptes lesdits droits, avec les frais par eux avancez qui leur sont allouez.

(18) Et combien que nos prédécesseurs ayent fait plusieurs louables ordonnances sur les empêchemens, menaces et autres voyes de fait, commises tant par les saisis qu'autres personnes, à

l'endroit des précédens commissaires; ce néanmoins étant avertis qu'au mépris d'icelles, et de justice, iceux saisis et autres pour eux, ne délaissent d'empêcher et travailler iceux en l'exercice de leurs charges, et qu'ils pourroient faire le semblable à nosdits commissaires receveurs : à cette cause, et que nosdits commissaires receveurs seront ministres de justice, munis de notre autorité, comme nos officiers, ausquels la force et obéissance doit demeurer : avons inhibé et défendu, inhibons et défendons à tous saisis, opposans et autres personnes, de troubler, molester, retarder ni empêcher, en quelque manière que ce soit, nosdits commissaires receveurs, en l'exercice et fonction de leurs charges et commission (1), sur peine d'être déclarez rebelles et désobéissans à nous et à justice, de confiscation de leurs biens, et de punition exemplaire, suivant nos ordonnances.

(19) Et d'autant qu'il ne seroit raisonnable que nosdits commissaires receveurs, leurs veuves, héritiers ou ayans cause, demeurassent chargez et obligez de garder perpétuellement grand et innumérable nombre de papiers justificatifs des comptes qu'ils auront rendus en justice : voulons et ordonnons que nosdits commissaires receveurs, leurs veuves et héritiers, ne pourront être inquiétez, recherchez ni tenus pour le fait de leurs charges cinq ans après la reddition de leurs comptes rendus en justice, pour quelque cause et occasion que ce soit ou puisse être (2).

(20) Seront nosdits commissaires receveurs tenus de bailler caution au siége du ressort de leur établissement où ils seront reçus; sçavoir ceux de Paris chacun six mille livres; ceux de nos autres cours de parlemens et siéges présidiaux, chacun quatre mille livres; ceux des principaux siéges royaux où nous avons étably des conseillers, deux mille livres; et ceux des autres siéges royaux mille livres : les offices desquels demeureront en outre obligez et hypothéquez spécialement, et par préférence à la seureté des deniers qu'ils auront reçus. Et afin que nos sujets puissent être soulagez en leurs affaires domestiques, et recueillir le fruit du soin que nous voulons avoir d'eux par le moyen de cet établissement, nous voulons et ordonnons que lesdits commissaires receveurs dressent un Mont-de-Piété, chacun au lieu de

---

(1) V. l'art. 34 de l'ord. de Moulins portant pareilles défenses pour les huissiers et sergens.

(2) V. ci-devant, déclaration de Henri IV du 11 décembre 1597, et la vérification du 14 mars 1633, ci-après.

sa demeure; auquel Mont il sera loisible à toutes sortes de personnes prêter au denier seize, ou moindre intérêt.

(21) Et à ceux qui auront besoin d'être secourus, d'emprunter desdits commissaires receveurs, par obligation ou sur gages, pour la seureté du prest de telles sommes de deniers qui leur feront besoin, sans prendre plus grand intérêt qu'au denier seize, sinon en cas qu'ils eussent correspondance pour lettres de change, qu'ils en pourront tirer au denier douze, sans être estimez usuriers, et ce des lettres de change seulement. Et afin que le présent établissement puisse être fidèlement exécuté, et qu'il ne reçoive aucune altération à l'avenir, nous avons créé et érigé, créons et érigeons par ce même édit, l'office en hérédité de directeur général desdits Monts de Piété, établis en celluy notre royaume, païs et terres de nostre obéissance, pour donner l'ordre dudit établissement, et avoir l'œil qu'il ne s'y commette aucun abus au détriment de nos sujets, et pour cet effet lui donnons pouvoir de se faire représenter, ou à ceux qu'il commettra sur les lieux, les registres desdits prests, et y corriger tous les défauts qu'il y reconnoitra être préjudiciables à nos subjets, pour lesquels ledit directeur ou ses commis en fera plainte pardevant les juges du ressort de l'établissement dudit Mont, à ce qu'à l'avenir nos bonnes intentions soient suivies et exécutées de point en point, et nosdits sujets soulagez en leurs nécessitez.

(22) Et pour les droits, frais, salaires et vacations dudit directeur et de ses commis, et ceux qui passeront lesdites obligations qu'il conviendra faire, nous lui avons attribué et attribuons...... de tous lesdits prests, qui sera payé par celui qui empruntera, sans que lesdits prests puissent retarder en façon quelconque la restitution des deniers qui seront mis ès mains de nosdits commissaires receveurs, pour être délivrez aux personnes à qui il sera ordonné après les arrêts, sentences d'adjudication, et mandemens d'ordre délivrez. Entendons que lesdits prêts soient volontaires, tant de la part de ceux qui les emprunteront, que de celles de nosdits commissaires receveurs, quant à la durée du prêt, Lesquels régleront si bien leur tems, qu'ils n'obligent point les particuliers à attendre le payement de leurs deniers, après lesdits arrêts, sentences et mandemens rendus, n'ayant autre intention que de soulager toutes sortes de personnes, et particulièrement les plus pauvres, lesquels faute de caution ne peuvent trouver leur commodité qu'à grande perte et usure. Si donnons.

N° 133. — Édit contre les duels (1).

Paris, février 1626, reg. au parl. le 24 mars. (Tribunal des maréchaux de France, I, 152.)

Louis, etc. Comme il n'y a rien qui viole plus sacrilégement la loy de Dieu que la rage effrénée des duels, ny qui soit plus contraire à la conservation et augmentation de notre estat; en ce qu'il se perd par cette fureur grand nombre de notre noblesse, qui en est une des principales colonnes: aussi nous avons jusqu'icy recherché tous les moyens à nous possibles pour en arrêter le cours, par la terreur des peines rigoureuses et châtimens exemplaires, imposés à ce crime par nos précédens édits: mais d'autant que la qualité desdites peines est telle, qu'aucuns de ceux qui ont l'honneur d'approcher plus près de notre personne, ont pris souvent la liberté de nous importuner, pour en modérer la rigueur en diverses occasions: ce qui a fait que les coupables qui ont par cette faveur et considération obtenu sur ce nos lettres d'abolition, sont demeurez entièrement impunis contre notre intention: et que d'ailleurs, par la concession de ces premières grâces particulières nous avons été naguères d'autant plus obligés de déférer à l'instante prière qui nous en a été faite de la part de notre chère et bien aimée sœur la reine de la Grande-Bretagne, sur le point et en considération de son mariage, et des grâces, allégresses, contentement public qu'en ont dû recevoir tous les peuples de nos royaumes, d'accorder une abolition générale de tous lesdits crimes pour le passé. Désirant remédier et pourvoir de nouveau à ce que telles fautes ne se commettent cy-après sur l'espérance d'impunité: et même prévenir et empêcher la licence et l'effet de toutes les prières et importunités qui nous pourroient être faites pour exempter les coupables du châtiment qu'ils auront mérité.

Nous, sans révoquer nos précédens édits pour l'avenir, avons avisé et résolu d'établir et imposer nouvelles peines, d'autant plus convenables aux fins que nous nous proposons, qu'étant moins rigoureuses, il sera moins loisible de nous requérir et importuner pour en décharger les coupables, qui n'en pourront jamais être dispensés, pour quelque cause, et par quelque voye que ce puisse être.

---

(1) V. ci-devant sous Henri IV, l'édit de juin 1609, et ci-après la déclaration confirmative du 19 mai 1634: V. l'édit de Louis XIV, juin 1643, du même septembre 1651 et la déclaration de mai 1653.

A ces causes, de l'avis de la reine notre très honorée dame et mère, notre très cher et bien aimé frère le duc d'Anjou, princes de notre sang, autres princes, officiers de notre couronne, et autres principaux de notre conseil,

(1) Nous avons, en la faveur et considération de notre très chère et bien aimée sœur la reine de la Grande-Bretagne, remis, quitté, pardonné et aboli, remettons, quittons, pardonnons et abolissons les cas et crimes commis par cy-devant contre nosdits états des duels et rencontres; remettons les coupables en leur bonne fame et renommée, et en leurs biens, même ceux ou héritiers d'iceux contre lesquels seroient intervenus arrests de condamnation en nos cours souveraines par défauts et contumaces, et imposons sur ce silence perpétuel à nos procureurs généraux, leurs substituts, et tous autres, sans préjudice toutefois des dons par nous faits des confiscations à nous acquises, et à la charge que ceux qui s'étant battus auront tué, et sont encore à présent vivans, seront tenus de prendre lettres particulières d'abolition de nous, les faire enregistrer en nos parlemens, et de satisfaire aux parties civiles, s'il y échet. Ordonnons que tous ceux qui tomberont à l'avenir dans ce crime, soit appellans ou appellés, nonobstant quelques lettres de grâce ou pardon qu'ils puissent obtenir de nous par surprise ou autrement, demeureront dès-lors privés de toutes leurs charges, s'ils en ont, auxquelles à l'instant sera par nous pourvu, et pareillement déchus de toutes pensions et autres grâces qu'ils tiendront de nous, sans espérance de les recouvrer jamais; et qu'en outre, ils seront punis selon la rigueur de nos édits précédens, ainsi que les juges verront que l'atrocité des crimes et circonstances d'iceux le pourront mériter; laissant à la religion de nosdits juges d'infliger plus grandes peines, selon qu'ils jugeront en leur conscience; sans néanmoins que la modération des peines cy-après exprimées se puisse étendre sur ceux qui contrevenans à cet édit auront tué, auquel cas nous entendons que la rigueur de nos précédens édits ait lieu.

(2) Et en cas que ceux qui nous auront contraints de les priver de leurs charges s'en ressentent envers ceux que nous en aurons pourvus, et les appellent ou excitent au combat, soit par eux-mêmes ou par autruy, par rencontre ou autrement, nous voulons que telles gens et ceux dont ils se serviront soient dégradés de noblesse, déclarés infâmes, et punis de mort, sans pouvoir jamais être relevés desdites peines par aucunes de nos lettres, auxquelles nous défendons très expressément à nos officiers d'avoir

égard, si tant est que par surprise ou autrement ils vinssent à en obtenir.

(3) Voulons aussi que le tiers des biens des appellans et appellés demeure confisqué, moitié aux hôpitaux qui seront établis dans les provinces pour les soldats estropiés, dont nous chargeons nos procureurs généraux, leurs substituts, et tous ceux qui auront charge de l'administration desdits hôpitaux, de faire soigneuse recherche et poursuite, à peine d'en répondre en leur nom; en considération de quoy nous ordonnons que leur action dure pour le temps et espace de vingt ans, quand même ils ne feroient aucune poursuite qui la pût proroger; et l'autre moitié applicable à nous, pour en disposer, soit en faveur desdits hôpitaux ou autrement, ainsi que nous verrons bon être, le quart de notredit demy tiers préalablement pris pour les délateurs: et au cas que lesdits coupables fussent trouvés dans notre royaume pendant les trois ans de leur bannissement, nous voulons qu'un autre tiers de leur bien soit pareillement confisqué pour la susdite contravention et infraction de leur ban, applicable comme dessus, moitié à nous, et l'autre moitié ausdits hôpitaux, le quart du premier demy-tiers préalablement pris pour les délateurs; et qu'en outre, à la diligence de nos procureurs généraux ou leurs substituts, sur la première délation qui leur en sera faite, ou avis à eux donné desdites infractions de ban, les coupables soient mis et retenus prisonniers jusques à la fin dudit bannissement; enjoignant pour cet effet aux gouverneurs, lieutenans généraux, baillifs, sénéchaux, gouverneurs particuliers de nos villes, et prévôts des maréchaux, de leur donner main-forte à l'exécution de ce que dessus, toutefois et quantes qu'ils en seront requis.

(4) Et bien que les appellans et appellés esdits duels soient tous coupables, celuy qui provoque étant principal auteur du crime de tous les deux, nous voulons qu'outre les peines cy-dessus spécifiées, tout appellant ait trois ans de bannissement, et qu'au lieu d'un tiers de son bien, il en perde la moitié, applicable comme dessus, sans préjudice aussi de plus grande peine, si nos juges ordinaires jugent l'atrocité du cas le mériter.

(5) Et pour ce qu'il est diverses fois arrivé qu'aucuns, pour éviter la rigueur des peines que nos édits imposent à tels crimes, ont recherché l'occasion de se rencontrer pour couvrir le dessein prémédité qu'ils avoient de se battre, nous voulons et ordonnons que si ceux qui auront eu querelle, différends, ou prétendue

offense de part et d'autre, viennent à se rencontrer, et se battre seuls, ou en pareil état et nombre de part et d'autre, à pied ou à cheval, l'aggresseur soit sujet aux mêmes peines et rigueurs, tant de notre présent édit que des précédens, encore que d'ailleurs il ne fût pas vérifié que son dessein fût prémédité ; ou l'aggression ne se pourra prouver, nous entendons que lesdites deux parties soient également châtiées, sauf, s'il arrivoit combat en d'autres rencontres de nombre inégal, et sans précédente aigreur, à procéder contre les seuls aggresseurs et coupables, et les punir par les voyes ordinaires.

(6) D'autant aussi qu'il s'est trouvé d'autres nos sujets, qui ayant pris querelle en notredit royaume, et s'étant donné rendez-vous pour se battre hors, ou sur les frontières d'iceluy, ont estimé par ce moyen pouvoir éluder l'autorité de nos édits, nous voulons que ceux qui tomberont en telles fautes soient poursuivis, tant en leurs biens durant leur absence qu'en leurs personnes après leur retour, tout ainsi et en la même sorte que ceux qui contreviendront à ce notre présent édit, sans sortir de notre royaume ; les jugeant même plus punissables en ce que le temps qu'ils prennent leur donnant lieu de connoître leur faute, la surprise et les premiers mouvemens qu'on a dans la chaleur d'une offense fraîchement reçue, ne les peut excuser.

(7) Et quoy que nous estimions que la publication de celuy notre présent édit, que nous voulons à l'avenir être inviolable, empêchera tous nos sujets de tomber ès fautes, contre lesquelles il est fait : si toutefois il arrivoit qu'ils fussent si misérables que de ne s'en abstenir pas, et que non contens de commettre tels crimes si énormes devant Dieu et les hommes, ils y attirassent et engageassent encore d'autres personnes, dont ils se serviroient pour seconds, tiers, ou autre plus grand nombre ; ce qui ne peut être fait par aucuns, que pour chercher lâchement dans l'adresse ou le courage et secours d'un tiers, la sûreté de leurs personnes, qu'ils veulent exposer par vanité contre leur devoir sous cette seule confiance : nous voulons que ceux qui se rendront coupables à l'avenir d'une telle et si criminelle lâcheté, soient irrémissiblement punis de mort, suivant la rigueur de nos premiers édits, et dès à présent déclarons les appellans et appellés, qui se serviront desdits seconds, tiers ou autres, ignobles, eux et leur postérité déchus de toute noblesse, et incapables de toutes charges pour jamais, sans que nous ny nos successeurs les puissent rétablir, et leur ôter la note d'infamie que justement ils auront

encourue, tant par l'infraction de nos édits que par leur lâcheté; nonobstant toutes lettres de grâce et de rémission qu'ils puissent obtenir de nous au contraire par surprise ou autrement, lesdits seconds ou tiers néanmoins demeurans seulement sujets aux mêmes peines des appelés, sinon qu'eux-mêmes eussent fait l'appel, auquel cas ils seront punis des peines portées par ce présent édit contre les appellans.

(8) Nous voulons en outre et ordonnons que ceux qui possèdent des biens à vie seulement, sans aucun droit de propriété, soient pour l'infraction du présent édit, outre les peines de ban portées cy-dessus, au moins privés pour cinq ans des deux tiers de leur revenu, applicable moitié ausdits hôpitaux, et moitié aux autres œuvres pies, selon notre disposition, sans préjudice de plus grandes peines, si les cas le méritent.

(9) Que tous les enfans de famille qui seront convaincus de telles fautes, outre les peines de privation de toutes les charges, pensions, et incapacité d'en tenir à l'avenir; au lieu de trois ans de bannissement portés cy-dessus, soient retenus autant de temps étroitement prisonniers.

(10) Et afin que notre présent édit soit plus inviolablement observé, nous voulons que la mort soit irrémissiblement infligée à tous ceux qui pour la seconde fois viendront à le violer, comme appellans, de quelque qualité et condition qu'ils puissent être.

(11) Or bien que les crimes susdits soient détestables en toutes sortes de personnes, y en ayant néanmoins auxquels par diverses considérations, ils sont plus horribles, et requièrent par conséquent une particulière et plus grande peine que les autres; comme ès personnes qui les commettent envers ceux qui les ont nourris et élevés, qui ont été leurs tuteurs, qui sont leurs seigneurs de fief, qui ont été leurs chefs et leur ont commandé; et spécialement quand leurs querelles naissent pour des sujets de commandement, châtiment, ou autre action passée durant qu'ils auront été sous leur charge : nous voulons et ordonnons que les coupables desdits crimes, soient sans diminution des peines cy-dessus, punis en outre en leurs personnes, suivant la rigueur de nos ordonnances et précédens édits.

(12) Et s'il arrive qu'il y ait eu appel, duel ou combat, nous voulons que la connoissance et jugement en appartienne à nos cours de parlement, pour ce qui sera arrivé ès villes où elles sont séantes, aux environs d'icelles, ou bien plus loin, entre personnes de telle qualité et importance, qu'ils jugent y devoir in-

terposer leur autorité; et hors ces cas, à nos juges ordinaires, à la charge de l'appel : avec défenses à notre grand prévôt, ses lieutenans, et tous autres nos prévôts, lieutenans de robe courte, et autres juges extraordinaires d'en connaître, quelque attribution ou adresse qui leur pût être faite, déclarant dès à présent telles procédures nulles, et de nul effet.

(13) Or, parce que ce n'est rien de faire des lois, si on ne les fait religieusement et inviolablement observer, pour rendre les peines spécifiées par le présent édit, plus certaines et inévitables, et ôter toutes espérances de grâce et de faveur, nous déclarons devant Dieu et les hommes, à la décharge de notre conscience, que nous avons solemnement promis, qu'encore que pour autres considérations, ou par importunité, nous nous pussions cy-devant être relâchés en quelques occasions particulières, de mettre les peines de nos édits précédens, nous n'accorderons jamais sciemment aucunes lettres pour remettre celles du présent édit, que nous avons fait jurer en nos mains aux sécretaires de nos commandemens de n'en signer aucunes et à notre très-cher et très féal chancelier de n'en point sceller quelque expresse injonction et commandement qu'ils en puissent recevoir de notre part; ains refuser absolument tous ceux qui poursuivront telles grâces nonobstant qu'ils exposent les faits comme douteux, et les déguisent pour les faire paroître rencontre inopinée. Que nous tiendrons nos conseillers pour prévaricateurs, si jamais ils consentent au contraire, et manquent à nous avertir en gens de bien de ce à quoy nous nous obligeons par le présent édit; que nous avons défendu et défendons à toutes personnes de quelque qualité et condition qu'elles soient de nous faire aucune prière au contraire, en déclarant infracteurs de nos loix, ennemis de notre réputation, et indignes de notre bonne grâce, tous ceux qui médiatement ou immédiatement l'oseroient entreprendre. Et pour empêcher que les coupables ne reçoivent aucune faveur ou assistance, nous défendons à toutes personnes de quelque condition qu'elles puissent être, de donner retraite aux contrevenans à ce présent édit, à peine d'être bannis pour un an de notre cour: et partant, si aucunes lettres contraires se trouvoient cy-après expédiées, pour quelque cause, et sous quelque prétexte que ce soit, nous voulons qu'elles soient nulles et de nul effet, comme données par surprise, contre notre intention et notre foi : faisant très-expresses défenses à tous nos juges et officiers auxquels elles

seroient adressées, d'y avoir aucun égard, sur les mêmes peines que dessus.

(14) Et d'autant que quelques-uns se voyans appellés se pourroient engager au combat, non par seule fureur et passion brutale, comme il arrive souvent; mais par la crainte d'être soupçonnés de manquer de valeur et de courage s'ils refusoient d'y aller: pour lever cette vaine appréhension, et en outre récompenser le mérite et sagesse de ceux qui conduits par la raison, par l'amour et crainte de Dieu, ou par un désir religieux d'obéir à nos loix, refuseront le duel étans appellés, et se réserveront à employer leur courage aux occasions légitimes qui le peuvent requérir, pour le bien de notre service, et l'avantage de notre état, nous déclarons, que nous réputons et réputerons toujours tels refus pour marques et témoignages d'une valeur bien conduite, digne d'être employé par nous aux charges militaires, et plus honorables et importantes, comme nous promettons et jurons devant Dieu de les en gratifier très-volontiers, quand les occasions s'en offriront.

(15) Et afin que ceux qui sont offensés, ou croyent l'être, ne se laissent transporter à la fureur de ce crime, sous couleur de ne pouvoir retirer satisfaction des injures qu'ils prétendroient avoir reçues: nous enjoignons aux officiers de notre couronne, qui se trouveront plus proche de l'offensant, et aux gouverneurs et lieutenans généraux de nos provinces, capitaines et gouverneurs particuliers de nos villes et châteaux, que dans l'étendue de leurs charges, sur les avis qu'ils auront des différends survenus entre ceux qui y font profession des armes, ou sur les plaintes qui leur seront faites par les offensés ils mandent et fassent venir aussitôt devant eux les offensans; pour avec l'avis de deux ou trois gentils-hommes voisins, sages et bien sensés, ordonner une satisfaction si honorable à l'offensé, qu'il ait sujet d'en demeurer content; étant nécessaire, pour empêcher l'insolence de ceux qui offensent trop légèrement, les châtier par des réparations aussi rigoureuses à ceux qui le font, qu'honorables à ceux qui les reçoivent. Et au cas que l'un ou l'autre ne veuille déférer à ce qui par eux aura été arrêté, ils seront par nosdits gouverneurs, lieutenans généraux, et officiers susdits, renvoyés pardevant nos très-chers et bien aimés cousins les connétable et maréchaux de France, étant près notre personne, ou aux provinces dans lesquelles tels cas pourroient être arrivés; ausquels nous donnons de nouveau toute autorité de décider et juger absolument tous

différends de cette nature sur le point d'honneur, et réparation d'offense, soient qu'ils soient arrivés dans notre cour, ou en quelqu'autre endroit de notre royaume, que ce puisse être. Entendons toutefois, que pour les différends arrivés en notredite cour et suite, nosdits cousins les connétable et maréchaux de France qui s'y trouveront, en prennent les premières connoissances, et pourvoyent, selon l'ordre susdit, à tout ce qui sera besoin; sans néanmoins que les offensés, ou prétendant l'être, lesquels pour les réparations desdites offenses, soit à l'honneur, biens, ou autre intérêt, en voudront faire leur plainte et poursuite pardevant nos juges ordinaires, en puissent être empêchés, ny appellés pour ce à la requête des offensans devant nosdits cousins les maréchaux de France, lieutenans ou gouverneurs de nos provinces, devant lesquels ils seront seulement tenus de répondre aux plaintes que l'on voudroit faire d'eux, sans préjudice de leurs actions juridiques.

(16) Et au cas que lesdites parties offensantes refusent de subir le jugement desdits gouverneurs de nos provinces et villes, ou en leur absence de leurs lieutenans; et que sur ce elles ne se pourvoient pas sur le renvoy pardevant nos cousins les connétable et maréchaux de France, nous enjoignons ausdits gouverneurs et lieutenans de les faire poursuivre et appréhender par les prévôts de nosdits cousins les maréchaux de France, et les contraindre par toutes voyes de subir le jugement qu'ils auront donné; voire même, les mettre et retenir en prison, jusqu'à ce qu'elles y ayent satisfait, et les condamner à l'amende, et autres peines qu'ils jugeront raisonnables pour la réparation de la désobéissance et du retardement.

(17) Et pour leur donner moyen de terminer facilement tous différends de cette nature, et de faire réparer toute injure, nous nous obligeons d'accorder sur leurs avis, tout ce que notre conscience nous pourra permettre pour la satisfaction des offensés: voulons que tout ce qu'ils prononceront touchant le point d'honneur et réparation d'offense, soit si religieusement exécuté de toutes parts, que si quelqu'une des parties vient à y manquer, outre les peines de prison, et autres qu'ils leur pourront imposer, ils soient déchus des priviléges de noblesse. Enjoignons pour cet effet à nos élus, officiers et asséeurs des tailles, de les comprendre au rôle d'icelles, et les taxer selon leurs facultés, sans user d'aucune connivence ni retardement, si-tôt qu'ils auront vu les jugemens rendus par nosdits cousins les connétable et maré-

chaux de France, et autres de nos gouverneurs et officiers cy-dessus mentionnés, sur peine aux élus, et autres officiers de nos dites tailles, de privation de leur charge, et d'en répondre en leur propre et privé nom; le tout comme dit est, sans préjudice des actions civiles que les uns et les autres pourront avoir à intenter ou poursuivre devant les juges ordinaires, par l'ordre et les formes juridiques : lesquelles néanmoins, nous exhortons nosdits cousins et autres qui seront employés au jugement des querelles et offenses, de composer et accorder amiablement autant qu'il se pourra faire, pour ôter toute occasion au renouvellement des aigreurs et animosités qui produisent ces accidens funestes.

(18) Et d'autant que par la négligence de nos officiers susdits, lesquels nous voulons vaquer assidument à terminer les querelles qui naîtront entre notre noblesse et autres gens faisant profession des armes, ou par la connivence dont ils pourroient user pour favoriser l'une des parties, il pourroit arriver que notre intention n'auroit pas l'effet que nous désirons, vu que l'exécution d'icelle dépend de leur soin et de leur vigilance : nous enjoignons et très-expressément commandons, tant à tous nosdits cousins les connétable et maréchaux de France, que gouverneurs et lieutenans généraux desdites provinces, de tenir la main exactement et diligemment à l'observation de notre présent édit, sans permettre que par faveur, connivence et autre voye, il y soit contrevenu en aucune sorte et manière.

Si donnons, etc.

N° 134. — Edit *sur les mines de fer, la marque du fer, et les droits d'importation*, etc. (1).

Paris, février 1626, reg. au parl. le 6 mars. (Vol. CCC., f° 329.)

Louis, etc. Ayant toujours eu en singulière recommandation depuis nostre advénement à cette couronne, de donner le meilleur ordre qu'il nous seroit possible, non seulement pour entretenir et augmenter le commerce et les manufactures, mais aussi pour oster tous les abus dont le public peut recevoir dans ledit commerce et manufacture quelque préjudice ou incommodité, et chacun ayant cognoissance combien l'usage du fer est nécessaire, et qu'aucun de nos sujets, pauvre ou riche, ne s'en peut

---

(1) V. sous Henri IV, édit de juin 1601, et la note. V. l'ouvrage de Blavier sur les mines; 3 vol. in-8°, Paris, 1825.

passer, aussi que tous les arts et métiers demeurent sans icelui défectueux et presqu'inutiles ; et comme depuis le commencement des guerres civiles, les taillandiers, coutelliers, armuriers, mareschaux, serruriers et autres artisans forgerons, qui usoient et doivent toujours user du fer doux, se sont tellement licenciés qu'ils n'employent que du fer aigre en la plus grande partie de leurs ouvrages, faisant plus d'estat de la quantité que de la loyauté de leurs manufactures, ce qui se voit aux serrures, outils, mors, harnois des chevaux, bandages et serrures des coches, carrosses, charriots, charettes et ferremens de maisons, moulins, vaisseaux servans à la navigation et autres ouvrages, tous lesquels, à cause qu'ils sont liés dudit fer aigre, viennent à rompre au moindre heurt et effort qu'ils souffrent, et la quincaillerie, étoffée dudit fer aigre, pour le vice qui lui est naturel, ne peut être conduite, soit par eau ou par terre, qu'à la moindre humidité elle ne soit gâtée et rouillée, ce qui fait que telles marchandises étant conduites hors du royaume, les étrangers n'en font aucun estat ; au lieu qu'autres fois qu'elles se faisoient de fer doux, elles étoient bien reçues et s'en faisoit un grand trafic.

Et lesdits estrangers, lesquels ont ledit fer aigre à meilleur prix que nos sujets, se sont mis depuis ledit temps à trafiquer en nostredit royaume dudit fer aigre, tant en barres qu'en ouvrages et quincaillerie ; au moyen de quoy, oultre qu'ils emportent une grande quantité d'argent, ils rendent les manufactures de nosdits sujets sans aucun débit.

Ce qui ayant été considéré par le feu roy Henry-le-Grand, nostre très honoré seigneur et père, que dieu absolve, et sur ce esté présenté des propositions et ouvertures pour y pourvoir, ledit seigneur les auroit renvoyées ausdits commissaires ordonnés sur le fait du commerce général de ce royaume, le 29 avril 1608, pour examiner lesdites propositions et en donner leurs avis, ce qui ayant esté fait par ladite chambre, elle aurait donné son advis le 16 mai audit an, qu'il estoit nécessaire pour l'utilité du public de rétablir l'usage du fer doux pour en faire toutes sortes d'armes, et de ce qu'il en convient mettre en œuvre pour les vaisseaux de mer et d'eau douce, chevaux, carrosses, charriots, quincailleries, coutelleries, serrureries, clouteries et autres ouvrages de pareille conséquence, et que l'emploi et l'usage du fer aigre et cassant devoit estre restreint aux gros ouvrages, qui ne sont sujets à rompre, et dont la rupture n'apporte inconvénient à la vie ou bien des hommes, comme tirans, corbeaux, ancres, enclumes, marteaux, poids, pommeaux d'espée et à ce qui se soulde et joint avec l'acier et autres choses semblables, et que pour y parvenir et distinguer le fer doux d'avec l'aigre il estoit besoin de le faire marquer et rechercher le moyen de faire ouvrir les mines de fer qui se trouvent en nostredit royaume, pays et terres de nostre obéissance, ainsi que le tout est plus au long contenu et déclaré en l'acte dudit advis de ladite chambre, cy-attaché sous le contre-scel de nostre chancellerie, lequel advis n'ayant pu estre mis en exécution, du règne de nostredit feu seigneur et père, pour le peu de temps qu'il a vescu depuis qu'il lui fut donné, et voulant témoigner à un chacun qu'en succédant à sa couronne nous avons aussi hérité de son affection envers la chose publique, et nous ayant été d'ailleurs remontré qu'entre la grande quantité d'acier, lequel s'apporte des pays estrangers en cedit royaume, il y en a de meilleur, plus fin et de plus grand prix que l'autre, et d'autre qui doit être employé en certains ouvrages auxquels un d'une autre trempe et pays ne peut servir; néanmoins les marchands, pour tirer un plus grand profit, et vendre toute sorte d'acier au prix du plus cher, lui donnent la marque du pays d'où vient le plus fin et meilleur, et souvent ils mêlent avec ledit acier des billes de fer contrefaites et marquées en acier, au grand dommage et intérêts de nos sujets :

Sçavoir faisons qu'après avoir de rechef mis cette affaire en délibération et fait examiner ledit advis en nostre conseil et les moyens de remédier à tous les abus, de l'advis d'iceluy et de nostre certaine science, pleine puissance et autorité royale, nous avons, par le présent édit et réglement perpétuel et irrévocable, dit, déclaré et statué, disons, déclarons, statuons et ordonnons ce qui s'ensuit :

(1) Que les mines de fer doux, en l'étendue de nostre royaume, qui ont esté jusques ici délaissées, seront ouvertes et mises en estat de servir, enjoignant aux propriétaires, fermiers et receveurs des terres et seigneuries où les mines de telle qualité se trouveront, de les ouvrir ou permettre d'en estre fait l'ouverture par ceux qui y voudront faire travailler, suivant le pouvoir qui en sera gratuitement donné par le grand maître et superintendant général des mines et minières de nostre royaume, ou son lieutenant général, qui sera controlé par le controleur général d'icelles, ce que nous voulons estre par eux fait, dès l'instant

qu'ils en seront requis, soit par lesdits propriétaires ou receveurs; ou à faute d'eux par le fermier de nos droits déclarés par le présent édit.

(2) Et afin que doresnavant ledit fer aigre puisse être distingué de celui qui est doux, défenses sont faites à tous maîtres de forges et forgerons et autres, de vendre ni souffrir estre transporté hors de leurs forges aucun fer doux ou aigre, soit en barre ou autre masse non manufacturée, qu'au préalable il ne soit visité et marqué aux deux bouts par les maîtres experts forgerons qui seront à ce députés, en présence du contrôleur visiteur, qui sera par nous establi en chacun bailliage et sénéchaussée, lequel lesdits maîtres des forges seront tenus faire avertir pour venir cognoistre et juger la qualité du fer de leurs forges, et distinguer par des marques différentes aux deux bouts de chacune bande, sçavoir, le fer doux d'un D et le fer aigre d'un A; et lesdites lettres accompagnées chacune de la première lettre du bailliage et sénéchaussée de l'établissement dudit contrôleur visiteur, et outre de telle autre marque dont lesdits experts voudront s'aider et servir, lesquelles marques seront gravées dans un marteau ou poinçon par le graveur général de nos mines, à la diligence des officiers desdites mines et minières de ce royaume, lesquels en feront fidèle registre, et dont les premières épreuves demeureront par devers eux, pour y avoir recours quand besoin sera.

(3) Et afin que lesdits maîtres des forges soient tenus en plus grand devoir, et que s'ils commettoient quelque fraude elle soit plus facilement connue, nous voulons que la bande de fer doux soit seulement de trois à quatre pouces de large sur six à douze lignes d'épaisseur, et celle du fer aigre de deux à trois pouces en quarré.

(4) Seront tenus lesdits experts et contrôleur visiteur d'aller au moins une fois le mois ès forges quand les maîtres desdites forges les y voudront semondre, pour voir et marquer le fer qui se trouvera en état d'estre marqué, afin de ne retarder davantage la vente et débit dudit fer, et d'empescher la vexation qu'autrement ils pourroient apporter auxdits maîtres des forges.

(5) Pourront aussi lesdits experts et contrôleur visiteur visiter les magasins, boutiques des marchands artisans qui seront tenus d'en faire ouverture sans aucun retardement pour estre fait recherche dudit fer non marqué, en quelque lieu que ce soit, et

ce à peine de 100 livres d'amende et de confiscation dudit fer non marqué.

(6) Défenses sont faites à tous marchands et autres, de quelque pays et condition qu'ils soient, de transporter hors de cestuy nostre royaume le fer doux en barre, masse ou autrement, non manufacturé, à peine de confiscation et de 1,000 livres d'amende, dont le tiers nous appartiendra, autre tiers à nostre fermier et l'autre tiers au dénonciateur.

(7) Sera permis seulement transporter le fer aigre, marqué comme dit est, en prenant acquit du receveur et fermier de nos droits ou de son commis au prochain bureau, pour lequel acquit il ne sera payé que cinq sols, quelque quantité de fer qu'il y ait en la voiture dudit transport.

(8) Et pour ce, sera établi des bureaux ès villes de chacun bailliage les plus prochaines des forges, et pour ceux de la sortie et entrée de notredit royaume, ils seront mis aux mêmes villes où déjà les bureaux des traites foraines sont établis, afin qu'avec plus de commodité les marchands se puissent acquitter de tous nos droits en un même lieu.

(9) Défenses sont faites aussi à tous marchands, tant estrangers qu'autres amenant en ce royaume du fer doux ou aigre, de passer outre lesdits bureaux, sans y payer nos droits, à peine de confiscation dudit fer et de 500 francs d'amende, applicables comme dit est, le tiers à nous, autre tiers à nostre fermier et l'autre au dénonciateur.

(10) Et à cette fin, seront tenus de faire conduire leur fer au bureau le plus prochain pour le faire visiter et marquer; à sçavoir, outre la marque susdite, de la première lettre alphabétique du nom du pays dont ledit fer viendra, comme s'il vient d'Espagne d'un E, d'un A s'il vient d'Allemagne, H de Hongrie, L de Luxembourg, F de Flandres et ainsi pour les autres pays; pour le droit de laquelle marque de ces pays sera payé par lesdits marchands auxdits fermiers, pour chacun quintal de fer doux, 10 sols tournois, et pour autant de fer aigre 12 sols, afin de diminuer le trafic dudit fer aigre, desquels 10 sols, il y en aura deux affectes pour les gages et droits desdits experts, contrôleurs et visiteurs, dont sera baillé acquit et certificat auxdits marchands pour leurs décharges.

(11) Défenses sont aussi faites à tous marchands grossiers et autres d'acheter des maîtres de forges ou des marchands étrangers, revendre en gros ou en détail, comme à tous ouvriers,

artisans travaillant en fer, d'acheter du fer en barre, masse ou autrement qu'il ne soit marqué aux deux bouts des marques desusdites, à peine de confiscation dudit fer et de 1,000 livres d'amende pour lesdits marchands grossiers, et de 100 livres pour lesdits menus artisans, applicables par tiers, comme dit est, à nous, au fermier et dénonciateur.

(12) Pareilles défenses à tous ouvriers héaulmiers, canonniers, taillandiers, coutelliers, serruriers, éperonniers, tireurs de fil de fer, mareschaux, fourbisseurs et tous autres forgerons et ouvriers travaillant en toutes sortes de quincaillerie, d'employer d'autre fer que du doux et non de l'aigre, en tout ce qui dépend de leurs estats, où l'usage dudit fer doux est requis et nécessaire, comme ez corcelets, armes complettes, canons, affûts, rouets d'arquebuse, serrures, clefs, esperons, mors de chevaux, ferrures de selles, bas de harnois, bandages de roue, ferrures de coches, carosses, charriots et charettes, clouterie, fers de chevaux, gardes d'épée, crochets, chevilles, hannets, chappes, chaînes, gonds, tirans, ancres et autres ferrures, dont la rupture est périlleuse ès édifices et vaisseaux et autres meubles et ustaneiles servant à l'usage de l'homme, après que le terme préfix cy-après sera expiré, à peine de 100 livres d'amende pour la première fois, et pour la seconde d'estre punis corporellement et d'estre déchus de leurs maîtrises.

(13) Permis néaumoins d'employer fer aigre, seulement en treillis, barreaux, chenets, enclumes, marteaux, poids, balances, corbeaux de fer, pommeaux d'épée, coins et autres gros ouvrages non sujets à se rompre, et à ceux qui se servent de fer et acier à leurs ouvrages où ledit fer aigre est nécessaire pour souder et corroier plus aisément ledit acier; tous ceux qui se trouveront saisis de fausses marques, ou qui seront convaincus d'en avoir usé à la marque du fer, seront punis comme faussaires selon la rigueur de nos ordonnances.

(14) Et d'autant que pour la grande quantité de fer aigre lequel jusques ici est sorti des forges de nostre royaume, ou que les étrangers y ont apporté, il peut y avoir plusieurs magasins de marchands grossiers où il n'y auroit de fer doux suffisamment pour l'usage des artisans et ouvriers qui en doivent travailler, nous, pour leur subvenir, leur avons permis et permettons de continuer l'usage dudit fer aigre jusques à six mois entiers, à compter du jour de la publication de cestuy nostre présent édit, pendant lesquels lesdits marchands grossiers se fourniront dudit

fer doux; et après ledit temps, sans autres remises, nous voulons que nostredit présent édit soit exécuté de point en point, selon sa forme et teneur; et cependant, pour éviter aux fraudes et monopoles qui se pourroient faire entre lesdits marchands et artisans, nous voulons que, par le grand maître et super-intendant général des mines et minières de nostre royaume, ou ses lieutenans et ledit contrôleur général des mines et minières ou ses commis, et en présence des experts et contrôleur visiteur, ou autres personnes commises pour l'exercice de ladite charge, soit fait procès-verbaux de tout le fer qui se trouvera èsdits magasins et partout ailleurs ès boutiques des artisans en barre ou en masse, non manufacturé seulement, et que ledit fer doux en barre ou masse, soit par eux marqué dès à présent des susdites marques pour empêcher la vexation qu'autrement nostredit fermier pourroit faire pour la confiscation cy-après dudit fer non marqué et les grandes amendes que lesdits marchands et artisans pourroient encourir.

(15) Et au lieu du droit domanial du dixième, lequel auparavant notre édit du mois de juin 1601, se devait prendre sur tout ce qui se tiroit des mines et minières de nostre royaume, nous avons par le présent édit réduit et reglé ledit droit, à raison de 10 sols pour quintal de fer doux ou aigre, duquel nous en avons attribué et attribuons 2 sols pour les gaiges et droits des officiers et maîtres experts qui seront employés aux visites et marques déclarées par le présent édit, suivant les états qui seront cy-après résolus en nostre conseil, lesquels droits seront payés par les maîtres des forges et tous autres marchands de fer, tant régnicoles qu'étrangers, lorsque ledit fer sera marqué par lesdits contrôleurs visiteurs, ou leurs commis comme dit est.

(16) Et voulant aussi pourvoir aux abus à nous représentés et qui se sont commis jusques à présent, en la vente et emploi de l'acier, nous ordonnons que toutes les billes ou barres d'acier qui entreront doresnavant en nostredit royaume, pays et terre de nostre obéissance, ou qui s'y fabriqueront, soient contremarqués de la première lettre alphabétique du pays d'où il viendra et du même poinçon qui doit servir pour le fer déclaré par le présent édit: pour laquelle contre-marque d'acier, et droits d'officiers et experts, sera payé pour demi-quintal pesant le même droit qui se doit payer, suivant nostredit édit, pour quintal de fer doux, à cause du grand nombre des billes qu'il y en a en un

quintal d'acier; toutes lesquelles il convient contre-marquer pour éviter auxdits abus.

(17) Et pour faire observer ledit réglement, nous avons, par nostre présent édit et déclaration perpétuelle et irrévocable, créé et érigé, créons et érigeons, en titre d'office formé, un contrôleur visiteur, ensemble deux maîtres experts, en chacun bailliage et sénéchaussée de ce royaume, et un contrôleur visiteur général provincial desdits contrôleurs visiteurs particuliers et desdits maîtres experts en chacune généralité, auxquels lesdits officiers particuliers envoieront leurs procès-verbaux, de trois en trois mois, de toutes les visites par eux faites du fer qu'ils auront marqué, ensemble de toutes les autres choses dont ils auront connoissance concernant le contenu en ces présentes : et lesdits visiteurs généraux provinciaux envoieront semblablement leurs procès-verbaux, qui contiendront ceux des officiers particuliers, audit contrôleur général des mines pour en être fait rapport par ledit grand maître et superintendant de nos mines et minières en nostre conseil, à chacun desquels offices sera par nous pourvû de personnes capables et expérimentées, auxquels officiers seront payés les gages et droits sur lesdits 2 sols à eux affectés, tels qu'ils seront portés par lesdits états qui seront pour ce dressés en nostre conseil.

(18) Et pour faire la recette et recouvrement desdits 10 sols pour quintal de fer, tant aux bureaux des frontières de nostredit royaume qu'au-dedans d'icelny, nous avons aussi créé et érigé, créons et érigeons, en titre d'office formé, deux nos conseillers, trésoriers et receveurs généraux outre celui jà créé par l'édit de l'an 1601, pour chacun en l'année de son service faire ladite recette et maniement par les quittances, ou icelles faire faire par ses commis en chacun bureau, bailliage et généralité, sous le contrôle dudit contrôleur général des mines ou contrôleurs particuliers qui seront sur lesdits lieux, à chacun desquels trésoriers et receveurs présentement créés, nous avons, ainsi qu'à l'ancien, octroié et attribué, octroïons et attribuons 3,000 liv. tournois de gages ordinaires à prendre sur les deniers qui proviendront sur nosdits droits, et outre, pareille taxation de 4 deniers pour livre en l'année de leur exercice seulement, ainsi qu'audit ancien, pour tous frais d'entretenement, de commis, recouvrement, port et voitures des deniers de leursdites charges; lesquels gages et taxations, ils retiendront par leurs mains ez années de leur exercice, et hors icelles, en seront payés par leurs compagnons

d'office en charges, ainsi que le seront par eux les autres officiers généraux desdites mines : et pour sûreté de leur maniement, seront tenus donner caution dûment certifiée de la somme de 6,000 liv. pardevant le grand maître et superintendant desdites mines ou son lieutenant général.

(19) A tous lesquels officiers créés par le présent édit, nous avons attribué et attribuons pareils droits, priviléges, immunités, exemptions, franchises et libertés dont doivent jouir les officiers ordonnés sur lesdites mines et minières de ce dit royaume, suivant les édits et ordonnances des roys François Ier et II, Henri II, Charles IX et Henri III, vérifiés : et seront tenus les contrôleurs provinciaux de prendre attache dudit surintendant ou son lieutenant général avant que d'être installés auxdits offices, et prêter le serment pardevant le grand maître ou sondit lieutenant général, en présence dudit contrôleur général de nosdites mines, et lesdits contrôleurs particuliers et maîtres experts et des lieutenans particuliers, en présence desdits contrôleurs provinciaux.

(20) Et d'autant que nous avons un désir particulier de rétablir le commerce en notre état, ce qui ne se peut faire si nous ne pourvoions à la sûreté des côtes de la mer, ez quelles les corsaires volent souvent les vaisseaux qui en portent et qui y abordent, nous avons destiné et affecté, destinons et affectons les deniers qui proviendront du présent établissement, assavoir ceux du prix desdits offices à l'achat, structure et fabrique des vaisseaux de guerre que nous voulons acheter, et faire faire pour servir à la conservation des navires et autres vaisseaux qui abordent en nos côtes et partiront d'icelles : et ceux du prix de la ferme qui sera faite dudit droit, et qui nous reviendront lesdits officiers payés, à l'entretien desdits vaisseaux et payement des gens de guerre, pilottes et matelots qui seront dessus pour la sûreté desdites côtes.

Sy donnons, etc.

N° 135 — Edit *qui confirme ceux de pacifications en faveur des protestans* (1).

Paris, mars 1626. (Merc. franç. XI, 127.)

---

(1) C'est la fin de la troisième guerre civile commencée en février 1625. Cet édit ne fait que répéter les dispositions de l'édit de Nantes, avril 1698. V. à sa date.

N° 136. — Lettres-patentes *portant concession d'apanage à Gaston de France, frère du roi* (1), *duc d'Orléans.*

Nantes, juillet 1626, reg. au parl. le 27 août, en la Ch. des compt. le 15 mars 1627, et en celle des aides le 26 du même mois. (Vol. CCC., f° 420.— Merc. franç XII, année 1926.)

N° 137. — Déclaration *qui ordonne le rasement des villes, châteaux et forteresses qui ne sont pas situés sur les frontières* (2).

Nantes, dernier juillet 1626, reg. au parl. le 7 septembre (Vol. CCC., f° 397.)

Louis, etc. Sçavoir faisons que, comme cy-devant, les assemblées des états de ce royaume et celles des personnages notables choisis pour nous donner advis, et au feu roy, notre très-honoré seigneur et père, sur les plus importantes affaires de ce royaume, même l'assemblée des états de cette province de Bretagne, tenue, par nous, en l'année 1614, ayant continuellement requis, et très-humblement supplié nostredit feu seigneur et père, et nous de faire démolir plusieurs places fortes en divers endroits de ce royaume, lesquelles n'étant ny frontières des ennemis et voisins, ny en passages et en droit de conséquence, ne servoient qu'à augmenter notre dépense sous le nom d'entretenement des garnisons inutiles, et à la retraite des diverses personnes qui, au moindre mouvement, incommodoient grandement les provinces où elles sont situées.

Ce que nous ayant été réitéré par nos sujets des trois ordres de cette province de Bretagne, de présent, assemblés en états; cela nous a donné sujet de retirer aussi les ordonnances qui ont esté cy-devant faites, tant pour lesdites provinces, que pour le sur-

---

(1) Par déclaration du dernier juillet, Louis XIII lui concède le droit de nomination à tous les offices royaux dépendans de son apanage. Cet apanage s'éteignit par la mort de Gaston. Le chef de la maison actuelle d'Orléans est Philippe de France, duc d'Orléans, frère de Louis XIV. V. édit de Louis XIV, mars 1661 qui lui donne en apanage les duchés d'Orléans, Valois et Chartres, et la seigneurie de Montargis, déclaration du 24 avril 1672, lettres-patentes de février 1692, janvier 1724, arrêt du conseil, 27 juillet 1740, lettres-patentes du 28 juillet 1751, arrêt du conseil du 16 septembre 1766, lettres-patentes, 7 décembre 1776, 13 août 1784. — V. lois des 13 août 1790, 6 avril 1791. — V. aussi le dictionnaire universel du droit français, par Pailliet, v° *Apanage.*

(2) C'est cette déclaration, œuvre du cardinal de Richelieu, qui a détruit, en partie, le système féodal et rendu la noblesse courtisane. Jusque-là les grands seigneurs pouvoient se cantonner dans leurs châteaux, et lutter contre l'autorité royale.

plus de notre royaume, afin de retrancher, d'autant plus, la dépense, ôter ces occasions de troubles, et délivrer nostre peuple des incommodités qu'il en reçoit.

Désirant, de toute notre affection, contribuer de tous les moyens qui nous seront possibles, pour le repos et soulagement de nos sujets, et maintenir les provinces en grande tranquillité, ôter, autant que nous pourrons, toutes les occasions qui peuvent servir à les inquiéter, et par le retranchement de la dépense, lequel nous entendons faire en toutes choses même dans notre propre maison, diminuer les charges que portent nosdits sujets, lesquels nous avons déjà arrêté de soulager et décharger de la somme de six cent mille livres sur l'état des levées ordinaires en l'année prochaine : encore que les dépenses nécessaires et inévitables surpassent, de beaucoup, notre revenu.

Pour raison de quoi nous employons volontiers les moyens extraordinaires qui nous sont proposés, même à la diminution de notre revenu plutôt que de mettre nouvelles charges sur notre peuple, ou manquer à son soulagement.

Nous promettons, moyennant la grâce et bénédiction que nous espérons de la divine bonté, que faisant succéder les bons desseins qu'il lui plaît nous inspirer pour le bien, repos et soulagement de nosdits sujets et prospérité de cet état, nous aurons, tous les jours, par la conservation de la paix, moyen de leur faire ressentir plus abondamment les effets de notre paternelle affection envers eux;

A ces causes, de l'advis de nostre conseil, où étoient la royne, nostre très-honorée dame et mère, notre très-cher et unique frère le duc d'Anjou, autres princes et principaux seigneurs de notre conseil, ayant égard auxdites remontrances, et de notre grâce spéciale, pleine puissance et autorité royale, nous avons dit, déclaré et ordonné, et par ces présentes, signées de notre main, disons, déclarons, ordonnons, voulons et nous plaît :

Que toutes les places fortes, soit villes ou châteaux qui sont au milieu de notre royaume et des provinces d'icelui non situées en lieu de conséquence, soit pour frontières ou autres considérations importantes, les fortifications en soient rasées et démolies; même les anciennes murailles abattues selon qu'il sera jugé nécessaire pour le bien et repos de nos sujets à la sûreté de cet état, en sorte que nosdits sujets ne puissent désormais appréhender que lesdites places soient pour leur donner aucune incommodité, et que nous serons déchargés de la dépense que nous sommes contraints de faire pour les garnisons.

Sy donnons, etc.

N° 138. — LETTRES-PATENTES *qui établissent à Nantes une chambre criminelle pour faire le procès aux factieux* (1).

Nantes, août 1626, reg. au parl. de Bretagne le 5. (Merc., franç. XII, année 1626.)

N° 139. — ÉDIT *de création de deux lettres de maîtrises en faveur du mariage de Gaston de France, avec Marie de Bourbon, duchesse de Montpensier.*

Nantes, août 1626, rég. au parl. de Paris le 23 février 1627, et en la Cour des monn. le 30 avril suivant. (Vol. CCC, f° 429.)

N° 140. — LETTRES DE CRÉATION *en faveur du cardinal de Richelieu de la charge de grand-maître et surintendant de la Marine et de la navigation* (2).

Saint-Germain-en-Laye, octobre 1626; reg. au parl. le 18 mars 1627. (Merc. franç., XIII. 353. — Vol. CCC, f° 447.)

LOUIS, etc. Le feu roy notre très honoré seigneur et père que Dieu absolve, n'ayant peu faire resoudre, ny exécuter pour avoir esté prévenu de la mort, les propositions qui lui avaient été faites pour l'establissement d'une compagnie puissante et bien réglée, pour entreprendre un commerce général par mer et par terre; afin que, par le moyen de la navigation, nos sujets puissent avoir

---

(1) Cette chambre qui n'était qu'une véritable commission fut créée pour faire le procès au comte de Chalais accusé d'avoir voulu attenter à la vie du cardinal Richelieu. Le procès et l'exécution se firent pendant les fêtes du mariage de Gaston, frère du roi, avec la duchesse de Montpensier. L'instruction, les interrogatoires, tout se passa dans le secret. On ne sait même pas s'il y eut des témoins et s'ils furent confrontés. Le public ne fut instruit de cette épouvantable procédure que par la sentence de mort et par l'exécution du malheureux prisonnier (Jay, hist. du minist., du cardinal de Richelieu; Paris, 1816, 2 vol. in-8°). — L'arrêt de condamnation est du 18 août. Il condamne le comte de Chalais à avoir la tête tranchée et mise sur une pique. Son corps séparé en quatre quartiers devait être attaché à des potences aux quatre principales avenues de la ville de Nantes. Sur la prière de la mère de Chalais, le roi, par lettres du 19 août, fit grâce au comte de l'exposition de sa tête et de ses quatre quartiers, voulant seulement, disent les lettres, qu'il eût la tête tranchée et qu'il fût présenté à la question avant le supplice.

(2) V. ci-après note sur l'édit de janvier 1627, qui supprime la charge d'amiral.

à bon prix de la première main, comme ils avoient anciennement, ès denrées et marchandises qui leur sont utiles et commodes, et faire transporter hors notre royaume et terres de nostre obéissance, celles desquelles la sortie est permise et dont nos voisins et étrangers ne se peuvent passer, à l'honneur et grandeur de notre état, profit et accroissement de la chose publique, bien et advantage de nos subjets; nous avons creu que l'ouverture nous estant faite par plusieurs marchands des principales villes maritimes de ce royaume, de remettre la navigation et le commerce entre les mains de nos subjets, establissemens des compagnies et sociétés, nous ne devrions davantage différer d'embrasser les occasions qui s'en offrent ny en retarder les moyens s'ils sont trouvez justes, sensez, profitables en notre estat et à l'avantage de nos sujets; estant un dessein qui peut autant apporter de réputation de bien et de gloire en nos affaires, et mieux que nul autre occuper et enrichir nosdits subjects, chasser l'oisiveté et fainéantise, retrancher le cours des usures et gains illégitimes;

Et d'autant que nous avons desjà créé et érigé en tiltre d'office formé la charge de grand maistre, chef et sur-intendant général de la navigation et commerce de France, et icelle donnée à notre très cher et bien aimé cousin le cardinal de Richelieu, comme estant personne de qualité éminente et de probité recogneue, sur l'intégrité, soin et diligence duquel nous pouvons nous reposer, et en qui toutes les conditions requises paraissent éminemment,

Nous avons, en tant que besoin est, créé, fait et érigé, créons, faisons et érigeons par ces présentes signées de notre main propre, en tiltre formé icelle charge de grand maistre, chef et sur-intendant général de la navigation et commerce de France; Et à plain nous confiant des vues, expérience, soin et loyauté ès grands affaires recogneues à notre avantage, en diverses et importantes occasions dudit sieur cardinal, et de la prudhomie et affection singulière qu'il a au bien de notre service et capacité requise pour l'establissement et direction du commerce général que nous voulons establir en notre royaume; nous avons à nostredit cousin cardinal de Richelieu d'abondant donné et octroyé, donnons et octroyons ledit office de grand maistre, chef et surintendant général de la navigation et commerce de France, avec pouvoir, authorité et mandement spécial de traiter avec toutes sortes de personnes, voir et examiner les propositions qui nous ont esté et seront faites sur le sujet de l'establissement du commerce, en discuter et recognoistre le mérite, bien et utilité, résoudre et assurer tous articles, traitez, contrats et conventions avec tous ceux qui se voudront lier et joindre pour former lesdites sociétés et compagnies de commerce et autres particuliers traitez et entreprises de mer, et d'en apporter telle précaution et sûreté pour ceux qui s'y voudront intéresser, que tout soupçon de fraudes et tromperies en soit éloigné et le tout si bien que telles appréhensions pourroient retenir plusieurs personnes d'y entrer, l'assurance d'une infaillible fidélité et bon ordre y appelle et convie ceux de nos subjets qui en auraient le moyen; à la charge toutes fois que tous lesdits contrats, traitez et autres actes passez pour cet effect, n'auront aucune force ni vertu qu'ils ne soient ratifiez par nous;

Et parce que toutes les diverses et fréquentes supplications qui en auroient été faites dès le temps du dit feu roy, notre très honoré seigneur et père, que celles qui nous auraient été réitérées par les marchands et autres qui veulent entrer audit commerce, et pour plusieurs autres raisons importantes au bien de nostre estat et utilité de nos subjets, nous avons esteint et suprimé en ce royaume, pays terres et seigneuries de nostre obéissance, les charges d'admiral, vice-admiraux et les gages et appointemens d'icelles qui ne chargeroient pas de peu nostre espargne; Et n'y ayant personne qui prenne le soin particulier de la conservation de nos droits de la navigation et des entreprises de mer, à laquelle tous les officiers qui cognoissent et s'entremettent de la marine de nos autres subjets, puissent s'adresser pour nous donner les avis importans à nostre état et à la navigation, et les capitaines et marchands qui veulent entreprendre les voyages de longs cours et autres ne sachant à qui avoir recours pour en avoir la liberté et le congé, il est à craindre qu'il n'en arrive des désordres, confusions et pirateries, que nos droits ne soient usurpez, nos ports et hâvres mal gardez, nos ordonnances de la marine méprisées et enfreintes et que le commerce et trafic en reçoivent du retardement et préjudice contre l'intention qui est de l'establir, l'avancer, l'aider et l'appuyer autant fortement que nous le pouvons faire.

Nous voulons et entendons que notredit cousin cardinal de Richelieu pourvoye et donne ordre à tout ce qui sera requis utile et nécessaire pour la navigation et conservation de nos droits, avancement et establissement du commerce, seureté de nos sujets à la mer, ports, hâvres, rades et grèves d'icelle et isles adjacentes, observation et entretenement de nos ordonnances de la marine, et qu'il donne tous pouvoirs et congez nécessaires pour les voyages de long cours, et tous autres qui seront entrepris par nosdits subjets, tant pour ledit commerce que pour la sûreté d'iceluy. Déclarant que si quelques uns d'entr'eux entreprennent de faire aucuns voyages sans permission et congé duement expédié et signé par nostre dit cousin cardinal de Richelieu à qui nous avons donné pouvoir de ce faire, ils soient tenus et réputez pour pirates et n'ayant sûreté en nos hâvres et ports, et puissent être pris et amenez par nos vaisseaux gardes côtes, pour être jugez selon la rigueur de nos ordonnances par nos officiers auxquels la cognoissance en appartient; voulant pour cet effet que lesdits vaisseaux et gardes côtes prennent de nostredit cousin grand-maître chef et sur-intendant général de la navigation et commerce de France, tous ordres pour nétoyer nos mers de pirates et corsaires, faire conserver en sûreté nos marchands, et généralement pour toutes choses dépendantes dudit commerce, navigation et entreprise de mer, sans qu'il en puisse estre diverti, si ce n'est en cas de guerre pour laquelle nous ayons donné commission générale d'assembler nos vaisseaux et en composer une ou diverses flottes pour le bien de notre service; auquel cas nous entendons que celuy ou ceux qui auront pouvoir de nous de commander nos armées navales, donnent tous ordres et commandent à nos vaisseaux dont lesdites armées seront composées conformément aux pouvoirs qui leur en seront par nous donnez pour le temps de la guerre, après laquelle lesdits vaisseaux seront remplacez par nostredit cousin le cardinal de Richelieu, pour la garde de nos costes, entretien et sûreté dudit commerce; pour de ladite charge de grand maistre, chef et sur-intendant général de la navigation et commerce de France, avoir tenu, usé et jouy par nostredit cousin cardinal de Richelieu, aux honneurs, authoritez, pouvoirs, jurisdiction, prérogatives, prééminences et droits qu'avions accoustumé et qu'étoient fondez de prendre et avoir par nos ordonnances seulement ceux qui ont eu charge de ladite marine sous notre authorité et y vaquer, travailler et y faire travailler par telles personnes que voudra commettre lors autant et ainsi que le pourra requérir ledit commerce en toutes occasions et fonctions de ladite charge. De ce faire, etc.

N° 141. — LETTRES-PATENTES *pour l'établissement d'une manufacture de verres* (1) *en Picardie.*

Paris, 2 décembre 1626, reg. au parl. le 29 mars 1627. (Vol. CCC., f° 455.)

N° 142. — DÉCLARATION *sur les plaintes des évêques* (2) *à l'égard d'un décret de l'université de Paris.*

Saint-Germain en Laye, 13 décembre 1626. (Merc. franç. ann., 1627, p. 14.)

N° 143. — ÉDIT *qui supprime les offices de connétable et amiral de France* (3).

Paris, janvier 1627; reg. au parl. le 13 mars. (Vol. CCC, f° 452. — Merc. franç., XIII, 354.)

N° 144. — LETTRES-PATENTES *pour l'établissement de machines propres à moudre les grains* (4).

Paris, février 1627; reg. au parl. le 1er septembre 1629. (Vol. DDD, 271.)

N° 145. — ÉDIT *de création de douze offices de généraux des camps, armées et garnisons de France.*

Paris, février 1627; reg. en la ch. des compt. le 19 mars. (Merc. Franc., XIII, p. 351.)

N° 146. — DÉCLARATION *qui accorde au cardinal de Richelieu d'avoir séance au parlement de Paris du côté des pairs, et qui lui accorde les privilèges de la pairie.*

Paris, 15 mars 1627; reg. au parl. le 18. (Vol. CCC, f° 449. — Joly, I, add., p. 92.)

---

(1) V. de Henri II, lettres du 15 juin 1551, et de Henri IV, août 1597.

(2) Cette déclaration fut rendue à l'occasion d'un décret par lequel l'université de Paris avait ordonné à un religieux dominicain de rétracter dans un écrit signé de sa main la doctrine soutenue par lui dans une thèse publique, comme contraire aux libertés de l'église gallicane. Les doctrines ultramontaines prirent un grand empire sous le règne de Louis XIII. Ce prince avait pour confesseur un jésuite.

(3) V. ci-devant, octobre 1626, l'institution du grand maître, chef et surintendant général de la navigation. — Les anciens amiraux de France n'avaient point de juridiction contentieuse. Elle appartenait alors à leurs lieutenans ou officiers de robe longue. Ce ne fut qu'à dater de cette année que le cardinal de Richelieu obtint le pouvoir de décider et juger souverainement toutes les questions relatives à la marine, même aux prises et bris des vaisseaux. (Lebeau, Code des prises, tom. 1er, p. 27.) V. l'ordonnance du 18 mai 1814, qui confirme le titre d'amiral à un prince du sang (le duc d'Angoulême). V. le sénatus-consulte de 1804, qui créait un connétable.

(4) V. ci-devant l'édit du 30 juin 1611.

N° 147. — Édit *de création en tous les parlemens, siéges présidiaux et justices royales des offices de commissaires receveurs héréditaires des deniers des saisies réelles* (1).

Paris, 14 mars 1627; reg. au parl. le 17 mai. (Vol. DDD, f° 16. — Néron, I, — Joly, II, 950.)

Louis, etc. Par notre édit de mois de février 1626, vérifié en notredite cour le 6 may ensuivant, nous aurions créé en titre d'office formé, des commissaires receveurs des deniers des saisies réelles en chacune de nos cours souveraines, siéges présidiaux, et autres justices royales de notre royaume, aux priviléges, attributions et droits à plein mentionnez et contenus par noredit édit; en exécution duquel, et sur l'établissement que nous avons voulu faire desdits offices de commissaires en nosdites cours, et en aucuns desdits siéges et justices royales, il nous a été remontré en notre conseil, qu'il y avait aucuns desdits priviléges, attributions et droits, lesquels pour le soulagement de nos sujets, il était nécessaire de modifier et retrancher.

A ces causes, de l'avis de notre conseil, nous avons par ces présentes signées de notre main, fait et faisons sur ledit édit les déclarations et restrictions qui ensuivent.

1 Sçavoir, que lesdits commissaires receveurs des deniers desdites saisies réelles, ne seront exempts d'aucunes autres charges personnelles, que de tutelles et curatelles seulement.

(2) Que lesdits commissaires receveurs seront tenus de commettre personnes suffisantes et capables pour vaquer à l'exercice de leurs charges en leurs absences, tant ès lieux de leur établissement qu'autres endroits nécessaires de leur ressort; desquels commis ou procureurs ils demeureront responsables.

(3) Sans qu'eux ni leursdits commis ou procureurs puissent postuler ès cours souveraines ni autres justices subalternes.

(4) Qu'ils seront tenus de bailler caution en chacun siége du ressort de leur établissement: sçavoir, ceux de Paris, chacun de douze mille livres; ceux des autres cours de parlement et siéges présidiaux, chacun de huit mille livres; ceux des principaux siéges royaux, chacun de quatre mille livres, et ceux des autres siéges, de deux mille livres.

---

(1) V. ci-devant édit de février 1626. V. ordonnance du mai 1816, sur l'administration de la caisse des consignations, et ci-devant édit de Henri III, juin 1578.

(5) Les offices desquels demeureront en outre obligez et hypothéqués, spécialement et par préférence, à la sûreté des deniers qu'ils auront reçus.

(6) Que lesdits receveurs ni leurs commis ne pourront enregistrer plus d'une saisie réelle d'un même héritage, et ne garderont icelle plus de vingt-quatre heures.

(7) Défendons ausdits commissaires et à leurs commis d'exiger aucune chose que la somme de quarante sols des saisies réelles, faites des maisons situées dans les villes, bourgs et villages, sujets à décret, fiefs et maisons nobles, mêmement de roture, où il n'y auroit aucuns héritages en dépendans exprimez dans l'exploit de saisie, et quatre livres des saisies réelles des terres et héritages qui seront désignez et spécifiez par tenans et aboutissans.

(8) Sans qu'eux ni leurs commis puissent prétendre aucun droit, tant pour registrer lesdites saisies, faire les publications aux prônes des églises paroissiales et exploits de commandemens vaquer aux baux judiciaires, et pour redditions et écritures de comptes, frais, salaires et vacations : mais seront tenus de faire à leur propres coûts et dépens, à peine de concussion, privation de leurs charges, dépens, dommages et intérêts des parties.

(9) Comme aussi ne prendront aucun droit de six deniers pour livre à eux attribuez par notredit édit, que sur les derniers revenans bons de leur commission.

(10) Seront tenus faire procéder incessamment aux baux judiciaires des choses saisies, du moins six semaines après les enregistremens d'icelles, sans qu'ils puissent faire plus de trois remises ou publications, à peine de répondre en leurs propres et privez noms des fruits de la chose saisie.

(11) En cas de main-levée des choses saisies, faites auparavant le bail judiciaire, et la récolte des fruits, ne pourront prétendre aucuns droits que les frais par eux utilement faits pour procéder au bail judiciaire : lesquels frais seront taxez par devant les juges des lieux par un bref état avec le procureur du saisi, sans fraude et sans voyage.

(12) Si l'adjudication du bail judiciaire est différée, à cause des oppositions formées aux saisies, établissement des commissaires, ou autres empêchemens, iceux commissaires receveurs, dès lors en demeureront déchargez ; ensemble des fruits des choses saisies, jusqu'à ce que ledit saisissant, sommation préalablement faite à personne ou domicile, ait fait lever lesdits empê-

chemens, et que ledit commissaire receveur soit en possession actuelle.

(13) Auquel commissaire receveur, ledit saisissant, en ce cas, sera tenu payer seulement les frais, salaires et vacations raisonnables, selon la taxe qui en sera faite pardevant les juges des lieux, par un bref état sans fraude et sans voyage.

(14) Seront tenus tous lesdits commissaires receveurs rendre compte des deniers de leur commissions pardevant les juges des lieux, où la vente du lieu saisi, et la distribution des deniers provenans de ladite vente, sera faite toutesfois et quantes que bon semblera ausdits saisissans et saisis, sans aucun voyage.

(15) Quant aux saisies réelles, faites auparavant les réceptions desdits commissaires, iceux commissaires, ni les commis n'y prétendront aucun droit; et ne seront les commissaires établis tenus leur rendre compte, mais au saisissant et saisi, comme il étoit accoutumé auparavant notredit édit.

(16) Semblablement aux saisies féodales des douaires, usufruit, cens, rentes foncières et autres assignées tant sur les hôtels de ville, recettes générales que sur particuliers et autres semblables, sera loisible au saisissant y établir pour commissaires telles personnes que bon lui semblera, sans que lesdits commissaires receveurs y puisse prétendre aucun droit, encore que le fonds soit saisi.

(17) Ne pouront aussi lesdits commissaires receveurs prendre aucun droit ès décrets volontairement faits entre les saisissans et saisis et autres, qui seront faits à la requête des receveurs des amendes des cours souveraines.

(18) Les huissiers et sergens porteurs des contrats, condamnations et obligations et contraintes, seront tenus garder les ordonnances, sans qu'ils puissent élire aucun domicile pour le saisi.

(19) Défendons aussi ausdits commissaires receveurs de faire aucun établissement de Mont-de-Piété, jusques à ce que par nous autrement en ait été ordonné. Si voulons, etc.

N° 148. — DÉCLARATION *qui défend aux ministres de la religion protestante qui sont étrangers, d'exercer en France aucune fonction, et à ceux qui sont nés en France, d'en sortir sans permission du roi* (1).

---

(1) V. ci-devant déclaration du 17 avril 1623, et celle du 30 décembre 1634,

Paris, avril 1637. (Mém. du clergé, IV, 731. — Abrégé des mém. du clergé, I, 1377.)

Louis, etc. Les édits de pacification reçus en ce royaume ayant toléré l'exercice de la religion prétendue réformée, attendant qu'il plaise à Dieu par sa grâce réduire tous nos sujets à une même doctrine, comme un troupeau sous un même pasteur, nous avons estimé être de notre devoir de porter notre principal soin à ce que tous nos sujets vivans comme membres d'un même corps et étant unis en une même volonté, n'eussent autre but que l'obéissance envers nous, et l'affection envers notre état; avons pareillement cru être obligé de procurer que sous couleur de la religion prétendue réformée le repos commun ne soit point altéré, ni les mœurs et façon de vivre étrangères introduites en nos sujets par le moyen des grandes habitudes et correspondances trop ordinaires qu'aucuns d'eux se sont donnés avec l'étranger. C'est pourquoi ayant par nos lettres de déclaration du 17° jour d'avril 1623, ordonné qu'en assemblée provinciale et nationale de nosdits sujets assisteroit un de nos officiers de ladite religion, pour empêcher qu'aucune affaire politique n'y fût traitée, ni proposé aucune chose qui pût troubler le repos : nous aurions donné commission au sieur Galland, conseiller en nos conseils d'état et privé, pour assister en l'assemblée nationale convoquée à Charenton au mois de septembre 1631, en laquelle fut d'un commun accord convenu et arrêté, que dorénavant les ministres ne s'entremettroient en affaires et assemblées politiques, et demeureroient réduits au seul exercice de leur profession concernant leur religion prétendue réformée, mœurs et discipline: et dorénavant aucuns étrangers ne seroient reçus ministres, ni admis à prêcher en ce royaume sans notre permission, et sans préjudicier toutefois à ceux qui étaient déjà reçus, auxquels la continuation de leur exercice sera accordée. Et depuis, en un autre assemblée nationale, tenue en la ville de Castres en Albigeois au mois de septembre dernier, en laquelle pareillement pour nous auroit assisté ledit Galland, a été confirmé l'arrêt de Charenton pour le retranchement des affaires et assemblées politiques aux ministres; et en outre a été arrêté que suivant les loix

---

ci après. La loi organique de 1802, exclut du ministère apostolique les étrangers même naturalisés. — Ce principe a été violé en 1826, à l'égard de M. Cheverus, nommé à l'évêché de Montauban.

du royaume les ministres ne pourront sortir d'icelui pour quelque cause que ce soit, sans notre congé ; que lesdits ministres esdites assemblées provinciales et nationales ne pourront prêter aucun d'eux pour un temps ou toujours aux républiques, états ou provinces étrangères, sinon par notre permission. Et comme ces résolutions nous ont été agréables, nous rendant témoignage de la soumission volontaire de nosdits sujets aux loix et règles de notre état, afin que cy-après aucun ne se puisse prétexter d'ignorance, ni s'en dispenser sans encourir les peines ordonnées en telle rencontre, nous avons fait et faisons inhibitions et défenses à tous ministres de la R. P. R. de se trouver aux assemblées politiques de nosdits sujets, lorsqu'elles leur seront par nous accordées, leur faisant en outre inhibitions et défenses de s'entremettre d'aucunes affaires politiques, ains se réduire à ce qui est de leur profession. Défendons à nosdits sujets de recevoir en la charge de ministre aucun étranger non regnicole et natif de notre royaume, de quelque qualité, lieu ou condition qu'il soit, ains seulement y admettre nos naturels sujets. Et comme nous avons une particulière assurance en nos naturels sujets, portés d'une affection plus étroite envers nous et notre état, étant aussi raisonnable que les prérogatives d'honneur entr'eux demeurent à nos sujets, à l'exclusion des étrangers : nous avons déclaré et déclarons notre vouloir et intention être qu'ès assemblées provinciales et nationales de nosdits sujets de ladite religion prétendue réformée, et pour les fonctions ordinaires de leur exercice, soit proche des villes de notre parlement, soit en tous autres lieux, ne soient dorénavant envoyés ni admis autres ministres que naturels françois. Avons pareillement, conformément aux ordonnances de nos prédécesseurs, fait et faisons inhibitions et défenses à tous ministres de sortir hors de notre royaume, pour quelque cause et occasion que ce soit, sans notre permission ; et outre défenses auxdits ministres de prêter aux républiques, principautés, souverainetés ou communautés étrangères, aucun d'eux, ou de leurs proposans, pour toujours, ou pour un temps, sans notre permission. Voulons que ceux desdits ministres qui volontairement sont sortis de notre royaume, ou qui s'en sont absentés par prêt ou permission desdites assemblées, retournent incontinent aux lieux de leurs demeures, et prenant de nous pour cet effet, et non autrement, permission signée de nous, et contresignée de l'un de nos secrétaires d'état, et sous notre grand sceau ; nous réservant à donner aussi à ceux desdits ministres qui désireront sortir de notre royaume, les permissions nécessaires comme à nos autres sujets, et d'avoir considérations aux réquisitions qui nous seront faites par nos voisins et alliés, lorsqu'ils nous feront entendre avoir besoin de quelqu'un d'eux. Si donnons, etc.

N° 149. — ÉDIT *qui attribue aux officiers de chaque bureau des finances la connaissance de toutes les matières qui concernent le domaine du roi* (1).

Paris, avril 1627; reg. au parl., en la ch. des comptes et en la cour des aides, le 28 juin. (Vol. DDD, f° 43. — Descorbiac, p. 731.)

N° 150. — DÉCLARATION *qui défend aux sujets du roi de faire aucun commerce avec les sujets du roi d'Angleterre.*

Paris, 8 mai 1627; reg. au parl. le 17. (Vol. DDD, f° 12. — Merc. franç., XIII, p. 201.)

N° 151. — LETTRES *de confirmation de l'établissement des prêtres de la mission* (2).

Paris, mai 1627; reg. au parl. le 4 avril 1631. (Vol. DDD, f° 286.)

N° 152. — ÉDIT *qui défend de transporter les laines hors du royaume et n'y apporter vendre et débiter aucuns draps et serges étrangers.*

Paris, juin 1627; reg. au parl. et en la cour des aides, le 18. (Vol. DDD, f° 34.)

N° 153. — ÉDIT *sur l'administration de la justice, portant création de plusieurs officiers* (3).

Paris, juin 1627; reg. au parl. le 28 juin. (Vol. DDD, f° 38. — Joly, II, 1906.)

Louis, etc. Comme ainsi, soit que les rois, nos prédécesseurs, ayant, pour retrancher les abus et malversations qui s'étoient glissées en l'administration de la justice, fait plusieurs bonnes et saintes loix et ordonnances; néanmoins la malice des hommes croissant avec la multiplicité des affaires, a donné sujet à plusieurs notaires, sergens et autres ministres de justice, abusant de la facilité et ignorance de nos sujets, d'user de surprises, faussetés et antidattes à leur grande ruine et préjudice : pour à

---

(1) Ces causes tombaient auparavant sous la juridiction des baillis et sénéchaux. V. l'édit de François 1er, 19 juin 1536, art. 1er.

(2) V. l'ordonnance du 1er septembre 1827, relative aux lazaristes, et la note de notre recueil.

(3) V. ci-après la grande ordonnance de janvier 1629.

quoy remédier de l'advis de nostre conseil, auquel étoit la royne mère, nostre très honorée dame et mère, nostre très cher et très amé frère unique le duc d'Orléans, plusieurs princes, seigneurs, et principaux officiers de nostre couronne.

Nous avons, par cettuy nostre présent édit perpétuel et irrévocable, dit, statué et ordonné ce qui s'ensuit :

(1) Que les anciennes ordonnances, arrêts et réglemens sur l'ordre à tenir et observer par les notaires, ez contrats et autres actes qu'ils recevront et passeront, entre autres pour l'approbation et auctorisation des additions, radiations et retranchement, seront entièrement gardés et observés de point en point, sur les peines portées par icelles.

(2) Et pour remédier aux inconvéniens qui arrivent aux parties par le défaut de savoir lire et signer, avons, par le présent édit, à l'instar de ce qui se pratique en nostre province de Bretagne, créé et établi, créons et établissons en titre d'office formé, en chacune de nos villes, bourgs et paroisses de nostre royaume où il y a notaires, deux certificateurs prudhommes, en hérédité, de tous les contrats et actes excédans 100 liv. passés par ceux qui ne sauront lire, escrire, ni signer, lesquels assisteront avec les parties à la lecture desdits contrats et actes de certification, les noms, les conditions et demeures de ceux de leurs paroisses qui leur seront congnus; et pour ceux de dehors, et qui leur seront incongnus, ils délivreront leurs certifications sur les attestations de personnes de probité et à eux congnues, et délivreront mêmes certifications à ceux des paroisses de leur résidence qui auront à passer actes et contrats dehors, lesquelles certifications demeureront par devers les notaires qui auront passé lesdits contrats et actes.

(3) Tiendront lesdits certificateurs sommaire et néanmoins fidel registre et contrôle de tous lesdits actes, contrats et certifications où ils auront assisté pour y avoir recours, et en donner acte quand besoin sera et requis en seront.

(4) Et afin de leur donner plus d'emploi, en faisant cesser la manière indécente qui s'est pratiquée jusques ici, de confondre ez prônes des églises les choses temporelles avec les spirituelles, nous leur avons attribué et attribuons le pouvoir de faire toutes les mêmes publications qui se font esdits prônes quant aux choses temporelles, de quelque qualité qu'elles soient, à la sortie des grandes messes parochialles, et en donner actes : et outre, d'assister ceux de nos huissiers et sergens qui les requerront en

leurs exécutions et criées, recorder leurs exploits et actes, iceux signer avec eux.

(5) Pour tous lesquels actes nous leur avons attribué et attribuons, à savoir 2 sols parisis pour chacune assistance, certification et enregistrement desdits actes, autant pour chacun acte qu'ils délivreront; 4 sols parisis pour chacune des publications où il y aura dénombrement, et 2 sols parisis pour chacune des publications sans dénombrement et actes qu'ils en délivreront; et pour les assistances et récordations de chacun des exploits et actes, les droits mentionnés cy-après; et outre, les avons exempté et exemptons de toutes charges publiques sans nulle excepter, sinon de nos aides, tailles et impôts qu'ils payeront, comme nos autres sujets, pour être lesdits offices vendus, à faculté de rachat perpétuel, et jouir, par les pourvûs desdits offices, dudit droit d'hérédité.

(6) Et d'autant que ces remèdes seroient inutiles, si, par même moïen, nous ne pourvoïons aux antidattes et substractions cy-devant remarquées qui se peuvent commettre aux registres et papiers journaux, par la supposition d'iceux, substractions et changemens de feuillets et autrement, avons, par ce même edit, créé et établi, créons et établissons en chacun bailliage, sénéchaussée, prévôté, élection, justice royale de cettuy nostre royaume, pays, terres et seigneuries de nostre obeissance, un bureau où seront portés tous les registres reliés en blanc et de consistance suffisante, destinés à enregistrer toutes sortes d'actes généralement et papiers journaux : et en chacun de ces bureaux créé et érigé, créons et érigeons, en titre d'office formé, un greffier contrôleur héréditaire de tous registres, livres de raison et papiers journaux, pour être par lui cottés et paraphés en chacun feuillet, en arrêter le nombre des feuillets, et à quoy ils sont destinés, le temps qu'ils auront à servir, qui ne sera que pour une année au plus, et les renouveler d'an en an, sans en ce comprendre les registres des greffiers de nos juridictions.

(7) Que tous ceux qui auront besoin desdits registres, livres de raison et papiers journaux, seront obligés de les mettre entre les mains dudit greffier contrôleur, à l'effet que dessus, les retirant, s'en charger envers lui sur le registre par lui tenu à cet effet; exprimer particulièrement au reçu d'icelui le nombre des feuillets cottés et paraphés dudit greffier contrôleur, le signer du même seing duquel ils se voudront servir en l'expédition des actes qu'ils y inséreront et registreront, déclarant tous autres

nuls, et les actes et autres choses y emploiées de nul effet, sans que l'on y puisse ajouter aucune foy; et ceux qui s'en serviront amandables à l'arbitrage des juges, sans qu'ils les puissent dispenser de ladite condamnation d'amende.

(8) En fin de chacune année, et quinze jours après icelle expirée, tous ceux qui auront pris lesdits registres seront tenus de porter et représenter audit greffier contrôleur tous les registres et papiers journaux de l'année précédente, pour être par lui vûs, clos et paraphés au feuillet où se terminera l'enregistrement des actes, afin qu'il n'y en puisse être adjouté, ny retranché aucun : l'acte qui sera escrit et signé de lui, contenant ledit registre, lui avoir été exibé un tel jour par celui auquel il aura servi, le nombre des feuillets escrits, le nombre des actes ou articles qu'il contiendra, et sera ledit registre clos d'une ligne à l'entour et dessus tous lesdits actes et articles afin qu'il n'y puisse être rien adjouté.

(9) Et d'autant que, comme cette charge peut produire un grand bien, elle est aussi grandement pénible et laborieuse, nous leur avons attribué et attribuons, à sçavoir, un denier pour paraphe de chacun feuillet. 8 sols pour chacun acte de destination au commencement desdits registres, et autant pour chacun acte de clôture à la fin, sans qu'ils en puissent prendre ny exiger davantage, à peine de concussion pour être lesdits offices vendus héréditairement à ladite faculté de rachapt, ainsi qu'il est accoutumé.

(10) Et pour contenir les huissiers et sergens en l'exacte observation de nos ordonnances, et empêcher qu'ils ne consomment en frais inutiles les parties qui les employent, nous leur enjoignons de se nommer, et faire mention de leurs demeures en leurs exploits; leur défendons de prendre ni faire signer à l'avenir autres records en leurs exploits de saisies réelles, établissement de commissaires, procès-verbaux de criées, exécutions de meubles, commandemens, offres et autres actes de pareille conséquence que les susdits certificateurs prudhommes créés par le présent édit, auxquels nous attribuons aussi ce pouvoir, comme dit est, l'interdisant à tous autres, à peine de faux et de nullité des exploits et autres actes de 500 liv. d'amende et de tous dépens, dommages et intérêts des parties, si ce n'est aux exploits de peu de conséquence.

(11) Et lorsqu'ils iront exploiter à la campagne, leur défendons d'en mener aucun avec eux, mais de prendre ceux des lieux où ils exploiteront.

(12) Et toutefois, pour ce que ayant souvent à exploiter contre aucuns seigneurs et gentilshommes de difficile convention, les certificateurs des lieux craindroient de les offenser et de les avoir pour ennemis s'ils assistoient nosdits huissiers et sergens, et en cette crainte, ne les refuseroient pas seulement, mais en donneroient avis auxdits seigneurs et gentilshommes, ce qui rendroit les exécutions impossibles au péril desdits huissiers et sergens, et à la ruine de nos sujets; en ce cas, et non autrement, nous avons permis et permettons à nosdits huissiers et sergens, après la plainte qu'ils auront faite à nos juges des résistances ou empêchemens à eux donnés, de s'assister et fortifier des certificateurs voisins, de trois ou quatre lieues de distance au plus, et de tel nombre de personnes qu'ils verront bon être, enjoignant très expressément à nosdits certificateurs, prévôt de nos très chers et très amés cousins les maréchaux de France ou leurs lieutenans, de leur donner main-forte et assistance, à peine de privation de leurs charges, et de répondre, en leurs propres et privés noms, des dommages et intérêts des parties; prenant à cette fin lesdits certificateurs prudhommes, ensemble lesdits huissiers, sergens et tous autres en nostre protection et sauve-garde spéciale; défendant à toutes personnes, de quelque qualité et condition qu'elles soient, de leur méfaire, ni médire, à peine d'encourir nostre indignation, mais de souffrir paisiblement, et avec le respect dû à nostre autorité, les exécutions faites en nostre nom.

(13) Auxquels certificateurs nous attribuons, pour chacun exploit et autres actes auxquels ils serviront de recors sur les lieux, 2 sols parisis, et pour ceux où ils seront obligés d'aller dehors pour les causes contenues cy-dessus, 4 sols parisis pour chacune lieue.

(14) Et pour empêcher les faussetés, suppositions, antidattes, et autres abus qui se commettent par lesdits huissiers et sergens, nous enjoignons aux parties, à la requête desquelles les parties auront exploité, de faire registrer sommairement par les gardes des petits sceaux les exploits des saisies, autres actes, pour sommes excédantes 100 liv., iceux exploits faire sceller, suivant nos édits, sans que lesdites parties s'en puissent servir qu'ils n'ayent été registrés et scellés, à peine de nullité.

(15) Enjoignons pareillement à tous greffiers et notaires de faire sceller par lesdits gardes des petits sceaux les sentences, jugemens, actes et contrats qu'ils expédieront, à peine d'être responsables, en leurs propres et privés noms, des dommages et intérêts des parties et de 100 liv. d'amende envers nous.

(16) Et pour remédier à l'inconvénient qui pourroit arriver de la perte des contrats scellés, qui apporteroit ruine aux parties qui les auroient adhirés, d'autant qu'elles se trouveroient privées de leurs hypothèques, et leurs contrats invalides et sans exécution, nous voulons, ordonnons et enjoignons auxdits gardes des petits sceaux de tenir registre sommaire des noms des parties, de la substance et date desdits contrats, pour y avoir recours en cas de perte desdits contrats scellés, et en faire sceller d'autres grosses sur la foy dudit registre.

(17) Et pour l'émolument, tant du scel que dudit enregistrement sommaire, nous leur avons attribué et attribuons, par le présent édit, 4 sols parisis pour chacune des sentences, jugemens, contrats et autres actes excédans 100 liv., et 2 sols parisis pour chacun de ceux qui seront au-dessous de ladite somme de 100 liv.

(18) Et d'autant qu'en conséquence des commandemens et exécutions faites par nosdits huissiers et sergens, plusieurs, pour éviter la vente de leurs biens ou l'emprisonnement de leurs personnes et les intérêts protestés, consignent les sommes qui leur sont demandées entre les mains d'iceux huissiers et sergens, lesquels, par divers artifices, les retiennent souvent si longuement qu'eux, ou les parties intéressées venant à mourir, les héritiers ne les peuvent retirer; et pour y remédier, voulons et nous plaît, qu'en cas d'opposition ou autre empêchement, qui ne soit terminé dans le mois, à compter du jour de la consignation, nos huissiers et sergens, entre les mains desquels elles auront été faites, ayent à les mettre en celles desdits gardes des petits sceaux, lesquels leur en donneront décharge, et s'en chargeront sur leurs registres, aux marges de l'enregistrement de l'acte fait par lesdits huissiers sur ladite consignation, les gardant et conservant jusques à ce qu'il en ait été ordonné, leur attribuant 3 deniers pour livre du droit de recette; lequel droit sera pris et déduit sur la somme consignée, aux dépens de qui il appartiendra.

(19) Et pour le regard des sommes consignées ez-mains desdits huissiers et sergens auparavant la vérification des présentes, voulons et nous plaît, semblablement, que, dans huitaine du jour de la vérification ou publication d'icelles, ez siéges de nos juridictions, iceux huissiers et sergens qui les auront reçues les portent, et mettent ez-mains desdits gardes des petits sceaux, comme dessus, et qu'à faute de ce, ledit temps passé, ils y soient

contraints, et pareillement pour les autres consignations qui leur seront faites à l'avenir par les voies accoutumées, en nos propres affaires, attribuant même droit de 5 deniers pour livre auxdits gardes des petits sceaux.

(20) L'observation des réglemens, ordonnances et coutumes sur le fait des saisies et criées d'héritages, lesquelles enjoignent aux huissiers et sergens qui les font d'en faire la lecture à haute et intelligible voix à l'issue des grandes messes parochiales, étant négligée, les affiches même arrachées par personnes interposées aussitôt qu'elles sont mises, et ordinairement la pluspart si mal écrites qu'elles ne se peuvent lire, souvent à dessein et par artifice, pour en cacher et ôter la connoissance aux opposans et autres intéressés pour y remédier : en réitérant lesdits réglemens et ordonnances et y ajoutant, nous enjoignons très expressément à nosdits huissiers et sergens qu'à l'avenir, procédant auxdites saisies et criées, ils ayent à y appeler les susdits certificateurs prudhommes, et en leur présence faire la lecture à haute et intelligible voix de leurs exploits et publications des affiches contenant le particulier des choses saisies à la requête de qui et pour quelles sommes, prendre pour témoins les paroissiens sortans de la grande messe au nombre porté par nosdits réglemens, ordonnances et coutumes, en faire mention en leurs procès-verbaux, ensemble leurs qualités et demeures ; le tout à peine de suspension de leurs charges, dépens, dommages et intérêts des parties ; faire écrire les affiches, tant desdites criées que de toute autre, en lettres bien formées, assez grosses et sans abréviation extraordinaire, et les apposer en lieu convenable pour être lues de tous ceux qui le voudront, défendant à qui que ce soit de les déchirer, arracher, ni couvrir, à peine de 100 liv. d'amende pour la première fois et de plus grande pour la seconde, applicable, moitié à nous et l'autre au dénonciateur.

(21) Et pour restablir un ordre exact à la réception des sacs et productions, et que, comme plusieurs pièces importent souvent à la conservation entière des familles, elles soient aussi plus soigneusement conservées qu'elles n'ont esté jusques à présent, parce qu'il n'y a eu aucun pourvû en titre : pour cet effet, nous avons, par ce même notredit édit, créé et érigé, créons et érigeons, en titre d'office formé héréditaire, un greffier garde sacs en chacune de nos juridictions et cours souveraines, pour recevoir tous les sacs qui lui seront mis entre les mains, les vérifier exactement et en faire mention sur un registre qui l'en rendra

responsable, ne les délivrer à ceux de nos juges auxquels ils seront distribués, qu'avec le même ordre en faire même mention; le procès jugé, ou le conseiller rapporteur décédé, avoir le soin de les retirer un mois après d'entre les mains de leurs veuves, héritiers ou clercs, les faire redistribuer par le même ordre s'il est nécessaire et s'ils en sont requis: les instances terminées ez cours souveraines, les rendre aux procureurs des parties, les faisant signer sur son registre.

(22) Et pour ce qui est des présidiaux et justices inférieures, voulons le même ordre être gardé et observé, les juges tenus, lors du rapport, de les mettre auxdits greffiers, s'en faisant décharger, pour iceux être rendus aux procureurs des parties, s'il n'y a appel, le temps de relever expiré; et en cas d'appel être envoyés aussitôt au greffier de la juridiction où les parties les relèveront avec un fidèle inventaire, comme il est dit cy-dessus.

(23) Jouiront lesdits greffiers, gardes sacs desdits offices aux fonctions et pouvoirs susdits et aux droits savoir, ceux des cours souveraines de quatre sols parisis pour chaque sac produit, autant pour le rendre; pareille somme de ceux qui seront retirés des mains des veuves et des héritiers des rapporteurs décédés; quatre sols parisis pour chacune production, autant pour chacune distribution; et ceux des justices inférieures, de deux sols parisis pour chaque sac produit, autant pour le rendre; pareille somme de ceux qui seront retirés des veuves et héritiers des rapporteurs décédés, deux sols parisis pour chacune production et autant pour chacune distribution; tous lesquels droits nous leur avons attribué et attribuons, sans qu'ils en puissent prendre ni exiger davantage, sous quelque prétexte que ce soit, à peine de concussion et de privation de leurs offices.

(24) Et seront lesdits offices vendus à faculté de rachat perpétuel en la manière accoutumée, pour en jouir, par les pourvus et acquéreurs comme il est dit cy-dessus.

(25) Et d'autant qu'il arrive beaucoup d'inconvéniens des suppositions après les procès jugés, lesquels on augmente ou diminue de beaucoup de ce qui avoit été produit par devant les juges et ce par l'artifice, soit des procureurs, soit des parties, pour augmenter, par ce moyen, les taxes de dépens ou changer quelque chose auxdites productions au préjudice des parties, nous voulons et ordonnons que dorénavant, avant que les sacs et productions des parties soient portés auxdits greffiers garde sacs afin qu'elles ne puissent être changées ni altérées, que les

inventaires des écritures soient contrôlés et paraphés en tous les feuillets par les contrôleurs des productions que nous avons pour cet effet, par ce même notre présent édit, créé et érigé, créons et érigeons et établissons en titre d'office formé, en hérédité, auxquels, pour émolumens, nous avons attribué et attribuons les deux sols pour livres, des salaires de ce qui est taxé aux procureurs pour lesdits inventaires et droits de révision des écritures, et seront aussi lesdits offices de contrôleurs, vendus à faculté de rachat perpétuel, en la manière accoutumée, pour en jouir par les pourvus et acquéreurs comme il est cy-dessus dit.

(26) Et pour pourvoir à la conservation des sentences arbitrales et autres actes de conséquence qui jusques-ici ont été en diverses mains, sans ordre ni sûreté pour les intéressés, d'autant qu'elles sont retenues par personnes privées et inconnues non chargées d'icelles, avons attribué et attribuons le titre, qualité et pouvoir de greffier des arbitres auxdits greffiers, gardes sacs pour expédier à l'avenir les sentences et autres actes rendus par les juges arbitres, en garder et conserver soigneusement les minutes et rendre les sacs aux parties après les instances terminées, pour être, en ce faisant, lesdites charges de greffier des sentences arbitralles vendues, tenues et exercées, héréditairement et par mêmes personnes avec celles desdits greffiers gardes sacs, aux droits ainsi qu'il se pratique en tous nos autres greffes, suivant nos réglemens et ceux de nosdites cours et juridictions, sans qu'ils en puissent prendre ni exiger davantage, à peine de concussion.

(27) Et sur les advis qui nous ont été donnés que nos droits, soit seigneuriaux, soit de lods et ventes, et aussi des seigneurs particuliers, ecclésiastiques et séculiers, sont ordinairement recelés, faute de savoir et pouvoir découvrir les contrats des ventes qui se font et pour lesquels lesdits droits sont dus, comme aussi les rétrayans, soit féodaux, soit lignagers, sont privés de pouvoir user de leurs droits de retraits, faute de pouvoir découvrir, dans le temps prescrit par nos ordonnances et les coutumes, les contrats de vente qui se sont faits, sujets auxdits droits, et que pour remédier à ces inconvéniens le roi Henri III, d'heureuse mémoire, par son édit et déclaration de l'an 1581, vérifié en notre cour de parlement de Paris, auroit établi, en titre d'office, des greffiers des notifications desdits contrats sujets auxdits droits seigneuriaux, lods et ventes et de retraits tant féodal que lignager, nous avons renouvelé et confirmé ledit édit et déclaration de

l'année 1581, et en tant que besoin seroit, créé et érigé, créons et érigeons de nouveau, en titre d'office, formé lesdits greffiers des notifications, suivant et conformément audit édit, cy-attaché sous le contre-scel de notre chancellerie, avec les droits et émolumens à eux attribués par icelui pour être lesdits offices, vendus héréditairement, en la manière accoutumée.

(28) Et d'autant que de la conservation ou perte des comptes, dépend la sûreté et repos des familles, voulons et ordonnons que doresnavant la minute de tous les comptes de tutelle, curatelle, associations et exécutions testamentaires, et héritiers bénéficiaires, après qu'ils auront été examinés par nos juges et commissaires soient portés aux greffes ordinaires de leurs juridictions pour être lesdites minutes conservées par les greffiers desdites juridictions et copies desdits comptes, articles et clôtures d'iceux par eux délivrées aux parties qui le requerront avec pareils salaires qu'ils prennent pour les autres expéditions, en payant, par lesdits greffiers, pour ladite attribution, les taxes qui en seront faites en notre conseil.

(29) Et d'autant que nous avons été advertis des désordres qu'il y a dans nos présidiaux, bailliages et autres justices royales et subalternes aux appellations des causes, en ce que contre et au préjudice des réglemens sur ce faits par lesquels il est ordonné que les causes seront appelées à tour de rôle, afin que la justice soit, par ce moyen, rendue également et sans confusion; elles sont, bien souvent, avancées ou retardées, soit par la volonté des juges qui président aux audiences, soit par la subtilité et artifice des procureurs, en quoy les parties plaidantes ont un notable intérêt et reçoivent un grand préjudice; pour à quoy remédier, nous voulons et nous plaît que doresnavant, suivant et conformément aux articles 42 et 43 de l'arrêt de notre cour de parlement de Paris, du 14 août 1617, portant réglement pour les juges, officiers, praticiens et ministres de justice des siéges ordinaires et présidiaux, cy-attaché sous le contre-scel de notre chancellerie, toutes les causes qui se plaideront en tous nos présidiaux, bailliages et autres justices royales et subalternes de celui notre royaume soient enregistrées et appelées à tour de rôle, avec défenses à nos juges présidiaux, lieutenans généraux, particuliers, et autres nos juges d'interrompre l'ordre d'icelui ni faire appeler les causes par placets, sinon au nombre de cinq ou six pour le regard desdits présidiaux seulement, en chacune audience et sur la fin d'icelle: lesquels placets seront signés de ceux

qui président, chacun à leur regard, et après signifiés aux parties, le jour précédent que leurs causes soient appelées, à peine de nullité des jugemens et sentences qui se rendront au préjudice du présent réglement; et pour cet effet rôles seront faits de huitaine en huitaine, clos à chacun jour de vendredi et publiés à l'issue de l'audience dudit jour, et défenses aux procureurs de ne mettre aucune cause èsdits rôles qui ne soit contestée et prête à plaider, et à ceux qui feront lesdits rôles, après la clôture d'iceux, d'y ajouter aucune cause à peine d'amende.

(30) Et seront les causes qui resteront à appeler dudit rôle appelées les premières au premier jour, et les rôles encommencés et parachevés avant qu'en commencer un autre.

(31) Pour cet effet et afin que cet ordre soit exactement gardé et observé à l'avenir, nous avons par cettui notredit édit, créé, établi et érigé, créons, établissons et érigeons en titre d'office formé, en hérédité, un clerc de l'audience en chacun de nosdits siéges présidiaux, bailliages et autres nos siéges et justices royales et subalternes pour enregistrer toutes les causes et les faire appeler à tour de rôle, auquel pour toute peine, droits, salaires et vacations, nous avons attribué et accordé, attribuons et accordons deux sols tournois pour l'enregistrement de chacune cause avec les mêmes priviléges, prérogatives, franchises et libertés que les greffiers desdits siéges et justices, pour être les offices vendus héréditairement, en la manière accoutumée.

(32) N'entendons, toutefois, comprendre au présent édit le Chatelet de notre ville de Paris, en ce qui est de l'appel desdites causes seulement, que pour certaines considérations nous avons attribué aux huissiers audienciers d'icelui.

(33) Voulons et entendons au surplus, qu'il y sorte son plein et entier effet et que lesdites causes y soient enregistrées en la forme cy-dessus, pour être appelées suivant l'ordre du rôle par lesdits huissiers audienciers, auxquels et auxdits clercs d'audience nous défendons très expressément de contrevenir au présent réglement, à peine de suspension de leurs charges et de tous dépens, dommages et intérêts des parties.

Si donnons, etc.

N° 155. — Déclaration *qui défend de bâtir aux environs de Paris* (1).

---

(1) Le traité de la police de Delamarre vise un édit de Henri II de novembre

Villeroi, 29 juillet 1627; reg. au parl. le dernier août. (Ferrière, Commentaire sur la coutume de Paris; II, 352.)

N° 156. — DÉCLARATION *qui interdit le commerce de la mer* (1).

Saint-Germain-en-Laye, 9 septembre 1627; reg. au parl. le 20. (Merc. franç., XIV, 30.)

N° 142. — DÉCLARATION *qui accorde à la reine mère le gouvernement des provinces d'en deçà la Loire, pendant l'absence du roi* (2).

Paris, 20 septembre 1627; reg. au parl. le 10. (Vol. DDD, f° 85.)

N° 157. — DÉCLARATION *qui défend d'insérer dans les almanachs des prédictions illicites* (3).

Au camp de La Rochelle, 20 janvier 1628. (Traité de la Police, I, 529.)

Louis, etc. Ayant considéré que ceux qui se mêlent de composer des almanachs et prédictions, au lieu de demeurer dans les bornes du devoir, y employent plusieurs choses inutiles et sans fondemens certains, qui ne peuvent servir qu'à embarrasser les esprits foibles qui y ont quelque croyance, nous avons résolu de faire cesser ces abus à l'avenir;

Nous par ces causes et autres à ce nous mouvant, suivant le 36° art. de l'ordonnance de Blois, avons fait et faisons défenses à toutes personnes de faire ni composer aucuns almanachs et prédictions hors les termes de l'astrologie licite, mesme d'y comprendre les prédictions concernant les états et personnes, les af-

---

1549, qui contient la même disposition. Nous n'en avons pas retrouvé le texte. — C'est, dit cet auteur, le premier règlement qui ait fixé des bornes à la ville de Paris. — V. ci-après lettres-patentes, 23 novembre 1633.

(2) C'est une ordonnance de représailles. — La France était en guerre avec l'Angleterre. Le roi déclare que le commerce de la mer n'est qu'interrompu, et qu'il sera libre dès qu'il aura pu mettre en mer la flotte qu'il prépare pour le protéger contre les agressions de l'Angleterre.

(2) V. déclaration semblable de François 1er, à l'égard de la reine, sa mère, en juillet 1515 et août 1523. — La guerre civile venait de recommencer et ne se termina qu'en octobre 1628, par la prise de La Rochelle.

(3) V. l'ordonnance d'Orléans, janvier 1560, art. 26; de Blois, mai 1579, art. 56, et l'édit de Louis XIV, juillet 1682. — Le traité de la Police de Delamarre raconte avec une grande naïveté le supplice de La Voisin, qui fut brûlée comme sorcière, sur la fin du dix-septième siècle. Plusieurs malheureux furent condamnés en même temps à des peines *proportionnées à leurs fautes*, dit cet auteur, *et ainsi, cette faction de scélérats fut découverte et détruite près qu'à sa naissance.*

faires publiques et particulières, soit en termes exprès ou couverts et généraux, n'y autres quelconques, et d'y employer et mettre autres choses que les lunaisons, éclipses et diverses dispositions et tempéramens de l'air, et déréglement d'ycelui et en la manière portée par ledit article (1), à peine de confiscation et de punition corporelle, et de 500 livres d'amende; défendant ausi très-expressément et sur les mesmes peines à toute personnes de les imprimer et publier; mandons à notre prévôt de Paris ou son lieutenant civil, etc.

N° 158. — DÉCLARATION *pour la formation des colonies aux Indes Occidentales* (2).

Au camp de La Rochelle, mai 1628; reg. au parl. le 27 juillet 1657. (Vol. OOO, f° 200.)

Louis, etc... Comme il est de la gloire de Dieu et du bonheur de cet estat que les soings que nous prenons de travailler pour l'advancement de la religion catholique, apostolique et romaine ne soient pas bornés dans la seule étendue de la France, mais qu'en imitant ce grand saint duquel nous portons le sceptre et le nom, nous fassions ensorte que la renommée des François s'épande bien loin dans les terres étrangères, et que leur piété si publique pour la conversion des peuples ensevelis dans l'infidélité et dans la barbarie.

Cette pensée nous a fait souvent jetter les yeux sur les peuples de l'Amérique habitans de la Nouvelle-France dite *Canada*, et renouvellé le désir de procurer leur conversion cy devant encommencée par le zèle de nostre très honoré seigneur et père le défunt roy Henry-le-Grand, de glorieuse mémoire :

---

(1) Cette industrie a passé à l'étranger. V. l'almanach de Mathieu Laensberg.
(2) Nous donnons le texte de cette déclaration importante dont le recueil des ordonn. coloniales par Moreau de Saint-Méry ne dit pas un mot. V. ci-devant déclaration du 2 juillet 1615; octobre 1626, l'édit de création d'un grand maître surintendant de la marine, et ci-après déclaration du 17 novembre 1629, celles des 1er juillet et 25 novembre 1634, édits de mars, et 23 décembre 1642, 1er août 1645, mai 1650, juillet 1655, 28 mai, 11 et 31 juillet 1664, déclaration du 11 octobre, même année qui crée un conseil supérieur à la Martinique; février et avril 1667, août, 12 novembre 1669, 19 février, 9 et 10 juin et 26 août 1670; 18 juillet et 4 novembre 1671; 13 janvier, 18 février, et 14 mars 1672; édit de décembre 1674, qui révoque la compagnie des Indes, et qui réunit au domaine de la couronne les terres, droits et pays de cette compagnie.

Et nous ayant esté remontré par nostre très cher et bien amé cousin le cardinal de Richelieu, grand maître, chef et surintendant général de la navigation et commerce de France, après l'avoir informé de nostre volonté sur ce sujet, que pour faire plus promptement et plus facilement réussir ce qui estoit de nostre intention, il avait fait assembler du nombre de nos sujets des personnes de vertu et de courage, entendus au fait de la navigation qui pourroient fournir les dépenses des embarquemens nécessaires pour mettre à chef une si haute et si sainte entreprise et qu'ils s'étoient obligés de lier une forte compagnie pour l'établissement d'une colonie de naturels Français, catholiques, de l'un et de l'autre sexe, jugeant que c'étoit le seul et unique moyen pour advancer en peu d'années la conversion de ces peuples, et accroître le nom François à la gloire de Dieu et réputation de cette couronne.

Sçavoir faisons, qu'ayant fait examiner lesdites propositions en nostre conseil où étoient plusieurs princes et officiers de nostre couronne et principaux de nostre conseil, et après qu'il nous est apparu que dès le mois d'avril de l'année dernière 1627, nos chers et bien amés Claude de Roquemont, escuier sieur de Brison, Louis Horel sieur du Petit-Pré, nostre conseiller et contrôleur général des salines et bronages, Gabriel L'Attaignant, maïeur de la ville de Calais, Simon Dablon, syndic de la ville de Dieppe, David Duchesne, conseiller et escheviu de la ville française du Havre de Grâce, et Jacques Castillon, bourgeois de Paris, s'étoient obligés de dresser une compagnie de cent associés et faire tous leurs efforts pour peupler les pays de la Nouvelle-France.

Nous avons agréé et approuvé, agréons et approuvons le contenu en leurs offres et conformément à iceux.

(1) Ordonné et ordonnons auxdits de Roquemont, Horel, L'Attaignant, Dablon, Duchesne, Castillon, et leurs associés faire passer au dit pays de la Nouvelle-France deux à trois cents hommes de tous métiers de la présente année 1628, pendant les années suivantes en augmenter le nombre jusqu'à quatre mille de l'un et l'autre sexe, dans quinze ans prochainement venant et qui finiront en décembre que l'on comptera 1643, les y loger, nourrir et entretenir de toutes choses généralement quelconques nécessaires à la vie pendant trois ans seulement lesquels expirés, lesdits associés seront déchargés, si bon leur semble, de ladite nourriture et entretenement en leur assignant la quantité de terres défrichées suffisante pour leur subvenir avec le bled

nécessaire pour les ensemencer la première fois et pour vivre jusqu'à la récolte lors prochaine, ou autrement leur pourvoir en telle sorte qu'ils puissent de leur industrie et travail subsister audit pays et s'y entretenir par eux-mêmes; sans toutefois qu'il soit loisible ausdits associés et autres faire passer aucuns estrangers esdits lieux, mais peupler ladite colonie de naturels François, catholiques, et enjoignons à ceux qui commanderont en la Nouvelle-France, de tenir la main à ce qu'exactement ce présent article soit exécuté selon sa forme et teneur, ne souffrant qu'il y soit contrevenu pour quelque cause ou occassion que ce soit, à peine d'en répondre en leur propre et privé nom.

(2) Pour vaquer à la conversion des sauvages, et consolation des Français qui seront en la Nouvelle-France, y aura trois ecclésiastiques au moins en chacune habitation qui sera construite par lesdits associés; lesquels lesdits associés seront tenus, loger, fournir de vivres, ornemens, et généralement les entretenir de toutes choses nécessaires, tant pour leur vie que fonctions de leur ministère pendant lesdites quinze années, si mieux n'aiment, lesdits associés pour se décharger de ladite dépense, de distribuer aux ecclésiastiques des terres défrichées suffisantes pour leur entretien; même sera envoyé en ladite Nouvelle-France plus grand nombre d'ecclésiastiques, si besoin est, et que la compagnie, le juge expédient, soit pour lesdites habitations, soit pour les missions; le tout aux dépens desdits associés durant le temps desdites quinze années et icelles expirées, nous avons remis et remettons le surplus à la dévotion et charité, tant de ceux de ladite compagnie que des François qui seront sur les lieux; lesquels nous exhortons de subvenir abondamment, tant auxdits ecclésiastiques qu'à tous autres qui passeront en la Nouvelle-France pour travailler au salut des âmes.

(3) Et pour aucunement récompenser ladite compagnie des grands frais et avances qu'il lui conviendra faire pour parvenir à ladite peuplade, entretien et conservation d'icelle, nous avons par ce présent nostre édit, perpétuel et irrévocable, donné et octroyé, donnons et octroyons, à perpétuité auxdits cent associés, leurs hoirs et ayants cause, en toute propriété, justice et seigneurie, le fort et habitation de Quebec avec tout ledit pays de la Nouvelle-France dite Canada, tout le long des côtes depuis la Floride que nos prédécesseurs rois ont fait habiter en longeant les côtes de la mer jusques au cercle arctique pour latitude et de longitude depuis l'yle de Terre-Neuve, tenant à l'ouest

jusques au grand lac dit la mer Douce, et au-delà tant dedans les terres que le long des rivières qui y passent et se déchargent dans le fleuve appelé Saint-Laurent, autrement la grande rivière de Canada, et dans tous les autres fleuves qui les portent à la mer, terres, mines, minières pour jouir toutefois desdites mines, conformément à nos ordonnances, ports et havres, fleuves, rivières, étangs, îles, îleaux, et généralement toute l'étendue dudit païs au long et au large et par delà tant et si avant qu'ils pourront étendre nostre nom et le faire cognoistre, ne nous réservant que le ressort et la foi et hommage qui nous sera porté et à nos successeurs rois par lesdits associés, ou l'un d'eux avec une couronne d'or du poids de huit marcs à chaque mutation de rois et la provision des officiers de la justice souveraine qui nous seront nommés et présentés par lesdits associés lorsqu'il sera jugé à propos d'y en établir; permettant auxdit associés faire fondre canons et boulets, forger toutes sortes d'armes offensives et défensives, faire poudre à canon, bâtir et fortifier places, ezdits lieux, toutes choses nécessaires, soit pour la sûreté dudit pays, soit pour la conservation du commerce.

(4) Pourront lesdits associés améliorer et aménager lesdites terres ainsi qu'ils verront être à faire et icelles distribuer à ceux qui habiteront ledit pays et autres en telle quantité et ainsi qu'ils jugeront à propos, leur donner et attribuer tels titres et honneurs, droits, pouvoirs et facultés qu'ils jugeront être bon, besoin ou nécessaire selon les qualités, conditions et mérites des personnes et généralement à telles charges, réserves et conditions qu'ils verront bon estre, et néanmoins en cas d'érection de duchés, marquisats, comtés et baronnies, seront prises lettres de confirmation de nous sur la présentation de notre cousin le grand maitre chef sur-intendant général de la navigation et commerce de France.

(5) Et afin que lesdits associés puissent jouir pleinement et paisiblement de ce que nous leur avons donné et accordé, nous avons révoqué et révoquons par ces présentes, tous dons faits desdites terres parts ou portions d'icelles.

(6) Davantage nous avons donné et accordé, donnons et accordons auxdits associés pour toujours le trafic de tous cuirs, peaux et pelleteries de ladite Nouvelle-France : et pour quinze années seulement, à commencer dès le premier jour de janvier de l'année présente 1628, et finissant au dernier décembre que l'on comptera 1643, tout autre commerce soit terrestre ou naval qui se

pourra faire tirer, traiter ou trafiquer, en quelque sorte et manière que ce soit, en l'étendue dudit pays et autant qu'il se pourra étendre à la réserve de la pesche des molues et baleines seulement que nous voulons être libres à tous nos sujets, révoquant, à cet effet toutes autres concessions contraires à l'effet que dessus, même les articles cy-devant accordés à Guillaume de Caen et ses associés, et à ces fins interdisons, pour ledit temps, tout ledit commerce tant audit de Caen qu'à nos autres sujets à peine de confiscation de vaisseaux et marchandises; laquelle confiscation appartiendra à ladite compagnie : et nostre dit cousin le grand maître, chef et sur-intendant général de la navigation et commerce de France ne baillera aucuns congés, passeports ou permissions à autres qu'auxdits associés pour les voiages et commerce susdits en tout ou partie desdits lieux.

(7) Pourront néanmoins les François habitués ésdits lieux avec leur famille qui ne seront nourris ni entretenus aux dépens de ladite compagnie, traiter librement des pelleteries avec les sauvages, pourvus que les castors par eux traités soient, par après, donnés auxdits associés ou à leurs commis et facteurs qui seront tenus de les acheter d'eux sur le pied de quarante sols tournois la pièce; leur faisons très expresses inhibitions et défenses d'en traiter avec autres, sous pareilles peines de confiscation, et toutefois ne seront tenus, lesdits associés, de payer quarante sols de chacune peau de castor si elle n'est bonne, loyale et marchande.

(8) De plus nous avons fait don, par ces présentes, auxdits associés de deux vaisseaux de guerre de deux à trois cents tonneaux, armés et équipés, prêts à faire voile sans victuailles, toutefois lesquels seront au plutôt mis par nous en état de faire voyage et délivrés auxdits associés ou à leurs procureurs, pour cy-après être entretenus par lesdits associés et employés à l'usage et profit de ladite compagnie, et arrivant le dépérissement desdits vaisseaux par quelque voye que ce puisse être, excepté en cas que lesdits vaisseaux fussent pris par nos ennemis étant en guerre ouverte, seront obligés lesdits associés d'en substituer d'autres en leur place, à leurs dépens et iceux entretenir au profit de ladite compagnie.

(9) Et néanmoins nous voulons qu'en cas que lesdits associés manquent à faire passer dans les dix années des quinze jusques à quinze cents François de l'un et l'autre sexe, pour tout dédommagement de ladite inexécution, ils ayent à nous restituer la somme à laquelle la prisée desdits vaisseaux se trouvera mon-

ter ; comme aussi si dans les cinq années restantes des quinze, ils manquoient à faire passer le reste des hommes et femmes stipulés cy-dessus, sauf, si comme dit est, lesdits vaisseaux étoient pris par nos ennemis ; et sera la restitution de la prisée desdits vaisseaux prise sur le fonds de ladite société, si tant se peut monter, et s'il ne suffit ce qui en restera sera levé au sol la livre sur chacun desdits associés n'en payera qu'un centième et seront, audit cas, lesdits associés privés de la jouissance du commerce à eux accordé par le présent édit.

(10) Dans lesdits vaisseaux lesdits associés pourront mettre tels capitaines pour y commander, soldats et matelots pour y servir que bon leur semblera, prendront néanmoins lesdits capitaines commission ou provision de nous sur la nomination desdits associés; et pour commander dans toute l'étendue de ladite Nouvelle-France, en l'absence de notredit cousin le grand maître; ensemble dans les places et forts qui seront jà édifiés et qui seront cy-après construits et entretenus par lesdits associés, pour la sûreté dudit pays, ne sera par nous, ni nos successeurs rois, donné pouvoir à autres qu'à ceux de ladite compagnie que notredit cousin le grand maître choisira sur le nombre de trois personnes capables qui nous seront présentées de trois ans en trois ans par icelle compagnie ; et prêteront lesdits chefs et capitaines le serment entre les mains de notredit cousin le grand maître, et pour le regard des autres vaisseaux qui seront entretenus par lesdits associés leur sera loisible d'en donner le commandement à telles personnes que bon leur semblera en la manière accoutumée.

(11) Davantage, nous avons fait don à ladite compagnie de quatre couleuvrines de fonte verte, cy-devant accordées à la compagnie des Moluques : lesquelles ledit Caen a depuis retirées du défunt sieur de Muisson du Roudin, pour s'en servir à la navigation de la Nouvelle-France.

(12) Et pour exciter davantage plus nos sujets à se transporter ès-dits lieux et y faire toutes sortes de manufactures, nous avons accordé que tous artisans du nombre de ceux que lesdits associés s'obligent de faire passer auxdits pays et qui auront exercé leurs arts et métiers en ladite Nouvelle-France, durant six ans, en cas qu'ils veuillent retourner en ce royaume, soient réputés pour maîtres des chefs-d'œuvre et puissent tenir boutique ouverte dans notre ville de Paris et autres villes, en rapportant certificat authentique du service èsdits lieux ; et pour cet effet, tous

les ans, à chaque embarquement, sera mis un rôle au greffe de la marine de ceux que la compagnie fera passer en la Nouvelle-France.

(13) Et attendu que les marchandises de quelque qualité qu'elles puissent être qui viendront desdits pays, et particulièrement celles qui seront manufacturées èsdits lieux de la Nouvelle-France proviendront de l'industrie des François, nous avons exempté et déchargé, exemptons et déchargeons, pendant quinze ans, toutes sortes de marchandises provenant de la Nouvelle-France, de tous impôts et subsides, bien qu'elles soient voiturées, amenées et vendues en ce royaume.

(14) Comme aussi déclarons toutes munitions de guerre, vivres et autres choses nécessaires pour l'avitaillement et embarquement qu'il faudra faire pour la Nouvelle-France, exemptes, quittes et franches de toutes impositions et subsides quelconques pendant ledit temps de quinze années.

(15) Permettons à toutes personnes de quelque qualité qu'elles soient, tant ecclésiastiques, nobles, officiers que autres d'entrer en ladite compagnie, sans pour ce déroger aux privilèges accordés à leurs ordres; même pourront ceux de ladite compagnie, si bon leur semble, associer avec eux ceux qui se présenteront ci-après jusques au nombre d'outre cent, si tant s'en présente; et en cas que du nombre desdits associés il s'en rencontre quelqu'un qui ne soit d'extraction noble nous voulons et entendons anoblir jusqu'à douze desdits associés; lesquels jouiront, à l'avenir de tous privilèges de noblesse, ensemble leurs enfans nés et à naître en loyal mariage, et à cet effet nous ferons fournir auxdits associés douze lettres d'anoblissement signées, scellées et expédiées en blanc pour les faire remplir des noms desdits douze associés, pour être lesdites lettres distribuées par notredit cousin le cardinal de Richelieu à ceux qui lui seront présentés par ladite compagnie.

(16) Ordonnons que les descendans des François qui s'habitueront audit pays, ensemble les sauvages qui seront amenés à la cognoissance de la foy et en feront profession, soient désormais censés et réputés pour naturels François, et comme tels puissent venir habiter en France, quand bon leur semblera, et y acquérir, tester, succéder, accepter donations et legs tout ainsi que les vrais régnicoles et naturels François, sans être tenus de prendre aucune lettre de déclaration ni de naturalité.

Si donnons, etc.

N° 159. — Édit *de création de trois officiers, de trésoriers et receveurs généraux du droit de marc d'or, pour l'ordre du Saint-Esprit* (1).

Au camp de La Rochelle, août 1628; reg. en la ch. le 13 octobre suivant, et au parl. de Paris, le 9 janvier 1638. (Vol. FFF, f° 169. — Statuts de l'ordre du St.-Esprit, p. 116.)

N° 160. — Édit *pour le gouvernement et la police de La Rochelle, après la prise de cette ville* (2).

La Rochelle, novembre 1628; reg. au parl. le 15 janvier 1629. (Vol. DDD, f° 130. — Merc. franç., XIV, 720. — Joly, II, 1853.)

N° 161. — Déclaration *qui enjoint aux religionnaires rebelles* (3) *de poser les armes*.

Paris, 15 décembre 1628; reg. au parl. le 15 janvier 1629. (Vol. DDD, f° 129. — Merc. franç., XV, p. 28.)

N° 162. — Ordonnance (Code Michaud) *sur les plaintes des états assemblés à Paris en 1614, et de l'assemblée des notables réunis à Rouen et à Paris, en 1617 et 1626.*

Paris, janvier 1629; reg. avec modification au parl. de Paris, les 6, 7 et 16 mars, 8, 9, 11 et 15 mai (4) même année, à celui de Bordeaux, le 6 mars, à celui de Toulouse, le 5 juillet, et à celui de Dijon, le 19 septembre. (Néron, I, 782.)

---

(1) V. l'institution de cet ordre à la date de décembre 1578.

(2) Ce fut la chute du parti protestant jusqu'à la Fronde. — Le roi dit dans le préambule, que presque tous les troubles civils qui ont eu lieu sous son règne sont provenus des rébellions et insurrections de La Rochelle. En conséquence, il ordonne l'exercice libre et public en cette ville de la religion catholique, l'établissement d'un hôpital d'un ordre religieux d'hommes, l'érection sur la place du château d'une croix, sur le piédestal de laquelle sera écrit le récit de la réduction de La Rochelle, l'abolition à perpétuité de tous les privilèges de cette ville, et notamment de la mairie, échevinage et corps de ville, ordre des pairs et celui des bourgeois; la démolition des murs, remparts, bastions et autres fortifications, etc.

(3) Le roi se plaint qu'un grand nombre de protestans ont suivi l'exemple de rébellion donné par La Rochelle. Il espère que la prise de cette ville et *la singulière bonté dont il a usé envers les habitans d'icelle* (V. note sur l'édit précédent) décidera ceux qui sont encore en armes, à rentrer dans l'obéissance; déclare ceux qui ne poseraient pas les armes dans la quinzaine de la publication de cette déclaration, criminels de lèse-majesté au 1er chef. — V. ci-après juin 1629, déclaration contre les habitans de Privas.

(4) V. à la fin de l'ordonnance, le sommaire des séances du parlement de de Paris sur cette vérification.

Sommaire.

Art. 1ᵉʳ. Relatif au droit de remontrances des parlemens et cours souveraines.

Art. 2 à 38. Traitant des matières cléricales et de la juridiction ecclésiastique.

Art. 39 et 40. Relatifs aux mariages clandestins entre étrangers.

Art. 41 et 42. Relatifs à l'administration des hospices et à la police des mendians.

Art. 43 à 52. Priviléges des universités, réglemens sur l'imprimerie.

Art. 53 à 123. Administration de la justice.

Art. 123 à 169. Droit civil, substitutions, donations, successions, cessions, faillite, etc.

Art. 170 à 343. Droit criminel, armes prohibées, associations illicites, priviléges de la noblesse, vénalité des offices, délits de chasse, police militaire.

Art. 344 à 429. Tailles, officiers comptables, rachat du domaine et dispositions diverses.

Art. 430 à 462. Amirauté, marine, droit maritime.

Louis, par la grâce de Dieu, roy de France et de Navarre: à tous présens et à venir, salut. Les rois nos prédécesseurs ont témoigné par les ordonnances qu'ils ont fait publier en divers temps, le soin qu'ils ont eu que la justice fût dignement administrée; et par l'établissement des bonnes loix, travaillé à maintenir un bon ordre entre leurs sujets, soit en paix ou en guerre, par le moyen dequoi cet estat a fleuri plus que tous les autres de la terre; ce qui a donné sujet à leurs voisins et étrangers, d'emprunter souvent et se servir des réglemens qu'ils avoient faits: mais comme la malice des hommes s'est accrue par les troubles et déréglement dont notre royaume a été affligé par plusieurs années, quelque remède qu'on y aye voulu apporter, il n'a esté possible de pourvoir à tous les inconvéniens et abus que la licence avait introduits, ni à rétablir tout à-la-fois ce que la corruption de plusieurs siècles avoit fait mépriser ou pervertir: joint qu'il advient souvent qu'il y a tel changement aux choses humaines, que ce qui est utile en une saison, peut être aucunement préjudiciable en une autre, et les meilleures polices sont ordinairement sujettes à quelque déchéance, par la négligence de ceux qui n'ont pas le soin des le faire exactement entretenir. Et ayant toujours singulièrement affecté, que notre règne fût signalé des marques de la justice que Dieu nous a commise, pour la faire exercer en la plus grande sincérité qu'il nous sera possible, comme nostre intention et résolution est de nous en acquitter à sa gloire, au bien de nos sujets et de notre salut, et y pourvoir par bons remèdes sans y rien épargner. Pour cet effet, nous avons dès l'an 1614, peu de temps après nostre avènement à la couronne, assemblé en nostre bonne ville de Paris, les trois états de nostre royaume, et depuis en l'année 1617, en ladite ville de Rouen, et en l'an 1626, en ladite ville de Paris, convoqué plusieurs personnes notables de tous les ordres, et avec eux les principaux officiers de nos cours de parlement, et d'iceux reçu les remontrances et avis sur les propositions qui leur ont esté faites de notre part, sur le sujet des principaux et plus remarquables désordres que les guerres civiles avoient fait naistre en toutes conditions. Lesquelles propositions, remontrances, et avis, vus et examinez en nostre conseil privé, auquel estoient la reine nostre très-honorée dame et mère, notre très-cher et très-amé frère unique le duc d'Orléans, autres princes, seigneurs et officiers de nostre couronne, et autres grands personnages; avons par leurs avis, statué et ordonné, statuons et ordonnons ce qui s'ensuit:

(1) Que toutes les ordonnances faites tant par les rois nos prédécesseurs que par nous, depuis nostre avènement à la couronne, concernant tous les ordres de nostre royaume, règlement et police d'iceux, exercice et droits des charges de nos officiers, autres qui ne sont spécialement révoquées par aucunes subséquentes, ou par ces présentes, et non abrogées par usage contraire, reçu et approuvé de nos prédécesseurs ou de nous, seront gardées et observées par toutes nos cours de parlement, grand conseil, chambres des comptes, cour des aides, et autres nos cours, juges, magistrats, officiers et sujets, nonobstant toutes remontrances faites ou à faire sur aucun des articles d'icelles, ou des présentes; nonobstant aussi qu'aucunes desdites ordonnances n'ayant esté publiées en aucune desdites cours. Permettons néanmoins aux gens tenans nos cours de parlement, et autres cours souveraines nous faire telles remontrances qu'ils verront bon estre, sur les articles qu'ils pourroient estimer estre contre la commodité publique, ou avoir besoin de quelque interprétation ou déclaration, afin d'estre sur ce par nous pourvû selon que nous jugerons devoir estre fait; ce qu'ils feront dans six mois, à

compter du jour de la publication des présentes. Cependant voulons nosdites ordonnances estre observées, tant ès jugemens des procès qu'autrement, sans y contrevenir ni sans dispenser ou modérer les peines portées par icelles, pour quelque occasion, et sous quelque prétexte que ce soit, même sous couleur desdites remontrances non faites (1).

(2) Les monastères et abbayes qui sont chefs d'ordre, joüiront du droit d'élection, et pareillement les autres monastères qui sont demeurez en cette possession; à la charge d'y procéder, vacation avenant, en la forme de droit, suivant l'ordonnance de Blois (2).

(3) Nous n'entendons accorder ci-près aucunes coadjutoreries d'évêchez, ni d'abbayes: et au cas qu'il y en ait quelques brevets expédiez, nous les avons dès à présent révoquez et révoquons, si ce n'est que ceux qui les ont obtenus ayent fait expédier des bulles sur iceux. Et au cas qu'il en fût obtenu ci-après brevets de nous par surprise, importunité ou autrement, nous les déclarons dès à présent nuls et de nul effet et valeur; défendons aux secrétaires de nos commandemens d'expédier sur iceux aucunes lettres en cour de Rome. Et pour le regard de ceux qui ont esté pourvûs desdites coadjutoreries qui ne sont sacrez ou bénits, ni en possession des évêchez ou abbayes, nous écrirons et traiterons avec nostre saint père le pape, à ce qu'il soit apporté règlement, tel que le service de Dieu, et l'avancement de la sainte église catholique le peut requérir. Défendons d'obtenir aucunes coadjutoreries pour prébendes ou autres dignitez aux églises cathédrales ou collégiales ni même aux cures.

(4) Nous enjoignons expressément à tous prélats, tant réguliers que séculiers, procéder dans six mois après la publication de la présente ordonnance, à la réformation des abbayes, prieurez et autres maisons de leurs diocès, tant de religieux que de religieuses, non estans en congrégation réformée, y faire garder la règle monastique et closture, conformément à l'ordonnance de Blois, articles 30 et 31, nonobstant toutes réserves au saint siège; et tenir la main suivant les constitutions ecclésiastiques, à ce que les supérieurs desdites congrégations y fassent observer les règles et constitutions, et s'acquittent de ce qu'ils doivent (3).

---

(1) V. l'art. 16 de l'édit de Roussillon, l'art. 1 et 2 de Moulins, et l'art. 208 de Blois.
(2) V. l'ord. de Blois, art. 3. Concil. Trid. sess. 25, cap. 11. et l. 20. Digest. de Regul. Juris.
(3) V. l'ord. de Blois, art. 30, l'art. 20 d'Orléans, et 6 de l'édit de 1599, et art. 2 de Melun.

(5) Les cures, églises et chapelles dépendantes de l'ordre de Saint-Jean de Jérusalem, seront sujettes à la vérification et juridiction des ordinaires, en ce qui concerne la correction des abus qui se commettent en l'administration des sacremens, tant de mariage qu'autres, célébration de l'office divin et résidence, sans préjudice des priviléges dudit ordre en autre chose.

(6) Les archevêques et évêques en leurs diocèses, vaqueront incessamment à établir les séminaires, suivant le premier article de l'édit de Melun, pour faciliter l'exécution duquel en ce point, tous bénéfices excédans six cents livres en revenu, seront tenus d'y contribuer, nonobstant oppositions ou appellations quelconques, pour lesquelles ne sera différé. Enjoignons à nos cours souveraines, et autres nos juges, de tenir la main à l'exécution de ce qui aura été ordonné pour ce regard (1).

(7) Nous défendons à tous prêtres, tant réguliers que séculiers, de s'immiscer ès fonctions spirituelles des cures, et autres bénéfices, sans mission et institution canoniques ; à quoi les évêques et autres supérieurs veilleront, et en cas de contravention par lesdits prêtres, seront exemplairement punis.

(8) Les abbez, abbesses et autres chefs de monastère, avant recevoir aucun à faire vœu et profession en iceux monastères, en avertiront les évêques diocésains à ce qu'ils ayent à s'informer des volontez et intention de ceux qui se présentent pour faire ledit vœu.

(9) Toutes personnes qui, après l'an de probation, auront pris l'habit de religieux profez de quelque ordre que ce soit, et demeuré cinq ans avec ledit habit dans le monastère où ils l'auront pris, ou autre du même ordre, seront censez et réputez profez, et partant incapables de disposer de leurs biens, succéder à leurs parens, ni recevoir aucune donation.

(10) Les graduez simples et nommez qui prétendront obtenir bénéfices en vertu de leurs degrez, seront examinez par les ordinaires, avant pouvoir obtenir aucun bénéfices : duquel examen leur sera baillé acte par ledit ordinaire, pour leur servir en temps et lieu et ne pourra ledit examen leur être refusé. Ne pourront néanmoins lesdits graduez prétendre en vertu desdits degrez, les bénéfices résignez ès mains de l'ordinaire, pourvû que ladite résignation ait été faite sans fraude.

(11) Les prieurez simples ne seront conférez qu'à personnes

---

(1) V. l'ord. de Melun, art. 1 et l'art. 24 et 26 de Blois.

ecclésiastiques de bonne vie et suffisante doctrine, qui seront tenus de prendre visa des évêques diocésains. Mais d'autant qu'en plusieurs lieux les cures ont si peu de revenu, qu'à faute de pouvoir suffire à la nourriture et entretenement de leur curé, elles sont abandonnées, et notre peuple destitué de la nourriture spirituelle, et exposé aux misères dont l'expérience fait tous les jours sentir et pleurer les inconvéniens : pour remédier à ce mal, les archevêques et évêques, chacun en leur diocèse, pourvoiront avec connoissance de cause, selon la forme de droit, et l'art. 27 de l'édit de Melun, à unir aux cures qui se trouveront si pauvres, les revenus desdits prieurez, ou autres bénéfices, curez ou non curez estans en leur collation, selon qu'il se pourra commodément faire; en sorte que lesdites cures ayent en tout revenu jusques à la concurrence de trois cents livres par an; à la charge toutefois que l'union et augmentation de revenu soit faite aux plus pauvres par préférence aux autres. Et lesdits curez seront tenus résider en personne sur les lieux, nonobstant la proximité des villes; autrement et à faute de ce faire, tant pour leur regard que toutes autres cures, nous voulons en conséquence du 14° article de l'ordonnance de Blois, et 7 de l'édit de Melun, les fruits desdites cures estre saisis, et leur tomber en pure perte au profit des pauvres, et hôpitaux des lieux prochains, pour autant de temps qu'ils auront manqué à ladite résidence. A cette fin voulons qu'ils soient sommez à la requeste de nos procureurs généraux ou leurs substituts, par exploits faits au domicile et lieu desdits bénéfices, de satisfaire à ladite résidence. Et à faute de ce faire actuellement et continuellement dans un mois après, ou plus ou moins, selon la distance des lieux, voulons être procédé ausdites saisies et application des fruits dûs et échûs aux effets susdits, sans avoir égard à quelques quittances d'avance que les fermiers ou receveurs pourroient mettre en avant. Ce que nous voulons estre observé contre tous autres bénéficiers, suivant et en exécution desdits articles de Blois et Melun, lesquels en tant que besoin seroit, nous renouvellons, et ordonnons derechef le contenu en iceux. Esquelles cures, moyennant ladite union et valeur de trois cents livres par an, lesdits curez seront tenus d'entretenir pour le moins un chapelain ou vicaire, à ce que le service divin, et l'administration des sacremens soient plus dignement faits, et nos sujets mieux assistez en leurs nécessités spirituelles (1).

---

(1) V. l'ord. de Melun, art. 7 et 27, et celle de Blois, art. 14.

(12) Des cures qui sont à présent unies aux abbayes, prieurés, églises cathédrales et collégiales, seront doresnavant tenues à part et à titre de vicariat perpétuel, sans qu'à l'avenir lesdites églises puissent prendre sur icelles cures autres droits qu'honoraires, tout le revenu demeurant au titulaire, si mieux lesdites églises et autres bénéfices dont dépendent lesdites cures, n'aiment fournir ausdits curez ladite somme de trois cents livres par an, dont sera fait instance à notre saint père le pape.

(13) Et d'autant que les abbez, prieurs, chapitres, et autres qui possèdent et jouissent les dixmes des paroisses destinées à la nourriture de ceux qui administrent les sacremens, s'en déchargent en baillant peu de gros aux curez desdites paroisses, qui ne peut suffire à leur nourriture et entretenement, et sont lesdits curez et vicaires perpétuels, réduits à demander des portions congrues, qui leur sont arbitrées à si peu, eu égard au surcroît du prix de toutes choses, qu'ils n'ont moyen de s'entretenir; ce faisant lesdites cures sont destituées, ou ceux qui les desservent réduits à si grandes misères qu'ils ne peuvent suffire: voulons que désormais les portions congrues qui seront adjugées ausdits curez ou vicaires perpétuels, ne puissent estre estimées à moins que trois cents livres de revenu pour toutes choses que les évêques, abbez, prieurs, chapitres et autres possédans dixmes des paroisses, seront tenus de payer ausdits curez, en cas de demandes e réduction à une portion congrue, au lieu de gros ou autres redevances qu'ils fournissent ausdits curez, la somme de trois cents livres, nonobstant toutes ordonnances, coutumes et usages à ce contraires, à quoi nous avons dérogé et dérogeons.

(14) Nous exhortons et néanmoins enjoignons aux évêques et archevêques de pourvoir aux cures, de personnes capables qui seront jugées telles, après suffisant examen; et en cas que plusieurs se présentent à la dispute, préfèreront le plus capable, et celui du diocèse et natif du lieu, à l'étranger, en cas de concurrence de capacité et suffisance, présupposant aux uns et aux autres les bonnes mœurs et la bonne vie, qui avec médiocre, mais suffisante doctrine, est préférable à la doctrine éminente, qui n'est accompagnée de si bonnes mœurs et de telle dévotion. Ne sera permis au pourvu d'accepter office de promoteur ou official ès cours ecclésiastiques, ni aucune prébende ou autre bénéfice qui le puisse dispenser de la résidence actuelle: et où aucuns en seroient à présent pourvus, nous leur enjoignons d'opter dans

trois mois; autrement ledit temps passé, seront lesdites cures et prébendes déclarées vacantes et impetrables.

(15) Les archevêchez, évêchez, cures et hôpitaux, ne seront à l'avenir chargez d'aucunes pensions. Et quant aux abbayes et autres bénéfices estant à nostre nomination, ne le seront pareillement, sinon pour grande considération, et en faveur de personnes ecclésiastiques seulement.

(16) Nous entendons jouir du droit de régale, qui nous appartient à cause de nostre couronne, ainsi que par le passé. Voulons néanmoins que celui qui aura esté pourvu d'un bénéfice par le collateur ordinaire, et joui d'icelui paisiblement l'espace de trois ans du jour de la prise de possession, ne puisse estre troublé ou inquiété en vertu de nostre collation; le tout suivant l'édit sur ce fait par nostre très honoré seigneur et père, en l'an 1606 au mois de décembre.

(17) Ne seront ci-après nommez aucunes personnes à cause de nostre joyeux avénement, que sur les églises cathédrales seulement, et ce pour gratifier les ecclésiastiques servans près nostre personne, et qui s'en trouveront dignes, lesquels ne pourront céder leur droit à d'autres qui ne seront de cette qualité. Lesquelles cessions en ce cas nous déclarons nulles, et les provisions obtenues en vertu d'icelles, sans effet et sans privilèges de la jurisdiction ni autres.

(18) Pour réprimer les crimes de simonie et confidence, trop fréquens en ce siècle, à nostre grand regret, nous ordonnons qu'il soit sévèrement procédé contre toutes personnes qui auront commis lesdits crimes, voulons que suivant le 21° article de l'ordonnance de Blois, les bénéfices dont les pourvus seront infectez de ce vice, puissent estre impétrez, soit à nostre nomination, s'ils sont de cette qualité, ou par l'ordinaire auquel la collation en appartiendra; et seront les preuves desdites confidences et simonies reçues, suivant les bulles et constitutions canoniques sur ce faites (1).

(19) Aucun bénéfice ne sera réputé vaquer que par la mort du titulaire, ou autres voyes de droit.

(20) Ne voulans qu'il soit à l'avenir abusé du droit d'indult accordé par nos saints pères les papes, aux rois nos prédécesseurs, en faveur de nos officiers; pour cet effet ordonnons que les indultaires ou leurs nommez ayant transigé ou composé de leur no-

---

(1) V. l'ord. de Blois, art. 21.

mination, soient tenus pour remplis : et après l'insinuation desdites lettres de nomination qui se fera dans les deux mois au greffe des insinuations ecclésiastiques du diocèse où le bénéfice sera assis, ledit nommé se présentera à l'ordinaire pour estre examiné et rapportera certificat de sa capacité. N'entendons que les doyennez eslectifs ou bénéfices ayans charges d'ames, soient affectez audit indult, ains les avons dechargez; et seront lesdites lettres de nomination obtenues de nous, et registrées au greffe de notredite cour de parlement, pour y avoir recours quand besoin sera.

(21) En ajoutant au douzième article de l'ordonnance de Blois, nous défendons à nos juges d'avoir égard aux provisions expédiées en forme gracieuse, si l'impétrant n'a informé auparavant de sa vie, mœurs et religion catholique pardevant le diocésain des lieux, et subi l'examen pardevant lui-même, dont sera fait mention èsdites provisions; faisant défenses à tous prélats et autres que lesdits ordinaires des lieux, d'en prendre connoissance, et à tous nos sujets de s'adresser ailleurs, à peine de privation des bénéfices impétrez, et sans que nos juges puissent avoir égard aux provisions obtenues contre notre présente ordonnance (1).

(22) En cas de refus fait par lesdits ordinaires, de bailler des provisions de bénéfices qui sont de leur collation ou d'octroyer visa sur celles qui auront esté obtenues en cour de Rome, nos cours souveraines n'useront de contraintes contre les collateurs, ains renvoyeront les parties aux supérieurs, pour y estre pourvu.

(23) Défendons aussi suivant les ordonnances des lois nos prédécesseurs, et les indults de nos saints pères les papes, à tous prélats et cours ecclésiastiques, d'user d'aucunes censures contre nos juges et officiers, pour raison de la fonction de leurs charges, à peine de saisie de leur temporel, et d'estre procédé contre eux comme infracteurs de nos loix. Et au cas qu'ils se trouvent grévez par nosdits juges, ils en feront leurs plaintes en nos cours souveraines; et si c'est contre nos cours souveraines, ils se retireront pardevers nous en notre conseil, pour leur estre pourvu ainsi que de raison, voulans que lesdits ecclésiastiques, toutes choses cessantes, soient conservez aux droits et autoritez prérogatives et prééminences qui leur appartiennent (2).

---

(1) V. l'ord. de Blois, art. 12.
(2) V. l'art. 38 de l'ord. de Blois.

(24) Les ecclésiastiques feront insinuer ès greffes des insinuations, les provisions et autres actes dont ils se voudront aider, à peine de nullité, suivant nos anciennes ordonnances; faisant défenses aux greffiers desdites insinuations, de prendre plus grand salaire que celui qui leur est attribué par leur establissement, et les réglemens sur ce fait.

(25) Ne pourront lesdits greffes estre à l'avenir exercez par les domestiques des ordinaires, si aucuns s'en trouvent à présent pourvus, nous voulons qu'ils s'en démettent dans trois mois après la publication de la présente ordonnance, et ce à peine de privation d'iceux.

(26) Les registres desdits greffiers seront chiffrez et paraphez par les archevêques, évêques et autres ordinaires, au commencement de chacune année, à peine de nullité des cotes et enregistremens, dommages et intérêts des parties.

(27) Tous actes, sentences, conclusions et autres procédures des officialitez, et autres juridictions ecclésiastiques seront conçus en langage françois, fors pour ceux qui doivent estre renvoyez à Rome, lesquels seront expédiez en latin comme de coutume.

(28) Les promoteurs des sièges ecclésiastiques, tant inférieurs que supérieurs, prendront en main les causes criminelles qui se présenteront en leurs sièges et les poursuivront jusques au jugement d'icelles; ores qu'il n'y ait partie civile ou instigante, à ce que les crimes ne demeurent impunis.

(29) Nous enjoignons à tous curez faire doresnavant par chacun an bons et fidèles registres des batèmes, mariages, mortuaires, et iceux porter dans le premier mois de l'année suivante aux greffes de nos justices ordinaires plus prochaines, à peine de cinquante livres d'amende. Défendons aux greffiers d'exiger aucune chose d'eux à peine de concussion.

(30) Les réparations des églises seront faites suivant l'ordonnance du 5 novembre 1572, aux frais desquelles enjoignons à nos juges contraindre par toutes voyes ceux qui de droit ou coutume particulière des lieux en sont tenus. Voulons que les fruits des prélatures, abbayes et bénéfices vacans, soient employez aux réparations des bâtimens desdits bénéfices, sans toutefois y comprendre les fruits et revenus provenans des régales: à quoi nos procureurs généraux et leurs substituts tiendront la main et feront procéder ausdites saisies.

(31) Défendons à nosdites cours et juges de prendre aucune

connoissance et jurisdiction des causes spirituelles ni de celles qui concernent l'administration des sacremens, et autres qui appartiennent aux juges ecclésiastiques, ni d'entreprendre directement ni indirectement sur leur jurisdiction, même sous prétexte de complainte ou possessoire appliqué ausdites causes, conformément au quatrième article de l'édit fait en l'an 1610, ni plus avant qu'ès cas portez par les ordonnances des rois nos prédécesseurs, et les nostres de 1610. Voulons aussi et entendons que les ecclésiastiques jouissent des immunitez, graces et priviléges à eux accordez par les rois nos prédécesseurs et nous, suivant et conformément aux ordonnances et déclarations à eux octroyées, vérifiées en nos cours de parlement (1).

(32) Défendons à tous nos juges d'entreprendre sur les terres des ecclésiastiques ausquelles ils sont hauts justiciers, sinon ès cas royaux, et autres cas de nos édits et ordonnances.

(33) Nous faisons très expresses inhibitions et défenses à tous gentilshommes, à nos officiers et tous autres gens de main forte, de prendre à ferme sous leur nom ou de leur domestiques, ou de personnes interposées, les dixmes, terres et possessions des ecclésiastiques, sur peine d'estre déclarez roturiers et incapables de tenir offices de nous, et de trois mille livres d'amende, applicables moitié aux hôpitaux des lieux, et l'autre moitié aux réparations du bénéfice duquel lesdits biens dépendent (2).

(34) Les titres et enseignemens des abbayes et autres monastères, seront inventorisez en présence de nos procureurs, et copies desdits inventaires duement collationnées, mises ès greffes de nos jurisdictions prochaines, et lesdits titres ès archives d'iceux monastères ou en autre lieu sûr, qui sera choisi par le titulaire avec les religieux, et enfermez sous trois clefs, dont le titulaire ou commandataire aura l'une, les prieurs clostraux une autre, et la troisième sera mise ès mains de celui que lesdits religieux choisiront (3).

35) Défendons à tous ecclésiastiques, même à ceux de l'ordre de Saint Jean de Jérusalem, faire couper aucuns bois de haute-

---

(1) V. l'art. 1 et suivans de l'ord. de 1539, l'art. 6 de l'ord. du 6 avril 1571, et 12 de celles de l'an 16 6.

(2) V. l'art. 17 de l'ord. d'Orléans, édit du 7 septembre 1568, art. 48 de Blois, 28 de l'édit de 1606, 16 de l'édit du 16 avril 1571, et l'art. 8 de l'ord. d'Amboise.

(3) V. l'art. 66 de Blois.

futaye, sans nostre permission vérifiée en nos cours de parlement. Et les marchands qui en achetteront autrement, seront responsables et contraints à la restitution du prix dudit bois, nonobstant le payement qu'ils en auront fait aux vendeurs.

(36) Nous ordonnons que d'oresnavant les assemblées du clergé ne se feront que de cinq ans en cinq ans, et qu'en icelles ne sera envoyé plus de deux députés de chacune province, dont l'un au moins sera du second ordre. N'entendons toutefois avancer le temps de la prochaine assemblée, ains qu'elle soit tenue au temps arrêté en la dernière assemblée tenue à Fontenay, et approuvé par nous.

(37) Les offices de nos conseillers-clercs en nos cours de parlement, ne pourront être résignés qu'à personnes ecclésiastiques, et venans lesdits offices à vaquer par mort, ensemble ceux qui se trouveront tenus par personnes laïques, par dispense ou autrement, seront affectés auxdits ecclésiastiques, jusqu'à ce que le nombre des conseillers-clercs, porté par l'établissement desdites cours, soit remply. Enjoignons à nos procureurs généraux en nosdites cours envoyer dans six mois à nostre très cher et féal garde des sceaux, le rolle et estat desdits offices, et par qui sont tenus ceux qui ont été laissés (1).

(38) Voulons aussi et entendons appeler en nos conseils aucuns des principaux de nostre clergé, pour y avoir entrée, séance et voix. Outre lesquels les autres prélats qui en ont prêté le serment, pourront y entrer et seoir selon et en la manière qu'il est porté par les réglemens de nosdits conseils des années 1624 et 1628.

(39) L'ordonnance de Blois, touchant les mariages clandestins, sera exactement observée; et y ajoutant, voulons que tous mariages contractez contre la teneur de ladite ordonnance soient déclarez non valablement contractez, faisant défenses à tous curez et autres prêtres séculiers ou réguliers, sur peine d'amende arbitraire, célébrer aucun mariage de personnes qui ne seront de leurs paroissiens, sans la permission de leurs curez ou de l'évêque diocésain, nonobstant tous priviléges à ce contraires. Et seront tenus les juges ecclésiastiques juger les causes desdits mariages, conformément à cet article (2).

---

(1) V. l'ord. sur les remontrances du clergé de 1596, art. 11 et 12, de 1610, art. 8.

(2) V. l'ord. de Blois, art. 40. Concil. Trident. cap. 1 reform. sess. 24.

(40) Nous défendons à tous juges, même à ceux de cour d'église de recevoir à l'avenir aucune preuve par témoins et autres, que par écrit, en fait de mariage, fors et reservé entre personnes de village, basse et vile condition, à la charge néanmoins que la preuve n'en puisse être admise que des plus proches parens de l'une et l'autre des parties, et au nombre de six pour le moins.

(41) Nous voulons que les ordonnances et réglemens faits par les rois nos prédécesseurs et nous, sur le fait des hôpitaux, Hôtel-Dieu, maladeries et autres lieux pitoyables, soient gardées et observées : que dans trois mois après la publication des présentes en chacun siége, les substituts de nos procureurs généraux fassent travailler à l'inventaire des titres desdits lieux, pour la conservation des droits et revenus d'iceux, suivant l'art. 65 des ordonnances de Blois, et qu'ils envoyent autant dudit inventaire au greffe de nos chambres des comptes, outre celui qu'ils mettront au greffe desdites juridictions (1).

(42) Nous ordonnons qu'en toutes les villes de nostre royaume, l'ordre et réglement ordonné pour nos villes de Paris et Lyon ou la clôture, entretenement et nourriture des pauvres soit suivi; en ce faisant, voulons que tous pauvres mendians aient à se retirer ès lieux de leur naissance ou domicile, à quoi nous enjoignons à nos procureurs de tenir la main. Mandons à tous nos officiers, maires et échevins, et consuls des lieux, et chacun d'eux à qui la police et administration du fait des pauvres appartient, qu'ils ayent à travailler incessamment, que lesdits pauvres soient accueillis avec la charité qu'il appartient, et les valides employez à ce à quoi chacun d'eux sera plus propre à travailler, en sorte que nos sujets soient délivrez de l'incommodité qui provient de la fréquence et assiduité desdits pauvres ès églises, rues et lieux publics de nosdites villes; les occasions ôtées à l'oisiveté de commettre les scandales que l'on en voit trop souvent, et la misère des vrais pauvres soulagée.

(43) Les édits et ordonnances des rois nos prédécesseurs sur le fait des universitez seront gardées et observées, ensemble les statuts, réglemens et arrêts sur ce intervenus; ne pourront aucuns gages ou appointemens ordonnez aux lecteurs ou autres, estre payez, sinon à ceux qui lisent actuellement et selon leur obligation et institution. Voulons ce qu'ils auront reçu autrement estre rayé et répété sur eux, sans que le laps de temps les

---

(1) V. l'ord. de Blois, art. 65.

en puisse exempter, ni leurs héritiers. Défendons toute vénalité, survivance ou résignation desdites charges et lectures, à peine de privation. Voulons qu'il y soit pourvu selon qu'il est porté par les fondations et institutions d'icelles.

(44) A ce que les universitez de nostre royaume puissent estre conservées et entretenues en la fréquence et célébrité requise pour l'avancement des bonnes lettres, nous défendons à toutes personnes, soit de l'université ou autres, faire lecture publique ailleurs qu'èsdites universités, même lire en droit civil en nostre ville de Paris ou ailleurs en assemblée des écoliers, à peine de cinq cents livres d'amende.

(45) Nous défendons toutes assemblées de nations, festes et confrairies, sous le nom des princes, prieurs, ducs et autres chefs; voulons et entendons qu'elles soient abolies en toutes universitez de ce royaume; ensemble toutes levées de deniers qui se font sous prétexte desdites confrairies; ce que nous enjoignons à nos cours de parlement et autres officiers de faire exécuter et garder exactement (1).

(46) Nous faisons très expresses inhibitions et défenses à tous docteurs, régens et autres, sceller aucunes lettres de degré, si ce n'est en droit, d'autre scel que de l'université en laquelle seront conférés lesdits degrez, à peine de faux, ausquels degrez nul ne sera reçu qu'il n'ait étudié l'espace de trois ans en ladite université ou en une autre, pour partie dudit temps, et en ladite université pour le surplus, dont il rapportera certificat suffisant, et qu'il n'ait répondu publiquement, à peine de privation de gages desdits docteurs et nullité desdites lettres. Ausquels docteurs et autres sont pareillement faites deffenses de bailler et délivrer aucunes lettres de degrez qu'à personnes présentes, et qui ayent fait l'épreuve susdite devant eux et en public en ladite université.

(47) Nous défendons à tous nos sujets, de quelque état et condition qu'ils soient, d'envoyer leurs enfans etudier hors notre royaume, païs et terres de nostre obéissance, sans notre permission et congé.

(48) L'expérience nous ayant fait connoître que les priviléges de l'université de Paris, favorablement accordez par les rois nos prédécesseurs, lesquels nous désirons de pareille affection entretenir et conserver, par l'abus qui s'y est glissé contre l'in-

---

1. V. ord. de 1539, art. 188. et seq., et celle de Moulins, art. 74.

tention de ceux qui les ont premièrement poursuivis et obtenus, causent beaucoup de troubles et de traverses en la distribution de la justice en toutes nos jurisdictions ordinaires, mesme en nos cours de parlemens. A quoi voulant pourvoir, affermir à l'avenir lesdits priviléges, et en retrancher les abus, nous ordonnons que les priviléges accordez par lesdites ordonnances à ladite université de Paris, seront gardez et observez, et à cette fin que les personnes qui ont droit de jouir du privilége d'icelle, pourront plaider en première instance pardevant le prévôt de Paris, en demandant ou défendant, et y faire évoquer ou renvoyer leurs causes, pourvu que ce ne soit cause politique, ou que sur les lieux, notre procureur ne soit partie et que lesdites causes ne soient tirées de plus loin que de quatre journées, qui se pourront étendre jusques à soixante lieues, sauf pour le regard des principaux des colléges, précepteurs et régens, lesquels pourront faire convenir et poursuivre de tout le royaume pardevant ledit prévost de Paris pour le payement des pensions, loüages des chambres et autres nécessitez fournies aux écoliers seulement, suivant les ordonnances de 1502 et 1554, et l'arrest donné aux grands jours de Moulins le 22 octobre 1540.

49 Que tous les ans sera mis au greffe de la conservation au Chastelet de Paris, un estat de tous les docteurs régens, principaux, lecteurs, bedeaux, messagers, suppôts et officiers des universitez qui doivent joüir du privilége d'icelles, et ne pourra aucun y estre compris, ni en vertu d'icelui joüir dudit privilége, s'il n'exerce lui-même actuellement, continuellement et en personne la charge et office pour raison duquel il est mis audit rolle et état, et prétend joüir dudit privilége. Duquel estat l'extrait signé du greffier sera avec la testimoniale expédiée en la forme de l'article 83 de l'ordonnance de Blois, attaché aux lettres et commissions qu'ils feront expédier sur ce. Et pour le regard des autres qui en doivent joüir à raison de l'étude à laquelle ils vaquent, le temps durant lequel chacun en doit joüir demeurera limité et réglé : à sçavoir pour les artiens, l'espace de quatre ans; pour les decretistes et légistes, sept ans; et pour les médecins huit ans; les théologiens quatorze ans. Et pour le regard de ceux qui régentent, ils joüiront durant le temps qu'ils régenteront en public sans préfinir le temps, sauf après avoir régenté par l'espace de vingt ans continuels leur estre accordé ladite joüissance, encore qu'ils ne régentent plus, pourvû qu'ils soient résidens et demeu-

rent actuellement et continuellement en ladite université (1).

(50) Que nulle testimoniale, commission, évocation au renvoy, ne pourra être accordée ni expédiée hors lesdits cas, à peine de nullité et de tous dépens, dommages et intérêts contre ceux qui les obtiendront ou s'en serviront. En toutes lesquelles lettres sera exprimé le genre d'estude, auquel vaqueront lesdits impétrans, la quatrième année de ladite estude ils passent (*sic à l'original*) leur demeure et leur âge. Et tous lesdits étudians esdits arts, décret, médecine ou théologie, feront déclaration de leur première année de chaque estude au greffe de ladite conservation, dont l'acte sera insinué et attaché aux commissions et pareatis qu'ils feront expédier.

(51) Que le privilège n'aura lieu pour ceux qui agiront par cession des droits d'autry, par transports libres et volontaires, ni pour ceux qui interviendront en fraude, ou en vertu d'un titre ou droit acquis depuis la contestation en cause du procès auquel ils interviendront : et seront tenus en intervenant de faire apparoir du titre en vertu duquel ils demanderont d'être reçûs partie intervenante, autrement seront déboutez de leur intervention (2).

(52) Les grands désordres et inconvéniens que nous voyons naistre tous les jours de la facilité et liberté des expressions au mépris de nos ordonnances, et au grand préjudice de nos sujets, et de la paix et du repos de cet estat, corruption de mœurs, et introduction des mauvaises et pernicieuses doctrines, nous obligent d'y apporter un remède plus puissant qu'il n'a esté fait par les précédentes ordonnances; encore que la force des loix consiste plus en la vigilance des magistrats sur l'observation et exécution d'icelles qu'en ce qu'elles contiennent. C'est pourquoi suivant le 78ᵉ article des ordonnances faites à Moulins, nous défendons à tous imprimeurs, tant de notre ville de Paris que de toutes les autres de nostre royaume, païs et terres de notre obéissance, d'imprimer à tous les marchands libraires ou autres, de vendre ou débiter aucuns livres ni écrits qui ne portent le nom de l'auteur et imprimeur, et sans nostre permission par lettres de nostre grand sceau, lesquelles ne pourront estre expédiées qu'il n'ait esté présenté une copie du livre manuscrit à nos chan-

---

(1) V. l'ord. de Blois, art. 85, et l'ord. de l'an 1618 sur les statuts des marchands libraires, art. 3.
(2) V. l'ord. du dernier août 1490, art. 5, et 1610, art. 17.

celier ou garde des sceaux, sur laquelle ils commettront telles personnes qu'ils verront estre à faire selon le sujet et matière du livre, pour le voir et examiner, et bailler sur icelui, si faire se doit, leur atestation en la forme requise, sur laquelle sera expédié le privilége. Duquel manuscrit à cette fin seront faites deux copies, dont l'une portant l'original de ladite attestation, sera laissée ès mains de nosdits chancelier ou garde de sceaux, et l'autre collationnée sur icelle, ès mains du libraire ou imprimeur au nom duquel sera délivré ledit privilége. Remettant néanmoins à la discrétion et prudence de nosdits chancelier et garde des sceaux, de dispenser de cette observation ceux qu'ils verront devoir faire, soit par le mérite et dignité des auteurs ou autres considérations. Défendons à tous lesdits imprimeurs et libraires de contrevenir à la présente ordonnance, sur les peines portées par ladite ordonnance de Moulins et d'estre interdit pour un an de l'exercice et trafic de leur état, et de fermer leur boutique pendant ledit temps. Et quant aux livres qui seront apportez de dehors le royaume, ils ne pourront être vendus ni débitez sans qu'au préalable la facture et inventaire d'iceux ayent esté représentez au lieutenant civil de nostre prévost de Paris, les lieutenans de nosdits baillifs et sénéchaux, et à nos procureurs respectivement; le tout sur peine de punition corporelle, confiscation desdits livres et de mille livres d'amende (1).

(53) Enjoignons à toutes nosdites cours de procéder incessamment, et toutes choses délaissées, à la publication des édits, ordonnances et lettres-patentes qui leur seront par nous adressées, si ce n'est que nosdites cours eussent quelques remontrances à nous faire sur aucuns points desdits édits et ordonnances: lesquelles ils nous pourront faire réitérer dans deux mois au plus tard après la datte de nosdits édits et lettres. Et après avoir entendu nostre volonté sur icelles, nous voulons et ordonnons qu'il soit passé outre à la publication d'icelles toutes choses cessantes et sans aucune remise : et que lesdites ordonnances soient gardées et observées exactement par tous nos officiers et sujets, et sans y contrevenir, soit que la publication ait esté faite en nostre présence de nostre exprès mandement, ou que nosdites cours eussent réservé à nous de faire de plus amples et itératives remontrances.

(54) Et afin d'obliger entièrement tous nos juges et officiers à l'observation de nos ordonnances, nous avons par ces présentes

---

(1) V. l'ord. de Moulins art. 78.

renouvellé et renouvellons l'article 208 des ordonnances de Blois, déclarant de rechef tous les jugemens, sentences et arrests qui seront donnez contre la forme et teneur desdites ordonnances, nuls et de nul effet et valeur.

(55) Pour ce qu'au préjudice de nos ordonnances, mêmes de celles de Blois article 116 confirmatives d'autre article des ordonnances d'Orléans et clauses apposées aux provisions d'offices, de n'avoir lieu, si non au cas que les pourvûs n'ayent ès compagnies où ils entrent aucuns parens ou alliez au degré prohibé par lesdites ordonnances, ont esté reçus en nosdits parlemens et autres compagnies plusieurs officiers ayans parens et alliez de ladite qualité, dont il arrive tel désordre en nostre justice, que nos sujets sont grandement vexez et opprimez, plusieurs familles se rendant si puissantes dans les compagnies que l'on n'ose s'adresser à ceux qui en sont, ou des affaires desquelles ils s'entremettent, dont il naist encore d'autres grands inconvéniens dommageables au public et particulier; pour raison de quoy nous sommes contraints trop souvent d'accorder des évocations, ensorte que le cours de la justice en est diverty et les parties consommées en frais et dépens pour s'en garentir; nous voulons et ordonnons que les ordonnances sur ce faites, soient exactement gardées et observées par toutes nos cours et compagnies souveraines, et autres sièges, sous les peines y contenues; défendons à nos chancelier et garde des sceaux, d'expédier ni faire sceller lesdites provisions lorsqu'ils auront connoissance desdites parentez. Déclarons dès à présent lesdites provisions et réceptions faites en conséquence d'icelles, au préjudice de nos ordonnances, nulles et de nul effet et valeur : et les arrests où lesdits pourvûs et reçus auront assisté, aussi nuls. Voulons que nonobstant les dites provisions et réceptions il soit pourvû ausdits offices d'autres personnes capables, sans aucune répétition de ce que lesdits pourvûs contre nos ordonnances, auront payé pour le droit de finance et marc d'or, que nous voulons leur tourner en pure perte. Déclarant aussi les pourvûs desdits offices contre nos ordonnances responsables des dommages et intérests des parties procédans de la nullité desdits arrests. Enjoignons aussi à nosdits chancelier et garde des sceaux, que lorsqu'outre les cas susdits il leur paroitra des parentez et alliances des poursuivans lesdits offices, en tel nombre qu'il y ait sujet et raison d'en craindre pareille oppression, ils n'en expédient les provisions et se rendent soigneux de la dignité de la justice et sincère administration d'icelles, dont nous

chargeons leur honneur et conscience. N'entendons toutefois exclure ceux qui, estant déjà spécialement dans le corps desdites compagnies, se font pourvoir de nouveau de quelques autres offices en icelle, comme les conseillers lays se mettant en l'estat ecclésiastique, et se faisant pourvoir d'un office de conseiller clerc : les conseillers qui se font pourvoir d'offices de présidens aux enquestes et autres semblables : ni les résignations de père à fils, lesquelles nous en entendons admettre à la consolation des pères sans que l'exemple des pères puisse estre tiré à conséquence pour d'autres parentez, esquelles la même raison se pourroit rencontrer (1).

(56) Et pour le regard de ceux qui ont esté ci-devant reçus contre la prohibition de nosdites ordonnances, et la clause apposée ausdites provisions ou en l'un desdits cas, enjoignons à nos procureurs généraux en nosdites cours souveraines et à leurs substituts chacun dans leurs siéges et ressorts, nous envoyer au plutôt les rolles pour estre pourvû sur la translation d'iceux, tant de fois de nous requise par tous les ordres et provinces de notre royaume. Et cependant leur défendons très-expressément et dès à présent, d'assister et opiner ensemble en même jugement, à peine de nullité desdits arrests et jugemens, dépens, dommages et intérest des parties solidairement contre l'un et l'autre desdits parens.

(57) Enjoignons aussi à nosdites cours sous les mêmes peines, de garder exactement l'art. 121 de l'ordonnance de Blois, touchant le renvoy des procès en une autre chambre, en cas des parentez et alliances mentionnées audit article, à la première réquisition qui en sera faite par l'une des parties, sans distinction des chambres ni faire différence des grandes et autres chambres de nos cours, sur peine de nullité des arrests qui seroient donnez au préjudice dudit renvoy requis (2).

(58) Les maistres des requestes de nôtre hôtel visiteront les provinces suivant le département qui sera fait par chacun an par nos chanceliers ou garde des sceaux, et se transporteront, tant en nos cours de parlement qu'ès siéges des bailliages et autres. Recevront toutes plaintes de nos sujets sur les foules et incommoditez qu'ils reçoivent même en l'administration de la jus-

---

(1) V. l'ord. de Blois, art. 116, l'ord. d'Orléans, art. 22, et l'ord. de 1493.
(2) V. l'ord. d'Orléans, art. 53, et celle de Blois, 121.

tice, tant pour l'ordinaire que raison des levées et impositions, oppression des foibles par la violence, crédit et autorité des plus grands. Informeront d'office des choses susdites et de tous crimes, abus et malversations commises par nosdits officiers, et autres choses concernant notre service, et le bien et soulagement de nostre peuple, dont ils rapporteront à nos chancelier ou garde des sceaux, les procès-verbaux, informations, et autres actes concernant les contraventions à nos ordonnances, et autres cas qui mériteront correction et punition : et pour y estre vû par renvoy en nosdites cours, ou autrement ainsi qu'ils verront estre à faire. Enjoignons à nosdites cours de pourvoir incessamment sur ce qui leur sera renvoyé, et à nos procureurs généraux en faire les poursuites nécessaires et en donner avis à nostredit chancelier ou garde des sceaux; réformeront aussi nosdits maistres des requestes, les taxes, salaires et épices excessivement prises par nos juges et officiers subalternes, et feront rendre ce qui sera induëment exigé. Observeront le traitement qui est fait à nos sujets en l'imposition, levée et recette des tailles, exceptions et décharges induës. Se feront à cette fin représenter tous rolles, registres et actes que besoin sera. Et pour réprimer sommairement les abus et contraventions qu'ils trouveront, voulons et ordonnons que leurs jugemens et sentences pour ce que dessus soient exécutoires, nonobstant oppositions ou appellations quelconques, et sans préjudice d'icelles, et dont la poursuite sera faite aux cours où ressortissent lesdits siéges; et feront au surplus, ce qui appartient à leurs charges, suivant nos édits et ordonnances. Leur enjoignons aussi s'enquérir diligemment du bon devoir que font les bénéficiers desdites provinces en l'accomplissement de leurs charges à l'édification de nostre peuple, à la gloire de Dieu et décharge de notre conscience.

(59) Et pour remédier aux mêmes abus et autres avec plus d'autorité, nostre intention est d'ordonner à l'avenir les séances des grands jours, par tel nombre de gens de nos parlemens, en tels lieux et pour tel temps que nous aviserons, pour la punition des crimes, violences, oppressions et animadversion sur nos juges et officiers, et autres, selon l'exigence des cas.

(60) Défendons à nos grands audienciers et controlleurs de la chancellerie d'excéder les taxes des lettres portées par nos ordonnances et réglemens sur ces faits, à peine d'en répondre en leur privé nom, et d'exiger aucune chose des parties plus que ce qui est porté par lesdits réglemens. Leur enjoignons d'écrire à tour-

voix et non plus en paraphe, et au long, et non par note ou abrégé, en tirre de chacunes lettres, la taxe du sceau.

(61) Nous avons révoqué et révoquons tous les brevets de conseiller en nos conseils, obtenus par quelques personnes que ce soit, fors de ceux qui nous y servent actuellement, ausquels nous ferons pour cet effet expédier nos lettres en commandement et sous nostre grand sceau. Et ne pourront ci-après aucuns avoir entrée en nos conseils, ni en prétendre ou recevoir les appointemens, sinon en ayant obtenu lettres en ladite forme, et estant employez dans nos estats. Nous réservant de pourvoir par un bon réglement pour ce qui concerne l'ordre de nosdits conseils et des affaires qui y seront traitées.

(62) N'entendons ci-après accorder aucunes évocations fondées sur parentés et alliances, sinon aux cas précis portez par nos ordonnances. Et pour éviter les longueurs et subterfuges qui se pratiquent en la poursuite et jugement desdites évocations, lesquelles arrestent le cours de la justice et jugement des procez principaux, qui bien souvent pourroient estre jugés et terminés en moindre temps que ne durent les poursuites desdites évocations, voulons et entendons qu'il soit procédé au jugement d'icelles le plus sommairement que faire se pourra, sans appointement, ni réglement à écrire, et produire, ains seulement en rapportant l'enqueste faite sur lesdites parentez, et les preuves littérales, si aucunes y a, ou le certificat que ladite enqueste n'aura esté apportée dans le terme et délay donné pour le faire. Lesquels termes et délays nous voulons estre péremptoires, sans qu'iceux expirés l'on puisse obtenir renouvellement de délay, sinon pour grandes considérations, et d'un seul sans y retourner, et que les jugemens donnez par faute d'avoir rapporté l'enqueste demeurent diffinitifs, sans qu'il soit permis de se pourvoir contre iceux en refondant les dépens, à la charge que les impétrans desdites commissions pour informer seront tenus les faire signifier aux parties dans le temps légitime, et les faire assigner devant le commissaire qui vaquera au fait desdites enquestes, et en faire apparoir lors du jugement desdites évocations; en sorte que la partie ait eu temps suffisant pour informer au contraire si bon lui semble : autrement seront lesdits demandeurs déboutez des évocations par eux requises, condamnez à une ou plusieurs amendes selon la qualité des faits, et intérests des parties. Ce que nous voulons estre observé sans aucune exception contre tous évoquans qui n'auront prouvé les faits par eux articulez, ou n'en auront rap-

porté les enquestes dans le temps à eux préfix et limité pour ce faire (1).

(63) Ceux qui présenteront requeste en nostre conseil, afin d'évoquer quelque procès pour raison des parentez et alliances de leurs parties, seront tenus de ce faire avant que les procès soient mis en estat de juger de part et d'autre, et non par forclusion, et que les juges ayent commencé à les voir et visiter, autrement n'y seront plus reçûs, et ne pourront les évocations estre demandées pour les instances des requestes civiles, ou exécution d'arrest, par ceux qui auront esté parties au procès sur lequel sera intervenu l'arrest, si ce n'est que depuis ledit arrest il ait esté contracté quelque alliance, ou reçû quelque officier qui donnât lieu ausdites évocations.

(64) Et pour abréger tant qu'il sera possible les longueurs des poursuites et procédures sur lesdites évocations, ordonnons que les demandeurs en évocation seront tenus de cotter par une brève cédule, les parentez et alliances sur lesquelles ils entendent fonder leur évocation. Laquelle cédule ils feront signifier à leurs parties, lesquelles seront tenuës dans trois jours après la signification, reconnoistre ou dénier précisément lesdites parentez et alliances, sans pouvoir, avant ladite reconnoissance ou dénégation faite, faire aucunes poursuites dudit procès. Et à faute de fournir par les défendeurs en évocation, leurs réponses contenant la reconnoissance ou dénégation de leursdites parentez et alliances, dans ledit temps de trois jours après la signification de la cédule faite à leur personne, ou à celle de leur procureur, et non d'autre ; ladite signification leur sera réitérée en ladite manière : et à faute d'y répondre pour la seconde fois, seront les faits d'icelle tenus pour avérez et reconnus, et sur icelles les évocations par nous accordées. Faisons défenses auxdites parties de cotter aucuns faits de parentez et alliances, qui ne soient véritables, à peine de l'amende, pour chacun fait faussement ou calomnieusement articulé. Comme aussi voulons que ceux qui presteront l'interrogatoire, manquans à la reconnoissance de la vérité, ou faisans difficulté d'y répondre pertinemment, soient condamnez en l'amende pour chaque fait par eux faussement dénié.

(65) Nulle évocation générale ne sera ci-après accordée, sinon pour très grandes et importantes occasions jugées telles, ouï le

---

(1) V. l'ord. de Blois, art. 97 et 117.

procureur général du parlement, duquel l'évocation sera demandée, et la communication à lui faite des requestes présentées : à cette fin et dès à présent, nous avons révoqué et révoquons toutes évocations générales ci-devant accordées, sauf aux parties qui les ont obtenuës, à présenter leur requeste en nostre conseil, pour leur estre pourvû de nouveau s'il y échet, sans préjudice des procès réglez et contestez aux cours auxquelles l'évocation auroit esté accordée, que nous entendons y estre jugez. Ne seront aussi les procès criminels évoquez, sans que lesdits procureurs généraux soient appellez aux enquestes qui se feront pour ce regard, et que les poursuivans ne soient actuellement prisonniers ès prisons de nos cours de parlement, desquels ils demandent l'évocation, ou de nostre conseil, et nonobstant icelles sera passé outre aux informations, décrets, emprisonnemens, et instruction par nosdites cours. Et d'autant que dès long-temps il est usité de mettre dans les commissions, afin d'informer des parentez, que nos procureurs généraux y seront appellez, et que la plupart d'iceux ne tiennent compte d'y intervenir, ni nous donner avis de la vérité, ou supposition des faits portez par lesdites lettres, nous enjoignons à nosdits procureurs généraux, ou leurs substituts, dans le détroit desquels se font lesdites informations, s'en rendre soigneux, et à nos cours de leur enjoindre, afin que lesdites évocations ne puissent estre faites ci-après sur faits supposez, tant pour les parentez alléguées, qu'autres faits mis en avant pour rendre les causes sujettes à l'évocation requise.

(66) Ne seront aucunes commissions pour informer des parentez octroyées, qu'il n'apparoisse par bons actes et en bonne forme, que les procès dont est question, soient pendans en la cour de laquelle on demande l'évocation, et les qualitez desdits actes entièrement conformes aux qualitez des lettres ou requestes pour évoquer ; qu'il y ait eu des procédures faites après les premières assignations. Desquelles qualitez, actes et dattes d'iceux, sera fait mention par lesdites lettres, ou arrests qui seront donnez pour informer desdites parentez, et les mêmes actes attachez sous le contre-scel : ce que nous voulons estre pareillement observé par les arrests et lettres en règlement de juges, et qu'il apparoisse par acte en bonne forme, qu'il y ait procès pour même chose entre mêmes parties en diverses cours, et qu'il y ait eu procédures aux deux cours ou siéges après les premières assignations, et que lesdits actes soient insérez dans les lettres et arrests, et attachez sous le contre-scel. Enjoignons aussi à nosdites cours

de prononcer discretement sur le déclinatoire proposé par les parties, avant que de régler la contestation au fond, et qu'il en soit fait mention aux arrests et jugemens qui interviendront sur la rétention ou premières procédures; et à faute d'y prononcer par nosdites cours, enjoignons aux greffiers bailler acte aux parties dudit déclinatoire, sur la réquisition qui leur en sera faite, à peine de répondre en leur nom des dommages et intérests; pour éviter un inconvénient ordinaire qui oblige à faire droit sur les évocations ou réglemens de juges sur les simples assignations, avant que la contestation ait esté formée, pour les fréquentes plaintes que font lesdites parties du refus que font nosdites cours, de faire insérer leursdits déclinatoires dans les actes, et que sans prononcer sur iceux, ils sont condamnez au fond avant contestation légitime, en l'observation de quoi consiste le retranchement d'un grand nombre d'évocations et vexations de nos sujets.

(67) Les procès évoquez seront jugez suivant les coutumes, loix et usances des lieux dont ils sont premièrement évoquez, sans qu'il soit besoin d'obtenir lettres particulières de nous à cet effet.

(68) Les instances en contrariété d'arrests seront jugées en nostre grand conseil, auquel toutefois les parties ne se pourront pourvoir en ladite contrariété, sinon que les arrests fussent donnez entre mêmes parties, pour même sujet, par diverses cours, et contenant disposition manifestement contraire. Et pour le regard des contrariétez prétenduës par les arrests d'un même parlement entre mêmes ou diverses parties, l'on se pourvoira audit parlement par requeste civile ou proposition d'erreur.

(69) Ne seront décernées aucunes commissions par nostre grand conseil, en réglement des juges d'entre les lieutenans criminels et prévosts des maréchaux, qu'il n'apparoisse que les poursuivans icelles, contre lesquels seroient intervenus décrets de prise de corps, soient actuellement prisonniers, dont ils seront tenus rapporter écrou certifié du juge, ou qu'ils ne se rendent prisonniers ès prisons de la suite dudit conseil, dont sera fait mention en ladite commission.

(70) Et pour obvier aux contentions qui naissent sur le fait de la jurisdiction entre nos cours de parlement et celles des aydes, qui font naistre plusieurs instances en nostre conseil, à la foule et grands frais de nos sujets; voulons, suivant le réglement du 29 décembre 1559, fait par le roy François II, après avoir ouï les présidens et conseillers de la cour de parlement et cour des aydes

de Paris, que nos procureurs généraux et avocats esdites cours s'assemblent en la forme entre eux accoutumée, tous les mois une fois à jour certain, ou plustôt s'ils en sont requis, pour conférer ensemble et terminer tels différends, si faire se peut : et sur les résolutions prises entre eux, et signées par les deux procureurs ou avocats généraux, et conformément à icelles, que les parties seront tenues de se pourvoir et procéder en celle desdites cours, de laquelle nosdits procureurs généraux et avocats se seront accordez; et s'ils se trouvent en diversité d'avis, les parties se retireront en nostre conseil, pour leur estre pourvu sur l'acte contenant ladite diversité d'avis que nosdits procureurs généraux et avocats leur délivreront. Tous lesquels nous exhortons par le devoir de leurs charges, et par le soin qu'ils sont obligez de prendre du repos de nos sujets, de travailler à l'exécution de la présente ordonnance, comme un moyen propre pour délivrer nosdits sujets des grandes vexations qu'ils souffrent à cause desdites contentions les plus fréquentes qui soient en nostre conseil.

(71) Les indults accordez à aucuns prélats de notre royaume, que le mauvais usage et surprise des parties, font aussi journellement naître plusieurs différens et contentions de juridiction entre nos juges ordinaires, cours de parlement, et notre grand conseil, qui tournent à grande vexation, même aux ecclésiastiques, détournez par ce moyen de leurs études et fonctions plus importantes; nous voulons que tous ceux qui ont obtenu ce droit d'indult, mettent au greffe de notre conseil privé, et de notre grand conseil, dans trois mois pour toutes préfixions et délais, un état et poulier des bénéfices qui sont de leur collation: et que toutes collations par eux faites, d'autres bénéfices que ceux qui seront contenus audit poulier, soient de nul effet et valeur: et en conséquence d'icelles, ne soit aucune cause évoquée, retenue ou jugée audit grand conseil, à peine de nullité des arrêts qui pourraient sur ce intervenir. Et à faute que feront lesdits prélats, de mettre lesdits rolles et pouliers ausdits greffes dans ledit temps; nous défendons à notredit grand conseil, d'avoir aucun égard ausdites collations qu'ils pourroient faire de quelque bénéfice que ce soit, à peine de nullité des arrêts, comme dit est.

(72) Les lettres de committimus du grand sceau qui emportent distraction de ressort aux requêtes du palais, ou requêtes de notre hôtel à Paris, étoient accordées autrefois à peu de personnes,

plus en considération des rois, reines et enfans de France, et de leur service, afin que ceux qui étoient occupez près d'eux, ne fussent distraits de l'assiduité qu'ils y doivent, que non pas en faveur desdits particuliers : outre que lesdits priviléges étaient restreints à certaines actions, qui ne sembloient de leur nature des plus importantes ni enveloppées en longueur et difficulté de procédures. Mais il est depuis arrivé que l'usage desdites lettres s'est étendu à la grande oppression de nos sujets, à un nombre infini de personnes qui se sont attribuez les noms et qualités de nos officiers domestiques et commençaux, et appliqué subtilement quasi à toutes sortes d'actions : pour à quoi remédier nous ordonnons que les états des officiers de notre maison, reines, enfans de France et princes de notre sang, seront réduits à ceux qui servent actuellement et ordinairement : et que nuls desdits officiers ne pourra jouir dudit privilége de committimus du grand sceau, s'il n'est dans ledit nombre couché et employé dans l'état de la maison de laquelle il se dit être servant actuellement et par quartier, tirant gages jusques à la somme de soixantes livres pour le moins, et payé d'iceux actuellement. Et pour obvier à une autre vexation plus grande, de laquelle naissent de grands inconvéniens, à sçavoir que lesdits privilégiez ayant leur domicile ès provinces éloignées, sous la faveur du service qu'ils rendent par l'espace de trois mois, passant tout le reste de l'année en leur pays ainsi éloignez, tiennent en telle subjection tous ceux qui ont affaire à eux en demandant ou défendant, par la crainte de les faire venir plaider en notre ville de Paris, que la pluspart sont contrains de leur accorder ce qu'ils demandent, spécialement ès causes esquelles la dépense d'un si grand éloignement et délaissement de leur famille, laheur, trafic ou vacation, est de plus grande conséquence que le fonds dont est question au procès : nous défendons auxdits officiers privilégiez servans par quartier, de faire évoquer ou renvoyer aucunes de leurs causes ausdites requêtes de l'hôtel ou du palais, si ce n'est qu'ils soient eux-mêmes absens du pays, et poursuivans en personne lesdites affaires.

(73) Déclarons que nul de ceux qui sont employez ès états par honneur seulement, ne pourront jouir dudit privilége : et ne pourra ledit privilége avoir lieu, qu'il ne soit question de cent cinquante livres, pour le moins, de quelque nature et qualité que soit l'action.

(74) Et d'autant que sur l'état de notre maison de Navarre, ont

été ci-devant employez plusieurs officiers qui n'ont rendu service ni reçu gages; nous ne voulons qu'aucun sous ce prétexte jouisse du privilége de committimus, fors ceux qui étaient employez sur notredit état de Navarre au mois de novembre 1607, servans actuellement et payez de leurs gages: lesquels pour en jouir seront tenus non seulement rapporter certificat du trésorier de Navarre, du payement prétendu à eux fait, mais aussi l'extrait des comptes rendus à la chambre des comptes de Pau, ausquels les gages aient été passez et allouez.

(75) Pareillement plusieurs sous le titre de secrétaire de feue notre chère et bien aimée tante la duchesse de Bar, dont ils n'ont jamais fait exercice ni reçu gages, ayant usurpé le privilége de committimus avec incommodité de plusieurs de nos sujets: desirant en retrancher le cours pour l'avenir, nous ne voulons qu'aucun d'eux jouisse dudit privilége, qu'il ne rapporte certificat valable d'avoir servi, et extrait des comptes rendus à la chambre pour justifier le payement des gages.

(76) Que nulles causes pour censives ou rentes foncières, quelques arrérages que l'on puisse prétendre en être dûs, et pour se départir de quelques héritages ou immeubles en quelque manière que la demande soit conçue et formée, ne pourra être tirée hors du ressort des parlemens desquels ils dépendent, en vertu desdites lettres de committimus sous notre grand sceau. Ne pourront aussi nulles causes possessoires être introduites ou renvoyées auxdites requêtes, sous couleur de restitution de fruits à quelque somme qu'ils puissent monter.

(77) Défendons à tous nos secrétaires de signer aucunes lettres de committimus contre la teneur des présens articles, à peine de répondre en leur nom, de tous les dépens, dommages et intérêts des parties.

(78) Ne voulons qu'aucune commission soit délivrée aux requêtes de l'hôtel, ou du palais, pour appeler les parties, sans nos lettres de committimus, encore que le demandeur fût notoirement privilégié, et ce à peine de nullité des procédures et jugement qui interviendront sur icelles, tant en la cause principale que d'appel. Et pour le regard des autres lettres de committimus qui s'expédient ès chancelleries particulières, lez nos cours souveraines; voulons que les réglemens portez par nos précédentes ordonnances soient gardez et observez: et outre qu'il soit fait un rolle des advocats et procureurs qui doivent jouir dudit privilége, soit pour leur antiquité, mérite, service et employ, lequel sera

signé de notre amé et féal chancelier, ou garde des sceaux, et mis ès chancelleries de nosdits parlemens, hors lesquels les autres advocats et procureurs n'en pourront jouir.

(79) Que suivant le 130e art. de l'ord. de 1539, 3e de Moulins, même le 144 de l'ord. de Blois, ce qui est ordonné touchant les mercuriales, soit gardé et observé exactement aux peines y contenues. Lesquelles ordonnances nous avons renouvellé et renouvellons en chacun des points y mentionnez, pour être auxdites mercuriales traité de la discipline de nos parlemens, réglement de mœurs, modération des épices et salaires, et autres choses concernant l'honneur et dignité des juges, et l'expédition des causes, et qu'en icelle soient reçues toutes les plaintes qui seront faites contre les officiers de nosdites cours, des fautes par eux commises, et contraventions à nos ordonnances. Lesquelles mercuriales nous voulons être envoyées dans quinzaine après qu'elles auront été faites à nous, à notre chancelier ou garde des sceaux pour y pourvoir en cas de négligence et de connivence de nosdites cours, selon que le jugerons à propos, de laquelle diligence nous chargeons nos avocats et procureurs généraux, sur les peines de nos ordonnances.

(80) Voulons que les art. 112, 113 des ord. de Blois touchant nosdits officiers qui prennent charges des affaires des princes et seigneurs, soient exactement observez. Et néantmoins si par importunité ou autrement, nous permettons à quelques-uns des présidens, conseillers ou autres officiers de nos parlemens et cours souveraines, ou autres nos officiers, d'accepter quelque charge quelle qu'elle soit, des maisons des reines, enfans de France, ou autres princes de notre sang ou autres, nous voulons qu'ils soient tenus faire registrer aux greffes de nos cours de parlemens, la permission qu'ils en auront obtenue de nous; et que lorsqu'on parlera des affaires concernant lesdites reines, enfans de France ou princes de notre sang ou autres, qu'ils s'abstiennent de l'entrée des compagnies où il se traitera desdites affaires, afin de n'y apporter aucune sollicitation indigne de leurs charges, et n'ôter aux juges la liberté nécessaire en leurs opinions.

(81) Que nul ne puisse être employé ès charges d'intendans de la justice ou finances, que nous députons en nos armées ou provinces, qui soit domestique, conseil ou employé aux affaires ou proche parent des généraux desdites armées, ou gouverneurs desdites provinces. Ce que nous défendons très étroitement à no-

chanceliers et gardes des sceaux, et de leur faire expédier aucunes commissions.

(82) Que les ordonnances et réglemens anciens soient observés autant qu'il se pourra. Que les officiers de nos cours et juridictions soient vêtus modestement et d'habillemens longs. Qu'ils soient assidus à leurs charges; traitant l'expédition des affaires de la justice, avec la révérence due à la dignité de leurs fonctions; les jeunes respectant leurs anciens, et tous en usant de même envers leurs présidens. Que nul n'interrompe l'opinion d'un autre, et ne parle qu'à son tour, lorsque l'opinion est entamée, si ce n'est suivant nosdites ordonnances, que le rapporteur ou celui qui préside, aient à relever quelqu'un qui erre au fait.

(83) Que nul ne rapporte aucun procès sans qu'il lui ait été distribué, à peine de nullité des arrêts qui interviendront à son rapport et des dommages et intérêts des parties contre ledit rapporteur. Voulons à cette fin que tous les procès soient distribuez sur un registre, auquel les causes seront écrites, de même suite et même espace de blanc, au bas et au haut de la page, sans intervale en aucune des pages.

(84) Que nuls arrêts ne soient signez, qu'ils n'aient été rapportez au nombre requis par les ordonnances, et que les noms de ceux qui y auront assisté soient écrits sur la minute, suivant le 64° article de l'ordonnance de Moulins. Enjoignons aux rapporteurs de dresser promptement lesdits arrêts pour les mettre au greffe, et aux greffiers de les prononcer sans aucun délai, sur peine de répondre des dommages et intérêts, et séjour des parties.

(85) S'il arrive quelques contentions en nos cours souveraines pour le fait des charges, exercice et attribution d'icelles, nous voulons qu'elles soient terminées et accommodées en la compagnie même; fors que pour les différends qui peuvent être entre les grandes chambres de nos parlemens, et le corps des enquestes, lesquelles nous voulons nous être rapportez, pour en ordonner ainsi que nous verrons être à faire par raison : comme au semblable, pour les différends qui pourroient être entre nos présidens et les corps des conseillers de nosdites cours et compagnies souveraines.

(86) L'ordonnance de Blois en l'art. 133, confirmant et renouvellant les art. 68 et 69 de l'ordonnance de Moulins, touchant les procès qui doivent être vus ou jugez par commissaires, a fait connoître combien l'observation d'iceux était nécessaire. C'est

pourquoi et sur les grandes et fréquentes plaintes que nous recevons journellement en notre conseil, pour faire déclarer nuls les arrêts donnés au préjudice desdits articles, et suivant la teneur d'iceux, nous voulons et de rechef enjoignons très expressément à toutes nos cours, d'observer exactement lesdits articles, leur défendant de juger par commissaires, autres procès que ceux qui sont spécifiez par iceux, sous les peines y contenues : pour raison desquelles contraventions les parties se pourvoiront par devers nous, et en notre conseil.

(87) Ordonnons que les causes appointées au conseil en nos parlemens, soient jugées ès grandes chambres dans un an, à compter du jour de l'arrêt d'appointé au conseil : et à faute de ce, ledit temps passé, dès à présent nous les avons renvoyées et renvoyons ès chambres des enquestes, à peine de nullité des arrêts qui interviendront auxdites grandes chambres après ledit temps d'un an expiré. Voulons aussi qu'après le temps des rolles passez, toutes les causes restantes en iceux qui n'auront été jugées, soient tenues dès l'instant pour appointées au conseil, et renvoyées aux enquêtes, comme dit est. Lesquels renvois seront faits également, et par ordre en chacune desdites chambres par les deux présidens de nosdites cours, les derniers reçus, lesquels s'assembleront les derniers jours de chacun mois pour faire lesdits renvois.

(88) Et néanmoins d'autant qu'ausdits rolles il y a plusieurs causes de petite importance, lesquelles par les réglemens de nos cours doivent être vuidées ou au parquet de nos avocats et procureurs généraux, ou par l'avis des anciens avocats de nosdites cours ; voulons que huit jours après la publication desdits rolles, les procureurs ayent à cotter et mettre ès mains du greffier des présentations, les causes qu'ils connaîtront être de cette qualité, pour en être fait un rolle à part, et être icelles extraites du rolle ordinaire par le greffier des présentations, sans frais ni salaires à peine de concussion. Lequel rolle sera lu en pleine audience avant le rolle ordinaire fini. Enjoignons aux procureurs de vuider lesdites causes selon les réglemens de notredite cour, sur peine de repondre des dommages et intérêts des parties en leur nom. Et où il se trouverait quelque cause employée au dit rolle de plus grande importance, en sera fait remontrance à notredite cour, lors de l'appel d'icelle, ou à nos avocats et procureurs généraux, pour y pourvoir et appointer ladite cause au conseil, comme les autres s'il y échet.

(89) La déclaration faite sur l'ordonnance de Moulins, art. 61, sera gardée et observée touchant les requêtes civiles, pour être plaidées ou appointées au conseil s'il y échet, et à l'instant renvoyées en la chambre où le procès aura été jugé, sinon au cas porté par ladite déclaration, dont sera fait mention, prononçant sur la plaidoirie desdites requêtes civiles; défendons à tous les maîtres des requêtes ordinaires de notre hôtel, et gardes des sceaux de nos chanceliers lès nos cours de parlemens et autres compagnies souveraines, de recevoir aucune requête civile après les six mois, sinon au cas porté par la première déclaration, ausquelles nos cours nous défendons d'en recevoir aucune par requête particulière, et non expédiée en nos chancelleries, même après avoir été refusées en icelles, et ce à peine des arrêts qui interviendront sur icelles, au mépris de la présente ordonnance, et du recours des parties pour leurs dommages et intérêts contre celui des juges qui aura rapporté ladite requête, sauf aux parties à se pourvoir pardevers nos chancelier et garde des sceaux pour le refus fait ausdites chancelleries; et à cette fin ordonnons que ceux qui tiendront les sceaux en icelles écriront au pied desdites lettres, et dateront le refus qu'ils en auront fait.

(90) Avons révoqué l'ordonnance gardée et observée en notredite cour de parlement de Paris pour régler au conseil par l'opinion de quatre de nos juges; voulons que les causes soient jugées par la pluralité, si le nombre pour appointer au conseil n'est du tiers des juges.

(91) L'ordonnance de Roussillon, en l'art. 15, pour la péremption d'instance, sera gardée par tout notre royaume, même en nos cours de parlement et autres jurisdictions où elle n'a été jusques ici observée; et voulons que toutes instances et criées périssent par la discontinuation de trois ans, nonobstant l'établissement des commissaires, comme encore toutes saisies et arrêts de deniers, encore qu'il n'y eût aucune assignation donnée en conséquence d'iceux, pareillement que les causes mises aux rolles soient sujettes à péremption, à compter du jour que l'on cesse de plaider desdits rolles, soit que le réglement au conseil soit levé ou non.

(92) Le pouvoir des chambres établies en nos parlemens pendant les vacations, étant retenu dans certaines bornes, qu'ils ne peuvent outrepasser; il se pratique néanmoins en aucuns d'iceux, que le jugement des procès ouverts et mis sur le bu-

reau avant les vacations, se continue en la chambre desdites vacations, dont résultent de grands inconvéniens, même en ce que, sans pouvoir de nous, les chambres sont rendues capables de prononcer et connoître des matières plus hautes que leur institution ne porte. A quoi désirant pourvoir, enjoignons à nosdits parlemens de laisser et remettre à la séance prochaine les procès commencés excédant le pouvoir des vacations, déclarant dès à présent nul ce qui sera fait au contraire, sauf les dommages et intérêts contre qui il appartiendra par raison.

(93) Les juges ne tiendront les greffes ni les recettes des consignations de leurs juridictions en leurs noms, ni par personnes interposées; et si aucuns en possèdent à présent, nous leur enjoignons de s'en défaire dans six mois, et lesdits six mois passez, nous les déclarons dès à présent réunis à notre domaine, et confisquez sans remboursement.

(94) Faisons très expresses défenses à tous juges, de quelque qualité et condition qu'ils soient, avocats, procureurs, clercs, solliciteurs, de prendre aucune cession de dettes pour lesquelles y ait procès, droits ou actions, soit en leur nom, ou d'autres personnes par eux interposées, sur peine de choses cédées, pour lesquelles nous voulons y avoir répétition contre eux, jusques à dix ans après que les jugemens et arrêts auront été rendus.

(95) Tous arrêts, même de notre conseil, seront délivrez par extrait sans commission ou expédition en forme, si la partie le requiert: et ne seront tenües les parties payer davantage que ce qu'il faut pour lesdits extraits seuls, lesquels lesdits greffiers seront tenus de délivrer incontinent qu'ils en seront requis, à peine du séjour des parties. Défendons à tous lesdits greffiers, à peine de privation de leurs charges, d'ajouter, ôter ni changer un seul mot ou syllabe en quelque sorte que ce soit, aux arrêts, qu'il ne soit approuvé et paraphé de celui qui aura présidé, sur peine de nullité des arrêts qu'il auroit délivrez, et de répondre de tous les dommages et intérests des parties.

(96) Enjoignons à tous nos juges de voir désormais et visiter une fois le mois pour le moins, le registre des greffiers de leurs sièges; et liasses des appointemens, et iceux cotter par nombre et parapher les feuillets desdits registres et livres, en sorte qu'il n'y puisse rien être ajouté, ni laisser aucun blancs, pour éviter à toute surprise. Ce que nous voulons être gardé par les juges des requêtes de l'hôtel ou du palais de nos cours, et tous autres. Et pour le regard des registres des greffes de nos cours souveraines, enjoignons aux greffiers d'icelles de dresser leurs registres d'année

en année, et leseux représenter aux présidens de nosdites cours souveraines et procureurs généraux, à l'entrée de chaque parlement en bon ordre : et avoir le soin de la conservation des minutes des arrêts, desquelles ils seront tenus répondre, et de tous dépens, dommages et intérests des parties, en cas qu'elles soient perdues.

(97) Se chargeront les procureurs par récipicez des pièces qui leur seront baillées par les parties : et en cas de désaveu jugé, seront mulctez ainsi qu'il sera avisé par les juges.

(98) Les exécutions d'arrêts de nos cours souveraines intervenus sur jugemens et sentences définitives des juges subalternes seront faites par les juges des lieux du domicile des parties, ou de la situation des biens dont il sera question, ou par le plus prochain en cas de récusation, sans que pour raison de ce les parties puissent être appelées ni tenuës procéder en nosdites cours, si ce n'est qu'il soit question de l'interprétation des mêmes arrêts. Défendons à toutes nosdites cours de prendre connoissance de l'exécution desdits arrêts esdits cas (même sous prétexte de la réquisition de l'une des parties, nonobstant l'art. 151 de l'ordonnance de Blois, auquel nous avons dérogé pour ce regard) ni de se transporter sur les lieux pour raison de ce.

(99) Ce que nous voulons être pareillement observé pour le regard des arrêts donnez entre notre conseil. Défendons aux maîtres des requêtes de notre hôtel, de prendre aucune connoissance de ladite exécution, souverainement ni autrement, ni juger autres causes en dernier ressort, que les appellations des actes et appointemens donnez en l'instruction des causes pendantes en notre conseil, par ceux d'entre eux qui y seront commis, et des taxes des dépens faites ensuite des condamnations portées par lesdits arrêts, et de nulle autre cause ou différend, s'il ne leur est particulièrement et expressément mandé et ordonné par nous, par lettres signées d'un de nos secrétaires d'état, et expédiées sous notre grand sceau.

(100) Les dépens adjugez par sentences, confirmées par arrêt, seront taxés aux siéges où les sentences auront été rendues.

(101) Nous faisons très expresses inhibitions à tous clercs de nos officiers, de prendre ou exiger des parties aucune chose que ce qui doit venir en taxe de dépens, dont les maîtres seront responsables, sans diminuer pour ce la peine due auxdits clercs.

(102) Pour obvier aux fréquentes contentions qui arrivent entre nos parlemens et les chambres de l'édit, à la grande foule

et oppression de nos sujets, même au ressort de nos cours de parlement de Tolose et Bourdeaux, ayant égard même à ce qui est porté par l'art. 36 de l'édit sur ce fait à Nantes en l'an 1598, que lesdites chambres seront réunies en nosdits parlemens de Tolose et Bourdeaux, lorsqu'il sera besoin, et que les causes qui nous ont meû d'en faire l'établissement, cesseront, ne pouvant avoir meilleure raison d'y entendre que par le désir et disposition de réunir tous nos sujets et les maintenir en plus grande paix; et ne pouvant en être plus grand besoin qu'à présent, nous avons réuni et réunissons les chambres de l'édit séantes de présent à Béziers et Agen, à nos parlemens de Tolose et Bourdeaux, ausquels sera doresnavant fait par chacun an état et rolle de ladite chambre, en la manière qui se pratique en notre parlement de Paris. Et à cette fin, voulons et ordonnons que les présidens et conseillers desdites chambres soient tenus pour présidens et conseillers de nosdits parlemens, unis et incorporez en iceux, pour jouir par eux de leurs offices, aux mêmes droits, honneurs et prérogatives que les autres présidens et conseillers de nosdites cours, sans diminution toutefois des gages dont ils jouissent. Voulons aussi que les substituts de nos procureurs généraux et avocats esdites chambres, soient pourvus d'offices de conseillers auxdits parlemens respectivement, et que les lettres de provision leur en soient expédiées suivant l'art. 38 dudit édit, pour en jouir par eux en la manière susdite. En conséquence de laquelle union et incorporation, lesdits présidens, conseillers et avocats généraux pourront porter comme les autres officiers desdites cours, les robes d'écarlate aux jours que ceux du corps ont coutume de les porter, leur en interdisant et défendant tout usage jusqu'à ce.

(103) Voulons aussi et nous plaît, attendant que ladite union soit réellement effectuée et exécutée, que lesdites chambres gardent et observent les mêmes réglemens que font lesdites chambres jà unies à nos autres parlemens, cessant au temps des vacations desdits parlemens l'exercice de la justice, durant lequel temps nous leur défendons et interdisons toute connoissance de cause entre nos sujets, sinon que par lettres et commissions particulières, nous leur en ordonnons autrement pour quelques causes qui se pourroient présenter.

(104) Et d'autant que le réglement observé pour le jugement des procès criminels, voix et suffrages des juges, lesquelles se rencontrant en égalité, font un jugement arrêté à l'opinion la

plus douce, que sous cette couleur ès chambres mi-parties, la plupart des crimes, même exemplaires, commis par ceux de la religion prétendue réformée, passent à l'impunité; d'autant que les accusez de ladite religion trouvent les juges de la même profession favorables, et ne pouvant être vaincus par un plus grand nombre, sont toujours assurés de l'absolution ou des moindres peines. Voulant pourvoir à cet abus, nous avons ordonné et ordonnons que l'égalité des voix en matière criminelle ès chambres mi-parties, ne fera point conclusion à la plus douce opinion; mais qu'il y aura partage, lequel sera départi en une autre chambre, selon la forme des édits.

(105) La facilité de divertir les causes de la connoissance des juges naturels, et autres moyens pratiqués pour en intervertir l'ordre et la suite par intervention et autres instances, ausquels ceux de ladite religion prétendue réformée prêtent souvent leur nom, causent un grand désordre en la justice; auquel désirant pourvoir, nous avons ordonné que nos sujets de la religion prétendue réformée, qui voudroient évoquer en nos chambres de l'édit les procès par écrit auxquels ils seront parties, seront tenus de le déclarer par l'appointement de conclusion, autrement seront lesdits procès distribuez et jugez en la forme ordinaire. Et pareillement, en toutes instances de sommations, oppositions, ordre de créanciers, ou autres instances intentées en nos cours de parlemens, seront tenus de le déclarer par l'appointement en droit, pour être lesdites instances réglées ausdites chambres de l'édit; et à faute de ce faire, seront aussi lesdites instances distribuées et jugées à l'ordinaire; et sera tenu le poursuivant faire criées et appeler et comprendre dans l'appointement tous les opposans, afin de conserver leurs hypothèques qui auront paru jusques alors. Et s'il se fait aucunes reprises de procès ou instances par les veuves et héritiers des principales parties seulement et non autres, qui désirent être renvoyées ès dites chambres de l'édit, pourront obtenir ledit renvoi, pourvu et non autrement qu'ils en fassent déclaration lors de l'appointement ou acte de reprise. Et quant aux appellations verbales, requêtes civiles et autres matières qui se traitent en l'audience, l'évocation en sera demandée dans un mois après la publication des rolles, ou les deux avenir par eux obtenus, ou à eux signifiez, ès causes poursuivies par placets. Et avenant qu'ausdits procès par écrit conclus, appellations verbales non incidentes, appointées au conseil, ou autres instances réglées par appoin-

tement, soit formée aucune intervention, opposition, subrogation ou appellation verbale incidemment par aucun de ladite qualité, ou qu'il fût appelé en sommation ou garantie, ou qu'autrement il eût intérêt audit procès par écrit ou instance, il pourra demander l'évocation d'iceux procès et instance, pourvu que ce soit dans deux mois après que lesdits procès auront été conclus, ou lesdites instances et appellations verbales appointées en droit ou au conseil; lesquels deux mois commenceront du jour des premiers arrêts de conclusion et appointement en droit et au conseil; et ledit temps de deux mois passé, ne seront plus recevables en ladite évocation, sans que l'on puisse avoir égard à la date d'aucun autre réglement incidemment donné; à la charge que les arrêts qui interviendront ne pourront nuire ne préjudicier aux parties faisant profession de la religion prétendue réformée, ni autres qui n'y seront comprises.

(106) Et comme il est souvent arrivé qu'aucuns, pour tirer un procès de la juridiction ordinaire, se feignent et supposent être de la religion prétendue réformée; autres prêtent leurs noms, sans intérêt toutefois pour évoquer, puis se départent ou sont tous déboutés dès la naissance de l'instance, ordonnons que ceux qui, pour faire évoquer aux chambres de l'édit ou mi-parties, auront feint ou supposé leur religion, seront contraints reconnoître leur faute à l'audience, avec indiction d'amendes, et si celui sous le nom duquel a été ordonnée l'évocation se départ de son droit ou en est débouté, le procès en ce qui restera à juger entre les autres parties catholiques, sera renvoyé en la chambre dont il a été évoqué.

(107) Les offices de conseillers de la religion prétendue réformée, ayant été gratuitement donnez par le défunt roy, notre très honoré seigneur et père, conformément à l'art. 111 de l'ordonnance de Blois, et requête cy-devant faite par nosdits sujets de la religion prétendue réformée, en l'assemblée tenue à Loudun, par permission de notredit seigneur et père; nous avons ordonné et ordonnons que les pourvus desdits offices ne seront reçus à les résigner, sauf à les gratifier par nous ou par les successeurs qui seront par nous choisis, selon que leur valeur, mérite ou la qualité des sommes par aucuns dès à présent pourvus délivrées le requerront, et en leur place en seront pourvus d'autres par nous de ladite profession.

(108) Pour obvier aux abus qui se commettent par plusieurs, qui, pour user du privilége du renvoi ausdites chambres, se

feignent être de la religion prétendue réformée, et en font profession et à dessein, nous défendons à tous nos juges d'avoir aucun égard aux attestations et actes qui leur seront présentez, qu'elles ne soient en la forme et avec les conditions portées par les édits, enjoignant outre ce à tous nos sujets catholiques, que s'il leur avient se laisser abuser jusques à ce point de changer de religion, et faire profession de la religion prétendue réformée, ils ayent à en passer déclaration au greffe principal du bailliage ou sénéchaussée où ils résident, et en rapporter l'acte signé dudit greffier et de deux témoins pour justifier du temps qu'ils auront fait ladite profession.

(109) Et afin que nos sujets, par hantise et fréquentation des étrangers, ne soient détournez des mœurs et forme de vivre qui leur est naturelle, conformément aux patentes par nous cy-devant décernées, et en conséquence des consentemens prêtez par nos sujets de la religion prétendue réformée, pardevant le commissaire par nous député, nous avons fait inhibitions et défenses à tous ministres étrangers non naturels françois, sans aucun excepter, de s'entremettre de prêcher en ce royaume; et défendons très expressément aux ministres françois de sortir du royaume, ni prêter aucun d'eux aux princes et souverainetez étrangères de leur profession, sans notre permission précise, ou des magistrats et officiers du lieu de leur demeure, à peine d'être déclarez infracteurs de nos ordonnances.

(110) Voulons que nos chambres de l'édit se conforment en toutes choses, aux stils et règles des cours dont ils dépendent, et ne prennent plus grands droits pour épices, vacations ou autres taxations, que ce qui se pratique ausdits parlemens de leur ressort, et selon nos ordonnances.

(111) Enjoignons à tous nos juges, tant de nos cours souveraines, qu'autres, faire élargir les prisonniers incontinent que leur élargissement aura été ordonné et dans le même jour; et à cette fin les greffiers seront tenus prononcer à l'instant lesdits arrêts d'élargissement, sur peine d'en répondre, et des dommages et intérêts desdits prisonniers sans que lesdits prisonniers puissent être retenus pour épices, salaires des greffiers, geoles et geolages, et à ce faire contraindre les geolliers.

(112) Et parce que nous avons aussi reçu plaintes du mauvais usage qui s'est introduit en quelques-uns de nos parlemens, qu'après que les accusez ont été ouis et interrogez sur les charges et informations, l'on vient plaider à l'audience, pour prendre régle-

ment, où nos procureurs généraux ou avocats exposent la preuve par le menu, mêmes jusques à exprimer bien souvent des circonstances, telles que par ce moyen les noms des témoins sont aisés à conjecturer, qui est découvrir le secret d'une information, et donner sujet aux prévenus de se préparer et munir de reproches, et recourir aux artifices contre les témoins de la charge, outre le retardement que cela cause à l'instruction des procès, vu que le plus souvent après les plaidoyers il n'est ordonné qu'appointement à mettre les pièces; nous avons aboli et abolissons ledit usage, et ordonnons que, sur la communication des pièces et informations à nosdits procureurs généraux, s'ils jugent le cas mériter règlement à l'extraordinaire, que sans autre remise ils donnent leurs conclusions par écrit, sans que sur ce sujet il puisse être fait plaidoyers, sinon que les demandes en excès fussent pour matières si légères, qu'elles puissent être terminées sur le champ par quelque déclaration au greffe ou autre légère satisfaction.

(113) Les récusations qui seront proposées contre nos baillifs, sénéchaux et juges présidiaux en l'instruction des procès criminels, seront jugées par les juges du même siège au nombre de sept, souverainement et sans appel, dont nous défendons à nos Cours de parlemens de prendre aucune connoissance.

(114) Nous voulons que nosdits édits et ordonnances concernans la juridiction des Juges présidiaux, mêmes pour les causes qui doivent être jugées en dernier ressort, ou par provision au premier et second chef, de l'édit de création desdits présidiaux, mêmes pour les droits limitez s'il y a restrinction, soient exactement observées ès matières civiles. Et pour ce, défendons à nos Cours de parlemens d'y contrevenir en aucune façon que ce soit, sous prétexte d'incompétence, si ladite incompétence n'a été alléguée par devant lesdits présidiaux, avant la restrinction au premier et second chef de l'édit : laquelle restrinction au premier ou second chef sera faite par le premier appointement, et en la forme portée par l'édit de l'an 1551, sans laquelle restrinction les jugemens ne pourront être donnez en dernier ressort, ni par provision, ni exécutez comme tels : et audit cas de restrinction, la partie sera reçue à payer la somme à laquelle le demandeur aura restreint son action.

(115) Nosdits baillifs, sénéchaux et autres juges royaux, pourront juger sans appel en l'audience et sur-le-champ, des salaires des serviteurs et mercenaires, jusques à vingt livres pour une

fois, les dépens qui seront taxez sur-le-champ et par même jugement, sans prendre par lesdits juges pour telle sentence et taxe de dépens aucuns salaires, à peine de concussion, encore qu'il fût besoin d'ouir quelques témoins, lesquels ils feront venir devant eux à l'audience pour être ouis de plain.

(116) Les auditeurs établis au chatelet de Paris pourront pareillement juger sans appel, et sans prendre épices jusques à cent sols seulement, entre mercenaires, serviteurs, servantes et autres pauvres personnes, et les dépens, si aucuns sont adjugez, seront liquidez et taxez par mêmes jugemens sans appel, encore qu'il fût besoin d'ouir quelques témoins sommairement, comme il est dit ci-dessus.

(117) Les lieutenans généraux et particuliers, et autres officiers, greffiers et clercs des greffes des siéges, tant présidiaux qu'autres, ne pourront prendre à ferme, ni acquérir par décret les héritages qui se vendront ès jurisdictions du corps desquelles ils sont, à peine de nullité des décrets, dépens, dommages et intérêts des parties. Voulons aussi que tant eux que toutes autres personnes qui seront employées par nous en commissions extraordinaires, et ceux de leur suite et domestiques, ne puissent acquérir lors des exécutions desdites commissions, ne cinq ans après aucune chose vendue ou aliénée en vertu desdites commissions : et s'ils en ont acquis, qu'ils n'en puissent acquérir ni prétendre la prescription par quelques laps de temps que ce soit : ainsi nous déclarons dès à présent telles acquisitions réunies à notre domaine : et s'il se trouve qu'aucun d'eux en ait acquis sous autre nom et par accommodation, et qu'il en jouisse après par rétrocession, déclarons ledit possesseur avoir encouru la rigueur de notre ordonnance, et les choses acquises réunies à notre domaine. Ce que nous voulons avoir lieu, mêmes pour les parts et portions de notre domaine, vendues et revendues par les commissaires par nous députez et ordonnez.

(118) Ne sera pris aucune chose en argent ou autrement pour réception d'officiers en quelque justice que ce soit, souveraine et subalterne, sur peine de concussion et privation des charges des contrevenans.

(119) Défendons aux seigneurs justiciers, empêcher nos huissiers et sergens d'exploiter nos mandemens, de nos juges et autres actes de justice, sans que lesdits sergens soient tenus demander permission ausdits seigneurs ou leurs juges, et ce à peine

de privation de leurs fiefs et justice, et plus grande punition s'il y échet.

(120) Les juges ne refuseront pareatis aux officiers des seigneurs, pour ce qui dépend des justices desdits seigneurs, et les donneront gratuitement et sans prendre connaissance de cause ni ouïr les parties contre lesquelles l'exécution devra être faite.

(121) Les jugemens rendus, contrats ou obligations reçûs ès royaumes et souverainetez étrangères pour quelque cause que ce soit, n'auront aucune hypotèque ni exécution en notredit royaume, ains tiendront les contrats lieu de simples promesses, et nonobstant les jugemens, nos sujets contre lesquels ils auront été rendus pourront de nouveau débattre leurs droits comme entiers pardevant nos officiers.

(122) Défendons à tous seigneurs hauts-justiciers ecclésiastiques et séculiers faire érection nouvelle d'officiers en leurs terres, outre et par dessus le nombre ancien : et ceux qui ont été érigez supernuméraires depuis 20 ans seront réduits à l'ancien nombre. A quoi nous enjoignons aux substituts de nos procureurs généraux en nos justices prochaines de tenir la main.

(123) Enjoignons aussi à nos juges faire observer l'ordonnance concernant la réduction des justices des seigneurs à un seul degré, sans permettre qu'il y soit contrevenu.

(124) D'autant que les restrinctions faites par nos ordonnances des substitutions et fideicommis, n'empêchent pas que plusieurs procès ne se forment : ce qui procède, tant de l'ignorance de ceux qui font lesdits fideicommis, lesquels n'entendent la nature des dispositions de cette qualité, ni les termes sous lesquels elles doivent être conçues, et la diversité des interprétations données en nos cours souveraines. Attendant d'y pourvoir plus amplement, voulons que d'orénavant les degrez desdites substitutions et fideicommis par tout notre royaume, soient comptez par tête, et non par souches et générations : c'est-à-dire, chacun de ceux qui auront appréhendé et recueilli ledit fideicommis, fassent un degré, sinon que plusieurs d'eux eussent succédé en concurrence comme une seule tête, auquel cas ne seront comptez que pour un seul degré. Déclarons nuls tous les arrêts qui seront ci-après donnez au contraire de ces présentes, nonobstant tout usage ancien ou autrement, et sans préjudice des arrêts ci-devant intervenus.

(125) Voulons aussi que lesdits fideicommis ne puissent avoir lieu pour le regard des choses mobilières, si ce n'est pour pierres

précieuses de fort grand prix : ni semblablement qu'ils puissent avoir lieu aux testamens des personnes rustiques, qui vraisemblablement n'entendent ni la nature, ni l'effet des substitutions, ni des fideicommis.

(126) Les testamens appellez holographes, écrits et signés de la main du testateur, seront valables par tout notre royaume, sans qu'il soit besoin de plus grande solemnité : laquelle toutefois si elle y est apportée, n'y fera préjudice, non plus que le défaut qui s'y pourrait rencontrer esdites solemnitez, si ledit testament est holographe.

(127) Tous ceux qui se trouveront avoir recelé ou détourné biens de la communauté, à laquelle ils voudront renoncer, avant ou après ladite renonciation, seront tenus des dettes de ladite communauté, nonobstant leursdites renonciations, sans en pouvoir être relevez par lettres, et ne sera aucune veuve reçue à prendre ladite communauté par bénéfice d'inventaire.

(128) Nul ne sera reçu à se dire et porter héritier par bénéfice d'inventaire en ligne directe ni collatérale, qu'il n'ait fait sceller incontinent après le décès du défunt, s'il est présent ; et qu'il n'ait fait bon et loyal inventaire, le substitut de notre procureur général et les créanciers apparens appellez dans trois jours après ledit décès ; obtenu lettres, icelles présentées, baillé caution et fait enteriner dans quarante jours après les inventaires clos. Et s'il se trouve avoir pris quelque chose de ladite succession avant lesdites lettres entérinées, sans autorité de justice, comme aussi à faute d'avoir fait clorre le compte dudit inventaire dans dix ans du jour desdites lettres ; sera tenu des dettes du défunt, comme s'il était héritier pur et simple ; et ceux qui auront une fois appréhendé la succession par bénéfice d'inventaire, ne seront plus reçus à y renoncer, s'ils n'étaient mineurs lors de ladite appréhension.

(129) L'héritier par bénéfice d'inventaire en ligne directe ne pourra être exclus par l'héritier pur et simple en ligne collatérale et ne sera reçu aucun à se dire héritier par bénéfice d'inventaire, qu'il n'obtienne de nous lettres à cet effet.

(130) Toute quittance de dot sera passée pardevant notaire, à peine de nullité pour le regard des créanciers.

(131) Les quatre mois pour l'insinuation des donations faites aux femmes par contrat de mariage, ne commenceront à courir que du jour du décès des maris.

(132) Déclarons toutes donations faites à concubines, nulles et de nul effet.

(133) Défendons toute broderie de toile, et fil, et imitation de broderie, rebordement de filets en toile et découpure de rabats, collets, manchettes, sur quintins et autres linges, et tous points-coupez, dentelles et passemens, et autres ouvrages de fil aux fuseaux, pour hommes et pour femmes, en quelque sorte et manière que ce puisse être. Et défendons tout autre ornement sur les collets, manchettes et autres linges, fors que des passemens, points-coupez et dentelles manufacturées dans ce royaume, non excédans au plus cher la valeur de trois livres l'aune, tout ensemble bande et passement et sans fraude, à peine de confiscation desdits collets, et des chaînes, colliers, chapeaux et manteaux qui se trouveront sur les personnes contrevenantes à ces présentes, de quelque sorte et valeur qu'ils puissent être ; ensemble des carosses et des chevaux sur lesquels se trouveront, et de mille livres d'amende. Desquelles confiscations, nous adjugeons dès à présent la moitié à ceux qui feront les saisies desdites choses contrevenantes, et l'autre moitié aux hôpitaux. Défendons pareillement et très expressément à tous marchands et autres nos sujets de quelque état et qualité qu'ils soient, d'avoir aucuns ouvrages en leurs boutiques et magasins, dudit point-coupé et dentelle manufacturée hors notre royaume, et d'en faire venir de dehors, à peine de confiscation desdits ouvrages et de marchandises étant aux boutiques et magasins, bales, sommes, chariots et charettes où se trouvera desdits ouvrages défendus, ensemble desdits chariots, charettes et chevaux, et cinq cents livres d'amende applicables comme dessus.

(134) Défendons à toutes personnes de quelque qualité et condition qu'ils soient, d'user au service de leur table, pour quelque prétexte et couleur que ce soit, mêmes ès festins de noces et fiançailles, de plus de trois services en tout, et d'un simple rang de plats, sans qu'ils puissent être mis l'un sur l'autre : et ne pourra avoir plus de six pièces au plat, soit de bouilly ou rôty, de quelque sorte de menue volaille ou gibier que ce puisse être, soit en leurs maisons, ou aux maisons et sales publiques, auxquelles on a accoutumé de traiter, à peine de confiscation des tables, vaisselle, soit propre, empruntée ou louée, et tapisserie des sales et chambres où se feront lesdits festins. Défendons aussi tous banquets et festins sous couleur d'entrée, bien-venues, réceptions et maîtrises, bâtons de confrairies, redditions de comptes,

communautez, élections, prestation de serment en quelque charge que ce soit, à peine de trois cents livres d'amende, payables sans déport contre ceux qui feront lesdits festins, maîtres desdites confrairies, jurez desdites communautez, et autres que besoin sera.

(135) Et pour ce que nous sommes avertis que ceux qui sont pourvus d'offices, sous la couleur des assemblées qu'ils font de leurs amis pour disputer contre eux, et se préparer à l'examen de leur réception, ont introduit une coutume abusive de festins de dépense insupportable, de la vanité desquelles ils ont souvent plus de soin que de leur propre capacité; nous défendons expressément lesdits festins, et ne pourront les collations accoutumées pour la réception de leurs amis, excéder quarante ou cinquante livres au plus, à peine d'être rejettez et non reçus à l'examen, et de cinq cents livres d'amende.

(136) Tous ceux qui font profession de traiter et entreprendre les festins de noces, fiançailles ou autres pour quelque sujet que ce soit, à prix fait ou à certaine somme par tête, ne pourront ci-après traiter, prendre ni recevoir plus grand prix qu'à un écu par tête; et à proportion de ce si c'est à prix fait, ou tant par plat, à peine de quinze cents livres d'amende, de répétition contre eux par les pères et tuteurs de ceux qui auront fait lesdits festins, ou par les administrateurs de l'hôpital, des sommes qu'ils auront reçues, et de confiscation de toute la vaisselle et meubles qui auront servi ausdits festins, et aux sales et chambres où ils seront faits. Leur faisons défenses à peine de prison et de trois mille livres d'amende, de recevoir en leurs maisons et entreprendre festins pour nos officiers et les enfans de familles, si ce n'est pour noces et fiançailles, à la raison ci-dessus.

(137) Défendons et interdisons à tous nos sujets, de recevoir en leurs maisons les assemblées pour le jeu, que l'on appelle académies ou brelans, ni prester ou louer leurs maisons à cet effet. Déclarons dès à présent tous ceux qui y contreviendront, et qui se prostitueront en un si pernicieux exercice, infâmes, intestables et incapables de tenir jamais offices royaux. Enjoignons à tous nos juges de les banir pour jamais des villes où ils seront convaincus d'avoir contrevenu au présent article. Voulons en outre que lesdites maisons soient confisquées sur le propriétaire s'il est prouvé que ledit exercice y ait été fait six mois durant, sauf leur recours contre lesdits locataires. Déclarons en outre ceux qui se trouveront convaincus d'avoir été trois fois ausdites

académies, infâmes et intestables comme dessus. Voulons que les oppositions de ce chef, soient reçues contre eux, lorsqu'ils se présenteront pour être reçus en quelques offices que ce soit, nonobstant toutes les permissions et brevets qu'aucuns pourroient avoir obtenus de nos prédécesseurs et nous, lesquels nous avons révoquez et révoquons, et ne voulons que nos juges y ayent aucun égard, ains que nonobstant iceux, ils punissent tous les contrevenans sselon la rigueur de notre présent édit.

(138) Déclarons toutes dettes contractées pour le jeu nulles, et toutes obligations et promesses faites pour le jeu, quoique déguisées, nulles et de nul effet, et déchargées de toutes obligations civiles ou naturelles. Voulons que contre icelles le fait du jeu soit reçu, nonobstant toutes ordonnances à ce contraires, ausquelles nous avons dérogé et dérogeons pour ce regard. Voulons et ordonnons que toutes lesdites promesses soient cassées, et les porteurs d'icelles, soit le premier créancier ou le cessionnaire, soient non seulement déboutez de leurs demandes à fin de payement des sommes portées par lesdites promesses, mais aussi étant prouvé qu'elles viennent du jeu, condamnez envers les pauvres en pareille somme que celle qui sera contenue ausdites promesses. Défendons à toutes personnes de prêter argent, pierreries ou autres meubles pour jouer ni répondre pour ceux qui jouent, à peine de la perte de leurs dettes, et nullité des obligations comme dit est, et de confiscation de corps et de biens, comme séducteurs et corrupteurs de la jeunesse, et cause des maux innumérables que l'on en voit provenir chaque jour.

(139) Ordonnons pareillement que tous ceux qui joueront sur gages, perdront les gages qu'ils auront exposez, et ceux mêmes qui les auront gagnez : et seront confisquez sur eux au profit des pauvres, réservant le tiers au dénonciateur ; et outre ce, ceux qui les auront gagnez, seront condamnez en pareilles sommes que celle pour laquelle ils auront gagné lesdits gages, applicables comme dessus.

(140) Permettons aux pères, mères, ayeuls et ayeulles, et aux tuteurs, de répéter toutes les sommes qui auront été perdues au jeu par leurs enfans ou mineurs, sur ceux qui les auront gagnées. Voulons que leurs actions soient reçues, et ceux qui auront gagné lesdites sommes, condamnez à restitution d'icelles, avec dépens, dommages et intérêts ; et que la preuve par témoins soit reçue, nonobstant que les sommes excèdent cent livres, à quoi nous avons dérogé pour ce regard.

(141) Et d'autant que l'effrénée passion du jeu porte quelquefois à jouer les immeubles, nous voulons et déclarons que nonobstant la perte et délivrance desdits immeubles, quoique déguisée en vente et échange ou autrement, ses hypothèques demeurent entières aux femmes pour leurs conventions, et aux créanciers pour leurs dettes, nonobstant tous décrets, s'il est prouvé que l'aliénation desdits immeubles procède du jeu. Le tout sans déroger à notre édit du mois de may 1611, fait pour les brelans et jeu de hazard, et arrêt de notre cour de parlement de Paris sur ce donné, le 23 juin ensuivant, lesquels nous voulons demeurer en leur force et vertu.

(142) Les loyers de maisons et prix des baux à fermes ne pourront être demandez cinq ans après les baux expirez.

(143) Seront mis et affichez tableaux aux greffes des jurisdictions ordinaires, contenant les noms des personnes mariées qui sont séparées de biens, de ceux qui auront fait cession, et de ceux ausquels l'administration de leur bien et la liberté de contracter est interdite. Et outre seront lesdites cessions, séparations et interdictions publiées en jugement, sans préjudice des coutumes où il est requis plus grande solennité : le tout à peine de nullité desdites séparations, cessions et interdictions pour le regard des créanciers.

(144) Déclarons que ceux lesquels non par leur faute ou débauche, ains par malheur ou inconvénient, seront tombez en pauvreté, et auront été contraints à cette cause de faire cession de bien, n'encourront pour cela infamie, ni aucune marque, sinon la publication ou affiche de leurs noms, ci-dessus mentionnée, et en sera fait mention par la sentence du juge, par laquelle ils seront reçus à ladite cession de biens.

(145) Ajoutant au 182ᵉ article de l'ordonnance de Blois, voulons que les femmes veuves ayant enfans, qui se remarieront contre et au préjudice de ladite ordonnance, soient privées du douaire à elles acquis par leurs premiers mariages.

(146) Voulons que l'édit concernant les successions des mères à leurs enfans, soit observé par tout nostre royaume, mêmes ès parlemens de Toulouse, Bourdeaux, Aix et Grenoble, ausquels il n'a été pratiqué jusques à présent ; et déclarons nuls tous les arrêts qui pourront ci-après intervenir contre la teneur de ces présentes.

(147) Toutes promesses esquelles le nom du créancier se trouve en blanc, ou remply depuis qu'elles ont été faites, seront décla-

rées nulles, comme aussi toutes lettres de change simulées, et non actuelles, pour lequel ne sera reçue aucune action.

(148) Toutes personnes qui prendront gages pour deniers prêtez ou dus sans bailler reconnoissance par écrit desdits gages, restitueront les gages et perdront la dette.

(149) Ayant reçu plainte qu'en aucuns de nos parlemens il se pratique un usage contraire à nos ordonnances, contraignant les débiteurs au rachat des rentes à faute de payement des arrérages, nous avons aboly et abolissons ledit usage, et défendons à tous nos juges, tant de nos cours de parlement qu'autres, de contraindre lesdits débiteurs au rachat des rentes constituées, sinon en cas de stellionat.

(150) L'interpellation ou demande en justice des intérêts d'une somme principale, ores qu'elle eût été suivie de sentence, ou que lesdits intérêts soient adjugez par sentence ou arrêt, n'acquerra intérêts pour plus de cinq ans, si elle n'est continuée et réitérée.

(151) Défendons à nos sujets toutes sortes d'usures, ni de traiter en autre forme que celle prescrite par nos ordonnances, prendre et recevoir plus haut intérêt que du denier seize, sur peine de confiscation des sommes principales, et condamnation d'amendes, selon la qualité des sommes et excès d'usures, dont nos juges ne pourront dispenser, ausquels enjoignons d'y procéder avec toute sévérité. N'entendons toutefois comprendre en cet article les traitez que les nécessitez de nos affaires nous obligent de faire, et les profits que nous accordons pour raison de ce à ceux avec lesquels nous faisons lesdits traitez en nostre conseil.

(152) L'ordonnance sur le fait des arbitrages du mois d'août 1560 sera suivie; conformément à icelle, les exécutions des sentences arbitrales renvoyées aux juges ordinaires, et les appellations desdites sentences arbitrales, aux juges présidiaux, pour ce qui est de leur pouvoir et pour ce qui excédera aux cours de parlement, si ce n'est que par les compromis les parties se soient soumises pour l'appel à nos parlemens; et ne pourront lesdites appellations être reçues, que le jugement arbitral ne soit entièrement exécuté, et la peine payée si elle est stipulée, à peine de nullité des arrêts donnez au contraire de la disposition présente.

(153) Les banqueroutiers qui feront faillite en fraude seront punis extraordinairement.

(154) Défendons à tous huissiers et sergens, à peine de privation de leur charges et de punitions corporelles, de décharger les commissaires qu'ils auront établis au régime et gouvernement des biens saisis, ni retirer les exploits desdits établissemens.

(155) Confirmons l'article 164 de l'ordonnance de Blois, laquelle voulons avoir lieu, même ès justices subalternes et non royales, et conformément à icelle, voulons qu'il y soit fait au choix des héritiers du défunt, soit qu'il ait enfans ou non, de prendre notaires ou tabellions pour faire inventaire, sans qu'il soit nécessaire d'appeler nos juges, ou procureurs, ou greffiers de la justice, ni autres juges, sinon en cas de confiscation, au-bène ou contention d'entre les parties, réglée après contestation en cause, ce qui aura lieu tant pour majeurs que mineurs, sinon que les parens des mineurs eussent requis que le tuteur fût tenu d'appeler les juges, et ce nonobstant tous arrêts et réglemens à ce contraires, ausquels nous avons dérogé. Défendons aux notaires de prendre plus grand salaire que ce qui leur est attribué par les ordonnances, sur peine de concussion, enjoignant à nos juges de les punir sévèrement en cas de contravention.

(156) Ordonnons que dorénavant en vertu de l'édit des quatre mois, ni autre contrainte par corps, nulle femme mariée et non mariée, ni aucun homme âgé de septante ans, ne pourront être constituez ni retenus prisonniers pour le payement d'aucunes dettes civiles.

(157) Les fruits des héritages saisis et adjugez par décret, seront distribuez entre les créanciers, avec le prix des choses saisies, sans que l'adjudicataire du fonds puisse prétendre lesdits fruits lui appartenir, en vertu de l'adjudication du fonds qui lui a été faite; et ce nonobstant l'usage contraire introduit dans quelque parlement, duquel nous avons reçu plainte : lequel usage particulier comme contraire à nos ordonnances, et à ce qui s'observe et se doit observer communément en nos autres parlemens, nous avons éteint et aboly. Défendons aussi de procéder à l'ordre et distribution des fruits, avant l'adjudication du fonds, à peine de nullité, et de tous dépens, dommages et intérêts contre les juges en leur privé nom.

(158) Saisies d'héritages discontinuées l'espace de trois ans n'auront effet, et celle des meubles, que pour trois mois, après lesquels le commissaire et gardien seront déchargez, à la charge de rendre par eux compte de leur commission.

(159) Les oppositions qui seront formées pour dettes précé-

dentes de tutelle, aux saisies et criées des biens de ceux qui auront été tuteurs, ou de leurs héritiers, ne seront reçues, si dans les dix ans après la majorité des pupilles, il n'y a eu poursuites pour la reddition du compte de ladite tutelle, ou si ledit compte n'a été clos; si ce n'est qu'il y eût procès sur le fait d'icelui, qui eût été continué jusques alors.

(160) Tous décrets d'héritages, ores qu'ils soient poursuivis en exécutions d'arrêts, sentences des requêtes du palais, ou autres juges, seront faits en la juridiction dans le ressort de laquelle l'héritage sera assis, à peine de nullité, de quelque prix ou valeur que soient les choses saisies; sinon que ce fussent duchez, comtez ou baronnies, saisis en vertu d'arrêts, desquels les décrets pourront être audit cas poursuivis en nos cours souveraines, et non autrement : ou que la puissance et autorité des débiteurs donnant empêchement à la vente et aux enchères, soit cause de l'évoquer ou renvoyer en un autre siège prochain, auquel les sujets de ladite crainte ne se puissent rencontrer; ce que nous voulons être bien auparavant vérifié.

(161) Ordonnons que dorénavant il sera tenu registre à part des oppositions que feront les créanciers aux adjudications par décret, qui contiendra le nom des opposans, les sommes pour lesquelles ils s'opposent, la date des contrats, copies desquels seront en les registrant, mises au greffe par liasses, en sorte que le propriétaire, le poursuivant criées, chacun des opposans, puissent jusques à l'adjudication voir quelles sont les oppositions et sur quoy elles sont fondées, et cotter sur le registre l'empêchement qu'ils entendent former, à ce que les opposans précédens ne soient payez selon la date de leurs contrats. Et en cas qu'au jour de l'adjudication, et jusques à la délivrance du décret, il ne se trouve sur le registre aucuns empêchemens, seront les deniers délivrez aux opposans selon l'ordre, temps et hypothèque de leurs contrats. Et en cas qu'il y ait empêchement ou dispute, lesdits deniers leur seront baillez et délivrez en baillant bonne et suffisante caution avec celui qui contestera au contraire; et en cas de plus longue contestation, la partie à laquelle il sera question demeurera consignée, et la distribution du surplus faite, sinon que les parties contractantes consentent que l'une ou l'autre reçoive la somme à ladite caution, et à la charge du procès, pour la rendre en fin de cause à qui elle sera ordonnée. Si toutefois il apparoissoit promptement des quittances et payemens des choses demandées, et pour raison desquelles l'op-

position seroit formée, en ce cas la somme sera baillée par provision à la partie adverse ou son ordre ; sauf puis après aux parties de poursuivre les instances formées contre elle pour la priorité ou postériorité de leurs hypothèques, ou autres difficultez sur le fait de l'ordre.

(162) Pour éviter les longueurs qui arrivent ordinairement en l'ordre de la distribution des deniers des adjudications par décret, pratiquées par ceux qui manient les consignations et font profit des deniers ; ou par les adjudicataires qui ne consignent actuellement, et donnent seulement leurs promesses, en payant les droits des greffiers, ou autrement : avons ordonné que dorénavant les adjudicataires ne seront plus contraints de consigner, sinon que la pluralité des créanciers le requière. Mais leur sera permis du consentement desdits créanciers, en baillant bonne et suffisante caution de la moitié du prix de ladite adjudication, de retenir les deniers et en faire profit au denier seize, à compter du jour de ladite adjudication, pendant l'ordre. A la charge toutesfois, que si la terre venoit à être saisie et mise en criées sur ledit adjudicataire, faute de payement desdits arrérages, les créanciers de la première adjudication entreront en ordre sur le prix, pour les sommes pour lesquelles ils ont été colloquez par le premier ordre, sans que les arrérages dus à l'un d'eux et échus depuis, puissent exclure ou reculer le subséquent : mais pourront venir pour lesdits arrérages par le même ordre, après les sommes du premier ordre et décret précédent, ou sur les autres biens dudit premier acquéreur ; ou bien seront les deniers mis ès mains d'un marchand resseant ou solvable convenu par lesdits créanciers, pour les tenir à leurs périls et fortunes. A la charge de payer aux receveurs des consignations, les droits à eux attribuez ; jusques à ce qu'il ait été pourvu à leur remboursement.

(163) Si ausdits décrets il n'y a autres opposans que le poursuivant criées, l'adjudicataire ne sera tenu consigner le prix de l'adjudication, ains lui suffira la quittance du poursuivant criées jusques à la concurrence de son dû, et du propriétaire pour le surplus.

(164) Nul ne sera reçu à appeler des décrets, ni à les débattre par nullitez, ni autres voyes entre majeurs, dix ans après l'interposition desdits décrets. Et ne courra néanmoins ledit temps de dix ans, que du jour de la publication des présentes, et sans préjudice des droits acquis aux parties par prescription ou autrement, pour les décrets précédens ; même pour les décrets volon-

taires qui auroient été faits en conséquence des contrats de vente, et pour purger les hypothèques seulement. Et néanmoins voulons que les mineurs, sur les tuteurs desquels les décrets auront été faits, puissent dans les dix ans après leur majorité atteinte être restituez pour lézion d'outre moitié de juste prix : et rentrer en leurs biens décrétez, rendant le prix de l'adjudication, frais et loyaux coûts, impenses utiles et nécessaires, si l'acquéreur ne veut suppléer la juste valeur du prix, avec l'intérêt à proportion. Et pour obvier aux surprises qui arrivent souvent aux plaidoyries des adjudications par décret, sur la proposition des nullitez ou autres moyens non revus par les avocats : avons ordonné et ordonnons, que les appelans desdites adjudications seront tenus cotter précisément par leur relief d'appel, ou par requête présentée et signifiée trois jours avant la plaidoyerie, les moyens dont ils entendent s'aider, et ne seront reçus à en proposer verbalement d'autres.

(165) La déconfiture entre créanciers, sur les meubles d'un detteur insolvable, sera dorénavant générale par tout notre royaume : et audit cas, viendront lesdits créanciers sur lesdits meubles, à contribution au sol la livre, sans préjudicier à ceux qui auront privilège particulier sur lesdits meubles.

(166) Pareillement voulons que le crime de concussion soit sévèrement puni suivant nos ordonnances ; et seront les juges responsables civilement de leurs domestiques.

(167) Advenant qu'aucun des officiers ou d'autres seigneurs soient tuez en exerçant et faisant leurs charges, leurs estats et offices seront conservez à leurs veuves et héritiers, qui en pourront disposer à personnes capables.

(168) Défendons à tous seigneurs, gentilshommes, officiers et autres, de quelque qualité et condition qu'ils soient, de retirer en leurs maisons, donner aucun aide ou confort aux criminels et coupables, ni d'empêcher les décrets, jugemens et arrêts de contumace qui seront rendus contre eux, sur peine d'être tenus en leurs propres et privez noms des amendes et réparations jugées à l'encontre desdits coupables ; et d'en demeurer pour toujours cautions et responsables, tant envers les receveurs des amendes que parties civiles, tout ainsi que s'ils avoient promis iceux coupables représenter à la justice, et s'en fussent chargez envers les parties civiles intéressées ; et en outre, de privation des charges et offices, dont nos juges ne pourront dispenser, à peine de nullité de leur jugement.

(169) Désirant conserver l'autorité des pères sur leurs enfans, l'honneur et la liberté des mariages, et la révérence due à un si saint sacrement, et empêcher qu'à l'avenir plusieurs familles de qualité ne soient alliées avec personnes indignes et de mœurs dissemblables : avons renouvellé les ordonnances pour la punition du crime de rapt ; et ajoutant à icelles, voulons que tous ceux lesquels commettront rapt et enlèvement de veuves, fils et filles, étant sous la puissance de pères, mères, tuteurs et parens, ou entreprendront de les suborner pour se marier, et qui auront aidé et favorisé tels mariages sans l'avis et consentement de leurs parens, tuteurs et autres qui les auront eu en charge, seront punis comme infracteurs des loix et perturbateurs du repos public. Et sera procédé extraordinairement contre eux par punition de mort et confiscation des biens, sur iceux préalablement prises les réparations adjugées, sans qu'il soit loisible aux juges de nos cours souveraines et autres, de modérer la peine établie par notre présente ordonnance. Enjoignons pour cet effet à tous nos juges d'informer promptement desdits crimes sitôt qu'ils auront été commis, et à nos procureurs généraux et leurs substituts, d'en faire poursuite, encore qu'il n'y eût plainte ni partie, pour être procédé au jugement, nonobstant oppositions ou appellations quelconques, sur peine d'en répondre en leur nom. Et outre, défendons très expressément à toutes personnes, de quelque qualité ou condition qu'elles soient, de favoriser, donner retraite, ou recevoir en leurs maisons lesdits coupables, ni retenir les personnes enlevées, à peine de rasement d'icelles, et de répondre solidairement et leurs héritiers des réparations adjugées : même aux capitaines et gouverneurs qui commandent aux places sous notre autorité, de ne les y admettre, ni recevoir, sur les mêmes peines, et d'être privez de leurs charges : lesquelles en ce cas nous avons déclarées vacantes et impétrables, pour y être par nous pourvu, sans qu'ils y puissent être rétablis. Et afin de faire cesser telles entreprises, et qu'à l'avenir tels crimes ne puissent être excusez et couverts, voulons, suivant les saints décrets et constitutions canoniques, tels mariages faits avec ceux qui auront ravi et enlevé lesdites veuves, fils et filles, être déclarez nuls et de nul effet et valeur, comme non valablement, ni légitimement contractez : sans que par le temps, consentement des personnes ravies, leurs parens et tuteurs prêtez avant ou après lesdits prétendus mariages, ils puissent être validez ou confirmez : et que les enfans qui viendront desdits mariages soient et demeurent

bâtards et illégitimes, indignes de toutes successions directes et collatérales qui leur pourroient échoir : ensemble les parens qui auroient assisté, donné conseil, aide ou retraite, ou prêté consentement ausdits prétendus mariages et leurs hoirs à toujours incapables de pouvoir succéder directement ou indirectement ausdites veuves, fils ou filles : et desquelles successions audit cas, nous les avons privés et déclarés indignes, sans que lesdits enfans puissent être légitimez, ni lesdits parens réhabilitez pour recueillir lesdits biens. Et si aucunes lettres étoient impétrées de nous par importunité ou autrement, défendons à nos juges d'y avoir aucun égard.

(170) Les fréquentes rebellions, et la facilité des soulèvemens et entreprises particulières d'autorité privée, prises et lèvement des armes, soit pour prétextes publics, ou querelles et intérests particuliers, honteuses à notre état et trop préjudiciables au repos de notre peuple, à notre autorité et à la justice, nous obligeant d'y donner quelque ordre plus fort qu'il n'a été fait par ci-devant ; outre les peines portées par les ordonnances précédentes, nous défendons très expressément à tous nos sujets, de quelque qualité et condition qu'ils soient, d'avoir association, intelligence ou ligues avec aucuns princes ou potentats, républiques ou communautez, dedans ou dehors le royaume, sous quelque couleur ou occasion que ce soit : communiquer avec les ambassadeurs des princes étrangers, les voir, visiter ou recevoir, soit en leurs maisons, ou en maisons tierces ou neutres : recevoir aucunes lettres, ni présens de leur part, ni leur en envoyer sans notre commandement ou permission, ou ayant charge et obligation de ce faire par leur charge ou employ, à peine d'être convaincus de faction et soulèvement.

(171) Défendons pareillement à tous nos sujets, de quelque qualité et condition qu'ils soient, d'errer, arrêter ou assurer des soldats et gens de guerre à cheval ou à pied par eux ou par autres, sous quelque prétexte que ce puisse être : les lever et assembler sans avoir sur ce nos lettres de commission signées d'un de nos secrétaires d'état, et expédiées sous notre grand sceau.

(172) Faire, avoir et retenir aucun amas d'armes pour gens de pied ou de cheval, plus qu'il ne leur est nécessaire pour leurs maisons, et sans notre permission, en la forme susdite.

(173) Faire sans notre permission par lettres-patentes et commandement, achat de poudre, plomb, mèche, plus que pour la

provision nécessaire et raisonnable de leur maison, et plus qu'il ne sera porté par lesdites permissions.

(174) Faire fondre des canons ou autres pièces, de quelque calibre que ce soit, en retenir ou avoir en leurs maisons, soit de fonte de notre royaume ou étrangère, sans notre permission, en la forme cy-dessus.

(175) Faire aucunes ligues ou associations, ou y entrer, soit entre nos sujets ou les étrangers, pour quelque cause que ce soit.

(176) Faire fortifier les villes, places et châteaux, soit ceux qui nous appartiennent, soit aux particuliers (hors les murailles, fossés et flancs des clôtures pour ceux qui ont droit d'en avoir), de quelque fortification que ce soit, sans notre expresse permission, en la forme susdite.

(177) Faire assemblées convoquées et assignées publiquement ou en secret, sans notre permission, ou du gouverneur et notre lieutenant général en la province: mêmes auxdits gouverneurs et lieutenans généraux, sans notre permission par lettres en la forme susdite, ésquelles les causes desdites assemblées soient exprimées.

(178) Faisons pareillement défenses à tous nos sujets de quelque qualité ou dignité qu'ils soient, ayant quelque charge ou office, de sortir hors notre royaume sans notre permission: et à tous les autres non ayant charge, sans le déclarer au juge et principal magistrat des villes de leur domicile, et en avoir acte par écrit, et en bonne forme.

(179) Défendons pareillement à tous nos sujets sans aucun excepter, suivant le soixante et dix-septième article des ordonnances de Moulins, d'écrire, imprimer ou faire imprimer, exposer en vente, publier et distribuer aucuns livres, libelles ou écrits diffamatoires et convicieux, imprimez ou écrits à la main, contre l'honneur et renommée des personnes; même concernant notre personne, nos conseillers, magistrats et officiers, les affaires publiques et le gouvernement de notre estat. Déclarons tous ceux qui s'oublieront tant, que de contrevenir à ce que dessus, spécialement en ce qui concerne les ligues et associations dedans et dehors le royaume: levées et erremens de gens de guerre: fortifications des places: intelligence avec nos ennemis: armemens, assemblées et provisions notables d'armes et fontes de canons: diffamation de notre état et gouvernement, et de nos principaux officiers, criminels de leze majesté, proditeurs de leur patrie, incapables et indignes eux et leur postérité, de tous estats, offices,

bénéfices, titres, honneurs, dignités, graces, priviléges, et de tous autres droits, et privés d'iceux : ausquelles charges, offices, bénéfices, nous entendons pourvoir à l'instant. Et en outre déclarons les vies et biens confisquez, sans que lesdites peines leur puissent être modérées par nos juges ou remises à l'avenir par lettres ou autrement en quelque manière que ce soit, suivant le 183e article desdites ordonnances de Blois.

(180) Et d'autant que le commencement des factions est en la désobéissance et au mépris des ordres et commandemens du souverain, en l'obéissance du quel consistent le repos et la tranquillité des estats, et la prospérité des sujets; pour aller au devant de toutes occasions, nous voulons et ordonnons, que tous ceux qui, ayant reçu commandement de nous en choses qui regardent le gouvernement de notre estat, ou autres qui leur seront enjoints par nous, et généralement tout ce qui pourra leur être commandé par nous et nos successeurs rois, et de quelque dignité, qualité et conditions qu'ils soient, qui n'y voudront obéir, et ne satisferont à nos commandemens, ou qui après les avoir reçus, ne nous feront entendre les raisons qu'ils auront de s'en excuser, et ce qu'ils estimeront être en cela de plus grand bien pour notre service : après que nous leur aurons réitéré lesdits commandemens, si après ledit second commandement ils n'obéissent et ne satisfont à ce qu'il leur sera par nous ordonné, nous les déclarons dès à présent privés de toutes les charges et offices qu'ils ont : ausquelles il sera par nous pourvu dès l'instant, sans préjudice des autres peines que ladite désobéissance pourra mériter, selon la qualité des faits.

(181) Défendons aux gens tenant nos cours de parlemens, de recevoir et prendre connaissance des appellations interjetées des prevôts des maréchaux, après qu'ils ont été déclarez compétens, suivant l'ordre porté par les édits. Enjoignons auxdits prevôts des maréchaux faire juger ladite compétence incontinent, et sans délai au siége présidial plus proche du lieu de la capture des prisonniers : et juger les procès criminels au siége présidial ou royal au nombre des juges porté par nos ordonnances, plus proche du lieu où le délit a été commis, sinon que pour crainte et péril apparent de la recousse des prisonniers par les chemins, ils fussent contraints de faire juger lesdits prisonniers au même siége où ladite compétence aurait été jugée.

(182) Ne sera fait adresse au prevôt de notre hôtel d'aucunes lettres d'abolition, rémission, grace et pardon, sinon pour ca-

advenus à la suite de notre cour, et à dix lieues de l'étendue d'icelle entre gens qui sont actuellement de ladite suite, non domiciliés ni bourgeois de la ville en laquelle sera notredite cour, sinon en cas qu'ils soient de ladite suite et en quartier. Pareillement ne lui seront adressées aucunes lettres de commutation de peines, rappel de ban et de galères, pour procès qui auront été faits et jugés par aucuns autres juges.

(183) Les prévôts des camps et armées, et de nos amez et féaux les maréchaux de France, ni les prévôts des bandes, ne pourront décréter ni procéder criminellement contre aucun domicilié; ains exerceront leur jurisdiction sur les gens de guerre, et qui sont leurs justiciables seulement pour délits militaires ou prévôtaux et non autres.

(184) Les offices des prévôts, des maréchaux et de lieutenans de robe courte, seront unis, vacation advenant, à l'un desdits offices.

(185) Les gages desdits prévôts, vicebaillifs, vice-sénéchaux, leurs lieutenans et archers, ne seront payez qu'à leurs propres personnes, lors de la monstre, et non en vertu des procurations ou cessions, à peine de radiation contre les receveurs. Seront les gages de ceux qui ne se présenteront à ladite monstre, appliquez aux pauvres des lieux: et ne pourront lesdits archers être destituez qu'avec connaissance de cause: et en cas de plainte de leur destitution, se pourvoiront pardevant les juges de la connétablie et maréchaussée de France à Paris.

(186) Lesdits prévôts interrogeront les prisonniers dedans les vingt-quatre heures de la capture: et feront incontinent juger leur compétence, s'il y a déclinatoire proposé, sans pouvoir recevoir lesdits prisonniers à se départir dudit déclinatoire, si une fois ils ont demandé renvoy.

187) Lesdits prévôts de maréchaux vaqueront incessamment et sans remise à la confection des procès criminels, les mettront en état dans deux mois au plus tard après la compétence jugée, et feront procéder au jugement d'iceux incontinent après, à peine des dépens, dommages et intérêts des parties, suspension ou privation des charges, et plus grande s'il y échet.

(188) Ne pourront lesdits prévôts et lieutenans criminels de robe courte, procéder à l'élargissement d'aucun prisonnier, sans communiquer le procès au substitut de notre procureur général: ce que nous leur défendons à peine de privation de leurs charges: et leur enjoignons sous mêmes peines de faire écrire en un re-

gistre exprès toutes les dénonciations qui leur seront faites, dont ils donneront extrait et communication aux substituts de notre procureur général, de trois mois en trois mois, et toutes fois et quantes qu'ils en seront requis.

(189) Désirant témoigner à notre noblesse le ressentiment que nous avons des bons et fidèles services que de tout temps elle a rendu à notre couronne, aux rois nos prédécesseurs, et qu'elle continue envers nous: favoriser et gratifier tous ceux dudit ordre autant qu'il nous est possible: nous voulons et entendons que notredite noblesse soit conservée et maintenue en tous les anciens honneurs, droits, franchises et immunitez dont elle a accoutumé de jouir suivant les articles 256, et les suivans de l'ordonnance de Blois, suivant laquelle nous défendons à tous nos nobles d'en prendre la qualité, se dire escuyers, ni porter armoiries timbrées; et à toutes personnes, de prendre qualité de chevalier, s'ils ne l'ont obtenue de nos prédécesseurs, ou de nous, ou que l'éminence de leur qualité ne la leur attribue. Enjoignons à tous nos juges de leur en interdire l'usage, et faire soigneusement observer lesdites ordonnances.

(190) Avons prohibé et défendu, prohibons et défendons toute vénalité d'offices, charges et places de notre maison, ensemble des reines notre mère et épouse, et de notre très cher frère: comme aussi de toutes charges militaires, capitaineries et gouvernemens de provinces, places et forteresses. Faisons défenses à tous ceux qui sont pourvus d'icelles, les céder, ni en aucune façon en traiter, à peine d'en être déchus, et d'être déclarez à l'avenir indignes de toutes autres charges.

(191) Déclarons ne vouloir à l'avenir recevoir aucunes démissions, cession desdites charges, même de père à fils: nous reservant néantmoins, après la mort des pères, d'en pourvoir leurs enfans selon que nous les jugerons capables, ou les récompenser selon que leurs services le pourront mériter.

(192) Défendons très expressément aux capitaines de nos gardes du corps, grands prévôts de France, prévôt de notre hôtel, et prévôts de nos amez et féaux cousins les maréchaux de France, de vendre les places d'archers dépendantes de leurs compagnies: ains voulons qu'elles soient par eux gratuitement données à personnes capables, suivant le 260e art. de l'ordonnance de Blois. Et voulons que le semblable soit observé pour les gentilshommes de la Venerie, Fauconnerie et officiers de l'artillerie.

(193) Et d'autant que nous avons reconnu que le plus grand

abus qui se soit introduit aux charges de notre cour, maison et suite provient de ce que la disposition de celles qui en dépendent, a été ci-devant laissée à ceux qui étoient chefs des charges, lesquels ont souvent cherché plus d'utilité aux choix des personnes à qui ils les ont baillées que d'autres raisons: nous avons réservé et réservons à nous et à nos successeurs le pouvoir et faculté de pourvoir à toutes les charges subalternes et dépendantes desdits chefs des grandes charges, soit grands maîtres de notre maison, grands maîtres de l'artillerie, grand veneur et fauconnier, et colonel de notre infanterie et autres: auxquelles sera par nous pourvu de personnes capables et expérimentées et qui par leurs services auront mérité le choix que nous en ferons: nous réservant d'avoir tel égard que de raison, aux avis que nous donneront lesdits chefs et possesseurs des grandes charges de l'état.

194. Nos ordres de chevaliers de Saint-Michel et du Saint-Esprit, ayant été établis pour en honorer les seigneurs et gentilshommes qui ont rendu des services signalez aux rois nos prédécesseurs, et exposé leurs vies aux occasions pour la manutention de l'état: nous voulons que lesdits ordres ne soient donnez qu'à personnes qualifiées, qui les ayent meritez par leurs longs et signalez services, et qu'ils soient gentilshommes de race, suivant les statuts desdits ordres.

(195 Les chevaux et armes des gentilshommes, gendarmes, chevau-légers et capitaines des régimens entretenus, servant à leurs personnes, jusques à deux chevaux, ne pourront être saisis, si ce n'est à la requête de ceux qui les auront vendus.

(196) Et d'autant que plusieurs de nostre noblesse se trouvent incommodez des dépenses qu'ils font à notre service: sur les remontrances qui nous ont été faites de la rigueur des ordonnances de quatre mois, et des contraintes par corps que leurs créanciers obtiennent contr'eux après ledit temps, nous avons en leur faveur prorogé ledit temps jusques à huit mois, encore en faveur des gentilhommes de race, et des capitaines des compagnies de cavalerie et régimens entretenus.

(197) Ne seront tenus pour nobles les bâtards des gentilshommes: et en cas qu'ils ayent été ennoblis par les rois nos prédécesseurs, ou par nous, eux et leurs descendans seront tenus de porter en leurs armes une barre qui les distingue d'avec les légitimes: et ne pourront prendre les noms des familles dont ils seront issus, sinon du consentement de ceux qui ont intérêt.

(198) Défendons à tous gentilhommes et à nos officiers de justice ou de finances, de s'entremettre ou par eux ou par autres, d'aucun trafic, marchandises ni banque à peine de déchéance de noblesse, privation de leurs charges et autres peines des ordonnances.

(199) Nous voulons que les dignitez, prébendes et place des chanoines et religieux ès églises cathédrales, collégialles et monastères, affectées par les fondations desdits lieux, à personnes nobles d'extraction, leur soient conservées et gardées, sans que nul y puisse être admis, s'il n'est de la qualité portée par lesdites fondations, nonobstant toute dispense qu'ils en pourroient obtenir.

(200) Nous voulons que les compagnies de cavalerie et infanterie entretenues, soient remplies des enfans de notre noblesse, et qu'en chacune compagnie il y en ait au moins la quatrième partie.

(201) Voulons et ordonnons qu'en chacun de nos parlemens il y ait deux gentilshommes des principaux du ressort d'iceux, qui ayent qualité de conseillers de robe courte en iceux, avec séance et voix délibérative, sans gage et rapport, ains cela, se pratique déjà en quelques-uns desdits parlemens; et que ceux qui ont été reçus en nos parlemens en ladite qualité de conseillers, soient tenus et censez pour remplir lesdites places, sans qu'en conséquence du présent article, on puisse prétendre en devoir être reçus d'autres.

(202) Voulons aussi et entendons appeler en nos conseils aucuns de nostre noblesse pour y avoir entrée, séance et voix, ainsi que les autres conseils : outre lesquels les princes, seigneurs et officiers de nostre couronne qui en ont prêté le serment, pourront y entrer et seoir quand bon leur semblera, ainsi qu'il est accoutumé.

(203) Défendons toutes sortes de chasses aux roturiers, de porter l'arquebuse ni en tirer, sur les peines des ordonnances : et révoquons dès à présent tous priviléges prétendus par les habitans d'aucunes villes de notre royaume, pouvoir chasser en nos terres et autres terres voisines desdites villes.

(204) S'il est fait plainte contre aucuns de ceux qui commandent aux places fortes, de quelques violences commises sur nos sujets, enjoignons à nos juges ordinaires des lieux, à peine de privation de leurs charges, de recevoir lesdites plaintes de ceux qui s'adresseront à eux, et d'en informer, et les informations es-

tant faites, les renvoyer clauses et scélées aux procureurs généraux de nos parlemens au ressort desquels ils seront, pour estre par nosdits parlemens procédé contre ceux qui se trouveront avoir commis lesdites violences, selon la rigueur des ordonnances. Enjoignons à cette fin à nosdits procureurs généraux de faire toutes les poursuites nécessaires, à peine d'en répondre en leurs propres et privés noms.

(205) Défendons à tous gouverneurs, capitaines des places, leurs lieutenans ou autres commandans en leur absence, d'exiger de nos sujets aucunes denrées ni argent, ni les assujettir à aucunes corvées sous prétexte de fortifications ou réparations desdites places, à peine de privation de leurs desdites charges, et autres plus grandes peines s'il y échet.

(206) Nous voulons que lesdites défenses ayent lieu pour les seigneurs gentilshommes qui usent de semblables exactions sur leurs hostes et tenanciers : leur défendant pareillement d'usurper les communes des villages et les appliquer à leur profit, ni les vendre, engager ou bailler à cens, sous les peines portées par les ordonnances. Et si aucunes ont esté usurpées seront incontinent restituées. A quoi faire nous enjoignons à nos baillifs, sénéchaux et substituts de nos procureurs généraux des lieux, de tenir la main et faire toute diligence pour ce requises et nécessaires.

(207) Défendons ausdits seigneurs et gentilshommes d'assujettir leursdits vassaux et tenanciers à leurs moulins, fours et pressoüers, s'ils ne sont fondez en titres, à peine de confiscation desdits fours et moulins, la perte de tous autres droits qu'ils pourroient prendre sur eux. Et enjoignons ausdits seigneurs et gentilshommes de bailler quittance pardevant notaires à leursdits tenanciers, s'ils requièrent, de ce qu'ils auront payé en deniers ou grains pour les rentes seigneuriales ou surcens à eux dûs, aux frais toutefois desdits tenanciers.

(208) Défendons aussi très-expressément à tous gouverneurs, capitaines de nos places frontières ou leurs lieutenans, d'entreprendre de bailler aucuns passeports pour sortir hors nostre royaume, or, argent ou autres marchandises, et d'entrées, dont le transport est prohibé par nosdites ordonnances, ou par les nouvelles défenses que nous en ferons : ni favoriser directement ou indirectement, sous peine de privation de leurs charges et autres plus grandes peines s'il y échet. Enjoignons à nos juges les plus prochains des lieux d'informer des contraventions qui se-

ront faites à nostre présente ordonnance, envoyer les informations en nostre conseil.

(209) Désirant pourvoir aux plaintes que nous avons reçues de divers endroits, des fréquens empêchemens qui sont donnez à l'exécution des sentences et arrest, tant de nos juges ordinaires que de nos cours de parlement, nous défendons à tous gouverneurs, gentilshommes autres de quelque qualité qu'ils soient, d'apporter aucun empêchemet à la distribution de la justice, ni s'entremettre au département de nos tailles, de troubler et empêcher les habitans des paroisses à la nomination libre de leurs syndics, asséeurs et collecteurs, ni les outrager en faisant leursdites charges, sur les peines portées par nosdites ordonnances.

(210) Les seigneurs et gentilshommes ne pourront faire obliger pour ou avec eux aucuns laboureurs ou paisans leurs saiets, soit comme cautions ou principaux débiteurs. Et où ils le feroient ci-après, nous déclarons dès à présent lesdites obligations nulles, et de nulle valeur pour le regard desdits laboureurs et paisans, si ce n'est qu'ils fusent fermiers desdits seigneurs et gentilshommes ; auquel cas ils se pourront obliger jusques à la concurrence de leurs fermes et non plus avant.

(211) Enjoignons aux gentilshommes de signer du nom de leurs familles et non de celui de leurs seigneuries, en tous actes et contrats qu'ils feront, à peine de nullité desdits actes et contrats.

(212) Les portes des villes qui ont esté fermées ou murées depuis l'an 1588 seront ouvertes comme elles estoient auparavant, si les habitans d'icelles le requièrent pour leur commodité.

213 Conformément aux ordonnances des rois nos prédécesseurs et réglemens ci-devant faits, voulons que tous canons et artilleries en quelque main qu'ils soient en nostre royaume, soient remis dans nos arsenaux, sauf ce qui est nécessaire pour les places frontières et importantes à la sûreté de l'estat, selon que nous l'ordonnons. Et s'il y a quelques particuliers qui en ayent fait fondre à leurs dépens, ordonnons qu'ils soient remboursez de la valeur, et défenses estre faites à l'avenir à tous nos sujets de quelque qualité qu'ils soient d'en faire fondre dedans et dehors nostre royaume sans nostre permission, aux peines ci-devant déclarées.

(214) Nous voulons et ordonnons que toutes les armes qui ont été tirées de nosdits arsenaux y soient remises et retablies, et que ceux qui les ont tirées de nosdits arsenaux soient contraints de les y remettre. Et semblablement que celles qui sont ès mai-

sons et châteaux des particuliers, excédant ce qui est nécessaire pour la garde d'icelles, soient portées dans les magasins ou arsenaux qui seront dressez aux bonnes villes voisines, pour estre conservées à qui elles appartiennent, afin de s'en servir quand ils seront par nous commandez, si mieux ils n'aiment recevoir le prix d'icelles, au payement desquelles il sera par nous pourvu.

(215) Défendons à toutes communautez et tous particuliers de faire passer et transporter hors notre royaume aucunes armes sans notre permission et lettres scellées de notre grand sceau, à peine de confiscation desdites armes et punition corporelle.

(216) Défendons pareillement à toutes personnes de quelque qualité qu'elles soient, d'armer par mer ou par terre sans lettres-patentes signées de l'un de nos secrétaires d'estat et scellées de notre grand sceau, et sans l'attache, en ce qui concerne la terre, des gouverneurs de nos provinces; et pour ce qui concerne la mer, de nostre cousin le cardinal de Richelieu, grand maître et surintendant général de la navigation et commerce, et ses successeurs en ladite charge, sur les peines de nos ordonnances.

(217) Déclarons par ces présentes, que toutes personnes quelles qu'elles puissent estre, qui seront trouvées en armes contre nous ou en ouverte rebellion, ne pourront s'aider d'aucuns privilèges, demander aucun renvoy, ou proposer déclinatoires, comme en estant indignes et déchus par le seul fait.

(218) Les charges de gouverneurs et lieutenans généraux de nos provinces, celles des gouverneurs et capitaines de places frontières ne pourront être tenues à l'avenir que par nos naturels sujets, dont la fidelité soit connue par les longs services qu'ils nous auront faits, ou aux rois nos prédécesseurs.

(219) Pour récompenser les pauvres capitaines et soldats estropiez à notre service, portant les armes et combattans contre nos ennemis, nous voulons qu'il soit fait état de toutes les abbayes et prieurez de notre royaume, païs et terres de notre obéissance, pour être lesdits capitaines et soldats estropiez assignez sur lesdits bénéfices qui le pourront porter, de la pension de religieux lay, suivant la bonne et ancienne coutume de ce royaume. Lesquelles pensions, pour le regard de ceux qui ne les voudront prendre et recevoir dedans les couvens, y rendant le service qu'ils pourront, nous avons, à cause de l'enchérissement des vivres, estimées à la somme de cent livres par chacun an, à les recevoir par lesdits estropiez en argent ou en espèces à leurs choix, et lesdites espèces prisées et estimées au prix cou-

rant des marches, à la charge que nul ne pourra être pourvu de deux pensions, à peine de privation de toutes les deux. Et afin que la distribution desdites pensions soit faite avec plus de choix et de fondement, non pas fortuite et sans grand discernement, comme il a été fait si souvent, nous voulons qu'il soit fait et dressé un rolle de tous lesdits estropiez sur les certifications des maréchaux de France et colonel de l'infanterie, lesquels ils donneront, soit sur la propre connoissance qu'il auront des mérites et services desdits estropiez, des lieux et occasions ou ils auront reçu lesdites blessures; soit sur celles des capitaines particuliers ou mestres de camp qui les pourront donner, lesquels rolles seront puis après arrêtez par nous en notre conseil, notre grand aumônier présent, et sur iceux et selon l'ordre auquel chacun desdits estropiez y sera compris, lesdites pensions seront distribuées et les provisions expédiées et déchargées sur ledit rolle, de la main de nos chancelier ou garde des sceaux, à mesure qu'elles seront scellées: déclarons néanmoins, pour la mémoire récente des services qui nous ont été rendus dans l'isle de Ré, au siège de la Rochelle, tant par mer que par terre, que les capitaines et soldats qui se sont trouvez èsdites occasions et qui ont reçu quelques blessures en icelles, par le moyen desquelles ils demeurent estropiez et incapables de nous servir en la profession des armes, soient pourvus les premiers et avant tous les autres desdites places de religieux lays, suivant le rolle que nous en arresterons sur les certifications en la manière que nous avons dit ci-dessus.

(220) Quant à ce qui regarde les gens de guerre, tant de cheval que de pied, leur ordre et discipline, les guerres civiles ayant attiré après soy les désordres que commettent à présent la plupart d'iceux, et la licence de leur mal ayant produit une infinité de maux, ausquels les anciennes ordonnances militaires n'ont point pourvu, nous avons estimé à propos pour le bien de nostre état, police de nosdits gens de guerre et soulagement de nos peuples d'y pourvoir par un nouveau réglement, sans déroger aux précédens en ce qui n'est contraire à celui-ci, pour lequel nous avons statué, dit et ordonné, statuons, disons et ordonnons.

(221) Premièrement en ce qui concerne notre infanterie, qu'en quelque lieu que ce soit, ou de campagne, ou d'armée ou de garnison, elle fera dix mois de monstre pour chacun an, à trente-six jours par mois.

(222) Qu'elle sera payée par avance.

(223) Que les payemens se feront à la banque par prests réglez et sans discontinuation.

(224) Que le pain de munition sera toujours fourni aux soldats, capitaines et officiers dans les armées, et ès garnisons aux soldats seulement, suivant l'ordre prescrit ci-après.

(225) Que les estapes seront fournies par toute la France dans tous les chemins que feront les compagnies ou régimens, suivant les routes establies, et par tout le royaume à cet effet, et que nous ferons establir ès lieux où il n'a encore esté fait.

(226) Que les appointemens des capitaines et officiers seront augmentez de moitié.

A sçavoir pour l'estat major, par mois.

Au mestre de camp 500 liv. Au sergent major 300 liv. A l'ayde de major 100 liv. Au prévost, ses officiers et archers 360 liv. Au maréchal des logis 60 liv. A l'aumônier 30 liv. Au chirurgien 30 liv. Au commissaire de la conduite 100 liv.

Pour une compagnie de deux cents hommes.

Au capitaine 300 liv. Au lieutenant 100 liv. A l'enseigne 73 l. A 2 sergens, à chacun 30 liv. A 3 caporaux, à chacun 20 liv. A 6 anspesades, à chacun 17 liv. A 45 appointez, à chacun 15 l. A cent vieux soldats, à chacun 12 liv. A 37 cadets, à chacun 10 liv. A deux tambours, à chacun 15 liv. A un chirurgien 15 liv. A un fourrier 15 liv.

(227) Qu'il ne se passera plus de dix pour cent en aucune compagnie.

(228) Quant aux soldats qui se signaleront par leurs services, il sera donné augmentation de solde sur les certificats du général, du maréchal de camp, du mestre de camp et du capitaine, et non autrement.

(229) Que le soldat par ses services pourra monter aux charges et offices des compagnies, de degré en degré jusques à celle du capitaine, et plus avant s'il s'en rend digne, et les officiers par conséquent.

(230) Que les charges qui viendront à vaquer dans l'infanterie seront distribuées à ceux qui se trouveront servans en icelle ou dans la cavalerie et non à autres, sans qu'il soit doresnavant permis à personne de vendre ni résigner celles qu'ils auront, non plus que d'en achetter.

(231) Que ceux des capitaines et officiers, qui par l'âge ou les

blessures sont devenus incapables de servir et résider à leurs charges, nous pourvoiront d'entretenement ou autre récompense pour le reste de leur vie, moyennant quoi ils seront obligez de se démettre volontairement de leurs charges entre nos mains, pour y estre par nous pourvu de telles personnes capables que nous jugerons bon estre; et quant aux soldats estropiez ou invalides, leur sera donné place de religieux lays, morte paye ou autres provisions suffisantes pour leur entretenement.

(232) Qu'à la suite des armées seront entretenus des hôpitaux pour secourir les soldats en leurs blessures ou maladies.

(233) Que dorénavant un payeur avec argent résidera continuellement à la suite de chaque régiment pour les payer des presls et monstres sans discontinuation, et secourir les soldats en leur nécessitez.

(234) Et que moyennant les payemens susdits et les récompenses ausquelles nous nous obligeons par nostre bonté et justice envers les gens de guerre, les ordres ci-après spécifiez sur les enrollemens, les monstres, les payemens, les devoirs et sujections, le marcher, le loger, le vivre, le licenciement, et sur les nouvelles levées et recrues, seront ponctuellement observez par toute nostredite infanterie, sans qu'on puisse prétendre d'en estre excusé ni dispensé, ou garenti des châtimens portez par les ordonnances, sous quelques faveurs, prétextes ou considérations que ce soit.

(235) Nous voulons et entendons que de tous les soldats qui sont maintenant sur pied, tant dans les vieux et nouveaux régimens que dans les places et forteresses, il soit fait par les commissaires ordinaires des guerres et les controlleurs en présence des mestres de camp, et en leur absence des gouverneurs ou magistrats des places dans lesquelles les régimens sont en garnison, un enrollement nouveau, auquel les noms, surnoms, l'âge, la demeure et le mestier de chaque soldat sera spécifié, avec le signal qui pourra estre remarqué sur lui.

(236) Qu'à cet enrollement ledit commissaire ne recevra aucun soldat qui ne soit jugé capable de bien servir et bien armé.

(237) Que nul soldat ne sera enrollé sans promettre de servir sous son drapeau six mois durant pour le moins.

(238) Et que de chaque enrollement de compagnie il sera fait trois rolles qui demeureront l'un au payeur et l'autre au commissaire, et le troisième au controlleur, signez ou du commissaire ou capitaine, et certifiez par le mestre de camp, gou-

verneur ou magistrat susdit, pour sur iceux rolles appeler et payer les soldats aux prests ou monstres qui se feront ci-après.

(239) Nous voulons que dans chaque régiment il réside un payeur et un commis, lesquels seront tenus de payer en main propre des soldats, toutes les compagnies dudit régiment de neuf en neuf jours, à raison de trois sols par chacun soldat factionnaire et quatre sols pour chacun des autres en forme de prest, et sur lesdits rolles spécifiez en l'article des enrollemens ci-dessus, lesquels pour cet effet lui seront représentez.

(240) Que de trois mois en trois mois de monstre toutes lesdites compagnies feront monstre, en laquelle ce qui doit revenir bon à chacun soldat à cause de sa solde par dessus les prests qui lui auront esté faits, et le pain de munition qui lui auroit esté délivré, lui sera donné par ledit payeur pour son décompte.

(241) Que le payement des prests et des monstres se fera à la banque en monnoye blanche de roy et ayant cours.

(242) Que pour faire les prests, chaque compagnie sera assemblée au son du tambour dans le logis du capitaine ou officier qui la commandera, et chaque soldat appelé à tour de rolle, et son signal vérifié, sera payé en présence du commissaire à la conduite dudit régiment s'il y est, ou d'un officier du roy sur les lieux en son absence.

(243) Que à chaque payement sera fait deux controlles, l'un des présens et payez, et l'autre des absens, avec les raisons de leur absence, dont le capitaine sera tenu de rendre compte, afin que les deniers en soient arrestez entre les mains du payeur, tant pour nous en deniers revenans bons, s'il y échet, que pour ceux des absens à qui il en pourroit appartenir. Et seront tous lesdits controlles signez du capitaine ou officier présentant la compagnie, du commissaire, de l'intendant de justice, si c'est en armée; du magistrat de la ville si c'est en garnison, dont chacun tiendra copie signée pardevers soy, pour sur icelle procéder au premier prest ou monstre qui se devra faire.

(244) Que l'argent presté par les capitaines, officiers ou autres aux soldats, ne pourra estre par eux repris ni répété dans les prests, ains seulement dans les monstres, à cause que cela les empêcheroit de vivre jusques à l'autre prest.

(245) Qu'aux prests seulement et aux monstres les commissaires recevront, controlleront et signaleront les soldats qui leur seront présentez par le capitaine ou officier en son absence, pour remplir les places vacantes, pourvu qu'ils soient capables de ser-

vir; comme aussi ils casseront ceux des vieux enrollez sur qui il y aura sujet de rebut et de reproche.

(246) Que les payeurs ne pourront donner le prest à aucun soldat nouveau, si au payement précédent il n'a esté enrollé en la place d'un autre par les formes susdites et mis sur le controlle.

(247) Que les commissaires et controlleurs seront toujours tenus, sur peine de la perte de leurs gages, d'assister en personne aux monstres, pour y vérifier les rolles du signal, rebuter les soldats sur qui il pourroit y avoir quelque plainte, recevoir les plaintes des soldats contre leurs officiers, s'il y en échet, et leur faire prester le serment; comme aussi pour assister aux payemens qui leur seront faits de leurs décomptes, lesquels ils auront à certifier au bas du rolle pour la décharge du payement.

(248) A icelles monstres assistera le mestre de camp au moins deux fois l'année et toujours les capitaines en chef, s'ils n'ont excuse légitime : et toujours aussi les généraux d'armée ou maréchaux de camp en temps de campagne, sinon nos gouverneurs ou principaux officiers des lieux où les compagnies seront en garnison, lesquels signeront, tant les rôles qui devront demeurer au payeur, au capitaine et au commissaire, que celui qui devra estre donné par les mains du controlleur général.

(249) Qu'à ces monstres nul soldat ne pourra estre passé pour présent, quelque congé qu'il aye, s'il ne vérifie avoir esté retenu par maladie.

(250) Que les capitaines, lieutenans, enseignes et officiers des régimens, ne seront point payez par prests comme les soldats, mais que seulement aux monstres leurs gages leur seront délivrez quant aux présens, et aux absens leurs gages nous demeureront en deniers revenans bons, sans que le payeur s'en puisse désaisir, sinon par une ordonnance de relief dressée sur le certificat du congé que nous, ou celui qui commandera le corps du régiment, soit en campagne, soit en garnison, pourrions avoir donné; et pourvu aussi que les conditions dudit congé ayent esté par lesdits capitaines et officiers accomplies. Pourra néanmoins, et sera obligé le payeur, avancer entre deux monstres quelque partie desdits gages ausdits capitaines et officiers quand il en sera requis; mais lorsqu'ils seront présens et résidens en leurs charges seulement et non jamais aux absens.

(251) La valeur du pain de munition sera rabatue aux soldats à raison d'un sol chacun par écu.

(252) Ayant jugé à propos, non-seulement pour le soulagement de nostre peuple et la commodité de nos gens de guerre, mais encore pour en mieux connoistre les déportemens et y pourvoir à point nommé, leur envoyer nos commandemens aussi bien en campagne comme en garnison, de faire dresser dans toutes les provinces de nostre royaume des routes et régler les logemens pour les passages des troupes, tant de pied que de cheval, avec ordre pour leur estre fourni estape en chacun d'iceux, dont nous voulons les déclarations et copies estre envoyées aux gouverneurs et lieutenans généraux d'icelles, pour avec les baillifs, sénéchaux et principaux officiers des villes en faire établir l'exécution et les préparatifs : nous ordonnons que toutes troupes de gens de guerre, soit en corps de régiment ou de compagnies allant et venant par nostre royaume, tiennent toujours lesdites routes selon le département qui leur en sera donné. Défendons très expressément à tous capitaines, mestres de camp, et autres conduisans lesdits gens de guerre par la campagne, de quitter ou changer lesdites routes, ni prendre la liberté de s'eslargir dans les villages voisins, pour quelque raison ou prétexte que ce puisse être, ni pour respect ou considération de qui que ce soit, sur peine de privation de leurs charges en temps de paix, et de la vie en temps de guerre. Voulons et ordonnons que toutes troupes de gens de pied ou de cheval qui seront trouvées depuis le nombre de six hommes jusques à cent et au-dessus logeans dans les villages, armez ou non armez, sans départemens signez de nous ou de nos gouverneurs et lieutenans généraux des provinces, ou de quelqu'un de nos maréchaux de camp, soient réputez vagabonds et voleurs, et comme tels leur soit couru sus par le prévost des maréchaux, et communes du païs au son du tocsin, sans exception ni acception de personnes : et ceux qui les conduiront (pris et appréhendez) punis de mort, sinon condamnez par contumace, autorisant dès à présent lesdits prévosts et communes par ces présentes, et pour l'exécution du présent article.

(253) Que nulle troupe ne pourra entrer dans une province, avant que d'avoir fait sçavoir par un homme exprès leur département et route aux gouverneurs et lieutenans généraux d'icelles, et en leur absence aux baillifs, sénéchaux et autres officiers de la première ville de leurdite route, leur passage, et le jour qu'ils auront à y entrer, pour faire que les vivres leur soient préparez

à chacune desdites estapes ; à quoi lesdits gouverneurs ou officiers susdits, seront tenus de donner ordre incontinent.

(254) Que les mestres de camp ou autres commandant les troupes, et particulièrement le commissaire, seront tenus d'envoyer par même moyen ausdits officiers des provinces un controlle de chacune compagnie de celles qu'ils conduiront, auquel le nombre des officiers et soldats soit expliqué, afin que sur icelui ils fassent porter dans lesdites estapes la quantité de vivres qui sera nécessaire, et lequel controlle lesdits officiers seront obligez de faire aller de ville en ville selon la route, jusques hors de leur province, pour les tenir avertis du fournissement d'estapes qu'elles auront à faire, auquel controlle aussi le jour du passage des troupes sera expliqué.

(255) Que l'on fasse marcher les régimens en deux ou trois corps, selon leur force, suivis d'un jour à l'autre, tant pour éviter la difficulté et confusion qui se pourroit rencontrer dans les estapes en la distribution des vivres à un si grand nombre d'hommes, comme pour la commodité des lieux qui ont à les loger et recevoir, et parce aussi qu'il est plus aisé de contenir le moindre nombre en police et discipline.

(256) Que les capitaines, chefs et conducteurs de chacune compagnie, seront tenus d'être en leurs charges lorsqu'elles marcheront en campagne, et seront responsables en leurs propres et privez noms des contraventions aux régiemens, et des excès qui se pourront commettre par leurs soldats, sinon obligez de les représenter en justice en cas qu'ils leur fussent demandez pour y estre pourvu selon la rigueur des ordonnances.

(257) Que les prévots des maréchaux seront tenus d'accompagner et suivre toutes les troupes qui passeront dans leur détroit, et obligez de ne les point quitter qu'ils ne les ayent consignées ès mains du prévost, dans le droit duquel elles auront à entrer.

(258) Que les prévosts des régimens et les commissaires de conduite, ou autres commissaires départis en leurs places, seront tenus d'être présens en leurs charges, lorsque les troupes marcheront, à peine de privation de leurs charges pour une année.

(259) Que les troupes allans et venans par la campagne, ne pourront séjourner plus d'une nuit en chaque lieu, si ce n'est de quatre en quatre jours, ou en cas de mauvais temps ou autre incommodité considérable.

(260) Et d'autant que par la licence que les soldats prennent

de se débander en marchant par pays, beaucoup de villages se trouvent picorez, et autres excès commis sur le peuple dans leur passage; nous voulons et ordonnons que toutes troupes tant de pied que de cheval, allans et venans par le royaume, marchent en corps et en ordre, et qu'à la teste de chaque corps, il soit fait un ban sur peine de l'estrapade, qu'aucun soldat n'aye à quitter son rang, ni à perdre son drapeau de vue.

(261) Que les capitaines et officiers commandans les troupes dans la campagne, seront obligez de livrer ès mains des prévosts des provinces, les soldats qui leur seront demandez en vertu des informations ou plaintes dressées contre iceux, pour excès par eux commis hors dessous leurs drapeaux durant leur passage.

(262) Et parce qu'un des grands préjudices que les gens de guerre fassent au peuple durant leur passage est de détéler les charrues, et prendre les charrettes tout attelées ou autres chevaux pour mener leur bagage, porter leurs armes, et quelquefois des soldats malades ou paresseux; nous défendons très-expressément à tous mestres de camp, capitaines et officiers des compagnies, tant de cheval que de pied, sur peine de cent livres d'amende pour la première fois, à prendre sur leurs gages, applicables au dédommagement de qui il appartiendra, et d'estre cassez pour la seconde, de ne prendre ou souffrir estre pris aucun cheval ni charette de païsan ou autre, si ce n'est en cas de porter quelques malades, ou par nécessité urgente, mais à condition encore de les demander aux maires des bourgs et villages dont ils auront à désirer tel secours, d'autant que, pour le bagage et les armes, nous entendons que les capitaines ayent charettes suffisantes, vû l'augmentation d'appointement que nous leur accordons par le présent réglement. Et partant seront tous capitaines ou officiers conduisans les troupes, responsables de toutes les plaintes qui pourraient pour ce regard estre faites en leur passage, et obligez de ne mener ou se servir des chevaux et charettes que lesdits maires des villages leur aurait fait prester plus loin que leur premier giste.

(263) Que si en marchant par la campagne il arrive que quelques soldats tombent malades, ensorte qu'ils ne puissent suivre le drapeau, le capitaine ou celui qui conduira la compagnie, pourra leur donner un passeport scellé du sceau du régiment portant prière aux maires et eschevins de la prochaine ville de les recevoir en leur hôpital en laquelle les maires du lieu dont ils partiront seront obligez de les faire conduire, comme le payeur

tenu de leur avancer un prest, et lesdits maires et habitans de ladite ville de les recevoir et faire traiter et médicamenter soigneusement jusques à leur entière et parfaite guérison dans leurdit hôpital, s'il y en a . sinon aux dépens de la ville : à quoi les capitaines et gouverneurs tiendront la main de leur part, et les évêques seront exhortez de les faire recommander aux prônes par les curez. Et lesdits soldats estant guéris et en estat de retourner servir, ils prendront un certificat des magistrats du lieu où ils auront esté traitez, sur lequel et le susdit passeport de leurs capitaines, les villes qui se trouveront sur la route que lesdits magistrats leur auront donné pour aller joindre leurs drapeaux, seront pareillement tenues de les recevoir, loger et nourrir aux hôpitaux ou autrement, ensemble leur donner moyen par leurs charitez, de se conduire de ville en ville jusques en l'armée, ou en la garnison : entendant aussi que lesdits soldats ne séjournent en aucun lieu, et qu'ils fassent cinq ou six lieues françoises par jour, sans s'arrester à battre la campagne au lieu de retourner en leur devoir.

(264) Parce qu'ordinairement il arrive que les quartiers où les gens de guerre vont pour loger, sont fourragez par les goujats et autres gens qui se débandent avant que les troupes y soient arrivées : nous voulons qu'approchant un régiment ou autre corps de gens de guerre, à la vue du quartier où il doit loger, il fasse demeurer en bataille, jusques à ce que les cantons des compagnies et les logis soient arrestez. Que là, outre les bans ordinaires qui se doivent toujours faire à la teste du régiment, il soit défendu sur peine de la vie aux soldats, de n'entrer en aucun autre logis que ceux qui leur auront esté marquez ou donnez par étiquette, ni sortir hors du quartier sans congé sur peine de l'estrapade.

(265) Que dans le quartier, une partie du corps du régiment fasse garde, sçavoir devant le logis du mestre de camp, si tous les drapeaux y sont portez, sinon au drapeau de chaque compagnie. Qu'il soit fait commandement aux maréchaux des logis, de n'exempter par argent ni faveur aucune maison dans le quartier de celles qui seront jugées propres pour faire le logement des gens de guerre, hormis celle du seigneur du lieu, du chef de la justice et presbytère, qui seront toujours exempts : et seront lesdits maréchaux des logis et fourriers obligez de faire étiquette de chacun logis, portant non-seulement les noms des hostes, mais ceux aussi des soldats, afin que sur la plainte du païsan on puisse

connoistre quel aura esté le délinquant, et le faire chastier. Desquelles étiquettes aussi, et des cantons, lesdits maréchaux des logis et fourriers, seront tenus de fournir par chaque logement, un controlle au sergent major, pour sur icelui pourvoir aux plaintes qui pourroient intervenir, et trouver à point nommé les soldats dont ils pourront avoir affaire.

(266). Que tout soldat convaincu d'avoir rompu malicieusement les meubles de son hoste, et pris de ses hardes ou argent sera pendu sur-le-champ.

(267) Que tout soldat convaincu d'avoir pris aucuns vivres sur son hoste, ou de l'avoir battu ou violenté, aura l'estrapade ou autres punitions pareilles.

(268) Qu'avant le délogement il soit ordonné au son du tambour, à tous les habitans du lieu, de porter au commissaire de conduite ou sergent major, toutes les plaintes qu'ils pourroient avoir à faire sur les soldats, afin qu'il y soit pourvû sur-le-champ.

(269) Qu'au délogement, partie des capitaines et officiers demeureront dans le bourg pour faire partir les soldats paresseux, et empêcher les désordres qui y arrivent ordinairement.

(270) Que le régiment mis hors ledit bourg en l'ordre qu'il devra marcher, fasse alte jusques à ce que lesdits capitaines et officiers soient revenus assurer que tout est sorti.

(271) Et que s'il y a quelque chastiment, des plaintes ou désordres, ce soit là, et à la teste du régiment pour mieux servir d'exemple.

(272) Il sera fourni aux soldats marchant sous leur drapeau à la campagne, deux livres de pain par jour, une livre de chair et une pinte de vin, ou autre boisson selon les lieux, mesure de Paris, par les commissaires des villes auxquelles il écherra de faire les estapes de leur chemin, sans que pour cela le soldat aye à rien payer : et moyennant quoi, il ne pourra, sur peine de la vie, prendre, exiger ou demander de son hoste, aucune chose que le logement et les ustencilles, à sçavoir le linge de la table, pot, escuelles et verres, avec place à son feu et à sa chandelle.

(273) Au mestre de camp présent, seront fournies les denrées spécifiées au réglement que nous avons fait sur les estapes, et absent, ne lui sera rien fourni du tout, non plus qu'aux lieutenans, enseignes et sergens absens.

(274) Quant aux capitaines, lorsqu'ils seront présens, leur seront aussi fournies les denrées de l'estape, selon l'estat ; mais quand ils seront absens, la moitié d'icelles seulement à leur équi-

page, estant raisonnable de les distinguer ainsi d'avec les autres; parce qu'ils sont obligez d'avoir toujours équipage et magasin à la suite de leurs compagnies : et en cas qu'ils n'y ayent ledit équipage, il ne leur sera rien fourni.

(275) Ne pourront lesdits mestres de camp, capitaines et officiers prétendre ou demander des commissaires des villes aucunes denrées par dessus les susdites, ni en prendre ou exiger d'eux, et moins encore de leur hoste, sur peine d'un mois de leurs gages pour amende applicable à qui il appartiendra ; et au cas qu'ils eussent besoin d'autres vivres, seront obligez de les acheter au marché.

(276) Ne pourront aussi les susdits officiers prendre bois, chandelles, ou autres denrées de leurs hostes, sinon en payant, mais seulement le logement et les ustencilles spécifiés ci-dessus.

(277) Ne pourront lesdits mestres de camp, capitaines, officiers ou soldats, contraindre leurs hostes à leur chercher pour argent ou autrement autres vivres que ceux qui se trouveront dans le quartier, ni les forcer à leur vendre contre leur gré ceux qui se pourroient trouver dans leurs maisons.

(278) Ne sera donné ausdits mestres de camp, capitaines, officiers et soldats, aucun pain de munition durant qu'ils seront en campagne, attendu que les estapes les en fourniront; mais bien dans les garnisons et aux armées quant aux soldats, et quant aux capitaines et officiers dans les armées seulement, suivant les réglemens et l'usage ordinaire, et le tout par jour, selon la qualité et quantité portée par nos estats. Pour lequel pain sera rabattu à chaque soldat un sol par jour, et le surplus mis en dépense sur nous, à la réserve toutefois des jours que lesdits soldats marcheront à la campagne, attendu la raison ci-dessus, pour lesquels il ne se prendra rien sur eux.

(279) Ne pourront les soldats non plus que les capitaines et officiers estant en garnison, prétendre d'acheter vin, viande, ou autres vivres, ni qu'il leur en doive estre baillé, à autre prix que celui du marché courant, si ce n'estoit que par nostre ordonnance il eust esté fait un taux aux vivres particulier pour eux; auquel cas les maires et eschevins des villes seroient tenus d'en faire faire magasin pour leur en estre fourni.

(280) Pour establir les compagnies des gens de guerre en garnison, nous voulons et entendons qu'après que le commissaire à la conduite aura fait voir au gouverneur et eschevins des villes, les départemens et lettres de cachet nécessaires pour leur donner

entrée en icelles, et l'attache du gouverneur et lieutenant général en la province, le sergent major et maréchal des logis iront trouver lesdits gouverneur et eschevins, pour recevoir d'eux les logis les plus commodes, tant pour les capitaines, officiers que soldats, lesquels ils logeront deux à deux, ou trois à trois au plus, et après que le logement sera fait, ledit maréchal des logis mettra un double du controlle qui en aura esté dressé au greffe de l'hostel de ville, où lesdits eschevins feront assembler tous les hostes des soldats, afin de leur faire faire serment de venir audit greffe, faire rayer sur le double dudit controlle celui de ses soldats qui s'en pourroit estre allé, et marquer le jour de son partement, comme aussi le jour qu'il lui en seroit donné un autre en sa place. Pour à quoi rendre lesdits habitans plus soigneux, ledit maréchal des logis ou fourrier, qui en son absence fera sa charge, sera obligé une fois la semaine de faire la visite du logement : et y trouvant quelques soldats de manque, les oster de dessus son controlle, et aller au greffe de l'hostel de ville, pour voir si les hostes les auront fait rayer comme dessus, afin qu'en cas de manquement ils puissent estre punis ; comme aussi lorsqu'il entrera quelque nouveau soldat dans les compagnies, les capitaines les envoyeront enroller au susdit greffe de l'hostel de ville, et du maréchal des logis aussi.

(281) Défenses sont faites à tous hostes, marchands, taverniers et autres artisans des villes où les compagnies seront en garnison, de ne prester aucun argent, vivres et autres denrées aux soldats, sur peine de les perdre, si ce n'est sous un billet ou garantie des capitaines ou officiers.

(282) A l'entrée des compagnies en garnison, elles seront mises en bataille en la principale place de la ville, et là les bans ordinaires seront faits sur l'observation des ordonnances militaires et politiques, afin qu'aucun ne puisse prétendre cause d'ignorance.

(283) Les compagnies seront cantonnées pour se pouvoir mieux assembler sous le drapeau en diligence, selon les occasions, et les logis des capitaines seront choisis chacun dans le canton de sa compagnie.

(284) Les mestres de camp seront obligez de faire durant l'année trois mois de séjour en leurs garnisons, pour voir l'estat de leurs compagnies : les capitaines d'y séjourner quatre mois tour à tour, en sorte qu'il y en aye toujours trois, quatre ou cinq (selon la forme de régimens) résidans sur leurs compagnies : les

lieutenans et enseignes, chacun huit mois : les sergens majors ou ayde en l'absence l'un de l'autre toujours, comme le prévost ou son lieutenant avec ses archers et le commissaire, estre présens à toutes les monstres, sans que rien les puisse exempter ni les uns ni les autres de cette sujettion, si ce n'est maladie bien vérifiée : et en cas qu'ils y manquent, il sera procédé contr'eux par l'interdiction et privation de leurs charges, s'ils n'ont congé ou dispense de nous.

(285) La garde se fera par l'infanterie en garnison jour et nuit, en temps de paix comme en temps de guerre, pour exercer et maintenir les soldats en discipline.

(286) L'exercice se fera au moins une fois la semaine dans les garnisons, pour instruire et adextrer les soldats, à quoi les sergens majors tiendront la main.

(287) Qu'il ne sera permis à aucun capitaine de recevoir pour soldat en sa compagnie aucun bourgeois de la ville où elle sera en garnison, non plus qu'aux commissaires de les enroller, à peine d'estre punis comme pour employer des passevolans, tant lesdits capitaines que commissaires et soldats.

(288) Que tous les capitaines ou officiers qui commanderont des compagnies en garnison des villes fermées, seront obligez de les mettre en bataille toutes les fois que les gouverneurs d'icelles en voudront faire la revue.

(289) Que toutes compagnies qui seront en garnison en villes où il y aura lieutenant ou sergent major, pourvus par nous, reconnoistront ledit lieutenant, et recevront le mot et les ordres par ledit sergent major, de sa part, comme de celle du gouverneur quand il y sera.

(290) Ledit sergent major distribuera les gardes que lesdites compagnies auront à faire dans la place, et sera par elles reconnu en ses visites et en ses rondes.

(291) Tout congé pour soldat, outre la signature de son capitaine, et la certification du commissaire à la conduite, sera scellé du sceau du régiment, sinon ne pourra valoir ; et pour ce seront tenus les mestres de camp faire faire un sceau ou cachet tel qu'il leur plaira, dans lequel le nom du régiment soit empreint, qui toujours demeurera ès-mains de celui qui commandera ledit régiment pour cet effet, sans que le capitaine particulier puisse donner congé à son soldat autrement.

(292) Nul congé pour soldat ne pourra l'exempter de la résidence au drapeau pour plus de temps que d'une montre à l'autre,

quelque raison ou prétexte qui y puisse estre spécifié, et ce pour une fois seulement en un an.

(293) Le mestre de camp sera tenu de faire actuelle résidence en son régiment lorsqu'il sera en corps dans les armées, ou en la campagne, s'il n'en est dispensé par ordonnance émanée de nous.

(294) En temps de siége ou de campagne, les capitaines, lieutenans et enseignes, seront tenus de résider dans leurs compagnies, sur peine d'estre cassez, s'ils ne sont ailleurs employez par nous, ou malades.

(295) Tout capitaine establi en garnison de frontière ne pourra s'absenter de sa charge sans nostre permission par écrit, et en autre garnison sans consentement du gouverneur, du mestre de camp, ou de celui qui commandera en son absence, sinon à son tour, dont tous les capitaines ensemble auront convenu, suivant le réglement sur ce par nous fait.

(296) En temps de siége ou campagne le capitaine ne pourra donner congé de licenciement à aucun soldat, pour quelque cause que ce puisse estre, sinon incapacité de servir, mais encore avec consentement du commissaire et présentant un autre soldat.

(297) Le capitaine sera obligé en tout temps, comme le lieutenant et enseigne en son absence, de donner main-forte au commissaire ou prévost, lorsqu'il en sera requis par la justice et police, et en cas de refus vérifié, sera interdit de sa charge.

(298) Les capitaines ne pourront chasser hors de leur compagnie aucun soldat, s'il ne l'a mérité par quelque faute de chastiment, et faudra encore que ce soit un jour de monstre ou de prest, en présence du commissaire, sinon il sera permis au soldat de s'en plaindre aux supérieurs, qui seront obligez de le restablir, s'ils trouvent qu'il aye esté injustement osté.

(299) Le capitaine ne pourra recevoir sous son drapeau aucun soldat venant de dessous un autre, s'il ne lui apparoist de son congé en bonne forme; et en cas qu'il en eût reçu quelqu'un par surprise qui lui fût redemandé, il sera tenu le rendre sans délay, ni condition.

(300) En temps de garnison ou de paix, le capitaine ne pourra refuser congé au soldat qui le lui aura demandé, ni le forcer à demeurer après qu'il aura accompli le service de six mois porté par son dernier serment, mais sera tenu d'en avertir le commissaire pour certifier le congé qu'il lui donnera.

(301) Les lieutenans et enseignes ne pourront quitter leurs compagnies sans consentement de leurs capitaines, et congé de leur mestre de camp, ou gouverneur de place, s'ils sont en garnison : et s'ils sont en armée, du général ou du maréchal de camp, sur peine d'estre cassez.

(302) Tout soldat enrollé et payé ne pourra quitter son drapeau sans congé, sur peine de la vie, ains sera tenu de servir durant six mois, à compter depuis son dernier serment.

(303) Tout soldat qui passera le terme de son congé, ne pourra, revenant au drapeau, prétendre la solde qui lui pourroit estre due à cause du temps qu'il aura esté absent, laquelle nous demeurera en deniers revenans bons ; et au contraire, retournant dans le terme de sondit congé, elle ne lui pourra estre déniée par ledit payeur.

(304) Tout soldat absent par maladie certifiée durant le temps de trois mois, ne pourra estre cassé, ains sera payé comme présent, et sa solde à lui fournie par le payeur, qui sera tenu lui en faire bon ; mais ledit temps de trois mois expiré, il sera mis un autre soldat en sa place.

(305) Tous capitaines, lieutenans et enseignes qui ne reviendront en leurs charges dans le temps porté par leurs congez, perdront pour la première fois leurs appointemens de tout le temps qu'ils auront esté absens, et pour la seconde, seront interdits de leurs charges.

(306) Les capitaines seront obligez de tenir les armes de leurs compagnies en bon estat, et selon que par le commissaire de la conduite il en pourra estre requis.

(307) Les monstres se feront à toute l'infanterie de trois en trois mois, par les commissaires ordinaires des guerres et controlleurs départis à cet effet. Si c'est en armée, elles ne se feront qu'en la présence des généraux ou maréchaux de camp ; et si en garnison, en celle des gouverneurs ou de nos principaux officiers ou magistrats de la ville, au greffe de laquelle sera mis une copie des rolles qui auront esté dressez. A toutes les monstres seront rapportez les rolles de la monstre précédente, pour sur iceux (les compagnie mises séparément en bataille) appeller par rang les soldats à vérifier leur signal, et puis enroller les nouveaux qui pourroient estre présentez par les capitaines, en cas qu'ils soient jugez capables de servir.

(308) En cas que les régimens soient séparez en plusieurs garnisons, lesdits commissaires iront establir toutes les compagnies

dans les villes où elles seront ordonnées de servir, laissant quand ils en partiront, entre les mains des magistrats des lieux, copies signées des rolles des compagnies, pour en leur absence enroller, signaler, faire payer les prests à tous les soldats, et faire leur charge de commissaire, avec pareille puissance que les commissaires même. Que si aussi il se trouvoit lesdits commissaires et magistrats avoir commis quelques abus en cette fonction, ils seront démis de leurs charges.

(309) A toutes les monstres les susdits commissaires ordinaires et controlleurs vérifieront tous les rolles qui auront esté faits en chaque compagnie depuis la monstre précédente, tant ceux du signal que ceux des prests, et ceux aussi qui seront au greffe de la ville, si lesdits régimens sont en garnison. Tous lesquels rolles leur seront mis entre les mains pour estre par eux justifiez en cette sorte : c'est à sçavoir, ceux du signal faits par lesdits commissaires, en appellant les soldats l'un après l'autre, ceux des prests faits par le trésorier sur ceux du signal, et ceux du greffe de l'hostel de ville sur les deux autres, et s'il se trouve quelque différence entre lesdits rolles, lesdits commissaires et controlleurs rechercheront d'où viendra la faute, et en prendront un acte qu'ils nous envoyeront pour en ordonner ce qui sera nécessaire à nostre service. Et cependant sur tous lesdits rolles, il en sera par lesdits commissaires et controlleurs fait un particulier de chaque compagnie, signé d'eux et du capitaine, lequel demeurera entre les mains du trésorier, qui sera obligé d'envoyer au surintendant des finances et au secrétaire d'estat ayant charge de la guerre, l'estat des deniers revenans bons desdits prests et monstres, quinze jours après les revues faites pour le plus tard, après avoir fait payer comptant et manuellement à la banque tous les soldats de ce qui leur pourra estre dû de décompte, et préalablement déboursé aux capitaines ce qu'ils prouveront par lesdits rolles avoir avancé à leurs soldats, présens et absens, et déduire le sol de munition, et les six deniers pour les aumônes, dont après ils feront avec le payeur un estat général, expliquant les payemens, restitutions, rabais, prests et deniers revenans bons, dont ils rapporteront aussi copie au surintendant des finances et secrétaire de la guerre, afin qu'ils en ayent pour nous la connoissance qui leur appartient, et puissent disposer des deniers restans à nostre profit.

(310) Nous voulons et entendons, qu'à tous mestres de camp qui auront commandement de mettre un régiment sur pied, il

soit baillé par le secrétaire d'estat ayant charge de la guerre un département signé de nous, portant spécification de la province dans laquelle ils auront à en faire la levée, du lieu particulier dans lequel ils auront à l'assembler, et des jours qui leur seront réglez pour cela : lequel ils seront tenus envoyer aux gouverneurs et lieutenans généraux en ladite province avant toute chose, pour avoir leur attache.

(311) Les commissions des capitaines de gens de pied ne seront doresnavant données par les mestres de camp, sinon à capitaines recounus et expérimentez aux faits de la guerre, dont nous chargeons leurs honneurs.

(312) Lesdits capitaines seront tenus de faire la levée de leur compagnie en personne.

(313) Leur défendons de bailler à qui que ce soit copie de leurs commissions, sur peine de la vie.

(314) Ne pourront, sur la même peine, faire battre le tambour pour lever des soldats en quelque lieu que ce soit, qu'ils n'ayent premièrement présenté leurs commissions aux gouverneurs et lieutenans généraux, et en leur absence aux baillifs et sénéchaux des provinces dans lesquelles il auront à faire ladite levée, pour icelles commissions faire enregistrer et prendre leur attache.

(315) Leur sera baillé par lesdits officiers de province un commissaire pour assister tant à la levée qu'à la conduite de leurs soldats jusques hors de ladite province, comme aussi pour les faire user de diligence, et empêcher que leur séjour ne surpasse le temps qui leur aura été donné par le susdit département.

(316) Lesdits capitaines seront tenus de bailler audit commissaire un rolle des noms et demeures des gens par eux levés, signé d'eux, et certifié par ledit commissaire du pays, pour être enregistré ès greffes des sièges ordinaires, afin d'y avoir recours selon l'occasion et le besoin.

(317) Les officiers et maires des lieux dans lesquels lesdits capitaines feront battre le tambour, seront obligés d'avertir les soldats qui se lèvent dans leur juridiction que défenses très expressément sont faites de par nous, de ne commettre par la campagne aucun désordre, ne loger qu'aux hôtelleries, et ne séjourner jusques à leurs rendez-vous que le temps qui leur sera nécessaire pour y arriver, sans pouvoir marcher plus de deux ou trois ensemble et avec certificat des capitaines et officiers des lieux dont ils partent, sur peine d'être pris et châtiez par les prévosts.

(318) En cas qu'aucuns desdits capitaines (pour leur commodité particulière) eussent permission d'assembler leurs compagnies loin du rendez-vous général du corps du régiment, ils se le pourront faire, sinon en leurs maisons, ou à leurs dépens, et seront tenus en les envoyant joindre ledit corps, ou de les conduire en personne, ou d'y commettre un ou plusieurs de leurs officiers pour les tenir en devoir et faire passer la compagnie à leurs frais et sans désordre, duquel en tous cas ils seront responsables en leurs propres et privez noms.

(319) Lesdits capitaines seront tenus de faire enregistrer par les maires et principaux officiers des villages les noms et surnoms des hommes qu'ils y arrêteront, avec spécification du jour qu'ils devront partir pour les joindre, et de tout ce tenir un bon controlle par devers eux, pour se pourvoir contre les défaillans.

(320) Et d'autant que dans les levées des régimens nouveaux, et des recrues qu'il convient de faire ordinairement, les plus grands désordres se commettent par les licences que les capitaines prennent de faire leurs compagnies en battant la campagne aux dépens du peuple; nous voulons et entendons, ainsi qu'il est fort particulièrement expliqué au chapitre du marcher, qu'à toutes sortes de gens de guerre qui seront trouvez battant et traversant la campagne, il soit couru sus par les prévosts et communes au son du tocsin.

(321) A chacun régiment de nouvelles levées sera départi un commissaire ordinaire accompagné d'un contrôleur et payeur commis de l'extraordinaire des guerres, et porteur des huit et dix sols destinez pour la nourriture des soldats durant le temps de l'assemblée et enrollement, lequel avec copie des départemens et ordres du roy et attache du gouverneur ou lieutenant général de la province, sera tenu de se rendre au lieu de l'assemblée dudit régiment, trois ou quatre jours avant qu'aucun soldat puisse arriver, pour, avec nos officiers, maires et échevins dudit lieu, faire un taux aux vivres des capitaines et soldats, en assembler le magasin, et recevoir et enroller les soldats qui leur seront présentez par les capitaines.

(322) Le mestre de camp et capitaine se rendront aussi audit lieu, sinon au même temps, au moins précisément au jour qui leur est ordonné par notre département pour premier jour de l'enrollement, afin d'empêcher les désordres qui y pourroient être faits par les nouveaux soldats, et présenter au commissaire ceux qui leur appartiendront, à mesure qu'ils arriveront.

(323) Aussitôt qu'un ou plusieurs soldats arriveront au rendez-vous, le commissaire, assisté comme dessus, les enrollera par leur nom, surnom, leur demeure, leur métier et leur signal s'il y en a quelqu'un; ausquels à même temps ils feront par le payeur donner en main propre leur ration en argent, suivant que notre ordre portera, et ce pour un, deux ou trois jours ou davantage, ainsi qu'il sera jugé à propos, et ainsi consécutivement jusques au dernier jour de l'assemblement.

(324) Pourra ledit commissaire rebuter et non recevoir ni enroller les soldats qu'il ne jugera pas propres à servir, ou sur qui il y auroit quelque reproche, sans que le capitaine le puisse obliger à les accepter et admettre.

(325) Seront obligez les soldats, capitaines et officiers des compagnies, de ne prendre au magasin aucuns vivres par dessus ce qui leur sera ordonné, sinon en les payant au prix du marché et non de l'estappe, comme aussi pourront lesdits soldats en prendre moins si bon leur semble, mais le tout en payant, sans pouvoir forcer ni violenter le munitionnaire, sur peine de la vie.

(326) Ne pourront sur même peine, les soldats ni capitaines prendre aucuns vivres de leurs hôtes, ni autres commoditez que du logement, non plus que forcer leursdits hôtes à quitter leur lit pour le leur donner.

(327) Ne pourra le soldat enrollé (bien qu'il n'ait point fait de serment) sortir dudit lieu sans congé de celui qui y commandera.

(328) Ne pourra le soldat enrollé qui aura pris paye, se retirer sans congé du capitaine, qui en ce cas sera obligé d'en mettre aussitôt un autre en sa place.

(329) Ne pourront lesdits hôtes donner aucuns vivres aux soldats, sinon en payant, ni en prendre du munitionnaire aux taux qui auront été faits, sous le nom d'un soldat quoique enrollé.

(330) Seront tenus tous soldats enrollez d'observer les ordonnances, desquelles et des cinq derniers articles ci-dessus sera fait un ban tous les jours par les tambours dans les carrefours ou quartiers et icelles affichées, et ce durant le temps de l'enrollement.

(331) Sera tenu controlle par les maires et échevins de la quantité de toutes les denrées qui seront par le munitionnaire fournies auxdits taux durant l'assemblée du régiment, à mesure que

les soldats qui y arriveront seront reçus du commissaire et de chaque capitaine pour sa compagnie, afin que ledit munitionnaire ne puisse faire tort au peuple sur les surtaux desdites denrées.

(332) Comme aussi sera tenu ledit commissaire de fournir aux maires et échevins un autre controlle certifié d'eux-mêmes, par lequel ils justifient le nombre des soldats venus pour chacune compagnie audit rendez-vous, et enrollez avec le jour de leur venue, pour vérifier tant la dépense susdite que l'argent fourni par le payeur, pour à quoi parvenir sûrement, seront lesdits maires et échevins présens à tous les enrollemens que feront lesdits commissaires.

(333) Ne pourront en l'enrollement que feront lesdits commissaires, recevoir aucun soldat reconnu pour avoir été dans un autre régiment, s'il ne montre son congé en bonne forme; ains seront obligez de les mettre entre les mains du prévôt, pour en être fait justice suivant la rigueur des ordonnances.

(334) Le régiment sortira du lieu de son assemblée précisément au jour qui lui aura été ordonné pour s'aller rendre dans l'armée ou garnison en laquelle il aura été destiné selon notre intention.

(335) Et sortant ledit régiment à cet effet hors du lieu de l'assemblée, il marchera en corps par les routes qui lui seront données, sans s'en pouvoir pour quelque sujet que ce soit détourner, prendra les étappes en la manière spécifiée par le réglement fait sur icelles, et tant le mestre de camp que les capitaines seront responsables des désordres qu'ils pourroient commettre par le chemin.

(336) Et afin aussi qu'aux recrues pareil bon ordre soit observé, nous voulons qu'aux capitaines et officiers qui auront charge d'en aller faire, il soit donné département, ou de nous ou de nos maréchaux de camp des lieux dans lesquels ils auront à les commencer, et toutes signées pour les conduire aussi par étappes, et non autrement, au lieu où elles seront destinées d'aller, avec pouvoir de faire battre le tambour dans les bourgs, villages et villes de leurs passages, pour les faire grossir en cheminant s'il est besoin, et que les frais desdites recrues soient pris sur les deniers revenant bons des régimens et compagnies pour lesquels elles seront faites, lesquels frais consisteront en ce qu'il faudra avancer aux soldats pour les engager, et à la fourniture des huit sols par jour durant qu'il faudra séjourner, lesquels huit sols ne

se pourront distribuer qu'en présence de nos officiers aux lieux s'il y en a, ou des maires et échevins à ce défaut. Et laquelle dépense ne sera allouée que sur les controlles signez et certifiez par eux. Laquelle recrue marchera aussi comme les régimens susdits en corps par ordre et par étapes.

(337) Toutes les troupes qui devront être licenciées, se conduiront en corps par les routes et étapes jusques au lieu où le licenciment se pourra le plus commodément faire pour les officiers et soldats; et le payement leur ayant été fait comme les précédens, manuellement et à la banque, tant de leur décompte s'il en est dû, que d'un prêt, lequel pour leur donner moyen de se retirer, nous leur accordons, les capitaines seront obligez de fournir à chacun soldat un congé en forme de passeport, dans lequel le lieu de leur retraite, et la route pour y arriver soit expliquée avec la date du jour du licenciement, afin que sur icelui les passages leur soient libres par tout; puis à la tête du régiment et de chacune compagnie en particulier, sera fait commandement à tous lesdits soldats de se retirer en leurs demeurances par le chemin qui leur est prescrit, avec défenses très expresses de le changer, ou s'arrêter à battre la campagne, ni de marcher en plus grand nombre que deux ou trois ensemble, sur peine d'être punis par les prévôts des maréchaux ou autres nos officiers, auxquels, pour y tenir la main, les commissaires qui feront le licenciement seront tenus en donner avis, comme aux gouverneurs ou lieutenans généraux des provinces, dans lesquels lesdits licenciemens se feront.

(338) De tous crimes commis de soldat à soldat, comme aussi des soldats envers leurs capitaines, chefs et officiers, soit en l'obéissance et la discipline militaire, soit autrement, la connoissance appartient au prévôt des bandes.

(339) Aux mêmes prévôts des bandes appartient la connoissance et le jugement de toutes contraventions aux ordonnances militaires et de tous autres excès commis en faction par les soldats envers et contre qui que ce soit.

(340) De tous crimes et délits commis par nos gens de guerre tant à cheval que de pied, hors de dessous leurs cornettes ou drapeaux, et hors des factions militaires, comme aussi dans le quartier du général, lorsque nosdits gens de guerre marchent ou séjournent en corps d'armées, la connoissance appartient à l'intendant de justice et prévôt général d'icelle, privativement à tous autres.

(341) De tous crimes, excès, délits commis par nosdits gens de guerre hors de leurs garnisons, nos juges ordinaires pourront connoître concurremment ou par prévention avec les prévôts des maréchaux et prévôts provinciaux, sans être obligez d'en faire renvoy, ainsi qu'il est porté en l'art. 12 des ordonnances militaires faites par Charles IX et Henry III en l'an 1575.

(342) Quant aux crimes et excès commis par nosdits gens de guerre dans l'enclos de leurs garnisons, tant contre les bourgeois ou habitans des lieux où ils seront logez, qu'envers les peuples de la campagne, renvoyé par devers nos juges ordinaires et prévôts, suivant le dernier réglement fait sur ce point en l'année 1625.

(343) Et afin que les présens réglemens, dont nos peuples recevront grand soulagement, soient mieux observés à l'avenir que n'ont été les précédens faits sur ce sujet, nous enjoignons très expressément à tous nos juges dans la jurisdictions desquels les gens de guerre commettront quelque contravention aux présentes ordonnances, d'en faire les plaintes aux chefs et conducteurs desdits gens de guerre, pour iceux châtier suivant la rigueur des cas; et en leur défaut, faire bons procès-verbaux du refus, et informer délits, pour le tout être par nosdits juges renvoyé aux secrétaires d'état, suivant leurs départemens, pour y être par nous pourvu et procédé contre les contrevenans au présent réglement, sans exception de personne, suivant la rigueur des ordonnances.

(344) Afin que les deniers de nos tailles et les autres levées tant ordinaires qu'extraordinaires soient plus promptement reçus qu'ils n'ont été par le passé, et nos sujets contribuables ayant plus de facilité de les payer, afin de satisfaire aux dépenses nécessaires pour la conservation et entretenement de notre état, nous ordonnons que le brevet de la taille et l'état de la crue des garnisons et autres levées extraordinaires, qui auront à être imposées pour l'année suivante à l'avenir, tant pour nos affaires et service que pour les particuliers (lesquels pour le soulagement de nos sujets, et pour éviter les grands frais qui se font à cause desdites levées extraordinaires, nous voulons être dorénavant comprises dans ledit état de la crue des garnisons, et qu'à cette fin les commissions en soient adressées au surintendant de nos finances), soient envoyées par chacun an aux trésoriers de France dans la fin du mois de juillet de l'année précédente au plus tard, pour être par eux procédé au département des tailles sur les élections; lesquels ils enverront en notre

conseil dans le mois d'août ensuivant, pour sur iceux être les commissions expédiées et renvoyées auxdits trésoriers de France dans la fin du mois de septembre, pour avec leurs attaches et mandemens, les envoyer aux élus des élections de leurs généralités, et autres nos officiers des pays d'états dans la fin du mois d'octobre, pour procéder au plutôt à l'assiette et département desdites tailles, crues et levées, le plus également qu'il leur sera possible suivant nos ordonnances et réglemens, en sorte que les deniers de nos tailles soient reçus et portez en nos recettes aux termes portez par nosdites ordonnances.

(345) Et d'autant qu'il se commet infinis abus à l'assiette et département desdites tailles, et qu'il se fait plusieurs levées extraordinaires sur nos sujets, dont nous n'avons aucune connoissance, nous voulons qu'il soit tenu registre par le commissaire des tailles, de toutes les levées qui se feront en chacune paroisse, tant pour le principal de la taille, crue des garnisons et autres levées extraordinaires y comprises, que pour les frais et affaires desdites paroisses, comme taxe de dépens, regalement de taux, mortes payes et autres levées quelles qu'elles soient, contenant les sommes totales de toutes les levées qui se feront par chacun an en chacune paroisse, et pour qui elles sont faites : duquel registre seront faites deux copies qui seront signées et certifiées par le curé de la paroisse et par le procureur fiscal, receveur ou fermier en son absence, par le commissaire desdites tailles, par les assesseurs et collecteurs, et par deux des plus anciens qui seront élus pour cet effet, dont l'une sera baillée audit curé, et l'autre demeurera entre les mains dudit commissaire, pour y avoir recours si besoin est, pour délivrer nos sujets des surcharges qu'ils portent trop souvent à cette occasion. De toutes lesquelles levées sera fait un extrait sommaire, qui sera mis ès mains du substitut de notre procureur général en chacune élection, lequel sera tenu l'envoyer tous les ans en notre conseil.

(346) Tous les baux à ferme de nos domaines, aydes, gabelles et autres subsides et impositions quelles qu'elles soient, seront faits en notre conseil en la manière accoutumée.

(347) Et pour assurer les deniers desdites fermes, et pourvoir aux abus qui se commettent au cautionnement d'icelles, nous voulons que dorénavant les controlleurs et trésoriers généraux desdites fermes, assistent à la réception desdites cautions et certificateurs par devant les juges ausquels en sera fait l'adresse : ayent communication des déclarations qu'ils bailleront de leurs

biens, et que les actes desdites cautions et déclarations leur soient mis entre les mains, pour en faire la vérification, et les rapporter en notre conseil quinze jours après, pour en être ordonné ce que de raison, à peine de répondre par lesdits controlleurs et trésoriers en leurs propres et privez noms, des non valeurs qui pourraient arriver à cause de l'insolvabilité desdits fermiers, cautions et certificateurs, de payer les folles-enchères auxquelles ils seront condamnez.

(348) Ensuite desquelles levées, impositions et baux à ferme, les états des recettes et dépenses qui auront à être faites par nos receveurs, tant généraux que particuliers et fermiers, seront faits et arrêtez en notre conseil, et envoyez aux trésoriers de France en chacune généralité, et autres ausquels ils ont accoutumé d'être adressez, pour être par eux observez de point en point selon leur forme et teneur, sans y contrevenir; et tenir la main à la recette des deniers aux termes portez par nos ordonnances, à peine d'en répondre en leurs propres et privez noms. Et pour cet effet, les trésoriers de France nous envoyeront les états de la valeur de nos finances dans la fin du mois d'octobre.

(349) Tous les receveurs particuliers desdites généralitez seront tenus de vérifier les états de la recette et dépense de leur maniement, par-devant les trésoriers de France un mois après l'année de leur exercice expiré, et les receveurs généraux des finances, et des bois dans deux mois, et en notre conseil dans trois mois après ladite année expirée. Dans lesquels états sera fait recette et dépense de toutes les levées de deniers qui auront été faites durant le cours de leur année, tant pour nos affaires que pour les particulières, et de tous autres deniers extraordinaires, sans qu'il en puisse être fait aucune qu'elle n'y soit comprise, afin que nous puissions connaître les levées de deniers qui se font sur notre peuple, et le surintendant de nos finances ordonner d'icelles, à peine contre lesdits comptables, à faute de vérifier l'état dans ledit temps, et d'y comprendre toutes lesdites levées, de la perte d'un an de leurs gages pour la première fois, dont sera fait état à notre profit, et de suspension de leurs charges pour la seconde : enjoignant aux trésoriers de France d'y tenir la main, à peine d'en répondre en leurs propres et privez noms.

(350) Ne seront employées ni passées dans tous lesdits états, autres parties que celles qui seront dans nos états, qui seront renvoyez aux trésoriers de France : et au cas qu'il s'en trouve d'autres, elles seront rayées et lesdits receveurs contraints à la

restitution d'icelles, et à pareille somme pour la peine : sauf s'il y a quelques parties omises dans lesdits états, à y pourvoir en l'année suivante, selon qu'il sera ordonné par notre conseil, sur les requêtes qui en seront présentées par les parties intéressées.

(351) Les quittances comptables desdits officiers seront controllées par les controlleurs des charges, les espèces exprimées au vrai par icelles suivant nos ordonnances, à peine de nullité, faisant défenses aux trésoriers de France de les passer autrement.

(352) Les parties que les receveurs des tailles, taillons et autres doivent fournir en nos recettes générales, et les recettes générales à l'épargne; seront payées par préférence à toutes les autres charges, aux termes portez par les ordonnances et réglemens sans aucunes nos valeurs : enjoignant aux trésoriers de France d'y tenir la main, et de faire contraindre les redevables au payement d'icelles, sans qu'ils puissent ordonner aucunes parties au préjudice de celles qui doivent venir en notre épargne ou recettes générales, à peine d'en repondre en leurs propres et privez noms.

(353) Les deniers revenans bons par la fin des états desdits comptables, seront par les receveurs des tailles et taillon payez directement aux recettes générales, et par lesdits receveurs généraux à notre épargne ou ordinaire des guerres : pour être compté d'iceux par état en notre conseil par lesdits receveurs généraux et trésoriers de notre épargne, avec les deniers ordinaires de leurs charges, sans qu'il puisse être disposé d'iceux par personne quelconque, sinon par notredit conseil. Ce que nous défendons à toutes personnes, à peine du double contre ceux au profit desquels il en aura été disposé.

(354) Comme notre intention a toujours été et est encore à présent, que les rentes constituées par les rois nos prédécesseurs et nous, sur nos tailles, aydes, gabelles, décimes, recettes générales et particulières, fermes et autres natures, soient payées comme elles ont été par le passé sans aucun retranchement : aussi ne voulons-nous pas qu'il en soit payé aucunes qui ne soient véritablement dues, ni pour plus grandes sommes qu'elles ne sont employées dans nos états. C'est pourquoi nous faisons très expresses inhibitions et défenses aux receveurs et payeurs des rentes, d'en payer aucunes que celles qui sont bien et légitimement dues, ni pour plus grande somme ou quartiers que ce qui est employé dans nos états, ni de les employer dans leurs états et comptes pour davantage que par nosdits états : et aux trésoriers

de France et gens de nos comptes, de les passer et allouer dans lesdits états et comptes, à peine contre lesdits receveurs et payeurs, du quadruple du principal et arrérages des rentes qu'ils auront ainsi payées, et ausdits trésoriers de France et gens de nos comptes, de nous en répondre en leurs propres et privez noms. Enjoignant ausdits receveurs et payeurs, sur les mêmes peines, de rapporter en notre conseil ès mains du surintendant de nos finances, dans la fin du mois de novembre prochain, un état de toutes les rentes qu'ils payent, de celles qu'ils sçauront n'être dues et avoir été rachetées et amorties, de celles qui sont en débet de quittance depuis six ans, et de celles qui nous sont acquises par forfaiture, confiscation, aubaine, desherence ou autrement: et par chacun an dans la fin dudit mois de novembre, avant que rentrer en exercice, l'extrait collationné de l'état final du compte qu'ils auront rendu l'année précédente, et un état des rentes qui pourroient avoir été par nous rachetées et amorties, ou à nous échues comme dit est, afin d'en ôter le fonds de nos états. Faisant défenses aux trésoriers de France, prévôts des marchands et échevins de nos villes, de les admettre en exercice de leurs charges, et aux receveurs généraux et particuliers de nos finances, du clergé, fermiers et autres, de leur payer aucune chose des assignations qu'ils ont à prendre sur eux, sinon en rapportant un acte de la remise qu'ils auront faite en notre conseil desdits extraits et états, à peine de payer deux fois.

(355) Tous les officiers comptables de notre cour en titre ou par commission, seront tenus, suivant les ordonnances et réglemens, de faire vérifier et arrêter leurs états de recette et dépense, à sçavoir les maîtres de la chambre aux deniers, trésoriers de la maison, écurie, argenterie, des menus, des gardes de notre corps, de cent gentilshommes, des offrandes, des suisses, de la vénerie et fauconnerie, de la prévôté de l'hôtel, de l'ordinaire des guerres, de la marine, de l'artillerie et des bâtimens, et lesdits commissionnaires, dans quatre mois: les trésoriers de la cavalerie légère, dans six mois: et les trésoriers de l'extraordinaire des guerres et ligues des suisses, dans huit mois après l'année de leur exercice expirée: et de rapporter l'état final de leurs comptes en bonne et due forme, un mois après qu'ils auront été rendus. Leur enjoignant de les présenter à la chambre, conformes aux états qui leur auront été arrêtez, dans le prochain semestre qu'ils doivent compter, à peine aux contrevenans de la

perte de leurs gages pour la première fois, et de suspension de leurs charges pour la seconde.

(356) Les trésoriers des parties casuelles et des deniers extraordinaires, rapporteront aussi en notre conseil leurs états de recette et dépense tant ordinaires qu'extraordinaires de tout leur maniement, par chapitres distincts et séparez, incontinent après l'année de leur exercice. Desquels deniers sera fait recette par un seul trésorier en l'année de son exercice, sans que les autres trésoriers en puissent faire aucune recette, pour en compter de même par un seul compte qu'ils présenteront à la chambre, conforme audit état, dans le prochain semestre qu'ils devront compter après ledit état arrêté en notre conseil. Duquel compte ils seront tenus de rapporter audit conseil l'état final un mois après qu'il aura été arrêté, à peine de la perte de leurs gages pour la première fois, et de suspension de leurs charges pour la seconde. Leur faisant défenses de faire aucune recette et expédier aucunes quittances après l'année de leur exercice expirée, à peine du quadruple, voulant que celles qui auront été expédiées durant ladite année soient remplies et les lettres de provision expédiées sur icelles dans la fin de l'année suivante de chacun exercice, à peine de nullité desdittes quittances.

(357) Tous lesdits comptables et commissionnaires ne pourront rentrer en l'exercice de leurs charges, qu'ils ne rapportent les doubles de leurs comptes en bonne et due forme par-devant les trésoriers de France pour ce qui est des généralitez, et en notre conseil ès mains du surintendant de nos finances, pour lesdits officiers comptables de notre cour et commissionnaires, et qu'ils ne fassent apparoir qu'ils ont entièrement payé les débets de leurs états et comptes, selon qu'il leur a été ordonné. Faisant défenses ausdits trésoriers de France, et aux trésoriers de l'épargne, de les y admettre autrement, et de délivrer ausdits comptables de la cour aucunes assignations. A quoi l'exercice desquelles charges seront commis leurs compagnons d'office, ou autres qui en seront jugez capables, ausquels sera fait taxe sur les gages et droits desdits comptables.

(358) Seront aussi tenus les adjudicataires des fermes adjugées en notre conseil de rapporter l'état de la recette et dépense du prix de leurs fermes, avec les acquis et pièces justificatives d'iceux, servant à notre décharge, trois mois après la fin de chacune année de leurs fermes expirées, à peine de trois mille livres d'amende chacun, dont sera fait état à notre profit.

(359) Les trésoriers de l'épargne présenteront aussi leurs rolles tous les quartiers, quinze jours après chacun quartier expiré, et l'état général de leur recette et dépense trois mois après l'année de leur exercice expirée, pour les faire arrêter ainsi qu'il est accoutumé, seront tenus de présenter leurs comptes dans le prochain semestre qu'ils devront compter après ledit état arrêté en notre conseil, et de rapporter l'état final de leurs comptes un mois après qu'il aura été arrêté, à peine de la perte de leurs gages de l'année pour la première fois, et suspension de leurs charges pour la seconde; leur faisant défenses d'expédier dorénavant aucunes promesses, récépissez, billets ni rescriptions, à peine de nullité ; et de recevoir aucuns deniers qu'en vertu de leurs quittances et mandemens controllez, si ce n'est en vertu d'arrêts particulièrement donnez en notre conseil, le tout à peine de péculat.

(360) Les trésoriers de l'épargne qui expédieront les quittances des deniers qu'ils recevront actuellement comptans, et les comptables et autres qui délivreront les quittances à l'acquit du trésorier de l'épargne, seront tenus d'exprimer au vrai les espèces et les lieux où ils recevront leurs deniers, à peine de péculat, nullité desdites quittances, et de répondre en leurs propres et privez noms de la perte et dommage que nous en pourrions souffrir.

(361) Pour éviter les grands frais qui se font à cause des voyages inutiles que nous avons entièrement retranchez, nous voulons et ordonnons que toutes les dépêches soient dorénavant envoyées par les gouverneurs et nos lieutenans généraux dans les provinces, et autres officiers qui ont accoutumé de nous écrire et à nostre conseil, par la voye des postes ordinaires, sans dépêcher des courriers exprès, ce qui se fait semblablement par les secrétaires de nos commandemens. Enjoignant aux controlleurs généraux des postes de faire charger les maîtres des postes desdites villes, principalement desdites provinces, de tous les paquets qui nous seront adressez, à notre chancelier et garde des sceaux, au surintendant des finances, secrétaires d'état, controlleur général et intendant de nos finances, tenir registre desdits partemens, et mettre sur la couverture du paquet l'heure du partement d'icelui, et faire en sorte qu'ils soient promptement et sûrement apportez, à peine d'en répondre en leurs propres et privez noms. Enjoignons aux maîtres de chacune poste de faire repartir lesdits paquets à l'heure même qu'ils seront arrivez, à peine de privation de leurs charges. Faisons défenses audit surinten-

dant de faire faire payement d'aucuns voyages, si ce n'est pour causes importantes, et dont il aura commandement de nous. Ordonnons qu'il soit fait dépêche contenant autant du présent article, ausdits gouverneurs et nos lieutenans généraux, afin qu'ils en soient avertis, et qu'ils ayent à l'observer cy-après.

(362) Faisons défenses aux trésoriers de l'épargne de délivrer aucunes assignations à l'avenir, aux comptables qui seront nouvellement pourvus de leurs charges, et aux trésoriers de France d'admettre les comptables qui sont sous leurs charges en l'exercice de leurs offices, qu'au préalable ils ne leur fournissent les actes en bonne forme, des cautions par eux baillées et certifiées, à peine de répondre en leurs propres et privez noms des sommes desquelles lesdits comptables se pourroient trouver redevables pour les années dont ils auront à compter.

(363) Ne seront employées aucunes quittances comptables dans les comptes de tous lesdits comptables, qu'elles ne soient controllées et enregistrées au controlle général des finances, et autres controlles particuliers des charges chacun en son égard, à peine de nullité ; ni aucuns acquits pour dons et dettes, qu'ils ne soient aussi controllez et scellez, et qu'il n'y ait arrêts du conseil pour lesdites dettes, et acquit patent expédié sur icelui, signé en commandement en la forme portée ci-dessus, à peine du double contre les comptables qui en auroient fait l'employ dans leurs comptes.

(364) Les trésoriers de l'épargne et autres comptables qui acquitteront seulement une partie des sommes qui leur auront été ordonnées de payer, retenant les originaux en la forme accoutumée, et baillant leur certifications de ce qu'ils auront acquitté, et de ce qui restera à acquitter, seront tenus d'insérer à la marge de l'acquit principal original, la somme qu'ils auront payée sur icelui, et de la faire signer par la partie, outre la quittance qu'elle en baillera, à peine de péculat, nullité et radiation sur eux desdites parties.

(365) Ne pourront lesdits officiers comptables payer et acquitter plus grandes sommes que celles qu'ils auront reçues, et en ce cas qu'ils en payent davantage, de sorte que leur dépense excède la recette, les sommes qu'ils auront ainsi payées leur tourneront en pure perte, sans qu'ils nous puissent rendre redevables suivant les réglemens sur ce faits.

(366) Les dons qui ont cy devant été faits pour la jouissance d'aucunes parts et portions de nos domaines durant plusieurs

années, et les pensions assignées sur les recettes générales et fermes sont dès à présent révoqués. Faisons défenses aux receveurs et fermiers de les employer dans leurs états et comptes, à peine de restitution sur eux, et à nos chambres des comptes et trésoriers de France de les passer et allouer, leur enjoignant d'en faire recette à notre profit, sauf à pourvoir au payement desdites pensions et dons en notre épargne, selon qu'il sera par nous ordonné.

(367) Tous lesdits officiers comptables seront tenus de rendre compte par chacun an en nos chambres des comptes des deniers de leur maniement dans le temps porté par les ordonnances et réglemens sur ce faits, leur faisant défenses de les présenter et auxdites chambres de les recevoir, qu'en rapportant leurs états de recettes et dépenses arrêtez en notre conseil, et par les trésoriers de France, en ce qui est de leur connoissance; et ne seront employez ni passez dans la recette et dépense desdits comptes autres parties que celles qui seront passées dans lesdits états, à peine de nullité de l'employ et du quadruple contre lesdits comptables, et à ladite chambre d'en répondre en leurs propres et privez noms, conformément aux ordonnances.

(368) Les parties qui seront employées dans les comptes et qui n'auront été acquittées, celles qui seront rayées purement, tenues en souffrance ou supercédées, seront conservées un an par les comptables, à compter du jour de la signification qui sera par eux faite aux parties intéressées de l'article qui les concernera, et de l'état final du compte sur lequel les auditeurs seront tenus de cotter le jour qu'ils l'auront apposé, sans qu'elles puissent être diverties, ni autrement disposé desdits deniers durant ledit temps, pendant lequel les parties les pourront recevoir, ou faire rétablir et décharger celles qui seront rayées et tenues en souffrance ou supercédées, à peine d'en répondre par lesdits trésoriers en leurs propres et privez noms; et ledit temps passé, lesdites parties demeureront rayées purement, et tourneront en débet de clair, laquelle signification lesdits trésoriers seront tenus faire dans trois mois après la clôture de leurs comptes. Ordonnons auxdits comptables d'apporter un état de toutes lesdites parties au surintendant de nos finances, pour en disposer selon qu'il en sera par nous ordonné, sans que les officiers de nos chambres des comptes en puissent en aucune façon disposer, ni rayer purement ou tenir en souffrance les parties qui auront été employées et passées dans les rolles et

états des comptables, arrêtez en notre conseil, si ce n'est que les acquits nécessaires à notre décharge, en bonne et due forme, ne fussent rapportez, ou autre cause juste et raisonnable, et ce à peine de nullité de ce qui en aura été ordonné.

(369) Les débets de clair qui se trouveront dus par la fin des comptes de tous lesdits comptables, seront payez directement ès mains des trésoriers de notre épargne, chacun en l'année de son exercice, sans qu'il puissent être divertis ailleurs, sur peine auxdits comptables de payer deux fois. Faisons défenses à nos chambres des comptes d'en ordonner ni les employer en leurs épices, remplages et autres effets, ni de rayer, rejeter ou recaler aucunes parties, tant en recette que dépense pour en employer d'autres, ni de prendre pour leurs épices plus grandes sommes que celles qui seront passées auxdits états arrêtez au conseil, à peine d'en répondre en leurs propres et privez noms, et de nullité desdits comptes, et auxdits comptables d'en payer aucunes choses, quelques contraintes qui puissent être décernées contre eux, dont ils seront tenus d'avertir notre conseil, sauf à pourvoir par nous pour leursdites épices et remplages, au cas qu'il leur en fût dû davantage. Déclarons dès à présent ceux au profit desquels auront été employées en dépenses quelques parties, au lieu de celles qui auront été rayées, supercédées ou tenues en souffrance, tenus à la restitution d'icelles, nonobstant le payement qui leur en pourroit être fait et que ce fût pour parties à eux dues légitimement ou autrement.

(370) Et afin que tous lesdits comptables puissent satisfaire à ce qui leur est ordonné par les présentes, nous ordonnons aux auditeurs de nos chambres des comptes de mettre les états finaux sur les comptes qu'ils auront à rapporter, un mois après qu'ils auront été clos et arrêtez par les gens de nosdits comptes, sur les peines portées par nos ordonnances, et de répondre en leurs propres et privez noms en notre conseil du préjudice que nous recevrons en nos affaires, à faute d'avoir mis lesdits états finaux. Enjoignons à nos procureurs généraux d'y tenir la main, et de nous certifier de la diligence qu'ils y auront apportée.

(371) Défendons aussi à nos chambres des comptes de n'augmenter les épices des comptes, outre ce qui est porté par les anciens réglemens, même des comptes de l'épargne, et n'avoir aucun égard pour taxer les épices d'iceux aux parties de recette desdits comptes, comme des deniers des parties casuelles, recettes des deniers extraordinaires et autres semblables.

(372) Et au cas qu'il se trouvât quelques deniers restant ès mains des comptables, desquels ils n'eussent fait dépense suivant les états, soit pour ce que les causes desdites dépenses ayent cessé ou autrement, nous leur défendons expressément d'employer lesdits deniers à aucunes dépenses qui ne leur soient de nouveau ordonnées par notre conseil, et ne soient de la nature de leur maniement, à peine de péculat : nonobstant toutes les ordonnances, acquis-patens, mandemens, rescriptions, dons, payement de dettes, ou autres ordres qu'ils pourroient recevoir; ains nous leur enjoignons de les porter directement en notre épargne.

(373) Ordonnons que suivant l'avis à nous donné par les députez en l'assemblée des notables tenuë à Paris en l'année 1626, les places fortes étant au dedans de notre royaume qui se trouvent inutiles, seront démolies, afin que par ce moyen nous soyons déchargez de la dépense des garnisons qui y sont entretenuës sans besoin, et notre peuple soulagé des charges qu'il porte à raison d'icelles.

(374) Et suivant le même avis, entendons que les états, entretennemens et pensions soient réduites à une somme si modérée, que les autres charges de l'état puissent être préalablement acquittées : qu'état soit fait par chacune année signé de nous et de l'un des secrétaires de nos commandemens, lequel contiendra le nom de ceux qui en devront joüir : hors lequel état, personne ne sera reçu à les prétendre, quelque brevet ou ordonnance qu'il en puisse obtenir durant le cours de l'année, ni être employées dans ledit état, qu'en vertu des lettres-patentes vérifiées en notre chambre des comptes de Paris.

(375) Ne voulons aucuns gages des secrétaires des finances, être d'orénavant payez sinon à nos secrétaires d'état, et aux trente-six secrétaires créez par édit de l'an 1605, et 1625, révoquant toute autre attribution qui en auroit été faite par commission particulière : et défendons à nos trésoriers de les payer, à peine de répétition sur eux.

(376) Défendons semblablement de payer aucuns gages aux secrétaires de notre chambre, s'ils ne sont couchez et employez dans l'état que nous en ferons dresser, et que nous signerons de notre main, et ferons contresigner par un de nos secrétaires d'état, à peine de répétition contre ceux qui les auront reçus, et contre le trésorier de l'épargne qui les aura payés.

(377) Les rois nos prédécesseurs avoient sagement prévu qu'il étoit plus expédient de reconnoître les services et mérites de leurs

sujets, en honneurs, charges et dignitez, comme étant le principal et plus vrai de la vertu, qu'en argent clair, et par don de récompenses qui épuisent le fonds de l'épargne destiné aux charges de l'état : En quoi nous désirant les imiter sans toutefois nous priver entièrement du moyen et pouvoir de faire lesdits dons en argent et sur notre épargne, quand nous jugerons cette liberalité devoir servir au bien de nos affaires et profiter au public, Voulons que l'art. 354 de l'ordonnance de Blois soit inviolablement observé, et que les dons qui seront par nous faits, hormis les menus dons qui se payent sur le fonds destiné par l'état à nos finances, ne se puisse expédier qu'en fin d'année, pour être acquittez les charges ordinaires de l'état par nous fait au commencement de l'année, préalablement payées.

(378) Défendons aussi tous dons sous couleur de payement de dettes de quelque nature qu'elles puissent être, et toutes les assignations, réassignations ou autres expéditions pour le payement de dettes quelles qu'elles soient. Et défendons à tous ceux qui ont l'honneur de rapporter en notre conseil, de rapporter aucunes requêtes pour payement de dettes quelles qu'elles soient, et pour quelque cause que ce soit : ains voulons que telles requêtes soient rapportées à notre personne pour en sçavoir notre volonté, et nonobstant toutes expéditions qui en pourront être faites. Défendons à notre chancelier ou garde des sceaux et surintendant de nos finances, de les passer ni faire acquitter, sans avoir sçu par eux-mêmes notre volonté, par état signé de notre propre main, en fin de chacune année.

(379) Défendons qu'il soit expédié aucun don à l'avenir par forme de comptant, mais seulement par ordonnance, pour les menus dons qui sont de 3000 livres et au-dessous; et les autres par acquits-patens controlez et scellez et vérifiés en la chambre des comptes, quand ils excèderont 3000 livres, et qu'il ne puisse être expédié en une même année sous un même nom ou sous divers noms pour une même personne, plusieurs dons excedans ensemble ladite somme de 3000 livres : ains comprendre les sommes entières dans un seul acquit pour être vérifiez en nos chambres des comptes. Et défendons pour raison de ce la mauvaise coustume qui s'est introduite de s'exempter par ce moyen de la nécessité de la vérification. Voulons aussi, suivant ledit 354e article de l'ordonnance de Blois, que nul don ne puisse être expédié que les donataires ne déclarent en iceux tous les dons qu'ils auront eus de nous durant trois années précédentes, à peine de déchoir

desdits dons, et de répétition des sommes et choses y mentionnées. Et pour le regard des dons qui seront par nous faits sur deniers extraordinaires, nous voulons que la nature desdits deniers soit exprimée par les brevets et lettres desdits dons, et qu'il ne soit jamais donné réassignations ou remplacement d'iceux, quelque non valeur ou manquement qui puisse y arriver.

(380) Défendons à cette fin et pour autres bonnes considérations, les dons sous fausses causes, et sous le nom de personnes supposées pour en faire revenir le profit à d'autres, à peine de répétition du double contre ceux qui auront participé à cet abus.

381 Déclarons tous brevets obtenus de nous, de don, congé, réserve ou dispense, ou par autre cause que ce soit, nuls et de nul effet, si dans un mois, à compter du jour et datte d'iceux, ils ne sont confirmez par lettres patentes signées d'un secrétaire d'état, et scellées de notre grand scel, même lesdites lettres patentes nulles après l'an de leur datte, en ce non comprises les permissions de résigner, dont les impétrans se pourront aider dans les six mois de la datte d'icelles.

(382) Ne pouvant selon l'obligation que nous avons à notre couronne, le désir de nos prédécesseurs, et la réquisition des états de notre royaume, procéder quant à présent au dégagement et réunion entière de notre domaine; attendant que les propositions qui nous ont été faites se puissent exécuter : Nous voulons et ordonnons, que si quelques provinces entières, communautez ou particuliers, désirent de faire les rachats de quelques terres aliénées de notre domaine, à la charge d'en jouir certain nombre d'années, pour après les remettre libres entre nos mains, à l'imitation d'autres qui l'ont déjà fait, qu'ils y soient reçus en notre conseil, ou par devant les trésoriers généraux appelez nos procureurs généraux ou leurs substituts sur les lieux, auxquels nous enjoignons dresser procès-verbaux desdites offres et conditions, qu'ils nous envoyeront incontinent pour y être pourvu par nous, ainsi que jugerons devoir faire pour le bien et avantage de notre couronne.

(383) Tous héritages relevant de nous en pays coutumiers ou de droit écrit, sont tenus et sujets aux droits de lods, ventes, quints et autres droits ordinaires, selon la condition des héritages et coutume des lieux : et sont tous héritages ne relevans d'autres seigneurs, censez relever de nous, si non pour tout ce que dessus, que les possesseurs des héritages fassent apparoir de bons titres qui les en déchargent.

(384) Encore que par nos ordonnances ci devant faites, et

même par celle de Blois, il ait été bien expressement défendu de comprendre aux engagemens la nomination ou provision aux offices, comme trop préjudiciable à notre autorité; néanmoins la pluspart des acquéreurs l'ont obtenuë et fait insérer en leurs engagemens, aucuns avec une légère estimation et d'autres en ont joui en vertu de simples brevets renouvellez de tems en tems, et après même qu'ils ont été expirez: pour faire cesser lequel abus, nous avons révoqué dès à présent tous lesdits brevets, portans permission de ladite provision ou nomination non comprise aux premiers contrats. Et quant à l'estimation faite du droit de nomination des offices ordinaires par lesdits engagemens, voulons que ceux qui ont obtenu lesdites concessions, représentent en notre conseil dans six mois après la publication de ces présentes ès généralitez de leur ressort, les titres de leurs engagemens, pour examiner à combien lesdites nominations ont été estimées, et quels offices y ont été compris, afin de pourvoir au remboursement de ladite estimation, et icelui fait, lesdites nominations être distraites desdits engagemens. Et d'autant qu'il y pourroit avoir quelque longueur à faire ledit remboursement, les acquéreurs seront tenus tant qu'ils joüiront du droit de nomination, de payer les gages des officiers ausquels ils ont droit de nommer, sinon qu'ils aiment mieux y renoncer pour l'avenir. Voulons à cette fin que lesdits gages soient rayez de nos états.

(385) Et quant aux offices extraordinaires de nos finances et autres non domaniaux, nous avons déclaré et déclarons tous brevets accordez pour en joüir, nuls et de nul effet, iceux révoquez, et les provisions qui seront ci-après expédiées, sur leurs nominations, nulles et de nul effet et valeur, suivant l'art. 331 de l'ordonnance de Blois.

(386) Pour ce que plusieurs obtenans la joüissance des fruits de quelque terre de notre domaine, s'en font continuer la concession, en sorte qu'enfin ils s'en rendent perpétuels possesseurs, et nous privent de l'entier usage d'icelui : ordonnons que d'orénavant telles concessions ne se puissent faire que pour de grandes et justes considérations, et que les lettres en soient vérifiées en nos parlemens : et néanmoins que quand les fruits auront été une fois donnez, la concession étant expirée, elle ne puisse être continuée au profit de celui qui l'avoit, ni d'aucun autre, qu'après que la chose sera retournée en notre main, et que nous en aurons joüi dix ans par nos receveurs, à peine de répétition à

perpétuité contre ceux qui en auront joüi au préjudice de ces présentes.

(387) Les receveurs des amendes adjugées tant par nos juges qu'autres, ne pourront faire poursuites d'aucunes amendes trois ans après l'adjudication d'icelles, s'ils ne les ont demandées, et fait poursuites après le premier exploit avant lesdits trois ans expirez. Et seront lesdits receveurs responsables en leurs noms desdites amendes, faute d'en avoir fait poursuite dans ledit tems.

(388) Les amendes à nous adjugées seront reçues par les receveurs d'icelles, et employées suivant les ordonnances. Et pour le payement desdites amendes, les veuves et héritiers des condamnez ne seront poursuivis par corps, ains seulement par action ou exécution, sauf les oppositions de ceux qui seront exécutez : mais après les jugemens de condamnations, contre lesdites veuves et héritiers lesdits jugemens seront exécutoires contre eux comme ils étoient contre lesdits défunts.

(389) Les amendes adjugées par les sentences de nos juges inférieurs et autres, et destinées à certain usage jusques où s'étend leur pouvoir de les destiner, ne pourront être appliquées à autre usage par nos cours souveraines, ores que la sentence soit corrigée en autre chose, et que ladite amende soit diminuée.

(390) Renouvellant les ordonnances faites pour le péculat et malversations des finances, nous déclarons ceux-là coupables de péculat, et avoir encouru les peines d'icelui, emportant confiscation de corps et de biens, qui seroient convaincus d'avoir fait banqueroute, et emporté nos deniers.

(391) Ceux qui se trouveront débiteurs de grandes sommes, sans pouvoir vérifier les causes de leurs pertes, et avoir fait plainte et poursuite lors d'icelles, pour ce qu'à faute de ce ils demeureront convaincus du divertissement de nos deniers, et de les avoir employez à l'usage particulier.

(392) Ceux qui joueront nos deniers et nos charges, soit maîtres ou commis.

(393) Qui bailleront nos deniers à rente, change ou intérêt.

(394) Qui changeront les espèces qu'ils auront reçues, et en achèteront d'autres pour faire les payemens.

(395) Qui auront fabriqué ou fait fabriquer de faux rolles, fausses quittances et autres actes, ou qui les employeront ou s'en serviront.

(396) Ceux qui retiennent nos deniers, et ne les employent incontinent et à l'instant qu'ils les ont reçus à l'effet pour lequel ils sont ordonnez, même sous prétexte de n'avoir pas reçu les as-

signations entières, sans en donner avis à notre conseil, duquel mal nous voyons nos armées avoir été souvent en danger de se perdre.

(397) Ceux qui seront convaincus d'avoir baillé ou reçu quelques deniers ou autres gratifications, pour n'être pas pressez par les autres comptables assignés par eux, ou pour ne les pas presser.

(398) Qui auront fait omission de recette, faux ou double employ, fausses reprises, composition avec les assignez, ou achapt de mandemens, rescriptions ou quittances, choses semblables: toutes lesdites fautes étant larrecins publics commis par ceux qui sont ordonnez pour l'administration des charges, dont les fautes commises en leurs mêmes charges, sont non seulement de la même ou plus grande considération que les larrecins domestiques, punis de mort mêmes pour des sommes médiocres, mais aussi à raison du mal que causent leurs divertissemens, larrecins et autres fraudes susdites.

(399) Les gages, taxations, ports, voitures et autres droits de tous les comptables seront réglez, et ceux qui se trouveront employez sous leurs noms qui ne leur sont point attribuez par édits, déclarations ou lettres patentes vérifiées, ou moyennant finance, seront restituez par eux, leurs veuves héritiers et bien-tenans, avec connoissance de cause. Leur enjoignons faire mention en la recette de leurs comptes, du lieu auquel ils auront reçu les deniers y mentionnez, à peine de l'amende et de péculat. Leur faisons défenses d'employer les deniers dont ils seront assignez dans les provinces, à autres dépenses qu'à celles qu'ils ont à faire dans la même province, ou autres lieux plus proches s'il y en a esdites provinces, sous pareilles peines, et de perte de tous ports et voiture, pour raison de la dépense qu'ils prétendroient en avoir faite ailleurs. Enjoignons à cette fin au surintendant de nos finances et trésorier de notre épargne, assigner les trésoriers de l'extraordinaire de nos guerres, et autres qui ont à faire les dépenses par les provinces, sur les recettes générales, fermes, et autres deniers de provinces auxquelles ils auront à faire la dépense de leurs charges, et à proportion d'icelles: et que dans les quittances que lesdits trésoriers bailleront à l'épargne et ailleurs, le domicile de celui qui baillera ladite quittance, sera compris, et la nature et manière de laquelle sera fait le payement: et pour les mandemens et assignations, il soit toujours porté, que le payement dont ils bailleront la quittance, a été faite en un mandement qui leur a été délivré pour recevoir les deniers portez par

ladite quittance de tel ou tel, à peine de faux, tant contre l'un que contre l'autre: dont les trésoriers de l'épargne tiendront registres exacts, qu'ils représenteront en notre conseil toutefois et quantes qu'il leur sera ordonné. Et faute de faire lesdites quittances de la façon susdite, déclarons que ceux qui les auront passées et délivrées, ne seront reçus à en demander aucune réassignation, ni en faire aucune reprise en leurs comptes et états, ains tenus d'en faire recette actuelle sans reprise, et responsables d'icelle comme si le payement leur avait été fait réellement et en deniers comptans.

(400) Ordonnons que la preuve du péculat sera reçue par témoins, nonobstant qu'il soit question de plus de cent livres, à quelque somme que l'accusation puisse monter, et que trois témoins singuliers déposans de faits de même nature, quoique différens pour le regard des personnes, vaudront autant qu'un témoin entier: et que les donations faites par nos officiers qui se trouveront atteints et convaincus dudit crime de péculat, à leurs enfans, et la dot constituée à leurs filles depuis qu'ils seront entrés en charge pourront être répétées pour le payement des restitutions et condamnations qui nous seront adjugées contre eux, fors pour le regard de ladite dot, laquelle ne pourra être répétée que pour le payement du simple.

(401) Défendons pareillement expédier ou passer respectivement aucun acquit-patent, arrêt ou ordonnance de réassignation à nos officiers comptables, six mois après l'an de leur maniement expiré, et n'en réassigner aucun qui n'aye vérifié en notre conseil l'état de sondit maniement.

(402) Enjoignons aux officiers des élections, de vacquer soigneusement, à peine de privation de leurs offices, à l'entretenement des réglemens faits pour l'imposition et levée des deniers des tailles. Et pour empêcher les abus qui y peuvent être commis, faisons inhibitions et défenses à tous les substituts de nos procureurs généraux en nos cours des aydes établies en chacune élection, d'approuver, consentir ou permettre la signature et exécution d'aucuns rolles des tailles, s'ils ne sont conformes ausdits réglemens, sous pareilles peines. Les minutes desquels rolles seront laissées aux greffes des élections, pour être vues par les trésoriers généraux en faisant leurs chevauchées, et autres que nous pourrons commettre, afin que s'il se reconnaît y avoir eu de la contravention ils en dressent procès-verbal, et l'envoyent incon-

timent en non cours des aydes, et nous en donnent avis, pour être les contrevenans punis suivant les ordonnances.

(403) Et pour remédier à l'inégalité et aux abus qui se commettent aux départemens des tailles, dont nos sujets contribuables reçoivent très grand dommage et oppression, en ce que plusieurs s'en exemptent induement sous prétexte de quelque privilége imaginaire; et les autres qui sont les plus riches, sont cottisez si peu, que leur cotte n'apporte aucune décharge ou soulagement aux autres habitans de la paroisse: nous ordonnons et très expressement enjoignons aux élus de garder l'édit fait en l'an 1600, pour le réglement des tailles, et suivant icelui, cottiser par le premier département qu'ils feront, les plus riches et prétendus exempts qu'ils connoîtront se faire exempter ou diminuer induement, à la somme qu'ils devront raisonnablement payer, ayant égard à leurs facultez et moyens: et s'ils avoient été cottisez du passé suivant lesdits édits, et s'étoient fait décharger ès années suivantes sans cause légitime, de les remettre à ladite première taxe, et outre les condamner à la restitution au profit de la paroisse, de ce dont ils se seroient fait décharger induement au passé.

(404) Leur enjoignons pareillement d'observer l'édit fait en l'an 1614, et ce qui est porté par ces présentes, pour diminuer et restreindre le nombre des personnes qui se prétendent exemptes: et pour voir et mieux juger s'ils se seront bien et fidellement acquittez de ce devoir; voulons que les maîtres des requêtes de notre hôtel, qui seront députez et départis suivant nos ordonnances par les provinces de notre royaume, pour faire leurs visites et chevauchées, se fassent représenter les rolles desdites années, pour voir si lesdites taxes auront été induement révoquées ou diminuées, dont ils dresseront procès-verbal, lequel sera rapporté ès mains de nos chanceliers ou gardes des sceaux, pour être sur ce pourvu à la punition des fautes et contraventions contre les particuliers qui en auront profité, et contre les asséeurs, élus et autres qui s'en trouveront coupables, ainsi que de raison.

(405) S'il est vérifié qu'aucuns de ceux qui se sont faits anoblir, n'ayent payé l'indemnité à la paroisse selon qu'il leur avait été ordonné par les lettres d'anoblissement et vérification d'icelles: et que les deniers de ladite indemnité n'ayent été employez au profit de ladite paroisse: voulons qu'ils soient cottisez à l'avenir selon leurs facultez et moyens, sans que ledit anoblissement leur puisse servir sinon pour l'exemption dont ils ont joui par le passé.

Enjoignons à notre procureur général en la cour des aydes, d'en faire soigneusement recherche.

(406) Et parce que d'autres se sont faits aussi déclarer nobles en nos cours des aydes, pour s'exempter desdites contributions par la connivence et dissimulation des habitans de la paroisse où ils faisoient leur résidence, qui ne leur auront osé contredire, s'étant même rendus parties, plutôt pour favoriser leur poursuite, et rendre valable le jugement qui serait donné à leur profit, que pour s'y opposer, encore que par les règles observées en nos cours des aydes, le consentement des paroisses ne doive servir à la vérification de la noblesse: ayant reçu plaintes de plusieurs abus qui se commettent en ce point, et que plusieurs sont tenus et déclarez nobles sans bon fondement ni juste titre: que non seulement eux, leurs enfans et autres descendans d'eux en droite ligne, ont joui et jouissent encore à présent des priviléges de noblesse; mais aussi les collatéraux et autres parens en quelque degré que ce soit, étant de même nom, jouissent desdites exemptions comme nobles, à la foule de nos autres sujets contribuables: voulons, sans avoir égard aux arrêts donnez sur le consentement des habitans des paroisses depuis trente ans, qu'il soit informé de nouveau desdits abus par aucuns conseillers de nosdites cours des aydes qui seront par nous commis. Et si ledit abus est vérifié après due connaissance de cause, que lesdits annoblissemens soient révoquez, ceux qui en auront malicieusement abusé, condamnez de restituer au profit et à la décharge des paroisses où ils avoient leur résidence, les sommes à quoi ils eussent dû être cottisez s'ils n'eussent usurpé, à faux titre et par mauvais artifice, ladite qualité de noblesse.

(407) Afin que nos sujets reçoivent quelque fruit du soulagement que nous avons désiré leur procurer par l'édit fait en l'an 1614, pour réduire le nombre des personnes qui doivent jouir d'exemption, nous nous sommes fait représenter les états de notre maison, des reines, de notre très-cher frère unique le duc d'Orléans, de notre cousin le prince de Condé et autres, les officiers desquels jouissent d'exemption pour retrancher ceux qui sont superflus, et qui ont été mis seulement pour les exempter et non pour servir: ordonnons que dorénavant aucuns desdits officiers ne jouiront de ladite immunité et exemption, que ceux qui seront compris aux états qui seront par nous envoyez en notredite cour des aydes, et enregistres en icelle, et qui serviront actuellement par chacun an ou par quartier ès charges pour les-

quelles ils y sont employez, nonobstant les dispenses qu'ils en pourroient obtenir.

(408) Et pour corriger les abus, que nous avons reconnus par lesdits états être commis à la foule de nos sujets contribuables aux tailles, nous défendons qu'aucun ne soit admis aux offices de notre maison et autres, même de celles qui dépendent des charges de l'écurie, venerie, fauconnerie, amirauté et artillerie, qui ne soit de la condition requise pour tenir et exercer l'office dont il sera pourvu, et capable, et servant actuellement et en personne. Et si aucuns ont été employez esdites charges sans être de ladite condition, nous ordonnons qu'ils en soient ôtez et privez de leurs charges, et que tout usage desdits priviléges leur soit dénié.

(409) Ayant reçu plusieurs plaintes, que outre les grandes charges que notre pauvre peuple supporte à notre grand regret, pour le soutien de notre état, il est encore surchargé, en ce qu'aucuns, sous prétexte de leurs charges, ou de puissance qu'ils ont dans les provinces, font plusieurs levées de deniers et autres contributions de leur autorité privée au grand préjudice de nos sujets, attentant sur notre autorité contre la prohibition des ordonnances de Moulins et Blois, lesquelles n'ayant pu réprimer encore tout-à-fait cet abus si important, il est nécessaire d'y pourvoir par quelque moyen plus efficace. Pour raison de quoi nous défendons à tous gouverneurs et lieutenans généraux de nos provinces et villes, de quelque dignité, qualité et condition qu'ils soient, à tous nos bailliffs et sénéchaux, trésoriers de France et généraux des finances, capitaines des places, et élus, syndics ou commissaires aux assiettes, ou autres officiers et personnes quelconques de lever, faire lever ou souffrir être levé en l'étendue de leurs charges, aucuns deniers ou contributions sur nos sujets, par quelque autorité et pour quelque cause et occasion que ce soit, et en vertu de quelque ordonnance que ce puisse être, soit sous le nom de particulier ou de communauté; si ce n'est en vertu de nos lettres-patentes expédiées sous notre grand sceau, enregistrées au controlle général de nos finances, et ès greffes des bureaux des trésoriers de France, ou autres greffes principaux des lieux où la levée se fera, à peine de confiscation de corps et de biens, et privation de leurs charges et offices, laquelle ils encourront par l'acte desdites contraventions, sans qu'il soit besoin d'autres formalitez: ausquelles charges et offices nous pourvoirons en conséquence. Enjoignons à nos procureurs généraux et

leurs substituts, trésoriers de France, élus, et tous autres qu'il appartiendra et qui en auront connoissance, d'y avoir l'œil, et empêcher en tant qu'à eux est, qu'aucunes levées ne soient faites au contraire, et de nous donner avis de ce qui sera fait au préjudice des présentes.

(410) En attendant que nos finances dissipées par les confusions et désordres passez, soient remises en meilleur état, pour nous donner moyen de diminuer les tailles, suivant l'intention que nous avons eue de faire ès années suivantes : nous avons dès à présent déchargé nos sujets qui y sont contribuables, de tout ce qu'ils peuvent devoir desdites levées du passé, jusques à l'année 1624, ladite année y comprise, outre la diminution de trois millions de livres que nous avons arrêté de leur diminuer sur la crue, dont nous avons déjà diminué la somme de six cent mille livres en l'année 1627, et quatre cent mille livres en la dernière.

(411) Et d'autant que la fréquence des désordres qui se commettent en nos finances, et l'importance d'iceux nous oblige à y remédier par toutes les voies possibles, pour délivrer nos sujets de l'oppression qu'ils en reçoivent, et notre état des nécessitez qui en proviennent, et que la connoissance qui est ordinairement plus facile sur le point des fautes commises, s'efface aisément par le temps, qui en détourne et perd les preuves : nous avons estimé nécessaire d'établir, comme par ces présentes nous ordonnons et établissons, une chambre composée des officiers de nos cours souveraines, qui seront choisis et nommez par nous, changez ou continuez tous les ans en la forme des chambres de l'édit, suivant les commissions que nous en ferons expédier en vertu de ces présentes, sans qu'il soit besoin d'autre publication ni enregistrement que cesdites présentes, pour vaquer à la recherche et punition des fautes et malversations commises au fait de nos finances, tant contre le présent édit, qu'autres nos ordonnances et les réglemens de nos finances ci-devant faits et qui se pourront faire à l'avenir : ensemble au recouvrement des deniers qui nous peuvent appartenir, pris et reçus induement, et qui nous doivent être rendus et restituez tant du passé que de l'avenir, et pour quelque cause et occasion que ce soit, contre tous ceux qui s'en trouveront coupables, selon qu'il s'est fait ci-devant en nos chambres de justice et le pouvoir à eux donné : afin que la crainte de la punition imminente retienne ceux que la conscience et le devoir ne peuvent contenir en la fidélité qu'ils doivent à l'exercice de leurs charges et à notre service. Voulant

laine, fil et coton, seront remises aux largeurs et lez anciens, à peine de confiscation d'icelles.

(419) Que dorénavant la traite des bleds et vins ne sera permise, sinon que nous soyons duement informez par nos officiers des lieux, maires et échevins des bonnes villes, que nos provinces en soient suffisamment fournies : et qu'à cette fin les baux des traites foraines soient baillez à cette condition de les permettre ou défendre quand bon nous semblera.

(420) Que les particuliers ne pourront garder les grains de leur revenu, en quelque lieu que ce soit, plus de deux ans, sinon ce qui est pour la provision de leur maison.

(421) Les marchands forains ne pourront avoir greniers et magasins dans nos villes principales, ains seront tenus mener et vendre leurs grains aux marchez sans les arrêter en aucun lieu, ce que nous leur défendons à peine de confiscation.

(422) Que les marchands bourgeois qui trafiquent en grains feront enregistrer leurs noms et demeures en la maison de ville de leur résidence, et le lieu de leurs greniers, lesquels ils seront tenus d'avoir toujours bien remplis de grains, et les porter vendre au marché public, au moins une fois par chacun mois.

(423) Que lesdits marchands ne pourront faire achapts de bleds à deux lieues près des villes, et à huit lieues près de cette ville de Paris.

(424) Défendons à tous marchands d'aller au-devant des grains sur les chemins et avenues des villes, les acheter en verd, ni les arrer avant la récolte.

(425) Enjoignons aux communautez de faire achapt de bleds, et en faire provision et magasin pour trois mois au moins. Leur permettons, en ce cas, d'emprunter deniers à constitution de rente pour y satisfaire si besoin est.

(426) Le tout sans préjudice de la police des villes de notre royaume, que nous voulons être gardée et observée suivant l'ancien usage, en ce qui sera de la plus grande commodité et soulagement de nos sujets.

(427) Nous avons, suivant notre édit du mois de juin dernier, interdit et défendu la vente et usage des draps, estames, serges, carisez et autres de manufacture étrangère, afin de donner moyen à nos sujets de s'appliquer davantage à ce trafic, et enrichir notre royaume d'autant de deniers qui demeureront en icelui, au lieu qu'ils portoient à l'étranger jusques à des sommes immenses, et sans aucune raison, ni commodité, par la seule

nonchalance de reconnoître la facilité qu'il y a de leur procurer ce bien, entant qu'il se fait en notre royaume de toutes sortes de draps et étoffes de laines, meilleures et de meilleur usage qu'en aucun autre.

(428) Et d'autant que nous avons reconnu un asservissement insupportable, auquel nos voisins par leur vigilance et notre nonchalance ont réduit nos sujets, apportant en notre royaume et emportant d'icelui, toutes les marchandises qu'il leur plaît, sans nous en payer aucuns droits, et exigeant sur nosdits sujets, tant sur les marchandises qu'ils portent vendre en leurs pays que sur celles qu'ils y achètent, de grandes impositions contre la raison. Pour y remédier, et établir quelque égalité des conditions du commerce entre nos voisins (avec lesquels le trafic est permis) et nous, nous avons ordonné et ordonnons, que les mêmes impositions qui se lèvent ès entrées et ports de nos voisins, sur les marchandises que nos sujets y vendent et achètent, seront levées et reçues en nos ports sur les marchandises que les marchands étrangers et sujets de nosdits voisins y vendront et achèteront dorénavant.

(429) Exhortons nos sujets qui en ont le moyen et l'industrie, de se lier et unir ensemble pour former de bonnes et fortes compagnies et sociétez de trafic, navigation et marchandise en la manière qu'ils verront bon être. Promettons les protéger et défendre, les accroître de priviléges et faveurs spéciales, et les maintenir en toutes les manières qu'ils désireront pour la bonne conduite et succès de leur commerce, même les faire assister de nos vaisseaux de guerre pour escorter et assurer leurs voyages.

(430) Et pour apporter ci-après un ordre et réglement au fait desdits voyages, commerce et navigation, après avoir fait rapporter et voir en notre conseil, les réglemens anciens faits pour le même sujet, ouïs les plus expérimentez matelots, officiers de la marine et marchands trafiquant sur mer : de l'avis de notredit conseil, et de notre très cher et bien amé cousin le cardinal de Richelieu, grand maître et surintendant général de la navigation et commerce de France : nous avons statué et ordonné, statuons et ordonnons, que dorénavant et à toujours il sera par nous et nos successeurs rois, entretenu cinquante vaisseaux du port de quatre et cinq cents tonneaux, armez et équipez en guerre comme il appartient, outre les pataches et autres vaisseaux de moindre port que nous ferons entretenir selon les occurrences et les occasions qui s'offriront, tant pour la sûreté de nos ports et havres

que pour servir d'escortes aux marchands et leur tenir la mer libre.

(431) Que sur chacun desdits vaisseaux il y ait un commis et écrivain solvable, qui soit présent lorsque l'on payera les salaires et appointemens des pilotes, matelots et mariniers, ordonnez pour la garde et équipage desdits navires, des armes, munitions et victuailles, dont il tiendra registre, dans lequel il écrira les noms, surnoms des pilotes, maîtres et contre-maîtres, matelots et mariniers, le lieu de leur naissance et demeure, et chacun jour le chemin que feront lesdits vaisseaux, pays, côtes, mers et rivières qu'ils découvriront, et les prises qui se feront en guerre ou en conduisant les navires des marchands. Et pour empêcher les fraudes, ledit écrivain avant que de s'embarquer, sera tenu faire cotter et parapher chacun des feuillets de ses registres, par le juge de la marine et son greffier, et se chargera desdits registres au greffe de la juridiction du juge qui aura paraphé lesdits registres.

(432) Voulons que desdits navires, il en soit mis et baillé entre les mains des plus notables marchands des villes et communautez de ce royaume, par notredit cousin et ses successeurs en ladite charge, le nombre et quantité qu'il conviendra et sera nécessaire pour conduire et accompagner les vaisseaux qui iront à la droguerie, arangaison sur le banc à la pêche des morues et baleines, et en tous les voyages qu'ils voudront entreprendre, pour remettre le trafic et la navigation entre les mains de nos sujets, selon les conventions et traitez qu'ils feront avec notredit cousin et ses successeurs sur ce sujet, lesquels nous promettons ratifier et avoir agréables.

(433) Et pour faire que dorénavant l'on ne manque plus en ce royaume de chefs, capitaines, pilotes, canoniers, matelots et charpentiers pour employer à la navigation; afin de donner plus de courage à toutes personnes de s'y appliquer chacun selon sa portée et sa condition, nous ferons entretenir à nos dépens certain nombre de personnes de différens âges, sous des pilotes expérimentez, même nous appointerons des pilotes hydrographes, des plus capables qui se pourront trouver, qui trois fois la semaine s'occuperont à enseigner publiquement ès lieux et ports où ils seront établis l'art de la navigation ; et tous ceux qui voudront l'entendre et s'adonner audit art, seront reçus indifféremment sans payer aucune chose, et par ce moyen pourront apprendre la théorie de

ce dont les divers voyages qu'on leur fera faire leur enseignera la pratique.

(434) Ordonnons qu'ès principales villes maritimes de notre royaume, les maires, consuls, échevins et habitans d'icelles à notre imitation, soient tenus établir en chacune un pilote hydrographe expérimenté pour instruire comme dessus tous ceux qui voudront se rendre capables de la marine.

(435) Ordonnons, encore qu'outre les canoniers qui serviront actuellement dans les vaisseaux, il soit donné à cent autres canoniers cinquante livres chacun par an, afin que quand ceux qui seront en nosdits vaisseaux, viendront à manquer nous en puissions commodément mettre d'autres en leur place.

(436) Ordonnons pareillement à cent cinquante matelots, depuis l'âge de seize jusques à vingt ans, qui auront servi cinq ou six ans en la mer, lesquels nous ferons tirer des vaisseaux de toutes les côtes les plus prochaines des lieux où nous établirons nos escadres, qui se voudront faire instruire pour être canoniers, et pour cet effet viendront trois fois la semaine, quand ils ne seront en voyage sur mer, aux lieux de nos escadres où l'on fera exercice du canon, à chacun dix livres par an : lesquels, quand ceux ausquels nous assignons cinquante livres de pension viendront à mourir, monteront en leur place, et jouiront de leur pension. Ordonnons qu'il y ait à chaque école douze prix de dix écus chacun l'année, employez en drap pour habiller ceux qui les gagneront. Et néanmoins, afin qu'ils puissent gagner leur vie, et continuer l'exercice de la mer, nous ordonnons à ceux qui les auront en charge, de leur permettre de fois à autre de se louer aux maîtres des navires pour faire les voyages.

(437) Outre lesdits prix destinez pour les écoles des canoniers qui se tiendront aux lieux où sont nos escadres, pour donner courage aux habitans des villes maritimes de se porter aux entreprises de mer, et à l'exercice des armes, nous avons permis aux échevins desdites villes et habitans, d'instituer aussi des prix les jours des fêtes et dimanches, et d'enroller des matelots et mariniers originaires desdites villes et lieux circonvoisins, et habitant le long des côtes de la mer, pour s'exercer à tirer le canon des navires et vaisseaux, permettant à tous ceux des côtes voisines de pouvoir venir ausdits lieux pour y être enrollez, et avoir part aux exercices qui s'y feront.

(438) Voulons en outre appointer cinquante maîtres charpentiers qui seront employez à la construction des vaisseaux, et à vi-

siter les fonds des navires qui iront en mer, afin qu'il n'en arrive aucun inconvénient, et que quantité de personnes en s'embarquant en de mauvais vaisseaux, ne se mettent point au hazard de perdre la vie et les biens.

(439) Et d'autant que la navigation ayant été ci-devant négligée en ce royaume, quantité de pilotes, charpentiers, calfacteurs, canoniers, matelots, mariniers, pêcheurs, et autres de nos sujets qui font profession d'aller en mer, se sont retirez vers les étrangers faute d'employ, et se sont mis à leurs gages, le commerce étant rétabli, et y ayant de quoi les employer en ce royaume, nous enjoignons à tous nos sujets qui sont employez à la navigation en pays étrangers, de retourner en notre royaume pour servir à nos vaisseaux, et autres qui appartiennent à nos sujets, selon la capacité et condition d'un chacun, sur peine de confiscation de corps et de biens, et qu'ils ayent à se rendre aux villes et lieux de leurs anciennes demeures, six mois après que les juges qui exercent la jurisdiction de la marine, leur en feront faire le commandement en leurs domiciles, ou après la publication de leurs ordonnances particulières sur les rays, ainsi qu'il est accoutumé; et a faute de satisfaire au commandement qui leur en aura été fait, mandons aux juges et à tous les officiers qui seront établis aux ports et havres, de procéder contre les contrevenans, et de continuer les procédures commencées depuis l'année 1622 contre les absens et les désobéissans, selon la rigueur des ordonnances: défendant ausdits juges et autres officiers de recevoir aucunes excuses sans en donner avis à notredit cousin le cardinal de Richelieu, attendant lequel, les procédures encommencées contre lesdits absens ne pourront être retardées; n'entendons aussi qu'à l'avenir aucuns pilotes, charpentiers, calfacteurs, canoniers, matelots, mariniers et pêcheurs, ni aucuns navires, vaisseaux, armes, agrez et munitions, sortent des ports et havres sans congé de celui auquel il appartiendra de le demander.

(440) Défendons pareillement à tous nos sujets d'aller servir hors notre royaume, de matelots et mariniers, ni pour travailler à la construction des navires, confection de cordages et des toiles propres aux voiles, et autres servans à la navigation, sans notre expresse permission, à peine de la vie.

(441) Et afin que nous sachions exactement les forces que nous pourrions mettre en mer pour les employer aux occasions, nous voulons qu'en la présence de notre procureur et de ceux qui seront commis à cette fin, les juges dressent doresnavant par

chacun an au mois de décembre, sans prendre aucune taxe ni vacation, un état certain contenant les noms, surnoms et la demeure de tous les capitaines, maistres conducteurs, pilotes, charpentiers, calfacteurs, canoniers, matelots, mariniers et manouvriers, et tous les hommes qui font profession du mestier de la mer, résidant en l'étendue de leur ressort et juridiction : le nombre des navires, barques, chaloupes, pataches et autres vaisseaux, la grandeur et le port d'iceux, et le nom des bourgeois à qui ils appartiennent, tant françois qu'estrangers, et de tous leurs canons de fonte verte et de fer, armes et munitions. Lesquels estats signez des juges, de notredit procureur, juge de la mer et du greffier de la juridiction de la marine, et de celui qui sera commis, seront envoyez à notredit cousin le cardinal de Richelieu, ou audit secrétaire de la mer résidant près de sa personne, pour en tenir fidèle registre auquel on puisse avoir recours quand il sera besoin.

(442) Et pour ce que cet ordre étant ainsi établi on se peut passer très facilement en notre royaume des estrangers et de leurs vaisseaux pour la navigation, nous défendons très expressément de charger ni fréter aucuns navires et vaisseaux étrangers en nos ports et havres, ni par iceux tirer, emporter, ni permettre être tiré, emporté hors des païs, terres et seigneuries de notre obéissance, aucunes denrées, marchandises ni biens quelconques, sauf et réservé le sel, même pour les transporter d'une de nos villes, ports et havres en une autre. Comme aussi nous faisons inhibitions et défenses aux étrangers, soit marchands, maîtres conducteurs de navires, matelots et mariniers, prendre, charge, recevoir, accueillir ni accepter en leurs navires et vaisseaux, aucunes denrées et marchandises, ni biens quelconques, à la réserve du sel, pour transporter hors notre royaume ni d'un port en un autre, à peine de confiscation des navires, vaisseaux, denrées et marchandises, un tiers à nous, un tiers à notredit cousin, à cause de sadite charge, et l'autre au dénonciateur, si ce n'est qu'il ne se trouve aucuns vaisseaux appartenant à nos sujets en nos ports et havres où se doivent charger lesdites marchandises : auquel cas lesdits marchands, maîtres de navires et autres, pourront fréter et charger les vaisseaux étrangers, des denrées et marchandises qu'ils voudront transporter ès païs, royaumes et provinces étrangères seulement, pourvu que lesdits vaisseaux soient chargez de marchandises et non autrement, avec la permission et congé de notredit cousin, ses commis, ou des of-

ficiers de la marine, par lesquels voulons qu'il soit procédé contre ceux qui loueront les navires et vaisseaux étrangers ou les fréteront au préjudice de nos sujets et du public, contre les anciennes ordonnances de la marine.

(443) Et d'autant qu'il arrive souvent que les navires qui font les voyages de longs cours ne débitent ès costes éloignées toute la marchandise dont ils se chargent, et pour laquelle sortant des ports et havres de ce royaume, ils ont payé nos droits aux bureaux des traites foraines; tellement qu'ils sont forcez de rapporter ladite marchandise en notre royaume, et pour laquelle nos fermiers ont prétendu depuis douze ou quinze années prendre lesdits droits forains tout ainsi que si elle venoit de l'étranger. Ayant égard que ladite marchandise doit être tenue et réputée comme celle qui n'a sorty notredit royaume puisqu'elle y est rapportée par nos mêmes sujets et dans leurs vaisseaux, nous voulons et entendons que celle marchandise ne soit tenue de payer nos droits d'entrée, ni même pour la sortie de nosdits ports pour la seconde fois, en cas que les navires qui les auront amenées ressortent desdits ports sans décharger, et qu'il n'y soit commis aucune fraude ni abus.

(444) Et sur les plaintes qui nous ont été faites par plusieurs marchands, capitaines et conducteurs de navires, et autres nos sujets qui font profession du mestier de la mer, qu'ils n'osent plus armer ni équipper navires et vaisseaux pour aller aux voyages de long cours et éloignez, à cause des empêchemens qui leur sont donnez par l'avarice des marchands étrangers et de ceux qui leur veulent faire perdre la retraite, pour leur vendre de la deux, trois ou quatrième main des denrées ou marchandises qu'ils avoient anciennement de la première. Reconnoissant le préjudice que la discontinuation, rupture ou empêchement des voyages de longs cours, apporteroit à nostre état, et combien il importe à nos sujets de les maintenir et garder en la possession et jouissance desdits voyages. En conséquence des lettres de déclaration du 15ᵉ jour de décembre 1578, et arrest de nostre conseil du 23ᵉ jour de juin 1615 et 18 aoust 1618, nous avons maintenu et gardé nos sujets que quelque qualité et condition qu'ils soient en la possession, jouissance et continuation des voyages de longs cours : voulons et ordonnons qu'en les continuant ils puissent et leur soit loisible d'aller trafiquer ès lieux mentionnez esdites lettres et arrests, et par tout ailleurs, et en rapporter les denrées et marchandises qu'ils avoient accoutumé, et pour se faire, armer et

équiper avec nostre congé ou celui de nostredit cousin, d'hommes, armes, munitions et victuailles et autres choses nécessaires, nombre suffisant de navires et vaisseaux, et avec iceux se gouverner avec les étrangers, et leur faire pareil traitement qu'ils recevront d'eux, sans entreprendre sur les rois, états, biens et sujets, princes et communautez, amis et alliez de cette couronne, conformément aux traitez faits avec eux, et que les capitaines, maistres et conducteurs des navires et vaisseaux estant de retour de leur voyage, ne seront recherchez ni inquiétez par quiconque soit ou puisse estre, ains voulons qu'en payant les droits pour ce dus, et faisant apparoir aux juges qui exercent la juridiction de la marine qu'ils n'auront contrevenu aux ordonnances de la marine, ils soient et demeurent paisibles possesseurs des prises qu'ils auront faites sur ceux qui leur empêchent la liberté du commerce et de la navigation, après qu'elles auront esté jugées bien ou mal faites par nostredit cousin. Défendans à nos cours de parlement, gouverneurs des villes maritimes, capitaines, gardecostes, maistres des ports et autres nos officiers de prendre aucune cour, juridiction et connoissance des actes d'hostilités et prises faites en mer par nos vaisseaux de guerre ou ceux de nos sujets qu'ils auront armez avec nos congez ou ceux de nostredit cousin, pour lesdits voyages de long cours ou pour courir sus à nos ennemis : Voulans qu'en ce et en toutes choses les étrangers soient traitez en la même forme et manière que nos sujets seront traitez par lesdits étrangers, et s'y comportent avec toute loyauté et probité, en sorte qu'ils ne commettent aucun acte qui mérite répréhension ou châtiment.

(45) Et afin que lesdits marchands ayent non seulement la mer et les entrées des rivières libres, même qu'ils ne soient travaillez et chargez de levées, nouveaux droits et impositions autres que celles qui sont introduites par les ordonnances : Nous voulons que dedans trois mois après la publication des présentes, les gentilshommes et tout autres qui ont des terres situées le long des côtes, rivières, chemins et passages, et les gouverneurs et capitaines des villes et places maritimes, et les communautez des villes qui ont droit de lever et prendre sur les vaisseaux de nos sujets, et sur les denrées et marchandises qui entrent et sortent, montent et descendent, passent et repassent les rivières, ports et havres soient tenus de remettre un tableau au greffe de la juridiction de la marine, et un autre en lieu éminent à l'endroit du passage où la recette se fait, contenant la taxe des droits : et six

semaines après la publication des présentes, communiquer les titres en vertu desquels ils prétendent lesdits droits, et les envoyer en nostre conseil, pour iceux vûs estre ordonné ce que de raison. Et à faute de se faire dans lesdits temps, nous *** défendons par ces présentes d'en continuer la levée, sur peine de répétition au double, et aux marchands, maistres et conducteurs de navires de les payer. Voulons en outre que pareils tableaux soient mis, contenans les droits qui nous sont dûs pour la sortie et pour l'entrée de toutes les marchandises sujettes au payement de nosdits droits, pour le soulagement des marchands.

(446) Et si aucuns droits se lèvent en vertu de dons obtenus de nous ou des rois nos prédécesseurs, sans cause raisonnable, nous les avons cassez et révoquez, cassons et révoquons par ces présentes, ensemble les commissions obtenuës sur iceux et toutes autres commissions extraordinaires, sans que désormais ceux qui ont obtenu lesdits dons s'en puissent aider ni continuer la levée des droits à peine de concussion ; remettant toutefois à juger de ceux qui se trouveroient fondez en une longue et très-ancienne possession, avec titre sur les pièces qu'ils nous en rapporteront.

(447) Et pour traiter les marchands et ceux qui s'adonneront à la navigation, avec toute sorte de faveur, voulons non seulement les garantir d'oppression et de toutes les nouveautez que l'on voudroit introduire contre la liberté du commerce, mais même les dispenser de ce qu'on a accoutumé de prendre sur eux légitimement et modérer pour cet effet en ce qui se pourra la rigueur de nos ordonnances. Après avoir considéré les divers abus qui se commettent en l'exécution de nosdites ordonnances, sur le sujet du droit de bris, et combien il est rude que ceux dont les vaisseaux périssent en mer soient privez de ce qui se peut recouvrer de leur naufrage : nous ordonnons que d'oresnavant les maistres des navires, batteaux ou chalouppes ou autres, qui trouveront quelques biens ou marchandises flottantes, soit en pleine mer ou à la côte, ou arrestées ès rives et grèves d'icelle, soient tenus en faire leur rapport audit juge de la marine à l'instant qu'ils auront rencontré lesdits biens et marchandises et en faire un sommaire inventaire, avec défense audit juge de ne vendre que ce qui ne se pourra conserver, dont toutefois ils retiendront marque et échantillon pour la recounoissance. Et s'il avient que lesdits biens et marchandises ne soient réclamés dans trois mois, ce qui en restera sera vendu, le tout par l'au-

torité desdits juges, en retenant aussi pareil échantillon. Et ce qui proviendra desdites ventes sera mis avec lesdits échantillons entre les mains d'un notable bourgeois, pour estre rendu dans un an à ceux ausquels se trouveront appartenir lesdites marchandises : exhortans tous nos sujets de secourir soigneusement ceux à qui ces accidens arriveront. Et afin qu'outre la charité, l'utilité qui leur reviendra du secours qu'ils donneront en telle occasion aux affligez, les oblige à n'y manquer pas, nous confirmons les droits de sauvemens qui seront taxez en toute équité par les officiers de la marine, en la présence des marchands ou de leurs commis, sans que les gouverneurs des villes et lieux maritimes puissent saisir et arrester et mettre en leurs mains à l'avenir lesdites marchandises sauvées ni s'entremettre dudit droit de bris, sur peine d'en répondre en leurs propres et privez noms et d'estre condamnez aux dépens, dommages et intérests des marchands réclameurs.

(448) Défendons à tous huissiers ou sergens de donner aucunes assignations pour cas concernans le fait de la navigation et trafic par mer, aux capitaines, maistres et conducteurs des navires, et aux intéressez dans les voyages, cargaisons et entreprises de mer pour le fait d'icelles, devant autres juges que ceux qui exercent la jurisdiction de la marine, à peine de trente livres d'amende, au payement de laquelle les contrevenans seront contraints par emprisonnement de leurs personnes, nonobstant oppositions ou appellations quelconques et sans préjudice d'icelles.

(449) Les juges de première instance, leurs greffiers ou commis, seront tenus de délivrer à la poursuite et diligence des substituts esdites justices de notre procureur général, à ceux qui seront establis sur les lieux et commis par notredit cousin, les rapports que les capitaines, maistres et conducteurs des navires, feront à leur retour des voyages et entreprises de mer, avec l'examen de ceux de leur équipage, et de trois mois en trois mois l'extrait des sentences et condamnations qu'ils auront données, et les rolles de ceux qui seront appellans d'icelles sentences, sans en prendre aucun salaire ou émolument, à peine de trois cent livres d'amende.

(450) Défendons à tous seigneurs et gentilshommes qui ont des terres situées le long des costes de la mer, et aux gouverneurs des villes maritimes et autres de quelque qualité qu'ils soient, de se dire et intituler amiraux et vice-amiraux en leurs

seigneuries, terres et gouvernemens. Comme aussi nous faisons inhibitions et défenses très-expresses à tous officiers des seigneurs hauts-justiciers, à peine de cinq cent livres d'amende et de tous dépens, dommages et intérest des parties, d'entreprendre sur la jurisdiction des causes civiles et criminelles qui procéderont du fait du navigage, et des lettres et contrats de chartepartie, frettemens et affrettemens des navires et vaisseaux, du transport des marchandises, pêcheries, voyages et négociations de mer, pilleries, prises de navires et vaisseaux en paix ou en guerre et leurs dépendances, et de toutes les choses qui pourroient avenir en la mer et grève d'icelle, les rivages, costes, ports et havres, enclos, tant des villes, bourgades que dehors, que la mer couvre et découvre, tant que le flot de Mars se peut estendre, ensemble des causes, procès, querelles et différens entr'eux ou avec nos sujets pour quelque occasion et en quelque façon et manière que ce soit ou puisse estre; ains en laisser la connoissance aux officiers qui exercent la jurisdiction de la marine en tous les ports et havres de ce royaume, en première instance.

(451) Défendons pareillement aux gouverneurs des villes maritimes, seigneurs, gentilshommes et autres qui ont des terres situées le long des costes de la mer, de connoistre du commerce et trafic par mer, des embarquemens, arrivages des navires et visitation d'iceux, ni de l'ordonnance et disposition des guets et gardes, tant pour le défaut des personnes, qu'armes, institution de clercs de guet, et de la garde des costes de la mer, ni des bris et naufrages, et tout ce qui sera jetté par la mer ès grèves d'icelle; ains en laisser la disposition aux officiers qui exercent la jurisdiction de la marine ès premières instances. Comme aussi nous leur avons fait et faisons défenses de donner congez, saufconduits et attaches, pour tirer hors de nos ports et havres, ni faire entrer, passer et repasser aucuns navires ou vaisseaux, ou personnes de quelques qualitez et condition qu'elles soient, ni prendre et exiger sur les habitans des paroisses situées le long des costes de la mer, sujets à la garde ou au guet, le droit de guet, ni sur les batteaux qui vont à la pêche, ni sur les pêcheurs par capitulation, aucuns droits sous prétexte de redevances et droits patrimoniaux que lesdits seigneurs, gentilshommes et autres prétendent en leurs terres, et les gouverneurs et leurs lieutenans en leurs gouvernemens. Voulant que ceux qui auront pêché ayent la liberté d'apporter le poisson de leur pêche ès villes, ports et havres de leur demeure, et icelui vendre et dis-

tribuer sans aucun trouble ni empêchement. N'entendons toutefois préjudicier à nos droits ni à ceux appartenans légitimement aux seigneurs des lieux, villes et communautez, si aucuns ils ont; pour justification desquels nous leur ordonnons de mettre dans trois mois leurs titres ès mains de nostre procureur général, pour leur estre fait droit.

(452) Et pour convier nos sujets de quelque qualité et condition qu'ils soient, de s'adonner au commerce et trafic par mer, et faire connoître que nostre intention est de relever et faire honorer ceux qui s'y occuperont : nous ordonnons que tous gentilshommes, qui par eux ou par personnes interposées, entreront en part et société dans les vaisseaux, denrées et marchandises d'iceux, ne dérogeront point à noblesse, sans toutefois pouvoir vendre en détail ni estre exempts des droits, devoirs et impositions qui se payent pour les droits d'entrée, sortie et passage d'icelles denrées et marchandises. Et que ceux qui ne seront nobles, après avoir entretenu cinq ans un vaisseau de deux à trois cents tonneaux, joüiront des priviléges de noblesse, tant et si longuement qu'ils continueront l'entretien dudit vaisseau dans le commerce, pourvû qu'ils l'ayent fait bastir en notre royaume et non autrement : et en cas qu'ils meurent dans le trafic, après l'avoir continué quinze ans durant, nous voulons que les veuves joüissent du même privilége durant leur viduité, comme aussi leurs enfans, pourvû que l'un d'entr'eux continuë la négociation dudit commerce et l'entretien d'un vaisseau par l'espace de dix ans. Voulons en outre que les marchands grossiers qui tiennent magasins sans vendre en détail et autres marchands qui auront esté eschevins, consuls et gardes de leurs corps, puissent prendre la qualité de nobles, et tenir rang et séance en toutes les assemblées publiques et particulières immédiatement après nos lieutenans généraux, conseillers des siéges présidiaux et nos procureurs généraux esdits siéges, et autres juges royaux qui seront sur les lieux.

(453) Et d'autant que nos sujets habitans des paroisses situées le long des costes de la mer, sont tenus d'achetter et se fournir d'armes, poudres et munitions, et de faire la garde en guerre et le guet en paix pour la conservation des provinces maritimes de ce royaume; pour leur donner meilleur moyen de s'armer et continuer à faire le guet et la garde, et empêcher qu'il ne se fasse des descentes d'ennemis ou pirates aux lieux plus dangereux, nous avons fait et faisons inhibitions et défenses aux capi-

tains, chefs et conducteurs des gens de guerre, tant de cavalerie que d'infanterie, de loger d'oresnavant aux paroisses situées à demie lieuë de la mer ni prendre, lever ni exiger aucunes estapes sur les habitans d'icelles, ni des autres paroisses qui sont obligées et ont accoutumé de faire la garde et le guet le long des costes de la mer.

(454) Et parce que la pescherie est une des choses des plus importantes pour le commerce, afin de la restablir et remettre en l'estat qu'elle doit estre, nous voulons que les 83, 84 et 85° articles des ordonnances de l'année 1584, soient étroitement observez sur le sujet des raies, senes et aplets, parcs et pescheries construites de nouveau sur le bord et ès grèves de la mer, bayes et embouchures des rivières, sur les peines portées par les ordonnances, lesquelles nous enjoignons à nos officiers de la marine de faire publier et afficher de trois en trois mois, à la réquisition et diligence des substituts de notre procureur général, et d'avoir soin de l'observation d'icelles, à peine de nous en répondre. Ordonnons en outre, que tous ceux qui iront à la pesche représenteront le procès-verbal des mesureurs de rets, de l'aunage et vérification qu'ils auront faite de leurs amplets avant que d'obtenir congé. Et pour ce que le fait de la pesche est très-important au public, il sera par nous fait un réglement particulier pour empêcher les abus qui se commettent diversement et par différens moyens en nos provinces qui confrontent la mer.

(455) Voulons et nous plaist, que tous bourgeois, maistres et conducteurs de navires, vaisseaux et autres qui voudront trafiquer, négocier ou envoyer navires en mer, ayent à prendre congé dudit sieur grand maistre et surintendant général de la navigation et commerce de France, sur les peines portées par les ordonnances.

(456) Défendons aux maistres conducteurs de navires et vaisseaux, sur peine de confiscation de corps et de biens, en retournant des voyages de long cours, d'entrer en aucun hâvre estranger : et en cas qu'ils fussent contraints par mauvais temps ou chassez des vaisseaux pirates, ou par autre nécessité se relâcher, ils n'y pourront faire leur séjour ni décharge, ains seront tenus d'en partir et faire voile au premier temps propre. Voulons qu'à leur retour les maistres et conducteurs, et ceux de leur équipage, soient interrogez et enquis sur ce sujet chacun en particulier.

(457) Enjoignons à nos officiers, maistres des ports, juges des traites ou ceux de la marine, de visiter soigneusement les vais-

seaux des marchands lorsqu'ils seront prests d'aller en mer, ou lorsqu'ils aborderont et arriveront en nos ports pour y décharger leurs marchandises dont ils seront avertis, et d'y procéder incessamment dès l'instant qu'ils en seront requis. Ordonnons aux chefs et capitaines commandans aux vaisseaux de guerre qui seront aux ports et rades des lieux où se chargeront les vaisseaux des marchands allans en mer, ou en ceux où ils aborderont pour y décharger venans de voyage, leur donner assistance et main forte s'ils en sont requis.

(458) Défendons pareillement aux maistres et conducteurs des navires et vaisseaux au retour de leurs voyages, de décharger le lest de leurs navires, sur les rais et dans les ports et havres, sur peine de confiscation desdits vaisseaux et des marchandises qui se trouveront dedans.

(459) Ordonnons que tous les pilotes establis dans les navires après leur retour des longs voyages, seront tenus de mettre ès mains de nostredit cousin, ou de ses commis sur les lieux pour lui faire tenir, copie close et scellée de leur routier et journal, avec l'observation des variations de l'esguille, et le découvrement des terres, costes de mer et isles adjacentes, et les sondes et fonds pour connoistre et juger l'avantage que l'on peut tirer de leur navigation.

(460) Et d'autant que nos officiers et les maires, eschevins, consuls et syndics des villes, n'ont eu le soin de faire curer et nettoyer nos ports et havres, et donner cours aux rivières qui y affluent, comme ils y sont tenus d'office par nos ordonnances; plusieurs de nosdits ports se trouvent assablez et incapables de tenir de grands vaisseaux en sûreté : nous ordonnons à nostredit cousin de faire diligemment procéder à une visite générale de nosdits ports et havres, pour connoistre l'estat auquel ils sont de présent, leur profondeur, capacité et sûreté, ce qu'il convient pour les remettre en bon et suffisant estat, avec l'estimation des réparations pour ce nécessaires, et de tout en faire dresser procès verbaux pour chaque port, pour nous estre représentez par nostredit cousin dès l'instant qu'il les aura reçus, et iceux vûs, estre pourvûs aux réparations et entretenemens desdits ports et havres, selon la teneur desdites ordonnances et qu'il appartiendra.

(461) Et pour le surplus des réglemens nécessaires pour le traict du commerce et de la navigation, nous voulons que les anciennes ordonnances soient estroitement observées en tous les

points ausquels n'y est dérogé par le présent réglement, lequel nous enjoignons à toutes personnes d'observer selon la forme et teneur, aux peines portées par lesdites ordonnances, attendant que par l'exécution du présent establissement, nous voyons le bien et commodité que nostre royaume en recevra : et à ce qu'aucun n'en prétende cause d'ignorance, sera fait extrait sommaire sur lesdites ordonnances et sur le présent réglement, des articles principaux et généraux servans à la sûreté de la navigation et au soulagement de ceux qui s'en entremettront, lequel sera affiché en tous les ports et havres de nostredit royaume.

Si donnons en mandement à nos amez et feaux les gens tenans nos cours de parlemens, chambres de nos comptes, cours de nos aydes, et à tous autres nos officiers, et à chacun d'eux, comme à lui appartiendra ; que nos présentes ordonnances faites sur les plaintes et remontrances des députez des trois estats de nostre royaume, tenus en nostre ville de Paris, en l'année 1614, et les avis des assemblées des notables tenus en la ville de Rouen, en l'année 1626, ils gardent, observent et entretiennent, fassent garder, observer et entretenir inviolablement de point en point selon leur forme et teneur, sans les enfreindre ne souffrir aucune chose estre faite au contraire, et afin de perpétuelle mémoire, ils les fassent lire, publier et enregistrer incontinent et sans délay après la publication d'icelles : car tel est notre plaisir, et afin que ce soit chose ferme et stable à toujours, nous y avons fait mettre nostre scel. Donné à Paris au mois de Janvier, l'an de grâce 1629, et de nostre règne le dix neuvième ; signé, Louis ; et plus bas, par le roy. De Loménie ; et scellées sur lacs de soye du grand sceau en cire verte.

Sommaire des séances du parlement de Paris sur la vérification de l'ordonnance de 1629

(Reg. manuscr. du parl., conseil secret.)

16 *janvier* 1629. — Présens les ducs de Chevreuse, grand chambellan, à droite du trône du roi, aux hauts siéges, les ducs d'Usez, de Ventadour, de Brissac, maréchal Saint-Géran, maréchal de Schomberg, sieur d'Effiat, duc de Luxembourg, de Montbazon, de Chaulne, maréchal de Bassompierre ; à gauche, sur les hauts siéges, les cardinaux de Richelieu, de Bercelle, de la Valette ; en la chaise du greffier, le garde des Sceaux ; sur les siéges des gens du roi, les présidens Lejay, de Bellièvre, Pollier, de Mesmes, Séguier, le Bailleul et de Thèles ; sur une

forme, les secrétaires d'état Phelippeaux, de Loménie, Bouthillier; dans le parquet, sur les formes, cinq conseillers d'état et maîtres des requêtes; sur les fleurs de lys, dans le parquet, l'archevêque de Paris et les évêques de Senlis et Grenoble;

Requérant Talon, avocat général;

Le garde des sceaux venant aux présidens, lui a été dit qu'ils supplient le roi de surseoir l'envoi dans les provinces des cahiers contenant les articles vus aux assemblées des notables ès années 1614, 1617 et 1626, puisque S. M. trouve bon que son parlement voie les articles, pour en délibérer et lui en faire remontrances; que le garde des sceaux pouvoit prononcer l'enregistrement, à la charge du *retentum* que dessus, dont seroit fait registre, ce qui fut approuvé par le garde des sceaux, disant même qu'il le signeroit si on lui envoyoit le registre, parce que telle étoit l'intention du roi et de son conseil.

19 janvier. — Le président Lejay a fait rapport à la compagnie que, malgré sa promesse, le garde des sceaux a demandé copie signée des cahiers, portant enregistrement et vérification. — La cour, toutes les chambres assemblées, ordonne qu'il sera sursis à la délivrance jusqu'après la vérification.

26 janvier. — Le président a dit aux chambres que Loménie, secrétaire d'état, avoit témoigné de la part de la reine sa surprise de ce que le parlement délibérait sur des cahiers vérifiés en présence du roi. La cour a ordonné qu'elle feroit des remontrances sur le droit qu'elle avoit de délibérer.

Dernier janvier. — Le président rend compte de remontrances faites à la reine sur le droit dont on vouloit dépouiller le parlement, en manquant à la promesse qui lui avoit été faite. La reine répond que le roi seroit mécontent de n'avoir pas l'ordonnance enregistrée sur parchemin.

10 février. — Le président rend compte d'une nouvelle visite à la reine, contenant remontrances sur les droits du parlement de délibérer sur les lois nouvelles. La reine répond que pendant quatre mois le parlement pourroit délibérer sur les ordonnances.

6 mars. — La cour, sur la préface, a arrêté des remontrances par écrit, à cette fin qu'aucuns de messieurs des chambres seront députés pour dresser les mémoires;

Sur le premier article, que les édits et lettres-patentes de déclaration ne seront exécutées qu'elles n'aient été délibérées et vérifiées ès parlemens et autres juridictions auxquelles la commission en est attribuée, suivant l'ordre de tout temps observé ès lois du royaume.

7 mars. — Sur le deuxième article, arrêté que, suivant l'ordonnance de Blois, aucun ne pourra être pourvu ni nommé aux évêchés et duchés, abbayes et chefs d'ordre, soit par mort, résignation ou autrement, qu'il ne soit originaire François, nonobstant toutes dispenses ou clauses dérogatoires.

16 mars. — Sur le troisième, a arrêté que dudit article seront ôtés les mots *nous écrirons et traiterons avec notre saint père le pape afin qu'il soit apporté règlement*, et ce qui ensuit; et qu'au surplus ledit article sera observé conformément à l'article 7 de l'ordonnance d'Orléans.

8 mai. — Sur le quatrième, arrêté qu'à sa place on substituera les 27, 30 et 31 de l'ordonnance de Blois.

9 mai. — Sur le sixième article, substituer le vingt-quatrième de l'ordonnance de Blois.

11 mai. — Ajouté au huitième que les abbés, abbesses et chefs de monastères ne pourront recevoir ni bailler l'habit à aucunes personnes, sans consentement de leurs père, mère et tuteur, et qu'ils ne soient âgés, les hommes de vingt-cinq ans et les filles de vingt ans accomplis.

13 mai. — Sur le treizième article, il y sera substitué le 75e de l'ordonnance de Moulins.

On ne trouve plus depuis de traces de la délibération du parlement sur l'ordonnance de 1629.

N° 163. — DÉCLARATION *qui permet aux présidens et conseillers au parlement de Paris de faire pourvoir un de leurs fils d'un office audit Parlement, à la charge que le père et le fils ne pourront exercer dans la même chambre, ni participer aux mêmes délibérations.*

Paris, 14 janvier 1629; reg. au parl. le 9 février. (Vol. DDD, f° 142.)

N° 164. — DÉCLARATION *contre les habitans de Privas* (2).

Au camp de Privas, juin 1629; reg. au parl. de Toulouse le 27 août. (Merc. franç., XV, 485.)

---

(1) V. ci-devant note sur la déclaration du 15 décembre 1628. Après la prise de La Rochelle, toutes les cités protestantes se soumirent à l'autorité du roi. La petite ville de Privas seule soutint un siège contre l'armée royale, et plutôt que de se rendre, les habitans s'enfuirent tous, et se dispersèrent dans les autres

N° 165. — Édit *de création d'un office de Maréchal de France en faveur de L. de Marillac* (1).

<small>Au camp de Privas, juin 1629. (Merc. franç., XIV, 487.)</small>

N° 166. — Déclaration *pour le rétablissement du commerce avec la Grande Bretagne* (2).

<small>Au camp d'Alez, 23 juin 1629; reg. au parl. le 9 août. (Vol. DDD, f° 164. — Merc. franç., XV, 615.)</small>

N° 167. — Provisions *de la charge de gouverneur de Brouage, Oleron et de l'île de Ré, en faveur du cardinal de Richelieu.*

<small>Fontainebleau, 9 novembre 1629; reg. au parl. le 19 décembre. (Vol. DDD, f° 197.)</small>

N° 168. — Arrêt *du Conseil d'état qui enjoint aux confrères de la passion de remettre aux mains d'un député à ce commis les titres et pièces justificatives du droit de propriété, par eux prétendus sur l'hôtel de Bourgogne* (3).

<small>Saint-Germain-en-Laye, 7 novembre 1629. (Reg du conseil privé. — Hist. de Paris, par Lobineau, Paris, 1725, t. V, p. 819.)</small>

Sur la requête présentée au roi en son conseil par Robert Guérin dit *la Fleur*, Hugues Guéru dit *Flechelles*, Henry Legrand dit *Belleville*, Pierre le Messier dit *Bellerose*, et leurs associez, comédiens ordinaires de S. M., tendant à ce que, pour les causes y contenues, il plaise à S. M., sans s'arrêter à la réponse faite par quelques particuliers, se disant maîtres de la confrérie de la passion et résurrection de nostre sauveur et rédempteur J.-C., et qui soubz cette qualité et autres tiltres spécieux

---

villes du Languedoc. La déclaration de juin 1629 les déclare criminels de lèse-majesté, et leurs biens acquis au roi.

(1) V. sa condamnation ci-après en 1632.

(2) V. ci-devant 8 mai 1627.

(3) Cet arrêt fut rendu à l'occasion d'une requête présentée au roi en son conseil, par la société des *comédiens du roi*, contre le monopole exercé par les confrères de la passion. Il résulte de cette requête que les confrères ayant fait croire que l'hôtel de Bourgogne était le seul lieu destiné pour représenter toutes histoires et comédies, avaient souvent empêché les autres comédiens, tant français qu'étrangers, de donner des représentations en autre lieu, et s'attribuaient de grands profits par la location de cet hôtel. — V. lettres-patentes de François II, mars 1559 et les notes. — Les priviléges des confrères avaient été confirmés par déclaration de Henri IV, avril 1597, dont nous n'avons pas donné le texte. V. ci-après déclaration du 16 avril 1641.

se sont emparés de la maison sise à Paris, vulgairement appelée *l'hostel de Bourgogne*, ordonner que lesdits prétendus maîtres satisferont à l'arrêt du conseil du 10 octobre dernier. Cependant, attendu que les supplians payent le prix convenu pour le louage d'icelle maison, de laquelle lesdits prétendus maîtres se réservent la meilleure partie des loges et galeries autour d'icelle par des puissances comme absolues, ordonner pareillement qu'ils jouiront de toute la totalité d'icelle maison, sans réservation d'aucunes loges, avec défenses auxdits prétendus maîtres de commettre ni préposer aucun à la perception des deniers qui se perçoivent aux portes, aux jours que lesdits supplians représentent la comédie, à peine de cinq cents livres d'amende contre chacun desdits prétendus maîtres, et de prison contre ceux qui seront commis pour ladite recepte. Veu la requête signée Rousseau advocat; autre requête présentée au conseil par lesdits supplians le 10 octobre, à ce qu'il fût ordonné que dans la huitaine lesdits prétendus maîtres apporteront leurs tiltres et contrats, en vertu desquels ils s'attribuent le lieu nommé *l'hostel de Bourgogne*, au bas de laquelle est l'arrêt du conseil dudit jour, par lequel est ordonné que ladite requête sera signifiée aux maîtres de ladite confrérie, et à eux enjoint de mettre ès mains du sieur de Pommereu, conseiller du roy, et maître des requêtes ordinaire de son hostel, dans quinzaine, pour tous délais, les tiltres et pièces justificatives du droit par eux prétendu, pour iceux communiquer auxdits supplians, et rapport fait au conseil, être fait droit ainsi que de raison; signification d'icelui du 13 dudit mois d'octobre; acte contenant la réponse desdits maîtres de ladite confrérie à ladite requête, par laquelle ils demandent leur renvoi pardevant le prévost de Paris, et que lesdits supplians ne sont parties capables, signifié le 26 dudit mois d'octobre dernier; ouy le rapport dudit sieur de Pommereu, commissaire à ce député, et tout considéré; le roi en son conseil, conformément audit arrêt donné en icelui le 10 octobre a ordonné et ordonne que lesdits maîtres de ladite confrérie mettront ès mains du commissaire à ce député, dans huitaine, pour tous délais, les tiltres et pièces justificatives dudit droit par eux prétendu en l'hostel de Bourgogne; autrement, et à faute ce faire, era fait droit sur la demande desdits comédiens, sans aucune forclusion ni signification de requête.

N° 169. — DÉCLARATION *portant qu'il sera payé un droit de trente sols sur chaque livre de tabac apporté des pays étrangers, excepté pour celui venant des îles Saint-Christophe, la Barbade, et autres qui appartiennent à la compagnie des îles de l'Amérique* (1).

Paris, 17 novembre 1629; reg. en la cour des aides le dernier décembre. Blanchard, Compil. chronol. — Moreau de Saint-Méry, I, 23.)

Louis, etc. Sur l'avis qui nous a été donné que depuis peu de temps on fait venir des pays étrangers quantité de petun et tabac, sans payer aucun droit d'entrée, sous prétexte qu'il n'a été compris dans les anciens tarifs et pancartes, ce qui aurait donné lieu d'en faire apporter grande quantité en notre royaume, de sorte que nos sujets, à cause du bon marché, en prennent à toutes heures dont ils reçoivent grand préjudice et altération en leur santé; à quoi voulant pourvoir :

A ces causes, voulons et nous plaît que de tout le petun ou tabac qui sera apporté des pays étrangers en notre royaume, il sera d'orénavant prélevé trente sous par livre pour le droit d'entrée, excepté pour celui qui viendra de l'isle Saint-Christophe, la Barbade et autres isles occidentales qui appartiennent à la compagnie formée pour habiter lesdites isles, duquel droit nous l'avons déchargé et exempté, déchargeons et exemptons par cesdites présentes, pour favoriser d'autant plus l'établissement et accroissement de la compagnie, qui a été dressée pour le bien général de notre royaume.

Si donnons, etc.

N° 170. — DÉCLARATION *qui défend de faire aucun établissement de monastère, maison et communauté régulière et religieuse de l'un où l'autre sexe, sans permission expresse du Roi* (2).

Paris, 21 novembre 1629; reg. au parl. le 13 décembre. (Preuv. des lib. de l'égl. gallic., p. 1159. — Abrégé des mém. du clergé, IV, 470.)

Louis, etc. Le soin que nous avons de rétablir en notre état l'ancienne piété qui l'a rendu si florissant et recommandable, et pourvoir autant qu'il est possible à la réduction de tous nos sujets

---

(1) V. ci-devant l'édit de mai 1628.
(2) V. édit de Louis XIV, du 7 juin 1659.

à l'église, nous oblige de veiller incessamment à ce que les effets de la dévotion soient employés avec la discrétion nécessaire pour en retirer l'utilité qu'il appartient. Et d'autant qu'il a plu à Dieu réduire en notre obéissance les villes et lieux que les factions formées en cet état par divers prétextes, même à l'occasion de la religion prétendue réformée, en avaient séparées, et que par notre édit fait sur la réduction desdites places, nous avons ordonné qu'il n'y seroit établi aucune maison de religieux ou religieuses qui ne vécussent en l'exacte observation de leurs règles, et en la réformation d'icelles. Voyant d'ailleurs que la dévotion de nos sujets catholiques se porte continuellement à divers établissemens de communautés religieuses de l'un et de l'autre sexe, dans les bonnes villes de notre royaume, où le repos et la douceur de la tranquillité, et le secours des charités de plusieurs personnes affectionnées à la piété, les attire à ces institutions, qui pourroient être de beaucoup plus grand fruit, si elles se faisoient ès villes et provinces infectées de l'hérésie, que nous désirons et espérons ramener par les bons exemples et le soin des prélats. Voyant aussi que nos bonnes villes, plus particulièrement préservées, se trouvent déjà remplies de plusieurs familles religieuses, desquelles elles peuvent recevoir toute la consolation et édification qui se peut désirer.

Savoir faisons, qu'ayant mis cette affaire en délibération en notre conseil : de l'avis d'icelui, et de notre certaine science, pleine puissance et autorité royale, avons dit, déclaré et ordonné, et par ces présentes signées de notre main, disons déclarons et ordonnons,

(1) Qu'il ne pourra ci-après être fait aucun établissement de monastère, maisons et communautez régulière et religieuse de l'un ou l'autre sexe, en quelque ville et lieu que ce soit, même des ordres ci-devant reçus et établis dans le royaume, sans notre expresse permission, par lettres signées par l'un de nos secrétaires d'état, et scellées de notre grand sceau, afin que nous puissions juger de l'utilité d'iceux, et selon les occasions, ordonner et assigner les lieux et villes auxquelles nous jugerons plus à propos de les faire établir pour l'utilité de nos sujets et avancement de la foi et religion catholique, apostolique et romaine.

(2) Défendons à tous prévôts des marchands, maires, échevins et corps des villes, d'en recevoir ou admettre aucun, sans avoir auparavant obtenu nosdites lettres ; et au cas que sans icelles il se fît ci-après aucun établissement, nous voulons qu'il soit nul et

comme non fait, sans aucune espérance d'en obtenir ci-après aucunes lettres ou permission de nous.

Si donnons, etc.

N° 171. — LETTRES-PATENTES *pour l'établissement à la Rochelle, d'un collège dirigé par les Jésuites* (1).

Paris, décembre 1629; reg. en la ch. des compt., le 8 février 1630, et au parl. le 18 mars 1631. (Vol. LLL, f° 251.)

N° 172. — DÉCLARATION *portant que les offices de procureurs ou avocats, postulant dans les cours de parlement, chambre des comptes, cours des aides, bailliages, sénéchaussées, etc., sont héréditaires* (2).

Paris, 2 janvier 1630; publ. au sceau le 7. (Filleau, 2, 7, 362. — Descorbiac, 690.)

N° 173. — ÉDIT *portant suppression des offices de contrôleurs généraux des postes et relais de France, et création de trois offices de surintendans généraux des postes et chevaucherie de l'écurie du roi* (3).

Paris, janvier 1630; publ. au sceau le 1ᵉʳ février. (Blanchard, 1568. — Traité de la pol. de Delamarre, IV, 560.)

N° 174. — LETTRES *portant don à Gaston, duc d'Orléans, du duché de Valois, par accroissement d'apanage* (4).

---

(1) Afin de détruire l'esprit de protestantisme existant dans la ville.

(2) V. décret impérial du 19 juillet 1810, et la loi du 28 avril 1816, art. 91, qui a rétabli la transmissibilité des offices ministériels. — Nous n'avons pas retrouvé le texte de cette déclaration. — La clause d'hérédité s'est trouvée plusieurs fois abrogée et rétablie selon les besoins du trésor. V. ci-devant note sur l'édit de Henri III, mars 1586, et ci-après sur l'hérédité, édit de décembre 1639.

(3) V. lettres patentes de Louis XI, 19 juin 1464; de Charles VIII, 27 janvier 1487; et de Henri IV, mars 1597, et la note. — Depuis Louis XI, il n'y eut point de changement remarquable dans les postes, jusqu'à Louis XIII. Sous ce prince, les postes devinrent publiques, et les particuliers commencèrent à se servir de cette voie pour le transport de leurs lettres et paquets. V. ci-après l'édit de mai publié au sceau le 24 du même mois, portant l'établissement des offices héréditaires de courriers, et du bureau général des dépêches de la poste de Paris. Celui-ci se borna à substituer les surintendans généraux des postes et relais de France aux contrôleurs généraux, avec attribution des mêmes droits, prérogatives et priviléges. — Lafargue, dans son nouveau code voiturin, ne parle pas de cet édit, ni de celui du mois de mai ci-après. — V. ci-après l'édit de mai 1635, sur la police des rouliers et messagers.

(4) V. note sur les lettres d'établissemens de cet apanage, en 1626. Une dé-

Paris, janvier 1630 ; reg. au parl. le 6 février suivant, en la ch. des comptes, le 6 octobre, et en la cour des aides, le 22 décembre 1635. (Vol. DDD, f° 221. — Merc. franç., XVI, 24.)

N° 175. — DÉCLARATION *qui défend le cours des monnaies étrangères* (1), *sauf les pistoles d'Espagne.*

Paris, 5 février 1630; reg. en la cour des monnaies le 18 du même mois. (Reg. de la cour des monnaies, coté HH, f° 247.)

N° 176. — JUGEMENT *prononcé à Dijon par le roi, en personne, contre des séditieux* (2).

Dijon, 28 avril 1630. (Merc. franç., t. 16, 2ᵉ part., p. 151 et suiv.)

N° 177. — ÉDIT *de création de maîtres des courriers, en titre d'offices héréditaires, et du bureau général des dépêches de la poste de la ville de Paris* (3).

Grenoble, mai 1630; publ. au sceau le 25. (Blanchard, Compil. chronol. — Traité de la pol., IV, 575.)

Louis, etc. — (4) Nous avons par cettui notre présent édit perpétuel et irrévocable.

(1) Créé, et érigé, créons et érigeons en chef et titre d'offices domaniaux les charges et offices cy-après déclarez, pour y être dès-à-présent par nous pourvu de personnes capables, et à l'avenir sur la nomination et présentation du surintendant général des postes étant en exercice, auxquels les veuves, héritiers ou ayant cause des pourvus auxdits offices domaniaux, nommeront

claration du 25 janvier 1631 permet au duc d'Orléans de nommer aux offices royaux et aux bénéfices de ce duché.

(1) Confirmation de l'ordonnance de septembre 1602, qui règle la valeur des monnaies. V. à sa date. L'ordonnance de 1630 fut confirmée par déclaration des 28 janvier et 25 juillet 1631.

(2) Plusieurs vignerons, sur le bruit qui avait couru qu'une cour des aides allait être rétablie à Dijon, avaient pillé et démoli les maisons des fonctionnaires publics. — Le roi l'apprend, se transporte à Dijon, de Troyes où il était, et fait comparaître les coupables en sa présence; un avocat au parlement les défend, et le garde des sceaux leur lit l'arrêt par lequel ils sont exilés de la ville et des environs. La ville est condamnée aux dommages-intérêts résultant du pillage. V. la loi de vendem. au 4, qui reconnaît le principe de la responsabilité.

(3) V. ci devant note sur l'édit de janvier, et ci-après, déclaration du 17 juin 1655. Les charges de maîtres des courriers subsistèrent jusqu'en 1662, que Louis XIV les supprima, et réunit à son domaine le revenu des ports de lettres et paquets qui leur avait été attribué. V. déclaration du 15 mars 1672, arrêt du conseil du 18 juin 1681, ordonn. du 28 mai 1725, régl. du 2 février 1728.

(4) Nous n'avons pas retrouvé le préambule.

personnes de capacité et probité pour la fondation d'icelles; sçavoir, trois offices de nos conseillers maîtres des courriers, et du bureau général des dépêches de la poste de Paris, controlleurs provinciaux des postes en l'étendue des généralités de Paris, Orléans et Soissons, ancien, alternatif, et triennal; pour par les pourvus desdits offices recevoir et faire l'envoi et distribution chacun en l'année de leur exercice, de tous nos dépesches, lettres et paquets des particuliers arrivans audit bureau de Paris, des provinces de notre royaume et pays étrangers par les estafettes et ordinaires établis et à établir, et généralement par quelque autre voye que ce soit.

2) Aux pourvus desquels offices nous avons, en leurdite année d'exercice, attribué et attribuons aussi en hérédité tous les droits et émolumens provenans du port des lettres des particuliers, tombans audit bureau, et en ceux établis et à établir en l'étendue desdites généralitez, à quelques sommes que lesdits ports se puissent monter, sans qu'il leur en puisse être pris ou diminué aucune chose, pour quelques causes et occasion que ce soit; sauf pour les ordinaires d'Espagne, Flandres, Angleterre, Hollande et Allemagne, arrivans et passans par notredite ville de Paris, et autres ordinaires, courriers extraordinaires, et messageries étrangères, établies et à établir sur ledit pays, tant pour notredit service qu'utilité publique, pour l'entière direction et conduite desquelles nous avons créé trois nos conseillers maîtres des courriers avec pleine attribution en l'année de leur exercice, de tous les ports de lettres et paquets venans par lesdites voyes, et du bénéfice provenant du passage desdits ordinaires, avec pouvoir de nommer au surintendant général de nos postes étant en exercice, personnes capables pour la conduite desdits ordinaires, courriers à journée, lesquels avant d'entrer en volte, prêteront le serment entre les mains dudit surintendant général; exceptons toutefois les courriers allans à journée établis sur Londres, Bruxelles, Anvers et autres villes du Païs-Bas, que nous voulons payer seulement les droits accoutumés auxdits maîtres des courriers étrangers de Paris, étant en exercice: lequel en outre pourra commettre telles personnes capables qu'il avisera, dans les bureaux des postes de Saint Jean-de-Luz, Bayonne, Bordeaux, Rouen, Dieppe, Calais et Nantes, pour la réception, envoi et distribution desdites lettres étrangères seulement, qui se recevront en chacun desdits lieux; sans qu'autres que lesdits maîtres des courriers pour les étrangers, étant en exercice, ou leurs com-

mis, puissent livrer lesdites lettres et paquets, et en percevoir les ports, dont ils jouiront selon la taxe, et tout ainsi qu'en ont joui les controlleurs généraux des postes, en vertu des lettres de déclaration qu'ils en ont en divers temps obtenues, tant de nos prédécesseurs que de nous, que nous voulons être exécutées selon leur forme et teneur, avec pouvoir auxdits maitres des courriers étrangers de renouveller les traitez faits avec les généraux et courriers majors des postes d'Espagne, Flandres et Angleterre, et autres païs étrangers.

(3) Trois offices, ancien, alternatif et triennal de nos conseillers maitres des couriers et du bureau des dépesches de notre ville de Lyon, controlleurs provinciaux des postes de ladite généralité, et en celle de Dauphiné, avec même attribution aux pourvus desdites offices, étant en exercice, des ports de lettres et paquets venans de notre royaume, tombans audit bureau, et en l'étendue de ceux établis et à établir esdites généralitez.

(4) Trois autres offices de nos conseillers maitres des courriers pour les dépesches étrangères audit Lyon, avec l'entière disposition des ordinaires passans d'Espagne en Italie, et d'Italie en Espagne, et de nos ordinaires partant dudit bureau de Lyon pour l'Italie et Suisse, et arrivant desdits pays auxdits bureaux, pour les faire marcher par les voyes accoutumées; et jouir par lesdits maitres des courriers étrangers, étant en exercice, des sommes de deniers par nous ordonnées et accordées pour ce regard, outre et par-dessus ce qu'ils ont accoutumé de recevoir pour le transport et conduite desdits ordinaires d'Espagne, et ce qu'ils prennent du port des lettres étrangères, et autres droits attribués à ladite charge, ainsi qu'en ont joui ou dû jouir les controlleurs généraux desdites postes, ou leurs commis, conformément à nos lettres de déclaration, desquels nous voulons être naturels François, et de la religion catholique, apostholique et romaine, avec les mêmes facultés, priviléges, pouvoirs et fonctions que les maitres des courriers de Paris, de nommer personnes capables au surintendant général des postes, étant en exercice, pour le transport desdits ordinaires.

(5) Pareils offices de nos conseillers controlleurs provinciaux des postes, anciens, alternatifs et triennaux en nos villes de Toulouse, Bordeaux, Dijon, Nantes, Aix, Bourges, Moulins, Tours, Potiers, Limoges, Montpellier, Riom, Calais, Rouen et Metz, pour en jouir par les officiers ès années de leurs exercices, en l'étendue des généralitez où ils sont établis, aux mêmes droits,

pouvoirs, autorité et émolumens, que ceux pourvus de semblables offices aux bureaux de Paris et Lyon.

(6) Et pour ce qu'ès villes de Calais et Metz, il n'y a point de généralitez, ains sont lesdites villes comprises sous les généralitez d'Amiens et Châlons, voulons et déclarons lesdites généralitez être du département des offices créés esdites villes de Calais et Metz, chacun en droit soy; et annexons celle de Caen, où il n'y a aucune création de maîtres des couriers, à la généralité de Rouen, avec pouvoir et faculté à tous les pourvus desdits offices de maîtres des couriers et controlleurs provinciaux, créés par notre présent édit, de jouir et exercer lesdits trois offices d'ancien, alternatif et triennal, conjointement par une seule personne, avec pouvoir de commettre en la fonction d'iceux, personnes fidèles et capables aux bureaux des postes établis et à établir dans l'étendue de leur généralité, dont ils demeureront civilement responsables, et de percevoir les émolumens desdits ports de lettres et paquets qui tomberont auxdits bureaux, conformément au réglement des taxes du 16 octobre 1627, suivant nos lettres-patentes données sur icelui au mois d'août 1628, ci-attachées sous le contre-scel de notre chancellerie, que nous avons de nouveau, en tant que besoin seroit, approuvé et confirmé, approuvons et confirmons par ces présentes; et de prendre par lesdits officiers pareilles taxes pour les bureaux à établir, à proportion de la distance des lieux; faisant expresse inhibitions et défenses auxdits maîtres des couriers et controlleurs provinciaux, de surtaxer les lettres et paquets, ni souffrir être surtaxés par leurs commis ou débiteurs, au-dessus de la taxe, à peine de concussion, dont lesdits surintendans généraux connoîtront.

(7) Auxquels maîtres des couriers nous avons encore permis et accordé de prendre et recevoir les supplémens que nos provinces donnent et donneront cy-après, pour l'entretien des couriers ordinaires desdites provinces. Pourront à cet effet établir de nouveaux bureaux des dépêches en toutes les villes, bourgs et bourgades de notre royaume, esquels nos postes sont établis, et qui seront sur la route des postes, et proche d'icelles, où ils jugeront le bien de notre service et commodité publique le requérir, pour en jouir par lesdits maîtres des couriers et controlleurs provinciaux, comme des autres bureaux ja établis.

(8) Enjoignons à tous nos gouverneurs, maires, échevins consuls, et tous autres nos justiciers, officiers et sujets, d'autoriser et favoriser lesdits nouveaux établissemens desdits bureaux des

dépesches, moyennant lesquelles attributions desdits droits et supplémens, lesdits maîtres des couriers seront tenus de commettre à leurs frais et dépens en tous lesdits bureaux établis et à établir, des commis et distributeurs en nombre suffisant, pour faire la distribution, réception et envoi de toutes lettres et paquets pour notre service et de nos sujets; desquels commis ils demeureront civilement responsables, et les pourront révoquer à leur volonté. Comme encore peuvent établir, à leurs frais et dépens, suffisant nombre de couriers pour les ordinaires, et les faire partir de notre ville de Paris deux fois par semaine, sur chacune de toutes les routes des postes, à jours réglés, pour porter nuit et jour nos dépesches et celles du public, par toutes nos villes et places frontières qui seront sur lesdites routes des postes, avec telle diligence, qu'ils ne pourront mettre ou employer qu'une heure pour chaque poste, les sept mois des plus grands jours d'été, et une heure et demie, les cinq mois des plus petits jours d'hyver, à peine de privation de leurs charges, et de punition exemplaire s'il y échet. Et pour cet effet seront tenus tous les maîtres des postes de notre royaume, chacun en droit soy, pour satisfaire au service pour lequel nous leur avons attribué les gages dont ils jouissent, de fournir promptement jour et nuit auxdits couriers ordinaires, dépesches par lesdits maîtres des couriers, ou leurs commis, un cheval seul, bon mallier, sans guide, deux fois la semaine, et au choix desdits couriers pour aller, et autres deux fois pour le retour, sans payer aucune chose pour le port desdits ordinaires, qui ne pourront excéder la pesanteur de cent livres. Faisant très expresses défenses auxdits maîtres des postes de les retarder, ni exiger aucune chose pour les courses desdits ordinaires, ni souffrir qu'il soit exigé par leurs postillons ou domestiques, à peine de concussion.

(9) Enjoignons à tous officiers, greffiers, notaires et sergens des lieux, de délivrer auxdits couriers tous actes de plainte, sommations et certifications dont ils sont requis, pour raison des exactions, retardemens ou autres violences qui leur pourroient être faites en leur voyage par aucuns desdits maîtres des postes, et à tous gouverneurs, maires, échevins, consuls, et autres bons officiers et sujets, de leur prêter toute faveur et main-forte pour diligenter leursdits voyages. Et pour sûreté desdits maîtres des couriers, de la fourniture desdits chevaux, nous leur avons par exprès affecté les gages desdits maîtres des postes, pour le remboursement de ce que lesdits maîtres des postes auront exigé

de leurs couriers ordinaires, et de ce qu'ils auront été contraints de payer pour passer les chevaux de l'une desdites postes à l'autre, avec défenses aux receveurs généraux des finances de payer lesdits gages, au préjudice des oppositions que lesdits maîtres des couriers y fourniront.

(10) Défendons très-expressément à tous fermiers des relais, et autres personnes de quelque qualité et condition qu'ils soient, d'établir des chevaux de traite, pour faire aucuns établissemens d'ordinaires ès lieux où lesdits bureaux des dépesches sont ou seront établis, à peine de six mille livres d'amende, et de tous dépens, dommages et intérêts. Et au cas qu'aucunes desdites postes se trouvent délaissées, et que lesdits maîtres des couriers et controlleurs provinciaux soient contraints, pour le port desdits ordinaires, de faire mettre un ou deux chevaux à leurs dépens à ladite poste, ou de payer les courses des chevaux des postes voisines de ladite poste délaissée, nous avons attribué les gages auxdits maîtres des couriers et controlleurs provinciaux. Ordonnons pour cet effet au surintendant général des postes, d'employer en ses états les maîtres des couriers qui auront fait desservir ladite poste, ou payé lesdites courses.

(11) Voulons que lesdits surintendans généraux des postes règlent tous les différends, contentions et débats qui pourroient naître entre lesdits maîtres des couriers, pour le réglement de leurs charges, ensemble de tous les autres couriers et officiers dépendans d'icelles. Lesquels réglemens et ordonnances seront exécutés, nonobstant oppositions ou appellations quelconques, dont si aucunes interviennent, ensemble de l'exécution du présent édit, nous en avons réservé la connoissance à nous et à notre conseil, et icelle interdite à toutes nos cours et juges quelconques. Lesquels maîtres des couriers et controlleurs provinciaux seront tenus de prêter le serment de fidélité qu'ils nous doivent, entre les mains du surintendant général desdites postes en exercice, moyennant quoi, et attendu l'actuel service que nous rendent lesdits maîtres des couriers et controlleurs provinciaux, ils jouiront des mêmes priviléges, exemptions et immunitez dont jouissent nos officiers domestiques et commensaux.

(12) Et d'autant que lesdits offices de maîtres des couriers et controlleurs provinciaux doivent dépendre et repondre de leurs charges aux surintendans généraux des postes, nous voulons qu'ils ne puissent être revendus séparément, qu'en remboursant pareillement et en un seul et actuel payement, tant ce qui aura

été payé en nos coffres pour lesdites charges de surintendans généraux des postes, que pour lesdits offices de maîtres des courriers et controlleurs provinciaux créés par le présent édit, ensemble les frais et loyaux cousts des acquéreurs d'iceux.

Si donnons, etc.

N° 178. — DÉCLARATION *par laquelle le roi enjoint à tous ses sujets de quitter le service du duc de Savoie, et de sortir de ses états* (1).

Lyon, 6 mai 1630. (Fréd.-Léonard, tom. 4. — Rec. des traités de paix, tom. 3, p. 289.)

N° 179. — ÉDIT *portant pouvoir à Gaston, duc d'Orléans, frère du roi, de commander à Paris et environs, en l'absence du roi* (2).

Lyon, 8 mai 1630; reg. le 16. (Vol. DDD, f° 252.)

N° 180. — DÉCLARATION *portant réglement pour l'exécution de celle du mois de mars 1624, sur la nourriture et la subsistance des soldats estropiés* (3).

Lyon, 20 mai 1630. (Blanchard, 1571.)

N° 181. — TRAITÉ *et renouvellement d'alliance pour sept années entre la France et les états-généraux des provinces unies des Pays-Bas* (4).

La Haye, 17 juin 1630. (Fréd.-Léonard, tom. 5. — Rec. des traités de paix, t. 3, p. 290.)

---

(1) Cette déclaration fut le prélude de la guerre que Louis XIII déclara bientôt au duc de Savoie, et dont Richelieu avait fait tous les préparatifs. Elle eut pour motif les entreprises de ce prince sur l'Italie, et l'envahissement du Montferrat ; l'Autriche et l'Espagne agissaient de concert avec lui, et cette dernière puissance assiégeait Casal. — Mais la bataille de Suze, suivie de la prise de cette ville par les Français, força le duc de Savoie à la paix. — Il rendit le Montferrat, au duc de Mantoue, et fit lever le siège de Cazal par ses alliés.

(2) On trouve dans les registres du parlement que c'est la reine qui gouverna le royaume en l'absence du roi, qui ne dura que quelques mois. (Lettres-patentes du 1er février 1629.)

(3) V. ci-devant note sur l'édit de Henri III, février 1585, et le mandement du 27 mars 1586. — V. aussi l'édit ci-devant de mars 1624, et ci-après celui de novembre 1635. L'hôtel des invalides a été fondé sous Louis XIV, par l'édit d'avril 1674.

(4) Cette alliance avait commencé en 1608, sous Henri IV ; elle avait pour but de s'opposer à l'ambition de la maison d'Autriche. Louis XIII s'oblige à

N° 182. — **Lettres *de convocation des états de Bretagne*** (1).

Juillet 1630. (Merc. franç., tom. 16, 2ᵉ part., p. 547.)

N° 183. — Traité *entre la France et l'empereur de Maroc.*

Rade de Salé, 3 septembre 1630. (Fréd. Léonard, tom. p. 5. — Rec. des traités de paix, t. 3, p. 299.)

(1) Accordé pour le terme de deux ans, depuis la date des présentes, que si les vaisseaux du port de Salé ont pris quelques vaisseaux françois depuis le troisième dernier, ils seront obligez de les rendre avec les marchandises et personnes, sans que rien n'en soit frustré, conformément à l'acte qui en fut fait le même jour audit Douant avec le capitaine du Pré Itelari, sans que les propriétaires des vaisseaux de Salé y puissent demander ou prétendre choses quelconques, ce à quoi seront pareillement obligez, et exécuteront les vaisseaux de S. M., et tous autres sujets dudit royaume (2).

(2) Que durant le temps de deux ans, aucune armée ni vaisseau du roi de France ne pourront faire guerre audit château de Salé, ni à ses habitans ou citez de sa juridiction, ni même à aucun vaisseau du port dudit lieu, ni les molester en façon quelconque où ils les rencontreront, ni leur ôter aucune chose, soit captifs ou reniez par mer ou par terre.

(3) Que les vaisseaux de sadite M. T. C. et de ses sujets pourront venir au port de Salé, entrer dans la barre, se pourvoir de tout ce qui leur sera nécessaire de vivres ou autres provisions qui leur seront données à prix modéré, et se retirer quand bon leur semblera, sans que personne les offense ou donne empêchement.

(4) Pareillement que les marchands du royaume de France pourront librement venir audit port de Salé avec leurs navires et marchandises, et y négocier avec toute seureté et satisfaction comme en terre d'amis, payant les droits accoutumez; et s'il ar-

---

payer, pendant 7 années, un million par an aux états-généraux (art. 1ᵉʳ); en cas de guerre, il pourra payer moitié en argent, et moitié en soldats et vaisseaux (art. 4); les parties contractantes s'engagent à faire cesser les déprédations des corsaires d'Alger et Tunis (art. 6); le droit d'aubaine est respectivement aboli (art. 11).

(1) Tenus par le prince de Condé, en vertu de pouvoirs à lui donnés par le roi. — Ils furent ouverts le 7 août par une longue harangue du prince, et ils se terminèrent par le vote des forts subsides pour la continuation de la guerre.

(2) Cet article prit fin et s'acheva le 24 dudit mois, parce que les ôtages furent rendus de part et d'autre. (Nota du recueil des traités.)

rive (ce que Dieu ne veuille) que lesdits vaisseaux viennent à échouer sur ladite barre à l'entrée ou sortie dudit port de Salé, ou donner de travers à la côte de sa juridiction, les habitans dudit lieu seront obligez de les assister à sauver et mettre en asseurance les marchandises, personnes, munitions et toutes autres choses, sans prétendre sur ce aucun droit, et la même obligation auront les sujets de S. M. T. C. en ses ports et côtes envers les vaisseaux dudit lieu de Salé.

(5) Que si quelques vaisseaux d'Argel, Tunes ou de quelque autre part que ce soit, meinent au port de Salé quelques François chrétiens, de leurs marchandises, et les mettent en vente, ou désirent les aliéner aux habitans dudit lieu de Salé, ils seront obligez de l'empêcher, et ne consentir point qu'ils les vendent, et si par autres voyes que ce soit il est conduit des François dans ledit lieu de Salé par mer ou par terre, il leur sera fait bon passage, et seront renvoyez en France dans les vaisseaux.

(6) Que si les vaisseaux dudit port de Salé prennent quelques vaisseaux de leurs ennemis, dans lesquels il se trouve quelques François regnicoles dudit royaume, ceux de Salé seront obligez de leur donner liberté avec toutes leurs marchandises.

(7) Que audit château et ville de Salé il y aura un consul de la nation françoise à la nomination dudit illustrissime seigneur cardinal de Richelieu, et jouira des libertez, franchises et prééminences qu'ont accoutumé de jouir les autres consuls françois avec le libre exercice de la religion apostolique romaine avec les autres François, et ledit consul poursuivra à ses dépens les procez qui seront intentez entre les vaisseaux de France et dudit port de Salé, jusques à la fin de cause, et la même obligation aura celui qui de la part dudit lieu de Salé devra assister au royaume de France.

(8) Que si quelques vaisseaux du royaume de France portent quelques marchandises appartenans aux ennemis dudit lieu de Salé, elles seront perdues venant au pouvoir des vaisseaux dudit lieu de Salé, lesquels seront seulement obligez de laisser libres les François regnicoles de France avec leurs marchandises, et leur rendre leurs navires et payer les frais, ce que pareillement garderont les François à l'endroit des vaisseaux de Salé.

(9) Que tous les vaisseaux dudit port de Salé, tant de guerre que marchands, ayant commission ou licence de Douan pourront aller à toutes les isles et ports dudit royaume de France, et ses seigneuries, et se pourvoir de toutes sortes de vivres et autres

choses nécessaires que ceux de la terre seront obligez de leur donner à prix modéré, et les marchands pourront vendre et accepter les marchandises que bon leur semblera, comme en terre d'amis, sans que personne les moleste, ni donne empêchement en payant les droits accoutumez.

10° Que aucun des vaisseaux de Salé ne pourra prendre aucuns vaisseaux qui soient dans les ports et rades de France.

11° Que si les vaisseaux dudit lieu de Salé ont pris quelques vaisseaux françois depuis le 24 août dernier, que les ôtages furent rendus d'une part et d'autre, et cessa l'effet des trèves jusques aujourd'hui troisième septembre, les prises seront bien faites, et ce qui se prendra depuis ledit jour sera rendu et restitué en la forme susdite et capitulée ce qui s'effectuera réciproquement.

12° Que S. M. T. C. roi de France sera suppliée de commander que les Andalons et Mores pris de la Patache, de la Vaci en levant, et dans la quaravelle de Morata Vaci, seront rendus et mis en liberté, et ainsi ont été conclus et capitulée ladite trève, pendant le temps de laquelle s'il s'offre quelque autre chose pour le bénéfice des parties, il sera reçeu et accompli, promettant lesdites parties de tenir pour ferme, stable et inviolable ce que dessus, sans que personne y contrevienne en aucune manière ou temps, et les archers ou capitaines qui contreviendroient seront rigoureusement châtiez; car ainsi l'ont promis, octroyé et signé lesdites parties.

N° 184. — LETTRES-PATENTES *portant permission aux jésuites d'établir un second collège à Lyon.*

Lyon, octobre 1630; reg. le 24 juillet 1652 (1). (Ordonn. de Louis XIV.—Vol. MMM, f° 23.)

N° 185. — TRAITÉ *de paix entre la France et l'Espagne* (2).

Ratisbonne, 13 octobre 1630. (Fred.-Léonard, tom. IV.—Merc. franç., tom. 16, p. 704. — Recueil des traités de paix, tom. 3, p. 301.)

---

(1) Le retard que cet enregistrement a souffert, doit être remarqué; il provient sans doute de la résistance du clergé régulier. V. l'édit de rétablissement de cet ordre, en septembre 1603, et la note.

(2) Ce traité a pour objet de régler les difficultés qui s'étaient élevées pour la succession aux duchés de Montferrat et de Mantoue, par suite de la mort du dernier duc. — Les prétendans étaient le duc de Savoie, soutenu par l'Espagne, la duchesse de Lorraine, soutenue par la France, et les ducs de Gonzalve et de Guastalla, protégés par l'empereur d'Allemagne. — Il est convenu

N° 186. — Déclaration *portant réglement pour la librairie et imprimerie de Paris* (1).

Saint-Germain-en-Laye, 21 décembre 1630, reg. le 6 septembre 1631. (Vol. DDD, f. 321.)

Louis, etc. L'expérience nous ayant fait connoître, aux rois nos prédécesseurs et à nous, combien la facilité et liberté des impressions est préjudiciable à l'état, les grands désordres et inconvéniens qui en procèdent, ne se sont pas contentez d'y pourvoir et remédier par plusieurs et diverses ordonnances; mais encore particulièrement par les statuts et réglemens des marchands libraires, imprimeurs et relieurs de leur bonne ville de Paris, afin de les obliger à veiller et avoir l'œil sur les actions de ceux lesquels y contreviennent, et pour ce que le plus puissant remède pour empêcher cette liberté consiste en l'observation et exécution des édits, ordonnances, statuts, réglemens et arrêts contradictoirement rendus par notre cour de parlement, en conséquence d'iceux et notamment de l'art. 7 desdits statuts et réglemens, par lequel défenses sont faites à tous libraires, imprimeurs et relieurs de tenir et avoir plus d'une boutique et imprimerie, laquelle ils sont obligez tenir en l'université, au-dessus de Saint-Yves ou au-dedans du palais, et non ailleurs, auquel article plusieurs d'entre eux contreviennent d'autant plus hardiment que leurs contraventions demeurent impunies, quelques instances que les syndics fassent en justice contre les contrevenans, lesquels logent et tiennent boutiques indifféremment en tous les endroits et quartiers de la ville que bon leur semble, pour ôter le moyen auxdits syndics de les pouvoir commodément observer, et visiter leurs impressions, et la lumière et cognoissance aux juges des libelles diffamatoires, mauvais et pernicieux livres qu'ils font mettre sous la presse et exposer en vente sourdement et en cachette.

---

que les prétentions de la duchesse de Lorraine seront soumises à la décision de l'empereur, qui prendra préalablement l'avis des princes de l'empire. — Le duc de Savoie reçoit pour sa part, les places de Montferrat. — Le duc de Guastalla renonce à la sienne, moyennant six mille écus de pension que l'empereur lui assure, et pour sûreté desquels il prend possession de plusieurs terres du duché de Mantoue. — L'investiture des duchés est promise au duc de Gonzalve, à charge d'hommage envers l'Autriche. Louis XIII refusa de ratifier ce traité, entr'autres motifs, parce que le titre de *majesté* ne lui était point donné dans l'acte, ainsi qu'à l'empereur; toutefois il fut pleinement exécuté.

(1) V. ci-devant la déclaration de juin 1618, et les nouveaux statuts des libraires et imprimeurs à la suite. V. aussi l'ordonnance de 1620, et la note.

CHATEAUNEUF (1), GARDE DES SCEAUX. — DÉCEMBRE 1630.

Ce mal pressant plus que jamais, et voulant une fois pour toutes y remédier, en sorte que les libraires et imprimeurs soient retenus dans leur devoir par l'apréhension de la punition ordinaire contre ceux qui se dispenseront de la rigueur de nos ordonnances.

Sçavoir faisons qu'ayant fait voir en notre conseil les édits, ordonnances, statuts, réglemens et arrêts de notredite cour ci-attachés sous le contre-scel de notre chancellerie, de l'avis d'icelui et de notre certaine science, pleine puissance et autorité royale, avons dit et déclaré, disons et déclarons par ces présentes, pour ce signées de notre main, voulons et nous plaist :

Que iceux édits, ordonnances, statuts, réglemens par nous homologués, et nos arrêts de notredite cour de parlement de Paris, donnés en conséquence, soient ponctuellement, strictement et inviolablement gardés, observés, entretenus et exécutés par les libraires, imprimeurs et relieurs de notre ville de Paris, sans qu'ils puissent s'en dispenser en quelque sorte et manière que ce soit, conformément aux art. 7 et 19 desdits statuts et réglemens.

(2) Nous leur avons fait et faisons très expresses et itératives défenses de tenir plus d'une boutique (2) et imprimerie, tant en autres lieux et endroits de la ville et fauxbourgs d'icelle, qu'en l'université, au-dessus de Saint-Yves et au-dedans de notre palais, quoique propriétaire des maisons ailleurs situées et d'étaler en quelque lieu que ce soit (ceux qui voudront se restreindre à ne vendre que des usages exceptés), sur peine d'amende arbitraire, applicable moitié aux pauvres de charité et moitié aux enfermés, pour la première fois qu'ils y auront contrevenu, d'être déchus de leur profession et vacation pour la seconde et de punition corporelle pour la troisième fois, les deux libraires privilégiés suivant notre cour exceptés, par l'arrêt de notre conseil du 18 janvier dernier, que nous voulons et entendons être pareillement suivi, observé et entretenu par lesdits deux privilégiés, sans qu'ils y puissent déroger ni contrevenir, ni tenir leurs boutiques ailleurs qu'aux lieux désignés par icelui sur les mêmes peines.

---

(1) Chateauneuf de Laubespine succéda le 14 novembre 1630 à Marillac exilé à l'occasion du procès de son frère. Voy. ci-après 8 mai 1632.

(2) La même chose a été jugée par la cour de cassation les 26 novembre et 8 décembre 1826.

(5) Et pour ce que plusieurs personnes de qualité s'ingèrent de tenir imprimeries en leurs maisons particulières, desquelles les ouvriers peuvent abuser à l'insçu de ceux qui les font travailler. Faisons aussi défenses auxdits particuliers de plus tenir imprimerie chez eux, et auxdits ouvriers de travailler en icelles, sur peine de confiscation desdites imprimeries contre les propriétaires, et de châtimens exemplaires contre ceux lesquels y travailleront.

Si donnons, etc.

N° 187. — TRAITÉ *d'alliance entre la France et le roi de Suède* (Gustave-Adolphe) (1).

Bernwald, 13 janvier 1631. (Fréd.-Léonard, tom. 3. — Merc. franç., XVII. — Rec. des traités, t. 3, p. 311.)

N° 188. — LETTRES-PATENTES *par lesquelles le roi déclare que l'abbaye de Notre-Dame du Val-de-Grâce est de fondation royale* (2).

Paris, février 1631. (Blanchard, Compil. chronol. — Dulaure, Hist. de Paris, tom. 5, 477.)

N° 189. — ÉDIT *de création de trois offices de contrôleurs des restes et bons d'état du conseil, et de solliciteurs-généraux des affaires du roi* (3).

Paris, mars 1631. (Blanchard, Compil. chronol.)

―――――――――

(1) Ce traité a pour objet le rétablissement des princes et états d'Allemagne, soumis ou usurpés par l'empereur, à la faveur des derniers troubles. — Sa durée est limitée au 1er mars 1736 (art. 10). Le roi de Suède s'oblige de conduire en Allemagne 30,000 hommes d'infanterie, et 6000 de cavalerie, et la France à payer pour leur entretien 400,000 écus par an. — Ce traité fut bientôt suivi de l'invasion formidable de Gustave-Adolphe, en Allemagne, et de l'abaissement de la maison d'Autriche.

(2) En Angleterre, l'avocat général prend le titre de solliciteur général du roi.

(3) Il existait depuis le neuvième siècle, dans une vallée près de Bièvre-le-Châtel, une abbaye appelée *Val-de-grâce*. Au commencement du dix-septième siècle, les bâtimens tombaient en ruines et se trouvaient menacés de fréquentes inondations. Ce fut alors que les religieuses résolurent de transférer leur abbaye à Paris. Elles achetèrent à cet effet un vaste emplacement au faubourg Saint-Jacques. La reine Anne d'Autriche paya le prix de cette acquisition, et se fit déclarer fondatrice. — L'église et le couvent du Val-de-Grâce furent fondés par cette princesse, en accomplissement d'un vœu qu'elle avait fait au ciel, pour obtenir don de fécondité. Les constructions ne furent terminées qu'en 1665.

N° 190. — Déclaration *portant que les propriétaires et acquéreurs des terres du domaine du roi seront tenus incessamment, et dans six mois pour tout délai, d'obtenir des lettres de ratification* (1).

Paris, 16 mars 1631; publ. au sceau le même jour. (Néron, I, 849.)

Louis, etc. Les grandes et immenses charges que nous avons été contraints de porter depuis plusieurs années pour maintenir notre état en grandeur et nos sujets en repos, nous ont nécessités de faire plusieurs aliénations de terres de notre domaine, augmentations de gages et droits à nos officiers, qui font bonne partie du revenu de notre royaume, et que, pour cette occasion nous ferons tout notre possible de racheter et réunir, et amortir ce qui est à la charge de nos finances; mais comme nous ne pouvons nous promettre d'y parvenir qu'avec beaucoup de temps, à raison des dépenses que nous avons encore à supporter; aussi devons-nous pourvoir à ce que la nature desdites terres et domaines ne périsse point dans l'oubliance, et ne soit fait propre à ceux qui les ont acquis, pour les tenir et en jouir comme de leur patrimoine, et par ce moyen nous exclure et priver indirectement de la faculté de rachat, que le temps ne peut prescrire, et semblablement éviter que lesdites augmentations de gages ne soient point rendues héréditaires, sous la forme que pratiquent nosdits officiers, d'en jouir en vertu de simples quittances du trésorier de nos parties casuelles, étant tout notoire que leur étant licite d'en disposer à leur volonté et par de simples transports, sans obtenir nos lettres, quelque vacation qu'il arrive de leurs offices à notre profit, jamais lesdites augmentations de gages n'y retourneront, et passeront toujours de main à autre, sans que nous y puissions remédier, qu'en faisant observer nos ordonnances et réglemens, qui portent expressément que les contrats de vente en domaine n'auront effet qu'en prenant nos lettres de ratification d'iceux, et pareillement pour la jouissance de toutes attributions et augmentations de gages et droits, joint que nous sommes bien avertis que plusieurs de nos officiers et autres de nos sujets jouissent desdits gages en vertu de quittances non remplies de leur nom, et comme porteurs d'icelles seulement.

---

(1) V. l'ordonnance de 1566, sur l'inaliénabilité du domaine, et note sur l'édit de Henri IV, du mois de septembre 1591.

A ces causes, sçavoir faisons que pour prévenir les inconvéniens ci-dessus remarquez, et faire cesser lesdits désordres, l'avis de notre conseil, et de notre pleine puissance et autorité royale, nous disons et ordonnons par ces présentes, signées de notre main, que tous propriétaires et acquéreurs des terres de nosdits domaines et augmentation de gages ayent incessamment et dans six mois pour tout délai, du jour de la publication des présentes, à obtenir de nous lettres de ratification et attribution du tout, et pareillement à toutes mutations, lesquels contrats ils feront controller et enregistrer par nos conseillers, contrôleurs et gardes des papiers de notre conseil, en notre chambre du Louvre, pour y avoir recours quand besoin sera, à peine de nullité desdits contrats et de privation desdites terres et domaines et augmentation de gages, défendant à tous nos officiers de les en laisser la possession libre et paisible, qu'après qu'il leur sera apparu de nosdites lettres, sur peine d'en demeurer responsables en leurs noms privez.

Si donnons, etc.

N° 191. — DÉCLARATION *contre ceux qui ont suivi Gaston, frère du roi, hors du royaume* (1).

Dijon, 30 mars 1631 ; reg. au parl. de Dijon, le dernier du mois. (Merc. franç. tom. 17, p. 146.)

---

(1) La reine-mère qui favorisait la noblesse contre le cardinal de Richelieu, irritée de n'avoir pu l'emporter dans l'esprit du roi sur ce ministre, avait quitté la cour et s'était retirée à Compiègne, d'où les prières du roi et une lettre du cardinal ne purent la déterminer à revenir. Gaston, de son côté, se retira à Orléans, et assembla la noblesse. Le roi lui députa le cardinal La Valette, pour l'engager à faire sa paix avec Richelieu. Il lui écrivit même; le tout en vain; Gaston quitta Orléans et s'enfuit en Bourgogne, et puis ensuite en Lorraine ; le roi le suivit, et arrivé à Dijon, il fit expédier la déclaration dont il s'agit ici. Après y avoir rappelé toutes les faveurs dont il a comblé Gaston, son frère, il déclare criminels de lèse-majesté, les comte de Moret, le duc d'Elbœuf, les ducs de Bellegarde et de Rouanes, le président Lecoigneux et autres qui avaient déterminé Gaston à sortir du royaume et qui l'avaient suivi, avec confiscation de tous leurs biens et privations de leurs emplois, si dans un mois ils ne sont pas venus à résipiscence, et ordonne de leur courir sus partout où on les trouvera. Le parlement refusa d'enregistrer la déclaration par délibération du 25 avril, qui contient une censure amère de l'administration de Richelieu. Alors le roi mande le parlement au Louvre, et le 13 mai, la délibération est arrachée du registre en sa présence et lacérée. Plusieurs conseillers et un président sont exilés ; Louis les menace de placer sept ou huit d'entr'eux dans un régiment de mousquetaires, pour y prendre l'obéissance Cependant, de retour au palais, le parlement rendit arrêt

N° 192. — Traité entre la France et l'Espagne (1).

Querasque, 6 avril 1631. (Fréd.-Léonard, 2, 4. — Merc. franç., t. 17. — Rec. des traités de paix, tom. 3, p. 317.).

N° 193. — Déclaration du roi en faveur du cardinal de Richelieu (2).

Fontainebleau, 26 mai 1631. (Merc. franç., XVII, p. 187, 1re part.)

N° 194. — Traité d'alliance entre la France et l'électeur de Bavière (3).

Fontainebleau, 30 mai 1631. (Fréd.-Léonard, tom. 3, p. 16. — Rec. des traités de paix, tom. 3, p. 321.)

N° 195. — Déclaration qui établit une chambre de justice pour la recherche et la répression du crime de fausse-monnaie (4).

Saint-Germain-en-Laye, 14 juin 1631. (Ord. 5, 3, 2, 298. — Merc. franç., XVII, 714.)

---

tant que, sans déférer à une interdiction injuste et arbitraire, le président Barillon, les conseillers Scarron, Lainé et Gayan exilés seraient invités, au nom de la compagnie, à venir occuper leurs places accoutumées; Barillon et ses collègues ne purent obéir; des soldats les avaient enlevés de leur domicile.

(1) Il a pour objet l'exécution de celui de Ratisbonne, du 13 octobre 1630, et la solution des difficultés qu'il avait suscitées. On y stipule beaucoup de conditions qui regardent le duc de Savoie, lequel le ratifia le 26 avril 1631. — Toutefois, il paraît que Richelieu se défiait de sa fidélité, car par un article secret, il est convenu que la place de Suze (qui donne l'entrée en Savoie et en Piémont), et celle d'Avigliane, demeureront entre les mains des Suisses, alliés de France et de Savoie, jusqu'à ce que le duc de Savoie ait donné des otages suffisans. — L'exécution de ce traité a été ordonnée par une convention faite entre la France et le duc de Savoie, le 30 mai suivant. (Fréd.-Léonard, 2, 4. — Rec. des traités de paix, tom. 3, p. 321.) — Autre traité du 19 juin 1631, pour l'éclaircissement tant de ce dernier que de celui de Ratisbonne. (Fréd.-Léonard, tom. 4. — Rec. des traités de paix, tom. 3, p. 322.)

(2) Il paraît que Gaston et ceux de son parti répandaient dans le public que la reine-mère était retenue prisonnière à Compiègne par le cardinal de Richelieu. Cette déclaration a pour objet de le disculper et de rappeler ses services. Il est difficile de croire qu'elle ne soit pas l'ouvrage du cardinal lui-même, pour en imposer à ses ennemis.

(3) Pour huit ans. — Le roi de France s'engage à défendre l'électeur de Bavière contre tous ceux qui s'efforceraient de troubler sa dignité; on avait évidemment l'Autriche en vue, car par l'art. 6, il est convenu que le traité demeurera secret, sans doute pour ne point éveiller le ressentiment de cette puissance, la Bavière en étant voisine. — Ce traité est le fruit de la politique de Richelieu qui, pour abaisser la maison d'Autriche, détachait tous ses voisins de son alliance.

(4) C'est une commission. La fausse monnaie a été jugée par des tribunaux

N° 196. — LETTRES-PATENTES *pour l'enregistrement d'une bulle du pape, qui approuve la congrégation de l'ordre Saint-Benoit, dite de Saint-Maur* (1).

Saint-Germain-en-Laye, 15 juin 1631; reg. au parl. le 21 mars 1633. (Vol. EEE, f° 161.)

N° 197. — DÉCLARATION *contre les blasphémateurs* (2).

Paris, 7 août 1631. (Traité de la police, tom. 1er, p. 517.)

N° 198. — DÉCLARATION *sur la sortie de la reine mère du roi et de Gaston, duc d'Orléans, hors du royaume* (3).

Paris, 12 août 1631; reg. le 13, le roi séant au lit de justice. (Vol. DDD, f° 309. — Merc. franç., XVII, p. 277.)

N° 199. — LETTRES *d'érection de la pairie de Richelieu* (4).

Monceaux, août 1631; reg. au parl. le 4 septembre. (Vol. DDD, f° 323. — Joly, I, add., p. 102. — Merc. franc., XVII, p. 106.)

---

d'exception, jusqu'à la charte de 1814 qui a aboli les commissions des tribunaux extraordinaires. — Aujourd'hui, la peine de mort existe toujours pour le crime, mais c'est un fait qu'elle n'est jamais appliquée. — V. Traité du droit pénal, par Rossi, 1829. — Le parlement ne voulut enregistrer cette déclaration qu'avec des modifications, qui consistaient à choisir tous les membres de la commission dans le sein de la cour, au lieu d'y associer des maîtres des requêtes de l'hôtel du roi, comme cela était ordonné; mais par déclaration du 16 septembre, le roi ordonna l'exécution de l'édit, nonobstant les modifications.

(1) Érigée en France par bref du pape Urbain VIII, 17 mai 1621, confirmée par autre bref du 11 janvier 1627; cette congrégation est célèbre par ses travaux littéraires et scientifiques. C'est elle qui a fondé la bibliothèque de Saint-Germain-des-Prés, dont le fond est réuni aujourd'hui à la bibliothèque royale. Parmi les ouvrages qu'elle a laissés, nous citerons l'art de vérifier les dates, l'histoire de Bretagne, l'histoire de la ville de Paris, la *Gallia christiana*, le recueil des historiens de France, recueil des chartes et diplômes, la France littéraire, etc. etc. V. Histoire littéraire de la congrégation de Saint-Maur, in-4°, Bruxelles et Paris, 1770.

(2) V. ci-devant note sur l'ordonnance du 10 novembre 1617; celle-ci porte les mêmes peines. Elle ajoute que *les condamnés tiendront prison jusqu'à l'entier paiement des amendes, et que s'ils n'ont pas le moyen de les payer, ils seront punis corporellement.* — C'est à dater de ce règne que les ordonnances contre les blasphémateurs ne portent plus comme pénalité le percement de la langue. La Gazette des cultes du 1er août 1829 rapporte un édit de l'archevêque d'Imola, qui prononce cette peine barbare pour blasphème.

(3) Elle contient le récit des menées de la reine mère et de Gaston, depuis le 30 mars, et ne fait que reproduire les dispositions de la déclaration que nous avons donnée à cette date.

(4) C'est la sixième pairie actuelle, suivant la liste du 4 juin 1814, et d'après

N° 200. — **Déclaration** *portant que, par provision, il sera délibéré par les conseillers de la grande chambre du parlement de Paris sur l'enregistrement des lettres d'érection de pairies, sans y appeler les conseillers qui servent aux enquêtes* (1).

Monceaux, 30 août 1631; reg. au parl. le 2 septemb e. (Vol. DDD, f° 314.)

N° 201. — **Synode** *national, tenu par les protestans* (2).

Charenton, 1er septembre 1631. (Merc. franç., ann. 1631.)

N° 202. — **Traité** *entre la France et l'empereur de Maroc* (3).

Maroc, 17 septembre 1631. (Fréd.-Léonard, tom. 5. — Merc. franç., XVII. part. 2, p. 175. — Rec. des traités de paix, tom. 3, p. 333.)

---

les extinctions qui ont eu lieu depuis cette époque. — Cette pairie n'a pas souffert d'extinction par la mort du cardinal. Les lettres d'érection la déclarent transmissible à ses héritiers et ayans-cause. Elle passa sur la tête de son neveu, Armand de Vignerot, sieur de Pont-Courlay, chef de la maison actuelle de Richelieu. — V. le testament de Richelieu, (ouvrage cité de M. Jay, pièces justificatives, tom. 2.))

(1) Aujourd'hui, d'après les ordonnances du 25 août 1817, on est obligé de prendre l'agrément du roi pour l'admission des successeurs à titre héréditaire; de plus, la chambre aurait droit de refuser l'admission des pairs dispensés du majorat et non héréditaires. — On pensait que la chambre aurait refusé de laisser siéger dans son sein les 79 pairs nommés par l'ordon. du 4 novembre 1827, jusqu'à ce qu'ils eussent, en constituant majorat, assuré l'hérédité de leur pairie. Mais les pairs de l'opposition ayant été eux-mêmes créés en 1819 aussi vicieusement pour la plupart, n'ont pas voulu élever cette difficulté.

(2) Un commissaire nommé par le roi le présida; chaque province y envoya ses députés. — Le roi assura les protestans de sa protection. Le cahier adressé du roi contenait les demandes suivantes : 1° l'observation des édits de pacification; 2° l'établissement de l'exercice dans les lieux où il n'avait pas été défendu; 3° la permission aux ministres de prêcher en tous lieux où leurs devoirs les appelleraient; 4° continuation de l'assemblée des synodes; 5° confirmation des ministres étrangers; 6° admission des protestans aux charges et dignités. Ce cahier fut présenté au roi qui le reçut gracieusement, et le cardinal de Richelieu harangua les députés. — On peut voir dans le Mercure les réglemens sur la discipline faite en ce synode; ils contiennent des articles curieux. V. loi du 8 avril 1802.

(3) Le roi de France y prend le titre d'empereur pour traiter avec l'empereur de Maroc, sur un pied d'égalité. Un article porte que si les consuls de France commettent à Maroc quelque délit en leurs affaires, il leur sera pardonné. — Dans un autre traité du 24 du même mois, le roi de France prend encore le titre d'empereur. Il porte, entr'autres choses, qu'on ne forcera à changer de religion, ni les Maures qui sont en France, ni les Français qui sont à Maroc, leur laissant pleine liberté de culte. — L'art. 5 de la charte de 1814 assure au reste, la

N° 203. — Déclaration portant défense d'exporter les blés (1).

Vendeuvre, dernier septembre 1631; reg. le 15 octobre suivant. (Traité de police, liv. 5, tit. 24, chap. 6, p. 963.)

N° 204. — Arrêt de la chambre du domaine, qui confisque et réunit au domaine du roi le comté de Moret, les biens de la comtesse de Moret, les duchés d'Elbœuf, de Bellegarde, le marquisat de Rohannes, les biens du président Le Coigneux, du marquis d'Oisan et autres (2).

Fontainebleau, 15 octobre 1631. (Merc. franç., XVII, p. 150 et suiv.)

N° 205. — Traité entre la France et le duc de Savoie (3).

Milieffeur, 19 novembre 1631. (Fréd.-Léonard, 2, 4. — Merc. franc., XVII, part. 2, p. 43. — Rec. des traités de paix, tom. 3, p. 325.)

N° 206. — Édit portant qu'au lieu du droit de remède, il sera payé trois sous par once d'orfèvrerie et autres ouvrages hors les monnaies (4).

Fontainebleau, octobre 1631 ; reg. en la cour des monn., le 11 février 1632. (Reg. cour des monn., FF, f° 37.)

N° 207 — Ordonnance qui prescrit aux officiers de la reine mère et de Gaston, duc d'Orléans, de sortir du royaume (5).

Fontainebleau, 30 octobre 1731. (Merc. franc., XVII, 2° part., p. 173.)

Faculté de professer en France, même le mahométisme. — V. ci-devant traité du 3 septembre 1630.

(1) Nous avons inséré ou mentionné dans notre recueil un grand nombre d'édits semblables, toujours provoqués par la crainte d'une disette, et révoqués quand le danger a cessé d'exister. — V. note sur la déclaration de Henri IV, du 12 mars 1595.

(2) Cette chambre avait été établie à la suite de la cour, par édit du 26 septembre 1631. — Les biens confisqués appartenaient à ceux contre lesquels avait été portée la déclaration du 30 mars précédent, pour avoir accompagné Gaston hors du royaume, et qui n'avaient pas profité du délai de grâce.

(3) Victor Amédée. — Il a pour unique objet de procurer à la France une place en Savoie, pour faire passer des troupes en Italie, dans le cas où les Espagnols y voudraient pénétrer; il est convenu à cet effet, que Pignerol et d'autres forts seront remis entre les mains des Suisses.

(4) Le remède en matière de fabrication de monnaie répond à la tolérance employée aujourd'hui. V. loi des 24 août et 13 septembre 1793, 28 thermidor an 3, et 3 brumaire an 5. Sur la garantie en matière d'or et d'argent, V. loi du 19 brumaire an 6.

(5) Elle est la suite et la conséquence de celle du 30 mars. V. ci-devant.

N° 208. — REMONTRANCES *faites par le parlement à Louis XIII, contre l'exécution faite sur une place de Paris, pendant la nuit, et par ordre de Richelieu, de deux hommes condamnés à mort par des commissaires* (1).

Paris, 28 novembre 1631. (Saint Aulaire, Histoire de la Fronde. — Introd. p. 21.)

N° 209. — ARRÊT *du parlement de Paris, qui condamne deux écoliers protestans à faire amende honorable et à une amende de 1200 livres, pour avoir communié à Noël.*

Paris, 17 février 1632. (Merc. franç., XVII, 1re part. 27.)

N° 210. — TRAITÉ *entre la France et l'Angleterre* (2).

Saint-Germain-en-Laye, 29 mars 1632. (Fréd. Léonard, t. 5. — Merc. franç., XVIII, 40. — Rec. des traités de paix, tom. 3, p. 328.)

N° 211. — DÉCLARATION *portant règlement pour rendre les rivières d'Ourcq, de Velles, de Chartres, de Dreux et d'Etampes, navigables.*

Ruel, 3 avril 1632; reg. le 7 septembre. (Vol. EER, f° 60.)

N° 212. — DÉCLARATION *portant défenses à toutes personnes de réceler les officiers de Gaston, duc d'Orléans* (3).

Saint-Germain-en-Laye, 5 avril 1632. (Merc. franç., XVIII, 1re part., p. 77.)

---

(1) Ces remontrances portaient que : « S. M. avait intérêt à ne pas commettre « son autorité entre les mains de gens qui en abusaient et la rendaient odieuse « et méprisable, les peuples ne pouvant comprendre que des actions justes « cherchassent les ténèbres, et que les supplices faits pour l'exemple dussent « être exécutés en un tems auquel ils n'en pouvaient produire; que la nuit devant « être un tems de repos et de relâche pour les plus misérables, aucuns s'étaient « imaginés, en la voyant choisir pour une exécution de justice, que c'était une vio- « lence, et le désir de faire en cachette ce que publiquement on n'eût osé « entreprendre, et qu'enfin, un tel procédé autorisait à croire que cette exé- « cution n'avait pas été la punition d'un crime, mais l'exercice d'une vengeance « particulière. »

Le parlement manda en outre le sieur Laffemas, qu'on appelait le *bourreau du cardinal*, et lui fit défense d'exercer aucune poursuite en vertu de commission, à peine de tous dépens, dommages et intérêts, et d'être pris à partie en son propre et privé nom.

(2) Il a pour objet la restitution à la France de la Nouvelle-France, de l'Acadie et du Canada, et des navires et marchandises pris de part et d'autres dans la dernière guerre. — On sait que dans la suite les Anglais reprirent cette belle colonie, qu'ils ont conservée depuis.

(3) C'est la conséquence de celle du 20 octobre 1631. — V. ci-dessus.

16.

N° 213. — Traité entre la France et le duc de Savoie (Victor-Amédée), par lequel celui-ci abandonne au roi, pour toujours, la ville et le château de Pignerol, le village et fort de La Pérouse, et autres (1).

Saint-Germain-en-Laye, 5 mai 1632. (Fréd. Léonard, t. 4. — Rec. des traités de paix, tom. 3, p. 333.)

N. 214. — Arrêt d'une commission, qui condamne à mort le maréchal de Marillac, pour crime de péculat, et qui confisque ses biens (2).

Ruel, 8 mai 1632. (Merc. franc. XVIII, 1re part., p. 87. — Manuscr. de la Bibliothèque royale, Saint-Germain, fonds français, coté 351.)

Veu par la chambre souveraine establie par le roy à Ruel (3).

---

(1) Le roi de France s'oblige en échange de payer 494,000 écus, dus par le duc de Savoie à celui de Mantoue. Le duc de Savoie s'oblige à fournir passage aux Français, toutes les fois que besoin sera. Ce traité fut annulé par un autre traité secret du même jour, dans lequel il est dit que ce n'est qu'un leurre pour tromper le public, et avoir moyen de tenir secret le traité de Quérasque. V. en 1631. La supercherie alla si loin, que les habitans de Pignerol prêtèrent serment au roi de France, le 11 novembre 1632. — L'acte de prestation se trouve dans le rec. des traités de paix, t. 3, p. 337.

(2) Le plus grand tort du maréchal de Marillac fut d'être ennemi de Richelieu, et partisan de la reine mère. — Il fut arrêté au camp de Folisso, en Piémont, puis transféré en France, à Verdun, où l'instruction de son procès commença par la confrontation qu'on lui fit subir avec quelques prétendus témoins de ses exactions. — La discipline militaire était tellement relâchée à cette époque, dit M. de Saint-Aulaire (Hist. de la Fronde), qu'il n'y avait peut-être pas en France un seul officier supérieur ou subalterne qui eût pu échapper à l'accusation de péculat. — De Verdun, Marillac fut transféré au château de Ruel. Ce fut là que le roi nomma, pour le juger, une commission dont les membres, désignés par Richelieu, étaient, pour la plupart, ennemis personnels de l'accusé et dévoués au pouvoir. — La première séance eut lieu le 15 mars. — Marillac récuse le garde des sceaux Châteauneuf. — Le roi évoque l'incident à son conseil, et rejette la récusation par arrêt du 25 mars. — Nouvelle récusation de Marillac contre plusieurs membres. — Nouvelle évocation, et nouvel arrêt qui ordonne que ses ennemis resteront juges au procès. — Marillac, qui avait servi pendant 40 ans sous Henri IV et Louis XIII, se présenta avec dignité devant ses juges. — Il ne se défendit pas sur les crimes qu'on lui imputait, tant l'accusation lui paraissait extraordinaire : Un homme comme moi, dit-il, accusé de péculat ! — Il parla longuement de ses services, et termina par dire qu'il était résigné à mourir, et qu'il voulait seulement rendre au roi, sans flétrissure, les titres qu'il en avait reçus comme marque de confiance et de fidelité. — Il fut exécuté en place de Grève, le 15 mai 1632; et le garde des sceaux de Marillac, son frère, eut tant de douleur de cet assassinat juridique, qu'il en mourut peu de temps après (le 7 août) à Châteaudun.

(3) Tout dans cette affaire est odieux; le choix même du lieu, qui était a

en Parisis, le procès criminel extraordinairement fait par les commissaires à ce députez, à la requête du procureur général de S. M., à messire Louis de Marillac, Mareschal de France, lieutenant pour le roy, ès pays de Messin, Thoul et Verdun, gouverneur des villes et citadelle dudit Verdun, prisonnier au chasteau dudit Ruel, accusé des crimes de péculat, concussion, levée de deniers, exactions, faussetés et suppositions de quittances, foules et oppressions faites sur les sujets du roy;

Informations faites par lesdits commissaires, suivant les commissions du roy, des 3 et 16 décembre 1630; lettres-patentes du 14 may, et 12 juin et 2 juillet 1631, pour procéder par les commissaires y dénommés à l'instruction et jugement dudit procès en ladite ville de Verdun;

Interrogatoires, réponses, confessions et dénégations dudit de Marillac; procès-verbaux des récollemens et confrontations des tesmoins, extrait des faits justificatifs et de reproches dudit accusé; nominations de tesmoins sur iceux;

Arrêt donné par lesdits commissaires sur la requête dudit procureur général, le 20 octobre suivant, contenant qu'il auroit communication dudit extrait; requête dudit procureur général, du 29 dudit mois d'octobre et 10 novembre suivant, à ce qu'ayant égard que la preuve d'office que ledit accusé prétendoit faire desdits faits justificatifs et de reproches étoit superflue et inutile, parce qu'il vérifieroit le contraire par pièces authentiques : consentoit néantmoins que le fait concernant un nommé Penard fut tenu pour preuve, et que les dépositions faites par le sieur de Vauberous et Gabriel de Langres ne feussent vues, et fut dit que les parties mettroient leurs pièces pardevant le greffe : arrêt du 10 novembre, par lequel ayant égard aux déclarations et consentement dudit procureur général, auroit été ordonné qu'il ne seroit fait preuve de faits contenus en premier et troisième desdits reproches, et sans préjudice des preuves prétendues résulter des pièces produites par ledit procureur général, qu'il seroit procédé à l'examen des tesmoins nommés par ledit accusé sur le fait d'absence par lui allégué;

Arrêt du conseil d'estat, donné à Château-Thierry, le 9 dudit mois de novembre, contenant que toutes les récusations propo-

---

maison de campagne du cardinal de Richelieu. Ruel est célèbre par le souvenir des exécutions que ce ministre y fit faire sans jugement, pour satisfaire ses vengeances.

sées par ledit de Marillac contre aucuns de ses juges seroient portées à S. M. par le greffier, pour, icelles vues, ordonner ce qu'il appartiendroit.

Autre arrêt du conseil d'estat, tenu à Metz, le 22 dudit mois de décembre suivant, par lequel ayant esgard à la déclaration et consentement dudit procureur général, sans s'arrêter aux arrêts dudit Verdun, en ce qui concernoit la preuve dudit fait d'absence, auroit esté ordonné que les parties mettroient ez mains dudit greffier, dans la quinzaine, toutes les pièces dont elles s'entendaient aider;

Requêtes présentées à S. M. par ledit de Marillac, à ce que le délai à lui donné pour produire lui fût prolongé et compulsoire, octroyé pour le recouvrement de toutes pièces : arrêt donné audit conseil, le 27 juillet dernier, contenant prolongation dudit délai de quinze jours et ledit compulsoire octroyé;

Lettres-patentes des 4 et 10 de mars suivant, contenant qu'il seroit procédé par les commissaires y dénommés au jugement dudit procès audit Ruel; arrêts donnés par ladite chambre, les 13 et 16 dudit mois de mars, par lesquels auroit été permis audit de Marillac de se faire assister de conseil, et prendre un solliciteur tel et ainsi que bon lui sembleroit;

Autre arrêt du 20 dudit mois de mars et 19 avril suivant, par lesquels auroit esté ordonné qu'il seroit procédé à la vérification des escriptures et signatures dudit de Marillac, et autres produites par ledit procureur général par experts dont les parties conviendroient;

Arrêt du 26 dudit mois de mars, contenant nomination faite d'office desdits experts, sur le refus desdites parties d'en nommer : procès-verbaux de vérification desdites escriptures et signatures, des 24 et 26 dudit mois de mars et 23 dudit mois d'avril;

Promesses faites par ledit de Marillac à Jacques Drouart, prétendu munitionnaire en l'armée de Champagne, des 20 mars et 1ᵉʳ juin 1625, par lesquelles il auroit promis audit Drouart de le dédommager et indemniser de tout risque qu'il pourroit encourir à cause des deux contrats qu'il avoit passés, touchant le pain de munition, et des quittances par lui signées pour la réception des deniers ordonnés pour le payement dudit pain, attendu que ledit Drouart n'avoit reçu iceux et ne faisoit que prêter son nom : arrêt du 19 dudit mois d'avril, contenant que les promesses et autres pièces énoncées en icelui seroient représentées audit de

Marillac, pour être par lui reconnues, et en cas de dénégation, permis audit procureur général de faire procéder à la vérification d'icelles par tesmoins et experts : procès-verbal desdits commissaires dudit jour, contenant le refus fait par ledit de Marillac, de reconnoître l'escripture et signature desdites promesses et autres pièces à lui représentées ;

Arrêt du 29 dudit mois d'avril, donné sur la requête dudit de Marillac, par lequel ayant égard à sa déclaration qu'il consentoit que les cinq signatures de Louis de Marillac, apposées aux deux promesses d'indemnité par lui faites audit Drouart, les 11 de mars et 1er juin 1625, et des trois missives des 6 de juillet et 6 mai 1630, feussent tenues pour bien reconnues, auroit esté ordonné que ladite requête seroit mise au sac ;

Productions tant dudit procureur général que dudit accusé : requête dudit de Marillac, du présent mois de mai, à ce qu'il fût reçu à faire preuve des prétendus faits de justification y mentionnes, et au toisé des murailles et autres ouvrages de fortification faits en ladite citadelle de Verdun, mises au sac.

Requête dudit procureur général, dudit 4 du présent mois de mai, à ce que les pièces y jointes feussent reçues ; lesdites requêtes et pièces mises au sac : autres requêtes dudit accusé, du 17 dudit mois d'avril et 7 dudit présent mois de mai, avec ses escriptures : motif de droit et autres pièces jointes ; aussi mises au sac. Conclusions dudit procureur général, ledit accusé ouy et interrogé sur la sellette et tout considéré :

Ladite chambre a déclaré et déclare ledit de Marillac atteint et convaincu desdits crimes de péculat, concussions, levée de deniers, exactions, fausseté et suppositions de quittances, foules et oppressions par lui faites sur les sujets du roy, pour réparation desquels elle l'a privé et prive de tous honneurs, états et dignités, et l'a condamné et condamne à avoir, par l'exécuteur de la haute justice, la tête tranchée sur un échafaud, qui, pour cet effet, sera dressé en la place de Grève de la ville de Paris : ordonne que les terres, fiefs et domaines qu'il tient de S. M., demeurent réunis à la couronne ; le surplus de tous ses droits acquis et confisqués au roy, sur lesquels sera préalablement prise la somme de 100,000 liv. pour estre employée à la restitution des deniers, et autres choses par lui exigées sur les communautés et autres particuliers.

Fait en ladite chambre, à Ruel, etc. ; signé de Laubespine,

garde des sceaux de France; de Jugé et de Bretagne, rapporteurs.

N° 215. — DÉCLARATION *par laquelle l'électeur de Trèves met en personne et ses états sous la protection du roi de France* (1).

Coblentz, 12 juin 1632. (Frédér.-Léonard, t. III, p. 17. — Rec. des traités de paix, t. 3, p. 325.)

N° 216. — TRAITÉ *entre la France et le duc de Lorraine (Charles III), aux termes duquel les villes et les châteaux et forts de Stenai et Jametz demeurent en dépôt entre les mains du roi de France pour quatre ans, et qui lui abandonne le comté de Clermont, en Auvergne, en pleine propriété et souveraineté.*

Liverdun, 26 juin 1632. (Frédér. Léon, t. III. — Rec. des traités de paix, t. 3, p. 336.)

N° 217. — LETTRES-PATENTES *qui établissent un couvent de frères prêcheurs au faubourg St.-Germain, à Paris.*

Pont-à-Mousson, juillet 1632. Reg. le 4 août. (Vol. EEE, f° 27.)

N° 218. — DÉCLARATION *sur la réduction des portions congrues en faveur des ecclésiastiques* (2).

Fontainebleau, 17 août 1632; reg. au grand conseil le 23 mars 1633, sur lettres de justice. (Joly, I add. 322. Mém. clergé, II, 315.)

Louis, etc. Sur les plaintes qui nous ont été faites ci-devant par les prélats et ecclésiastiques de cettui notre royaume, depuis continuées par les agens généraux du clergé, que par nos dernières ordonnances publiées, nous séant en notre cour de parlement, au mois de janvier 1629, il y a plusieurs articles préjudiciables à l'ordre ecclésiastique, qui ne se peuvent exécuter

---

(1) L'électeur reconnaît le roi de France pour son *seigneur*, et lui livre ses plus fortes places; le motif de cet acte est qu'il pense ne pouvoir se garantir des guerres qui éclatent fréquemment entre la France, l'Allemagne et l'Espagne. — L'exécution de cet acte a été réglée par des articles arrêtés entre les mêmes souverains (sans date) (Fréd. Léon, t. 3, p. 28. — Rec. des trait. de paix, tom. 3, p. 533). L'électeur de Trèves y prend un langage suppliant envers le roi, et le prie de faire partir ses troupes de l'électorat, à cause de la pauvreté de ses habitans.

(2) V. l'art. 13 de la grande ord. de 1629. Depuis la loi de 1790, les ecclésiastiques reçoivent un traitement en argent.

qu'avec beaucoup de difficultés et changement des choses établies dès long-temps par nos provisions, comme ils nous ont fait entendre par le menu, par leurs remontrances, tant verbales que par écrit. Après nous avoir fait représenter le cahier de nosdites ordonnances, et mûrement considéré tous les articles qui concernent les ecclésiastiques; que c'est du 13°, touchant la réduction des portions congrues à trois cents livres, dont ils se plaignent le plus : désirans traiter iceux ecclésiastiques le plus favorablement que faire se pourra, avons, de notre grace, pleine puissance et autorité royale, statué et ordonné, statuons et ordonnons, que la réduction faite des portions congrues à trois cents livres, aura lieu en nos provinces de deçà la rivière de Loire; et pour les diocèses de Bretagne et provinces de deçà la rivière de Loire, à deux cents livres seulement, comprenant dans lesdites portions les petites dixmes, le fonds des cures, les fondations des obits, et autres revenus ordinaires; et à la charge aussi qu'ès lieux où de tout temps et ancienneté il y a portion de dixmes et revenus entre les évêques, chapitres, abbés, prieurs, et lesdits curés ou vicaires perpétuels desdites cures, iceux curés et vicaires seront tenus de se contenter de leursdits anciens partages.

Si donnons, etc.

N° 219. — DÉCLARATION qui abolit le duché de Montmorency, et ordonne de faire le procès au titulaire (1).

Cosne, 23 août 1632; reg. au fort de Toulouse le 1er septembre. (Merc. franç., t. 18, p. 549.)

N° 220. — ARTICLES de paix accordés par le roi de France à Gaston, duc d'Orléans (2).

Béziers, 1er octobre 1632. (Merc. fr., t. 18, p. 774. Rec. des traités de paix, t. 3, p. 337.)

---

(1) V. ci-après 30 octobre, arrêt qui le condamne à mort.
(2) Toutes les espérances de Gaston s'étaient évanouies par la prise du duc de Montmorency son allié, au combat de Castelnaudary. Dès lors il ne songea plus qu'à faire sa paix avec le roi. Il est juste de dire qu'il demanda la grâce de Montmorency et de tous ceux qui avaient suivi sa fortune. Ces demandes furent portées au roi par un de ses officiers, le 13 septembre 1632, avec prières à Richelieu de s'employer auprès du roi pour leur acceptation. Mais le roi refusa sèchement. Toutes les villes qui tenaient encore pour Gaston l'abandonnèrent. — Un arrêt du parlement de Toulouse, du 15 septembre, confisqua les biens d'un grand nombre de ses partisans et du duc de Montmorency. Il fallut bien alors

N° 221. — *Édit portant que les Hollandais ne sont point sujets au droit d'aubaine en France* (1).

Toulouse, octobre 1632; reg. le 10 mars 1634. (Vol. EEE, f° 118.)

N° 222. — *Arrêt du parlement de Toulouse, qui condamne à mort Henri, duc de Montmorency, comme coupable du crime de haute-trahison* (2).

Toulouse, 30 octobre 1632. (Merc. franç., XVIII, 2e part., p. 581. — Manuscr. de la bibl. royale, supplém. français, coté 350-8.)

Louis, par la grâce de Dieu, roi de France et de Navarre; aujourd'hui 30° jour d'octobre 1632, en la grand'chambre, icelle et

se soumettre. — Les articles de paix furent rédigés par Richelieu, qui n'épargna pas les humiliations au prince déchu. — Gaston accepta les articles de paix en ces termes :

« Nous Gaston, fils de France, consentons au contenu de tout ce que dessus, et promettons en parole et foi de prince d'exécuter si religieusement, que nous n'y contreviendrons en aucune façon. Nous promettons en outre de conspirer de tout notre pouvoir à tous les bons desseins que le roi a pour le bien et la grandeur de son état; et de plus, aimer tous ceux qui servent Sa Majesté, et particulièrement notre cousin le cardinal de Richelieu, que nous avons toujours estimé pour sa fidélité à la personne et aux intérêts du roi et de l'état. »

(1) Sur le droit d'aubaine, v. le *Répert. de Jurisp.*, hoc. v°, et le Code des aubains, par Gachon.

(2) Le duc de Montmorency s'était joint au parti de Gaston, duc d'Orléans; mais on lui suppose des vues d'ambition personnelle; et il est certain que la noblesse de France, peu confiante dans l'habileté de Gaston, considérait le duc comme le dernier soutien de son autorité. — Gaston était rentré en France vers le mois de juin 1632, à la tête d'une faible armée, qu'aucun mécontent n'était venu grossir. Après avoir lancé dans le public un manifeste violent contre le cardinal de Richelieu, il pénétra dans le Languedoc. — Le prince et le maréchal se réunirent à Lunel le 30 juillet; ils marchaient au secours de Saint-Félix de Carmain, assiégé par le cardinal en personne, quand ils rencontrèrent l'armée du roi, près de Castelnaudary. Le combat fut sanglant. Le duc de Montmorency fut pris et conduit à Toulouse. Gaston se réfugia dans Mézière et se soumit. — On agita dans le conseil du roi la question de savoir si on ferait le procès au duc. Richelieu se prononça pour l'affirmative, et il l'emporta, car personne n'osa être d'un avis contraire. Un premier arrêt du 15 septembre, mit tous les biens du duc sous le séquestre. — Le duc fut interrogé le 27 octobre par deux conseillers du parlement. Il ne déclina point la compétence de la cour, avoua tout, et protesta de son repentir; le lendemain il fut confronté avec les témoins. Tout ce qu'il y avait à la cour de puissant et de considéré, demanda sa grâce, et la discontinuation du procès; mais en vain, Richelieu fut inflexible, il y eut même un rassemblement devant le palais du roi. — Les cris de grâce se firent entendre : « Si je suivais les inclinations du peuple, je n'agirais pas en roi,

les autres chambres y assemblées, présens, Mgr. de Chasteauneuf, garde des sceaux, MM. de Bertier-Montrabe, premier président, Caminade, Desplus de Fieulx et de Garrand, présidens, six maîtres des requestes ordinaires de l'hostel, Maussac, Doyen, et le reste des conseillers des chambres assemblées,

Veu par la cour, les chambres assemblées, le procez criminel extraordinairement faict par les conseillers et commissaires à ce commis et députez par les lettres-patentes du roy du 23° aoust dernier, registrées ès registres de ladite cour, le 25° dudit mois d'octobre, à la requeste du procureur-général du roy, contre messire Henry de Montmorency, chevallier des ordres du roy, pair et mareschal de France, gouverneur du pays de Languedoc, prisonnier dans la maison commune de la présente ville de Thoulouze, à cause du crime de lèze-majesté,

Les charges et informations, interrogatoires, responses, confessions, dénégations, confrontations de tesmoings, objects et reproches, original de la délibération tenue en l'assemblée des estats dudit pays de Languedoc, en datte du 22° juillet dernier, signée d'Albance, évesque d'Alby, président; Jean, évesque de Lodève, et plusieurs autres diocésains dudit pays, ensemble dudit de Montmorency;

Quatre commissions concernant les impositions dudit diocèze de Beziers, signées Montmorency, et plus bas, par Mgr. le commissaire principal, Guillemins, datées du 26 dudit mois de juillet; ledit Guillemins, greffier, pour le roy auxdits estats de Languedoc, des 4 aoust et 27 septembre dernier;

Ordonnance ou mandement faict au lieu de Chaussez, de fournir vivres et estapes nécessaires pour la levée d'une compagnie de cent hommes de pied du sieur de Forguac, dudit jour 26 juillet dernier, signé Montmorency, et contresigné par Monseigneur Hureau;

---

dit Louis XIII au maréchal de Chatillon, qui le suppliait d'avoir égard à ces prières. » — La condamnation était si certaine, que le roi permit au duc de faire son testament, et lui donna un confesseur. — Nonobstant la disposition de l'arrêt, il fut exécuté hors la vue du public, dans la cour de l'hôtel-de-ville. Il n'avait que 38 ans. Il était regardé comme le plus aimable et le plus brave seigneur du royaume. — Par la mort du maréchal de Montmorency, la pairie dont il était le titulaire, se trouva éteinte. Elle fut transférée par lettres de mars 1633 au prince de Condé, beau-frère du maréchal. Cette pairie se trouve, d'après la liste du 4 juin 1814, et les extinctions qui ont eu lieu depuis cette époque, la 28 des pairies actuelles. — Les Montmorency actuels ne sont plus descendans directs des premiers barons chrétiens.

Trois lettres missives escrites à Mgr. le comte d'Alby, l'autre à l'évesque d'Alby, et l'autre au sieur de Montbrun, signées aussi de Montmorency, et par lui recognues;

Lettres-patentes du roi données à Cosne le 3e d'aoust dernier, par lesquelles le roy déclare ledit duc de Montmorency criminel de lèse-majesté, descheu de toutes grades, honneurs, la duché de Montmorency esteinte et réunie à la couronne, et toutes et chcune ses autres terres et seigneuries et biens, meubles et immeubles acquis et confisqués à sadite Majesté; et que le procez lui sera fait et parfait par la cour, à laquelle, en tant que besoin seroit, le roy en attribue jurisdiction et cognoissance, et icelle interdite à toutes autres cours, nonobstant le privilège de pairie ou autres qu'on pourroit alléguer;

Arrest donné sur la vérification et registre desdites lettres-patentes du 1er septembre dernier;

Inventaire des productions avec le dire et conclusions du procureur du roy; ouy et interrogé par ladite cour ledit prévenu sur les cas et crimes à luy imposez;

Dit a esté que la cour, les chambres assemblées, a déclaré et déclare le procez estre en estat de juger deffinitivement sans enquérir de la vérité des objects et reproches, ledit de Montmorency atteint et convaincu de crime de lèse-majesté au premier chef, pour réparation duquel, suivant lesdites lettres-patentes du roy données à Cosne ledit jour 23e aoust dernier, et arrest de la cour donné sur le registre d'icelle le 1er jour de septembre aussi dernier, l'a privé et prive de tous estats, honneurs et dignitez, et l'a condamné et condamne à estre livré ès mains de la haute justice qui lui tranchera la teste sur un échaffault qui, à cet effet, sera dressé en la place du Salin, et a déclaré et déclare les terres de Montmorency et d'Amville, privées à jamais du nom et tiltre de duché et pairie; icelles terres, ensemble ses autres terres et seigneuries, immédiatement tenues du roy, réunyes au domaine de la couronne, et tous et chacun ses autres biens, meubles et immeubles, et généralement quelconques, en quel lieu qu'ils soient situés et assis, acquis et confisqués au roy.

Et plus bas,

Prononcé ledit jour audit de Montmorency par les conseillers et commissaires à ce députés, et exécuté dans la maison de ville, suivant autre arrest donné conformément aux lettres-patentes du roy.

---

(1) Ces lettres sans date qui se trouvent à la suite de l'arrêt portent que cedit

N° 223. — Édit *pour l'établissement du parlement de Metz* (1).

Saint-Germain-en-Laye, janvier 1633; publ. au sceau le 15. (Joly, I, add., 225. — Merc. franç., 18, 248. — Hist. chancell., I, 352.)

N° 224. — Arrêt *du parlement de Dijon, qui condamne à mort, pour crime de haute-trahison, les ducs d'Elbœuf, de Montpensier et de Goulas* (2).

Dijon, 14 janvier 1633. (Merc. franç., XIX, 1e. part., p. 47.)

N° 225. — Arrêt *du parlement de Paris, portant défense d'exécuter les condamnés ailleurs qu'en places publiques* (3).

Paris, 19 janvier 1633. (Archiv.)

N° 226. — Traité *d'alliance entre la France et l'électeur de Brandebourg* (4).

Dresde, 26 février 1633. (Fréd.-Léonard, t. 3, p. 239.)

N° 227. — Traité *entre la France et le duc de Saxe* (5).

Dresde, 26 février 1633. (Fréd.-Léonard, t. 3. — Rec. des traités de paix, t. 3, p. 240.)

---

aux prières qui lui ont été faites, le roi veut bien ne pas user de la sévérité méritée par le duc de Montmorency ; en conséquence, il enjoint au parlement de le faire exécuter dans sa prison et non en la place du Salin comme l'arrêt le portait.

(1) C'est le 10e dans l'ordre d'ancienneté. V. note sur l'édit de mars 1553. Metz est aujourd'hui le siège d'une cour d'appel.

(2) Ils avaient suivi Gaston duc d'Orléans hors de France. V. déclaration du 30 mars 1631. Gaston n'avait pu obtenir leur grâce, en acceptant la paix proposée par Richelieu. Ils ne furent exécutés que par effigie. — Par autre arrêt du chapitre de l'ordre du Saint-Esprit, présidé par le roi, les condamnés furent dégradés ; la cérémonie de la dégradation eut lieu à Notre-Dame, en présence des cardinaux et de la noblesse. — V. à la date du 30 octobre 1632 l'arrêt de condamnation du duc de Montmorency.

(3) V. les remontrances faites par le parlement en novembre 1631, et la note. Nous n'avons pas trouvé le texte de cet arrêt.

(4) Encore un allié que le cardinal de Richelieu enlevait à l'Allemagne.

(5) Ce traité a le même objet que tous ceux qui précèdent, celui de renverser la maison d'Autriche, et de maintenir dans leur intégrité les petits états qui l'entourent. — Ces traités furent combinés avec celui que le roi de Suède conclut à la même époque avec la noblesse d'Allemagne, après avoir vaincu l'Autriche et l'Espagne dans plusieurs combats.

N° 228. — **Lettres-patentes** *portant don des biens confisqués sur Henri, duc de Montmorency, par arrêt du parlement de Toulouse du 30 octobre 1632, aux héritiers de Montmorency, épouses de Ventadour, de Condé et d'Angoulême* (1).

Paris, mars 1633; reg. au parl. le 9, et en la chambre des comptes le 11. (Ord. de Louis XIII, f° 6, coté 5, E, f° 105. — Merc. franç., XVIII, p. 978.)

N° 229. — **Déclaration** *sur les visites des caves, par les employés des aides* (2).

Paris, 27 mars 1633. (Rec. cour des aides.)

Louis, etc.... Bien que nous ayons, par le bail de la ferme générale des aydes, registré où besoin a été, réglé la perception des droits d'icelle, tant sur les marchands de vin, hôteliers et cabaretiers, qu'autres vendant vin à pots et sans assiette de notre ville de Paris et faubourgs d'icelle, au sujet du règlement porté par ledit bail, avec M° Mathieu Brabant, adjudicataire général desdites aydes et notre amé et féal conseiller et secrétaire de notre maison et couronne de France, et de nos finances M° Étienne Brioys ayant les droits cédés dudit Brabant;

Nous aurions, après avoir vu ledit bail, les pièces produites de part et d'autre et que lesdites parties ont été ouyes par leurs bouches pardevant les sieurs commissaires à ce députés, qui nous ont rapporté leur différend, fait un règlement pour l'accélération du payement de nos droits et soulagement de nos sujets, selon et ainsi qu'il est porté par l'arrêt de nostredit conseil dont l'extrait est cy attaché sous le contre-scel de notre chancellerie, afin d'être suivi, gardé et observé pour tout le temps dudit bail qui a commencé le 1er avril 1632.

A ces causes savoir faisons que conformément à notredit arrêt nous avons dit et déclaré, disons, déclarons, voulons et nous plaît, par ces présentes signées de notre main.

(1) Qu'en chacune visite que feront les clercs commissaires des caves ou commis ayant serment à justice, ils bailleront copies de leurs inventaires et procès-verbaux aux hôteliers, cabaretiers et

---

(1) Le code pénal de 1810 qui admettait la confiscation, donnait aussi au gouvernement la faculté de rendre tout ou partie aux héritiers. — V. ci-devant 30 octobre 1632, l'arrêt de condamnation du duc de Montmorency.

(2) Le droit de visite, tout odieux qu'il est, est consacré par la législation nouvelle, et les procès-verbaux font foi. Voy. loi du 28 avril 1816. De là vient la dénomination de *rats de cave*.

autres vendant vins, lesquels ils interpelleront de signer, et en cas qu'ils ne savent signer ou qu'ils soient refusans de ce faire, sera la cause du refus insérée dans lesdits inventaires et procès-verbaux; et pourront lesdits hôtelliers, cabaretiers et autres vendant vins, appeler un élu, notaire ou sergent pour être présens auxdits procès-verbaux de visite auxquels nous voulons foy être adjoutée, sauf l'inscription en faux, tout ainsi que s'ils avaient été faits par l'un des élus et sur iceux pourra et avons permis et permettons audit Brabant et à ceux ayant ses droits cédés, de delivrer les contraintes que nous voulons être signées par l'un desdits élus sans aucuns frais et sans délai, autrement et en cas de refus de ce faire, ne délaisseront lesdites contraintes d'être executées par provision, nonobstant oppositions ou appellations quelconques et sans préjudice d'icelles ordonnances:

(2) En outre qu'après que, sur la dénonciation des hôtelliers, cabaretiers et autres vendant vin qui aura été faite au bureau de ladite ferme, lesdits clercs commissaires des caves ou commis ayant serment à justice, auront déchargé leurs inventaires et registres de la quantité de vins qui se seront trouvez gastez et non propres à entrer au corps humain, que lesdits hôtelliers, cabaretiers et autres vendant vin ne puissent être contraints payer aucune chose audit fermier pour lesdits vins gastez.

(3) Et pour faire cesser les procès et différents qui arrivent entre ledit fermier et ceux qui vendent vin en détail, nous voulons que pour le vin qui sera débité à pots et sans assiette, il soit payé au fermier quatre livres seulement pour chacun muid et pour le regard du vin qui sera vendu en assiette, hôtellerie ou cabaret, qu'il lui sera payé cent sols pour chacun muid:

(4) Entendons néantmoins que lesdits marchands de vin et bourgeois puissent donner le couvert et admettre dans leurs caves, bouges ou celliers ceux qui voudront boire en passant, sans qu'il leur soit loisible de donner pain, viande ni même avoir aucunes tables pour asseoir, dont sera fait rapport par les clercs commissaires des caves ou commis ayant serment à justice, aux procès-verbaux desquels foy sera ajoutée jusqu'à inscription de faux.

Si donnons, etc...

N° 230. — DÉCLARATION *qui crée des banquiers ecclésiastiques, en titre d'office, dans plusieurs villes* (1).

Chantilly, 25 avril 1633; publ. au sceau le 22 juin. (Abrégé des Mémoires du clergé, tom. X, p. 1478.)

N° 231. — ÉDIT *de création de chevaliers du guet, exempts, archers, etc.* (2).

Fontainebleau, mai 1633; reg. à la ch. des compt. le 22 juin, et au grand conseil le dernier septembre. (Traité de la pol., I, 242.)

N° 232. — DÉCLARATION *portant pouvoir aux huissiers et sergens d'instrumenter partout le royaume* (3).

Chantilly, 17 juillet 1633; publ. au sceau le 27 avril 1834. (Blanchard, 1605.)

N° 233. — ARRÊT *du parlement de Paris, qui donne commission au procureur général de saisir le duché de Bar sur le duc de Lorraine* (4).

Paris, 30 juillet 1633. (Merc. fr., t. XIX, p. 111, 1re part.)

N. 234. — ÉDIT *de création de deux offices d'intendans et ordonnateurs des bâtimens royaux du Louvre, de l'hôtel de Bourbon, des Tuileries et autres, à trente lieues à la ronde, excepté Fontainebleau* (5).

Bar, août 1633; reg. en la ch. des compt. le 25 octobre. (Ordonn. des comptes, bibl. du conseil d'état, tom. V.)

---

(1) Voy. ci-devant édit de Henri II, juin 1550, et ci-après, édit de novembre 1637; de Louis XIV, octobre 1646, mars 1673, 30 janvier 1675, janvier 1690, septembre 1691, juin et juillet 1703, 9 octobre 1712, juin et octobre 1713, et 3 août 1718.

(2) Supprimés par édit de Louis XIV, d'août 1660. V. ci-devant ordonn. du roi Jean, 6 mars 1365; de Charles VIII, 10 avril 1491; de François Ier, janvier 1539.

(3) Conformément à l'édit de janvier 1586. — Il n'y a que les huissiers à la Cour de cassation qui aient aujourd'hui ce droit.

(4) Cet arrêt est fondé sur ce que, au mépris de l'usage immémorial, le duc de Lorraine (Charles III) avait refusé de rendre hommage au roi pour le duché de Bar. Le duc se soumit d'abord, puis ensuite il assembla des troupes, une guerre s'ensuivit, et le traité du 6 septembre la termina. (V. ci-après à la date du 17 décembre.)

(5) Une déclaration du mois de décembre créa deux contrôleurs généraux alternatifs des bâtimens et manufactures.

N° 235. — LETTRES-PATENTES *portant règlement pour l'établissement d'une congrégation sur le mont Valérien* (1).

Août 1633 (Blanchard, 1606.)

N° 236. — TRAITÉ *entre la France et la Suède (Christine Regisant), et les princes et villes confédérées de l'Allemagne* (2).

5 octobre 1633. (Recueil de Traités, t. 3.)

N° 237. — TRAITÉ *d'alliance entre la France et les princes et états protestans des cercles et provinces électorales de Franconie, de Souabe et du Rhin.*

Francfort-sur-le-Mein, 15 septembre 1633. (Fréd. Léon, t. 3. — Rec. des Trait. dép., t. 3, p. 547.)

N° 238. — ARRÊT *du parlement de Metz, qui condamne François Alpheston à être rompu et brûlé vif, comme convaincu d'avoir conspiré contre la vie du cardinal de Richelieu* (3).

Metz, 23 septembre 1632. (Merc. fr., t. 19, 1re part., p. 191.)

N° 239. — LETTRES-PATENTES *pour l'achèvement de la clôture de Paris et l'adjonction des faubourgs Saint-Honoré, Montmartre et Ville-Neuve* (4).

Paris, 23 novembre 1633; reg. le 5 juillet 1634. (Vol. EEE, f° 319. — Merc. franç., 20, 718. — Delamarre, Traité de la police, tom. 1er p. 85.)

---

(1) On présume que ce mont avait très anciennement servi à la célébration du culte des Gaulois. La congrégation établie par Louis XIII fut supprimée par le décret du 5 avril 1792. — Les lazaristes ayant été rétablis en France par ordonnance du 3 février 1816, formèrent une congrégation au mont Valérien, qui leur fut donné pour 60 ans par une ordonnance royale du 13 septembre 1822. — Cette ordonnance est illégale, puisque le mont Valérien étant un bien domanial, ne pouvait être aliéné qu'en vertu d'une loi. — V. ci-devant, en 1627, l'établissement de la congrégation des missions dite de saint Lazare.

(2) Gustave-Adolphe était mort à la bataille de Lutzen au sein de ses triomphes. Ce traité est la suite et la conséquence de celui qu'il avait conclu lui-même avec la France le 15 janvier 1631. Le chancelier Oxenstiern était demeuré ministre de la fille de Gustave (reine de Suède) et avait été nommé directeur de la confédération allemande.

(3) Il fut exécuté, après avoir, en vertu d'une disposition de l'arrêt, été appliqué à la question ordinaire et extraordinaire, afin d'avoir les noms de ses complices; il en désigna quelques-uns en effet, qui furent poursuivis et condamnés par contumace.

(4) C'est l'approbation de plusieurs articles arrêtés au conseil du roi avec un particulier, pour la clôture de l'enceinte de Paris. Ces articles portaient :
« Qu'il feroit achever la construction des murs, pour renfermer dans la ville
« les faubourgs Saint-Honoré, Montmartre et la ville neuve, à commencer

N° 240. — DÉCLARATION *sur le crime de péculat* (1).

St-Germain-en-Laye, 26 novembre 1633; reg. au parl. le dernier juillet 1634.
(Vol. EEE, f° 342.)

Louis, etc... Nos officiers comptables nous ayant fait remontrer qu'encore que par les anciennes ordonnances de ce royaume, déclarations et réglemens faits en conséquence d'icelles sur le fait de nos finances il ait été suffisamment pourvu à la sûreté de nos deniers contre ceux qui en auraient le maniement en cas d'infraction des formes prescrites par lesdites ordonnances ou en cas d'abus et malversation, par l'establissement du crime de pé-

---

« par la nouvelle porte Saint-Honoré, que Pidou avoit fait construire au bout
« du fauxbourg Montmartre, et l'autre qui seroit nommée de Richelieu, au
« bout d'une rue neuve qui seroit faite, à commencer de la rue des Petits-
« Champs, au travers des anciens remparts, et contrescarpe, pour aller rendre
« au chemin qui conduit au derrière de la ville l'Evêque; Qu'il seroit tenu de
« faire abbattre et démolir les anciennes portes, murailles et remparts, faire
« combler les anciens fossez, depuis la grande galerie du Louvre jusqu'à la
« porte Saint-Denys, et s'obligeroit de rendre tous ces ouvrages faits dans deux
« ans. En contrechange de tous ces ouvrages que Froger s'obligeoit de faire, il
« lui fut donné toutes les places des remparts, fossez, contrescarpes et dehors
« dans toute cette estendue, les places des anciennes portes Saint-Honoré et
« Montmartre, et généralement toutes les terres qui appartenoient à sa majesté
« et au public, même celles où se tenoit lors le marché aux chevaux, pour y
« faire bastir et construire des rues et places, suivant les alignemens qui luy
« seroient donnez. Il lui estoit permis de faire bastir dans cette nouvelle en-
« ceinte des halles, marchez, boucheries et poissonneries; même pour débar-
« rasser la halle au bled, et remédier aux inconveniens que la trop grande af-
« fluence des chariots, charrettes et chevaux, y causoient journellement; il luy
« fut permis d'en faire construire une au fauxbourg Saint-Germain, pour tous
« les bleds qui seroient amenez du costé de la Beausse. Il fut ordonné que le
« marché aux chevaux et autres bestiaux, qui se tenoit alors près la porte St.-
« Honoré, seroit transféré en un autre lieu moins incommode, afin de laisser
« cet endroit libre pour y bastir, et aux autres places qui sont proches; et par
« ce moyen embellir la ville, par les beaux édifices qui s'y pourroient faire. Il
« fut permis de prendre toutes les terres des particuliers comprises dans le des-
« sin, en les récompensant sur le pied du quarantième denier, si mieux n'ai-
« maient les propriétaires recevoir le prix porté par leur dernier contrat. Il fut
« aussi stipulé, qu'en cas que dans la suite, le démolissement de la butte qui
« estoit au derrière du fauxbourg Saint-Honoré, au dedans de cette nouvelle
« enceinte se fist, Sa Majesté permettait à Froger de transférer les moulins
« qui estoient alors sur cette butte, et de les faire rebastir sur les bastions de
« la nouvelle closture. » — Sur l'enceinte de Paris V. l'edit de Henri II, novembre 1548.

(1) V. à sa date édit de François 1er du 1er mars 1545, et ci-devant la grande ordonn. de 1629, art. 39 et suiv. V. ci-après déclaration de Louis XIV, 5 mai 1690 et 3 juin 1701. V. le Code pénal de 1810, art. 254, 255, 256 et 404.

culat, néantmoins, au préjudice de ce, par les ordonnances nouvellement faites en l'année 1629, ledit crime de péculat a été estendu en plusieurs cas esquels par lesdites anciennes ordonnances il n'échet pas seulement des amendes en la plus part d'iceux : comme aussi on a establi par icelles de nouvelles formes dont l'observation est impossible et inutile à nostre service et qui ne tendent qu'à des longueurs et vexations, et toutefois il a été ordonné par lesdites ordonnances de 1629, que ceux qui ne les observeront seront atteints dudit crime de péculat; la rigueur desquelles a donné sujet à la plus part de nos anciens officiers, pour n'être pas journellement exposés audit crime de péculat, de se retirer de l'administration et maniement de nosdites finances; et à leur imitation ceux qui sont à présent pourvus desdites charges, méditent semblable retraite par les mêmes craintes et considérations, s'il ne nous plaît pourveoir à la sureté de ceux de nosdits officiers comptables qui veulent exercer leurs charges avec honneur, et faire punir ceux qui contreviendront auxdites anciennes ordonnances, selon la rigueur d'icelles, et pour cet effet régler et réduire lesdites ordonnances de 1629 à celles qui ont été jusques ici observées et pratiquées en ce royaume, retrancher et même réformer les formes inutiles et prescrites par icelles :

A ces causes, après avoir fait voir en notre conseil lesdites anciennes ordonnances même celle du 1er mars 1545 registrée tant en notre cour de parlement que chambre des comptes, les déclarations et réglemens intervenus en conséquence d'icelle et les articles desdites ordonnances de 1629, concernant tant l'administration et maniement desdites finances que ledit crime de péculat.

De l'avis d'icelui et de notre certaine science, pleine puissance et autorité royale, nous avons dit et déclaré, disons et déclarons par ces présentes signées de notre main, voulons et nous plaît ledit crime de péculat ne pouvoir être expliqué et entendu que ès cas portez par les ordonnances précédentes celles de l'an 1629 : et sur le retranchement des formes nouvellement établies par lesdites ordonnances de 1629, qu'il y soit pourvu par un bon et ample réglement que nous ferons arrêter en notredit conseil pour la sure administration de nosdites finances, et en attendant nous ordonnons qu'il en sera usé conformément auxdites ordonnances précédentes et nonobstant celles de ladite année 1629, que nous ne voulons avoir lieu pour ce regard seulement, ni que nosdits officiers en puissent avoir encouru aucunes peines tant pour le passé que pour l'avenir, dont nous les avons dechargez et déchargeons par cesdites présentes, attendu le retardement qu'elles apportent journellement à nos affaires et service.

Si donnons, etc...

N° 241. — Édit d'institution, à Bicêtre, d'un établissement pour l'entretien des soldats invalides, sous le titre de Commanderie de Saint-Louis.(1).

St-Germain-en-Laye, novembre 1633; reg. au grand conseil le 29 décembre.
(Abrégé des mém. du clergé, IV, 1986.)

Louis, etc. Comme ainsi soit qu'un des principaux fondemens des grands états, soit appuyé sur la force et sur les armes, et que les rois soient nécessairement obligés à l'entretennement des gens de guerre, pour conserver la paix et le repos dans leurs états, et empêcher les entreprises des princes étrangers : il n'y a aussi rien qu'ils doivent avoir en plus singulière recommandation, que de traiter avantageusement ceux qui sont comme les instrumens d'un si grand bien, non seulement en départissant avec jugement les charges, les honneurs et les récompenses; mais aussi en soulageant la misère d'une infinité de soldats qui ont répandu généreusement leur sang pour le service de leur prince. Les priviléges accordés par les rois nos prédécesseurs, à ceux qui ont suivi la profession des armes, sont une marque très-certaine de cette vérité; mais leur piété et leur justice ont paru, lorsqu'ils ont appliqué leur soin à adoucir la misère de ceux que le sort de la guerre a rendus incapables, non seulement de continuer le service qu'ils avoient voué à leur patrie, mais même de faire la moindre fonction qui les puisse garantir de la nécessité; l'ancien établissement des religieux lais dans les abbayes de notre royaume, a été saintement fait et observé durant plusieurs siècles, mais le temps qui altère toutes choses, ayant du tout corrompu cette sainte institution, l'a rendue du tout inutile et sans aucun soulagement pour le public : car ou ceux qui obtiennent ces places de religieux dans les abbayes, ne sont pas de la qualité requise par l'institution, ou les abbés mêmes supposent de leurs domestiques, qu'ils récompensent de ce bien destiné à

---

(1) V. ci-devant ordonn. de Henri III, 4 mars 1578 et février 1585; de Henri IV, juillet 1604. —V. ci-après déclaration de Louis XIV, janvier 1670 et édit d'avril 1674, qui fonde l'hôtel royal des Invalides.

tout autre usage, ou les soldats qui légitimement sont pourvus de ces places, en composent, pour n'être obligés à la résidence, et pour avoir la liberté de vaguer et demander leur vie : ce qui est injurieux à nous et au public, et honteux à eux-mêmes; et bien que cette institution soit en quelque chose usitée, et peut, étant bien observée, apporter du soulagement à ce mal, il semble néanmoins très juste, que ceux qui ont rendu des preuves de leur valeur par leurs services, qu'il leur reste avec un médiocre entretien pour la vie, quelque marque d'honneur, y ayant de la dureté de les voir réduits par leurs bonnes actions, dans une misérable condition; et passer ce qui leur reste de la vie avec des personnes misérables et sans honneur.

A ces causes, considérant la nécessité qu'il y a de remédier à l'un et à l'autre de ces maux; après avoir fait examiner les divers mémoires qui nous ont été proposés : nous, de l'avis des princes et principaux seigneurs de notre conseil,

(1) Avons établi et établissons par ce présent édit perpétuel et irrévocable, une communauté en ordre de chevalerie, sous le nom et titre de commanderie de St.-Louis; où tous ceux qui feront voir par bonnes preuves et attestations qu'ils ont été estropiés à la guerre pour notre service, seront reçus et admis pour y être nourris et entretenus le reste de leurs jours de toutes choses nécessaires à la vie.

(2) Et attendu que depuis quelques années, nous avons commis à notre très cher et bien amé cousin le cardinal duc de Richelieu, pair, grand-maître, chef et sur-intendant général de la navigation et commerce de France, la conduite de nos armées, qui ont eu tant dedans que dehors notre royaume, tous les bons succès que nous nous étions proposés, et qu'en cette grande conduite, il a eu une particulière connoissance des gens de guerre qui ont mérité en nous servant, nous avons estimé que nous ne pouvions jetter les yeux sur une personne plus digne et plus capable que lui, pour parvenir à l'établissement et exécution de notre dessein en cette occasion; ce qui lui sera d'autant plus facile durant la paix, que nous l'avons vu dans les grandes peines et fatigues de la guerre, et dans la direction générale des affaires de notre royaume, avoir soin des moindres choses de la police des armes; nous l'avons donc, par cesdites présentes, député et nommé, nommons et députons, pour être par son ordre pourvu au bâtiment et construction de ladite commanderie, et en général à tout ce qui sera nécessaire pour l'établissement, subsis-

tance et police d'icelle, le tout suivant les réglemens et statuts que nous en ferons dresser; et ce fait, voulons et entendons que la direction, administration et surintendance générale, appartienne à notre très-cher et bien amé cousin le cardinal de Lyon, grand aumônier de France, et après lui ses successeurs en ladite charge.

(3) Et d'autant que par notre déclaration du mois de mars 1624, et 20 de mai 1630, nous aurions ordonné que toutes et chacunes les abbayes de notre royaume paieroient par chacun an la somme de cent livres par forme de pension pour la nourriture et entretennement d'un soldat estropié; considérant que les dépenses qui seront nécessaires pour l'entretennement de ladite commanderie seront grandes, en sorte que lesdites sommes de cent livres ne seront suffisantes; nous avons jugé à propos d'ordonner, comme nous faisons par cesdites présentes, qu'outre lesdites abbayes, tous et chacuns les prieurés, dont le revenu excédera la somme de deux mille livres par an, paieront par chacun an pareille somme de cent livres, à commencer du premier jour de janvier prochain, lesquelles sommes voulons être reçues par les receveurs particuliers des décimes de chacun diocèse, pour être ensuite délivrées et mises ès mains du receveur de ladite commanderie, qui sera par nous à cet effet nommé, auxquels receveurs particuliers avons attribué et attribuons, par ce présent édit, trois deniers pour livre pour les frais et salaires, ports et voitures desdites sommes qu'ils recevront desdites abbayes et prieurés, et six deniers audit receveur général.

(4) Et afin que nous puissions avoir connoissance certaine de toutes les abbayes et prieurés qui sont dans l'étendue de notredit royaume, mandons à tous nos baillis, sénéchaux, prévôts, leurs lieutenans, et autres juges royaux, qu'ils ayent à faire dans deux mois, après la publication du présent édit, un état exact des abbayes et prieurés qui sont dans l'étendue de leur ressort, pour icelui fait, être envoyé dans ledit temps, à notre très-cher et féal sieur Seguier, chevalier, garde des sceaux de France; et attendu que ladite commanderie ne peut être si promptement bâtie pour y recevoir et loger les soldats qui sont estropiés.

(5) Voulons cependant que ceux qui se trouveront avoir été assignés de leurs pensions sur quelques abbayes, reçoivent par les mains dudit receveur général ladite somme de cent livres par chacun an, de quartier en quartier; et à cet effet, seront tenus de se présenter à notre très-cher et bien amé cousin le cardinal

de Lyon, et lui mettre ès mains les arrestations et lettres qu'ils ont obtenues, pour ensuite, sur l'état qui sera par lui fait et arrêté, leur être renouvellées les patentes expédiées en la forme accoutumée, en vertu desquelles ils recevront dudit receveur général ladite somme de cent livres, de quartier en quartier, ainsi que dessus, faisant très-expresses inhibitions et défenses à tous abbés et prieurs, de payer à l'avenir ladite somme de cent livres à autres qu'aux receveurs particuliers des décimes des diocèses dans lesquels ils sont situés.

Si donnons, etc.

N° 242. — LETTRES-PATENTES *pour l'enregistrement des traités* (1) *faits entre le roi et Charles, duc de Lorraine* (1).

St-Germain-en-Laye, 17 décembre 1633. (Vol. EEE. f° 245. — Merc. fr. t. 19, p. 155 et 161. — Trait. de paix, t. 3, p. 356.)

N° 243. — LIT *de justice, tenu par le roi au parlement de Paris* (2).

Paris, 16 janvier 1634. (Merc. fr. t. 20, 1re part., p. 39.)

N° 244. — EDIT *sur les tailles, l'usurpation des titres de noblesse, etc.* (3).

Paris, janvier 1634; reg. à la cour des aides avec modification, le 8 avril. (Néron I, 851. — Reg. cour des aides, p. 116.)

Louis, etc. encore que nous soyons nécessitez d'armer puissamment pour prévenir les mauvais desseins de ceux qui vou-

---

(1) Par le premier du 6 janvier 1631 (Rec. des Trait., t. 3, p. 311), le duc de Lorraine promet de n'entreprendre rien contre la couronne de France, et de se réunir à Louis XIII pour conserver l'indépendance de la confédération en Allemagne et soutenir la ligue catholique. — Par le second, du 6 septembre, dit Traité de Nancy (*Ibid.*, *ibid.*, p. 346), le duc remet entre les mains du Roi, pour quatre années, la ville de Nancy, comme gage de sa fidélité. — Et par le troisième, du 31 décembre (*Ibid.*, *ibid.*), le duc promet de donner passage aux Français en cas de guerre avec l'Allemagne, et livre la place de Marsal. — On sait que Nancy fut rendu au duc de Lorraine, et ne fut réuni définitivement à la France que par le mariage de la fille de Stanislas avec Louis XV. — Le droit de vérification des Traités est aujourd'hui contesté aux Chambres. (Rapp. de M. Pasquier sur la loi du crédit de 42 millions, 1829.)

(2) Gaston avait encore quitté le royaume. Le roi lit au parlement une déclaration très-étendue, par laquelle il lui pardonne ainsi qu'à ceux qui l'ont suivi, à condition qu'ils sortiront de France dans le délai de trois mois. — Voy. ci-après la déclaration au sujet des lettres de Gaston (octobre).

(3) Voy. ci-devant édit de Henri IV, mars 1600, et la note; de Louis XIII, juin 1614. Les droits de taille personnelle ont été abolis par la loi du 15 mars 1790, et remplacés sous le titre de contribution personnelle, par la loi du 3 nivôse an 7.

droient affoiblir notre autorité, et par ainsi obligez à de grandes dépenses, qui pourroient retarder l'effet du désir que nous avons de décharger nos sujets des levées que la même nécessité nous a obligé de continuer : nous leur faisons néanmoins dès à présent ressentir cette grâce, en leur remettant un quartier du principal de la taille, et de la crue extraordinaire des garnisons de la présente année 1634. Quoique les surcharges qu'ils ont souffertes ne procèdent pas des impositions qui se lèvent pour nous et à notre profit, étant de beaucoup moindres que celles qui se faisoient du règne du feu roy notre très honoré seigneur et père; même ès années 1609 et 1610, à cause des décharges que nous avons accordées à nosdits sujets contribuables, ès années 1627 et 1628, et s'il y a quelque augmentation, elle n'est causée que des levées qui se font au profit des particuliers acquéreurs des droits alienez sur nos tailles, dont nous voudrions bien aussi soulager nosdits sujets, si la foy publique et la considération desdits propriétaires qui nous ont assisté aux occasions ne nous en ôtoit le moyen. Nous avons toutefois si utilement pourvû aux abus qui se commettoient à la levée desdits droits, par nos lettres de déclaration du mois de décembre dernier, que nous espérons que nos sujets contribuables en recevront annuellement plus de six millions de livres de décharge. Et pour y apporter cet ordre, nous avons refusé les supplémens qui nous ont été si souvent et si instamment offerts par les propriétaires desdits droits, pour leur en laisser la jouissance, ainsi et en la même forme qu'ils faisoient ci-devant. Par l'exécution duquel réglement, et de celui que nous avons fait expédier pour rétablir l'ancienne discipline militaire parmi nos gens de guerre, et pour les obliger de payer leur dépense aux lieux des assemblées, séjour et passages, au moyen du paiement que nous leur ferons faire par avance des deniers de notre épargne, de leur solde, entretenement et surtaux : nous avons sujet de croire que nos sujets recevront un grand soulagement : mais encore beaucoup plus par la révocation de tant de privilèges que se sont arrogez aucuns de nos officiers par l'autorité de leurs charges, et des exemptions dont jouissent les plus riches et plus puissans des paroisses, qui ont acquis des droits, sous prétexte de certains offices imaginaires, fondez sur des clauses glissées dans nos édits, déclarations et arrêts, quoique d'ailleurs le revenu de leurs acquisitions monte à des sommes immenses, outre et par dessus le pied des aliénations qui leur ont été faites.

A quoi nous voulons pourvoir par le présent réglement, dont

l'exécution doit être aussi prompte et inviolable, qu'elle est nécessaire; et avons pour cet effet commis et député de nos principaux officiers, pour se transporter dans nos élections et dans les paroisses, pour imposer et faire comprendre és rolles des tailles lesdits exempts et privilégiez, au soulagement des pauvres, afin que chacun portant sa juste part et portion, selon ses facultez et moyens, il n'y ait plus d'inégalité en l'assiette desdites tailles, que nous sçavons n'être pas excessives, pour la grandeur et puissance de cette monarchie; pourvû qu'elles soient également départies.

A ces causes, de l'avis des princes de notre sang, officiers de notre couronne, et principaux de notre conseil, et de notre propre mouvement, grâce spéciale, pleine puissance et autorité royale, nous avons quitté, remis et déchargé, quittons, remettons et déchargeons nos sujets de tout ce qu'ils devront du principal de nos tailles, et de la cruë extraordinaire de nos garnisons, du quartier d'avril, mai et juin de la présente année 1634. Voulons et nous plaît qu'ils jouissent effectivement de notre présente grâce, remise et décharge, suivant le réglement qui en sera fait par nos amez et feaux conseillers, les présidens et trésoriers généraux de France de chacune généralité, en exécution de l'état de distribution, et de nos lettres patentes, qui leur seront pour cet effet adressées: et pour donner plus de moyen et facilité aux contribuables à nos tailles, de payer les trois autres quartiers de nosdites tailles et cruë extraordinaire de ladite présente année, dont nous désirerions bien les décharger, si les deniers qui en doivent provenir n'étoient affectez, tant au payement des gages d'officiers et autres charges ordinaires de nos recettes générales et particulières que de celle de notre épargne, nécessaires pour la subsistance de cet état: nous avons encore, par notredit présent édit perpétuel et irrévocable, dit, statué et ordonné, disons, statuons et ordonnons ce qui ensuit:

(1) Que nonobstant tous les annoblissemens accordez depuis vingt ans en çà (moyennant finance ou autrement) et les usurpations des privilèges de noblesse: tous ceux qui sont nez, et se trouveront de condition roturière, seront mis et imposez à la taille, selon leurs moyens et facultez: excepté les douze annoblis par notre édit du mois de may 1628, en faveur des associez en la compagnie de la nouvelle France. Et pour les villes, bourgs et villages qui, pour quelque cause et raison que ce soit, ont obtenu exemption, décharges et abonnemens, ils continueront à en

jouir durant la présente année ; pendant laquelle rapportant les lettres qu'ils en ont obtenues, leur sera pourvu sur la continuation, selon qu'il sera jugé raisonnable en notre conseil. N'entendons toutefois y comprendre nos villes de Paris, Rouen, le Hâvre, Dieppe et Quillebeuf, et les villes qui payent la subvention : même celle de Châteauroux, abandonnée en conséquence des articles secrets du traité de Loudun, qui paye sa part et portion de ce qui s'impose pour la subvention des villes franches de la généralité de Bourges, lesquelles en jouiront comme ci-devant elles ont bien et duëment fait.

(2) Défendons à tous nos sujets d'usurper le titre de noblesse, prendre la qualité d'écuyer et de porter armoiries timbrées, à peine de deux mille livres d'amende, s'ils ne sont de maison et extraction noble. Enjoignons à nos procureurs généraux et leurs substituts de faire toutes poursuites nécessaires contre les usurpateurs desdits titres et qualitez.

(3) Seront taxez et imposez aux tailles tous ceux lesquels n'étant nobles de race, usurpent ledit titre, sous prétexte de quelques sentences et jugemens par eux ou leurs prédécesseurs obtenues, si elles ne sont confirmées par arrêts contradictoirement donnez, avec parties valables et intéressées.

(4) Et pour l'avenir, nous ordonnons qu'il ne sera expédié aucunes lettres d'annoblissement, sinon pour de grandes et importantes considérations, lesquelles seront régistrées en nos cours des aydes, nos procureurs généraux en icelles ouïs : et les habitans et procureurs syndics de la paroisse où ils feront leur résidence, appelez et indemnisez.

(5) Les bâtards, quoiqu'ils soient issus de pères nobles, ne se pourront attribuer le titre et qualité de gentilshommes, s'ils n'obtiennent nos lettres d'annoblissement, aussi fondées sur quelques grandes considérations de leurs mérites, vérifiées en nos Cours des aydes, nosdits procureurs généraux ouïs ; et les habitans et procureurs syndics de la paroisse de leur demeure appellez et indemnisez : autrement seront lesdits bâtards, leurs veuves et enfans imposez aux tailles.

(6) Les maires, consuls, échevins et conseillers des villes, ayant privilège de noblesse par anciennes concessions, qui seront élûs à l'avenir, ne pourront jouir de l'exemption que pendant le tems de l'exercice de leur charge seulement, sans que leurs enfans puissent jouir d'aucuns privilèges de noblesse; et quant à ceux qui ont ci-devant exercé lesdites charges, et les exercent à pré-

sent, jouiront desdits privilèges de noblesse, ne faisant actes dérogeans.

(7) Les descendans des frères de la pucelle d'Orléans, insérez au corps de la noblesse, et vivans à présent noblement, jouiront des privilèges de noblesse, et leur postérité de mâle en mâle, vivans noblement. Mais ceux qui n'ont vécu et ne vivent à présent noblement, ne jouiront plus à l'avenir d'aucuns privilèges. Comme aussi les filles et femmes descendantes des frères de ladite pucelle d'Orléans, n'annobliront plus leurs maris à l'avenir (1).

(33) Les nobles, ecclésiastiques, chevaliers de Malte, officiers privilégiez et habitans de notre ville de Paris, pourront faire valoir par leurs mains une de leurs terres et maisons, et celles qui sont adjacentes et contiguës en dépendant. Et pour les autres terres et métairies, qu'ils feront valoir par receveurs ou serviteurs, lesquels seront taxez tout ainsi que pourroient être taxez leurs fermiers desdites terres et métairies; et pour le régard des habitans demeurant aux villes franches, autres que notredite ville de Paris, s'ils font valoir leurs terres ou métairies par receveurs ou serviteurs, ils seront taxez aux tailles comme pourroient être taxez leurs fermiers ou laboureurs. N'entendons toutefois comprendre au présent article les maisons consistant en clos et vignes, pour lesquelles il en sera usé comme il a été ci-devant fait; même les habitans de notre ville de Lyon, qui jouiront des privilèges qui leur ont été accordez par les lettres-patentes du feu roi Charles IX, en l'année 1561, registrées en notre cour des aydes à Paris, le 8 d'octobre 1563.

(34) Les fermiers des ecclésiastiques, gentilshommes et autres demeurant ès villes franches, seront taxez à nosdites tailles, à raison du profit qu'ils pourroient faire en leurs fermes, en chacune des paroisses où les biens et héritages dont ils seront fermiers seront assis, à raison de ce que pourroit porter un fermier particulier qui demeureroit ès dites paroisses, à cause de la jouissance desdites fermes, nonobstant qu'ils demeurent ès dites villes franches.

(35) Nul ne pourra être exempt des tailles par le simple consentement des habitans des paroisses, ni abonné par eux à certaines sommes pour toutes tailles, au préjudice des autres; mais chacun habitant sera taxé suivant ses facultez.

---

(1) V. ci-devant déclaration du 25 octobre 1612. Nous ne donnons pas le texte des art. 8 à 32; ils ne sont que la répétition de l'ord. de 1614.

(36) Ceux qui ont ci-devant induement jouy de l'exemption des tailles y seront taxez à une seule fois, à la première assiette qui se fera, autant qu'ils eussent porté les deux années dernières à la décharge des autres habitans de la paroisse.

(37) Les habitans demeurant ès villes et lieux taillables, qui auront pris à ferme quelques terres et métairies hors le détroit de la paroisse de leur résidence, porteront les taxes des précédens fermiers, à proportion du profit qu'ils y pourront faire, et la payeront en la paroisse de la situation d'icelle, outre la taille qu'ils doivent au lieu de leur demeure pour le surplus de leurs biens et facultez, ce qui sera encore observé pour les héritiers de ceux qui auront tenu lesdites fermes et qui en continueront la jouissance; et au cas que les héritages dépendans desdites fermes soient situez en diverses paroisses, lesdits fermiers ou héritiers payeront ladite taxe en la paroisse du lieu où sera bâti le principal logement desdites fermes et métairies.

(38) Les asséeurs seront collecteurs en la même année de leur charge, et les habitans des paroisses capables de l'exercer et ayant moyens suffisans pour ce faire, même les fermiers des gentilhommes et officiers de nos élections, tenus et obligez de la faire par ordre et chacun à leur tour sans exceptions d'aucuns, et au lieu de quatre asséeurs collecteurs, ordonnez par les réglemens ci-devant faits pour les grandes paroisses taxées à quinze cents livres du principal de la taille et au-dessus, voulons qu'il en soit nommé pour l'avenir jusqu'à huit, et pour les moindres paroisses quatre, afin qu'ils se puissent soulager l'un l'autre, et plus facilement lever nos deniers, laquelle levée ils feront ensemble par quartier ou demi année, ainsi qu'ils demeureront d'accord entre eux: demeurant toutefois responsables les uns des autres. Et se fera ladite levée sur les originaux des rolles vérifiez par les élus, sur lesquels les paiemens qui seront faits par les cottisez seront écrits au même instant que lesdits paiemens seront faits, à peine de faux et d'amende arbitraire, enjoignant aux élus de procéder contre les contrevenans avec sévérité et de parapher tous les feuillets desdits rolles en les vérifiant, afin qu'il ne s'y commette aucun abus.

(39) Lesdits asséeurs collecteurs seront élus et nommez par les habitans des paroisses duement assemblez, issue de grande messe, à jour de dimanche ou fête; et sera l'assemblée qui se devra faire pour ladite élection, publiée au prône des grandes messes par deux dimanches consécutifs, de laquelle ils ne pourront être déchargez, sinon le procureur syndic de la paroisse ou

lesdits habitans appelez, et le premier jour de janvier venu, nul ne pourra être déchargé de ladite charge pour quelque cause et occasion que ce soit, et en cas d'appel de la sentence des élus sur ladite décharge, lesdits asséeurs collecteurs élus feront l'assiette et collecte, nonobstant et sans préjudice de l'appel ; sauf leurs dépens, dommages et intérêts, et en cas qu'aucun desdits asséeurs collecteurs fussent insolvables le corps de la paroisse en demeurera responsable.

(40) Les trésoriers de France feront le département de la taille sur les élections dépendant de leur généralité, huit jours après avoir reçu le brevet que nous leur envoyons par chacun an, de ce qui se doit imposer l'année suivante, et ledit département fait, ils l'envoyeront incontinent et sans délai, et dans le mois d'août au plus tard en notre conseil, auquel département nous leur ordonnons de vaquer avec justice et égalité, selon qu'ils reconnoîtront que chacune élection devra porter ; ouy le rapport de celui d'entre eux qui aura fait ses chevauchées, sans y apporter aucune faveur ou passion ; et d'autant que le plus souvent lesdits trésoriers favorisent l'élection de leur demeure, où le bureau des finances est établi au préjudice des autres élections, moindres en paroisses et facultez ; nous permettons aux élus des élections qui se prétendront surtaxées, de faire leur procès verbal sommaire des raisons qu'ils auront à dire, et représenter lesdites taxes, et l'envoyer en notre conseil pour y être pourvu ; et seront les élections des bureaux où sont les généralitez en notredit conseil, à la décharge et soulagement des autres.

(41) Nos commissions seront à l'avenir envoyées auxdits trésoriers de France dès le mois de novembre, pour la levée de nos tailles de l'année suivante, et par eux huit jours après aux élus des élections.

(42) Lesdits élus, huit jours après qu'ils auront reçu nos commissions, feront le département des tailles des paroisses de leur élection, auquel ils procèderont avec la plus grande égalité que faire se pourra, le fort portant le foible, sans aucune considération ou affection particulière du lieu de leur demeure ou de celui où leurs biens sont assis, à peine d'être tenus des non valeurs en leurs propres et privez noms, et de privation de leurs charges ; et en cas que les trésoriers de France reconnoissent, en faisant leurs chevauchées, que lesdits élus favorisent la ville en laquelle ils seront demeurans, ils la taxeront,

assemblés en leur bureau en nombre suffisant, aussi à la décharge et soulagement des autres paroisses de l'élection.

(43) Et afin que lesdits élus soient instruits de ce que chacune paroisse doit porter, ils feront leurs chevauchées en temps dû et accoutumé, incontinent après la récolte, ainsi qu'il leur a été prescrit par les réglemens ci-devant faits; et s'informeront soigneusement de la fertilité ou stérilité de l'année; de ceux qui seront décédés ou délogez des paroisses depuis la cotte précédente, dont ils feront un état, comme aussi des exempts et privilégiez, des causes de leur exemption ou privilège, en quelle qualité ils en jouissent; si aucuns s'attribuent le titre de noblesse ou d'exemption induement; si nosdits officiers commençaux, ceux de la reine, notre très chère épouse, et notredit cousin le prince de Condé, servent leur quartier ou non, quel quartier ils servent, comme aussi s'il y a quelqu'un desdits habitans qui s'exemptent de tout ou partie desdites tailles par autorité qu'ils prennent sur les autres, faveur ou autrement. Et ne pourront lesdits élus faire leurs chevauchées deux années consécutives en même paroisse, mais seront tenus de changer de département par chacun an, sans pouvoir choisir les paroisses qu'ils auront une fois eues en département, qu'ils n'ayent été en toutes les paroisses de leur élection.

(44) Et d'autant que les chevauchées desdits élus qui doivent servir au département des tailles de la présente année ont été ou dû être par eux faites dès le mois d'octobre dernier, et que notre vouloir et intention est que nos sujets taillables commencent à jouir dès ladite année présente, du bénéfice et décharge qu'ils doivent attendre du présent réglement, en taxant et imposant aux tailles les prétendus nobles et privilégiez dont les exemptions sont par nous révoquées, et les principaux habitans des paroisses, aux sommes qu'ils doivent légitimement porter, eu égard à leurs facultez, nous ordonnons aux élus des élections qui ont fait leurs chevauchées audit mois d'octobre, de se rendre tous en la ville où le siége et bureau de leur élection est établi, huit jours après la publication des présentes, et y demeurer, sans en pouvoir désemparer pour quelque cause et occasion que ce soit, jusques à la fin du mois de may prochain, et incontinent nos commissions reçues, de procéder au département des tailles sur les paroisses de leur élection pour ladite année présente, et ce fait envoyer leurs commissions aux asséeurs, collecteurs, manans et habitans desdites paroisses, ausquels asséeurs, col-

lecteurs ils ordonneront par lesdites commissions de se transporter à jour certain et préfix, en la ville où le bureau de l'élection est établi pour procéder à l'assiette de la taille, en la présence de celui d'entre eux qui aura fait ses chevauchées en leur paroisse, auquel jour lesdits asséeurs, collecteurs seront tenus se trouver, et en cas d'absence, maladie ou autre légitime empêchement de celui qui aura fait la chevauchée, les élus en corps en commettront un autre.

(45) Le rolle du principal de la taille de l'année présente sera fait par tous lesdits asséeurs en la présence de l'élu qui aura fait ses chevauchées en ladite année dernière, et pour cet effet seront tenus se transporter en ladite ville où le bureau et siège de l'élection est établi, au jour qui leur aura été assigné par lesdites comissions, à laquelle assiette, après le serment par eux fait pardevant ledit élu, ils vaqueront en leurs loyautez et consciences, sans aucune discontinuation, afin que lesdits asséeurs fassent le moindre séjour que faire se pourra, auquel rolle sera employée la condition des cottisez, comme de juge, notaire, greffier, sergent, procureur de seigneurie, marchand, artisan, fermier de gentilhomme, des officiers des élections, ou laboureur ; et si le laboureur travaille pour lui ou pour autrui, et à combien de charrues, afin de reconnoître par la lecture dudit rolle si la taille aura été bien assise, et en fin d'icelui sera mis les noms des ecclésiastiques, des nobles et exempts, s'il y en a en la paroisse, avec la cause de leur exemption, et s'il y en a il en sera fait mention, à peine d'amende arbitraire contre les asséeurs, collecteurs qui auront fait sciemment lesdites omissions, desquels exempts et privilégiez les substituts de notre procureur général lui envoyeront par chacun an un état signé et certifié d'eux, aussitôt que les rolles auront été vérifiés par les élus, et en cas qu'aucun desdits asséeurs, par maladie ou autre légitime empêchement ne se puisse transporter en ladite ville, elle sera faite par les autres, qui vaudra comme si les absens y avoient assisté.

(46) Après que l'assiette aura été réglée en la présente année, l'année prochaine et suivante, les asséeurs et collecteurs des paroisses taxées à quinze cents livres du principal de la taille, et au-dessus, députeront quatre d'entr'eux, et ceux des paroisses taxées au-dessous desdites quinze cents livres, deux qui se transporteront par chacun an pardevant l'élu, qui aura fait ses chevauchées en leurs paroisses, au jour qui sera assigné par les com-

missions qui leur seront envoyées : en la présence duquel ils procéderont à l'assiette dudit principal de la taille, à laquelle ils vaqueront sans discontinuation, comme dessus : et afin qu'ils ne fassent grand séjour, ils porteront aux élus le projet du rolle avec les noms, qualitez et conditions des cotisez, pour y employer les sommes et taxes des y dénommez. A chacun desquels asséeurs des paroisses éloignées de trois lieues, et au-dessous de la ville de l'élection, nous attribuons trente sols; aux paroisses éloignées de cinq lieues, cinquante sous, et aux paroisses éloignées depuis cinq lieues jusques à dix et au-dessus, quatre livres aussi chacun pour leur voyage, séjour et retour, outre les quatre deniers pour livre dont ils jouissent pour le droit de collecte; et pour la façon des rolles ordinaires et extraordinaires, et pour la minute et copie d'iceux, douze livres pour les grandes paroisses de trois cents feux, et au-dessus; neuf livres pour les médiocres de deux cents feux, et au-dessus jusques à trois cents; et six livres pour les petites. Et pour le bois, feu et chandelle quatre livres dix sols pour les grandes paroisses; soixante sols pour les médiocres, et quarante sols pour les petites. Leur défendant d'en imposer davantage; et aux élus et substituts de notre procureur général de le permettre, ni de prendre aucun salaire pour leur vacation d'être présens à ladite assiette, à peine de concussion; et pour le taillon, garnison et autres crues extraordinaires, elles seront faites au sol la livre sur ledit principal de la taille, taillon, garnisons, que droits aliénez, compris en un même rolle.

(47) Nul ne pourra assister à l'assiette avec lesdits asséeurs, collecteurs, excepté le premier notaire, sergent ou autre personne qu'ils voudront choisir, pour écrire lesdites taxes sans que le greffier de l'élection, ses clercs et commis y puissent vacquer directement, ce que nous leur défendons très expressément, et à tous seigneurs, gentilshommes d'apporter aucune contrainte à la volonté desdits asséeurs, à peine de privation de leurs fiefs et droits de haute justice, et de payer en leurs propres et privez noms les cottes parts de ceux qu'ils auront fait décharger et modérer, et à tous juges, officiers et autres personnes de quelque qualité ou condition qu'ils soient, d'intimider ou de contraindre lesdits asséeurs en la liberté de leurs voix, à peine de privation de leurs charges, et de punition exemplaire.

(48) Le rolle de la taille sera fait sous deux chapitres : au premier desquels seront compris les juges, conseillers, substituts

de nos procureurs généraux, officiers des greniers à sel, procureurs fiscaux, notaires, avocats, greffiers procureurs postulans, fermiers, métayers des nobles, des ecclésiastiques, des élus, grénetiers, controlleurs, et autres personnes qui peuvent avoir crédit et autorité sur les autres habitans, que lesdits asséeurs n'osent taxer à ce qu'ils peuvent légitimement porter, ni les habitans des paroisses en faire plainte, de crainte d'encourir inimitié. Tous lesquels seront taxez d'office par l'élu qui aura la paroisse en département, tant par l'avis desdits asséeurs, collecteurs, que par les autres preuves et connoissances qu'il aura reçues, faisant ses chevauchées, de leurs commoditez, biens et facultez : et se feront lesdites taxes à la requête et diligence du substitut de notre procureur général en l'élection. Lequel à cet effet prendra communication des procès-verbaux des chevauchées des élus, qui lui seront par eux délivrées, ou copies d'iceux signées de leurs mains; et sera fait mention sur l'article de la taxe des cotisez de cette qualité, employez au premier chapitre dudit rolle, que l'élu, ce requérant le substitut de notre procureur général, les aura taxés d'office pour les causes résultant de son procès-verbal, sans préjudice de leurs oppositions en surtaux; auquel procès-verbal les causes de ladite taxe seront particulièrement exprimées.

(49) En l'autre chapitre dudit rolle seront employez tous les autres habitans taillables dont les conditions ne sont assez recommandables pour leur donner du pouvoir, autorité et crédit sur les autres habitans de la paroisse, desquels lesdits asséeurs, collecteurs taxeront en leurs loyautez et consciences.

(50) Les asséeurs, collecteurs ne se pourront cottiser et moins, ni leurs parens et alliez en l'année de leurs charges, qu'ils étoient l'année précédente, ou sur le pied de leur cotte, au cas que la taille eût été augmentée ou diminuée; sinon qu'ils ayent souffert quelque notable perte en leurs biens, commoditez et profits : pour raison de laquelle il soit jugé par les élus, au nombre de trois pour le moins, que ledit rabais leur ait dû être fait; et s'ils le font autrement, leur taxe sera augmentée à ladite raison, outre laquelle ils payeront encore la même somme de plus par forme d'amende, que lesdits élus ne pourront modérer : ce qui sera déduit aux habitans à la première assiette qui se fera sur eux.

(51) Et, parce que nous sommes particulièrement informez que la plus grande surcharge des habitans des paroisses provient

des diverses levées qui se font sur eux au courant de l'année par assiettes particulières, la plupart desquelles procèdent de dépens de surtaux si excessifs, que tel opposant à qui est ordonné vingt sols de modération, obtient deux et trois cents livres de dépens contre une seule paroisse, nous pour y pourvoir, voulons et ordonnons que tous ceux qui se prétendront surtaxez, fournissent leurs moyens d'oppositions, trois mois après que l'assiette aura été faite au greffe de l'élection, lesquels passez ils ne seront plus recevables opposans en surtaux, et que dans ledit temps ils les fassent signifier au substitut de notre procureur général, et aux habitans de leur paroisse, ou à leur procureur syndic : lesquels s'assembleront à jour de dimanche ou fête issue de grande messe, pardevant le notaire ou curé du lieu, pour délibérer sur lesdits moyens d'opposition, et y fournir des réponses, si bon leur semble, qu'ils envoyeront audit substitut, et icelles feront signifier à l'opposant, sans que lesdits habitans puissent être assignez sur lesdites oppositions, mais seront lesdits procès instruits avec ledit substitut; et sera tant par lui que les opposans, convenu, huitaine après la signification faite de la réponse desdits habitans, de trois prud'hommes des paroisses circonvoisines, ou de la paroisse, pourvu qu'ils ne soient taillables ni parens des opposans; sinon il en sera nommé d'office par les élus, qui seront ouïs par le commissaire examinateur, en la présence les uns des autres, sur la supposition desquels, et sur le procès-verbal de l'élu, qui aura fait les chevauchées en la paroisse, et assisté à l'assiette, moyen d'opposition, réponses à icelle, et extraits des rolles des trois années précédentes, sera par les élus, autres que celui qui aura procédé à la taxe, le procès jugé : et en cas d'appel de la sentence des élus, les appellations n'en seront reçues, si la taxe n'excède dix livres du principal de la taille et des autres à l'équipolent, conformément à l'article 5 de l'édit de l'année 1600. Et si la taxe excède ladite somme, seront tenus les opposans faire porter le procès et sentence des élus aux greffes de nos cours des aydes à leurs frais : sur lequel appel les habitans des paroisses, ne pourront être pareillement intimez, mais seulement ledit substitut, pour lequel notre procureur général esdites cours prendra le fait et cause. Et sera l'appel jugé en nosdites cours sur ledit procès principal, sans que les élus et substitut de notredit procureur général, asséeurs et collecteurs puissent être pris à partie en leurs noms, tant en cause principale que d'appel; sinon en cas de concussion seulement, ni lesdites taxes modérées en nosdites cours, sur le simple consentement des habitans des paroisses. De même sera observé sur les oppositions en surtaux du sel d'impôt, ès lieux où ledit impôt est établi.

(52) Les rolles des tailles qui seront exécutez nonobstant oppositions ou appellations quelconques, et sans préjudice d'icelles; pour lesquelles ne sera différé par nos élus, ni par eux fait défenses de les exécuter pour quelque cause que ce soit, à peine de répondre en leurs propres et privez noms des dépens, dommages et intérêts des collecteurs; et seront tenus les cottisez de payer leurs taxes ès mains desdits collecteurs : et en cas d'opposition en surtaux, et de contention sur la taxe des particuliers prétendus privilégiez, ou imposez en diverses paroisses de même élection, les parties se pourvoiront pardevant les élus du ressort desdites parties en première instance, et par appel en nos cours des aydes; auxquelles enjoignons de faire renvoy desdites causes, en cas qu'elles ayent été introduites en première instance en nosdites cours des aydes, par lettres de conversion d'appel, en opposition ou autrement, avec condamnation de dépens du renvoy, ou telle autre peine qu'ils aviseront bon être.

(53) Pour la difficulté que les collecteurs pourroient avoir de se faire payer des prétendus exempts qui auront été cottisez, lesquels bien souvent sont craints et respectez aux lieux où ils demeurent. Après que la première signification de leurs taxes aura été faite à la requête et diligence desdits collecteurs, s'ils sont refusans ou dilayans de les payer; les receveurs des tailles et taillon seront tenus d'en faire les poursuites aux frais des cottisez, et lesdits collecteurs déchargez d'autant, et pourront lesdits receveurs donner le recouvrement desdites taxes aux prévôts des maréchaux, leurs lieutenans et archers pour le payement de leurs gages, après les commandemens faits auxdits taxez à la requête desdits receveurs, en cas de refus de payement ou de rebellion. Et pour cet effet ordonnons que la taxe de la taille et taillon sera faite par deux articles séparez.

(54) Les registres des receveurs des tailles et taillon seront dès le commencement de l'année cottez et paraphez en chacun feuillet, et le nombre écrit au long, et non en chiffre, par le président de l'élection, en la présence de deux élus; dans lesquels registres et non autres lesdits receveurs écriront ce qu'ils recevront des collecteurs, à l'instant que les payemens leur seront faits, sur quelle nature de deniers, en quelles espèces, suivant les

réglemens précédens, à peine d'être convaincus de concussion

(55) Lesdits receveurs des tailles et taillon ne pourront décerner leurs contraintes contre aucuns particuliers de la paroisse pour le payement de la taille; si ce n'est en cas de rébellion des habitans, ou qu'ils eussent négligé d'élire des asséeurs et collecteurs, ou que lesdits asséeurs et collecteurs par eux élus, discussion sommaire faite de leurs biens, ayent été trouvez insolvables; ce qui sera jugé au préalable par les élus : et afin que les sergens des élections n'en puissent abuser, comme ils ont fait par le passé, les principaux de la paroisse, qui doivent être contraints solidairement pour le général, seront dénommez par noms, surnoms, qualitez, par les contraintes desdits receveurs et ordonnances desdits élus. Défendons ausdits sergens et autres qui seront employez au recouvrement des deniers de nos tailles, de recevoir leurs salaires des habitans ou collecteurs, sur les peines portées par nos précédentes ordonnances, mais recevront leurs salaires par les mains desdits receveurs, suivant la taxe qui en aura été faite par le président et deux élus de l'élection, en fin de chaque quartier, qui les payeront entièrement, sans user de rétention, ni participer à la taxe desdits salaires, desquels lesdits receveurs feront le recouvrement des collecteurs, au premier payement qu'ils feront et donneront lesdits receveurs leurs contraintes par plusieurs paroisses voisines au même sergent, et par même voyage si faire se peut. Ausquels sergens nous faisons très expresses défenses d'exiger aucuns deniers ni traitement desdits habitans et collecteurs, ni de faire aucune exécution sur le pain, le lit, les chevaux et autres bêtes de labour, ustenciles et outils de maneuvres et artisans : comme aussi de découvrir les maisons, ni arracher les portes et fenêtres, le tout à peine de la vie.

(56) Faisons pareillement défenses auxdits receveurs des tailles et taillon et tous nos officiers des élections, de recevoir ni exiger aucune chose des asséeurs et collecteurs des tailles, procureurs syndics, manans habitans des paroisses, sous prétexte de présens ou gratifications, à peine de concussion contre lesdits officiers, et contre lesdits habitans, syndics, asséeurs et collecteurs, de cent livres d'amende, applicable aux nécessitez des églises desdites paroisses.

(57) Et d'autant qu'en aucunes élections lesdits élus interprétant le 9e article de l'édit du mois de mars 1600 (à leur fantaisie) se sont ingérez de distraire les hameaux d'aucunes paroisses de

leur élection, lesquels auparavant ladite année n'avoient été séparez ni désunis du corps de la paroisse : ce qui apporte de grandes incommoditez et frais aux uns et aux autres, et plusieurs procès et différends, nous voulons que les hameaux ainsi distraits par les élûs de leur autorité, soient réunis avec le corps de la paroisse, sous une même taxe, comme ils étoient auparavant ladite année 1600. Excepté ceux qui pour quelques considérations ont obtenu nos lettres de désunion registrées en nos cours des aydes ; pour lesquels lesdits élûs disjoindront leurs taxes, et ajouteront en leurs commissions, et au département de la taille qui devra être levée sur toute la paroisse, de laquelle un tel hameau payera tant, sans que lesdits hameaux ainsi désunis soient responsables de la taille du corps de la paroisse, pareillement la paroisse de celle desdits hameaux : et en conséquence de ce, les habitans desdit hameaux éliront entre eux des asséeurs et collecteurs particuliers pour l'assiette et collecte des sommes dont seront chargez.

(58) Les particuliers cottisables ne pourront être taxez qu'au seul lieu de leur domicile, pour tous les biens qu'ils possèdent, auront acquis et acquerront : sans user par les habitans ou élûs, de transports de taxes, ainsi qu'il s'est pratiqué abusivement en quelques élections, notamment en celles de la généralité de Lyon : demeurant néanmoins le réglement fait pour les habitans de Mâconnois en sa force et vertu.

(59) Les habitans qui voudront déloger de leur paroisse, pour aller demeurer en autres lieux, seront tenus de faire publier leur délogement auparavant le premier jour d'octobre précédent des tailles assises, et le faire signifier aux habitans et procureur syndic de la paroisse, et exécuter actuellement la translation de leur domicile dans le premier jour de janvier : nonobstant lequel délogement ils seront taxez l'année suivante, en la paroisse de laquelle ils seront délogez, et ne pourront être taxez en celle où ils iront demeurer, qu'ils n'y ayent demeuré actuellement sans intermission, l'an et jour. En laquelle paroisse ils ne pourront être moins taxez qu'ils étoient en celle dont ils seront délogez : et sauf à les augmenter s'il y échet, sans préjudice de leur opposition en surtaux : et sera la paroisse de laquelle ils seront délogez, déchargée de leurs taxes et celle où ils seront allez, demeurera chargée d'autant.

(60) Ceux qui sortiront de lieux taillables, même ceux dont les exemptions sont révoquées par le présent édit, pour aller

demeurer aux villes franches, seront taxez et imposez esdits lieux taillables, jusqu'à ce qu'ils ayent acquis domicile dans lesdites villes franches, par dix ans.

(61) Et parce qu'aucuns habitans des lieux situez sur les confins de certaines élections, se retirent ensemble, en une chambre ou petite maison, située en une autre élection ou paroisse, que celle où leurs biens sont assis, où ils s'accordent d'être cottisez à leurs sommes légères; et y ayant demeuré par an et jour, ils se maintiennent habitans de la paroisse en laquelle ils se sont retirez, ne délaissant journellement de travailler aux labourages et culture de leurs héritages, situez en celles dont ils se sont délogez, et y faire leur trafic et commerce. Comme aussi plusieurs habitans des villes franches demeurans la plupart de l'année aux champs, et se retirent seulement auxdites villes franches, vers le mois de décembre ou au commencement de janvier, auparavant les tailles assises; desquelles ils se prétendent pareillement bourgeois et habitans, et qu'ils ne séjournent aux champs que pour la récolte de leurs fruits, et par ce moyen ils s'exemptent induement du payement de la taille : à quoi voulant pourvoir, nous voulons que les premiers soient toujours cottisez au lieu où ils demeuroient auparavant leur délogement prétendu, tant qu'ils travailleront au labour et culture de leurs héritages; si mieux n'aiment les bailler à ferme, à personnes payant tailles en leur lieu; et que les derniers soient réputez habitans du lieu où ils font le plus grand séjour durant l'année, et qu'ils y payent la taille, comme étant leur vrai et actuel domicile.

(62) Et pour le regard des habitans demeurans ès lieux où les tailles sont réelles, ayant néanmoins la plupart de leurs biens assis où elles sont personnelles, sans y être cottisez, d'autant qu'ils n'y ont leurs domiciles, voulons que conformément aux réglemens précédens, ils soient cottisez ès lieux où les tailles sont personnelles, à cause du bien qu'ils y possèdent, et que les fruits et revenus de leurs héritages demeurent affectez au payement de leurs taxes.

(63) Et d'autant que la plupart des privilégiez, dont l'exemption est révoquée par le présent édit, sont demeurans dans les villes et gros bourgs, et qu'il y en a peu de domiciliez aux paroisses du plat pays : enjoignons aux officiers desdites élections, procédans au département des tailles, d'y avoir égard; et en considération augmenter les tailles desdites villes et lieux où il y aura privilégiez, à la décharge de celles où il y en a peu ou point, à

peine d'en répondre par lesdits officiers en leur propre et privé nom.

(64) Et sur les plaintes que nous avons reçues des officiers de nos élections et grenier à sel, de ce que les juges ordinaires entreprennent sur leur juridiction et connoissance des différends, dont la connoissance leur est attribuée par nos édits et ordonnances : même prétendent que les sentences et ordonnances des élus et grainetiers se doivent exécuter dans les lieux de l'établissement des justices ordinaires, sans leur demander permission : informent et font emprisonner les huissiers et sergens porteurs desdites sentences, et de leur autorité élargissent et tirent hors des prisons ceux qui sont emprisonnez par l'ordonnance desdits élus : au moyen de quoi le payement des droits de nos tailles, aydes et gabelles est retardé : nous voulons et ordonnons que toutes sentences, jugemens et ordonnances desdits élus et grainetiers, même les ordonnances, réglemens, décrets, défauts à ban à trois briefs jours, et généralement toutes autres ordonnances qui doivent être publiées à son de trompe, tambour et autre forme de cry, et affichées aux places et endroits publics, soit pour saisies d'héritages, ventes de fruits, ou autres causes, soient exécutez par nosdits huissiers et sergens : sans pour ce demander aucun pareatis, ni permission ausdits juges ordinaires, ou autres officiers, de quelque qualité et condition qu'ils soient. Ausquels nous faisons très expresses défenses de troubler et empêcher lesdits officiers des élections et greniers à sel en leurs juridictions, et les sergens porteurs de leurs ordonnances en l'exécution d'icelles : et de prendre aucune cour, jurisdiction et connoissance du fait de leurs exploits, sur peine de suspension de leurs charges, de mille livres d'amende, et de tous dépens, dommages et intérêts, leur enjoignant de prêter main-forte ausdits sergens, quand ils les en requerront : sauf aux parties intéressées de se pourvoir par appel, oppositions ou autrement pardevant les juges, ausquels par nos édits et ordonnances, la connoissance en appartient. Et en cas de contravention au présent article, lesdits juges contrevenans seront assignez en vertu des présentes en notre conseil, auquel nous en avons réservé la connoissance, et icelle interdite et défendue à toutes nos cours et juges quelconques.

(65) Enjoignons aux présidens, lieutenans des élus des élections de ce royaume, de tenir la main à l'exécution et entretenement du présent réglement, à peine de privation de leurs offi-

ces, déchéances de tous privilèges, et autres plus grandes peines, s'il y échet : ordonnons aux commissaires qui seront par nous envoyés en nosdites provinces, de corriger les abus qui s'y trouveront, procéder contre les contrevenans par condamnation d'amendes, et interdiction de leurs charges, ou autrement, extraordinairement, ainsi qu'ils verront bon être : enjoignant à nos procureurs des bureaux des finances, substituts de nos procureurs généraux des élections, de donner avis en notre conseil des contraventions, à peine d'en répondre en leurs propres et privés noms.

Si donnons, etc.

N° 245. — DÉCLARATION *portant que les commissaires de marine feront enregistrer à la chambre des comptes leurs lettres de provision avec l'acte de leur prestation de sermens.*

Chantilly, 10 mars 1634; reg. en la ch. des compt. le 28 mars. (Mémor. ch. des compt. Vol. EEEEE, f° 172. — Ordonn. des compt., bibl. du Conseil d'état, tom. 5.)

N° 246. — ÉDIT *portant défense de constituer des rentes au-dessus du denier 18, et aux notaires d'en recevoir les contrats, sous peine de privation de leurs charges* [1].

Chantilly, mars 1634; reg. le 16 juin, après lettres de justice. (Vol. EEE, f° 316. — Merc. fr. 20. 697.)

Louis, etc. Le feu roy notre très-honoré seigneur et père, ayant reconnu que le profit excessif que tiroient les particuliers

---

[1] Le taux des rentes et des intérêts a subi beaucoup de variations. Anciennement il était au denier 10 du capital (art. 376 de l'ancienne coutume d'Orléans, rédigée en 1509). Charles IX le fixa au denier 12, par l'édit de mars 1576. Henri IV au denier 16, par édit de juillet 1601. Louis XIV au denier 20, par édit de décembre 1665. Louis XV au denier 50, par édit de mars 1720, non exécuté, parce qu'il ne fut pas enregistré, et que la réduction des intérêts était exorbitante; puis au denier 30, par autre édit de juin 1724. Rétabli au denier 20 par édit de juin 1725. Fixe au denier 25 par édit de juin 1766; puis enfin rétabli au denier 20 par édit de février 1770, mais sans modifier aucunement les contrats antérieurement passés. Cet état de choses subsista jusqu'à la révolution. — La loi du 11 avril 1793 déclara que l'argent était marchandise, et que le taux de l'intérêt était facultatif. Enfin l'intérêt fut fixé par la loi du 3 septembre 1807, à 5 p. 100 en matière civile, et à 6 en matière de commerce. Beaucoup de bons esprits et d'économistes distingués ont critiqué cette loi, et pensent que l'argent étant une véritable marchandise, l'intérêt devrait en être facultatif, et que son cours devait être réglé, soit sur celui de l'argent, soit sur celui de sa rareté ou de son abondance, etc.

des ventes et constitutions des rentes, auront fait négliger le trafic et commerce, et attiré la ruine de la plupart de la noblesse: par son édit du mois de juillet 1601 a réduit et réglé lesdites rentes et constitutions de rentes à raison du denier seize, le mal ne pouvant souffrir un plus grand remède, à cause des usures avantageuses que le malheur des guerres passées avoit comme autorisées, et du peu d'argent qui étoit lors dans le royaume: duquel retranchement néanmoins cet état a reçu une grande utilité. Mais à présent, par le bénéfice d'une longue paix, nos sujets se sont rendus si puissans, et cet état si abondant, que la réduction ci-devant faite ne produit plus l'effet pour lequel elle avoit été ordonnée, d'autant que les particuliers trouvent tant de profit et de facilité au revenu desdites constitutions, qu'ils négligent celui du commerce, dont le rétablissement toutesfois est si important et nécessaire pour la subsistance de cette monarchie, que nous ne sçaurions y contribuer avec assez de soin, ni nous servir de meilleurs moyens et plus propres pour y parvenir, que de ceux dont s'est servi notre très-honoré seigneur et père, en modérant à son exemple le revenu desdites constitutions à un pied si légitime, que ceux qui par leur industrie pourroient rétablir ledit commerce et l'agriculture, ne soient plus retenus dans l'oisiveté par l'avantage qu'ils tirent desdites constitutions de rentes, et les autres en puissent tirer un profit si modéré, qu'ils soient obligez par la diminution de leurs revenus de retrancher le luxe qui a cours.

A ces causes, après avoir fait mettre cette affaire en délibération en notre conseil, où étaient aucuns princes de notre sang, autres princes, officiers de notre couronne, et autres grands et notables personnages: de leur avis, et de notre propre mouvement, certaine science, pleine puissance et autorité royale, nous avons par notre présent édit perpétuel et irrévocable, dit, statué et ordonné, disons, statuons et ordonnons, voulons et nous plaist,

(1) Que dorénavant les constitutions de rentes qui se feront par nos sujets de quelque estat, qualité et condition qu'ils soient, ne puissent excéder le denier dix-huit par an, à quoi nous avons reglé, réduit et modéré le pied desdites constitutions dans toutes les provinces, sénéchaussées et bailliages de notre royaume, nonobstant les ordonnances, us et coutumes des lieux, lesquelles nous avons révoqué et révoquons par ces présentes.

(2) Défendons très-expressément à tous notaires et tabellions de passer les contrats qu'ils en feront à plus haute raison, à peine

de privation de leurs offices et de pure perte des sommes principales contre les créanciers au profit des constituants, et à tous juges d'y avoir égard ni de rendre aucuns jugemens, sentence et condamnations de plus grands intérests, à peine de suspension de leurs charges : Déclarant nuls et de nul effet lesdits contrats de constitutions, sentences et jugemens, ensemble toutes les promesses qui pourroient estres ci-après faites sous seings privez portans intérests, même celles de change et rechange, si ce n'est à l'égard des marchands fréquentans les foires de nostre ville de Lyon, et pour cause de marchandises, sans préjudice toutefois des constitutions que nous avons ordonné par nos édits auparavant l'expédition des présentes ; lesquelles constitutions nous voulons avoir lieu et estre faites sur le pied du denier seize, ainsi qu'il est porté par lesdits édits.

N° 247. — Traité d'alliance entre la France et les Pays-Bas (1).

La Haye, 15 avril 1634. Fréd. Léon., t. 5. — Rec. des trait. de paix, t. III, pag. 249.)

N° 248. — Déclaration contre les duels (2).

Fontainebleau, mai 1634 ; reg. au parl. le 29. (Vol. EEE, f° 297. — Merc. franc. 20. 656.)

N° 249. — Déclaration de guerre à l'Espagne (3).

Château-Thierry, 6 juin 1635 ; reg. le 18. (Merc. franç., tom. 20, pag. 955, 2ᵉ part.)

---

(1) Conclu pour sept années. — Le roi de France s'engage à payer 2 millions 500,000 liv. par an, et les Pays-Bas à faire la guerre par mer et par terre aux Espagnols.

(2) Confirmation de l'édit de 1626. V. à sa date.

(3) Les griefs de la France contre l'Espagne y sont longuement énumérés. C'est l'occupation de la Valteline par les Grisons, alliés de la France, l'inexécution du traité de Guirasque et l'oppression du duc de Mantoue, les vexations contre le duc de Savoie, les défections fréquentes du duc de Lorraine, amenées par les suggestions de l'Espagne, le traité avec Gaston d'Orléans ; enfin, la captivité de l'électeur de Trèves, allié de France. — Cette déclaration de guerre était seulement destinée pour le parlement et la cour. Voici comment l'ouverture des hostilités fut annoncée à l'Espagne : Un héraut d'armes se rendit à Bruxelles, où se trouvait le cardinal infant d'Espagne ; n'ayant pu être admis en sa présence, il jeta devant le logis du sergent-major de la place un papier où était écrit : « Le héraut d'armes de France, au titre d'Alençon, soussigné, certifie à « tous qu'il appartiendra être venu au Pays-Bas pour trouver le cardinal infant « d'Espagne, de la part du roi son maître, son unique et souverain seigneur,

N° 250. — Traité d'alliance entre la France et la Suède (1).

Francfort, 7 juin 1634. (Fréd. Léonard, tom. 3. — Rec. des traités de paix, t. 3, p. 352.)

N° 251. — Déclaration *qui défend d'attaquer les Espagnols et les Portugais en deçà du premier méridien, à l'ouest, et en deçà du tropique du Cancer, pour le midi* (2).

Saint Germain en-Laye, 1er juillet 1634; reg. le 27. (Merc. franç., XX, 712.)

Louis, etc. Les principaux marchands de nostre estat, et autres nos sujets qui s'adonnent à la navigation, nous ont remonstré, que dans les costes et ports d'Espagne, depuis quelques années, les Espagnols et Portugais ont voulu entreprendre sur leurs vaisseaux, allans ou retournans des Indes et de l'Amérique, sans considérer que la voye d'hostilité n'est permise aux uns et aux autres qu'au de-là du premier méridien pour l'occident, et du tropique de cancer pour le midy; et comme la légitime défense ne peut être prohibée à nos sujets, et que mesme il leur est loisible par nos ordonnances de s'armer contre ceux qui leur empeschent la liberté du commerce de la navigation; ils nous ont

---

« pour lui dire que puisqu'il n'a pas voulu rendre la liberté à M. l'archevêque « de Trèves, électeur de l'Empire, qui s'était mis sous sa protection, lorsqu'il « ne la pouvait recevoir ni de l'empereur ni d'aucun autre prince, et que contre « la dignité de l'Empire et le droit des gens vous retenez prisonnier un prince sou- « verain qui n'avait point de guerre contre vous, sa majesté vous déclare qu'elle est « résolue de tirer raison par les armes de cette offense qui intéresse tous les prin- « ces de la chrétienté. » Le héraut planta ensuite sur la frontière un poteau où un duplicata de cette déclaration était attaché. Un manifeste (Recueil des traités de paix, t. 3, p. 565), qui n'est que la paraphrase de la déclaration de guerre, fut ensuite rédigé sous la forme d'une lettre au duc de Montbazon, et lancé dans le public; il a la date du 9 juin 1635. Ces actes furent complétés 1° par une déclaration du roi (Merc. fr., t. 20, p. 960) portant défense de commercer avec l'Espagne; 2° par un arrêt du parlement de Paris qui ordonne de saisir partout où on les trouverait les marchandises des sujets espagnols.

(1) Comme les précédens il a pour objet de consolider la confédération allemande contre l'Autriche, à laquelle la France déclara la guerre l'année suivante. Ce traité fut suivi d'un autre traité du 26 août, entre le roi de France et le chancelier Oxenstiern, comme directeur général de la confédération. (V. Rec. des traités de paix, t. 3, p. 355.)

(2) Le pape avait, par une bulle, partagé le monde entre les couronnes, après la découverte de l'Amérique, au commencement du seizième siècle. V. Hist. de la géographie, par Maltebrun, tom. 1er, p. 501. Aujourd'hui, d'après le droit des gens, la mer est réputée n'être la propriété d'aucune nation, sauf le droit sur les côtes, qui s'étendent à la portée du canon.

requis de leur donner permission de prendre en mer lesdits Espagnols et Portugais, allans et retournans desdites Indes et païs de l'Amérique, en queque lieu qu'ils les rencontrent. Sur quoi désirant leur faire entendre notre volonté, pour empescher que par quelque action violente ils ne vinssent à troubler, contre notre intension, la bonne correspondance en laquelle nous voulons demeurer, et par ce moyen tomber en notre indignation. Sçavoir faisons, que de l'advis de notre cher et bien aimé cousin le cardinal duc de Richelieu, pair, grand maître, chef et sur-intendant général de la navigation et commerce de France, nous avons par ces présentes nos lettres de déclaration, signées de notre main, fait et faisons très-expresses inhibitions et défenses à nos sujets, de quelque qualité et condition qu'ils soient, faisans voyage par mer, d'attaquer ni courir sus aux navires espagnols et portugais qu'ils trouveront, pour l'occident au de-çà du premier méridien, et pour le midy au de-çà du tropique du cancer; voulant que dans les espaces desdites lignes, nos sujets laissent et souffrent librement aller, traiter, et naviguer lesdits Espagnols et Portugais, mesme allans ou retournans des Indes et païs de l'Amérique, sans leur faire ni donner aucun trouble ni empeschement en leur navigation, ni autrement, pourveu que nos sujets reçoivent d'eux à l'advenir pareil traitement, et qu'il ne soit rien entrepris sur eux par lesdits Espagnols et Portugais au de-çà desdites lignes; par le passé, à l'encontre desdits Espagnols et Portugais au de-là desdites bornes, ainsi qu'ils trouveront leurs advantages, jusqu'à ce que lesdits Espagnols et Portugais ayent souffert le commerce libre à nosdits sujets en l'estendue desdites terres et mers des Indes et de l'Amérique, et leur ayent donné libre entrée et accez pour cet effet dans tous lesdits païs, et dans les ports et hâvres d'iceux, pour y traiter et négocier ainsi qu'au de-çà desdites lignes;

Voulons que les capitaines de navires étant de retour de leurs voyages, en payant les droits pour ce deus, et faisans apparoir que les vaisseaux par eux attaquez, ont été pris au de-là du premier méridien pour l'occident, et du tropique du cancer pour le midy, ils soient et demeurent passibles des prises qu'ils auront ainsi faites sur lesdits Espagnols et Portugais, sans que pour raison de ce, lesdits capitaines, matelots, armateurs, avitailleurs et bourgeois en puissent être recherchez, pour quelque cause ou occasion que ce soit ou puisse être.

Et afin que plus facilement on puisse juger si les prises auront été bien ou mal faites, et que le premier méridien, auquel ont été bornées les amitiez et alliances, soit mieux recongnu qu'il n'a été depuis quelque temps; et après que nostredit cousin s'est fait informer par personnes capables et expérimentez au faict de la navigation, nous faisons inhibition et défenses à tous pilotes, hydrographes, compositeurs et graveurs de cartes ou globes géographiques d'innover ou changer l'ancien établissement des méridiens, ni constituer le premier d'iceux ailleurs qu'en la partie la plus occidentale des isles Canaries, conformément à ce que les plus anciens et fameux géographes en ont déterminé; et partant voulons que désormais ils ayent à recongnoître et placer dans lesdits globes et cartes ledit premier méridien en l'Isle-de-Fer, comme la plus occidentale desdites isles, et compter de-là le premier dégré des longitudes en tirant à l'orient, sans s'arrêter aux nouvelles inventions de ceux qui par ignorance et sans fondement l'ont placé aux Açores, sur ce qu'en ce lieu aucuns navigateurs auroient rapporté l'éguille n'avoir point de variation, estant certain qu'elle n'en a point à plusieurs autres endroits, qui n'ont jamais été pris pour le premier méridien.

Si donnons, etc.

N° 252. — LETTRES-PATENTES *portant défenses aux marchands et autres personnes d'exporter les monnaies d'or et d'argent, tant de France qu'étrangères, à plus haut prix que celui porté par les édits* (1).

Chantilly, 12 juillet 1634; reg. en la cour des monnaies, le 12 août. (Reg. de la cour des monn., coté JJ, f° 159.)

N° 253. — LETTRES-PATENTES *portant réglement pour les priviléges des jésuites du collége de La Flèche.*

Chantilly, août 1634; reg. le 26 octobre, au parl. de Paris. (Vol. EEE, f° 372.)

N° 254. — DÉCLARATION *portant réunion au domaine des deniers consignés entre les mains des receveurs des consignations, et de ceux qui sont entre les mains des adjudicataires, qui n'ont point été réclamés depuis 30 ans* (2).

Chantilly, 18 août 1634; reg. le 10 février 1635. (Blanchard, 1617.)

---

(1) V. l'édit de Henri IV, septembre 1602, et la note.
(2) On les considérait comme acquis au domaine par prescription. — Aujourd'hui, comme sous l'empire des lois anciennes, les biens vacans et sans maître

N° 255. — DÉCLARATION *portant défenses aux ministres protestans de prêcher hors de leur résidence* (1).

Saint-Germain-en-Laye, 2 décembre 1624; reg. en la chambre de l'édit de Castres, le 3 janvier 1625. (Abrégé des mém. du clergé, 1, 379.)

Louis, etc.; Par les édits de pacification en faveur de nos sujets de la religion prétendue réformée, même par l'art. 10 de l'édit du mois de janvier 1561, il est très expressément défendu aux ministres de la religion prétendue réformée, d'aller de lieu en lieu et de village en village pour y prêcher; ce que nous aurions réitéré par plusieurs arrêts de notre conseil. Néanmoins au préjudice de ce les ministres de notre province de Languedoc vont prêcher en plusieurs lieux, qu'ils appellent annexes, quoiqu'ils n'y fassent pas leur résidence, et que l'exercice de ladite religion prétendue réformée n'y soit pas permis; ce qui est une contravention auxdits édits et arrêts, dont nous recevons journellement des plaintes. Et d'autant que notre intention a toujours été de faire inviolablement garder les édits pour le bien et repos de tous nos sujets, tant catholiques que de la religion prétendue réformée;

A ces causes, de l'avis de notre conseil, nous avons par ces présentes signées de notre main, fait très expresses inhibitions et défenses aux ministres de la religion prétendue réformée de notre province de Languedoc, et à tous autres, de faire prêche, ni tout autre exercice deladite religion prétendue réformée, sinon au lieu de leur demeure ordinaire, le prêche y étant permis, a peine d'être punis comme infracteurs de nos édits, et de cinq cents livres d'amende, au paiement de laquelle ils seront contraints par emprisonnement de leurs personnes, et autres peines arbitraires.

---

sont dévolus au domaine. — V. la loi du 22 novembre 1790, sur la nature des domaines de l'état.

(1) V. ci-devant édit de François II, février 1559; de Charles IX, janvier 1561, 24 juin 1564, 7 septembre 1568, et ci-devant 22 octobre 1620. — V. ci-après, déclarations des 30 août 1682, 22 mai 1683, 26 juin, 21 août et 4 septembre 1684, février et 25 juillet 1685, et l'édit du mois d'octobre même année, qui révoque celui de 1598, dit de Nantes.

N° 256. — **Arrêt d'une commission qui condamne Urbain Grandier à être brûlé vif** (1).

Loudun, 18 août 1634. (Merc. franç., XX, 1ʳᵉ part., 771.)

N° 257. — **Arrêt du parlement de Paris, qui déclare nul le mariage de Gaston, duc d'Orléans, avec Marguerite de Lorraine** (2).

Paris, 5 septembre 1634. (Merc. fr., t. 20, prem. part. p. 861.)

---

(1) C'est une de ces erreurs judiciaires qui peignent les mœurs de l'époque et font l'étonnement de la postérité. — Urbain Grandier était curé de l'église de Loudun. Cet homme remarquable et par son esprit et par ses avantages extérieurs, mais de mœurs équivoques, briguait vers 1632, la direction du couvent des Ursulines, depuis peu établies à Loudun. — Une des religieuses prétendit que le défunt directeur lui était apparu pendant la nuit, puis ensuite qu'Urbain Grandier lui était apparu lui-même, pour la solliciter de violer le vœu de chasteté. Elle communique à la supérieure son rêve (car qu'était-ce autre chose?), et aussitôt tout le couvent est tourmenté par des apparitions nocturnes; on les touche, on les frappe, on les renverse: bref, le diable est au corps de toutes les religieuses. Il faut l'exorciser. — L'exorcisme a donc lieu par procès-verbal du 6 octobre. Un docteur en théologie et plusieurs chanoines y procèdent. La présence du démon est duement constatée. On l'a entendu dire plusieurs mots latins, et puis en français : *Un prêtre m'y a mis, un prêtre ne m'en ôtera pas.* Cependant, vaincu par les exorcismes, le diable se retire. — Il revient de nouveau dans le corps des religieuses; mais d'autres procès-verbaux le forcent encore à la fuite. Cette fois-ci, la justice séculière s'en mêle, et l'évêque de Poitiers s'unit au lieutenant criminel de Loudun, pour exorciser le démon. Enfin, trois médecins ont constaté sa présence, et la mauvaise volonté qu'il a mise à partir. — Le nom d'Urbain Grandier se répand dans le public, on l'accuse d'avoir mis le diable au couvent de Loudun, de plus d'avoir composé un livre contre le célibat des prêtres. — Les religieuses n'étaient que des instrumens. Qui les employait? Richelieu lui-même. Pendant qu'il était évêque de Luçon, Urbain Grandier avait eu avec lui quelques discussions de préséance qui avaient vivement irrité le prélat. Il l'accusait aussi d'être l'auteur d'un pamphlet dirigé contre lui, intitulé : *Lettres de la cordonnière de la reine-mère à M. Barradas.* — La vengeance de Richelieu, devenu tout-puissant, fut prompte et terrible. — Laubardemont est envoyé à Loudun pour prendre des informations, et après avoir, comme dit le Mercure, apporté une *merveilleuse industrie* à sonder les profondeurs de l'affaire, il fait arrêter Urbain Grandier. — Une commission est aussitôt instituée pour juger le malheureux prêtre, coupable seulement d'avoir déplu à Richelieu. — Laubardemont préside. — Urbain Grandier répond à tous ses interrogatoires avec une grande supériorité de raison. Il confond ses accusateurs, mais le terrible cardinal voulait sa mort, et on le condamne à être brûlé vif, après avoir été appliqué à la question extraordinaire! Raffinement de barbarie odieux à l'égard d'un criminel, et atroce à l'égard d'un homme accusé de magie, c'est-à-dire d'un crime qui n'existe pas!

(2) Le roi écrivit le 2 janvier 1634 au parlement, pour lui apprendre qu'il

N° 258. — Édit *portant établissement d'un conseil souverain à Nancy* (1).

Monceaux, 17 septembre 1634; reg. le 17 octobre, audience du conseil. (Merc. franç., t. 20, p. 182.)

N° 259. — Traité *de confédération et d'alliance entre la France et les états évangéliques des cercles et provinces électorales de Franconie, Souabe et du Rhin* (2).

Francfort, 20 septembre 1634. (Fréd. Léon., t. III, p. 35.—Recueil des traités de paix, t. III, p. 356.)

N° 260. — Traité *entre la France et la Suède* (3).

9 octobre 1634. (Fréder. Léon., t. 5; Recueil des traités de paix, t. III, p. 358.)

---

donnait commission au procureur-général de poursuivre la nullité du mariage de Gaston. Il donnait pour motif que le duc de Lorraine avait séduit Gaston pour lui faire contracter ce mariage sans le consentement du roi de France; qu'il s'était ainsi rendu coupable du crime de rapt et de rébellion; et qu'il se servait de l'ascendant que sa qualité de beau-père lui donnait sur le duc d'Orléans pour le retenir loin du royaume, et fomenter avec lui des troubles en France. — Il avait écrit pareillement au premier président du parlement; l'ordre donné au procureur-général afin de poursuivre, est du même jour 2 janvier. — Le roi ne se contenta pas de l'arrêt du parlement, et voulut encore avoir l'avis de l'église. — L'assemblée générale du clergé de France fut convoquée au grand couvent des Augustins, à Paris; et deux conseillers députés par le roi lui présentèrent à résoudre cette question : « Les mariages des princes du sang qui peuvent prétendre à la succession de la couronne, et particulièrement de ceux qui en sont les plus proches et présomptifs héritiers, peuvent-ils être valables et légitimes s'ils sont faits, non-seulement sans le consentement de celui qui possède la couronne, mais encore contre sa volonté et sa défense? » — L'assemblée du clergé se prononça pour la négative par délibération du 10 juillet 1635. (Voyez Merc. fr., t. 20, p. 1056 et suiv.) — Ce principe consacré par deux décisions successives, se retrouve dans un décret relatif au mariage de Jérôme Bonaparte le 11 ventose an XIII, et dans les constitutions de l'empire du 18 mai 1804.

(1) Après la conquête de la province sur le duc de Lorraine, Nancy ne resta que peu de temps à la France, et fut rendu au cardinal de Lorraine (frère de Richelieu) donataire du duc son frère.

(2) Ce traité est fort important. Les desseins des alliés y sont expliqués clairement et énergiquement. Les ennemis, y est-il, sont la maison d'Autriche, l'Espagne et leurs adhérens. Il fut signé pour la confédération par le chancelier Oxenstiern, directeur général.

(3) Il a pour objet de mettre sous la protection de la France plusieurs places d'Alsace, d'où la couronne de Suède retire ses troupes.

N° 261. — TRAITÉ *de confédération entre la France et le duc de Wurtemberg et autres princes d'Allemagne* (1).

Paris, 1er novembre 1634. (Fréd. Léon., t. III, p. 35. — Rec. des traités de paix, t. III, p. 357.)

N° 262. — DÉCLARATION *sur le commerce de l'île Saint-Christophe* (2).

Saint-Germain-en-Laye, 25 novembre 1634. (Moreau-Saint-Méry, constitution des Colonies, 1, 27.)

Louis, etc.; Sur ce qui nous a été représenté par les intéressés de la compagnie, formée sous notre autorité, tant pour établir une colonie de nos sujets, et des habitations de François dans l'isle de Saint-Christophe, située aux Indes occidentales, et instruire les habitans d'icelle de la vérité de la religion catholique, apostolique et romaine, de laquelle les Indiens n'avaient aucune connaissance; que pour la faire valoir, et en retirer les commodités qui y naissent, afin d'établir un commerce qui soit utile à nos sujets; ladite compagnie aurait fait de grands frais et dépenses pour y faire porter nombre d'hommes, ensemble des vivres, marchandises, matériaux et ouvriers pour y bâtir, et autres choses nécessaires pour s'y établir, et continue de faire de grandes avances, de temps en temps, pour les faire subsister, comme ils ont fait depuis l'établissement d'icelle jusqu'à présent; de quoi elle ne peut retirer aucune chose, pour l'indemniser, sinon du tabac, ou petun, ou rocou et coton, que lesdits habitans y font venir par leur labeur et travail, à la charge d'en rendre annuellement certaine part et portion de leur revenu, qu'ils doivent envoyer au Havre-de-Grâce, suivant les conventions faites avec eux ou la plus part, avant que de les y faire passer, avec défense à tous autres de les y troubler; mais au lieu de ce faire, lesdits habitans de ladite isle, à toutes les commoditez qui s'offrent, vendent aux étrangers, et principalement aux François qui ne sont dans ladite compagnie, toutes les marchandises, ou les envoient en France dans des ports détournez, pour les vendre et en retirer le prix, sans payer que fort peu de

---

(1) Il a le même objet que les précédens. Le chancelier Oxenstiern y intervint comme directeur général de la confédération.

(2) V. ci-devant déclaration du 2 juillet 1615, édit d'octobre 1626, l'ordonn. de 1628 sur la formation de la compagnie des Indes, et la déclaration du 17 novembre 1626. — V. ci-après ord. du 12 février 1635.

chose de ce qui est dû à ladite compagnie ; tellement que la grâce que nous lui avons faite de lui donner ladite isle pour la faire valoir, ne lui a servi jusques à maintenant qu'à faire de grands frais et dépenses, qui lui ont été et seroient encore à l'avenir inutiles, ce qui contraindroit ladite compagnie à quitter tout et abandonner ladite isle, s'il ne nous plaisoit, sur ce lui pourvoir.

A ces causes, nous désirant conserver ladite compagnie en la gratification et don que nous lui avons fait de ladite isle, et empêcher qu'elle ne soit frustrée du légitime revenu qui lui appartient, selon les conventions qu'elle a faites, tant avec ceux qu'elle a envoyez pour l'habiter, que les autres qui y sont allez depuis volontairement, sont obligez d'entretenir, si autrement ils n'en conviennent avec ladite compagnie, ou les directeurs d'icelle :

Avons fait et faisons expresses inhibitions et défenses, à tous nos sujets et autres, qui partiront de nos ports et havres, soit qu'ils passent pour aller aux Indes occidentales, soit qu'ils aillent exprès en ladite isle de Saint-Christophe et autres circonvoisines, d'y accepter ou faire acheter, ou en rapporter le tabac, rocou et coton qui y croissent, sans l'expresse vouloir ou consentement par écrit des directeurs de ladite compagnie, ou que ce soit pour le compte d'icelle, à peine de mille livres d'amende, et de confiscation, tant des vaisseaux que dudit tabac et autres marchandises qui seront apportées dedans.

Si mandons, etc.

N° 263. — DÉCLARATION *sur le paiement des pensions des cardinaux, prélats, chevaliers, officiers et commandeurs de l'ordre du Saint-Esprit* (1).

Saint-Germain-en-Laye, 4 décembre 1634. (Statuts de l'ordre du Saint-Esprit, p. 151.)

N° 264. — DÉCLARATION *sur la réduction des portions congrues* (2).

Saint-Germain-en-Laye, 18 décembre 1634, vérif. au grand cons. le 11 janvier 1635. (Abrégé des Mém. du clergé, III, 18.)

Louis, etc. Les agens généraux du clergé de notre royaume nous

---

(1) V. l'édit d'institution de cet ordre, décembre 1578, sous Henri III. — Aujourd'hui il n'y a plus de pensions attachées à cet ordre.

(2) V. ci-devant l'ordonnance de 1629, art. 15, et la déclaration du 17 août 1652.

ont fait remontrer, qu'en conséquence de notre ordonnance du mois de janvier 1629, art. 13, par laquelle nous aurions limité les portions congrues des curés et vicaires perpétuels à 300 livres, se seroient mus tant de procès, que pour les faire cesser, nous aurions premièrement fait une déclaration du 17 août 1632, par laquelle nous aurions réduit lesdites pensions congrues, pour les curés et vicaires perpétuels qui sont au-delà de la rivière de Loire, et en notre pays de Bretagne, à la somme de 200 liv. par an, laquelle ayant été vérifiée en notre grand conseil, les évêques, abbés, chapitres et communautés ecclésiastiques, desquels dépendent les cures et vicairies perpétuelles qui sont au-deçà de ladite rivière de Loire, estimant n'être pas de pire condition que les autres, auroient intenté grand nombre de procès, tant en notre grand conseil qu'ailleurs, pour lesdites portions congrues; en telle sorte que lesdits agens, pour le bien et repos du clergé, ayant recouvert grand nombre de procurations desdits archevêques, évêques, abbés, chapitres, communautés et autres ecclésiastiques, se seroient adressés à nous, et sur ce fait leurs remontrances à notre conseil, et proposé les désordres et inconvéniens naissans de cette diversité : à quoi notredit conseil ayant égard, aurait le 30 mai dernier donné arrêt, par lequel désirant faire cesser tous les susdits procès et différends concernant lesdits curés et vicaires perpétuels des paroisses étant au deçà de ladite rivière de Loire, et interprétant l'art. 13 de notredite ordonnance, aurait modéré lesdites pensions congrues à 200 liv. par an, pour les curés des églises paroissiales qui n'ont point de vicaires, et à 300 ceux qui sont obligés de tenir des vicaires, aux charges portées par ledit arrêt, en conséquence duquel il leur est besoin avoir nos lettres de déclaration, lesquelles ils nous ont supplié leur octroyer.

Nous, à ces causes, désirant la paix et union entre les personnes ecclésiastiques, de notre grâce spéciale, pleine puissance et autorité royale, en confirmant ledit arrêt du conseil, et conformément à icelui, en interprétant ledit art. 13 de notre ordonnance du mois de janvier 1629,

Avons modéré et modérons, par ces présentes signées de notre main, lesdites portions et pensions congrues des vicaires perpétuels et curés étant au-deçà de ladite rivière de Loire, à ladite somme de 200 liv. par an, pour lesdits curés des églises paroissiales qui n'ont point de vicaires, et 300 liv. pour ceux qui ont eu ci-devant, et sont à présent obligés d'avoir des vicaires, dont nous remettons le jugement aux évêques diocésains ; et ordonnons, voulons et nous plaît qu'outre lesdites sommes, les offrandes et droits casuels desdites églises, ensemble les fondations des obits demeurent auxdits curés et vicaires perpétuels, et non les petites dixmes, les revenus des fonds et domaines des cures, et autres revenus ordinaires, qui seront précomptés sur lesdites portions congrues, nonobstant ledit art. de notredite ordonnance, et tous autres édits et réglemens faits au contraire, auxquels de notre grâce et pouvoir susdit, nous avons à cet effet dérogé et dérogeons.

N° 265. — LETTRES-PATENTES *pour l'établissement de l'Académie* (1) *française.*

Paris, janvier 1635 ; reg. au parl. le 10 juillet 1637 après lettres de jussion et deux lettres de cachet (2). (Vol. FFF, f° 123. — Pélisson, Hist. de l'Acad. I, 30.)

Louis, etc. Aussitôt que Dieu nous eut appelé à la conduite de cet état, nous eûmes pour but, non seulement de remédier au désordre que les guerres civiles dont il a esté si long-temps affligé y avoient introduits, mais aussi de l'enrichir de tous les ornemens convenables à la plus illustre et la plus ancienne de toutes les monarchies qui soient aujourdhui dans le monde ; et quoique nous ayons travaillé, sans cesse, à l'exécution de ce bon dessein, il nous a été impossible, jusqu'ici, d'en voir l'entier accomplissement. Les mouvemens excités si souvent dans la pluspart de nos provinces, et l'assistance que nous avons été obligé de

---

(1) Aujourd'hui l'institut. C'est encore une des fondations du cardinal de Richelieu qui s'en fit déclarer le protecteur. Louis XV, par lettres-patentes de 1752, modifia les statuts de cette compagnie. La convention la supprima avec les autres académies par décret du 8 août 1793 ; réorganisée sous le nom d'institut national en 1795, elle reçut en 1803 une première, et en 1816 une deuxième réorganisation. Les quatre classes de l'ancien institut ont repris chacune le nom d'académie. L'origine de l'académie française remonte à 1629. A cette époque, Courard, protestant, qui fut de la première nomination, réunissait chez lui une société de gens de lettres qui prit en 1634 le nom d'académie des beaux arts, puis de l'éloquence, puis enfin celui d'académie française par lettres de 1635. Cette compagnie qui a compté dans son sein plusieurs hommes célèbres au milieu d'une foule de médiocrités, n'a pas reçu Descartes, Pascal, Molière, le cardinal de Retz, d'Aguesseau, Helvétius, les deux Rousseau, Piron, Diderot, Beaumarchais, etc. V. Hist. de l'académie par Pélisson.

(2) Le parlement, en haine du cardinal, résista longtemps avant d'enregistrer ces lettres-patentes.

donner à plusieurs de nos alliés, nous ont divertis de toute autre pensée que de celle de la guerre, et nous ont empêché de jouir du repos que nous procurions aux autres; mais comme toutes nos intentions ont été justes, elles ont eu aussi des succès heureux; ceux de nos voisins qui étoient oppressés par leurs ennemis, vivent maintenant en assurance sous notre protection; la tranquillité publique fait oublier à nos sujets toutes les misères passées, et la confusion a cédé enfin au bon ordre que nous avons fait revivre par mieux, en rétablissant le commerce, en faisant observer exactement la discipline militaire dans nos armées, en réglant nos finances et en réformant le luxe. Chacun sait la part que nostre très-cher et très-amé cousin le cardinal duc de Richelieu a eu en toutes ces choses; et nous croirions faire tort à la suffisance et à la fidélité qu'il nous a fait paroître en toutes nos affaires depuis que nous l'avons choisi pour notre principal ministre, sy en ce qui nous reste à faire pour la gloire et pour l'embellissement de la France, nous ne suivions ses avis et ne commettions à ses soins la disposition et la direction des choses qui s'y trouveront nécessaires.

C'est pourquoi, lui ayant fait connoître nostre intention, il nous a représenté qu'une des plus glorieuses marques de la félicité d'un estat étoit que les sciences et les arts y fleurissent, et que les lettres y feussent en honneur aussi bien que les armes, puisqu'elles sont un des principaux ornemens de la vertu; qu'après avoir fait tant d'exploits mémorables, nous n'avions plus qu'à ajouter les choses agréables aux nécessaires, et l'ornement à l'utilité. Et qu'il jugeoit que nous ne pourrions mieux commencer que par le plus noble de tous les arts qui est l'éloquence; que la langue françoise, qui jusques à présent n'a que trop ressenti la négligence de ceux qui l'eussent pu rendre la plus parfaite des modernes, est plus capable que jamais de le devenir, vû le nombre des personnes qui ont une cognoissance particulière des advantages qu'elle possède, et de ceux qui s'y peuvent encore ajouter; que pour en établir des règles certaines, il avoit ordonné une assemblée dont les propositions l'avoient satisfait, si bien que pour les exécuter et pour rendre le langage françois non seulement élégant, même capable de traiter tous les arts et toutes les sciences, il ne seroit besoin que de continuer ces conférences, ce qui se pourroit faire avec beaucoup de fruit s'il nous plaisoit de les autoriser, de permettre qu'il fût fait des règlemens et des statuts pour la police qui doit y être gardée, et de gratifier ceux dont elles seront composées de quelques témoignages honorables de notre bienveillance.

A ces causes, ayant égard à l'utilité que nos sujets peuvent recevoir desdites conférences, et inclinant à la prière de notredit cousin,

(1) Nous avons, de nostre grâce spéciale, pleine puissance et autorité royale, permis, approuvé et autorisé, permettons, approuvons et autorisons par ces présentes signées de notre main, lesdites assemblées et conférences. Voulons qu'elles se continuent désormais en notre bonne ville de Paris, sous le nom de l'*Académie françoise*; que notredit cousin s'en puisse dire et nommer le chef et le protecteur; que le nombre en soit limité à quarante personnes; qu'il en autorise les officiers, les statuts et les réglemens, sans qu'il soit besoin d'autres lettres de nous que les présentes, par lesquelles nous confirmons dès maintenant, comme pour lors, tout ce qu'il fera pour ce regard.

(2) Voulons aussi que ladite Académie ait un sceau, avec telle marque et inscription qu'il plaira à nostredit cousin, pour seller tous les actes qui émaneront d'elle.

(3) Et d'autant que le travail de ceux dont elle sera composée doit être grandement utile au public, et qu'il faudra qu'ils y emploient une bonne partie de leur loisir; et nostredit cousin nous ayant représenté que plusieurs d'entre eux ne se pourroient trouver que fort peu souvent aux assemblées de ladite Académie, si nous les exemptions de quelques-unes des charges onéreuses dont ils pourroient être chargés, comme nos autres subjets, et si nous ne leur donnions moyen d'éviter la peine d'aller solliciter sur les lieux les procès qu'ils pourroient avoir dans les provinces esloignées de nostre bonne ville de Paris, où lesdites assemblées se doivent faire. Nous avons, à la prière de nostredit cousin, exempté et exemptons, par ces mêmes présentes, de toute tutelle et curatelle, et de tout guet et garde, lesdits de l'Académie françoise, jusques audit nombre de quarante à présent et à l'advenir, et leur avons accordé et accordons le droit de committimus de toutes leurs causes personnelles, possessoires et hypothécaires, tant en demandant qu'en défendant, pardevant nos amés et féaux conseillers, les maîtres des requêtes ordinaires de notre hôtel, ou les gens tenans les requêtes de notre palais à Paris, à leur choix et option, tout ainsi qu'en jouissent les officiers domestiques et commensaux de notre maison.

Si donnons, etc.

N° 266. — Articles *accordés par le roi aux associés de la compagnie des îles de l'Amérique* (1).

Paris, 12 février 1635. (Moreau de Saint-Méry, I, 29.)

Accordé et accepté.

(1) C'est à savoir que lesdits associés continueront la colonie par eux établie dans l'isle de St.-Christophe, et feront tous leurs efforts d'en établir dans les autres isles principales de l'Amérique, situées depuis le 10° jusqu'au 30° degré, au-deçà de la ligne équinoxiale, qui ne sont occupées par aucun prince chrétien; s'il y en a quelques-unes habitées par aucuns princes chrétiens, où ils puissent s'établir avec ceux qui y sont à présent, ils le feront pareillement.

(2) Que ès isles qui sont dans ladite étendue, qui sont occupées à présent par les sauvages, lesdits associés s'y habituant, feront leur possible pour les convertir à la religion catholique, apostolique et romaine; et pour cet effet, en chacune habitation, lesdits associés feront entretenir au moins deux ou trois ecclésiastiques, pour administrer la parole de Dieu, et les sacremens aux catholiques, et pour instruire les sauvages : leur feront construire des lieux propres, pour la célébration du service divin, et leur feront fournir des ornemens, livres et autres choses nécessaires pour ce sujet.

(3) Que lesdits associés feront passer auxdites isles dans vingt ans, du jour de la ratification qu'il plaira à S. M. de faire desdits articles, le nombre de quatre mille personnes au moins, de tout sexe, ou feront en sorte que pareil ou plus grand nombre y passe dans ledit temps, duquel ceux qui seront à présent à St-Christophe feront partie; et pour savoir le nombre de ceux qui y sont, et qu'on fera passer à l'avenir esdites isles, lesdits associés fourniront un acte certifié du capitaine de St-Christophe, du nombre des François qui y sont à présent; et les maîtres des navires qui iront à l'avenir à ladite isle, ou autres affectées à ladite compagnie, apporteront un acte certifié du capitaine ou gouverneur de l'isle où la descente aura été faite du nombre des personnes qui y auront passé à la charge desdits associés, qui sera registré au greffe de l'amirauté.

(4) Qu'ils ne feront passer esdites isles, colonies et habitations, aucun qui ne soit naturel François, et ne fasse profession de la

---

(1) V. ci-devant déclaration du 25 novembre 1634, et la note.

religion catholique, apostolique et romaine; et si quelqu'un d'autre condition y passoit par surprise, on l'en fera sortir aussitôt qu'il sera venu à la connoissance de celui qui commandera dans ladite isle.

(5) Que lesdits associés pourront faire fortifier des places et construire des forts, et établiront des colonies aux lieux qu'ils jugeront les plus commodes pour l'assurance du commerce et la conservation des François.

(6) Et pour aucunement les indemniser de la dépense qu'ils ont ci-devant faite, et qu'il leur conviendra faire à l'avenir, sadite M. accordera, s'il lui plaît, à perpétuité auxdits associés et autres qui pourront s'associer avec eux, leurs hoirs, successeurs et ayans-cause, la propriété desdites isles en toute instance et seigneurie, les terres, rivières, ports, havres, fleuves, étangs, isles, mêmement les mines et minières; pour jouir desdites mines conformément aux ordonnances, et du surplus des choses dessusdites, sadite M. ne s'en réservera que le ressort, la foi et hommage qui lui sera fait, et à ses successeurs rois de France, par l'un desdits associés au nom de tous, à chacune mutation de roi, et la provision des membres de la justice souveraine, qui lui seront nommés et présentés par lesdits associés, lorsqu'il sera besoin d'y en établir.

(7) S. M. permettra auxdits associés d'y fondre canons et boulets, forges, toutes sortes d'armes offensives et défensives, faire poudre à canon, et toutes autres munitions nécessaires pour la conservation desdits lieux.

(8) Pourront lesdits associés améliorer et ménager lesdites choses à eux accordées en telle façon qu'ils aviseront pour le mieux, et distribuer les terres entr'eux, et à ceux qui habiteront sur les lieux avec réserve de tels droits et devoirs, et à telle charge qu'ils jugeront à propos.

(9) Pourront lesdits associés mettre tels capitaines et gens de guerre, que bon leur semblera, dans les forts qui seront construits esdites isles, et aussi sur les vaisseaux qu'ils y envoyeront, se réservant néanmoins sadite M. de pourvoir de gouverneur général sur toutes lesdites isles, lequel gouverneur ne pourra s'entremettre du commerce, ni de la distribution des terres desdites isles.

(10) Que pendant 20 années, nul des sujets de S. M., autres que lesdits associés, ne pourra aller trafiquer esdites isles, ports, havres et rivières d'icelles, que du consentement par écrit desdits

associés, et sous les congés qui leur seront accordés sur ledit consentement; le tout à peine de confiscation des vaisseaux et marchandises de ceux qui iront autrement, applicable au profit de ladite compagnie; et le grand-maître de la navigation et commerce, et ses successeurs en ladite charge, ne donneront aucun congé pour aller auxdites isles, sinon à ladite compagnie, laquelle s'intitulera dorénavant *la Compagnie des isles de l'Amerique*.

(11) Et pour convier lesdits sujets de S. M. à une si glorieuse entreprise, et si utile pour l'état, sadite M. accordera que les descendans des François habitués esdites isles, et les sauvages qui seront convertis à la foi et en feront profession, seront censés et réputés naturels François, capables de toutes charges, honneurs, successions, donations; ainsi que les originaires et régnicoles, sans être tenus de prendre lettres de déclaration ou naturalité.

12. Et d'autant que le principal objet des associés et de ceux qui se pourront associer est pour la gloire de Dieu et l'honneur du royaume, S. M. déclarera que les prélats et autres ecclésiastiques, les seigneurs et gentilshommes et les officiers, soit du conseil de S. M., cours souveraines ou autres qui seront associés, ne diminueront en rien de ce qui est de leur noblesse, qualités, priviléges et immunités.

(13) Que les artisans qui passeront esdites isles et y séjourneront pendant six années consécutives, et y exerceront leur métier, soient réputés maîtres de chefs-d'œuvre, et puissent tenir boutiques ouvertes en toutes les villes du royaume, à la réserve de la ville de Paris, en laquelle ne pourront tenir boutique ouverte que ceux qui auront demeuré et pratiqué leur métier esdites isles pendant dix années.

(14) Et que s'il arrivoit guerre civile ou étrangère qui empêchât lesdits associés d'exécuter ce à quoi ils sont obligés par les présens articles, il plaira à sadite M. leur prolonger le temps pour l'exécution d'iceux.

(15) Et au cas que lesdits associés manquassent en quelque point, à ce quoi ils s'obligent, sadite M. pourra donner liberté à toutes personnes de trafiquer esdites isles, et disposer des terres non occupées par ladite compagnie, ou autres François ayant droits d'eux, ainsi qu'il lui plaira, sans que lesdits associés puissent être tenus d'aucuns dommages et intérêts pour le défaut d'exécution.

(16) S. M. fera expédier et vérifier ès lieux qu'il appartiendra,

toutes lettres nécessaires pour l'entretenement de ce que dessus; et en cas d'opposition à ladite vérification, S. M. s'en réservera la connoissance à soi et à sa personne.

N° 267. — Ordonnance *du lieutenant civil sur la police générale de Paris* (1).

Paris, 30 mars 1635. (Traité de la police, I, 121.)

Sur ce que le procureur du roy nous a remontré, que, quelque soin que l'on ait pris de faire exécuter les ordonnances par nous cy-devant faites sur le fait de la police de cette ville de Paris, pour empêcher les désordres qui s'y commettent d'ordinaire, néanmoins, soit que la malice des hommes s'augmente de jour en jour, ou que les officiers discontinuent leur travail, le mal n'est point diminué; au contraire, les vagabons et gens mal vivans courent plus que jamais : et le prix des denrées est venu à tel excès, que le peuple en est grandement incommodé. Requérant estre sur ce pourvû de remède convenable. Considéré lequel requisitoire, et après avoir mandé et pris avis de plusieurs officiers et notables bourgeois de cettedite ville, pour ce assemblez à divers jours en la chambre civile du Chastelet; même informez des achats et débit des marchandises et denrées : avons, ce requérant ledit procureur du roy, ordonné ce qui ensuit.

Avons enjoint, suivant les ordonnances et arrests de la cour cy-devant donnez, à tous vagabons sans condition et aveu, même à tous garçons barbiers, tailleurs, et de toutes autres conditions, et aux filles et femmes débauchées, de prendre service et condition dans vingt-quatre heures, sinon vuider cette ville et fauxbourgs de Paris, à peine contre les hommes d'estre mis à la chaisne et envoyez aux galères; et contre les femmes et filles, du foüet, d'estre rasées et bannies à perpétuité, sans autre forme de procès.

Sont faites défenses à tous propriétaires et principaux locataires de cette ville et fauxbourgs, de les loüer, ny sous-loüer qu'à personnes de bonne vie et bien famez, ny souffrir en icelles aucun mauvais train, jeux, ny brelan, à peine de 60 liv. d'amende la première fois, la perte des loyers pendant trois ans pour la

---

(1) V. ci-devant ordonnance de Jean, 1350, de Charles VI, février 1415, et ci-après lettres-patentes du 24 mai 1639.

seconde, et de la confiscation de la propriété pour la troisième fois, au profit de l'Hostel-Dieu de cette ville.

Pareilles défenses sont faites aux taverniers, cabaretiers, loüeurs de chambres garnies, et aux autres, de loger, ny recevoir de jour, ny de nuit, aucunes personnes des conditions susdites, leur administrer aucuns vivres, ny alimens, à peine de punition exemplaire.

Et à cette fin est enjoint à toutes personnes qui s'entremettent de loger et reloüer, soit en hostellerie ou chambre garnie, au mois, à la semaine et à la journée, de s'enquérir de ceux qui logeront chez eux, de leurs noms, surnoms, qualitez, conditions, demeurances, du nombre de leurs serviteurs, chevaux, le sujet de leur arrivée et le temps de leur séjour; en faire registre, le porter le même jour au commissaire de leur quartier, luy en laisser autant par écrit; et s'il y a aucuns de leurs hostes soupçonnez de mauvaise vie, en donner avis audit commissaire, et de bailler caution de leur fidélité au greffe de la police : le tout à peine de 48 liv. parisis d'amende.

Est aussi enjoint à tous les bourgeois et habitans de cette ville de Paris, aussi tost qu'ils auront avis de quelque rébellion faite aux officiers de justice en exécution des ordonnances susdites, leur donner main-forte, confort et aide, pour se saisir des délinquans, les emprisonner, et faire en sorte que la force en demeure au roy et à la justice, suivant l'arrest de la cour du 11 février 1634.

Faisons pareillement défenses à tous pages, laquais et hommes de chambre de porter aucunes épées, bastons, ny armes offensives et défensives, à peine de la hard, de répondre civilement par les maistres des délits qui seroient par eux commis, et encore de 500 liv. d'amende payable par le maistre, dont le page, laquais ou homme de chambre, sera trouvé par la ville avec épées ou autres armes ; ladite amende applicable, le tiers au dénonciateur et le surplus au roy. Et à cette fin est enjoint aux commissaires et autres officiers du Chastelet d'emprisonner les contrevenans, pour estre punis exemplairement.

Défenses sont faites à tous soldats de sortir de leur quartier sans baussecol ou bandoulières pour estre reconnus ; et à eux enjoint de se retirer en leur quartier d'hyver à cinq heures, et en esté à huit heures ; et défenses à eux de loger en autre lieu qu'en l'estendue de leur quartier : et où ils seront trouvez la nuit ailleurs, seront emprisonnez, et leurs procès faits comme déserteurs de la milice, et infracteurs des ordonnances, suivant ledit arrest de la cour du 11 février 1634.

Sont aussi faites défenses à toutes personnes, sous quelque prétexte que ce soit, vendant bière ou autre breuvage, de vendre du tabac, ni retirer aucuns pour en user en leurs maisons, à peine de prison, et du fouet, suivant l'arrest de la cour cy-dessus daté. Et à tous vendeurs de thériaque, arracheurs de dent, joueurs de tourniquets, marionettes, et chanteurs de chansons, de s'arrester en aucun lieu, et faire assemblée du peuple, sur les mêmes peines. Défendons à toutes personnes de vendre du tabac, sinon aux apotiquaires, et par ordonnance du médecin, à peine de quatre-vingts livres parisis d'amende.

Faisons défenses à tous écoliers de porter épées, pistolets ou autres armes offensives. Et enjoint aux principaux et procureurs des colléges où ils sont logez de tenir leurs colléges fermez dès cinq heures du soir en hyver, et neuf en été; et faire toutes les semaines la visite dans toutes les chambres de leurs colléges, pour reconnoistre ceux qui y seront logez, sans qu'en iceux colléges ils puissent retirer ni loger autres personnes que des écoliers estudians actuellement en l'université, ou prestres de bonnes mœurs, et de leur connoissance, dont ils répondront, et seront tenus des délits qui se trouveront par eux commis.

Et quant aux autres écoliers non résidans dans les colléges, qui seront trouvez vagans par la ville après lesdites heures, seront emprisonnez par les commissaires et autres officiers qui les y rencontreront.

Et défenses ausdits écoliers de faire aucunes assemblées, ni élire aucun chef de nation entr'eux.

Les marchands de bled ne pourront faire leurs achats de bled à dix lieues près de cette ville de Paris, ni empêcher que les grains estant dans ladite estendue soient amenez ès marchez d'icelle, à peine de confiscation d'iceux.

Pareilles défenses sont faites à toutes personnes d'acheter les grains en vert, ni iceux arrer avant la cueillette, à peine de quatre cens livres parisis d'amende.

Comme aussi faisons défenses à tous marchands et autres personnes d'aller au devant des grains qui seront sur le chemin, d'estre amenez en cette ville tant par eau que par terre, les arrêter, acheter, ni empêcher d'arriver ès ports et marchez, sur les mêmes peines que dessus.

Lesdits marchands seront tenus amener incessamment leurs

grains ès marchez, ports et places publiques de cette ville; les vendre et débiter en personne ou de leurs familles, et non par personnes interposées, les débiter dans le premier ou second marché après qu'ils y seront arrivez; et s'ils y demeurent jusqu'au troisième, seront mis au rabais, sans qu'ils puissent serrer ni mettre lesdits grains en greniers, sans légitime cause et notre permission, à peine de confiscation des marchandises, et d'amende arbitraire.

Toute la pile ou bateau de bled de même qualité, après que l'ouverture en aura été faite, ne pourra être augmenté de prix, à peine de confiscation et d'amende.

Défenses sont faites à toutes personnes de vendre ni acheter grains ès greniers ni ailleurs qu'ès halles, marchez et places publiques, et aux jours et heures accoutumez: et aux boulangers et pâtissiers d'entrer èsdits marchez, sinon après les onze heures en esté, et douze heures en hyver: et aux boulangers de gros pain qu'après deux heures de relevée, et non aux précédentes heures qui sont reservées aux bourgeois. Et ne pourront acheter en aucun marché; sçavoir les boulangers, plus de deux muids de bled, et les pâtissiers plus de trois septiers, à peine de confiscation desdits bleds, et de quatre-vingts livres parisis d'amende.

Et pour le regard des boulangers forains, ne pourront faire aucun achat ny transport de bleds ès marchez et ports de Paris; ains leur avons enjoint d'aller faire leurs achats ès villes et marchez des environs de cettedite ville, sur les mêmes peines que dessus.

Seront tenus les mesureurs de grains d'assister à l'ouverture des marchez, faire ouvrir les sacs à huit heures précises du matin, recueillir fidellement et sans connivence le prix de la vente de tous grains, pour par eux en estre fait rapport ès registre des appréciations, à peine de l'amende.

Est enjoint aux maistres boulangers du petit pain de cette ville de Paris de cuire journellement, tenir leurs maisons, ouvroüers et fenestres toujours garnies de trois sortes de pain, de la qualité, blancheur et poids ordonné par les anciennes ordonnances: sçavoir le pain de chalis pesant après sa cuisson douze onces; le pain de chapitre, dix; et le pain bourgeois bis blanc, seize onces; et outre du pain plus bis, appellé anciennement pain de brodde, du poids de quatorze onces, le tout du prix de douze deniers chacun, dont ils seront tenus faire des demis, qui seront vendus à proportion dudit prix; et marqueront lesdits boulangers lesdits pains de leur marque particulière : tiendront poids et balances en leurs boutiques, le tout à peine d'estre déchus de la maistrise, et de plus grande peine s'il y échet. Pourront néanmoins faire du pain mollet, façon de Gonnesse, et d'autre sorte pour la commodité de ceux qui en voudront user : lesquels ils ne pourront exposer à leur estalage ; ains les mettront à leur arrière-boutique, ou en tel lieu qu'il ne soit en vue, à peine de 400 liv. parisis d'amende, et de plus grande punition s'il y échet.

Est enjoint à tous les boulangers de gros pain, tant de cette ville et fauxbourgs, que forains amenans leurs pains aux marchez, de les vendre par eux, leurs femmes, enfans ou serviteurs, sans le faire vendre par des regrattiers et personnes interposées, à peine de confiscation et de 60 liv. parisis d'amende contre chacun des contrevenans.

Ne pourront iceux boulangers garder, ny serrer ès maisons prochaines, ny même emporter ce qui leur restera de pain, qu'ils seront tenus de vendre dans les trois à quatre heures de relevée; autrement seront mis au rabais, et n'y pourront hausser le prix du matin à la relevée du même jour, mais plustost le diminuer.

Faisons défenses ausdits boulangers de gros pain de faire et exposer aucun pain au-dessous de 5 sols, à peine de confiscation d'iceluy, et 80 liv. parisis d'amende.

Enjoignons aux meusniers d'avoir des fléaux et poids suffisans pour peser les bleds qui leur seront baillez à moudre par les bourgeois et boulangers, pour le rendre en farine à même poids.

Leur faisons défenses d'avoir aucuns fours, ny huches pour faire et cuire pain, ains de se pourvoir pour leur nourriture chez les boulangers, ny de nourrir aucuns porcs, volailles et pigeons, à peine de quatre-vingts livres parisis d'amende et de punition corporelle.

Pareillement sont faites défenses ausdits meusniers, et leurs serviteurs de conduire par la ville leurs bleds et farines les jours de dimanches, et festes de la vierge, et autres solemnelles, à peine de confiscation, et de quatre-vingts livres parisis d'amende.

Pareilles défenses sont faites ausdits meusniers et leurs serviteurs, de faire courir leurs chevaux et mulets par les ruës, à peine du foüet.

Ordonnons que tout le bestial à pied fourché, qui entrera au marché, n'y pourra estre retiré pour le nourrir, engraisser, et le revendre par après par le menu hors les marchez, à quelque personne que ce soit, ains sera ledit bestial restant ramené, et vendu ès prochains jours de marché, soit du lieu où premièrement il aura esté exposé, ou du plus proche marché; et si dans le second jour qu'il seroit exposé, il n'est vendu, sera mis au rabais; et défenses à toutes personnes de regratter ledit bestial de marché en autre, à peine de punition exemplaire; et sera contraint laisser au premier marché ledit bestial au prix qu'il l'aura acheté au marché précédent. Que le bestial amené aux marchez, sera lotty entre les maistres bouchers, si aucuns d'eux le requiert, afin que chacun d'eux soit également fourny.

Défenses ausdits bouchers d'acheter bestial à sept lieues près la ville de Paris, sinon ès marchez publics, et les jours d'iceux; d'aller ny envoyer leurs gens, pour détourner sur le chemin, et acheter la marchandise que l'on y amènera, pour estre vendue esdits marchez, ains la laisseront venir et entrer esdits marchez, pour y estre vendue, à peine de confiscation du bestial, et d'amende arbitraire; et à cette fin seront toutes personnes reçues à le dénoncer au procureur du roy.

Enjoignons aux vendeurs de bestial d'exercer en personne, et non par commis, leurs charges; se trouver dans les marchez, et faire registres de la quantité du bestial amené et vendu en iceux, du prix de la vente, des noms, surnoms, et demeurances des vendeurs et achepteurs, et d'en envoyer par chacune semaine ès mains dudit musnier greffier un extrait, et se trouver par l'un d'eux aux jours de police, à peine de soixante livres parisis d'amende.

Défendons ausdits bouchers de garder le suif de semaine à autre: leur enjoignons de le porter par chacune semaine au marché à ce destiné en la place aux veaux, sans en faire réserve, sur les mêmes peines.

Comme aussi défendons ausdit bouchers de mesler les suifs, ains de vendre séparément celuy de chacun bestial, sans le corrompre d'une graisse qui le puisse empirer, à peine de confiscation desdits suifs, et d'amende arbitraire.

Et pour remédier aux abus qui sont entre lesdits maistres bouchers, et les propriétaires desdits estaux, et afin de faire modérer le prix des chairs, défendons ausdits bouchers de tenir par eux, ou personnes interposées, plus d'un ou deux estaux en une même boucherie, ny plus de trois en toute l'estendue de cette ville et fauxbourgs, encore qu'ils en fussent propriétaires.

Et s'il se trouve aucun desdits maistres bouchers avoir et tenir le plus grand nombre d'estaux, que trois en cette ville et fauxbourgs, seront tenus les délaisser à ceux des maistres bouchers qui les requiereront à prix modéré, et qui en auront besoin.

Ausquels bouchers faisons défenses de laisser couler le sang de leurs abbatis dans les rues, ny le jeiter en la rivière, ains de le mettre dans des vaisseaux pour le porter hors la ville, à peine de vingt quatre livres parisis d'amende et de prison.

Défenses sont faites à tous rotisseurs d'entrer aux places et marchez, ny acheter par eux ou par personnes interposées, aucunes volailles ou gibiers, sinon après les dix heures du matin, et ne pourront cuire en leurs ouvroüers et boutiques, volailles et gibier, pour les vendre et débiter cuites, ains seulement pourront vendre et débiter cuites pièces de bœuf, veau, mouton, cochons, porc et oysons, selon l'ancienne forme et coustume. Pourront néanmoins, s'ils en sont requis par les bourgeois, faire cuisson d'autres volatilles dans leurs maisons, et non à leurs ouvroüers.

Les poulaillers ne pourront, à deux lieues des environs de Paris, acheter aucunes volailles, pigeons, ny gibier, à peine de confiscation des marchandises.

Comme aussi défenses sont faites ausdits poulaillers et rotisseurs, d'aller ny envoyer leurs gens, ny autres personnes au devant des denrées qui s'apportent au marché, à peine de confiscation, et d'amende arbitraire, même d'aller ny envoyer aux hostelleries où arrivent lesdites marchandises, pour les arrer et acheter, mais les laisser porter au marché, pour y estre vendues suivant les réglemens cy-dessus.

Défenses sont faites à tous marchands de vin, et cabaretiers, d'acheter, ou faire acheter aucuns vins dans l'estendue de vingt lieues de cette ville de Paris, avec défenses à tous marchans forains qui amènent vins de les encaver, ains de les laisser : sçavoir ceux qui sont arrivez par eau dans les bateaux de la vente, ou sur la Grève ; et ceux qui arrivent par terre sur l'estape et place de Grève, pour y estre vendus et débitez suivant les ordonnances.

Pareilles défenses sont faites à tous marchands et bourgeois de Paris, de prester leur nom pour aucun forain, ny avoüer aucune marchandise, si elle n'est à luy, à peine d'amende arbitraire.

Est enjoint aux hostelliers, cabaretiers, marchands débitans en caves, de garnir leurs caves de toutes sortes de vins, et en débiter au public à divers prix, bon vin droit, loyal et marchand, sans estre mélangé, n'excédant le prix qui sera par nous mis à autre, dont les cabaretiers seront tenus mettre une pancarte où ledit prix sera écrit; à peine de quatre cents livres parisis d'amende.

Comme aussi sont faites défenses à toutes personnes de prendre qualité de marchans de vins, s'ils ne sont notoirement connus de bonne vie, et qu'ils ayent dans leurs caves six muids de vin au moins.

Faisons défenses à tous les bourgeois et habitans de cette ville et fauxbourgs, d'aller ès tavernes et cabarets, et aux cabaretiers et taverniers, de les y recevoir pour y boire et manger, à peine de quatre-vingts livres parisis d'amende.

Avons ordonné que tous les beurres frais et salé, apportez pour estre vendus en motte et finettes par les marchands forains, sera porté au poids du roy, pour y estre pesé, où les noms des marchands forains, et ceux de la ville qui l'auront acheté, seront registrez par le clerc dudit poids, lequel sera tenu porter ou envoyer au commissaire du quartier de la halle, autant du registre dudit poids, qui le représentera à la police, pour reconnoistre et découvrir ceux qui enlèvent les beurres des places publiques, et qui font les monopoles pour l'enchérir.

Que tous les beurres frais et salez amenez par les forains, seront dés l'instant de leur arrivée, déchargez et posez ès marchez et places accoustumées, et non ès hostelleries, si ce n'est qu'ils arrivent à heure indeuë, à peine de confiscation de la marchandise.

Sont faites défenses à tous facteurs et colporteurs, d'aller au devant des marchands, ny se trouver ès marchez publics, pour faire la vente, et port desdits beurres, à peine de punition corporelle; et en cas qu'ils y soient trouvez, permettons au premier commissaire de les emprisonner.

Enjoignons ausdits forains de faire la vente de leurs marchandises en personne.

Comme aussi sont faites inhibitions et défenses à toutes personnes, de regratter, repétrir et patrouiller aucun beurre, soit frais et salé, le changer, mixtionner, ny mesler en quelque sorte, et manière que ce soit, à peine du foüet.

Pareilles défenses aux beurriers et beurrières de cette ville, qui ont estaux et places du domaine, pâtissiers, regrattiers, patroüilleurs, et toutes autres personnes d'aller au devant des marchands forains hors la ville, ny dans les hostelleries, pour faire levée, achats, à peine d'amende arbitraire, confiscation des marchandises, et de punition corporelle, ausquels beurriers, pâtissiers et regrattiers, interdisons d'entrer ès marchez qu'après l'heure prescrite par les ordonnances : sçavoir, le matin après onze heures, soit en hyver ou en esté, et le jeudy de relevée à la halle au bled après quatre heures en hyver, et cinq heures en esté, sur les peines que dessus.

Seront tenus les beurriers qui tiennent estaux du domaine, de tenir lesdites places garnies de beurres frais et salés, à toutes heures les jours de marché : et leur avons permis de débiter en pot ou en motte, beurre frais et sallé, et le couper au filet par livres, demi-livres, quarterons et demy quarterons, pour la commodité du public.

Et pour obvier aux plaintes qui se font journellement, et pourroient estre faites à l'avenir contre lesdits patroüilleurs et patroüilleuses de beurre : défenses leur sont faites d'exposer en vente, ny débiter aux halles, marchez, ny autres lieux publics, par les rues aucun beurre patroüillé, à peine de confiscation d'iceluy, de cinquante livres parisis d'amende, et de punition corporelle. Faisons défenses à tous gagne-deniers et crocheteurs de prendre plus grands droits pour le port desdits beurres, que ceux qui leur ont été par nous taxez, à peine du foüet.

Avons enjoint à tous marchands, tant de cette ville de Paris que forains, de promptement, et sans délay faire charger, voiturer, et arriver ès ports de Paris, leurs marchandises, en sorte que les ports soient suffisamment garnis d'icelle marchandise, qui sera liée de trois liens de même foin, botteleure de carré, du poids de l'ordonnance, selon les saisons, bon, loyal, sain, sec, non fourré, recouvert, ny lardé ; à peine contre les défaillans et contrevenans, de confiscation de la marchandise qui sera trouvée en leur possession, et de quatre cents livres parisis d'amende.

Défenses ausdits marchands de vendre lesdits foins ailleurs que sur les ports de cette ville, ny à plus haut prix que celuy qui sera par nous fait d'année à autre, ny en faire le débit par autres que par eux, leurs femmes, enfans, serviteurs et domestiques : et à cette fin faisons défenses à tous courtiers, débardeurs, trieurs de ladite marchandise de foin, leurs femmes, enfans et serviteurs, et à toutes autres personnes de s'entremettre de vendre ledit foin pour les marchands ; le tout à peine de cent livres parisis d'amende.

Et afin que le prix de ladite marchandise ne puisse estre excédé, seront tenus les jurez de ladite marchandise, mettre une banderolle au bout du bateau, en lieu le plus éminent, en laquelle sera écrit en grosse lettre ledit prix.

Enjoignons aux jurez de ladite marchandise, d'assister sur les ports en personne, pour y faire la fonction de leurs charges, faire registre de l'arrivée, de la quantité, qualité, prix dudit foin, dont ils donneront un extrait au greffe de maistre Pierre Musnier, greffier de la police; et en cas de défectuosité dudit foin, nous en feront rapport à la police, et seront iceux jurez responsables en leurs noms du défaut du prix qui se trouvera audit foin.

Aussi est enjoint aux débardeurs de ladite marchandise, de vacquer assidûment à ce qui est de leurs fonctions, tirer le foin par tailles en travers, et de fond en comble des bateaux, l'apporter à terre par la planche, pour estre plus facilement visité et compté, sans permettre qu'autres personnes qu'eux entrent esdits bateaux pour tirer ladite marchandise, à peine de trois cents livres parisis d'amende.

Et d'autant que le désordre arrive ordinairement par l'insolence des charretiers, qui pour avoir plus promptement leurs voitures, entrent et font entrer dans les bateaux des garçons vagabons, pour au préjudice des ordonnances leur jetter du foin, comme font aussi les crocheteurs; en sorte que ce qui ne devroit estre débité qu'en un jour, est débité en deux heures, avec grand désordre, confusion, perte et ruine des marchands.

Défenses sont faites à toutes personnes, tant bourgeois, mariniers, garçons de rivières, chartiers, crocheteurs, et à toutes autres personnes d'entrer dans les bateaux pour en tirer et choisir la marchandise, la séquestrer et mettre dans autres bateaux particuliers sur le port, ny autres lieux, à peine de cinquante livres d'amende, confiscation des charettes, chevaux, bateaux, et de punition exemplaire.

Sera payé aux chartiers pour la voiture de chacun cent de foin: sçavoir, ès environs des ports dix sols; dans le milieu de la ville, quinze sols; en l'université et fauxbourgs, et lieux plus éloignez, vingt sols; et aux crocheteurs qui en voudront porter, sera payé pareille somme pour chacun cent. Défenses aux uns et aux autres d'en exiger davantage, à peine du fouet; et défenses sont faites ausdits chartiers d'approcher leurs charettes qu'à trois toises près des bateaux, ny en plus grand nombre que de trois à la fois, charger ny faire charger, s'ils n'en sont requis par les bourgeois présens, ou quelqu'un de leur part, avec défenses de l'enlever sans payer le marchand, et droits pour ce dûs.

Comme aussi défenses sont faites aux boteleurs de faire aucun marchez en bloc pour le botelage de ladite marchandise, ains seulement au cent, à peine de punition exemplaire.

Défenses sont faites à toutes personnes de mettre aucunes selles, piles de draps, coffrets, bancs, chevalets, escabelles, tronches, tonnes, tonneaux, pierres, marbres et autres matériaux sur rues hors leurs ouvroüers et boutiques, et de pendre sur icelles aucunes toiles, serpillières, perches, ou monstre à marchandises, dont la liberté et passage commun puisse estre empêché. Enjoint à eux de retirer leurs avances dans lesdits ouvroüers et boutiques à six pouces près du gros mur, et deux toises de haut en rez de chaussée, à peine contre les contrevenans de quarante-huit livres parisis d'amende.

Pareilles défenses sont faites à tous maçons, charpentiers, couvreurs, d'avoir et tenir dans les rues et voyes publiques aucunes pierres, gravois, tronches de bois, tuiles, ny autres matériaux qui puissent empêcher le passage commun : enjoint à eux de les retirer dans vingt-quatre heures, à peine de confiscation des matériaux, et de quarante-huit livres parisis d'amende.

Comme aussi défenses sont faites à tous bourgeois de cette ville, de jetter ou faire jetter dans la rue aucuns fumiers, ballieures de caves, jardins et immondices de puits, sinon les faire oster dans le même jour qu'ils y auront esté mis, à peine de vingt-quatre livres parisis d'amende.

Défenses sont faites à tous voituriers, chartiers conduisans leurs chevaux par la ville, d'estre montez sur lesdits chevaux ains les conduire à pied et par la bride, pour éviter aux inconvéniens qui en arrivent tous les jours, à peine du fouet : et à toutes personnes de conduire des chevaux attachez en queue plus haut que de trois.

Avons fait et faisons très-expresses inhibitions et défenses à tous imprimeurs et libraires, et à toutes autres personnes, d'imprimer, faire imprimer, vendre et débiter aucun écrit quel qu'il puisse estre, sans privilège du grand sceau, ou nostre permission, le nom de l'auteur et imprimeur, à peine de la vie.

Pareillement avons fait défenses à toutes personnes, fors aux cinquante colporteurs qui auront leur marque et écusson sur le devant de l'épaule, d'exposer en vente aucun écrit imprimé soit par la ville ou autrement, si nostre permission n'y est expr mée; et n'en pourront vendre aucuns qui ne soient dedans leurs balles; qu'ils seront tenus à cette fin porter incessamment, quand ils voudront faire leurs expositions et ventes, sur pareilles peines que dessus : et à tous imprimeurs et libraires d'en donner à vendre et débiter à autres qu'ausdits cinquante colporteurs.

Pour faire exécuter la déclaration du roy portant défenses à toutes personnes de porter aucuns points coupez et dentelles de Flandres, enjoignons auxdits commissaires de se transporter ès maisons et boutiques des marchands lingers, et leur faire représenter leurs inventaires, pour voir s'ils n'en ont point fait venir depuis lesdites défenses, et à quelles personnes ils ont vendu et débité ceux qui leur estoient restez.

Lesdits commissaires se saisiront de tous les rabats et autres ouvrages qu'ils trouveront sur quelques personnes que ce soit contrevenans à ladite ordonnance, les assigneront à la police, pour estre multez d'amende, conformément à la déclaration.

Enjoignons ausdits commissaires de vacquer soigneusement à ce que l'ordonnance faite pour ce qui concerne les passemens sur les habits soit exactement exécutée, se faire assister de sergens, pour se saisir particulièrement des laquais, qui auront sur leurs habits et mandilles plus de deux gallans sur les coustures, pour estre leurs maistres condamnez en telle amende qu'il sera arbitré, et assigner les autres personnes à la police, pour sur leurs rapports estre procédé, suivant et au désir de ladite ordonnance.

Et pour l'exécution de tout ce que dessus, mandons à tous les commissaires et examinateurs dudit Chastelet, de tenir la main et vacquer incessamment à la recherche des contraventions à la présente ordonnance, assigner et faire emprisonner les délinquans et contrevenans, selon les occurrences des cas : et à cette fin, se faire assister de nombre de sergens; ausquels nous enjoignons pareillement d'obéir ausdits commissaires, selon qu'ils sont obligez par les ordonnances et arrêts de la Cour, et faire en sorte que lesdites ordonnances soient entretenues.

Et pour y vacquer plus exactement, ordonnons qu'entre les polices ordinaires qui se tiennent les lundy et vendredy de chacune semaine, tous les commissaires se trouveront lesdits jours de vendredy audit Chastelet, particulièrement ceux qui sont commis séparément par chacun mois, pour la recherche des vagabons, filoux, fainéans, preneurs de tabac, loueurs de chambres garnies, bleds, pain, vin, viande de boucherie, volailles, gibier, suif, chandelle, foin, dentelles de Flandres, et point coupé, passement sur les habits, et autres choses. Nous rapporteront, singulièrement à la chambre civile issue de la police ordinaire, les désordres et abus qu'ils auront reconnus en faisant leurs visites et recherches, sur chacune espèce des choses à quoy ils auront esté commis, et ce qui est à réformer; et que tous les mois, ledit jour de vendredy de relevée, après ladite police ordinaire, assemblée sera faite audit Chastelet, de deux notables bourgeois de chacun quartier, qui seront avertis par les anciens commissaires des seize quartiers, pour entendre lesdits rapports, donner leurs avis, et estre pourvû sur iceux, ainsi qu'il appartiendra au soulagement du public.

Et à ce qu'aucun n'en prétende cause d'ignorance, seront lesdites ordonnances imprimées, pour estre publiées et débitées par cette ville et fauxbourgs de Paris.

N° 268. — Édit *sur la profession de maître d'escrime* (1).

Chantilly, mars 1635; reg. au parl. le 2 janvier 1636. (Vol. EEE, f° 523.)

Louis, etc. Nous savons combien il est important pour la sûreté de notre état, pour la discipline militaire et pour le repos public, que les gentilshommes ou autres de condition roturière qui veulent faire profession des armes, reçoivent les premiers principes, instructions et adresses pour le maniement d'icelles, des maîtres qui sont non-seulement bien expérimentés en fait d'armes, mais encore qui soient de bonnes vie, mœurs et conversation, religion catholique apostolique et romaine, et bien affectionnés à notre service : et que c'est ce qui auroit mû les rois nos prédécesseurs à faire plusieurs statuts et ordonnances pour être gardées et observées par lesdits maîtres, et spécialement le roy Henry III, lequel par ses lettres patentes en forme de chartre du mois de décembre 1585, réformant les anciens statuts et ordonnances dudit art pour éviter aux grands inconvéniens qui étoient arrivés de la liberté que les veuves desdits maîtres avoient de faire enseigner ledit art et exercice des armes et de ce que chacun pouvoit parvenir à ladite maîtrise après deux ans d'apprentissage, voulut et ordonna que dorénavant lesdites veuves

---

(1) V. ci-devant note sur l'édit de Henri III, décembre 1585. Celui-ci vise plusieurs autres édits dont nous n'avons pas donné le texte. — V. sur le duel, édit de Henri IV, juin 1609, et ci-devant celui de 1626, et la note.

se pourroient faire enseigner ledit art ny tenir salle pour cet effet, et que nul ne pourroit parvenir à ladite maîtrise qu'au préalable il n'eût servi lesdits maîtres en qualité de prévost l'espace de quatre ans entiers, et qu'il n'y pourroit estre reçeu qu'après bonne et suffisante expérience et chef-d'œuvre, et qu'au préjudice de ce, un nommé Etienne Lasse s'étant voulu introduire à ladite maîtrise sans avoir servi lesdits maîtres, fait expérience ni chefs-d'œuvre en vertu de certaines lettres de maîtrise par lui obtenues, ledit seigneur par autres ses lettres patentes du mois de juin 1586 ordonna que nul ne seroit reçu audit art qu'il n'ait préalablement fait ledit apprentissage et bien expérimenté en iceluy, quelques lettres de maîtrise qu'il puisse avoir obtenues par surprise ou autrement, lesquelles ensemble toutes celles qu'on pourroit par après obtenir, ledit seigneur, par sesdites lettres, casse, révoque et annulle; ce qui pareillement a esté confirmé par autres lettres patentes du feu roy Henry-le-Grand, nostre très-honoré seigneur et père, du mois de décembre 1598, et même que par arrêt de nostre cour de parlement du 12 août 1621, fut ordonné que le nommé Bauvarel pouvu par lettres de la maîtrise en fait d'armes ne seroit reçu en icelle qu'après avoir fait expérience avec six maîtres en quatre sortes d'armes.

Toutes lesquelles observations nous estimons d'autant plus nécessaires et importantes, qu'au moïen d'icelles tous ceux qui parviendront à ladite maîtrise, seront d'autant plus habiles et expérimentés, et nous aurons en iceux une plus grande confiance pour l'institution et éducation de ceux qui voudront savoir la profession des armes, lesquels étant formés par le bon exemple, bonnes vie, mœurs, conversation, fidélité et affection à nostre service desdits maîtres, nous serviront avec plus de capacité, affection, et fidélité que s'ils avoient été institués et dressés par personnes étrangères de mauvaises vie et conversation, sujets ou pensionnaires des princes ennemis de notre couronne qui se pourroient introduire en ladite maîtrise sous prétexte des lettres, qui sont créées pour les joyeux avénemens, naissances, mariages ou titres des enfans de France, et par ce moïen prenant une grande et ordinaire fréquentation avec la noblesse et autres gens propres à porter les armes, au moïen des assemblées qui se font journellement chez eux, pourroient par mauvaises pratiques et menées les détourner du service et fidélité qu'ils nous doivent; à la recherche desquelles lettres lesdits étrangers ou autres gens non exprimentés et de mauvaise vie se rendroient d'autant plus curieux, qu'au moïen du grand soin, travail et diligence des maîtres à présent exerceant en notre bonne ville de Paris, l'exercice et expérience des armes y est venu à un tel degré de perfection qu'au lieu que par le passé nos sujets avoient accoutumé d'aller dans les païs estrangers pour y apprendre ledit exercice et maniement des armes, à présent les étrangers sont contraints de venir en France pour cet effet;

A ces causes, nous, à l'exemple de nos prédécesseurs, désirant pourvoir à ce que tels inconvéniens ne puissent arriver, nous étant fait représenter en notre conseil lesdites lettres et arrêts, ensemble celles données en faveur des maîtres apothicaires, barbiers, chirurgiens, orfèvres, maîtres des monnoies, pelletiers, bonnetiers et écrivains, par lesquelles tels arts et métiers sont exceptés de la création desdites lettres de maîtrise: et considérant le peu d'importance de ceux qui ne concernent que les personnes singulières de nos sujets au regard dudit art et maîtrise en fait d'armes et jeu d'escrime qui concerne le repos public, la discipline militaire et la conservation de notre état;

Avons, de l'avis de notredit conseil et de notre grâce spéciale, pleine puissance et autorité royale, dit, ordonné et déclaré, disons, ordonnons et déclarons, voulons et nous plaît:

(1) Que doresnavant et à toujours nul ne puisse montrer ou enseigner ledit art et exercice d'armes et jeu d'escrime en cettuy notre royaume et spécialement en notre ville et fauxbourgs de Paris, en salle, chambre ou autrement, s'il n'est maître d'expérience et chef d'œuvre, nonobstant toutes lettres de maîtrise, pour quelques cause ou occasion qu'elles soient ou puissent être créées, soit pour joïeux avénement, naissance, mariages, titres des enfans de France ou autrement en quelque sorte ou manière que ce soit, de la création, don, octroy ou succession desquelles nous avons excepté et réservé, exceptons et réservons par ces présentes, ledit art et maîtrise du fait d'armes et jeu d'escrime en la même forme et manière que lesdits maîtres apothicaires, barbiers, chirurgiens, orfèvres, maîtres des monnoies, pelletiers, bonnetiers, et écrivains en sont exceptés et réservés.

(2) Et où aucunes desdites lettres se trouveroient expédiées en vertu des édits cy devant faits et celles qui par surprise ou autrement pourroient être cy-après expédiées, même celles expédiées en faveur du titre de duchesse de Savoie acquis à notre très-chère et très-amée sœur Christine de France, par notre édit du mois de décembre 1623, nous ne voulons avoir lieu pour le-

dit art et maîtrise en fait d'armes et jeu d'escrime, en tant que besoin seroit, les avons cassées, révoquées et annullées, et par ces présentes, les cassons, révoquons et annullons, défendons à tous nos juges et officiers d'y avoir aucun esgard et aux maîtres et sindics jurés audit fait d'armes de recevoir et admettre aucuns en ladite maîtrise des lettres à peine de cassation et nullité des réceptions, et de trois mille livres d'amende contre ceux desdits sindics jurés et maîtres qui auront favorisé ou procédé à leur réception. Si donnons, etc.

N° 269. — TRAITÉ *entre la France et la Suède, au sujet de la guerre contre l'Autriche* (1).

Compiegne, 8 avril 1635. (Fréd.-Léonard, 2, 5. — (Rec. des traités de paix, t. 3, p. 335.)

N° 270. — LETTRES *d'amnistie en faveur des financiers et officiers comptables, et révocation des commissions délivrées pour les poursuivre* (2).

Saint-Germain-en-Laye, avril 1635; reg. en la ch. des comptes le 21 juin. (Mémorial, 1635, f° 338. — Ordonn. des comptes, Biblioth. du cons. d'état, tom. 5.)

N° 271. — LETTRES-PATENTES *qui établissent la juridiction de la capitainerie de Meaux, en matière de délits de chasse* (3), *pour la conservation des plaisirs du roi.*

Paris, avril 1635; reg. au parl. le 9 avril 1636. (Vol. EEE, f° 325.)

Louis, etc. Etant bien adverti qu'au mépris de nos édits et ordonnances, et des défenses de chasser tant de fois réitérées, plusieurs personnes de toutes qualitez, même des plus viles, oubliant le respect qu'ils nous doivent, ne laissent pas d'y cou-

---

(1) La Suède s'oblige à conserver le libre exercice de la religion catholique, dans les églises de l'empire soumises à son pouvoir. C'est ici le lieu de remarquer que la France, toutes les fois qu'elle l'a pu, a fait insérer cette clause dans les traités contre l'Autriche, d'où la conséquence que cette guerre favorisait la politique du clergé.

(2) V. édit d'octobre 1624, qui cree une chambre de justice.

(3) V. ci-devant l'édit de Henri IV, septembre 1607, et la note. Le recueil de Baudrillart ne donne pas même le titre de ces lettres. — Il y a encore sur cette matière des ordonnances de 1814, non insérées au bulletin des lois; nous les avons publiées dans notre recueil. V. aussi Baudrillart, Recueil des reglemens forestiers, tom. 2.

trevenir, et de chasser dans les plaines de Meaux et pays de l'étendue de la capitainerie dudit lieu, en telle sorte que dans le séjour que nous faisons dans notre château de Monceaux et autres lieux des environs dudit Meaux, nous n'y pouvons prendre le divertissement que nous désirerions, pour être le pays tout dépeuplé et ruiné, ce qui ne peut procéder que de l'impunité des contraventions à nosdites ordonnances, causée par la contention de juridictions qui se meut journellement entre nos juges ordinaires et les capitaines des chasses, sous prétexte de laquelle les infracteurs de nosdites ordonnances empêchent par diverses chicanneries qu'elles ne soient gardées au préjudice des édits et réglemens par nous faits sur ce qui est de ladite juridiction, ce qui nous prive entièrement de notre plaisir lorsque nous sommes audit pays.

A quoy voulant remédier, et empêcher qu'il n'arrive à l'avenir aucune contention de juridictions entre nos juges ordinaires et lesdits capitaines des chasses,

Pour ces causes et autres bonnes considérations à ce nous mouvant, et en confirmant les déclarations cy-devant faites pour l'attribution de ladite juridiction auxdits capitaines des chasses, et ensuite et en conséquence, tant de l'édit et règlement du feu roy, notre très honoré seigneur et père, que dieu absolve, du 9 septembre 1607, que de notre déclaration du 2 avril 1624, qui porte attribution de juridiction aux capitaines des chasses de nos maisons de Fontainebleau et Saint-Germain-en-Laye, et de la forêt de Carnelles, pour la punition des délits qui se commettent au fait desdites chasses;

Nous avons dit, déclaré et ordonné, et de notre certaine science, pleine puissance et autorité royale, disons, déclarons et ordonnons par ces présentes, signées de notre main, voulons et nous plaît que la connoissance, punition et correction des délits qui se commettent ezdites plaines de Meaux et pays adjacens, buissons, coteaux, vignobles et rivières dépendant de ladite capitainerie de Meaux, soient et appartiennent à notre bien aimé cousin le maréchal de Vitry, capitaine desdites chasses, et au sieur Desprez, son lieutenant, auxquels nous en avons attribué et attribuons en première instance toute cour et juridiction pour faire et parfaire le procès aux contrevenans à nos édits et ordonnances et défenses quand le cas y écherra, appeler avec eux tel nombre de juges que besoin sera, suivant nos ordonnances, à la charge d'appel en notre cour de parlement et son ailleurs, faisant très expresses défenses à tous nos juges ordinaires de prendre aucune connoissance des délits qui se commettront à l'avenir sur le fait desdites chasses en l'étendue de ladite capitainerie, sur peine de nullité des procédures et de 500 livres d'amende, avec injonction à tous prévôts des maréchaux, lieutenans de robe courte et autres, de prêter main forte à l'exécution des décrets émanés dudit sieur maréchal de Vitry ou de son lieutenant, auxquels nous avons permis de prendre un substitut de notre procureur général, et commettre tels greffiers qu'ils connoîtront plus capables, lesquels nous voulons être employés dans l'état qui sera expédié des officiers desdites chasses et qu'ils jouissent de l'exemption de tailles, tout ainsi que les autres officiers qui y sont déjà employés.

Si donnons, etc.

N° 272. — DÉCLARATION *portant que les principaux gentilshommes du duché de Lorraine seront obligés de venir demeurer en France* (1).

Saint-Germain-en-Laye, 11 mai 1635; reg. au conseil souverain de Nancy le 22. (Blanchard, 1628.)

N° 273. — LETTRES-PATENTES *qui ordonnent la révision de toutes les concessions d'eaux publiques, et la distribution dans Paris* (2).

Château-Thierry, 26 mai 1635. (Girard, Eaux de Paris, p. 217.)

N° 274. — ÉDIT *de création de trois offices de trésoriers généraux de l'ordinaire des guerres, en remplacement des six trésoriers généraux de l'extraordinaire des guerres, six trésoriers généraux de la cavalerie légère, etc.*

Neufchâtel, mai 1635; reg. en la chambre des comptes le 16. (Mém., 6, F, f° 273. — Ordonn. des comptes, Biblioth. du conseil d'état, tom. 5.)

N° 275. — ÉDIT *de création de deux offices de contrôleurs généraux alternatifs, et triennal avec* (3) *celui déjà créé des mines et minières.*

---

(1) Ce sont des ôtages. V. note sur l'édit du 17 septembre 1635, et le plaidoyer de Merlin, sur la souveraineté des ducs de Lorraine, Nouv. répert. de jurispr., v° Bar.
(2) V. ci-devant lettres-patentes du 4 décembre 1612, et la note.
(3) Par l'édit de Henri IV, juin 1601, V. à sa date et la note. V. aussi l'édit de février 1626, sur la marque de fer.

Neuchâtel, mai 1635 ; reg. en la ch. des compt. le 16. (Mémor., FFFFFF, f° 275. — Ord. des compt. bibl. du conseil, t. 5.)

N° 276. — EDIT *de création des intendans* (1).

Neufchâtel, mai 1635, reg. en la ch. des compt. le 16 mai, et au parl. le 20 décembre. (Ordonn. des comptes, bibliot. du cons. d'état, tom. 5.) — Vol. EEE, f° 488.)

Louis, etc. Entre toutes les charges qui ont été établies dans les provinces de notre royaume, celles de nos amés et féaux conseillers les présidens trésoriers de France et généraux de nos finances, sont des plus anciennes et nécessaires pour la conservation de nos droits, recouvrement de nos deniers et avancement de nos affaires, et d'autant plus honorables et relevées qu'elles sont du corps des compagnies souveraines, chambres de nos comptes et cours des aides esquelles ils ont entrée, séance et voix délibérative ; aussi dès leur origine ont-elles été tenues et possédées par des personnages de grande qualité et honorées de grands pouvoirs, authorités et de plusieurs belles

---

(1) « La création des intendans, dit M. de Saint-Aulaire, Introduction à l'histoire de la Fronde, fut une innovation de la plus haute importance. Elle changeait la forme de l'administration intérieure, portait l'ordre, la célérité, l'économie là où il n'existait que confusion, lenteur et gaspillage ; malheureusement ces avantages furent le prix d'une grande iniquité. Les trois mille trésoriers de France et plus qui avaient acheté des droits utiles et honorifiques et qui comptaient les transmettre à leurs enfans, se plaignirent avec justice d'une banqueroute qui les ruinait. Richelieu ne s'en inquiéta guère, et soutint l'institution nouvelle comme la base du gouvernement régulier et central qu'il avait résolu d'établir. »

Nous empruntons au même ouvrage la liste des gouverneurs de province, à l'avènement de Richelieu.

Ile de France, le duc de Montbazon. — *Orléanais*, le comte de Saint-Pol. — *Berry*, le prince de Condé. — *Bretagne*, le duc de Vendôme. — *Normandie*, le duc de Longueville. — *Picardie*, le duc de Luynes. — *Champagne*, le duc de Nevers. — *Metz, Toul et Verdun*, le duc de Lavalette. — *Bourgogne*, le duc de Bellegarde. — *Auvergne*, le duc de Chevreuse. — *Maine*, prince de Guémené. — *Anjou*, la reine douairière. — *Dauphiné*, comte de Soissons. — *Provence*, duc de Guise. — *Languedoc*, duc de Montmorency. — *Guyenne*, duc de Mayenne. — *Limousin, Saintonge et Angoumois*, duc d'Epernon. — *Poitou*, duc de Rohan. — *Béarn*, duc de La Force.

Richelieu, dit M. de Saint-Aulaire, ne pouvait compter sur de semblables noms qu'il trouva en possession des provinces, comme sur des agens fort dociles de son administration. — La création des intendans, qui séparait la justice de l'administration, avait pour objet et eut pour résultat de détruire la puissance de l'aristocratie.

et grandes fonctions, entre autres, de l'entière administration, direction, intendance et juridiction de notre domaine, avec pouvoir de présider en la chambre du trésor, juger et terminer tous les procès et différends qui dépendent du fait de notredit domaine, circonstances et dépendances d'icelui, comme aussi de la direction, intendance et juridiction de la voirie, circonstance et dépendance d'icelle, réparation des chemins, ponts, pavés, chaussées et cours des eaux de notre royaume, et encore de la direction et intendance de nos finances, de nos aides, tailles, gabelles, subventions de tous autres deniers extraordinaires qui s'imposent et se lèvent en chacune généralité, pour quelque cause et occasion que ce soit, outre l'exécution de nos édits et commissions ordinaires et extraordinaires qui leur sont par nous adressées, tant pour l'imposition, levée et distribution de nosdits deniers que pour toutes autres affaires concernant notre service dont l'exécution dépend d'eux absolument, et non d'aucuns de nos autres officiers.

Et combien que lesdits présidens et trésoriers généraux de France soient obligez, tant par le devoir de leurs charges que par le serment qu'ils nous ont prêté ès mains de nos très chers et féaux chanceliers et gardes des sceaux de France, de nous servir bien et duement en l'exercice d'icelles, néanmoins depuis quelques années, ils se sont rendus tellement difficiles à l'exécution de nos édits et commissions qu'il semble qu'ils s'y soient voulu directement opposer et les traverser, dont nous avons reçu un très grand préjudice au bien de nos affaires par le retardement qu'ils y ont apporté, ce qui a procédé de ce que les charges de présidens ayant été unies au corps desdits bureaux, pour être possédés par tous lesdits trésoriers de France, suivant l'ordre de leur ancienneté, ceux qui en sont pourvus n'avoient pas l'autorité telle qu'ils l'eussent eue si lesdites charges eussent immédiatement dépendu d'eux, et non du corps desdits bureaux, joint que nos advocats et procureurs établis en iceux n'étant créés que sur le fait de la juridiction contentieuse de notre domaine et non de nos finances, il n'y a eu jusques à présent personne qui ait pris le soin de nos affaires de finances ésdits bureaux.

A ces causes, savoir faisons qu'après avoir mis cette affaire en délibération en notre conseil, où étoient aucuns princes de votre sang et plusieurs grands et notables personnages de notredit conseil, de l'avis d'icelui, et de notre certaine science, pleine puissance et autorité royale,

(1) Avons, par notre édit perpétuel et irrévocable, désuni et désunissons des offices de nos trésoriers de France les quatre charges et qualités de présidens aux bureaux de nos finances de chacune généralité de notre royaume, ci-devant créés par nos édits des mois de décembre 1608 et avril 1627, enregistrées en nos cours de parlement, chambres de nos comptes et cour des aides, et icelles charges, en tant que besoin est ou seroit, créées et érigées, créons et érigeons en titre d'office formé, avec la qualité de nos conseillers, intendans, généraux et présidens aux bureaux de nos finances des généralités de notre royaume, voulons que lesdits trésoriers de France qui, en corps ou en particulier ont acquis lesdites qualités, soient remboursez actuellement et à un seul payement de la finance d'icelles, suivant la liquidation qui en sera faite en notre conseil, à leur diligence, dans un mois après la publication dudit présent édit, pour être lesquelles charges et qualités de présidens dorénavant tenues et possédées séparément d'avec lesdits offices de trésoriers de France, et y être à cette fin par nous présentement pourvu et ci-après, vacation advenant, de personnes capables graduées et non graduées.

(2) Présideront et recueilleront les voix des trésoriers généraux de France sur toutes les affaires qui se traiteront esdits bureaux, audience du domaine, chambre du conseil et partout ailleurs, soit pour le fait de notre domaine, direction et juridiction d'icelui, voirie, circonstances et dépendances, que pour le fait de nos finances ordinaires et extraordinaires, et généralement sur tout ce qui se dépend du fait de leurs charges, tout ainsi que tous les présidens de nos chambres des comptes en icelles; feront lesdits présidens et intendans généraux observer en chacun bureau nos édits, ordonnances et réglemens faits sur l'administration de nosdites finances, et tiendront la main à ce que nos édits et commissions qui leur seront par nous adressés soient incessamment exécutés, et où lesdits trésoriers de France y apporteroient quelqu'empêchement ou délai, nous voulons qu'appelés nos advocats et procureurs ci-après créés, ils puissent seuls ordonner les enregistremens de nosdits édits et commissions et procéder à l'exécution d'iceux, afin qu'à l'avenir nos deniers et affaires ne reçoivent aucun retardement.

(3) Comme aussi nous avons créé et érigé, créons et érigeons

par ces mêmes présentes, en titre d'office formé en chacun desdits bureaux de nos finances desdites généralités de notre royaume, un avocat et un procureur pour nous sur le fait, direction et intendance de nos finances ordinaires et extraordinaires, pour y être aussi par nous présentement et ci-après, vacation advenant, pourveu de personnes capables, graduées et non graduées, qu. en jouiront aux mêmes honneurs, autorités, prérogatives, prééminences, franchises, libertés, droits de committimus et de franc-sallé, profits, revenus et émolumens dont jouissent lesdits trésoriers de France, lesquels offices auront aussi la qualité de nos conseillers, avocats et procureurs èsdits bureaux, et connoîtront du fait et direction de nos finances ordinaires et extraordinaires à l'exclusion de nos avocats et procureurs cy-devant créés ezdits bureaux, qui ne pourront prendre autre qualité que celle de nos conseillers, avocats et procureurs en la jurisdiction contentieuse du domaine et voirie seulement, conformément à l'édit de leur création, ny avoir aucune connoissance du fait et direction de nos finances, sinon qu'ils se fissent pourvoir desdits offices de nos avocats et procureurs présentement créés, auquel cas il leur sera permis de prendre l'une et l'autre qualité et posséder conjointement lesdits offices, sans aucune incompatibilité.

(4) Auront nosdits avocats et procureurs communication de tous les édits, déclarations et commissions, tant ordinaires qu'extraordinaires, qui seront adressées auxdits présidens et trésoriers généraux de France, tant pour l'imposition et levée de toutes sortes de deniers que pour la distribution d'iceux, comme aussi de toutes lettres de provision d'officiers, requête pour payement de gages, baux à ferme, acquits, patens et mandemens de l'épargne de l'ordinaire et extraordinaire, des guerres et de toutes autres affaires qui seront adressées èsdits bureaux pour y prendre et donner leurs conclusions.

(5) Auront l'œil à ce que nos receveurs et comptables fassent vérifier leurs états dans le temps porté par les ordonnances, où ils seroient en demeure de ce faire ledit temps passé, nous voulons qu'ils y soient contraints, ensemble au payement des dettes de leurs états finaux, à la diligence de nosdits avocats et procureurs, assisteront avec lesdits présidens et trésoriers généraux de France, à toutes descentes, devis d'ouvrages publics et baux au rabais qui en seront faits à leur requête et diligence, réception desdits ouvrages, et auront communication de toutes

autres affaires généralement quelconques qui se présenteront et traiteront èsdits bureaux pour le fait et direction desdites finances ordinaires et extraordinaires, et y donneront leurs conclusions verbales ou par écrit, soit dans lesdits bureaux où ils auront entrée, séance avec lesdits présidens et trésoriers généraux de France, ou dans leur parquet, ainsi que bon leur semblera et qu'ils le jugeront pour le mieux : pour lesquelles conclusions ils prendront le sixième de ce que lesdits présidens et trésoriers de France prendront pour leurs épices et droits, lequel sixième sera pris outre et pardessus lesdites épices reçues par le receveur des épices en chacun bureau, et partagé entre nosdits avocats et procureurs également, auxquels offices de présidens et intendans, nos advocats et procureurs présentement créés, nous avons attribué et attribuons par ces présentes les gages qui ensuivent : Suit le tarif de leurs appointemens.

(6 Nous voulons que doresnavant toutes nos commissions qui seront expédiées en chacune province, tant pour la vente et rachat de notre domaine régallement, de nos tailles et establissemens de nos droits et généralement toutes autres commissions extraordinaires, pour quelque cause que ce soit, leur soient adressées pour être exécutées privativement à tous officiers, nonobstant oppositions ou appellations quelconques, sans qu'aucuns de nos autres officiers, gouverneurs de provinces ny autres en puissent connoître ny d'aucunes de nos ordonnances pour le fait et direction des finances, défendant aux parties de se pourvoir sur icelles ailleurs qu'en notre conseil, à peine de mille livres d'amende et de tous dépens, dommages et intérêts.

(7) Et en confirmant tous les précédens édits de création et etablissement desdites charges, nous avons lesdits présidens, intendans et trésoriers généraux de France, nos avocats et procureurs, tant anciens que nouvellement créés, maintenus et conservés en toutes les dignitez, honneurs, pouvoirs, autorités, exemptions et priviléges de leurs charges, lesquels, conformement aux édits des années 1555, 1586, 1623 et autres, nous avons tenus et reputez comme ils ont toujours été du corps des compagnies souveraines, chambres de nos comptes et cours des aides, sans qu'ils en puissent être séparés ni sujets à aucunes taxes, non plus que les officiers desdites cours, auxquelles ils auront entrée, séance et voix délibérative, conformément auxdits édits.

(8 Voulons aussi qu'ils jouissent des mêmes exemptions, pri-

viléges, droits de committimus du grand sceau, franc-sallé et autres dont jouissent lesdits officiers, lesdites cours souveraines, nos secrétaires et commensaux, en quelque part qu'ils fassent leur demeure, et qu'ils précèdent en toutes assemblées, publiques et particulières, nos baillis, sénéchaux et corps des présidiaux, et s'il arrive sur ce quelques contestations, elles seront terminées en notre grand conseil, auquel nous en avons attribué toute juridiction et connoissance.

(9) Et d'autant qu'ils ont toujours quelques différends avec les officiers desdites cours des aides, à cause de leurs préséances et fonctions, nous défendons auxdites cours de connoître des procès et différens civils et criminels desdits présidens et trésoriers généraux de France, lesquels, si aucuns interviennent, nous avons évoqués et évoquons à notredit grand conseil, auquel nous en avons attribué toute cour, juridiction et connoissance.

10) Voulons aussi qu'ils soient maintenus et conservés en toutes les fonctions de leurs charges, tant pour la direction, intendance, juridiction contentieuse du domaine et de la voirie, circonstances et dépendances, vérification des frais des étapes et passage des gens de guerre, qu'en toutes les autres fonctions qui leur sont attribuées par tous les édits de leurs établissemens, même par notre ordonnance et réglement sur le fait de l'art militaire et passage de nos gens de guerre du 14 février 1632, que nous voulons être exécutés, et à cette fin enregistrés en chacun desdits bureaux, afin qu'il n'y soit contrevenu et que notre édit du mois d'avril 1627, portant attribution de la juridiction contentieuse du domaine et voirie à chacun bureau desdits présidens et trésoriers généraux de France, et notre déclaration sur icelui du 10 avril 1628, soient exécutés de point en point, et que les procureurs postulans créés par ledit édit puissent seuls postuler en ladite juridiction contentieuse, à l'exclusion des procureurs postulans des autres sièges et juridictions, faisant défenses à nos cours de parlement, baillis, sénéchaux, leurs lieutenans et autres juges, d'y apporter aucun trouble et empêchement.

11. Et en interprétant et augmentant le pouvoir desdits présidens et trésoriers généraux de France, en ce qui regarde ladite voirie, nous voulons et entendons qu'elle soit par eux exercée et observée en toutes les villes et lieux de l'étendue desdites généralités, tout ainsi qu'elle l'est à présent en notre ville, prévôté et vicomté de Paris et étendue de ladite généralité, tant

pour la grande que petite voirie, et qu'à cette fin tous lesdits présidens et trésoriers généraux de France jouissent des mêmes droits, profits et émolumens de la voirie, que ceux dont jouit à présent celui qui est pourvu de la petite voirie de Paris, en toutes lesquelles villes et lieux de l'étendue desdites généralités, leur sera loisible, si bon leur semble, de commettre personnes capables, pour avoir l'œil à ce que ladite voirie soit inviolablement observée au bien et utilité publics, et faisons défenses très expressément à tous juges d'en connoître, à peine de nullité, cassation de procédures, dépens, dommages et intérêts, et aux parties de se pourvoir ailleurs que pardevant les présidens et trésoriers généraux de France, à peine de mille livres d'amende.

(12) Et pour rendre ledit pouvoir et jouissance desdits droits uniformes en tous lesdits bureaux, nous avons réuni et réunissons la petite voirie de Paris au bureau des finances de ladite ville, à la charge néanmoins de rembourser celui qui est à présent pourveu, selon qu'il sera arbitré au conseil, et d'autant que lesdits présidens et trésoriers généraux de France, fors ceux de Paris, n'ont aucuns gages et taxation pour la direction et intendance de ladite voirie, et qu'ils sont contraints de dépenser une bonne partie de leurs gages pour vaquer aux visitations et réceptions d'ouvrages, pavés, ponts et chaussées, nous avons attribué et attribuons auxdits trésoriers de France de chacun desdits bureaux, excepté Paris, la somme de mille livres par forme de taxations, à cause de ladite voirie, et auxdits présidens et trésoriers de France du bureau de Paris, attendu la grande étendue de leur généralité et de ladite ville et fauxbourgs, qui les oblige au triple des peines et frais des autres généralités, nous leur avons confirmé et attribué les 200 livres de taxations à chacun d'eux dont ils ont joui, toutes lesquelles taxations nous voulons être doresnavant employées et passées par chacun an, dans les états et comptes desdits ponts et chaussées de chacune desdites généralités, et icelles reçues des mains des trésoriers desdits ponts et chaussées par les receveurs des épices de chacun desdits bureaux à Paris, et distribuées également auxdits présidens et trésoriers généraux de France, nos avocats et procureurs de chacune généralité, tant présens qu'absens.

(13) Et pour récompenser encore lesdits trésoriers généraux de France de la perte qu'ils pourront souffrir en la diminution de leurs offices et droits, à cause de l'établissement et séparation des quatre charges de présidens et intendans généraux en

chacun desdits bureaux, et les rendre plus soigneux de conserver nos deniers en vérifiant les états des comptables, nous avons attribué et attribuons, tant auxdits présidens et intendans que trésoriers généraux de France, nos avocats et procureurs présentement créés, un droit d'épices pour la vérification de tous les états, au vray desdits comptables de chacune généralité (1).

(16) Et afin que lesdits présidens, intendans et trésoriers généraux de France nous servent utilement, en toutes nos affaires tant en leurs bureaux qu'en l'étendue de leur généralité, nous voulons et entendons que la moitié d'entre eux exercent leurs charges pendant une année èsdits bureaux, audience et chambre du conseil, et que l'autre moitié soit employée à faire leurs visites et chevauchées et à l'exécution des commissions extraordinaires qui leur seront par nous adressées. Quoy faisant, ceux qui travailleront èsdits bureaux seront dispensés de rapporter en nos chambres des comptes leurs procès verbaux desdites chevauchées pendant ladite année, après laquelle expirée, ceux qui auront servi èsdits bureaux feront l'année suivante aussi leurs chevauchées en l'étendue des généralités; et seront dispensés, si bon leur semble, de servir, pendant ledit temps èsdits bureaux et ainsi continueront d'année en année successivement, sans toutefois que lesdits présidens, intendans généraux soient tenus de faire aucunes visites et chevauchées, si bon ne leur semble, dont nous les avons dispensés et déchargés, ni que les uns et les autres puissent être privés de l'un et de l'autre desdits services; ni des épices, droits, taxations et vacations qui seront communes entre tous lesdits présidens et trésoriers généraux de France de chacun desdits bureaux, les frais de l'exécution desdites commissions extraordinaires où ils seront employés, préalablement déduits.

(17) Voulons aussi que lesdits présidens, intendans et trésoriers généraux de France, qui feront leurs visites et chevauchées, puissent, si bon leur semble, présider à l'assiette des deniers de nos tailles en chacune élection et à cette fin assigner aux élus le jour qu'ils y voudront travailler, feront observer nos édits et réglemens sur le fait desdites tailles et empêcheront qu'il ne soit imposé sur nos sujets plus grandes sommes que celles qui seront

---

(1) La fin de cet article et les deux suivans sont relatifs aux gages des officiers.

messageries, voitures et roullages tant par eau que par terre, sans qu'ils en puissent être cy-après désunis et séparés, sous quelque prétexte que ce soit; et à cet effet que nosdits fermiers puissent commettre pour l'exercice desdites messageries, coches roullages et voitures, tant par eau que par terre et de traverse généralement, telles personnes capables que besoin sera, ensemble pour le controlle des postes et levée dudit droit de parisis; les faire exercer par des commis ou les sous-affermer à telles personnes que bon leur semblera, à leur choix et option, sans qu'autres qu'eux s'en puissent entremettre sous quelque prétexte et occasion que ce puisse être, tant en notre cour et suitte qu'ailleurs, aux bureaux desdites postes, messageries, coches, voitures et roullages généralement (1).

(4) Et afin que l'ordre et commodité que nous nous proposons que la révocation desdits officiers apportera, soit mieux gardée et entretenu sans confusion, nous avons aussi éteint, supprimé et revoqué, éteignons, supprimons et révoquons tous droits, pouvoirs, nominations, concessions, dons et engagemens, que tous corps, colléges, villes et communautés, prieurés, seigneuries et autres particuliers pourroient prétendre, même le pouvoir que notre fille aînée l'université de Paris a eu jusqu'à présent, de pourvoir à aucuns offices de messagers, lesquels droits nous joignons et unissons pareillement auxdites cinq grosses fermes pour y être commis auxdites charges par lesdits fermiers.

(5) Et d'autant que nous avons toujours eu en très singulière recommandation notredite fille aînée l'université de Paris, qu'en éteignant ce droit qui n'a jusques à présent apporté aux officiers et supports d'icelles que fort peu d'utilité, quoiqu'il ait été par eux étendu et amplifié beaucoup plus que ne leur permettoient les édits et réglemens sur ce faits, notre intention n'était pas de diminuer les bienfaits dont les roys nos prédécesseurs l'ont honorée et dotée, mais plutôt de les augmenter et par un revenu solide et assuré, leur donner moyen de mieux stipendier et entretenir à l'avenir les régens pour l'instruction et éducation de la jeunesse, nous avons à notredite fille aînée continué et assigné, continuons et assignons par ces mêmes présentes 12,000 liv. de rente annuelle, perpétuelle et non rachetable, à les avoir et prendre par chacun an, de quartier en quartier, par les mains desdits fermiers, auxquels seront laissés fonds et états qui leur

---

(1) L'art 3 relatif à la liquidation des finances.

sont arrêtés en notre conseil pour la distribution des droits desdites fermes comme une charge ordinaire, à quoi le revenu desdites fermes demeurera spécialement obligé par hypothèque spécial et privilégié, pour être lesdits 12,000 liv. de rente distribués par l'ordre du recteur et du chancelier de l'église et université de Paris, si mieux n'aime toutefois ladite université jouir desdits droits de pourvoir aux messageries à elle appartenant, qui sont un messager en chacune ville de diocèze, pour porter les lettres, paquets et hardes des écoliers et officiers de ladite université seulement, conformément à la déclaration du feu roy Charles VIII, du mois de mars 1488, arrêt de notre cour de parlement du 10 février 1629, portant règlement de la fonction desdits messagers et arrêt de notre conseil confirmatif d'icelui, du 27 janvier 1633, auquel cas nous demeurerons déchargés du payement desdites 12,000 liv. de rente, à la charge toutefois que nosdits fermiers y établiront des commis pour la levée du droit de parisis à eux attribué, comme aux autres messageries dépendantes desdites fermes.

(6) Et voulant, autant qu'il nous sera possible, rendre le commerce de notre royaume facile et commode, nous ordonnons auxdits fermiers d'établir des bureaux tant en notre bonne ville de Paris qu'en toutes les villes et lieux de ce royaume où besoin sera, pour recevoir les personnes, marchandises, or, argent, paquets, lettres, missives et autres choses qui seront portées tant du dedans que dehors le royaume pour les faire porter et conduire comme il sera requis. En chacun desquels bureaux ils établiront des personnes et commis suffisans pour faire lesdites conduites et voitures; lesquels à cette fin seront tenus de se fournir et monter de chevaux, coches, chariots, charrettes et attirails nécessaires pour subvenir à toutes lesdites voitures, ensorte que le service public n'en soit aucunement retardé, et de faire partir à jours certains et ordinaires, tant de la ville de Paris que des autres, lesdits messagers, coches, chariots et charrettes et en tel nombre et ordinaire que le commerce de chacune ville le requerra, suivant les règlemens qui en seront faits en notre conseil, et outre d'établir des controlleurs particuliers ou commis pour tenir bon et fidèle registre des personnes, balles, ballots, tonnes, caisses, paquets, hardes, malles, or, argent, et autres choses qui leur seront consignées avec le poids d'icelles, sans qu'il soit loisible auxdits commis de s'informer ni prendre connoissance des choses qui seront contenues ès dites balles, ballots, tonnes, caisses et

paquets, mais seulement du poids d'icelles, des noms des personnes et marchands qui les consigneront et de l'adresse qu'ils en feront.

(7) Et seront lesdites messageries, voitures, roullages et coches exercés par commission ou seront, comme dit est, au choix et option de nosdits fermiers conjointement ou séparément ainsi que bon leur semblera, sans qu'autres qu'eux ou ceux qui seront par eux nommés ou commis, puissent s'en entremettre en quelque sorte et manière que ce soit, sinon de leur consentement ; ce que nous défendons expressément à toutes personnes de quelque qualité ou condition qu'elles soient, même à tous étrangers, de faire aucunes voitures en ce royaume sans pouvoir et commission expresse de nosdits fermiers, sinon jusques aux bureaux qui seront par eux établis aux villes frontières et plus commodes pour servir d'entrepôt et réunir lesdites marchandises qui pourront être apportées par lesdits étrangers pour entrer en ce royaume ou pour en sortir ; le tout à peine de confiscation de harnois, chariots, charrettes, chevaux et attirails.

(8) Entendons néantmoins qu'il soit loisible à chacun de voiturer ou faire voiturer soit par eau ou par terre, les blés et autres grains, vins, cidres, bierres, foin, paille, pierre, plâtre, bois charbon de bois, sel, vinaigre, chaires vives et mortes et toutes sortes de volailles et gibiers, poissons frais d'eau douce, beurres, fromages, œufs et toutes sortes de menus fruits non entourés ni encaissés, vaisselle de fayence, verres et poterie de terre, dont les voitures soit par eau et par terre, pourront être faites par toutes sortes de personnes indifféremment ; à la charge toutes fois que s'il est nécessaire de faire quelques réglemens pour le soulagement du public, ils ne pourront être faits qu'en notre conseil auquel sera fait réglement et taxes pour la conduite des personnes, ports et voitures de marchandises, balles, ballots, paquets, lettres missives et procès. Lesquelles taxes seront réglées selon la distance et différence des lieux, temps et commerce, suivant les arrêts et réglemens sur ce intervenus. Outre le prix principal desquelles taxes, nous voulons et ordonnons qu'il soit pris le parisis d'icelles, pour le droit de controlle, enregistrement et distribution desdites marchandises, balles, ballots, or, argent, hardes, paquets et lettres missives sans qu'il puisse être par eux pris autres ni plus grands droits, à peine de concussion.

(9) Et parce que le grand maître de l'artillerie de France pourroit prétendre ces établissemens préjudiciables en quelque ma-

bière aux droits de sa charge, pour le désintéresser et lui donner moyen de continuer à nous servir fidèlement et prévenir tout ce qui pourroit apporter du retardement à l'exécution de notre présent édit, nous avons attribué et attribuons par ces présentes à ladite charge de grand maître de l'artillerie par forme d'augmentation de gages, 6,000 livres par chacun an que nous voulons être payées audit grand maître et successeurs en ladite charge de quartier en quartier par nosdits fermiers sur le prix desdites fermes, dont sera pareillement fait fond annuellement ès états qui seront arrêtés en notre conseil pour la distribution des deniers d'icelles. Et en ce qui concerne le droit de parisis des ports de lettres et paquets portés par la voie de la poste, nous voulons que par la perception desdits droits, il soit loisible à nosdits fermiers d'établir des commis et controlleurs en chacun bureau des postes où il y a maître de courriers par terre, pour tenir bon et fidèle registre et faire faire soigneusement la distribution desdites dépêches qui seront portées par ladite voie, en sorte que le public en soit plus promptement servi.

Si donnons, etc.

N° 278. — Édit *de confirmation de celui qui établit un jardin royal au faubourg Saint-Victor pour la culture des plantes médicinales* (1).

(2) Mai 1635. (Blanchard, Compil. chronol.)

N° 279. — Déclaration *sur le domicile servant de base à l'assiette des tailles* (3).

Monceaux, 16 juin 1635, reg. en la cour des aides le 14 juillet. (Rec. de la cour des aides. — Néron, I, 867.)

Louis, etc. Nous avons reçu les plaintes des abus qui se commettent en l'exécution de notre édit du mois de janvier 1634;

---

(1) V. ci-devant édit de janvier 1626 et la note. — Nous n'avons pu retrouver le texte de cet édit non plus que celui d'une déclaration du mois de juin visée par Blanchard dans sa Compilation chronologique, et d'après laquelle un docteur était commis à la démonstration de l'anatomie au jardin des plantes. V. ci-après édit d'octobre 1642; sous Louis XIV, septembre 1646, mai 1653, décembre 1671, et 9 mai 1708.

(2) Blanchard ne dit pas d'où cet édit est tiré ni daté.

(3) Cette difficulté subsiste encore pour l'assiette de la contribution mobilière. V. lois du 15 mars 1790, 3 nivose an VII, et celle du 23 juillet 1820, qui ordonn une nouvelle assiette. V. ci-devant édit sur les tailles de janvier 1634 et la note.

entr'autres que sous prétexte que par l'art. 46 d'icelui, il est porté que les asséeurs controlleurs des tailles se transporteroient en la ville où le siége de l'élection est établi, au jour à eux assigné, pour procéder à l'assiette desdites tailles en la présence de l'élu qui auroit fait ses chevauchées en leurs paroisses : plusieurs officiers desdites élections, au lieu que leur présence devroit contenir les asséeurs en leur devoir, au contraire, abusant du pouvoir à eux donné par ledit article, retiennent les rolles des tailles en leurs maisons, et sans prendre ni suivre les avis des asséeurs collecteurs, déchargent les riches et surchargent les pauvres à leur volonté, ce qui cause des non valeurs dont lesdits asséeurs collecteurs étant obligez d'avancer les deniers, et ne s'en pouvant faire payer, sont pour la plupart ruinez : ce qui n'arriveroit pas s'ils avoient la liberté de cottiser ausdites tailles les habitans de leurs paroisses selon leurs facultez et moyens, dont ils ont connoissance. Comme aussi moyen de ce que par ledit édit, art. 59, ayant été ordonné que les habitans taillables pourroient quitter leur demeure pour aller en d'autres paroisses, en le faisant publier et signifier aux habitans d'icelles auparavant le premier jour d'octobre et avant l'assiette des tailles, et qu'ils ne pourroient être taxez en la paroisse où ils iront demeurer qu'ils n'y ayent été sans intermission an et jour. La plupart des riches contribuables aux tailles, afin de n'être cottisez en aucunes paroisses, transfèrent si souvent leurs domiciles pendant l'année qu'ils ont quitté leur demeure ordinaire et fait notifier leur changement, qu'il est difficile de savoir où ils veulent demeurer ; et ainsi les paroisses par eux délaissées en reçoivent très grand préjudice, demeurant cependant chargées de leurs cottes, d'autant que les officiers des élections, par le moyen de ladite fréquente translation de domicile, ne peuvent connoître sur quelle paroisse ils doivent jetter les taxes de ceux qui changent ainsi de demeure, dont il leur seroit très facile d'avoir la connoissance s'ils étoient cottisables pendant trois ou quatre années dans les paroisses dont ils seroient delogez auparavant, lesquelles expirées ils auroient un domicile certain. Aussi que par l'art. 57 dudit édit, ayant été ordonné que les habitans demeurant ès villes et lieux taillables qui auront pris à ferme quelques terres et métairies hors le détroit de la paroisse de leur résidence, porteront les taxes des précédens fermiers à proportion du profit qu'ils pourront faire, et payeront la taille dans la paroisse de la situation desdites fermes outre celle qu'ils doivent au lieu de leur demeure pour le surplus de leurs biens et facultez : lesdits fermiers se trouvent surchargez de payer la taille en deux divers lieux, que pour s'en exempter ils intentent plusieurs procès en surtaux contre lesdits habitans desdits lieux, pendant lesquels les asséeurs collecteurs ne trouvant pour la plupart dans lesdites fermes aucuns meubles exploitables appartenant ausdits fermiers, ils sont contraints de payer les cottes à leur grand préjudice, ce qui n'arriveroit s'ils étoient seulement cottisez au lieu de leur résidence, tant selon leurs facultez et moyens qu'à cause du gain qu'ils peuvent faire dans lesdites fermes ; ausquels abus étant nécessaire de pourvoir pour le soulagement de notre peuple.

A ces causes, de l'avis de notre conseil, et de notre pleine puissance et autorité royale, nous avons, en interprétant et ampliant notredit édit du mois de janvier 1634, dit et ordonné, disons et ordonnons :

Que les asséeurs collecteurs de chacune paroisse procéderont à l'assiette desdites tailles, ainsi qu'ils avoient accoutumé auparavant ledit édit, sans qu'ils puissent être obligez d'y appeler lesdits élus, dont nous les avons déchargez. Que les habitans taillables domiciliez possédans héritages dans une paroisse, qui voudront aller demeurer en d'autres, situées hors le ressort de l'élection où ils étoient demeurans, seront cottisez aux tailles en la paroisse qu'ils avoient quittée, tout ainsi que s'ils y étoient domiciliez sans en pouvoir être déchargez qu'après trois années du jour qu'ils auront fait publier et notifier leur changement de demeure, suivant la forme prescrite par ledit édit : n'entendons néanmoins déroger pour ce regard à l'usage de notre province de Normandie, lequel sera observé ainsi qu'il est accoutumé : comme aussi que les contribuables aux tailles de chacune paroisse qui prendront à ferme quelques biens ou héritages hors d'icelle, ne pourront être cottisez ausdites tailles ailleurs qu'au dit lieu de leur domicile, suivant leurs facultez et moyens, et le gain qu'ils pourront faire ausdites fermes, nonobstant le 37° article dudit édit, et quant aux habitans des villes franches ou abonnées qui auront pris à ferme aucuns biens ou héritages hors des lieux où ils sont demeurans, voulons que conformément à l'art. 33 dudit édit ils soient cottisez aux taillables dans les paroisses où sera situé le principal manoir desdites fermes, eu égard au profit qu'ils feront en icelles.

Si donnons, etc.

N° 280. — TRAITÉ *de confédération entre la France et le duc de Savoie (Victor-Amédée) pour la conquête du duché de Milan* (1).

Rivolles, 11 juillet 1635. (Fréd. Léon., t. 4, p. 84. — Rec. des trait. de paix, t. 3, p. 368.)

N° 281. — TRAITÉ *entre la France et la ville impériale de Colmar* (2).

Ruel, 1ᵉʳ août 1635. (Fréd. Léon., t. 3, p. 48. — Rec. des traités de paix, t. 3, p. 369.)

N° 282. — DÉCLARATION *contre les déserteurs* (3).

Chantilly, 8 août 1635; reg. au parl. le 7 septembre. (Rec. des ordonnances, bibl. du Conseil d'état, ann. 1635.)

Louis, etc. Nous avons toujours cru que le seul désir d'acquérir de l'honneur qui a paru en tous temps dans l'esprit des François seroit capable de retenir un chacun dans son devoir pendant les occasions présentes, sans qu'il seroit besoin de faire valoir les peines que les loix ont ordonnées contre ceux qui y défaillent; mais l'expérience nous faisant voir tous les jours (à notre grand regret) que la plupart non seulement des soldats enrollez dans nos troupes, tant de cavalerie que d'infanterie, mais les chefs et officiers qui les commandent, au lieu de prendre soin de retenir dans le service ceux qui sont sous leur charge, leur donnant eux-mêmes l'exemple de la désertion qu'ils commettent, abandonnant leurs charges sans congé, comme si par un employ de peu de durée, qu'ils quittent presque aussitôt qu'il leur a été donné, ils avoient suffisamment acquis la qualité de gens de guerre, et

---

(1) On sait combien les tentatives sur le duché de Milan ont coûté de sang à la France, jusqu'à Louis XIV. — Il est convenu par ce traité que le roi de France aura la principale direction de la guerre, et que les conquêtes seront partagées. Mais on n'en fit point, et même la France fut entamée par les Espagnols, qui prirent les îles de Sainte-Marguerite et de Saint-Honorat. Un détachement de l'armée de l'infant pénétra même jusqu'aux portes d'Abbeville (1635) et menaça Paris (1636). Richelieu, pour se venger du mauvais succès de sa politique, fit condamner à mort les gouverneurs des places frontières de la Picardie. — C'est dans ces circonstances que le parlement fut mandé au Louvre, et fortement réprimandé par le roi pour s'être permis de critiquer l'administration du cardinal.

(2) Colmar se met sous la protection de la France; elle est restée à cette puissance par la cession de l'Alsace, sous Louis XIV.

(3) Voy. ci-après déclaration du 18 décembre, et la note.

évité le blasme que peuvent encourir ceux qui dans une nécessité publique refusent de servir leur souverain et leur patrie, demeurant oisifs dans leurs maisons; nous avons estimé à propos, pour prévenir les grands inconvéniens qui en pourroient arriver, d'user à l'avenir de la sévérité portée par les anciennes loix contre les déserteurs, dont le crime n'est pas moins préjudiable à l'état pour être causé par l'impatience et la légèreté, lorsque les armées sont en campagne ou en présence des ennemis, que s'ils se retiroient du péril par une pure lâcheté.

A ces causes, ayant fait mettre cette affaire en délibération en notre conseil, où étoient aucuns princes de notre sang, officiers de notre couronne et autres notables personnages de nostre-dit conseil, de l'avis d'iceluy et de notre certaine science, pleine puissance et autorité royale, nous avons dit, déclaré et ordonné, disons, déclarons et ordonnons, voulons et nous plaît, en interprétant et déclarant les peines portées par les anciennes ordonnances militaires:

(1) Que tous soldats enrollez dans nos troupes, tant de cavalerie que d'infanterie, qui auront quitté ou quitteront ci-après le service sans congé scellé du sceau du régiment, ou du capitaine de la cavalerie, sera puni de mort.

(2) Que les chefs et officiers qui seront retirez des armées sans congé de nos lieutenans généraux, duement signez et scellez, s'ils sont gentilshommes, soient dégradez des armes et noblesse, eux et leurs successeurs déclarez roturiers à perpétuité et eux incapables de jamais posséder charges dans la guerre; voulons et ordonnons qu'ils soient compris ci-après aux rolles des tailles et imposez pour icelles par les élus et asséeurs, à peine d'en répondre en leurs propres et privez noms.

(3) Et pour les autres de condition roturière, qu'ils soient dégradez des armes et condamnez aux galères pour le temps qui sera arbitré par nos juges.

(4) Voulons aussi et entendons que pour déclarer les peines portées ci-dessus, contre ceux qui s'en seront rendus dignes, il soit fait une exacte recherche, par les juges des lieux de ceux qui se seront retirez, en leurs maisons dans l'étendue de leur juridiction, à peine d'en être responsables en leurs propres et privez noms, et d'amende arbitraire contre lesdits juges qui n'en feront leur devoir.

Si donnons, etc.

N° 283. — Edit *portant que le compte des émolumens du sceau sera rendu à la chambre des comptes de Paris par les grands audienciers, sans qu'ils soient réputés comptables.*

Paris, août 1636; reg. en la ch. des compt. le 12 septembre. (Mémor., 1636, f° 271. — Ord. des compt., bibl. du Conseil d'état, t. 5.)

N° 284. — Edit *qui supprime l'imposition d'un sou pour feu attribué aux greffiers, clercs de greffe, à raison de l'expédition des actes de décès, naissance, mariage, etc., et qui leur alloue, en remplacement, une somme héréditaire de 20,000 liv. pour être répartie entre eux* (1).

Chantilly, août 1635; reg. en la ch. des compt. le 20 décembre. (Ordonn. de Saint-Genis, bibl. du Conseil d'état, ann. 1635. — Mém. ch. des comptes. tom. V, *ibid.*)

Louis, etc. Par nostre édict du mois de may dernier, et pour les considérations y contenues, nous aurions statué et ordonné que tous curez, et en leur absence, les vicaires de toutes les paroisses de cettuy nostre royaume, pays, terres et seigneuries de nostre obéissance, seroient tenus par chacune année de faire registre de tous les baptesmes, mariages et mortuaires de leurs paroisses, et de les envoyer signez et certifiez d'eux dans les deux premiers mois de l'année suivante, aux greffiers des jurisdictions royales de leur ressort, pour en expédier et délivrer par lesdits greffiers seuls des extraits ou certifications aux parties qui les en requerront, avec attribution tant ausdits greffiers, clercs de greffes, propriétaires des droits de parisis et controlle d'un sou par chacun feu habité et famille, et 30 sols par chacun des extraits et actes dont les habitans de nos villes privilégiez auraient besoin, pour, de ladite attribution d'un sou pour feu, jouir et disposer par eux, leurs héritiers, successeurs et ayans-cause héréditairement, et les partager entr'eux, ainsi qu'ils font leurs autres droits à eux attribuez pour les actes et sentences qu'ils délivrent journellement.

----

(1) Nous n'avons pas retrouvé l'édit du mois de mai visé par celui-ci, et qui enjoint aux curés et vicaires de tenir registre des naissances, mariages et décès. Sous ce rapport, celui-ci est important, quoiqu'il n'ait guère pour objet qu'une allocation de gages. — Aujourd'hui les registres de l'état civil sont tenus par un officier laïc (V. loi du 20 septembre 1792), et il est interdit aux ministres du culte de donner la bénédiction nuptiale s'il ne leur a été justifié du mariage devant l'officier de l'état civil. (Lois des 18 germinal et 1ᵉʳ prairial an 10, 8 avril et 21 mai 1802.)

Et d'autant que depuis ledit édict nous avons recoupu que ledit sou estant imposé en la forme prescrite par iceluy, les plus pauvres paieroient autant que les plus riches et aisez, contre nostre intention qui se doit entendre par les impositions, le fort portant le foible; et d'ailleurs, que si ladite imposition subsistoit, les propriétaires des greffes ne pourroient faire estat d'un revenu solide et assuré à cause des non-valeurs qui pourroient arriver par divers accidens. Nous aurions résolu d'esteindre et supprimer ledit sou pour feu, et au lieu d'iceluy attribuer des gages héréditaires ausdits propriétaires; ce qu'ayant fait mettre en délibération en nostre conseil, où assistoient aucuns princes de nostre sang et autres grands et notables personnages,

De l'advis d'iceluy et de notre certaine science, pleine puissance et autorité royale, nous avons par le présent édit perpétuel et irrévocable, esteint et supprimé, esteignons et supprimons ladite imposition d'un sou pour feu, ordonnée par nostredit édit du mois de mai dernier; et au lieu d'icelle attribué et attribuons par forme de gages héréditaires ausdits greffiers, clercs de greffes, propriétaires des droits parisis et controlle de tous les bailliages, sénéchaussées, présidiaux, prévostés, vicomtés, chastelleries, vigueries et autres siéges en jurisdictions royales, à la réserve et exception des greffes des insinuations ecclésiastiques, pairies et autres justices subalternes des seigneurs et hauts justiciers, la somme de 200,000 fr. qui sera départie suivant l'estat qui en sera arresté en nostredit conseil, pour, par lesdits greffiers, clercs de greffes, propriétaires des droits de parisis et controlle, leurs successeurs et ayans-cause, juger desdits gages héréditairement, et en estre payez par les receveurs des tailles et autres qu'il appartiendra d'oresnavant par chacun an de quartier en quartier, à commencer en l'année prochaine 1636, du fonds qui en sera laissé annuellement dans nos estats, en payant par chacun d'eux les sommes auxquelles ils seront modérément taxez en nostredit conseil, tant à cause desdits gages que des esmolumens qui leur sont attribuez pour lesdits extraits par nostredit édit du mois de may dernier, lequel nous voulons estre exécuté selon sa forme et teneur, à la réserve dudit sou pour feu supprimé; et à ceste fin, que les saisies faites pour les taxes dudit sou pour feu tiennent pour celles qu'ils doivent payer à cause desdits gages et sous les mesmes contraintes. Et cependant que les porteurs de quittances d'icelles, les noms en blanc, jouyssent desdits gages, et qu'ils soient passez et alloués sans dif-

qu'il est plutôt nécessaire d'en arrêter le cours par de nouvelles sévérités que de donner lieu de l'accroistre par la douceur et la modération; Nous avons résolu, en confirmant nosdites lettres, de renouveler la publication des peines portées par icelles.

A ces causes, ayant de nouveau fait mettre cette affaire en délibération en nostre conseil, où étaient nostre très-cher et très-amé frère le duc d'Orléans, autres princes officiers de nostre couronne, et grands et notables personnages de nostredit conseil, de l'advis d'iceluy et de notre certaine science, pleine puissance et autorité royale,

(1) Avons dit et déclaré, disons et déclarons, voulons et nous plaist, sans nous arrêter audit arrêt de modification, que tous soldats de nos troupes de cavalerie et infanterie qui les auront quittées ou quitteront cy-après, sans congé scellé du sceau du régiment ou du capitaine de cavalerie où ils seront enrollés, soient punis de mort; que les chefs et officiers qui se seront retirés des armées sans congé de nos lieutenans généraux dûment signé et scellé s'ils sont gentilshommes, soient dégradés des armes et de noblesse, eux et leurs successeurs déclarés roturiers à perpétuité, et eux incapables de jamais posséder aucunes charges dans la guerre.

(2) Voulons et ordonnons qu'ils soient compris aux rôles des tailles et impôts pour icelles, par les élus et les assesseurs, à peine d'en répondre en leur propre et privé nom; et pour les autres de condition roturière, qu'ils soient dégradés des armes et condamnés aux galères pour le temps qui sera arbitré par nos juges.

(3) Voulons aussi et entendons que, pour déclarer les peines portées ci-dessus contre ceux qui s'en sont rendus dignes, il soit fait par les intendans de la justice étabt en nos armées et provinces, ou par les juges des lieux dans l'étendue de leur juridiction, une exacte recherche de ceux qui se seront retirés dans leurs maisons, à peine d'en être responsables en leurs propres et privés noms, et d'amende arbitraire contre lesdits juges qui n'en feront leur devoir. Attribuant, à cette fin, à tous nos baillis, sénéchaux et juges de nos sièges présidiaux, prévôtés de nos très-chers cousins les maréchaux de France, vice-baillis, vice-sénéchaux et autres juges royaux, auxquels la connaissance des cas prévôtables appartient par nos ordonnances, toute cour, juridiction et connoissance dudit crime de désertion de nos troupes et armées, pour juger les coupables prévôtablement et en der-

nier ressort, attendu que le crime est un cas militaire, sans qu'ils puissent avoir aucun esgard aux appels qui pourroient être interjettés de leurs jugemens, lesquels nous voulons, pour raison dudit crime de désertion, sortir leur plein et entier effet, leur donnant de ce faire en tant que de besoin plein pouvoir, auctorité et mandement spécial par ces dites présentes.

Si donnons, etc.

N° 289. — DÉCLARATION *qui exempte du logement des gens de guerre les officiers domestiques de la maison du roi et de la reine* (2).

Saint-Germain-en-Laye, 17 mars 1636. (Blanchard, 1643.)

N° 290. — TRAITÉ *de confédération et d'alliance entre la France et la Suède, contre l'empereur Ferdinand (d'Autriche) et ses adhérens, pour la liberté de l'Allemagne* (3).

Wismas, le 20 mars 1636. (Fréd. Léon., t. 5, Rec. des trait. de paix, t. 3, p. 375.)

N° 291. — DÉCLARATION *contre le luxe* (4).

Saint-Germain-en-Laye, 3 avril 1636. (Delamarre, trait. de la pol., liv. 3, tit. 1, chap. 4.)

N° 292. — TRAITÉ *de confédération et d'alliance entre la France et les Pays-Bas* (5).

La Haye, 16 avril 1636. (Fréd. Léon., t. 5, Rec. des trait. de paix, t. 3, p. 396.)

---

(1) Le 19 décembre 1635, par la mort de d'Aligre.
(2) C'est la confirmation des anciennes ordonnances a ce sujet. V. ordonn. de Charles VII, 20 avril 1425, 23 septembre 1460; de Louis XI, 23 septembre 1461; de François Ier, pénultième septembre 1522; de Henri II, 2 février 1548. — Une déclaration du 5 août confirma ces priviléges.
(3) Il n'a rien de remarquable et ressemble aux précédens.
(4) V. Note sur les lettres-patentes de François Ier, mars 1514, qui contient l'énumération des anciennes lois contre le luxe. Le règne de Louis XIII fournit un grand nombre d'édits semblables. V. note sur celles de mars 1613 et 1623, et ci-après déclaration du 24 novembre 1639, qui est la plus étendue du règne. — Celle de 1636 fait défense de porter aucun point coupé fait en France ou à l'étranger, et aucun passement fait dans les pays étrangers. La peine contre les contrevenans est un bannissement de cinq ans, la confiscation des marchandises, et 6,000 liv. d'amende.
(5) Il a pour objet la continuation de la guerre contre les Espagnols. — Il fut suivi d'un second traité du 6 septembre, par lequel le roi assura aux états, pour un an, un subside de 150,000 liv. — Autre traité du 17 décembre 1637, par lequel le roi s'engage au paiement d'un nouveau subside de 1,200,000 liv. — Nouveau subside de 120,000 liv., par traité du 24 mars 1639.

16.

N° 293. — DÉCLARATION *qui supprime la cour des aides de Lyon et crée une troisième chambre dans celle de Paris* (1).

Paris, juillet 1636; reg. le 30 août en la cour des aides de Paris. (Néron, t. 1. pag. 872.)

N° 294. — TRAITÉ *de confédération entre la France et le Landgrave de Hesse* (2).

Wesel, 21 octobre 1636. Fréd. Léon., t. 3. p. 51. — Rec. des trait. de paix t. 3, p. 381.

N° 295. — RÈGLEMENT *du cardinal de Richelieu pour la fondation d'une école militaire à l'usage de la jeune noblesse* (3).

Paris, 1636. (Merc. franç., XXI, p. 278.)

La divine Providence, qui conduit la volonté des roys, ayant disposé celle de S. M. à nous approcher de sa personne, pour la servir de nos soins et conseils en la conduite de ses affaires, régime et gouvernement de ses peuples; et les choses qui ont été miraculeusement exécutées tant dedans que hors le royaume, ayant fait cognoistre que nous y avons été singulièrement assistez de la force et grâce spéciale du Saint-Esprit: Nous, pour lui en rendre hommage, et en quelque façon témoigner nos très-humbles ressentimens, avons, pour sa gloire, favorisé, autant qu'il nous a été possible, le rétablissement de l'ordre de la discipline parmy les réguliers, et avons pris à cœur la décoration du sacré collège de Sorbonne, où ses sacrez oracles sont interprétez, et delà répandus par tous les coins de la terre. Comblé aussi d'un nombre infiny d'honneurs, dignités et bienfaits, dont sa munificence royale a daigné, sans mesure, recognoistre et relever nos travaux bien loin au-delà de leurs mérites, nous serions à jamais ingrat et vrayment indigne de ses faveurs, si, comme les grands fleuves renvoyent à l'Océan les eaux qu'ils en ont reçues, nous ne rendions à son service, et à l'utilité publique une partie de ses mêmes biens, en les employant en dépenses comme nous les destinons avec ce qui nous reste de sang et d

---

(1) Cette cour avait été établie par édit du mois de juin précédent, dont nous n'avons pas donné le texte.

(2) Contre l'Autriche, qui voyait ainsi se séparer d'elle tous ses voisins.

(3) Cet établissement, qui ressemble beaucoup à l'école actuelle de Saint-Cyr, n'a pas survécu au cardinal son fondateur. Il était situé à Paris, Vieille rue du Temple. V. Dulaure, Hist. de Paris, tom. 6, p. 68.

vie) dignes de la mémoire de son règne glorieux, de la grandeur et réputation de cette puissante monarchie.

Et d'autant qu'entr'autres, celle-là nous a semblé des plus recommandables et des plus importantes à l'estat, qui sert à l'entretennement et bonne nourriture de la jeunesse; laquelle étant comme la pépinière d'où le corps politique prend incessamment sa subsistance et son entretien successif, doit être tant plus cultivée, que les fruits qui en viennent peuvent être dommageables ou salutaires à la république, puisque de sa bonne institution naissent les bonnes habitudes et les bonnes mœurs, d'où se forme en cest aage, pour le reste de la vie, la crainte de Dieu, l'obéyssance aux princes, la submission aux loix, le respect envers les magistrats, l'amour de la patrie et la practique des actions vertueuses, sans quoy les grands estats ne peuvent ny se maintenir en repos, ny long-temps subsister.

Aussi les plus grands hommes, et les plus sages de l'antiquité, qui fondèrent les villes, donnèrent des lois et formèrent des sociétez civiles, guidez du seul instinct de la raison, eurent un soin particulier de la jeunesse, qui n'a pas mesme été négligée des nations barbares, entre lesquelles il s'en trouve encore aujourd'huy qui ont chez elles force maisons magnifiquement rentées pour la seule institution des jeunes gens, selon la forme de leur portée et gouvernement.

Pour ces mêmes raisons, nos devanciers, esclaircis d'une grande lumière, ont librement fondé, comme à l'envi, tant de belles universitez; et dans ces universitez, notamment en celle de ceste florissante ville de Paris, un si grand nombre de colléges, bourses et séminaires, qui sont autant de marques de leur piété et du zèle qu'ils ont eu autrefois, à l'honneur de leur païs et au bien de la chose publique.

Nous, donc par la naissance et autres respects, ne sommes pas moins jaloux qu'eux de la gloire de nostre nation, ni moins obligez à la manutention et accroissement de ce grand estat; veu le rang, que, par la grâce de Dieu et du roi, nous y tenons, et que, par sa libéralité, nous nous trouvons en pouvoir d'imiter leur exemple: ayant résolu de contribuer comme eux largement à l'institution de nostre jeunesse françoise, et d'y assigner certains revenus, avons fait réflexion sur une chose de grande considération;

Que les armes et les lettres estant germaines et comme inséparables, toutes deux également requises à l'establissement et confirmation des grands empires ; celles-cy pour régir et civiliser au dedans, celles-là pour estendre et protéger au dehors; néantmoins, les dotations des colléges et séminaires semblent estre seulement destinées aux jeunes gens qui suivent les lettres, et les bourses affectées à ceux de la basse estoffe et condition roturière, sans que l'on ait pensé d'en faire part à ceux qui portent les armes, ni que jusques à présent on ait aucun soin de laisser quelque fonds pour soulager l'entretenuement de la jeune noblesse, qui en fait particulière profession ; soin toutefois d'autant plus nécessaire, que la corruption des choses excellentes est la pire, et cause de la débauche et dépravation des gentilshommes, faute de nourriture et bonne discipline, beaucoup plus dangereuse dans un estat, que de ceux qui sont sortis d'une mesme origine.

C'est pourquoy, désirans donner quelque commencement de remède à ce notable manquement et exciter l'imitation de ceux qui viendront après nous, comme nous suivons les vestiges de ceux qui nous ont précédé, nous avons porté nos pensées et les desseins de nostre libéralité en faveur de la profession militaire, mais singulièrement, de la jeunesse, issuë de maisons nobles, lesquelles incommodées, et par nombre d'enfans, ou par les despenses excessives, à quoy ils sont obligez par leur qualité, ou par autres accidens de fortune, se trouvent en impuissance de la faire eslever dans les vertueux exercices, convenables à leur extraction.

A cet effet, et sous les heureux auspices et bon plaisir de S. M., nous avons donné, quitté et délaissé, donnons, quittons et délaissons à perpétuité, à l'Académie royale, establie à nostre instance par sadite M., en la vieille rüe du Temple de ceste ville de Paris, et à ceux qui en ont à présent et en auront cy-après la direction, la somme de 22,000 liv., à la charge de nourrir, eslever et instruire à perpétuité vingt gentilshommes, chacun d'eux pendant deux ans entiers, en tous les exercices militaires, enseignez en ladite Académie, ne plus ne moins que les autres gentilshommes qui y sont pensionnaires, et sans distinction.

La nomination desquels nous réservons à nous et à celuy de nos successeurs, qui sera héritier de nostre nom et de nos armes, et ses descendans, en loyal mariage, de masle en masle, et de degré en degré, tousjours l'aisné excluant le puisné, et tous les masles, les femelles, quoyque les plus proches; et en défaut de masles, retournera ce pouvoir à la fille aisnée de l'aisné, et à ses descendans, aussi de masle en masle, et puis aux femelles de degré en degré, toujours les aisnez préférables aux puisnés, et les masles aux femelles; et si tous viennent à manquer, ce que Dieu ne veuille, nous donnons et affectons la nomination à (N.), pour y pourvoir conjointement, par moitié, comme ils verront bon estre.

N'y seront nommez autres que gentilshommes en l'aage de quatorze à quinze ans, choisis, autant que faire se pourra, bien proportionnez, vigoureux, et propres à la profession à laquelle ils sont appellez: et seront tous de religion catholique, apostolique et romaine, vrais et originaires François.

Pendant les deux ans qu'ils y demeureront, outre les exercices de l'Académie qui leur seront communs avec tous les autres, comme de monter à cheval, voltiger, faire des armes, les mathématiques, fortifications et autres, ils seront encore particulièrement instruits, à quelques heures réglées, és principes de logique, physique, métaphysique, sommairement en langage françois; mais pleinement la morale, et à une autre heure commode de l'après-dinée, seront informez aussi sommairement de la carte géographique, des notions générales de l'histoire universelle et l'establissement, déclinaison et changement des empires du monde, transmigration des peuples, fondemens et ruines des grandes villes, noms, actions et siècles des grands personnages, comme aussi de l'estat des principautez modernes, singulièrement de l'Europe, dont les interests nous touchent de plus près, par leur voisinage; surtout au long, ils apprendront l'histoire romaine et françoise.

Pour laquelle institution nous désirons estre faict choix d'un personnage de suffisance et politesse requise, et d'excellente condition, auquel nous avons ordonné et ordonnons, tant qu'il y vacquera, mille livres d'appointemens par chacun an des vingt-une mille livres susdites, la nomination duquel nous nous sommes réservez et réservons, et après nous immédiatement la donnons aux susdits.

Après les deux ans expirez, seront tenus lesdits gentilshommes servir le roy autres deux années ensuivans, dans les régimens de ses gardes, ou sur ses vaisseaux, ou autrement selon son bon plaisir, et suivant ses commandemens, pour lesquels recevoir ils seront incontinent; et au sortir de l'Académie, présentez tous en corps par celuy à qui en appartiendra la nomination, ou en son absence par le gouverneur de ladite Académie, ou par les deux ensemble à S. M.

Laquelle nous supplions très-humblement par les services que nous lui avons rendus, et que souhaitons luy continuer, jusques au dernier souspir de nostre vie; mais plus par sa propre bonté en agréant ce petit témoignage de nostre gratitude, prendre désormais en sa protection et bienveillance spéciale ceste jeune noblesse, que nous dressons à sa gloire, pour s'en servir aux occasions, la gratifier de ses bienfaits, et l'avancer aux charges et aux emplois dont elle aura esté rendue capable.

N° 296. — DÉCLARATION *sur la police des maîtres tonneliers, déchargeurs de vin de Paris* (1).

Paris, 16 janvier 1637; reg. au parl. le 26. (Vol. FFF, f° 65.)

N° 297. — DÉCLARATION *confirmative de celle de Henri II sur le mode d'élection des prévôts des marchands et échevins de Paris* (2).

Saint-Germain-en-Laye, 26 janvier 1637; reg. au parl. le 28 mai. Vol. FFF, f° 268.)

N° 298. — LETTRES-PATENTES *qui confirment les statuts des distillateurs et vendeurs d'eau-de-vie* (3).

Paris, janvier 1637. (Delam., traité de la pol., t. III, p. 788.)

Louis, etc. Après avoir fait voir à nostre conseil les règles et statuts ordinaires pour la vacation et métier de distillateur

---

(1) C'est la confirmation des anciens statuts de cette corporation. Les premiers leur furent donnés par la prévôté de Paris le 26 décembre 1398, et confirmés par Charles VI en avril 1400, Louis XI en juin 1467, François Ier, avril 1527, Henri III, septembre 1576, et Henri IV en 1599. Nous n'avons donné aucun de ces textes, vu leur peu d'importance. Aujourd'hui, par des réglemens de police, les municipalités peuvent créer des compagnies de ce genre sur les ports et lieux publics seulement. Il y a à Bercy une compagnie semblable, au profit de laquelle on avait créé un droit sur chaque tonneau. Nous avons fait abolir ce droit en 1825, comme illégal.

(2) Voy. a la date de mai 1554, et la note. La municipalité de Paris a joué un grand rôle dans la révolution.

(3) La distillation de l'eau-de-vie ne remonte pas plus haut que la fin du 15e ou le commencement du 16e siècle. Cette découverte fut importée d'Italie en France à cette époque. Louis XII, dans ses lettres-patentes de 1514 pour l'établissement de la communauté des vinaigriers, comprit la distillation de l'eau-de-vie et de l'esprit de vin. Les premiers statuts des distillateurs et vendeurs

d'eau-de-vie et d'eau-forte, et de tout ce qui provient de lie et baissière de vin pour l'utilité publique, cy-attachés, sous le contre-scel de nostre chancellerie, avec l'avis de nostre lieutenant civil et de nostre procureur au Châtelet de Paris, du 13 octobre 1634, pour l'homologation desdits articles, cahiers et transcrits, pour l'exécution dudit métier juré en nostre ville de Paris, pour estre régis et gouvernez selon lesdits articles de l'ordonnance, ensemble les arrests de nostre cour de parlement de Paris, des 7 septembre 1624, 1er février 1631 et 11 avril 1634, donnez entre les exposans et les maistres vinaigriers, de l'avis de nostre conseil, avons confirmé et approuvé, confirmons et approuvons lesdits articles et statuts pour estre gardez et observez de point en point, et autant que besoin est ou seroit, créons et érigeons par ces présentes signées de nostre main, ledit art et métier de faiseur d'eau-de-vie et d'eau-forte en métier juré à l'instar des autres métiers de ceste ville de Paris, avec défenses à toutes autres personnes de contrevenir ausdits articles et statuts, à peine de tous dépens, dommages et intérêts.

Si donnons, etc.

STATUTS.

(1) Qu'audit métier de distillateurs et vendeurs, il y aura deux prud'hommes, qui seront élus pardevant nous procureur du roy au Châtelet de cette ville de Paris, en la manière accoutumée aux autres métiers, pour être jurez et gardes dudit métier, lesquels auront puissance de visiter en ladite ville, fauxbourgs et banlieue de Paris, toute distillation d'eau-de-vie et d'eau forte, qui se feront en ladite ville, fauxbourgs et banlieue, et qui arriveront en ladite ville et fauxbourgs, tant par eau que par terre, même tant ès maisons des maistres dudit métier, qu'autres lieux de cette ville, fauxbourgs et banlieue, où ils seront avertis qu'il y aura autres qui voudront entreprendre sur ledit métier, et les

---

d'eau-de-vie sont du 13 octobre 1634; nous en donnons le texte à la suite de ces lettres qui les approuvent. D'autres statuts furent donnés à cette communauté en 1639 par la cour des monnaies; ils ont pour objet surtout de prévenir l'altération des monnaies par le moyen de l'eau forte, du vitriol, etc. A cet effet, la cour érigea l'office de distillateur en métier juré. Elle enjoignit aux maistres dudit métier de tenir des registres exacts des noms, prénoms, demeure et qualité des personnes à qui ils vendraient de l'eau forte et de présenter tous les mois ce registre à la cour. V. loi du 3 ventôse an XII (25 février 1804) qui prescrit une déclaration et l'obtention d'une licence pour avoir une distillerie (art. 60), ord. du 11 mai 1822, et celle du 20 juillet 1825.

contrevenans à ces statuts et abus qui s'y pourroient commettre, faire par lesdits jurés tous exploits que peuvent aire tous autres jurés d'autre métier de cette ville en cas semblable.

(2) Quiconque voudra être maître dudit métier, sera tenu payer neuf livres tournois, sçavoir trois livres tournois pour le droit du roy, autres trois livres pour servir aux affaires qui pourroient arriver au corps dudit métier, et semblable somme de trois livres aux jurez dudit métier, et faire le serment pardevant ledit sieur procureur du roy, pardevant lequel les jurez feront leur rapport des contraventions qui se commettront par les maîtres, ainsi que font les jurez des autres métiers.

(3) Nul compagnon dudit métier ne pourra parvenir à la maîtrise, qu'il n'ait servy comme apprentif un desdits maîtres dudit métier, le temps et espace de quatre ans entiers, et qu'il ne fasse apparoir son brevet d'apprentissage.

(4) Qu'aucun compagnon aspirant à la maîtrise ne pourra être maître, qu'en faisant chef-d'œuvre en la présence des jurez, et qu'il n'ait été par eux certifié capable, et prêté le serment pardevant ledit sieur procureur du roy.

(5) Nul maître dudit métier tenant boutique en cette ville, faubourgs et banlieue d'icelle, ne pourra tenir plus d'un apprentif, lequel sera obligé à luy pour le temps et espace de quatre années, sur peine de trois livres parisis d'amende, applicable moitié au roy, et l'autre moitié aux jurez.

(6) Lesdits maîtres ne pourront prendre autres apprentifs que celuy qui est obligé à eux pour le temps de quatre ans, sinon la dernière année desdits quatre ans dudit apprentissage, qui leur sera loisible d'en prendre un autre, et non plutôt, sur peine de vingt-quatre livres parisis d'amende, applicable comme dessus.

(7) Si l'un desdits apprentis obligé pour ledit temps de quatre ans d'apprentissage, s'enfuit et s'absente hors du logis et service de son maître, celuy qui aura obligé ledit apprentif sera tenu de représenter ledit apprentif et le rendre au service de son maître, ou bien justifier comme il aura fait recherche d'iceluy dans ladite ville, fauxbourgs et banlieue; cela fait et au défaut de ne pouvoir représenter ledit apprentif, sera loisible audit maître de prendre un autre apprentif, et iceluy faire obliger pour ledit temps de quatre ans.

(8) Que nul maître dudit métier de distilateurs et vendeurs ne pourra tenir, ou avoir en sa maison aucun compagnon dudit métier, qui soit alloué et obligé à un autre maître pendant et du-

rant le temps de son obligé, ains sera tenu le rendre au maître, auquel il sera tenu et obligé pour achever sondit temps, et ne sera permis à aucun maître recevoir en son service aucun compagnon, sans le consentement du maître d'où il sortira, sur peine de pareille amende, et de vingt-quatre livres parisis applicables comme dessus.

(9) Que les fils des maîtres de chef-d'œuvre qui auront servy audit métier sous leur père ou autres maîtres, pourront parvenir à la maîtrise et gagner la franchise sans être tenus de montrer aucunes lettres d'apprentissage, sans faire aucun chef-d'œuvre, ayant atteint l'âge de dix-huit à vingt ans, en payant toutesfois les droits du roy et jurez, tels que dessus est dit : et au cas que lesdits maîtres ayent des filles, icelles affranchiront un compagnon apprentif dudit métier en cette ville, qu'ils épouseront, en payant les droits du roy et jurez, comme dessus.

(10) Que les maîtres dudit métier seront tenus de travailler de bonne lie et baissière de vin, et en toutes les opérations qui se peuvent tirer dudit vin, dites lies et baissières de vin, comme pressoirs et bascules provenant desdites lies et baissières de vin, et faire graveler le tout conformément aux arrêts de la cour de parlement, et pour empêcher les abus et malversations qui se pourroient commettre audit métier, seront faites défenses d'en faire de pied de bac, bierre, et lie de cidre, à tous distilateurs et vendeurs, de les composer de plusieurs drogues qui seront nommées cy-après : sçavoir poivre long, poivre rond, graine de genèvre, gingembre et autres drogues non convenables au corps humain, sur peine de confiscation desdites marchandises, et de vingt-quatre livres parisis d'amende, applicable moitié au roy, et l'autre moitié aux jurez.

(11) Que tous les maîtres auront visitation sur toutes sortes de marchandises dudit métier qui se pourront amener dans cette ville de Paris, tant par eau que par terre, par marchands forains et autres, lesquels ne les pourront vendre, ny exposer en vente, qu'au préalable ladite visitation n'ait été faite par lesdits jurez, lesquels lesdits marchands forains et autres seront tenus d'avertir, sur peine de confiscation desdites marchandises, et de vingt-quatre livres parisis d'amende, applicable comme dessus.

(12) Pour obvier aux abus et monopoles qui se pourroient commettre à l'achapt desdites marchandises qui pourroient être amenées en cette ville et fauxbourgs de Paris, par marchands forains et autres, ne pourront lesdits maîtres acheter desdits mar-

chauds forains, et autres les marchandises d'iceux, qu'auparavant ils ne l'ayent exposée en vente au lieu qui sera par eux nommé, sur peine de confiscation des marchandises, et de vingt-quatre livres parisis d'amende, applicable comme dessus.

(13) S'il advient qu'aucun maître dudit métier allât de vie à trépas, délaissant sa veuve, icelle veuve pourra tenir ouvriers, et faire travailler en sa maison ouvriers et compagnons qui auront fait apprentissage chez un maître dudit métier pendant le temps de sa vuidité seulement, sans qu'il luy soit loisible d'avoir aucun apprentif, sur peine de pareille amende, et de vingt-quatre livres parisis d'amende, applicable comme dessus.

(14) Qu'il ne sera loisible à aucunes personnes de cette ville, fauxbourgs et banlieue de travailler ou faire travailler dudit métier, sur peine de confiscation de ladite marchandise, et ustenciles servant audit travail, et de vingt-quatre livres parisis d'amende, applicable comme dessus.

N° 299. — DÉCLARATION *portant interdiction des officiers du parlement de Dijon* (1).

Dangu, 14 mars 1637. (Blanchard, 1652.)

N° 300. — LETTRES-PATENTES *portant établissement de l'hôpital des Incurables de la ville de Paris* (2).

Saint-Germain-en-Laye, avril 1637; reg. au parl. le 6 mai, en la ch. des compt. le 8, en la cour des aides le 12 juin. (Antiq. de la ville de Paris, pag. 598. — Vol. FFF, f° 106.)

Louis, etc. Les roys, nos prédécesseurs, ont toujours estimé n'y avoir rien de si convenable au titre de très chrétien, que de jetter les yeux de pitié et de compassion sur les pauvres misérables vrais membres de nostre seigneur et rédempteur J.-C., et toutes les actions par lesquelles ils se sont rendus illustres et recom-

---

(1) A cause des troubles de la Bourgogne auxquels ils avaient pris part, ainsi que le parlement.

(2) Cet hôpital existe encore; il est situé rue de Sèvres. Plusieurs personnes, dit Dulaure, concoururent à cet établissement, qui reçut dans la suite un accroissement considérable en étendue de terrein et en revenu. L'hospice des incurables, qui, lors de sa fondation, ne contenait que 36 lits, en comptait avant la révolution 360. Le nombre s'en élève aujourd'hui à 500, et il est exclusivement consacré aux femmes. Un autre hospice a été fondé faubourg Saint-Martin pour les hommes incurables.

mandables par toute la terre, ont entre autres choses éminemment paru et éclaté par le grand nombre de monastères, hospitaux et malladeries par eux basties, érigées, fondées et dottées, non seulement en ce royaume, mais aussy en tous les lieux et endroits de la chrestienté où leur puissance et domination s'est estendue; à l'imitation desquels plusieurs de leurs sujets portez d'un saint zèle ont pareillement employé une bonne partie de leurs biens et facultez pour contribuer aux choses nécessaires pour la nourriture, entretien et soulagement des pauvres et nécessiteux, tellement que par la grâce de Dieu et la liberalité des gens de bien les choses en sont venues à ce poinct, que quelque misère ou infirmité dont les pauvres puissent estre affligez, et en quelque aage que ce soit, il y a des maisons ordonnées et establies, où ils se peuvent retirer et y trouver de l'assistance, du secours et des remèdes en leurs maux, excepté ceux qui sont malades de maladies invétérées et réputées incurables, auxquels n'a encore esté pourveu de maison particulière jusqu'à présent, d'où vient que ceux qui en sont affligez ne pouvant estre admis et receus dans les hospitaux destinez aux malades qui peuvent recevoir guérison, demeurent languissans par les rues et sur les chemins sans secours, ni consolation, au grand regret et desplaisir des âmes chrestiennes et touchées de quelque humanité; ce qu'ayant esté dès long-temps remarqué et considéré par un personnage d'éminente qualité, résolu de porter le premier la main à l'œuvre, de commencer par une contribution présente à pourvoir à l'assistance et secours desdits pauvres incurables, et de convier les âmes pieuses et charitables par son exemple de prendre part en une si charitable entreprise; et ayant jugé qu'un establissement si important ne se pourroit mieux faire que par la conduite et direction des administrateurs du grand Hostel-Dieu de nostre bonne ville de Paris, comme versez et expérimentez en telles économies, il en auroit particulièrement conféré avec aucuns d'iceux, et ensuite contracté selon son intention, pour la fondation et dotation d'un hospital et maison destinée à la retraite et soulagement des malades de la qualité susdite, pour estre régie et gouvernée par lesdits administrateurs, séparément toutefois et sans aucune confusion avec les revenus dudit Hostel-Dieu; en exécution de quoy lesdits administrateurs auroient commencé à faire construire les bâtimens plus nécessaires hors et proche le faubourg Saint-Germain, tellement que l'enceinte et closture dudit hospital est déjà entièrement achevée, et les autres logemens nécessaires grandement avancez; mais d'autant que c'est une œuvre publique et un establissement de communauté qui ne se doit faire que de nostre autorité et par nostre congé et permission, lesdits administrateurs se sont retirez vers nous, requérant humblement leur vouloir accorder sur ce nos lettres.

A quoy inclinant favorablement, jugeant ledit establissement nécessaire pour le bien et soulagement de nos pauvres sujets affligez de maux incurables, et afin de destourner des yeux du peuple un spectacle hideux et pitoiable, de l'advis de nostre conseil, et de nostre certaine science, pleine puissance et autorité royale, nous avons ledit establissement et tout ce qui a esté fait et commencé en exécution d'iceluy par lesdits administrateurs, agréé et approuvé, agréons et approuvons par ces présentes signées de nostre main, voulons, ordonnons et nous plaist:

(1) Qu'à leur diligence lesdits bastimens soient continuez jusques à concurrence du fonds qu'ils ont, et qui leur pourra estre cy-après donné et aumosné, selon et à mesure qu'il sera par eux receu, et que dez aussitost qu'il y aura des logemens parfaits, meublez et accommodez, en sorte que les malades de la qualité susdite y puissent estre traitez, et que lesdits administrateurs jugeront qu'il se puisse commodément faire, ils y soient receus et admis, afin de ne différer que le moins qu'il se pourra le secours que le public en peut attendre et recevoir; et que pour ce faire lesdits administrateurs et leurs successeurs ezdites charges puissent mettre, ordonner et establir tels officiers, domestiques et serviteurs qu'ils jugeront nécessaires pour la nourriture, traitement et soulagement desdits pauvres malades incurables, et pour l'assistance spirituelle et consolation d'iceux, célébration de la sainte messe, administration des sacremens, commettre tel nombre de gens d'église que besoin sera, approuvez de l'ordinaire, et que pour l'ordre et économie dudit hospital, qu'ils puissent dresser telles règles et statuts qu'ils jugeront convenables pour la direction et gouvernement de ladite maison, selon l'intention des fondateurs et dotateurs d'icelle, ce que nous leur avons permis et permettons faire, lesquelles règles et statuts nous voulons estre gardées, observées et inviolablement entretenues de point en point par tous ceux qu'il appartiendra.

(2) Et pour contribuer de nostre part en quelque chose à l'establissement de ladite maison, attendant que la commodité de nos affaires nous permette de le pouvoir faire plus largement, selon nostre intention, nous avons amorty et amortissons en tant qu'à

nous est et appartient, les maisons, lieux, places, rentes et autres immeubles qui ont esté et pourront estre donnés, légués et délaissés audit hospital, ou qui seront acquis par les administrateurs présens et à venir, sans que pour raison de ce, ils soient tenus nous payer aucuns droits de lods et ventes, amortissemens, francs fiefs, nouveaux acquests et autres droits à nous deubs, dont, en tant que besoin en seroit, nous leur en avons fait et faisons don, à la charge toutesfois d'indemniser les particuliers des biens par nous admortis, si aucuns se trouvent mouvans et tenans d'eux, auquel cas nous les exhortons d'user envers ledit hospital de la mesme grâce et libéralité que nous avons faite pour le regard de ladite indemnité; et outre, nous avons ledit hospital et maison de malades incurables, affranchy, quitté, exempté et deschargé; affranchissons, quittons, exemptons et deschargeons de tous subsides, impositions, droits d'entrée, gabelles mises ou à mettre, et de toutes autres choses généralement quelconques, dont ils pourroyent estre tenus pour les vivres, provisions, et autres denrées et commoditez nécessaires, qui seront portées et conduites dans ledit hospital destiné pour la nourriture, entretenement, secours et assistance des malades et officiers de ladite maison, pour desdites exemptions jouir et user tout ainsy qu'en jouit l'Hostel-Dieu de nostredite ville de Paris, deffendant très expressément à tous nos fermiers et autres de prendre ou exiger aucune chose d'eux pour lesdits droits, à peine du quadruple, et de tous despens, dommages et intérests.

(3) Et afin de faciliter le progrez des affaires dudit hospital, et faire que les procez et différends qui se pourroient mouvoir, tant pour les biens, droits et revenus de ladite maison, que des exemptions et privilèges à elle accordez, nous voulons et entendons que tous lesdits différends et procez concernant lesdits biens, droits et revenus, soient traitez en première instance en la grande chambre de nostre parlement, et ceux qui concerneront lesdites exemptions et privilèges, en nostre cour des aydes, sans que les administrateurs puissent estre traduits, ny convenus ailleurs, ny pardevant autres juges quels qu'ils soient, attribuant à cette fin toute cour, juridiction et connoissance desdits procez et différends meûs et à mouvoir, à ladite grande chambre de nostre parlement et cour des aydes à Paris, chacun à leur égard, et icelle interdisant et deffendant à toutes autres cours et juges.

Si donnons, etc.

N° 301. — **Déclaration** *pour l'entretien du pavé et le nettoiement des rues de Paris* (1).

Versailles, 9 juillet 1637; reg. au parl. le dernier du même mois. (Collect. des ordonn. de Saint-Genis, bibl. du Conseil d'état, ann. 1637. — Traité de la pol., IV, 175.)

Louis, etc. Nous aurions ci devant pour la commodité et soulagement des bourgeois et habitans de nostre bonne ville de Paris, chargé nos finances de la somme de 120,000 livres à prendre par chacun an, sur l'inscription du vin, pour l'employer au nétoyement des boues et réfection du pavé de ladite ville, dont la despense se prenoit auparavant sur eux; mais d'autant que la nécessité de nos affaires nous oblige à présent de retirer ce fonds pour subvenir à l'entretenement de nos armées et autres grandes et nécessaires dépenses de l'état pour lesquelles nous nous retranchons de celles qui sont accessoires pour notre propre personne; il est à propos que ceste dépense soit prise comme elle l'estoit auparavant sur les bourgeois et habitans de ladite ville, comme estant chose qui tourne à leur particulière commodité;

A ces causes, et autres bonnes considérations des deux notables bourgeois de chacun desdits quartiers, tels qu'ils seront

---

(1) Le pavage de Paris, commencé en 1184, sous le règne de Philippe-Auguste, fut d'abord exécuté par ordre du roi, sous la conduite du prévôt de police. Les bourgeois de Paris se chargèrent ensuite de l'entretien; mais leur zèle s'étant ralenti sur la fin du 13ᵉ et au commencement du 14ᵉ siècles, un réglement du prévôt de Paris, Guill. Gormont, de 1348, sous Philippe de Valois, approuvé par lettres patentes du roi Jean, 30 janvier 1356, ordonna que ceux qui, à l'avenir, négligeraient de nettoyer et réparer le pavé, seraient passibles d'une amende de 3 liv. par famille. — Voy. dans ce recueil, ordonnance du roi Jean, 30 janvier 1350, art. 151; de Charles VI, ordon. du 1ᵉʳ mars 1388 qui met à la charge des habitans le pavage de Paris, id. 5 avril 1399, 28 mai 1400 et 20 janvier 1402; de Charles VIII 1485; de François Iᵉʳ novembre et 28 janvier 1539; de Charles IX, 22 novembre 1563 (*); ordon. du prévôt de police, 22 sept. 1600 qui confie au grand voyer le soin d'entretenir le pavé de Paris (art. 20); édit de Henri IV, sept. 1603, ci-devant édit de février 1626. — Voy. ci-après ordon. du mois d'août 1638, édit de janvier 1641, sur le nétoiement des rues de Paris, et lettres patentes de Louis XV du 15 février 1750. Voy. aussi l'ord. n. de mai 1785, loi du 25 mars 1790, celle du 4 frimaire an VII; avis du conseil d'état du 25 mars 1807, le décret du 7 août 1810, et notre traité de la voirie.

(*) C'est par erreur que nous avons dit à cette date que le traité de la police par Delamare ne parlait pas de cette déclaration. Le continuateur de cet ouvrage, Leclerc Dubrillet, en donne le texte. Voy. tom. IV, pag. 212.

choisis et nommez pour cet effet par chacun an; lesquels pourront convenir et traiter avec tels entrepreneurs qu'ils adviseront bon être pour ledit nétoyement des boues et entretennement des pavés, pour chacun quartier séparément, sans qu'il y puisse avoir un entrepreneur général pour toute la ville, ce que nous défendons expressément; remettant à nos juges de régler le surplus de ce qui sera trouvé à propos pour établir et entretenir le meilleur ordre qui se pourra audit nestoyement et entretennement de pavés pour la commodité publique et soulagement des particuliers.

Si donnons, etc.

Arrêt d'enregistrement, du dernier juillet 1637.

Registrés au greffe de la cour, pour être exécutés selon leur forme et teneur; à la charge que le pavé sera entretenu aux lieux et ainsi que l'on faisoit auparavant l'année 1609; à cette fin les trésoriers de France et prévôt des marchands seront ouïs au premier jour, pour sçavoir les lieux qui n'étoient pavés ni entretenus par les bourgeois auparavant ladite année 1609; que la levée des deniers ne commencera que du premier jour de ce présent mois et an en chacun quartier; ce faisant, qu'assemblée sera faite d'an en an, en chacun quartier à la diligence du commissaire d'icelui, le quartenier présent, pour l'établissement qu'il convient faire seulement, en la maison de l'un des présidens ou plus anciens conseillers de ladite cour, s'il y en a qui demeure audit quartier, ou d'autres officiers des cours souveraines, ou à leur défaut et refus, de personne plus qualifiée: laquelle assemblée sera de douze notables bourgeois, qui procèderont à l'élection de deux ou quatre bourgeois, ou plus, si besoin est, et selon l'étendue des quartiers, pour convenir avec des voituriers et paveurs pour le nettoyement et entretennement dudit pavé des rues, ruelles, et autres endroits, à telle somme qui sera avisée; et en ladite assemblée, sera la taxe et réglement fait sur chacune maison, de la somme qui sera arrêtée pour ledit nettoyement et pavé: pour y parvenir, sauf les moyens qui seront proposés, les rolles anciens seront représentés par chacun desdits commissaires, et la recette desdits deniers faite par un desdits deux ou quatre bourgeois, lequel payera de mois en mois ce qui aura été acordé ausdits voituriers, entrepreneurs et paveurs, rapportant certificat du plus ancien desdits bourgeois nommés, que le nettoyement et entretennement du pavé aura été dûment fait : et en cas de défaut et manquement, lesdits bourgeois en feront plainte au commissaire du quartier, lequel en fera rapport au prévôt de Paris ou son lieutenant, par lequel il sera pourvû; et en cas de négligence desdits officiers ordinaires, lesdits bourgeois en avertiront le procureur général, pour y être pourvû par ladite cour, ainsi qu'il appartiendra.

Deuxième arrêt, 23 décembre 1637.

« La cour ordonne que par l'ordre des trésoriers de France, les lieux désignés en leurs mémoires seront entretenus; sçavoir, la place au-devant du château du Louvres, hôtel de Bourbon, pourtour desdits lieux et du quay régnant au tour de la gallerie à gagner la porte de la Conférence; la traverse depuis le grand pavillon qui se rencontre au bout de ladite gallerie, à passer devant le palais des Tuilleries, à regagner la grande rue neuve Saint-Honoré; l'étendue du Pont-Neuf, à prendre du quay de la Mégisserie, et place dite des trois Maries, y compris la nouvelle place où se trouve élevée la figure du roy Henry-le-Grand, à finir au ruisseau qui divise la rue Dauphine d'avec le Pont-Neuf; la place des halles, depuis le coin de la Tonnellerie, poursuivant au coin de la rue Perouet en Tirouenne, bout de la rue des Prêcheurs, bout de la rue de la Cossonnerie, petit carrefour de la rue au Fouaire proche la petite porte du cimitière des Saints-Innocens, et poursuivant jusqu'à l'entrée de la rue de la Lingerie, aboutissant au bout de la Cordonnerie, devant le marché aux Poirées, sans comprendre en toute ladite étendue la rue de la Fromagerie, qui a ses propriétaires en toute sa longueur; le dedans de la halle au bled et pourtour d'icelle; le cimitière Saint-Jean en tout son haut pavé, jusqu'à la retombée du ruisseau qui se rencontre devant les maisons bâties en la circonférence de ladite place; la devanture et pourtour tant de la Bastille, que de la maison et arsenal de Paris; la place Maubert en toute son étendue, et finir comme dessus. La grande cour du Palais, pourtour des boutiques jusques et en remontant le coin de l'Horloge, et cours de la Conciergerie; le pourtour du Grand-Châtelet avec la vallée de Misère et place de la Boucherie de la porte de Paris; le dedans de la rue de la Monnoie, plus la banlieue des Portes de Paris. Et que les prévôts des marchands et échevins seront tenus de payer et fournir le pavé ès autres chaussées et rues, comme ils faisoient auparavant ladite année 1609, sçavoir dans la ville, la chaussée rue Saint-Antoine; la place de Grève; depuis les Célestins jusqu'à la Porte-Neuve, le long de la rivière de Seine; plus le pont Notre-Dame et le dessous du petit Châtelet; hors la ville, la chaussée Notre-Dame-des-Champs, jusqu'à la banlieue; la chaussée depuis la porte Saint-Michel, jusque outre les Chartreux; la chaussée depuis la porte Saint-Antoine, jusqu'à Saint-Antoine-des-Champs; la chaussée depuis la porte du Temple, jusqu'à la Courtille; plus la chaussée depuis la porte Saint-Denis, jusqu'à la croix qui penche.

Seront aussi tenus lesdits prévôts des marchands et échevins de fournir le pavé, en payant par les bourgeois la peine des ouvriers; sçavoir, ès rue Saint-Antoine depuis le coin Saint-Paul, où finit la chaussée, jusqu'à la pointe de la porte Baudoyer; en la rue Tixerandie depuis ladite porte Baudoyer, jusqu'au bout de la rue de la Coutellerie, et la rue de la Verrie aboutissant sur le pont Notre-Dame; la rue du Crucifix Saint-Jacques tirant à la porte de Paris; la rue Saint-Denys, depuis la place aux Pigeons, qui est au-devant de la porte de Paris, jusqu'à la porte Saint-Denis; la rue Saint-Honoré depuis le cimetière Saint-Innocent jusqu'à la porte Saint-Honoré, plus la rue Saint-Jacques, depuis le Petit-Châtelet jusqu'à la porte Saint-Jacques, et les autres rues et ruelles seront entretenues de pavé par les bourgeois et habitans de ladite ville à leurs frais.

N° 302. — DÉCLARATION *portant défenses aux cours souveraines de troubler les évêques dans le droit d'instituer et de destituer leurs officiaux, et de disposer des officialités.*

Saint-Maur, 28 septembre 1637; publié au sceau, le 13 octobre. (Mém. du clergé II 36. — Abrégé des mém. du clerg. VII, 298.)

Louis, etc. Plusieurs archevêques et évêques de notre royaume nous ont représenté combien il est important à l'honneur de l'église et au bien des affaires qui se traitent ès cours ecclésiastiques, que leurs officialités soient remplies de personnes de vertu, science, probité et expérience singulières; qu'à cet effet il leur convient souvent de destituer et révoquer celles qu'ils jugent à propos, à quoi néanmoins ils trouvent de grands empêchemens, et sont troublés au pouvoir qu'ils en ont, d'autant que ceux qui se trouvent avoir été révoqués se pourvoient pardevant nos cours souveraines, et autres juges, où ils sont maintenus, sous prétexte qu'ils prétendent et allèguent avoir été pourvus desdites officialités avec des clauses et des conditions qui leur sont onéreuses: sur quoi lesdits prélats nous ont fait entendre que telles provisions ne peuvent être soutenues ni souffertes, étant tout-à-fait abusives, les clauses et conditions onéreuses qui sont apposées en icelles, contraires aux saints décrets et aux constitutions canoniques, auxquelles on ne peut contrevenir sans encourir les peines qui y sont expressément portées. Et partant pour empêcher tels abus, contre lesquels il est pleinement pourvu de la part de l'église, ils nous ont supplié d'apporter ce qui est de notre autorité et puissance royale, de défendre à tous juges de nos cours souveraines et autres, d'avoir aucun égard aux provisions qui seroient ci-après données, avec conditions et clauses onéreuses, de maintenir sous prétexte d'icelles ceux qui auroient été révoqués et destitués desdites officialités par les archevêques et évêques, et même de les troubler en aucune façon dans le pouvoir qu'ils ont d'instituer ou destituer telles personnes, et ainsi qu'ils trouvent à propos, et dans l'entière disposition desdites officialités, laquelle leur appartient.

Nous à ces causes, désirant apporter ce qui est de notre autorité et puissance royale pour empêcher tels inconvéniens, et nous assurant que les archevêques et évêques de cettui notre royaume, ne pourvoiront aucunes personnes de leurs officialités, à titres onéreux, au préjudice desdits saints décrets, et constitutions canoniques, de l'avis de notre conseil, où étoient plusieurs grands et notables personnages, avons dit et déclaré, disons et déclarons par ces présentes, signées de notre main, voulons et nous plaît, que tous juges de nos cours souveraines et autres, n'ayent aucun égard à toutes provisions d'officialité, qui seroient ci-après octroyées à titres onéreux, leur avons fait et faisons défenses très expresses de maintenir, sous prétexte d'icelles, aucunes personnes qui auroient été destituées et révoquées par les archevêques et évêques, lesquels nous n'entendons être troublés en aucune façon dans le pouvoir qu'ils ont d'instituer ou destituer telles personnes qu'il verront être à faire, et dans la disposition qui leur appartient de leursdites officialités.

Si donnons, etc.

N° 303. — Edit *sur les fonctions et devoirs des banquiers expéditionnaires en la cour de Rome, et sur la répression des fraudes et abus, en matière de postulation de bénéfices* (1).

Saint-Germain-en-Laye, novembre 1637; reg. au parl. le 13 août 1638. (Merc. franç., 22. 371. — Abrégé des Mém. du clergé, X, p. 1336.)

---

(1) V. ci-devant 25 avril 1633. Cette loi avait pour objet d'empêcher le

N° 304. — Édit *de création de la communauté des* barbiers-perruquiers (1).

Saint-Germain-en-Laye, décembre 1637. (Delamarre, Traité de la pol., liv. 2, tit. 8, chap. 7.)

N° 305. — Déclaration *par laquelle le roi place le royaume sous la protection spéciale de la vierge Marie* (2).

Saint-Germain-en-Laye, 10 février 1638. (Merc. franç., XXII, 284. — Traité de la pol., I, 362. — Moreau de Saint-Méry, rec. des constitutions et ordonn. coloniales, tom. 1er.)

Louis, etc. Dieu qui élève les roys au trône de leur grandeur, non content de nous avoir donné l'esprit qu'il départ à tous les princes de la terre pour la conduite de leur peuples, a voulu prendre un soin si spécial de notre royaume et de notre état, que nous ne pouvons considérer le bonheur du cours de notre règne sans y voir autant d'effets merveilleux de sa bonté que d'accidens qui nous menaçaient. Lorsque nous sommes entrez au gouvernement de cette couronne, la foiblesse de notre âge donna sujet à quelques mauvais esprits d'en troubler la tranquillité; mais la main divine soutint avec tant de force la justice de notre cause, que l'on vit en même temps la naissance et la fin de ces pernicieux desseins. En divers autres temps l'artifice des hommes et la malice du démon ayant suscité et fomenté des divisions, non moins dangereuses pour notre couronne que préjudiciables à notre maison, il luy a plu en détourner le mal avec autant de douceur que de justice; la rébellion de l'hérésie ayant aussi formé un parti dans l'état, qui n'avoit autre but que de partager notre autorité, il s'est servi de nous pour en abattre l'orgueil, et a permis que nous ayons relevé ses saints autels, en tous les lieux où la violence de cet injuste parti en avoit ôté les marques.

---

moyens frauduleux par lesquels les postulans de bénéfices cherchaient à se prévenir les uns les autres.

(1) Cette communauté, distincte de celle des *barbiers chirurgiens*, n'a reçu ses statuts que sous Louis XIV, par lettres patentes du 14 mars 1674.

(2) C'est ce qu'on appelle le vœu de Louis XIII. L'église rappelle tous les ans l'anniversaire du 15 août par une procession solennelle. Le roi et sa famille y assistent. Tant que Saint-Domingue a été colonie française, elle a célébré par une procession solennelle la fête de l'Assomption, en vertu de cette déclaration. Les conseils supérieurs et juridictions y assistaient. Le vœu de Louis XIII fut fait à l'occasion de la grossesse de la reine, Anne d'Autriche. Elle mit au monde, le 5 septembre, après plus de vingt ans de mariage, le dauphin, qui régna 72 ans sous le nom de Louis XIV.

Si nous avons entrepris la protection de nos alliez, il a donné des succès si heureux à nos armes, qu'à la vue de toute l'Europe, contre l'espérance de tout le monde, nous les avons rétablis en la possession de leurs états dont ils avoient été dépouillez. Si les plus grandes forces des ennemis de cette couronne se sont ralliées pour conspirer sa ruine, il a confondu leurs ambitieux desseins, pour faire voir à toutes les nations, que comme la Providence a fondé cet état, sa bonté le conserve, et sa puissance le défend. Tant de grâces si évidentes font que pour n'en différer pas la reconnoissance, sans attendre la paix qui nous viendra sans doute de la même main dont nous les avons reçues, et que nous désirons avec ardeur, pour en faire sentir les fruits aux peuples qui nous sont commis, nous avons cru être obligez, nous prosternant aux pieds de sa majesté divine que nous adorons en trois personnes, à ceux de la sainte vierge, et de la sacrée croix, où nous recevrons l'accomplissement des mystères de notre rédemption, par la vie et la mort du fils de Dieu, nous consacrer à sa grandeur par son fils rabaissé jusqu'à nous, et à ce fils par sa mère élevée jusqu'à lui, en la protection de laquelle nous mettons particulièrement notre personne, nostre état, notre couronne, et tous nos sujets, pour obtenir par ce moyen celle de la sainte Trinité par son intercession, et toute la cour céleste par son autorité et son exemple. Nos mains n'étant pas assez pures pour présenter nos offrandes à la pureté même, nous croyons que celles qui ont été dignes de la porter les rendront hosties agréables; et c'est chose bien raisonnable, qu'ayant été médiatrice de ses bienfaits, elle le soit de nos actions de grâces.

A ces causes, nous avons déclaré et déclarons, que prenant la très sainte et très glorieuse vierge pour protectrice spéciale de notre royaume, nous lui consacrons particulièrement notre personne, notre état, notre couronne et nos sujets, la suppliant de nous vouloir inspirer une sainte conduite, et défendre avec tant de soin ce royaume contre l'effort de tous ses ennemis, que soit qu'il souffre le fléau de la guerre, ou jouisse de la douceur de la paix, que nous demandons à Dieu de tout notre cœur, il ne sorte point des voyes de la grâce qui conduisent à celles de la gloire. Et afin que la postérité ne puisse manquer à suivre nos volontez en ce sujet, pour monument et marque immortelle de la consécration présente que nous faisons, nous ferons construire de nouveau le grand autel de l'église cathédrale de Paris, avec une image de la vierge, qui tienne entre ses bras celle de son précieux fils descendu de la croix, nous serons représentés aux pieds du fils et de la mère, comme leur offrant notre couronne et notre sceptre.

Nous admonestons le sieur archevêque de Paris, et néanmoins lui enjoignons, que tous les ans, le jour et fête de l'Assomption, il fasse faire commémoration de notre présente déclaration à la grande messe, qui se dira en son église cathédrale, et qu'après les vêpres dudit jour il soit fait une procession en ladite église: à laquelle assisteront toutes les compagnies souveraines, et le corps de ville, avec pareille cérémonie que celle qui s'observe aux processions générales plus solennelles. Ce que nous voulons aussi être fait en toutes les églises tant parochiales, que celles des monastères de ladite ville et fauxbourgs; et en toutes les villes, bourgs et villages dudit diocèse de Paris.

Exhortons pareillement tous les archevêques et évêques de notre royaume, et néanmoins leur enjoignons de faire célébrer la même solemnité en leurs églises épiscopales, et autres églises de leurs diocèses; entendant qu'à ladite cérémonie les cours de parlement, et autres compagnies souveraines, et les principaux officiers des villes y soient présens. Et d'autant qu'il y a plusieurs églises épiscopales qui ne sont point dédiées à la vierge, nous exhortons lesdits archevêques et évêques en ce cas, de lui dédier la principale chapelle desdites églises, pour y être faite ladite cérémonie; et d'y élever un autel avec un ornement convenable à une action si célèbre, et d'admonester tous nos peuples d'avoir une dévotion toute particulière à la vierge, d'implorer en ce jour sa protection, afin que sous une si puissante patrone, notre royaume soit à couvert de toutes les entreprises de ses ennemis, qu'il jouisse longuement d'une bonne paix; que Dieu y soit servi et révéré si saintement, que nous et nos sujets puissions arriver heureusement à la dernière fin pour laquelle nous avons tous été créez; car tel est notre plaisir. Donné, etc.

N° 306. — Traité *de confédération entre la France et la Suède* (1).

Hambourg, 5 mars 1638. (Fréd. Léon., 2. 5. — Rec. des trait. de paix, t. 5, p. 384.)

---

(1) Ferdinand II, empereur d'Allemagne, étant mort, eut pour successeur

N° 307. — **Lettres-patentes** *portant que la terre de Versailles* (1), *acquise par le roi, par contrat du 8 avril 1632, ne fait point partie du domaine de la couronne.*

Saint-Germain-en-Laye; avril 1638. (Blanchard, 1665.)

N° 308. — **Lettres-patentes** *qui fixent les priviléges des enfans de chœur, chantres, machecots et clercs de matines de la cathédrale de Paris.*

Abbeville, août 1638; reg. au parl. le 23. (Vol. FFF, f° 287.)

N° 309 — **Edit** *qui crée quatre maîtres de chaque métier dans les villes et bourgs où il y a maîtrise et jurande, en faveur de la naissance du dauphin de France (depuis Louis XIV)* (2).

Saint-Germain-en-Laye, septembre 1638; reg. le 5 janvier 1639, au parlem., (Vol. FFF, f° 228. — Merc. franç., XXII, p. 339.)

N° 310. — **Déclaration** *qui défend d'apporter et de vendre en France les biens et marchandises prises en mer sur des Français* (3).

Chantilly, 22 septembre 1638. (Lebeau, Cod. des prises 1. 28.)

Louis, etc. La facilité que les ennemis de notre état ont trouvée de débiter ès pays de ceux qui les favorisent, même dans nos

---

Ferdinand III (d'Autriche) son fils. Le traité porte que la guerre sera continuée contre lui avec vigueur, afin d'arriver promptement à la paix.

(1) La ville de ce nom a été fondée sous Louis XIV.

(2) V. ci-devant déclaration du 10 février et la note. Une déclaration du mois de novembre annoblit deux personnes en chaque généralité, à la même occasion.

(3) Sur le droit de prise, V. ci-devant édit de Charles VI, décembre 1400, art. 3 et suiv.; de François Ier, juillet 1517, art. 3 à 13, id. février 1543, art. 13 à 45, de Henri III, 6 août 1582, mars 1584 et ci-après, déclarations de Louis XIV, du 1er février 1650, traité des Pyrénées, 7 novembre 1659, art. 6, 19 et 20; lettres patentes du 20 décembre même année; règlement du 6 juin 1672, ordon. du 5 décembre suiv.; ordon. du 23 février 1674, 25 août et 5 septembre même année; 22 juillet et 22 septembre 1676, ordonnance d'août 1681, 4 mars 1684, 21 octobre, 20 novembre 1688, 15 avril et 27 novembre 1689, 29 mai 1690, 26 février 1691; 30 janvier, 13 mai, 16 août, 5 septembre et 26 octobre 1692, 25 novembre 1693, 9 mars et 25 mai, octobre 1696, 9 juin 1706, 18 avril et 5 septembre 1708, décembre 1709, 3 septembre 1711, décembre 1712, 12 août 1715, août 1743, 21 octobre 1744, 23 avril 1745, 5 mars 1748, septembre 1758, 13 octobre 1759, 3 janvier 1760; Voy. l'arrêté du gouvernement du 2 prairial an XI et le décret impérial du 12 avril 1811. — Voy. Nouv. Répert. de jurisp. V° *Prise maritime.* — Le droit de prise dérive du principe du droit des gens que

états, sous le nom des étrangers, les marchandises qu'ils prennent en mer sur nos sujets, leur a donné la hardiesse de venir dans nos côtes plus librement qu'ils n'auroient fait, s'ils n'avoient trouvé ce secours et des étrangers et des marchands de notre royaume; lesquels, préférant leur profit au bien de l'état et à la compassion qu'ils doivent avoir de la perte faite par ceux de leur pays, achètent librement lesdites marchandises.

A quoi étant nécessaire de pourvoir, pour empêcher la ruine de nos sujets qui trafiquent sur mer, desquels nous voulons avoir un soin particulier, nous n'avons trouvé meilleur moyen que de défendre d'apporter en notre royaume, et y débiter les marchandises prises en guerre et déprédées sur nos sujets. A ces causes, etc., nous avons par ces présentes, signées de notre main, fait très expresses inhibitions et défenses à toutes personnes, soit de nos sujets ou autres, de quelque royaume, pays et seigneurie qu'ils puissent être, d'apporter et vendre en notre royaume, pays, terres et seigneuries de notre obéissance, sous quelque prétexte que ce soit, les biens et marchandises prises en mer et déprédées sur nos sujets; et à tous nos sujets et autres d'en acheter, si elles y étoient apportées, à peine contre ceux qui les y apporteront, de confiscation de leurs vaisseaux et desdites marchandises et autres qu'ils pourroient apporter dans lesdits vaisseaux; et contre ceux qui en achèteront, de la confiscation desdites marchandises par eux achetées, et de dix mille livres d'amende pour la première fois, et de punition corporelle pour la seconde, desquelles confiscations et amendes, nous avons attribué le tiers aux dénonciateurs:

Et s'il arrive que ceux sur lesquels lesdites marchandises ont été prises ou déprédées, justifient lesdites marchandises leur appartenir, nous voulons que les deux tiers desdites marchandises leur soient restitués, le tiers d'icelles demeurant au profit du dénonciateur; n'entendons toutefois comprendre en la présente déclaration, les marchands sur lesquels les marchandises auront été prises, lesquels pourront les racheter ou faire racheter hors le royaume, et les rapporter en icelui. Voulons que les jugemens desdites confiscations, amendes et autres, qui interviendront en conséquence de la présente décla-

---

dans une guerre de nation à nation, tout ce qui est pris sur l'ennemi appartient au capteur. *Ea quae ex hostibus capimus, jure gentium statim nostra fiunt.* (Institut. de Justin. § 17 *de rerum divisione.*)

ration, soient exécutés, nonobstant et sans préjudice des appellations qui en pourroient être interjetées.

N° 311. — DÉCLARATION *pour la construction du canal de Briare* (1).

Saint-Germain-en-Laye, septembre 1638; reg. au parl. le 15 avril 1639. (Vol. FFF, f° 367. — Merc. franç., 25, p. 539.)

Louis, etc. Le deffunct roy nostre très honoré seigneur et père, que Dieu absolve, dans la paix heureusement par luy acquise à ce royaume avoit jugé ne pouvoir rien être fait de plus utile et avantageux au public pour le commerce et transport des marchandises et denrées de provinces en autres, et particulièrement en nostre bonne ville de Paris, que la communication des rivières de Seine et de Loyre, par le moyen d'un canal navigable depuis Briare jusques en nostre bonne ville de Montargis, d'où, par la rivière qui y passe, les marchandises peuvent estre conduites en nostredite ville de Paris, de quoy non-seulement elle tirera la commodité d'avoir à bon compte toutes les marchandises de nos provinces d'Auvergne, Forest, Bourbonnois, Nivernois, Berry, et mesmes de Lyon, Provence et Dauphiné, comme aussi des autres provinces par où ladite rivière de Loyre passe, jusques en Bretagne. Mais lesdites provinces en recevront aussi une notable utilité, par le moyen de ce qu'elles tireront de nostredite ville de Paris, et spécialement de l'argent qui en sortira pour le prix desdites marchandises. Ces considérations avoient porté nostredit seigneur et père à faire commencer l'ouvrage dudit canal, qui a esté poursuivi pendant quelques années; mais son décès étant survenu, et ensuite la mort de celuy qui avait la conduite et direction de cet ouvrage, il a esté entièrement délaissé et abandonné, tant parce que les guerres que nous avons eu à soustenir depuis le commencement de nostre règne, et que nous avons encore sur les bras, ne nous ont pas permis de faire la despense requise pour la continuation et perfection dudit ca-

---

(1) Ce canal, qui devait conduire de la Seine à la Loire, fut entrepris par Henri IV et son ministre Sully, dans l'intérêt du commerce. La mort tragique de ce prince et les guerres qui troublèrent le règne de Louis XIII, ne lui permirent pas d'en continuer la dépense, et il fut obligé d'en faire la concession à une société. V. ci-après les édits de 1679 et de 1719, relatifs aux canaux d'Orléans et de Loing, et le mémoire au conseil que nous avons publié en 1825 pour le commerce de charbon de bois et de terre, contre l'ordonn. du 5 mars 1825.

nal, qu'à cause que jusques à présent on estime impossible, ou très difficile de l'achever et de le fournir de la quantité d'eau nécessaire pour la navigation, à cause de la situation inégale et monstrueuse du pays où il doit passer.

Et toutefois maistres Guillaume Bouteroue, et Jacques Guyon, receveurs anciens alternatifs et triennaux des aydes et tailles, et payeurs des rentes des élections de Baugency et Montargis, s'estant appliquez depuis quelques années, ainsi qu'ils nous ont fait entendre, à chercher les moyens d'achever ledit canal, et de le fournir suffisamment d'eau, ils ont trouvé la chose possible, et se sont offerts à nous en nostre conseil, de faire ledit canal à leurs frais et despens, tant en ce qui reste à creuser et achever, qu'en ce qu'il faut réparer à ce qui a esté autrefois commencé; de construire la quantité d'escluses nécessaires pour faire monter et descendre les batteaux d'une partie dudit canal en l'autre : de faire les levées qu'il faudra de costé et d'autre pour retenir les eauës, et réparer celles qui sont desjà faites, de construire huict ponts sur ledit canal pour la commodité du passage d'un costé à l'autre, outre les anciens qui ont esté bastis, lesquels ils feront relever et iceux mettre en bon et deu estat; d'eslargir, estressir la rivière de Loing, depuis Montargis jusqu'à son emboucheure en Seyne, pour la facilité et commodité de la navigation; curer les endroits combles qui y sont, et y faire des escluses où il en sera besoin; le tout afin que ladite rivière puisse porter les batteaux qui navigeront sur ledit canal, plus grands que ceux qui sont ordinairement sur ladite rivière, et que l'on n'ait point la peine de descharger audit Montargis les marchandises qui se voitureront sur ledit canal; d'accommoder les chemins et levées de largeur convenable depuis Briare jusqu'à l'embouchure de ladite rivière de Montargis en Seyne pour le passage des chevaux au tirage desdits batteaux : payer le prix de tous les héritages où l'alignement dudit canal les portera, et où il faudra qu'il passe, et des maisons qu'il faudra démolir pour cet effet, comme aussi des lieux où seront des estangs et réservoirs d'eauës pour estre conduites dans ledit canal, et dédommager tous les propriétaires sur le fonds desquels ils feront passer leurs aqueducs, ou les ruisseaux qui seront conduits audit canal : et enfin, de rendre ledit canal navigable dans quatre années à compter du jour de la vérification de ces présentes où besoin sera.

Sçavoir faisons, que sur lesdites offres que nous avons agrééez et agréons, et ayant aucunement égard aux conditions que lesdits

Bouteroue et Guyon nous ont supplié leur accorder pour exécuter icelles offres ;

(1) Nous leur avons par ces présentes signées de nostre main, de l'avis de nostre conseil, et de nostre certaine science, pleine puissance et authorité royale, cédé, quitté, délaissé et transporté ; cédons, quittons, délaissons et transportons à eux, leurs hoirs, successeurs et ayans cause, le fonds, très-fonds dudit canal, levées et escluses d'icelui, leur en avons accordé et fait don, accordons et faisons don ensemble desdites escluses, levées et de tous les ouvrages qui ont esté faits audit canal, démolitions et matériaux qui en restent, comme aussi de toutes choses généralement quelconques qui en dépendent ;

(2) Avons révoqué et révoquons tous dons que nous en pourrions avoir cy-devant faits à quelques personnes ou pour quelque cause ou occasion que ce soit, mettant et subrogeant pour ce regard lesdits Bouteroue et Guyon en nostre lieu et place, noms raisons et actions, sans nous rien retenir ou réserver du fonds et et très-fonds dudit canal, levées et emplacement desdites escluses, et de tous lesdits ouvrages.

(3) Et au cas que ce qui est desjà fait audit canal se trouve construit sur des fonds et héritages qui n'aient pas esté payez aux propriétaires d'iceux, lesdits Bouteroue et Guyon leur en payeront la valeur au dire de gens à ce cognoissans, sans estre tenus d'aucuns dommages et intérèts envers lesdits propriétaires pour le passé

(4) Voulons et entendons qu'ils puissent faire tracer et passer ledit canal partout les lieux et endroits qu'ils trouveront à propos, et où leur alignement les portera, et qu'ils prennent à cet effet les héritages qui se rencontreront en leurs alignemens, abattent et démolissent les maisons et moulins qui se trouveront nuisibles, en remboursant les propriétaires, au dire d'experts et gens à ce cognoissans. Ils ne seront tenus de payer le prix desdits héritages que trois mois après l'estimation d'iceux, afin qu'ils ne soient inquiétez cy-après par les créanciers d'aucuns propriétaires, lesquels, pendant lesdits mois, s'opposeront, si bon leur semble, à la délivrance des deniers pour y venir par chacun d'eux, suivant leurs hypothèques, pour lesquels trois mois lesdits Bouteroue et Guyon payeront l'intérest du prix d'iceux héritages à raison du denier dix-huict.

(5) Et si pendant ledit temps en faisant publier aux sièges et paroisses où lesdits héritages sont situez, par trois dimanches

consécutifs, qu'ils seront prets de faire le payement d'iceux, il ne se trouve aucuns opposans à la délivrance des deniers, lors en les délivrant aux possesseurs desdits héritages, lesdits Bouteroue et Guyon en demeureront déchargez envers tous autres, et pour quelques dettes et hypothèques que ce soit, tout ainsi que si lesdits héritages avoient esté décretez : ils prendront telle quantité de terre qu'ils jugeront nécessaire à Briare, Montargis et autres lieux pour faire des maisons, cours fermées et magazins, pour la décharge, conservation et seureté des marchandises qui seront voiturées sur ledit canal.

(6) Et pour iceluy réparer avec plus de facilité, maintenir et conserver les levées, ils pourront encore prendre deux perches de terre de largeur de chacun costé dudit canal sur toute la longueur d'iceluy, en payant dans le temps et en la manière susdite. Prendront aussi, tant près dudit canal que loin d'iceluy, les terres qu'ils trouveront commodes pour faire des retenues d'eaues, et estangs, ensemble des estangs déjà faits, en payant dans le temps, et comme il est dit cy-dessus : et où il s'en trouveroit dépendans de bénéfices ou communautez les pourront aussi prendre en payant ausdites communautez le prix desdites terres et estangs, au dire de gens à ce cognoissans, et seront les sommes ausquelles se trouvera monter le prix desdits héritages desdites communautez employées en acquisition de terres qui leur tiendront lieu desdits héritages, jusques à ce que lesdits deniers employez entièrement, payeront ausdites communautez l'intérest au denier dix-huict, qui sera assigné tant sur le revenu dudit canal que sur les biens desdits entrepreneurs.

(7) Ils pourront prendre et détourner toutes les eaux qu'ils jugeront nécessaires pour ledit canal, soit rivières, fontaines, ruisseaux, estangs et autres, en dédommageant par chacun an les meûniers ou propriétaires des moulins ou autres particuliers qui pourroient souffrir de la perte à cause du destournement des eaues, ou diminution d'icelles, selon qu'il sera estimé par experts, lequel dédommagement, s'il leur en eschet, ils seront tenus de venir recevoir par chacun an au bureau qui sera establi pour la récepte du péage, dont il sera parlé cy-après.

(8) Et où il sera besoin de construire des aqueducs pour faire passer les eaues d'une montagne ou éminence à une autre, ils le pourront faire, soit sur rivières, prairies ou autres héritages et chemins, en dédommageant de même sorte ; et pour lesdites

eaux, tant retenues comme il est dit cy-dessus, que courantes, pourront les faire passer par tous les endroits qu'ils jugeront plus commodes et où leur alignement les portera, en payant aux particuliers la valeur des terres dans le temps, et ainsi qu'il est dit cy-devant.

(9) Ils feront tirer de la pierre, sable, conroy, gazons. et bastir fourneaux à chaux et à brique en tous lieux qu'ils aviseront et généralement se pourront servir des choses et matières qu'ils trouveront sur le lieu propres tant à la construction dudit canal et réparations nécessaires à ce qui est desjà fait, que mesmes à l'avenir à mesure qu'il y aura des bresches: pourront aussi prendre des terres sur le lieu en dédommageant au dire d'experts.

(10) Il leur sera loisible, pour faciliter la navigation, d'abattre et rehausser les ponts à Briare, Montargis et autres lieux : et seront les ponts qui seront rehaussés, faits de mesme matière et meilleure, s'il est nécessaire, et quand une arche aura esté abattue, elle sera réédifiée auparavant qu'on en puisse abattre une autre.

(11) Si lesdits Boutteroue et Guyon ne rendent lesdits ouvrages faits et parfaits dans les susdites quatre années, ils demeureront descheus du don que nous leur faisons par ces présentes.

(12) Estant nécessaire d'employer de notables sommes pour creuser et continuer ledit canal en ce qui n'est pas encore fait, réparer les ruines survenues ès ouvrages faits ou commencez, et pour mettre à perfection un tel ouvrage, comme aussi pour entretenir ledit canal, estangs, ruisseaux, réservoirs d'eaues, aqueducs, levées, et autres choses par des réparations continuelles : entretenir nombre d'hommes aux escluses pour les ouvrir et fermer, remplir et vuider, nous avons pour ces considérations accordé et accordons ausdits Boutteroue et Guyon, qu'ils perçoivent eux, leurs hoirs, successeurs et ayans cause, à perpétuité, un péage sur toutes les marchandises qui seront voiturées sur ledit canal, et cinq sols pour batteau, bascule ou train de bois à l'ouverture de chacune des portes des escluses, tant dudit canal que de la rivière de Loing, depuis Montargis jusqu'à la Seine, sans que qui que ce soit s'en puisse prétendre exempt. Révoquant pour ce regard toutes exemptions et priviléges qui auroient esté cy-devant accordez, soit par nous ou les roys nos prédécesseurs, à quelques villes, communautez ou particuliers, sous couleur de foire franche, ou autrement, pour quelque cause

que ce soit. Ledit péage sera levé sur toutes les marchandises, ainsi qu'il s'en suit (1).

Lequel péage et 5 sols pour batteau, bascule ou train de bois, seront payez par les marchands à qui les marchandises appartiendront sans que de chacun train de bois, il soit payé plus de cinq sous à l'ouverture de chacune porte d'escluses, encore qu'iceux trains eussent trente toise de longueur, ni plus de deux sous six deniers à l'ouverture à chacune desdites portes pour bascule ou boutique à poisson n'ayant que sept toises de longueur.

(13) Nous leur avons accordé et accordons en considération de l'importance de l'ouvrage qu'ils entreprennent, et afin que le public en reçoive d'autant plus d'utilité, et que le transport des marchandises, par ledit canal, ne soit interrompu par aucunes nouvelles impositions que nous, ni les roys nos successeurs, ne pourront imposer cy-après aucuns péages ni droits quelconques sur les marchandises qui seront voiturées sur ledit canal, soit à l'entrée ou à la sortie d'iceluy, et ne payeront autre péage ou droits sur les rivières de Loyre, Loing et Seine que ceux qui se lèvent sur lesdites marchandises.

(14) Comme ledit canal appartiendra ausdits Boutteroue et Guyon en propriété, autres ne pourront naviguer et voiturer des marchandises sur iceluy que ceux qu'ils auront establis pour cet effet. Ils mettront donc nombre suffisant de batteaux et de voituriers sur ledit canal pour voiturer lesdites marchandises, et de flotteurs pour mener les trains de bois, bascule et poisson et tout ce qui sera conduit sur ledit canal.

(15) Mais d'autant que lesdits Boutteroue et Guyon voudroient peut-estre tirer si grand prix pour la voiture desdites marchandises, comme ils auroient droit de le prendre, tel qu'ils aviseroient, ledit canal étant à eux en propriété, que le public n'en recevroit pas grand soulagement, nous voulons et entendons que lesdits Boutteroue et Guyon prennent seulement pour droit de voiture desdites marchandises ce qui en suit (2).

(16) Défendons très expressément ausdits Boutteroue et Guyon, de rien prendre davantage sur lesdites marchandises que ledit péage, droits d'escluses et de voitures, selon et ainsi qu'ils sont specifiez cy-dessus. Voulons et nous plaist que, moyennant les-

---

(1) Nous ne donnons pas le texte de ce tarif qui n'a aucune importance.
(2) Suit un nouveau tarif dont nous passons le texte sous silence.

dits droits de voiture qui leur seront payez à la raison susdite, ils soient tenus de faire conduire les marchandises depuis Briare jusques à Paris, sans qu'il soit rien diminué desdits droits de voiture pour les marchandises que les marchands voudroient faire descharger par les chemins; comme aussi ne pourront lesdits Bouteroue et Guyon prendre plus grand droit pour celles qui seront données aux voituriers par eux commis pour les monter de Paris à Briare.

(17) Nous leur avons accordé et accordons de pouvoir establir sur ledit canal un ou plusieurs batteaux qui partirout un des jours de chacune sepmaine de Briare, pour conduire et voiturer des personnes jusques à Paris, et de Paris jusques à Briare, comme aussi ès villes qui sont entre Briare et Paris, dont ils percevront l'émolument provenant de la voiture desdites personnes.

(18) Nous voulons ledit canal en toute son estendue, fonds et tréfonds d'iceluy estre affranchy, comme par ces présentes nous l'affranchissons et exemptons, ensemble les levées, escluses et fonds d'icelles, deux perches de terre des deux costez dudit canal, maisons et lieux à faire magazins à Montargis, Briare, ou près desdites villes, estangs, réservoirs, ruisseaux, canaux, aqueducs, et toutes les terres et héritages que lesdits Bouteroue et Guyon acquerront pour construire sur icelles lesdits ouvrages servant à la perfection dudit canal, et tout ce qui en dépendra, de la mouvance, censive et justice de quelques seigneurs que ce soit, en les desdommageant, s'il y eschet desdommagement, pour de tout ledit canal en toute son estendue, fonds et tréfonds d'iceluy, et de tous lesdits ouvrages ensemble desdits péages et droits suspécifiez, jouir doresnavant par lesdits Bouteroue et Guyon, leurs hoirs, successeurs et ayans cause, et les posséder à toujours en pleine propriété, et le tout tenir de nous en fief de franc-aleu purement et simplement.

(19) Comme aussi pour éviter les contestations qui pourroient naistre à cause de la diversité des coustumes des lieux où lesdits canal et tréfonds des ouvrages susdits se trouveront situez, nous voulons que le tout soit régy et gouverné suivant et au désir de la prévosté et vicomté de Paris, et que tous lesdits héritages, péages et droits soient censez et réputez comme estant de ladite coustume, et partagez suivant icelle, dérogeant pour ce regard à toutes les autres coustumes,

(20) Nous leur avons de plus accordé et accordons toute haute

justice, moyenne et basse, sur toute l'étendue dudit canal, bords et levées, deux perches de terre de chacun costé d'iceluy en toute sa longueur et estendue, escluses, maisons, estangs, ruisseaux, lieux à faire magazins, et autres héritages dépendans desdits ouvrages, tant en matière civile que criminelle et mixte, le tout affranchy, exempt et deschargé comme dit est, de la mouvance, censive et justice de quelque seigneur et justice que ce soit; en sorte que ladite justice, haute, moyenne et basse, suivra en tout et partout la nature du fief de franc-aleu pur et simple, en dédommagement aussi, s'il y eschet dédommagement.

(21) Pour administrer ladite justice, ils pourront establir en la ville de Briare, ou tel autre lieu qu'ils adviseront, un juge, un lieutenant, un procureur de seigneurie, et autres officiers pour cognoistre et juger en première instance de tous différends qui pourroient naistre tant en matière civile, criminelle que mixte; soit pour les dégradations et délits qui pourroient estre commis en tous lesdits ouvrages, que de tous différends à raison de la navigation et perception de droits : lesquels juge et lieutenant pourront juger par provision, nonobstant et à la charge de l'appel jusques à la somme de vingt livres, et les appellations de ladite justice seront relevées directement en nostre hostel de ville de Paris, et non ailleurs.

(22) Leur avons permis et permettons de commettre et establir douze personnes pour gardes dudit canal, estangs, rivières, ruisseaux, dont ils se serviront, aqueducs et autres ouvrages, et pour avoir l'œil à la conservation de tous lesdits ouvrages, et aux réparations qu'il y conviendra faire journellement; lesquels gardes pourront exploiter, et mesme mettre à exécution tous mandemens, ordonnances, sentences, jugemens et arrest concernant ladite navigation, conservation desdits ouvrages, circonstances et dépendances.

(23) Nous avons attribué et attribuons la cognoissance de tous procez et différends qui pourroient naistre en exécution de ces présentes, en notre cour et parlement de Paris en première instance et dernier ressort, l'avons interdite et interdisons à tous autres juges quelconques, à peine de nullité des procédures, despens, dommages et intérests, et de deux mille livres d'amende aux parties qui procéderont ailleurs.

(24) Voulons que, nonobstant tous procez et différends qui pourroient estre intentez contre lesdits Bouteroue et Guyon, empeschement, oppositions, ou appellations quelconques, ils tra-

vaillent sans discontinuation à la perfection dudit canal. Nous leur avons permis et permettons en tant que besoin est ou seroit, d'associer avec eux des personnes de toutes qualitez et conditions, ecclésiastiques, gentils-hommes et officiers de nos cours de parlement, chambres des comptes et autres, pour contribuer à la construction dudit canal et perfection de tous lesdits ouvrages, et jouir aussi de tout ce que dessus, eux, leurs hoirs, successeurs et ayans cause, à perpétuité, ainsi que lesdits Bouteroue et Guyon, sans qu'il leur puisse estre imputé de déroger à leurs qualitez et naissances.

(25) Et mettant en considération le service que lesdits Bouteroue et Guyon rendront au public, faisant réussir un dessein si utile à notre bonne ville de Paris, et plusieurs provinces de ce royaume, nous les avons annoblis et annoblissons; voulons qu'eux et leurs enfans nais ou à naistre jouyssent de tous priviléges de noblesse, et déclarons en outre que, pour leur donner moyen de vaquer plus facilement à la conduite de l'ouvrage dudit canal, sans estre exercées contre eux pour le payement des taxes qui seroient faites sur leurs offices de receveurs des aydes et tailles, et payeurs des rentes des eslections de Baugency et Montargis, que nostre intention est qu'ils soient et demeurent deschargez, comme par ces présentes nous les deschargeons de toutes taxes que l'on pourroit faire cy-après sur leursdits offices ou personnes, soit pour recherches, prests, emprunts, subsistances, attributions de gages, taxations et droits, supplément d'iceux ou autrement. Et en cas de suppression ou réduction de droits attribuez ausdits offices en tout ou partie, qu'ils en seront aussi exempts.

(26) Continueront leur exercice et jouyront à l'advenir de pareille somme par chacun an que celle à laquelle se montent leurs gages et droits en la présente année. Leur accordons aussi la survivance desdits offices, lesquels ils pourront résigner sans payer aucun quart ou huictiesme denier : comme aussi nous voulons que leurs résignataires pour une fois seulement jouyssent d'iceux offices, avec semblables exemptions de taxes, prests, et emprunts, et autres priviléges : le tout après qu'ils auront rendu quatre lieues de longueur dudit canal en si bon estat qu'il puisse porter de grands batteaux chargez de marchandises, et non plutost. Et si dans lesdites quatre années ils ne rendent ledit canal navigable de Loire en Seine, ils seront decheus de tous lesdits priviléges, et contraintes de finances les sommes ausquelles

leursdits offices auront esté taxez, lesquels demeureront spécialement affectez et hypothéquez au payement d'icelles.

Si donnons, etc.

N° 312. — ARRÊT *du conseil, portant exemption en faveur des ecclésiastiques, du logement des gens de guerre, tant pour leurs maisons que pour celles qu'ils louent ou sous-louent, ou de celles dont ils paient le louage et fournissent les ustensiles* (1).

Saint-Germain-en-Laye, 13 novembre 1638. (Blanc., compil. chronol.)

N° 313. — EDIT *sur le fait des gabelles* (2).

Saint-Germain-en-Laye, janvier 1639; reg. en la cour des aides le 14 avril.
(Néron, I, 885. — Reg. cour des aides.)

LOUIS, etc. Les rois, nos prédécesseurs, ayant esté nécessitez et contraints de vendre et aliéner les domaines destinez, tant pour l'entretenement de leurs maisons, qu'autres charges, pour subvenir aux grandes dépenses qu'ils ont esté obligez de supporter pour la manutention de cet estat : et voyant que pour la conservation d'icelui et entretennement de la dignité royale, il estoit nécessaire d'establir un autre revenu certain, ils n'en auroient trouvé de plus assuré et moins à la charge du peuple, que d'establir une imposition sur tout le sel qui seroit vendu et distribué en ce royaume, à l'imitation de plusieurs autres princes de la chrestienté, qui ont de tout temps et ancienneté levé des imposts sur ledit sel, pour subvenir à leurs nécessitez, lesquelles impositions ils ont d'autant plus estimé justes et légitimes, qu'elles estoient moins à la charge du peuple, se payant non seulement par les gens du tiers-estat, mais aussi par les ecclésiastiques et la

---

(1) C'est la confirmation d'un privilége très ancien. V. lettres patentes de Charles VII, 3 août 1445; de Louis XII, 20 janvier 1514. — V. ci-après ordonnance de Louis XV, 1ᵉʳ mai 1768. — La loi du 8 juillet 1791 ne contenait pas d'exception en faveur du clergé. Aujourd'hui le même privilége subsiste, bien qu'il n'existe pas d'autre texte législatif que celui-ci.

(2) V. lettres patentes de Philippe VI, 20 mars 1342, 15 février 1345; du roi Jean, 13 janvier 1350; de Charles V, 24 février 1372, 21 janvier 1382 : de Charles VII, 1451; de Louis XI, 6 juin 1468; de Louis XII, 11 novembre 1508; de François Iᵉʳ, juin 1541, avril 1542, mai 1543, juillet 1544, mars 1545; de Henri II, 4 janvier 1547, septembre 1549, dernier décembre 1551. — Cet impôt, aboli par la loi du 21 mars 1790, a été rétabli par celle du 24 avril 1806.

noblesse, qui possèdent plus de biens qu'eux, ayant jugé raisonnable qu'ils contribuassent aux dépenses qu'il couvenoit faire pour la conservation de cette monarchie, comme y ayant le principal intérest. Lesquelles impositions ils auroient de temps en temps augmentées ou diminuées, selon que l'estat de leurs affaires leur ont permis. Et d'autant qu'en ces impositions et levées consistoit le plus assuré revenu de l'estat, ils auroient fait plusieurs édits et ordonnances pour empêcher les fraudes et abus qui se commettoient en la perception et levée d'icelles, et qui en diminuoient le revenu, et establi plusieurs peines contre les infracteurs desdites ordonnances. Mais l'inexécution d'icelles causée par la négligence des officiers de nos greniers, lesquels se seroient dispensez de juger et condamner les faux sauniers, selon la rigueur des édits et ordonnances, et se seroient contentez de les condamner en de si légères amendes, qu'au lieu d'en réprimer les désordres, et empêcher le faux-saunage, ils l'auroient autorisé par cette impunité; ce qui a donné une telle licence et liberté à plusieurs de nos sujets de faire le faux-saunage, et à aucuns gens d'église et gentilshommes de les favoriser, leur donner retraite, aide et confort, et s'intéresser dans ce trafic sordide, déshonneste et indigne de leur condition, au mépris des loix, édits et ordonnances, et alléchés par le grand gain et profit qu'ils en reçoivent, à cause des nouvelles impositions et augmentations que nous avons, à nostre grand regret, esté contraints de mettre sur le sel, tant pour supporter les frais de la guerre que pour faire fonds nécessaire pour le payement des rentes, gages et autres charges assignées sur nos droits de gabelles. Et ce mal est venu à tel excès, que s'il n'y estoit promptement pourvu de remèdes convenables, il causeroit la ruine entière de nosdits droits, et nous osteroit non seulement les moyens de payer les rentes et autres charges assignées sur lesdites gabelles, mais aussi de pouvoir supporter les dépenses qu'il nous convient faire pour la conservation de cet estat.

A ces causes, après avoir esté sur ce mûrement délibéré en nostre conseil, et désirant pourvoir aux abus et désordres, en renouvellant les anciens édits et ordonnances faites, tant par nous que nos prédécesseurs rois, et voulant les faire exactement observer, et châtier les infracteurs des peines portées par icelles, et autres ordonnées par le présent édit, afin d'empêcher le cours desdits désordres et abus, et tenir chacun en son devoir; de l'avis de nostredit conseil, où estoient aucuns princes de nostre sang, et autres princes et plusieurs grands et notables personnages; avons de nostre certaine science, pleine puissance et autorité royale, par cettuy nostre présent édit perpétuel et irrévocable, dit, statué et ordonné, disons, statuons, et ordonnons, voulons et nous plaist :

(1) Que, conformément aux édits et ordonnances faites sur le fait des gabelles, tous nos sujets demeurant dans lesdits ressorts de nos greniers, tant ecclésiastiques que nobles, et autres de quelque estat, condition et qualité qu'ils soient, prennent et soient tenus venir prendre et lever chacun au grenier à sel (d'où ils ressortiront) tout sel qui leur conviendra pour l'entière provision, salaisons, usages et nécessitez de leurs maisons et familles, leur faisant très expresses inhibitions et défenses d'user d'aucun autre sel que celui qui leur sera délivré par nos officiers de nosdits greniers. Voulons, si aucuns y contreviennent, qu'ils soient condamnez pour la première fois en 100 liv. d'amende, en 200 liv. pour la seconde; s'ils continuent encore en leurs désobéissances, en 1,000 liv. d'amende. Et outre, seront lesdits contrevenans condamnez par tous lesdits jugemens, à payer nos droits de gabelles pour l'année qu'ils auront contrevenu, eu égard au nombre des personnes qui seront en leurs familles, de leurs facultez, moyens et vacations, tout ainsi que le payent ceux qui sont sujets à prendre le sel par impost, à quoi nos officiers, ausquels la connoissance en appartient, tiendront la main, et y procéderont sans aucune connivence, et sans pouvoir modérer lesdites peines et amendes, et en cas de contravention, d'en répondre en leurs propres et privez noms, et d'estre contraints à la restitution des sommes ausquelles ils auront moins condamné ceux qui auront contrevenu à la présente ordonnance.

(2) Défendons très expressément à toutes personnes, tant ecclésiastiques, nobles, officiers, marchands, habitans des villes, bourgs et villages, de quelque estat et condition qu'ils soient, d'acheter aucun sel, soit blanc ou gris, de quelque personne que ce soit, et d'user d'autre sel que celui qu'ils prendront en nos greniers, aux peines portées par le présent article (1).

---

(1) Nous ne donnons pas les autres articles qui n'ont plus aujourd'hui aucune importance.

N. 314. — Déclaration *sur le dessèchement des marais* (1).

Saint-Germain-en-Laye, 12 avril 1639; reg. au parl. le 2 décembre suiv., et à la cour des aides le 25 janvier 1640. (Vol. GGG, f° 8. — Code des dessèchemens, p. 56, Paris, 1817.)

Louis, etc. A nos amez et féaux les gens tenant nos cours de parlement, chambres des comptes, cours des aydes, trésoriers généraux de France, surintendans et grands-maistres des eaux et forests de France, maistres particuliers, ou leurs lieutenans généraux et particuliers; et autres, nos justiciers et officiers qu'il appartiendra, salut. Comme le feu roy Henry-le-Grand d'heureuse mémoire, nostre très honoré seigneur et père, avoit bien reconnu que ce que la terre produit dans l'étendue des lieux de son obéissance (si utile à ses sujets, et nécessaire à ses voisins) luy servoit plus que ne font les Indes aux princes qui s'en prévalent; il auroit témoigné une affection particulière de faire valoir celles qui, par l'incommodité des eaux qui s'y jettent et y croupissent, se sont rendues inutiles en diverses provinces de ses estats: et pour ce, il auroit fait venir des Pays-Bas des ingénieurs nourris et expérimentez au desseichement des terres inondées, et donné la charge à aucuns de ses spéciaux serviteurs de prendre le soin, et faire les frais pour faire escouler les eaux desdites terres, les mettre en bon estat de terres labourables, prairies, et autres usages pour le bien de ses sujets: et pour leur donner courage et moyen de l'entreprendre, il leur auroit accordé des priviléges particuliers sous le nom de Humfroy Bradleij, venu de Hollande, qui estoit le principal desdits ingénieurs, lequel il auroit honoré de la qualité de maistre des digues de France, par ses édicts du mois d'avril 1599, et janvier 1607, qui ont esté deuement vérifiez où besoin a esté: ce que nous aurions eu tellement agréable, que, pour d'autant plus favoriser cette entreprise, nous aurions confirmé lesdits priviléges, et de plus augmenté d'un réglement fait par l'avis de nostre conseil, le 22 octobre 1611, et par nostre déclaration du 5 juillet 1613, et

---

(1) V. ci-devant, 8 avril 1599, janvier 1607, 5 juillet et 19 octobre 1613, et ci-après, déclaration de Louis XIV, 20 juillet 1643, mars 1644, statuts de la compagnie du haut Poitou, 7 juin 1654, déclaration du 14 juin 1764. — V. loi du 5 janvier 1791 et 16 septembre 1807. — Par déclaration du 4 mars 1641, Louis XIII accorda à une autre compagnie la continuation des desséchemens. Cette ordonnance n'étant que la confirmation des précédentes, nous n'en donnerons pas le texte.

autres arrests et réglemens de nostredit conseil, pareillement vérifiez, fait donner des commissaires, tant de nostredit conseil, qu'autres choisis en nosdites provinces, où les desseichemens ont esté commencez pour l'exécution d'iceux : en conséquence desquels lesdits associez, sous le nom dudit Bradleij, ont traité de gré à gré avec les particuliers, ecclésiastiques, seigneurs, habitans et autres propriétaires ou usagers desdites terres inondées, à des conditions dont ils sont demeurez contens et satisfaits.

Depuis ont entrepris de faire plusieurs desseichemens des marais et terres inondées en divers lieux, et nommément au pays de Xaintonge, ès paroisses de Tonnay-Charente, Meuron et autres contigus et attenans, vulgairement nommez *la petite Flandre*. Pour cultiver et faire valoir partie desquelles ils y auroient fait venir des Hollandois, qui y sont plus entendus que les François, et ont fait continuer le travail du surplus, auquel ils auroient esté interrompus, tant par les guerres survenues èsdits pays, que par les procez qui leur ont esté suscitez par aucuns voisins d'iceux, qui y prétendoient plus grandes parts et droits qu'ils n'y avoient, pendant lequel temps ledit Bradleij est décédé, et les vingt années que devoient durer lesdits priviléges sont expirées, sans qu'ils en ayent peu librement jouir.

Au moyen de quoy lesdits associez qui restent nous ont fait supplier de leur continuer et proroger le temps de leursdits priviléges pour dix ans, ou tel autre qu'il nous plairoit, sous le nom de maistre Noël Champenois, qui s'en acquittera avec soin et fidélité, intelligence et expérience, qu'il a acquises depuis vingt ans qu'il a esté employé ausdites affaires, et fait travailler ausdits desseichemens par l'ordre desdits associez, afin qu'ils puissent jouir et se prévaloir desdits priviléges, et se récompenser des troubles qu'ils ont soufferts par la non jouissance desdits priviléges, causez par les guerres et émotions survenues en ladite province pendant les vingt années qui leur avoient esté accordées, et que les terres desseichées ne demeurent abandonnées par les estrangers qui ont commencé de les mettre en valeur et perfection, ayant esté surchargez de tailles et charges publiques sitost que le temps de leurs priviléges a esté passé : ce qui tourneroit à leur grande perte et dommage, les grands frais qu'ils y ont employez leur demeurant inutiles, et retarderoit aussi la bonne intention que lesdits entrepreneurs et autres à leur exemple pourroient avoir de faire de semblables desseichemens, s'ils voyent que les premiers demeurent sans fruit; ce qui arrivera indubitablement par l'abandonnement desdits marais, et par la retraite desdits entrepreneurs, s'ils ne sont secourus et encouragez de cultiver lesdits lieux par la continuation (pour quelques années) des priviléges qu'il a pleu au deffunt roy et à nous leur accorder.

A ces causes, et autres bonnes considérations à ce nous mouvans, nous avons agréé et agréons la nomination dudit Champenois, au lieu dudit deffunt Bradleij, et de nostre grâce spéciale, pleine puissance et authorité royale, par ces présentes signées de nostre main, dit, déclaré et ordonné, disons, déclarons et ordonnons, voulons et nous plaist,

Que lesdits associez et ceux qui ont droit d'eux sous le nom dudit Champenois, continuent la jouissance desdits priviléges portez par ledit édict, arrests, déclarations et commissions pour les marais par eux desseichez ou commencez à desseicher dans l'estendue desdites paroisses de Tonnay-Charente, Meuron, et autres attenant et contigus audit pays de Xaintonge, avec les mesmes priviléges, droits et exemptions qu'ils avoient obtenus sous le nom dudit Bradleij, portez par lesdits édits, réglemens et arrests, dont les copies deuement collationnées sont cy-attachées sous nostre contre-scel, et ce pendant le temps de six ans entiers et consécutifs, à commencer du jour de l'enregistrement des présentes : après lesquels six ans expirez, nous ordonnons que lesdits associez et propriétaires desdites terres desseichées seront tenus faire construire et bastir une église pour servir de paroisse à tous ceux qui demeureront sur lesdits marais et terres desseichées esdits lieux, suivant le contract par eux fait avec la dame de Mortemar ; sur laquelle paroisse lors les esleus de Saint-Jean-d'Angely feront le département séparé des autres paroisses circonvoisines dont elles dépendent à présent, de ce qu'ils jugeront en leur conscience qu'elle devra porter de tailles et charges de leur élection le plus modérément que faire se pourra, eu esgard à la despense qu'il convient annuellement faire pour tenir lesdites terres en estat de culture, pour estre ledit département distribué et égalé sur les particuliers, habitans et domiciliés en icelle, en la forme ordinaire, sans que lesdits habitans puissent estre imposez ailleurs qu'en ladite paroisse, nonobstant que lesdites terres ayent esté cy-devant dépendantes des paroisses circonvoisines, desquelles nous les avons par ces présentes distraites et séparées ; et, pour le regard de ce qui est commencé à desseicher ésdits lieux, il sera par eux continué pour jouir du bénéfice desdits édicts pendant le temps restant d'iceux.

Si vous mandons, etc.

N° 315. — DÉCLARATION *sur l'amortissement des biens ecclésiastiques et autres gens de main-morte* (1).

Saint-Germain-en-Laye, 19 avril 1643. (Néron, I, 893.)

Louis, etc. Personne ne doit ignorer que les amortissemens que nous accordons aux ecclésiastiques, bénéficiers, communautez et autres gens de main-morte, pour les terres, héritages et autres biens immeubles qu'ils possèdent à quelque titre que ce soit, dont par les anciennes ordonnances ils sont du tout incapables, ne soient de pures grâces que nous leur concédons : nous estant loüable, si nous le voulons, de les contraindre à vuider leurs mains desdites possessions dans l'an et jour de leurs acquisitions, et à faute de ce faire de les réunir à nostre domaine. Et comme par le moyen de ces amortissemens nous demeurons pour toujours privez des droits royaux et seigneuriaux qui nous appartiendroient à cause desdites possessions ; il est expressément porté par les mêmes anciennes ordonnances, qu'il sera distrait à nostre profit une partie desdits héritages et biens amortis, ou qu'il nous sera payé finance équipolente à la valeur d'iceux ; sans laquelle condition lesdits amortissemens sont déclarez nuls, comme contraires aux loix fondamentales de l'estat et à la conservation de nostre domaine, qui a toujours avec raison esté tenu, comme il est, inviolable et sacré. Cette puissance d'amortir a de même esté jugée tellement inséparable de nostre dignité royale et souveraine, que sans contredit il n'y a que nous seuls qui départions cette grâce comme et ainsi qu'il nous plaist : d'où s'est ensuivy que le droit n'en appartient aussi qu'à nous seul, sans que l'on puisse alléguer aucune prescription ni possession immémoriale contre la demande que nous en pouvons faire toutefois et quantes que nous le voulons. Et d'autant qu'en la nécessité que nous avons de recourir à plusieurs moyens ex-

---

(1) Nous ne donnons que le préambule de cette déclaration. — V. ordonn. de Philippe III, Noël 1275, et les notes; de Philippe IV, 1291; de Philippe V, mars 1320; de Charles IV, 18 juillet 1326; de Louis XI, 20 juillet 1463. Voy. ci-après l'édit de d'Aguesseau de 1749, et nos observations sur la loi du 24 mai 1825 relative aux communautés religieuses de femmes.

traordinaires pour subvenir à l'entretien des armées que nous sommes obligez de tenir sur pied, tant dedans que dehors nostre royaume, par le moyen desquelles, assistez de la protection du ciel, nous espérons ranger nos ennemis à la raison, et moyenner à la chrétienté le repos d'une longue et perdurable paix : nous pourrions légitimement réünir à nostre domaine tous les héritages et possessions desdites gens de main-morte, faute de les avoir mis hors de leurs mains dans l'an et jour de leur acquisition ou d'avoir obtenu lettres d'amortissement de nous, ou de nos prédécesseurs, et payé les droits qui nous sont pour ce dûs, suivant lesdites anciennes ordonnances : et de l'aliénation d'iceux à nostre profit, tirer le secours dont nous avons besoin. Voulans néanmoins les traiter favorablement, nous avons résolu de nous contenter dudit droit d'amortissement, et moyennant le payement qu'ils nous en feront, amortir leursdits biens et héritages, les rendant en ce faisant pour toujours capables de la possession d'iceux.

A ces causes, de l'avis de nostre conseil, où estoient nostre très-cher et très-amé frère unique le duc d'Orléans et les principaux officiers de nôtre couronne; et de nôtre certaine science, pleine puissance et autorité royale, nous avons dit, déclaré et ordonné, disons, déclarons et ordonnons par ces présentes signées de nostre main, voulons et nous plaist :

Que par les commissaires qui seront par nous députez, il soit procédé à la recherche, taxe et liquidation desdits droits d'amortissement, et qu'à la requeste de nostre procureur en ladite commission, poursuite et diligence de M. Martinet, secrétaire ordinaire de nostre chambre, chargé par nous du recouvrement d'iceux, cette nostre intention soit publiée à son de son de trompe et cri public, et affichée en chacun bailliage et sénéchaussée, et partout ailleurs que besoin sera : à ce que les ecclésiastiques, bénéficiers, gouverneurs et administrateurs des hôpitaux, Hôtels-Dieu, maladeries, léproseries, aumôneries, commanderies, prévostez, stipendies et confrairies, marguilleries ou gages des fabriques, recteurs, principaux et procureurs des colléges et universités, prévosts des marchands et eschevins, maires et consuls des villes, bourgs, bourgades et villages; et généralement tous gens de main-morte de toute l'étenduë du royaume, païs, terres et seigneuries de nostre obéissance, sans rien excepter, sinon les hôpitaux et Hôtels-Dieu, actuellement employez à l'entretien et nourriture des pauvres, et les nouveaux monastères et couvents establis depuis trente ans en çà, soient tenus d'apporter et fournir ès mains du greffier qui sera par nous establi en ladite commission, ou de ses subdéléguez, ès lieux les plus commodes desdits bailliages, sénéchaussées ou eslections, les déclarations au vray par le menu, avec les pièces justificatives d'icelles par inventaires et inductions, comme titres, baux à ferme, comptes des trois dernières années et autres, des maisons, héritages, rentes foncières, dixmes inféodées, droits de champarts, usages, aisances, et généralement tous autres droits et biens immeubles, tant nobles que rôturiers, qu'ils ont et possèdent de quelque titre et condition que ce soit.

N° 316. — DÉCLARATION *qui ordonne de surseoir pendant un an à toutes poursuites exercées contre les gentilshommes et nobles du royaume* (1).

Saint-Germain-en-Laye, 29 avril 1639; reg. le 16 mai. (Merc. franç. XXIII, p. 366.)

Louis, etc. Comme la noblesse de ce royaume en laquelle consiste sa principale force, a toujours librement exposé son sang et sa vie pour le service de son prince et la défense de la patrie, elle n'a paru aussi épargner ses biens et commoditez : mais aussi elle les a de telle sorte prodiguez pour se trouver en bon équipage dans les armées, que la plupart en sont devenus très-incommodez, jusques à en souffrir des condamnations en leurs personnes, et des saisies en leurs biens et héritages pour le payement des dettes qu'ils ont créées à cette occasion. Et comme cela seroit capable non-seulement de leur oster tout moyen de nous continuer leurs services dans le besoin que nous en avons présentement, pour repousser les plus grands efforts des ennemis de cet estat, mais aussi de causer leur entière ruyne, nous avons résolu d'y pourvoir au mieux que faire se pourra, et leur temoigner en cela l'entière satisfaction que nous avons de leurs services, et la confiance que nous prenons en leur courage et fidélité, ne jugeant pas mesme raisonnable que, pendant qu'ils seront dans les périls et incommodité des armes, pour la défense et protection de nos autres subjets, ils souffrent encore des poursuites rigoureuses en leurs personnes et biens. Pour ces causes et

---

(1) Voy. l'art. 196 de l'ord. de 1629. — Plusieurs ord. semblables ont été publiées, notamment à l'occasion des émigrés de Saint-Domingue.

autres bonnes et grandes considérations à ce nous mouvans : De l'avis de nostre conseil et de nostre propre mouvement, grâce spéciale, pleine puissance, et authorité royale, nous avons dit et déclaré, disons et déclarons par ces présentes signées de nostre main :

Que nostre vouloir et intention est, que tous gentilshommes et nobles de ce royaume ne puissent estre constituez prisonniers pour dettes, ny leur maisons, héritages et autres biens immeubles décretez, pendant le terme d'un an, à compter du jour de la vérification des présentes, quelques sentences, jugemens, arrests, condamnations ou obligations qui en pourroient avoir esté obtenus à l'encontre d'eux : A quoy nous défendons à tous nos juges d'avoir aucun égard, et aux parties de faire aucunes poursuites pendant ledit temps, à peine de nullité de tous dépens, dommages et intérests; à la charge toutefois qu'ils nous serviront actuellement en nos armées pendant toute la campagne présente, en l'équipage convenable, et qu'ils feront apparoir de leurs services par bons et valables certificats, à peine de deschoir de la grâce portée par ces présentes.

Si donnons, etc.

N° 317. — Edit de création *d'offices de gardes scels des actes des notaires* (1).

Saint-Germain-en-Laye, 16 mai 1639; reg. au parlement le 22 août. (Vol. FFF. f° 413.)

N° 318. — Arrêt *d'une commission qui condamne à mort, par contumace, le duc de La Valette, comme coupable de trahison* (2).

Saint-Germain-en-Laye, 24 mai 1639. (Manusc. de la bibl. royale, fonds de Notre-Dame, côté D, 5, pièce 13.)

Veu par le roi en son conseil, le procès criminel fait à la requête du procureur-général de S. M. au parlement de Paris, deman-

---

(1) Confirmé par déclaration du mois de décembre. — C'est une création bursale. Le préambule le déclare.

(2) Bernard de Nogaret, duc d'Epernon et de La Valette, était fils du duc d'Epernon, un des mignons de Henri III. Il avait épousé Gabrielle-Angélique légitimée de France, fille naturelle de Henri IV, et se trouvait ainsi beau-frère du roi Louis XIII. Le motif de son procès et de sa condamnation était l'échec éprouvé par l'armée française au siège de Fontarabie. Cependant, dit M. Jay (Hist. du ministère du cardinal Richelieu), il avait des forces trop peu considé-

deur et accusateur en exécutions des arrests dudit conseil des 4 et 7 février dernier, et requérant le proffict et adjudication des deffaults par lui obtenus audit conseil, le 16 fevrier, 5° et 12° jours de mars 1639 contre le duc de la Valette et les nommez Landresque et Lessart défendeurs adjournez à trois briefs jours, accusez et défaillans ;

La demande sur le proffit desdits deffaults, informations faites

---

bles pour rétablir le combat ; mais il fit sa retraite avec habileté, etc. — Quoi qu'il en soit, Richelieu forma pour le juger une commission composée de ducs et pairs, de conseillers d'état et y adjoignit les présidens à mortier et le sieur Pinon, conseiller doyen du parlement. Louis XIII, dit M. de Saint-Aulaire, oubliant les droits du sang et la dignité de la couronne, se chargea de présider ce monstrueux procès et d'intimider ceux qui voudraient réclamer l'observation des formes protectrices de la justice.

Les membres du parlement mandés à Saint-Germain, y ayant appris du roi lui-même le sujet de l'assemblée, le premier président déclara qu'il ne pouvait énoncer d'avis qu'au palais et supplia S. M. d'y renvoyer l'affaire pour qu'on procédât contre l'accusé d'après les règles de la jurisprudence et les lois de la monarchie. « Je ne le veux pas, répondit le roi, vous faites toujours les difficiles, il semble que vous vouliez me tenir en tutelle ; mais je suis le maitre et saurai me faire obéir ; c'est une erreur grossière de s'imaginer que je n'ai pas le pouvoir de faire juger qui bon me semble et où il me plait. » Le rapport de la procédure fut fait par des conseillers d'état, puis le roi demanda lui-même l'avis des juges, en commençant par le conseiller Pinon, doyen de la grand-chambre. « Sire, dit le vieux magistrat, il y a cinquante ans que je suis dans le parlement, je n'ai point vu d'affaires de cette qualité : M. le duc de la Valette a eu l'honneur d'épouser la sœur naturelle de V. M., il est, outre cela, pair de France, je vous supplie de le renvoyer au parlement. » — « Opinez, interrompit le roi. » — « Je suis d'avis, dit le magistrat, que M. le duc de la Valette soit renvoyé au parlement pour y être jugé. » — « Je ne le veux pas, reprit le roi, ce n'est pas là opiner. » — « Sire, répondit le vieillard, un renvoi est un avis légitime. » — « Opinez au fond, repartit le roi d'un air menaçant, sinon je sais ce que je dois faire. » — Pinon perdit courage et obéit à l'ordre exprès du monarque. Les présidens de Novion et de Bellièvre poussèrent plus loin la constance. Ce dernier poussé par Louis XIII osa répondre « que c'était une chose étrange de voir un roi donner son suffrage au procès criminel d'un de ses sujets ; que jusqu'alors les rois s'étaient réservé les grâces et renvoyaient la condamnation des coupables à leurs officiers. V. M., sire, ajouta-t-il, pourrait-elle soutenir la vue d'un gentilhomme sur la sellette, qui ne sortirait de votre présence que pour aller à l'échafaud ? Cela est incompatible avec la majesté royale. » — « Opinez sur le fond, dit encore le roi. » — « Sire, reprit Bellièvre, je n'ai pas d'autre avis. » (Saint-Aulaire, histoire de la Fronde, introd. p. 25.) — Le duc de la Valette qui s'était retiré en Angleterre, au premier bruit de son procès, fut condamné, et l'arrêt remis à Mathieu Molé, procureur général, pour faire exécuter le contumace en effigie. Molé refusa courageusement, et on trouva difficilement un magistrat inférieur qui voulût s'y résoudre.

par les commissaires députez par S. M., par les lettres patentes du 4 octobre dernier, des 29, 30 et 31 desdits mois, 2, 3 4, jusques au 30 du mois de novembre en suivant;

Arrest du conseil, S. M. y séant, 4 février dernier, par lequel auroit été ordonné qu'iceux accusez seroient prins au corps si prins et appréhendez pouvoient être et amenés prisonniers au chasteau de la Bastille, sinon ajournez à trois briefs jours avec saisie et annotation de leurs biens;

Autre arrest dudit conseil du 7 desdits mois et an, par lequel auroit esté ordonné que les exploits d'assignation, perquisition et ajournement en exécution dudit arrest du 4 février seroient faits par deux huissiers de ladite cour;

Procès-verbal des huissiers de ladite cour Cazault et Saluecque du 11 février et autres jours suivans, des assignations, perquisitions et adjournemens à ban et cri public par eux faits en exécution desdits arrêts;

Acte du 21 mars dernier au bas desdits deffaults par lequel il appert qu'ils ont esté délivrez ledit jour audit procureur-général;

Arrest du 26° jour desdits mois de et an par lequel auroient esté declarés lesdits deffaults avoir esté bien et deuement obtenus, et avant en adjuger le proffit, ordonner que les témoings ouys, ès dites informations seroient recollez en leurs dispositions, pour ledit recollement valoir confrontation;

L'exécution dudit arrest faite par les commissaires députez par S. M. les 29 mars et autres jours suivans, des mois d'avril et may jusques au 12 dudit mois de may;

Conclusions dudit procureur-général, ouy le rapport et tout considéré;

Le roy séant en son conseil a déclaré lesdits deffaults bien éduement obtenus, et pour le proffit d'iceux a déclaré et déclare ledit duc de la Vallette, vrai coutumace, atteint et convaincu du crime de lèse-majesté pour avoir par lascheté et perfidie abandonné le service de sadite M. au siége de Fontarabie, et de félonie pour estre sorty du royaume sans permission de S. M et contre son commandement;

Et pour réparation l'a condamné et condamne à avoir la teste tranchée sur un eschaffault, qui pour cet effect sera dressé en la place de Grève, si pris et appréhendé peut être, si non en effigie et en un tableau qui sera attaché à une potence plantée audit lieu;

Ordonne que ses biens mouvans immédiatement de la couronne seront réunis et incorporez au domaine d'icelle; tous et un chacun ses autres biens tant meubles qu'immeubles acquis et confisquez à S. M.;

Que dès à présent il demeurera privé de ses charges et gouvernemens pour en estre ordonné et y estre pourvu, ainsi que S. M. verra estre à faire;

Et pour le regard desdits Landresque et Lessart, qu'il sera plus amplement informé. Fait, etc.

N° 319. — LETTRES-PATENTES *qui attribuent au prévôt de Paris la poursuite, et au Châtelet la connaissance en dernier ressort des procès relatifs au vagabondage* (1).

Saint-Germain en Laye, 24 mai 1639, reg. au Châtelet le 4 juin. (Delamarre, traité de la police 1, 126.)

Louis, etc. Au prévôt de Paris ou son lieutenant civil, salut: Combien que nous ayons toujours eu en une singulière recommandation, ce qui est du fait de la police de notre bonne ville et faubourgs de Paris, comme estant la capitale du royaume et la principale demeure des roys, et qu'à l'exemple de nos prédécesseurs, nous ayons sur ce fait diverses ordonnances et réglemens, tant pour ce qui est de l'observation des lois et la réformation des mœurs, que pour ce qui regarde la sûreté et la tranquillité publique, avec déclaration bien expresse des peines que doivent encourir les contrevenans; néantmoins, soit que ceux auxquels le soin en a été commis par le passé, n'en ayent pas bien fait leur devoir, ou que cela procède d'une générale corruption et dépravation des mœurs, il se commet tous les jours de si grands abus, au fait de ladite police, dans notredite ville de Paris; et la licence de mal faire est venue à un tel point, ainsi que nous l'apprenons, par les plaintes qui sont journellement faites, que

---

(1) Jusqu'à l'ordon. de mars 1498. (Voy. à cette date) la juridiction de police en matière de vagabondage était dans les attributions du prévôt. Cette ordonnance, art. 91, conféra cette juridiction aux baillis et autres juges, et remit l'administration de la justice aux lieutenans. — Voy. ordon. de Henri II, mai 1555, et la note; de Charles IX, janvier 1572, et ci-devant le règlement du lieutenant civil, 30 mars 1635, sur la police. — Voy. ci-après édit de Louis XIV, décembre 1666, mars 1667, 23 avril 1674 et 27 août 1701. — V. Sur le vagabondage. V. lois des 16 janvier et 16 juillet 1791, 25 octobre 1793, 1er juillet et 27 octobre 1800, 7 février 1801; Cod. d'instruc. crim., art. 115, 129, 270 et 553. — Voy. notre Traité de la liberté individuelle.

si ce mal estoit plus long-temps toléré, il seroit comme impossible d'y pourvoir pour apporter remède, au grand mépris de la justice et au scandale des gens de bien; ce que voulant empescher de tout notre pouvoir par un plus particulier soin que nous voulons prendre à l'avenir, de l'observation exacte de notredite ordonnance, à fin de faire cesser tous les désordres, et rétablir les bonnes mœurs avec la sûreté publique;

A ces causes, et autres bonnes considérations, à ce nous mouvans, nous voulons, commandons et très-expressément enjoignons par ces présentes signées de notre main, que toutes difficultez et empêchemens cessans, vous ayez à vaquer soigneusement et sans interruption au fait de la police de nostredite ville de Paris, selon que le devoir de votre charge vous y oblige; faire observer exactement les ordonnances et réglemens sur ce fait, tant par nous que par les roys nos prédécesseurs, en tous leurs chefs, circonstances et dépendances, tout ainsy que s'ils étoient plus particulièrement spécifiez et déclarez; faire punir et chastier les délinquans et coupables selon la rigueur des peines y contenues, en telle sorte que nous puissions voir au plutôt cesser ces abus;

Et comme les plus grands désordres qui se rencontrent à présent au fait de ladite police, procède du grand nombre de voleurs, vagabons et gens sans aveu dans nostredite ville et complices ensemble des débauchés qui les attirent et leur donnent retraite; Nous voulons et entendons aussi que si, en procédant par vous aux fins de ladite plainte, il se rencontre des personnes de la qualité susdite, vous ayez à les faire arrester prisonniers et leur faire et parfaire leur procès sommairement et en dernier ressort, au présidial de nostre Châtelet de Paris, avec le nombre des juges porté par nos ordonnances, nonobstant oppositions ou appellations quelconques, pour lesquelles nous ne voulons l'exécution de nos jugemens estre différée; et en tant que besoin est ou seroit, nous vous en avons attribué et attribuons toute cour, juridiction et connoissance, et icelle interdite et défendue, comme l'interdisons et défendons à tous nos cours et juges quelconques, nonobstant aussi tous édits, et lettres à ce contraires, auxquelles pour cet égard, et sans y préjudicier en autres choses, nous avons dérogé et dérogeons par ces dites présentes. De ce faire, etc.

N° 320. — **Edit de *création* d'avocats et procureurs du roi en toutes les juridictions ecclésiastiques** (1).

Saint-Germain en Laye mai 1639. (Néron 1. 897).

Louis, etc. Les rois nos prédécesseurs ayant reçu plusieurs plaintes des vexations que commettoient les juges ecclésiastiques par les entreprises ordinaires qu'ils faisoient sur les juges royaux, auroient, pour y remédier, ordonné qu'il seroit établi en toutes les officialités et juridictions ecclésiastiques des avocats et procureurs pour eux, pour ouïr les matières qu'on y traiteroit, et que les greffiers et procureurs d'icelles leur communiqueroient leurs papiers et registres pour faire ordonner le renvoy des causes qui ne seroient de leur connoissance, et empêcher le cours desdites entreprises.

Et sur ce que plusieurs autres plaintes lui auroient aussi été faites des abus, fraudes et falsifications qui se commettoient en l'expédition des actes en matières bénéficiales et ecclésiastiques, ils auroient pour y obvier établi des greffes des insinuations dans toutes lesdites juridictions ecclésiastiques, ce qui auroit été jugé tellement nécessaire, qu'à la requête et supplication de plusieurs archevêques, évêques et autres prélats de ce royaume, le roy Henry II, par édit du mois de mars 1553, leur auroit permis d'établir par provision, et jusques à ce qu'autrement en fût ordonné, en chacun de leurs diocèses un ou plusieurs greffiers d'insinuation, pour faire et tenir bon et fidel registre de toutes les collations, provisions et autres titres et pièces qui sont faites et expédiées, tant par notre Saint-Père le pape que les collateurs ordinaires, patrons ecclésiastiques et laïcs, exempts et non exempts, pour être par lesdits greffiers insinuez, transcrits et registrez dans le temps et en la forme prescrite et ordonnée par ledit édit, depuis lequel temps le feu roy Henry-le-Grand, notre très-honoré seigneur et père, ayant reconnu que l'établissement desdites charges, qui avoit été délaissé aux soins et vigilance desdits archevêques et évêques, avoit été par eux négligé, et que de cette nonchalance ceux qui avoient été établis auxdits greffes, auroient introduit de plus grands abus, confusion et désordres au fait desdites insinuations, que ceux auxquels on avoit voulu obvier pour les empêcher et retran-

---

(1) Cet édit en vise plusieurs autres que nous n'avons pas retrouvés. Nous ne donnons que le préambule et les trois premiers articles. Le reste est sans intérêt.

cher; et attendu que la création de tous offices publics est et dépend de cette couronne, et que l'établissement desdits offices n'avoit été délaissé ausdits archevêques et évêques, qu'en attendant qu'il en fût autrement ordonné, auroit, par son édit du mois de juin 1595, vérifié en notre parlement de Paris le 4 août audit an, créé et érigé en titre d'office royaux, séculiers et domaniaux, lesdits greffes des insinuations, pour y être pourvu de personnes suffisantes et capables, et sur ce qu'il étoit journellement fait plainte des fautes qui se commettoient en l'expédition des lettres de tonsure, prêtrise et autres ordres qui s'expédient par les archevêques et évêques, qui ne tenoient aucuns registres, ou s'ils en faisoient, ils les négligeoient de telle sorte qu'ils étoient ordinairement perdus ou egarez, au grand préjudice des particuliers, qui ne pouvoient recouvrer lesdites lettres lorsqu'ils en avoient besoin; joint que lesdits secrétaires pouvant être chargés et n'ayant serment à justice, pouvoient commettre plusieurs abus en l'expédition desdites lettres.

Il auroit ordonné par ledit édit que les lettres de tonsure, prêtrise, et autres ordres qui seroient conférez en chacun desdits diocèses, seroient insinuez par lesdits greffiers des insinuations ecclésiastiques, duquel édit le public a reçu un tel bénéfice, que les abus, déguisemens et falsifications qui se commettoient auparavant, ont été grandement retranchez, et pourroient tout-à-fait cesser, si en suite et exécution dudit édit, et à l'instar des justices et juridictions séculières, où lesdits abus, déguisemens et falsifications ont entièrement cessé depuis la création et établissement des offices de gardes de nos petits sceaux en icelles, il nous plaisoit faire un pareil établissement sur les collations, visa, provisions, expéditions bénéficiales et autres matières généralement quelconques, dépendant desdits archevêques, évêques, leurs grands vicaires, archidiacres et de la juridiction spirituelle de l'église, étant certain que l'établissement dudit scel retranchera entièrement le cours desdites fraudes, abus et faussetez, et que l'apposition du scel de nos armes autorisera davantage lesdites lettres, provisions, actes et expéditions ecclésiastiques, joint aussi que par ce moyen nous pourrons tirer quelque secours en la nécessité présente des affaires de la guerre.

Sçavoir faisons qu'après avoir fait voir et examiner cette affaire dans notre conseil, auquel étoient plusieurs princes et seigneurs, et autres grands et notables personnages de ce royaume, de notre certaine science, pleine puissance et autorité royale, et comme vrai et légitime conservateur, gardien, défenseur et protecteur de l'église gallicane, avons dit, statué, voulu et ordonné, disons, statuons, ordonnons, voulons et nous plaît :

(1) Que suivant et conformément aux édits et ordonnances desdits rois nos prédécesseurs, des années 1485, 1535 et 1540, il soit mis et établi en toutes les officialitez et juridictions ecclésiastiques de ce royaume des avocats et procureurs pour nous, pour ouïr les matières qui s'y traiteront, et tenir la main à l'exécution de nosdites ordonnances, et que les édits aussi faits sur l'établissement des insinuations des actes et expéditions ecclésiastiques des années 1553 et 1595, soient exécutez selon leur forme et teneur.

(2) Et en ce faisant, que toutes lettres de tonsure, prêtrise et autres ordres, actes, collations, provisions et expéditions bénéficiales, et autres matières généralement quelconques dépendant de la juridiction spirituelle de l'église, qui sont expédiées par les secrétaires, greffiers et autres officiers des archevêques, évêques, prélats, grands vicaires et autres personnes ayant droit de collation et provision auxdits bénéfices, sans aucune en excepter, soient insinuées et enregistrées auxdits greffes des insinuations ecclésiastiques, selon, ainsi, et en la forme prescrite par lesdits édits.

(3) Et pour retrancher à l'avenir les désordres du passé, et faire cesser tous les abus, déguisemens et falsifications qui se peuvent commettre esdits actes, et en l'état et juridiction de l'église gallicane, avons par cettuy notre édit perpétuel et irrévocable, créé, érigé et établi, créons, érigeons et établissons en titre d'office formé, royal, séculier et héréditaire, en chacune ville et lieu capital des diocèses de ce royaume un notre conseiller, garde-scel desdits actes et expéditions ecclésiastiques, etc.

N° 321. — Traité entre la France et la régente de Savoie, pour la restitution, à la paix, des places fortes possédées, dans le duché, par le roi d'Espagne et le roi de France.

Turin, 1er juin 1639. (Fréd. Léon. t. IV. — Rec. des trait. de paix. t. 3. p. 390.)

N° 322. — Traité de confédération entre la France et le landgrave de Hesse (1).

Dorsten, 22 août 1639. (Fréd. Léon., t. 3, p. 55. — Rec. des trait., t. 3, p. 391).

N° 323. — Traité entre la France et les directeurs et officiers de l'armée du feu duc de Weymar, au sujet de l'emploi de cette armée, et de la disposition des places conquises par ledit duc (2).

Brisac, 9 octobre 1639. (Fréd. Léon, t. 2,. — Rec. des trait. de paix. t. 3, p. 396.)

N° 324. — Déclaration qui porte que les espèces d'or ne seront exposées que pour leur juste poids.

Saint-Germain en-Laye, 17 novembre 1639, publié au sceau le 22. (Merc. fr. t. XXIII, p. 360.)

N° 325. — Déclaration pour le rétablissement du commerce à l'étranger (3).

Saint-Germain-en-Laye, 19 novembre 1639, publ. au sceau le 22. (Merc. franc. XXIII. 392.)

Louis, etc. — Considérant la perte que nos sujets souffriront en la réduction que nous avons naguère ordonnée des monnoyes d'or ayant cours en notre royaume, à la juste valeur de leur poids, et voulant par tous moyens pourvoir à leur soulagement, nous avons estimé ne le pouvoir faire par une meilleure, plus prompte et juste voye qu'en rétablissant la liberté du commerce, que nous avons interdit en tous pays étrangers, sçachant bien qu'ils recevront beaucoup de commodité et de profit du débit de leurs bleds, vins et autres denrées dont, par la providence divine, il se trouve grande abondance en notre royaume. A ces causes, sçavoir faisons qu'ayant fait mettre cette affaire en délibération en notre conseil, de l'advis d'icelui et de notre certaine science, pleine puissance et autorité royale.

(1) Nous avons permis et accordé, permettons et accordons par ces présentes, signées de notre main, à tous nos sujets de trafiquer par mer et par terre en tous pays étrangers, voulons

---

(1) Confirmé par autre traité du 1er février 1640.
(2) Cette armée passa toute entière au service de France.
(3) Voy. ci-devant 9 septembre 1637.

et nous plaît qu'il puisse et leur soit loisible de vendre, transporter et faire transporter hors notre royaume en tous autres pays, leurs bleds, vins et autres denrées et marchandises, et faire apporter en icelui les denrées et marchandises des pays étrangers, dont le transport et trafic est permis par nos ordonnances, et tout ainsi qu'ils faisoient avant l'interdiction du commerce.

(2) Et bien qu'il nous ait été fait diverses offres de grandes sommes de deniers, en octroyant cette permission, néanmoins préférant l'avantage public de nos sujets au nostre propre, et désirant leur faire d'autant sentir plus l'effet de notre présente grâce, nous avons rejeté lesdites offres, et nous nous contentons de les obliger à payer pour les denrées et marchandises dont ils trafiqueront ésdits pays étrangers, nos droits accoutumez seulement, ès mains des fermiers de nos cinq grosses fermes, douane, traite foraine et domaniale, ou de leurs commis, ès lieux où les bureaux desdites fermes sont établis; entendons qu'ils prennent des officiers de l'amirauté les congés de notre très cher et très amé cousin le cardinal duc de Richelieu, pair, grand maître, chef et surintendant-général de la navigation et commerce de France en la manière accoutumée, sans que pour ce, lesdits officiers puissent exiger aucun droit, à peine de concussion.

Révoquons toutes les dépenses générales et particulières faites par nos lettres-patentes ou autrement, de commerce et trafic ès pays étrangers, encore qu'elles ne soient cy-spécifiées.

Si donnons, etc.

N° 326. — EDIT *contre le luxe des habits* (1).

Saint-Germain-en-Laye, 24 novembre 1639; reg. au parl. le 5 décembre. (Vol. GGG., f° 10. — Delamarre, Trait. de la pol., I, 397.)

Louis, etc. Considérant les grandes et excessives dépenses où le luxe et les superfluités engagent nos sujets, et particulièrement notre noblesse, nous aurions par diverses fois essayé d'apporter quelque remède à ce mal par nos déclarations qui portent défenses de se servir de broderies et passemens d'or et d'argent, des dentelles, passemens, broderies de fil et autres ouvrages qui

---

(1) V. ci-devant note sur la déclaration du 16 avril 1634, où nous avons récapitulé toutes les ordonnances somptuaires du règne. Celle-ci étant la plus étendue et la plus importante, nous en donnons le texte.

s'appliquent sur la toile ; mais quelque soin que nous ayons pu apporter, nous voyons, à notre grand regret, que nos bonnes intentions ont été jusques ici sans aucun fruit, soit par une inclination naturelle de nosdits sujets à ces dépenses superflues, excitées par l'industrie des marchands avides de gain, soit aussi par une négligence des magistrats à faire observer nos réglemens; et comme nous ne nous relâchons jamais des soins que nous voulons avoir pour le bien de nosdits sujets, nous avons pensé qu'une plus longue tolérance de ce désordre seroit un moyen infaillible pour les porter à leur ruine, qui seroit de grand préjudice à notre état et très avantageux à nos ennemis, qui profitent de ces superfluités, qui se tirent la plupart de chez eux.

A quoi donc voulant pourvoir, et considérant que la permission que nous avons donnée à nosdits sujets par nos précédentes déclarations, de pouvoir porter des baudriers, cordons de chapeaux, esguillettes et jarretières d'or et d'argent, et des dentelles et passemens de fil jusques à un certain prix, peut avoir été la cause de l'abus qui s'est introduit; nous avons estimé que, par une défense générale de l'usage d'or et d'argent, et mesme des passemens, dentelles et autres ouvrages de fil, généralement quelconques, nos réglemens seroient plus exactement observez.

Sçavoir faisons qu'après avoir mis cette affaire en délibération en notre conseil, de l'avis d'icelui et de notre certaine science, pleine puissance et autorité royale, nous avons statué et ordonné, statuons et ordonnons par les présentes ce qui ensuit :

(1) Faisons très expresses inhibitions et défenses à tous nos sujets, de quelque qualité et condition qu'ils soient, de porter en habits ou ornemens, comme cordons, baudriers, ceintures, porte-épées, esguillettes, escharpes, jarretières, nœuds, rubans, tissus, ou tels autres ornemens qui puissent être, aucunes étoffes d'or et d'argent, ou barrées et mêlées d'or ou d'argent, fin ou faux.

(2) Comme pareillement défendons de mettre sur lesdits habits ou autres ornemens, aucune broderie, piqûres, emboutissemens, chamarures de passement, boutons, houppes, chesnettes, pourfilures, cautelles, paillettes, nœuds de soie ou d'or ou d'argent, fin ou faux, trait ou filé, ou de gez ou autre chose semblable, qui pourront être cousues et appliquées en forme de broderie, et dont les habits ou autres ornemens puissent être couverts et enrichis.

(3) Défendons aussi de faire appliquer sur lesdits habits ou

autres ornemens, aucunes pierreries, perles, boutons d'or ou d'argent, simples ou dorés, cuivre ou laiton, doré ou émaillé, et telle autre façon d'orfévrerie, quelle qu'elle puisse être.

(4) Voulons que les plus riches et somptueux habillemens soient de velours, satin, taffetas et autres étoffes de soie, sans aucun enrichissement que de deux passemens ou dentelle de soie, de la hauteur de deux doigts au plus, lesquelles dentelles seront appliquées sur les étoffes des habits, sans aucune étoffe entre deux, sçavoir, sur les habits des hommes. deux à l'entour du collet et bas de leurs manteaux, et sur le long et canon de leurs chausses, ouvertures des manches, haut de manches, au milieu du dos et le long des boutons et boutonnières, et aux extrémités des basques des pourpoints ou jupes.

(5) Et au lieu desdits passemens et dentelles, permettons à nosdits sujets de mettre sur leursdits habits quatre rangs au plus de boutons ordinaires de soie, ou un rang de boutons à queue de soie, aux endroits des habits spécifiés ci-dessus.

(6) Et quant aux habits des femmes, filles et enfans portant robes, lesdits passemens y seront appliqués, sans pouvoir mettre aucune étoffe entre deux, ainsi que dessus, sçavoir deux passemens et dentelles de la susdite largeur à l'entour du bas et au-devant des robes et jupes, sur le milieu des manches, autour des basques et corps de robes et jupes.

(7) Défendons en outre à tous nos sujets, de quelque qualité et conditions qu'ils soient, de faire porter à leurs pages, laquais et cochers, aucuns habits de soie ou bandes de velours, satin ou autre étoffe de soie; voulons qu'ils soient vêtus d'étoffes de laine, avec deux galons sur les coutures et extrémitez des habits seulement.

(8) Voulons et entendons que ceux de nosdits sujets qui se trouveront contrevenans aux susdites défenses soient condamnés en 1,500 livres d'amende applicables, les deux tiers à l'hôpital principal du lieu où les contraventions seront faites, et l'autre tiers au dénonciateur, voulant que les habillemens et autres ornemens qui seront contre nos défenses, soient pareillement confisqués, dont la moitié sera appliquée au profit du dénonciateur, et l'autre moitié aux commissaires, archers et sergens qui les auront pris; n'entendons néanmoins comprendre aux susdites défenses les gardes d'épée et les bouts des fourreaux desdites épées et les éperons.

(9) Défendons à tous tailleurs, brodeurs, pourpointiers, chaus-

setiers et autres ouvriers, tant de notre suite que demeurant aux villes ou ailleurs, de faire ou faire faire aucuns habillemens ou autres choses ci-dessus défendues, sur peine, s'ils sont trouvés contrevenans, pour la première fois, de confiscation des étoffes et habits et de 300 livres d'amende, applicables comme dessus, et pour la seconde, outre ladite confiscation et amende, d'être privés de l'exercice de leur métier et de punition corporelle.

(10) Désirant pareillement empêcher les dépenses excessives qui se font en passemens, dentelles et autres ouvrages de fil, nous faisons très expresses inhibitions et défenses à tous nos sujets, de quelque qualité et condition qu'ils soient, de porter (huit jours après la publication de la présente déclaration) en leurs linges, collets, manchettes, bas à botter, et généralement en tous autres linges, aucuns passemens, dentelles, entre toiles, découpures ni languettes, points de Gênes, pointignacs, points coupés ou autres ouvrages de fil quelconques, ni pareillement faire appliquer sur lesdits collets, manchettes ou autres linges, aucune broderie de soie, d'or d'argent ou de fil, ni de mettre sur les collets et manchettes autres choses que de la toile simple sans aucune façon; voulons que ceux de nosdits sujets qui se trouveront avoir contrevenu auxdites défenses soient condamnés en 1,500 livres d'amende applicables, sçavoir, les deux tiers à l'hôpital principal, et l'autre tiers, avec les ouvrages qui seront faits contre nos défenses, que nous voulons être confisqués, la moitié sera appliquée au dénonciateur et l'autre moitié aux commissaires, archers et sergens qui les auront pris.

(11) Déclarons néanmoins n'entendre comprendre aux susdites défenses les ouvrages qui se feront pour servir dans les églises, permettant aux ecclésiastiques de faire appliquer à leurs rochets, surplis, aubes et autres choses qui leur seront nécessaires pour le service de l'église toutes sortes de passemens et ouvrages de fil.

(12) Et d'autant que les marchands lingers sont la principale cause du luxe et dépenses excessives qui se sont faites par nos sujets, nous leur faisons très expresses inhibitions et défenses et à tous nos autres sujets, de quelque qualité et condition qu'ils soient, d'acheter ni faire trafic d'aucuns ouvrages de fil faits en notre royaume, imitant les ouvrages des pays étrangers, fors des passemens de hauteur d'un pouce, que nous permettons être faits par nos sujets et achetés par lesdits marchands et

qui pourront être vendus seulement pour être unis aux ouvrages servant à l'église.

(13) Et en cas de contravention à nosdites défenses par lesdits marchands ou autres nos sujets, nous voulons que les marchandises qui seront par eux achetées, soient brûlées et en outre que les contrevenans soient condamnés en 1,500 livres d'amende applicables ainsi que dessus; voulons de plus que toute la marchandise des marchands qui se trouveront avoir trafiqué, tant dedans que dehors notre royaume desdits ouvrages ci-dessus défendus soit brûlée et les marchands condamnés en 6,000 livres d'amende, applicables comme dessus, et privés pour jamais de faire aucun exercice de marchandise ni d'aucune autre charge.

(14) Et afin que lesdits marchands ne prennent occasion de continuer ledit trafic, supposant que ce sont marchandises qu'ils avoient avant notre présent édit, voulons et ordonnons que, quinzaine après la publication d'icelui, ils se transportent ez greffes des juridictions ordinaires des lieux où ils seront demeurans et domiciliés, pour là, affirmer et déclarer la quantité qu'ils ont pardevers eux desdites marchandises, dont ils laisseront un inventaire signé d'eux, sur lequel inventaire enjoignons aux juges ordinaires de faire la visite desdites marchandises en présence des maîtres et gardes de la marchandise, sans que pour ce ils puissent prendre ni exiger aucun salaire.

(15) Enjoignons pareillement aux maîtres, gardes desdites marchandises, de veiller et tenir la main à ce qu'il ne s'achète et débite aucunes des marchandises et ouvrages défendus dans les boutiques des marchands, et faire incontinent le rapport à la police des contraventions qui seront faites, à peine d'être privés par leur négligence, de pouvoir jamais exercer la marchandise.

(16) Voulons et entendons que les sentences et jugemens des confiscations et amendes qui seront rendus à l'encontre des contrevenans à nos présentes défenses, soient exécutez, nonobstant oppositions ou appellations quelconques, et sans préjudice d'icelles.

Si donnons, etc.

N° 327. — DÉCLARATION *sur les formalités du mariage, les qualités requises, le crime de rapt, etc.* (1).

Saint-Germain-en-Laye, 26 novembre 1639; reg. au parl. le 19 décembre. (Vol. GGG., f° 29. — Néron, I, 901. — Abrég. des mém. du clergé. V. 741.)

Louis, etc. Comme les mariages sont le séminaire des états, la source et l'origine de la société civile, et le fondement des familles, qui composent les républiques, qui servent de principes à former leurs polices, et dans lesquelles la naturelle révérence des enfans envers leurs parens, est le lien de la légitime obéissance des sujets envers leur souverain : aussi les rois nos prédécesseurs ont jugé digne de leur soin, de faire des loix de leur ordre public, de leur décence extérieure, de leur honnêteté et leur dignité. A cet effet ils ont voulu que les mariages fussent publiquement célébrés en face d'église, avec toutes les justes solemnités, et les cérémonies qui ont été prescrites comme essentielles par les saints conciles, et par eux déclarées être non seulement de la nécessité du précepte, mais encore de la nécessité du sacrement. Mais outre les peines indictes par les conciles, aucuns de nosdits prédécesseurs ont permis aux pères et aux mères d'exhéréder leurs enfans qui contractoient des mariages clandestins sans leur consentement, et de révoquer toutes et chacunes les donations et avantages qu'ils leur avoient faits. Mais quoique cette ordonnance fût fondée sur le premier commandement de la seconde table, contenant l'honneur et la révérence qui est due aux parens, elle n'a pas été assez forte pour arrêter le cours du mal et du désordre qui a troublé le repos de tant de familles, et flétri leur honneur par des alliances inégales, et souvent honteuses et infâmes : ce qui depuis a donné sujet à d'autres ordonnances qui désirent la proclamation de bans, la présence du

---

(1) V. ordonn. de Clotaire, 560, chap. 7 et 8; capitulaires de Pépin, Compiègne, 757; de Charlemagne, 802, ch. 35. V. ordonn. de Henri II, février 1556, contre les mariages clandestins; de François II, juillet 1560; de Charles IX, ordonn. d'Orléans, janvier 1560, art. CXI, édit de mai 1567; de Henri III, ordon. de Blois, mai 1579 (art. 40 à 44, et art. 281), février 1580, 13 janvier 1583. (art. 25); de Henri IV, décembre 1606, art. 12; ci-devant l'ordonn. de 1629 (art. 39). V. ci-après édit de Louis XIV, novembre 1666, novembre 1680, 16 juin 1685, 6 août 1686, 16 février et 21 avril 1692, mars et 15 juin 1697. Aujourd'hui le mariage est un acte purement civil. V. le Code civil de 1803, liv 1er, titre V, art. 144 et suivans. — L'ordonnance de 1639 a été publiée à Saint-Domingue en vertu de l'art. 10 du Code noir (1685). V. lois et constitutions des colonies par Moreau de Saint-Méry, tom. 1er, p. 44.

propre curé, et de témoins assistans à la bénédiction nuptiale, avec des peines contre les curés, vicaires et autres, qui passeroient outre à la célébration des mariages des enfans de famille, s'il ne leur apparoissoit des consentemens des pères et mères, tuteurs et curateurs, sur peine d'être punis comme fauteurs du crime de rapt, comme les auteurs et les complices de telles illégitimes mariages.

Toutefois quelque ordre qu'on ait pu apporter jusqu'à maintenant pour rétablir l'honnêteté publique, et des actes si importans, la licence du siècle, la dépravation des mœurs, ont toujours prévalu sur nos ordonnances si saintes et si salutaires, dont même la vigueur et l'observation a été souvent relâchée, par la considération des pères et mères qui remettent leur offense particulière, bien qu'ils ne puissent remettre celle qui est faite aux loix publiques. C'est pourquoi ne pouvant plus souffrir que nos ordonnances soient ainsi violées, ni que la sainteté d'un si grand sacrement, qui est le signe mystique de la conjonction de Jésus-Christ avec son église, soit ind...nement profané; et voyant d'autre part, à notre grand regret, et au préjudice de notre état, que la plupart des honnêtes familles de notre royaume demeurent en trouble par la subornation et enlèvement de leurs enfans, qui trouvent eux-mêmes la ruine de leur fortune dans ces illégitimes conjonctions, nous avons résolu d'opposer à la fréquence de ces maux la sévérité des loix, et de retenir par la terreur de nouvelles peines ceux que la crainte ni la révérence des loix divines et humaines ne peuvent arrêter; n'ayant en cela autre dessein que de sanctifier le mariage, régler les mœurs de nos sujets, et empêcher que les crimes de rapt ne servent plus à l'avenir de moyens et de degrés pour parvenir à des mariages avantageux.

A ces causes, après avoir mis cette affaire en délibération en notre conseil; de l'avis d'icelui, et de notre certaine science, pleine puissance et autorité royale, nous avons statué et ordonné, statuons et ordonnons ce qui suit :

(1) Nous voulons que l'art. 40 de l'ord. de Blois, touchant les mariages clandestins, soit exactement gardé : et interprétant icelui, ordonnons que la proclamation des bans sera faite par le curé de chacune des parties contractantes, avec le consentement des pères, mères, tuteurs ou curateurs, s'ils sont enfans de famille, ou en la puissance d'autrui. Et qu'à la célébration du mariage assisteront quatre témoins dignes de foi, outre le curé

qui recevra le consentement des parties, et les conjoindre en mariage suivant la forme pratiquée en l'église. Faisons très-expresses défenses à tous prêtres, tant séculiers que réguliers, de célébrer aucun mariage, qu'entre leurs vrais et ordinaires paroissiens, sans la permission par écrit des curés des parties, ou de l'évêque diocésain, nonobstant les coutumes immémoriales et priviléges que l'on pourroit alléguer au contraire. Et ordonnons qu'il sera fait un bon et fidèle registre, tant des mariages que de la publication des bans, ou des dispenses, et des permissions qui auront été accordées.

(2) Le contenu en l'édit de l'an 1556, et aux articles 41, 42, 43 et 44 de l'ord. de Blois, sera observé ; et y ajoutant, nous ordonnons que la peine de rapt demeure encourue, nonobstant les consentemens qui pourroient intervenir puis après de la part des pères, mères, tuteurs et curateurs, dérogeant expressément aux coutumes qui permettent aux enfans de se marier après l'âge de vingt ans, sans le consentement des pères. Et avons déclaré et déclarons les veuves, fils et filles, moindres de vingt-cinq ans, qui auront contracté mariage contre la teneur desdites ordonnances, privés et déchus par le seul fait, ensemble les enfans qui en naîtront, et leurs hoirs, indignes et incapables à jamais des successions de leurs pères, mères et ayeuls, et de toutes autres directes et collatérales : comme aussi des droits et avantages qui pourroient leur être acquis par contrats de mariages et testamens, par les coutumes et loix de notre royaume, même du droit de légitime ; et les dispositions qui seront faites au préjudice de cette notre ordonnance, soit en faveur des personnes mariées, ou par elles au profit des enfans nés de ces mariages, nulles et de nul effet et valeur. Voulons que les choses ainsi données, léguées ou transportées, sous quelques prétextes que ce soit, demeurent en ce cas acquises irrévocablement à notre fisque, sans que nous en puissions disposer qu'en faveur des hôpitaux, ou autres œuvres pies. Enjoignons aux fils qui excèdent l'âge de trente ans, et aux filles qui excèdent celui de vingt-cinq, de requérir par écrit l'avis et conseil de leurs pères et mères pour se marier, sous peine d'être exhérédés par eux, suivant l'édit de l'an 1556.

(3) Déclarons, conformément aux saints décrets et constitutions canoniques, les mariages faits avec ceux qui ont ravi et enlevé des veuves, fils et filles de quelque âge et condition qu'ils soient, non valablement contractés ; sans que par le temps, ni par le

consentement des personnes ravies, et de leurs pères, mères, tuteurs et curateurs, ils puissent être confirmés, tandis que la personne ravie est en la possession du ravisseur. Et néanmoins en cas que sous prétexte de majorité, elle donne un nouveau consentement après être mise en liberté, pour se marier avec le ravisseur, nous la déclarons, ensemble les enfans qui naîtront d'un tel mariage, indignes et incapables de légitime, et de toutes successions directes et collatérales qui leur pourront échoir, sous quelque titre que ce soit, conformément à ce que nous ordonnons contre les personnes ravies par subornation; et les parens qui auront assisté, donné conseil, et favorisé lesdits mariages, et leurs hoirs, incapables de succéder directement ou indirectement auxdites veuves, fils et filles. Enjoignons très-expressément à nos procureurs généraux et à leurs substituts, de faire toutes les poursuites nécessaires contre les ravisseurs et leurs complices, nonobstant qu'il n'y eût plainte de partie civile, et à nos juges de punir les coupables de peine de mort, et confiscation de biens, sur iceux préalablement prises les réparations qui seront ordonnées, sans que cette peine puisse être modérée: faisons défenses à tous nos sujets de quelque qualité et condition qu'ils soient, de donner faveur ni retraite aux coupables, ni de retenir les personnes enlevées, à peine d'être punis comme complices, et de répondre solidairement et leurs héritiers, des réparations adjugées, et d'être privés de leurs offices et gouvernemens, s'ils en ont, dont ils encourront la privation par le seul acte de la contravention à cette défense.

(4) Et afin qu'un chacun reconnoisse combien nous détestons toutes sortes de rapt, nous défendons très-expressément aux princes et seigneurs de nous faire instances pour accorder des lettres, afin de réhabiliter ceux que nous avons déclaré incapables de successions; à nos secrétaires d'état de les signer, et à notre très-cher et féal chancelier de les sceller, et à tous juges d'y avoir aucun égard, en cas que, par importunité, ou autrement, on en eût impétré aucunes de nous, voulant que nonobstant telles dérogations ou dispenses, les peines contenues en nos ordonnances soient exécutées.

(5) Désirant pourvoir à l'abus qui commence à s'introduire dans notre royaume, par ceux qui tiennent leurs mariages secrets et cachés pendant leur vie, contre le respect qui est dû à un si grand sacrement, nous ordonnons que les majeurs contractent leurs mariages publiquement, et en face de l'église, avec les so-

lemnités prescrites par l'ordonnance de Blois, et déclarons les enfans qui naîtront de ces mariages, que les parties ont tenus jusqu'ici, ou tiendront à l'avenir cachés pendant leur vie, qui ressentent plutôt la honte d'un concubinage, que la dignité d'un mariage, incapables de toutes successions, aussi bien que leur postérité.

(6) Nous voulons que la même peine ait lieu contre les enfans qui sont nés des femmes que les pères ont entretenues, et qu'ils épousent lorsqu'ils sont à l'extrémité de la vie : comme aussi contre les enfans procréés par ceux qui se marient après avoir été condamnés à mort, même par les sentences de nos juges rendues par défaut, si avant leurs décès ils n'ont été remis au premier état, suivant les loix prescrites par nos ordonnances.

(7) Défendons à tous juges, même à ceux d'église, de recevoir la preuve par témoins des promesses de mariage, ni autrement que par écrit, qui soit arrêté en présence de quatre proches parens de l'une et l'autre des parties, encore qu'elles soient de basse condition.

Si donnons, etc.

N° 328. — DÉCLARATION *pour la vente de tous les baliveaux des taillis et forêts du royaume* (1).

Saint-Germain-en-Laye, 8 décembre 1639; reg. au parl. le 16 janvier 1640. (Vol. GGG, f° 64.)

N° 329. — ÉDIT *qui crée des offices de greffiers alternatifs et triennaux dans toutes les juridictions du royaume* (2).

Saint-Germain-en-Laye, décembre 1639; reg. au parl. le 9 janvier 1640. (Vol. GGG, f° 55.)

N° 330. — DÉCLARATION *portant interdiction des officiers du bureau des finances du parlement et de la cour des aides, et des maires et échevins et autres officiers du baillage de Rouen* (3).

Saint-Germain-en-Laye, 15, 16 et 17 décembre 1639. (Merc. franç. XXIII, 447.)

---

(1) Le recueil de Baudrillart ne donne même pas le titre de cette déclaration.
(2) Bursal. Ils furent réunis aux anciens offices de greffiers par déclaration du 9 août 1640.
(3) A l'occasion d'une émeute non réprimée par les magistrats, dans laquelle le peuple avait pillé les bureaux de recette des finances. Les officiers du parle

331. — **Arrêt** *du conseil, faisant défenses au parlement et à toutes autres cours d'acquiescer à aucuns brefs, sans lettres-patentes scellées du grand sceau, et portant qu'à l'avenir les brefs de la cour de Rome seront présentés aux évêques, qui donneront au roi leur avis dans trois jours sur leur réception* (1).

Saint-Germain-en-Laye, 22 décembre 1639. (Blanch. compil. chronol.)

N° 332. — **Déclaration** *portant que les gentilshommes, dans leurs terres, les magistrats et officiers du roi, seront responsables des soulèvemens, et seront considérés comme complices.* (2).

Saint Germain-en-Laye, 8 janvier 1640. (Merc. franç., XXIII, p. 472.)

Louis, etc. Les émotions qui sont arrivées en nostre province de Normandie, nous ayant obligé d'envoyer le sieur Gassion, mareschal de camp en nos armées, avec des troupes d'infanterie et de cavalerie, pour restablir par nos armes nostre autorité et contenir par la force en nostre obéissance ceux de nos sujets qui ne pouvoient y estre retenus par les vrais respects et obligations envers leurs princes : sa conduite a été si prudente et si généreuse, qu'en peu de temps il a dissipé toute la faction qui s'étoit formée, obligé ceux qui avoient pris les armes contre nostre service de se retirer hors de notre royaume pour éviter la punition et le chastiment qu'un si énorme crime pouvoit mériter : et enfin, après avoir fait chastier ceux qui avoient été si téméraires d'attendre nos armes, il a dissipé toutes les assemblées de nos sujets, qui, pous-

---

ment furent rétablis par édit de janvier 1641, et plusieurs de ceux qui avaient pris part aux troubles furent condamnés. — V. ci-après déclaration du 8 janvier 1640.

(1) Maintenant les bulles sont vérifiées par le gouvernement seul, loi du 8 avril 1802, sauf les brefs de la pénitencerie. V. le décret du 28 février 1810.

(2) En vertu du principe *in conservandâ civium libertate esse privatum neminem*. — V. loi du 10 vendémiaire an IV (2 octobre 1795), qui rend tous les citoyens habitant la même commune civilement responsables des attentats commis sur le territoire de la commune, soit envers les personnes, soit contre les propriétés. V. ordonn. du 1er décembre 1819. — La loi de l'an 4 a été récemment déclarée en pleine vigueur par la Cour de cassation (24 avril 1821. Sirey, 22, 1, p. 27). Cependant les citoyens ne nomment plus aujourd'hui leurs officiers municipaux ; il serait juste de ne pas leur faire encourir la responsabilité bien rigoureuse qui leur était imposée lorsqu'ils étaient eux-mêmes les magistrats chargés de maintenir l'ordre et de prévenir les délits. — La déclaration de 1640 fut publiée à l'occasion d'une révolte qui éclata dans la basse Normandie. — Voy. ci-devant 15 décembre 1639.

sez de passion et de fureur, ou par mauvais conseils, s'étoient soustraits de notre obéissance. Et d'autant qu'il est de la bonté et prudence d'un bon prince, non seulement de faire punir les crimes de ses mauvais sujets, mais de pourvoir à l'avenir par de bons règlemens, qu'ils ne retombent en pareille faute, et ne se tirent de l'obéissance;

A ces causes, jugeant que toutes ces rebellions ne seroient pas venues au point où on les a veues dans ladite province, sans la connivence ou foiblesse de ceux qui ont l'authorité et le pouvoir de les empescher, qui ne s'y sont pas opposez avec la vigueur et le courage que requéroit notre service, et qu'ils étoient obligés de faire ayant notre authorité : nous avons estimé qu'il n'y avoit point de moyen plus assuré pour retenir nos sujets dans la légitime obéissance qu'ils nous doivent, et les détourner de se porter à l'avenir dans la rebellion, que de rendre les magistrats, officiers et ceux qui ont charge dans les villes, responsables des émotions qui y surviendront, s'ils ne justifient avoir apporté le soin et la vigilance qu'ils doivent en leurs charges pour les réprimer : et pour la campagne, d'obliger les gentilshommes, chacun en l'étendue de leurs terres, de contenir nos sujets dans l'obéissance, et les empêcher de faire aucunes assemblées contre notre service : ce qui leur est aisé, veu le pouvoir qu'ils prennent ordinairement sur leurs tenanciers, ausquels ils font bien exécuter leurs volontez lorsqu'il s'agit de leur intérêt particulier.

Sçavoir faisons, qu'après avoir mis cette affaire en délibération en notre conseil, où étoient notre très cher et très amé frère unique le duc d'Orléans, autres princes et les principaux officiers de notre couronne : de l'avis de notredit conseil et de notre certaine science, pleine puissance et authorité royale, nous avons dit et déclaré, disons et déclarons, voulons et nous plaist,

(1) Que cy-après les gentilshommes de nostre province de Normandie, ayant à empescher qu'aucunes assemblées ne se fassent en l'estendue de leurs terres, à peine, en cas qu'il arrive quelque soulèvement contre nostre service en l'étendue de leursdites terres, d'en répondre en leurs propres et privez noms, comme complices, s'ils ne justifient y avoir fait tout leur devoir, et y avoir apporté tout le soin, la vigilance et la force, qu'ils sont obligez pour l'exécution de nos commandemens.

(2) Et quant aux magistrats, officiers et autres qui ont charge dans les villes, nous leur enjoignons de ne permettre qu'à l'avenir le commun peuple ait aucunes armes; voulons qu'ils ayent à

le désarmer, et mettre les armes dans un lieu seur pour s'en servir lorsqu'ils le jugeront nécessaire pour le bien de notre service. Leur commandons de s'opposer avec le courage et la force qu'ils doivent et sont obligez, ayans nostre authorité, pour réprimer les émotions, si aucunes surviennent dans les villes où ils sont résidens. Autrement et à faute d'exécuter celluy nostre commandement, voulons qu'ils soient responsables des rebellions qui arriveront, en leurs propres et privez noms, et qu'il soit procédé contre eux comme complices, en cas qu'ils ne justifient avoir fait leur devoir pour retenir nos sujets dans notre obéissance.

Si donnons, etc.

N° 333. — EDIT *qui augmente de quarante le nombre des marchands privilégiés suivant la cour* (1).

Saint-Germain-en-Laye, 31 mars 1640. (Delamarre, traité de la pol. 1. 488.)

N° 334. — DÉCLARATION *pour la conversion des monnaies légères en nouvelles espèces d'or appelées* louis (2).

Saint-Germain-en-Laye, 31 mars 1640. (Reg. cour des monn. KK.)

---

(1) Il y eut dès le 12ᵉ siècle des marchands privilégiés attachés aux grands offices de la cour pour le service du roi et de sa suite. Le grand maître de la maison du roi, le grand échanson, le grand chambrier, le grand pannetier avaient chacun une juridiction particulière non-seulement sur les marchands et artisans de sa dépendance, mais encore sur tous ceux qui exerçaient la même profession à Paris. De toutes ces juridictions extraordinaires, il ne restait plus en 1475 que celle du grand chambrier et du grand pannetier, lorsque Louis XI créa l'office du prévôt de l'hôtel qui s'empara de leurs attributions. Voy. édit de François 1ᵉʳ, 19 mars 1543 qui augmente le nombre des marchands suivans la cour par le motif que les lieux où le roi avait passé dans ses campagnes avaient souvent manqué de vivres; de Henri IV, 16 septembre 1606 qui ajoute d'autres artisans à ceux établis par ses prédécesseurs à la suite de la cour, et qui en attribue la juridiction à la prévôté de l'hôtel en premier ressort, et au grand conseil par appel. — Voy. ci-après sous Louis XIV, lettres patentes de mai 1658, 25 juillet 1660, déclaration du 20 mai 1664, 29 octobre 1694, 8 janvier 1701.

(2) Une déclaration du 27 septembre proroge le délai fixé pour la conversion. — C'est Cl. Bullion, surintendant des finances, qui fit frapper cette nouvelle monnaie. Il invita à dîner plusieurs grands personnages et fit servir de grands plats remplis de louis en permettant à chacun d'en prendre ce qu'il voudrait. Les convives se jettèrent avidement sur les plats, remplirent leurs poches et mirent tant de précipitation à s'en aller que les carosses qui les attendaient à la porte furent obligés de s'en retourner à vide. — Voy. la loi de 1829 qui convertit les napoléons et anciens louis en louis de 20 francs.

N° 335. — TRAITÉ *de confédération entre la France et les ducs de Brunswik et de Lunébourg contre l'Espagne et l'Autriche.*

Mai 1640 (Fréd. Léon., III. 68 — Rec. des traités, III. 402).

N° 336. — ARRÊT *du conseil, qui défend aux différentes juridictions d'ordonner aucuns dépôts volontaires ou forcés ailleurs que dans les mains des receveurs des consignations* (1).

Paris 22 août 1640. (Archiv. de l'hôtel Soubise, section législative.)

N° 337. — EDIT *qui révoque les annoblissemens et priviléges créés depuis trente ans* (2).

Saint-Germain-en-Laye, novembre 1640, reg. en la cour des aides le 26. (Rec. Cour des aides de Paris 197. Néron I. 912.)

N° 338. — EDIT *qui établit la subvention du vingtième denier sur toutes les marchandises* (3).

Saint-Germain-en-Laye novembre 1640, reg. en la cour des aides le 7 décembre après lettres de jussion. (Blanchard 1690.)

N° 339. — TRAITÉ *entre la France et le prince de Savoie (Thomas), portant restitution des places fortes du Piémont* (4).

Turin 2 décembre 1640—(Frédér. Léonard, t. 4. Rec. des traités de paix, p. 465.)

N° 340. — TRAITÉ *de confédération et d'alliance entre la France et les principautés de Catalogne, de Roussillon et de la Cerdagne contre l'Espagne* (5).

Barcelonne 16 décembre 1640. — (Frédé. Léonard, t. 4, rec. des traités de paix, t. 3, p. 406).

---

(1) Voy. ci-devant, juin 1578, édit de Henri III qui crée cette institution et la loi du 28 avril 1816, art. 110 et suiv. Voy. aussi l'ord. du 3 juillet même année.

(2) Les prévôts des marchands et échevins de Lyon furent exceptés de cette disposition par lettres de septembre 1641. — Voy. ci-devant les édits de Henri IV, mars 1600; de ce règne, juin 1614, et janvier 1634.

(3) La perception de ce droit a été régularisée par édit du 8 janvier 1641. — C'était pour suffire aux frais de la guerre.

(4) Le prince de Savoie se met sous la protection de la France.

(5) Les Catalans, indignés des violences auxquelles les soldats envoyés par le duc d'Olivarès, 1er ministre, s'étaient livrés dans leur pays, et de l'arbitraire du gouverneur de Barcelonne, se révoltèrent contre le roi d'Espagne. Le cardina

N° 341. — Edit *sur le nettoiement des rues de Paris* (1).

Janvier 1641, reg. en la ch. des compt., le 16 juin 1642. — (Delamarre, traité de la pol., t. 4, p. 223.)

N° 342. — *Edit qui défend aux parlemens et autres cours de justice de prendre à l'avenir connaissance des affaires d'état et d'administration* (2), *et qui supprime plusieurs charges de conseillers au parlement de Paris.*

Saint-Germain-en-Laye, février 1641, reg. au parl. le 21. — (Vol. GGG. f° 197. Sainte-Aulaire, histoire de la Fronde, introd. — Ord. de Saint-Genis, bibl. du cons. d'état, année 1641.)

Louis, etc. Il n'y a rien qui conserve et qui maintienne davantage les empires que la puissance du souverain également reconnu par les sujets : elle rallie et réunit si heureusement toutes les parties de l'état, qu'il naît de cette union une force qui assure sa grandeur et sa félicité. Il semble que l'établissement des monarchies étant fondé par le gouvernement d'un seul, cet ordre est comme l'âme qui les anime et qui leur inspire autant de force et de vigueur qu'il y a de perfection. Mais comme cette authorité absolue porte les états au plus haut point de leur gloire, aussi lorsqu'elle se trouve affoiblie, on les voit en peu de temps déchoir de leur dignité. Il ne faut point sortir de la France pour trouver des exemples de cette vérité : les règnes des rois nos prédécesseurs en fournissent assez. On a vu cette couronne prête de tomber sous la domination de ceux à qui elle devoit plutôt commander. Les désordres et les divisions funestes de la ligne qui doivent estre ensevelies dans un éternel oubli, prirent leur naissance et leur accroissement dans le mépris de l'authorité royale; elle fut tellement ébranlée par les entreprises de ceux qui de-

---

de Richelieu ne favorisa les projets des révoltés, qu'au moment où ils se mirent ouvertement sous la protection de la France.

(1) Voy. ci-devant déclaration du 9 juillet 1637 et la note. Il n'est question dans celle-ci que d'attribution de gages aux officiers chargés de la police.

(2) « Richelieu, dit M. de Saint-Aulaire, après avoir, par tous les actes de son administration, établi qu'il ne reconnaissait aux compagnies aucun droit indépendant de la volonté du roi, voulut, en prévoyance de l'avenir, réunir en corps de doctrine, ses principes de gouvernement, et leur donner une sanction solennelle. La déclaration fut enregistrée; les plus hardis ne proposèrent de remontrances qu'en faveur de leurs confrères. Le parlement vaincu plia sous le joug et le despotisme fut proclamé dans un pays où la liberté avait toujours été mal comprise, mais où la servitude n'avait jamais été reconnue ».

voient plus la révérer que si Dieu, protecteur des rois, n'eût prévenu leurs mauvais desseins, le sceptre eût peut-être été arraché de la main d'un prince légitime pour passer en la main d'un usurpateur. Henry-le-Grand, notre très honoré seigneur, en qui Dieu avoit mis les plus excellentes vertus d'un grand prince, succédant à la couronne de Henri III, relève par sa valeur l'authorité royale qui étoit comme abbatue et foulée aux pieds. Il luy rendit l'éclat de sa majesté presque effacé par la désobéissance et par la rebellion des peuples : et au milieu des plus grands désordres de l'état la France qui estoit une image d'horreur et de confusion, devint, par sa vertu, le modèle parfait des monarchies les plus accomplies. Mais, lorsque plus puissante et plus glorieuse qu'elle n'avoit jamais été, elle recueilloit dans un profond repos les fruits des labeurs de son monarque incomparable, elle lui vit finir ses jours au même temps qu'elle les désiroit immortels pour sa félicité. Alors nous commençâmes de régner étant encore dans la minorité. Mais comme il étoit difficile que le règne d'un prince en aussi bas âge fût conduit avec la force et avec la vigueur si nécessaires pour maintenir l'authorité royale au point où notre honoré seigneur et père l'avoit mise, on vit aussi que dès l'entrée de notre règne elle reçut de dangereuses atteintes. Notre cour de parlement de Paris, quoique portée d'un bon mouvement, entreprit, par une action qui n'a point d'exemple et qui blesse les lois fondamentales de cette monarchie, d'ordonner du gouvernement de notre royaume et de notre personne, et les circonstances du tems empêchèrent que l'on n'apportât remède à un si grand mal. La dissimulation dont on usa en cette rencontre, persuada à nos officiers que l'on approuvoit leur conduite : et sur ce fondement, cette compagnie croyant qu'après avoir disposé du gouvernement de l'état, elle pouvoit en censurer l'administration et demander compte du maniement des affaires publiques, résolut par un arrêt que les princes, les ducs, pairs et officiers de la couronne qui avoient séance et voix délibérative en notre cour seroient invités de s'y trouver pour aviser sur ce qui seroit proposé pour le bien de notre service. Ensuite les factions commencèrent à se former dans l'état, et nous pouvons dire qu'elles n'y ont été dissipées que depuis que nous avons rendu à l'authorité royale la force et la majesté qu'elle doit avoir dans un état monarchique qui ne peut souffrir qu'on mette la main au sceptre du souverain et qu'on partage son authorité : ainsi, après que nous avons affermi l'authorité royale, la France a repris sa première vigueur, et au lieu qu'elle s'affoiblissoit par ses divisions, elle s'est rendue si puissante, que ses actions ont causé de l'admiration à toute l'Europe, et par des effets qu'on aura peine de croire un jour, elle a fait voir que la puissance réunie en la personne du souverain est la source de la gloire et de la grandeur des monarchies, et le fondement sur lequel est appuyée leur conservation.

Mais parce qu'il ne suffit pas d'avoir élevé cet état en un si haut degré de puissance, si nous ne l'affermissons en la personne même de nos successeurs; nous désirons l'établir par de si bonnes lois, que la lignée dont il a plu à Dieu d'honorer notre couche, ait un règne si heureux et un trône si assuré, que rien ne puisse apporter aucun changement. Or, comme l'authorité royale n'est jamais si bien affermie que lorsque tous les ordres d'un état sont réglés dans les fonctions qui leur sont prescrites par le prince, et qu'ils agissent dans une dépendance parfaite de sa puissance; nous nous sommes résolus d'y apporter un réglement général; et cependant, comme l'administration de la justice en est la plus importante partie, nous avons estimé nécessaire de commencer à en régler les fonctions, et de faire connoître à nos parlemens l'usage légitime de l'authorité que nos rois nos prédécesseurs et nous leur avons déposée, afin qu'une chose qui est établie pour le bien des peuples ne produise des effets contraires, comme il arriveroit, si les officiers, au lieu de se contenter de cette puissance qui les rend juges de la vie de l'homme et des fortunes de nos sujets, vouloient entreprendre sur le gouvernement de l'état qui n'appartient qu'au prince.

A ces causes, après avoir vu divers réglemens faits par les rois nos précédesseurs et par nous sur le fait de la juridiction et pouvoir de nos cours de parlement, et premièrement ce qui a été ordonné par le roi Jean, qu'il ne seroit traité d'aucune matière d'état en nosdites cours de parlement, si ce n'est par commission spéciale, et qu'elles auroient seulement la cognoissance en fait de la justice;

Les lettres-patentes en forme de déclaration du roi François Ier, registrées en notre cour de parlement de Paris, par lesquelles il défend à ladite cour de s'entremettre en quelque façon que ce soit du fait de l'état ny d'autre chose que de la justice : déclare nul et de nul effet tout ce que les officiers de ladite cour feront au contraire; ordonne que tous les ans ils prendront lettres en général de leur pouvoir et délégation en la forme et manière qu'il avoit esté fait auparavant; défend, en outre, à ladite cour d'user d'aucunes limitations, modifications ou restrictions sur les ordonnances, édits et lettres en forme de chartes : veut qu'en cas que l'on juge qu'aucune chose y doive être adjoutée ou diminuée qu'ils lui en donnent advis;

Arrêt du conseil d'estat, le roi Charles IXe, séant en icelui, par lequel, après avoir entendu les remontrances de la cour de parlement de Paris, sur ce qu'elle avoit différé de publier l'ordonnance de sa majorité, il casse et révoque tout ce qui avoit été fait par ladite cour sur ce sujet, le déclare nul comme donné par des juges auxquels la cognoissance des affaires d'état n'appartient aucunement, avec défenses à l'avenir de mettre en dispute ni autrement délibérer sur les édits et ordonnances qui leur seront envoyées, choses qui appartiendront à l'estat; ledit arrest registré en ladite cour de parlement de Paris;

Arrêt donné en nostre conseil, nous y séant, par lequel, vu l'arrêt de notredite cour de parlement de Paris qui ordonnoit que les princes, ducs, pairs et officiers de la couronne qui ont séance et voix délibérative en ladite cour seront invités de s'y trouver pour adviser avec eux propositions qui seroient faites pour notre service; nous avons cassé et révoqué ledit arrêt, avec défenses à notredite cour de s'entremettre des affaires d'estat, sinon lorsqu'il leur sera commandé, et afin que la mémoire de cette désobéissance fût du tout éteinte, que l'arrêt et les remontrances dressées ensuite seroient biffées et tirées du registre;

Arrêt donné en notre conseil, nous y séant, par lequel l'arrêt de notredite cour de parlement qui faisoit défenses de payer le droit annuel et ordonnoit que commission seroit délivrée au procureur-général pour informer sur les désordres et dissipations prétendus de nos finances, est cassé et annullé, et ordonne qu'il sera biffé et tiré des registres, avec défenses à la cour de s'entremettre ni prendre connoissance à l'avenir des affaires de l'état et gouvernement, sinon lorsqu'ils en auront reçu exprès commandement.

Arrêt de nostre conseil, nous y séant, par lequel, après avoir vu l'acte de déllbération de notre cour de parlement de Paris, sans avoir pris aucune résolution sur l'enregistrement de nos lettres-patentes en forme de déclaration contre ceux qui étoient sortis du royaume à la suite de notre très cher et très amé frère le duc d'Orléans, ladite délibération est cassée et déclarée nulle, comme téméraire et faite contre les lois et usances de ce royaume, par personnes privées et sans pouvoir en ce regard, avec défenses à notredite cour de parlement de mettre à l'avenir en délibération telles et semblables déclarations concernant les affaires d'état, administration et gouvernement d'icelui, et que l'acte de la délibération seroit tiré des registres de ladite cour, et après que tous les susdits réglemens ont été mûrement examinés en nostre conseil;

(1) Nous avons, de l'avis d'icelui et de notre certaine science, pleine puissance et autorité royale, dit et déclaré, disons et déclarons que notredite cour de parlement de Paris et toutes nos autres cours, n'ont été établies que pour rendre la justice à nos sujets; leur faisons très expresses inhibitions et défenses, non-seulement de prendre, à l'avenir, cognoissance d'aucunes affaires semblables à celles qui sont cy-devant énoncées, mais généralement de toutes celles qui peuvent concerner l'état, administration et gouvernement d'icelui que nous réservons à notre personne seule et de nos successeurs rois, si ce n'est que nous leur en donnions le pouvoir et commandement spécial par nos lettres-patentes, nous réservant de prendre sur les affaires publiques les advis de notredite cour de parlement, lorsque nous le jugerons à propos pour le bien de notre service.

(2) Déclarons, dès à présent, toutes délibérations et arrêts qui pourront être faits à l'advenir contre l'ordre de la présente déclaration nulles et de nul effet, comme faites par personnes qui n'ont aucun pouvoir de nous de s'entremettre du gouvernement de notre royaume.

(3) Voulons qu'il soit procédé contre ceux qui se trouveront à pareilles délibérations comme désobéissans à nos commandemens et entreprenant sur notre autorité; et d'autant que notredite cour de parlement de Paris a souvent arrêté l'exécution des édits et déclarations vérifiés en notre présence et séant en notre lit de justice, comme si nos officiers vouloient révoquer en doute la vérification des édits faits de notre autorité souveraine.

(4) Nous voulons et entendons que les édits et déclarations qui auront été vérifiés en cette forme soient pleinement exécutés selon leur forme et teneur, faisant défenses à notredite cour de parlement de Paris et toutes autres, d'y apporter aucun empêchement, sauf néanmoins à nos officiers de nous faire telles remontrances qu'ils adviseront être sur l'exécution des édits pour le bien de notre service, après lesquelles remontrances nous voulons et entendons qu'ils aient à obéir à nos volontés, à faire exé-

cuter les édits suivant la vérification qui en aura été faite de notre autorité, si ainsi leur ordonnons.

(5) Et quant aux édits et déclarations qui leur seront envoyées concernant le gouvernement et administration de l'état, nous leur commandons et enjoignons de les faire publier et enregistrer sans en prendre aucune connoissance ni faire aucune délibération sur iceux et pour les édits et déclarations qui regarderont nos finances, nous voulons et entendons que lorsqu'ils leur seront envoiés, s'ils y trouvent quelque difficulté en la vérification, qu'ils se retirent pardevers nous pour nous les représenter, afin que nous y pourvoïons ainsi que nous le jugerons à propos, sans qu'ils puissent, de leur autorité, y apporter aucunes modifications ni changemens, ni user de ces mots, *nous ne devons ni ne pouvons*, qui sont injurieux à l'autorité du prince.

(6) Et en cas que nous jugions que les édits doivent être vérifiés et exécutés en la forme que nous les aurons envoyés, après avoir entendu les remontrances sur iceux, nous voulons et entendons qu'après en avoir reçu notre commandement, ils aient à procéder à la vérification et enregistrement, toutes affaires cessantes, si ce n'est que nous leur permettions de nous faire de secondes remontrances après lesquelles nous voulons qu'il soit passé outre sans aucun délai.

(7) Et attendu que la désobéissance qui nous a été rendue par notredite cour de parlement de Paris à l'exécution de l'édit de création de quelque nombre de conseillers en icelle ne peut être dissimulée plus longuement, sans blesser notre autorité, ayant, à la vue de tout le monde, empêché ceux qui sont pourvus desdites charges d'en faire, jusques ici, librement toutes les fonctions quelqu'exprès commandement qu'ils en aient reçu de nous ; nous avons estimé à propos pour leur faire connaître que la subsistance des charges ne dépend que de nous, et que la suppression et la création est un effet de notre puissance, de supprimer les charges de ceux auxquels, par bonté, nous avions fait seulement commandement de se retirer de ladite compagnie, avec défenses d'y entrer jusques à ce que autrement par nous en ait été ordonné : et pour cet effet, nous avons, de notre certaine science, pleine puissance et autorité royale, dès à présent, éteint et supprimé, éteignons et supprimons les charges de conseiller président aux enquêtes dont est pourveu M. Barillon et les charges de conseiller en notre cour de parlement dont sont pourvus MM. P.

Scarron, L. Bitaut, Sain et Salo, nous réservant de pourvoir à leur remboursement ainsi que nous le jugerons à propos.

(8) Faisons très expresses inhibitions et défenses à notredite cour de parlement de leur donner aucune entrée, à l'avenir, en leur compagnie, et à nos sujets de les reconnoître pour officiers, et à eux de prendre à l'avenir la qualité d'officiers, afin que l'exemple de la peine encourue en leur personne retienne les autres officiers en leur devoir.

(9) Nous avons, sur les plaintes qui nous ont été souvent faites, que la discipline était beaucoup relâchée dans nos cours de parlement et que nos officiers ne tenaient compte de se comporter avec la modestie et retenue bien séante en un juge n'y d'observer exactement les réglemens portés par nos ordonnances, ordonné que les mercuriales se tiendroient tous les trois mois et que les délibérations qui seroient faites, seroient envoyées à notre très cher et féal le sieur Seguier chancelier de France pour nous en donner avis :

(10) Et d'autant que jusques ici, au grand préjudice de notre service et du bien de la justice, notre volonté n'a point été exécutée, nous ordonnons et enjoignons à notredite cour de parlement et toutes autres de tenir les mercuriales de trois en trois mois, en la forme portée par nos ordonnances, et à notre procureur général d'y faire les propositions qu'il jugera être à propos pour le bien de la justice et de notre service, et attendant que nous puissions, par un réglement général, pourvoir aux défauts qui sont introduits en l'ordre de la justice par l'inexécution des ordonnances, nous voulons et ordonnons que les réglemens portés par nos ordonnances sur le fait du procès des commissaires soient exécutées selon leur forme et teneur, déclarant, dès à présent, tous jugemens qui interviendront sur les procès qui seroient vus par grands ou petits commissaires hors les cas portés par nosdites ordonnances nuls et de nul effet; voulons que les frais qui auront été faits en la visitation des procès contre nos réglemens soient répétés à l'encontre des juges qui y auront assisté.

Si donnons, etc.

N° 343. — Déclaration *portant que les appels qui seront interjetés des jugemens rendus en matière civile par les officiers du conseil souverain d'Artois, seront portés au parlement de Paris.*

Saint-Germain-en-Laye, 15 février 1641. Reg. le 18 avril. — Vol. GGG. f° 236.)

N° 344. — **Traité** *entre la France et le duc de Lorraine* (1).

Paris, 29 mars 1641. — (Fréd.-Léon., t. 3. Rec. des traités, 3, pag. 408.)

N° 345. — **Édit** *qui crée les offices de mesureurs, contrôleurs, porteurs de chaux, pareurs, envergeurs de cordes, et toiseurs de pierres de Paris* (2).

Saint-Germain-en-Laye avril 1641, reg. en la cour des aides le 4 juillet. — (Blanchard, 1693.)

N° 346. — **Déclaration** *sur la profession des comédiens, qui leur défend les paroles lascives et déshonnêtes* (3).

Saint-Germain-en-Laye, 16 avril 1641; reg. au parl. le 24. (Vol. GGG, f° 234.)

Louis, etc. Les continuelles bénédictions qu'il plaît à Dieu épandre sur notre règne, nous obligeant de plus en plus à faire tout ce qui dépend de nous pour retrancher tous les déréglemens par lesquels il peut être offensé, la crainte que nous avons que les comédies qui se représentent utilement pour le divertissement des peuples, soit qu'elles soient accompagnées de représentations peu honnêtes qui laissent de mauvaises impressions dans les esprits, fait que nous sommes résolu de donner les ordres requis pour éviter tels inconvéniens,

(1) A ces causes nous avons fait et faisons très expresses inhibi-

---

(1) Ce fut Richelieu qui négocia ce traité. Le duc avait entretenu de nouvelles intelligences avec les ennemis, malgré les derniers traités, et le roi avait saisi le duché. Il le rend, et lui impose diverses conditions. — Du même jour, articles secrets.

(2) Le traité de la police par Delamarre ne parle pas de cette déclaration.

(3) V. ci-devant arrêt du conseil du 7 novembre 1629 et la note. — L'art théâtral a fait de grands progrès sous le règne de Louis XIII. Indépendamment du théâtre l'hôtel de Bourgogne, qui s'était élevé en rivalité des confrères de la Passion (V. lettres patentes de François II, mars 1559 et la note), Paris comptait à cette époque, dans son sein, la salle des comédiens italiens, le théâtre du Marais et plusieurs autres petits spectacles populaires. Le cardinal de Richelieu fit construire une salle de spectacle contiguë au Palais-Royal. C'est sur cette scène que se jouaient les tragédies et les comédies sérieuses. Corneille s'y essaya avec Rotrou, Colletet, Boisrobert et l'abbé Desmarets. Le cardinal de Richelieu lui-même mettait la main à leurs œuvres. Ce fut à ce théâtre que parut le *Cid* en 1636, suivi, en 1639, des *Horaces* et de *Cinna*. — V. lettres patentes de Louis XIV, 22 octobre 1680, et le règlement intérieur donné aux comédiens du Palais-Royal le 23 avril 1685, par le duc de Saint-Aignan, premier gentilhomme. — V. aussi le mémoire imprimé que nous avons publié en 1828 pour mademoiselle Georges contre la société du Théâtre-Français.

tions et défenses, par ces présentes signées de notre main, à tous comédiens de représenter aucunes actions malhonnêtes ni d'user d'aucunes paroles lascives ou à double entente qui puissent blesser l'honnêteté publique, et ce sur peine d'être déclarés infâmes et autres peines qu'il y écherra.

(2) Enjoignons à nos juges, chacun en son détroit, de tenir la main à ce que notre volonté soit religieusement exécutée.

(3) Et en cas que lesdits comédiens contreviennent à notre présente ordonnance, nous voulons et entendons que nosdits juges leur interdisent le théâtre et procèdent contre eux, par telles voies qu'ils adviseront à propos, selon la qualité de l'action, sans néantmoins qu'ils puissent ordonner plus grande peine que l'amende ou le bannissement.

(4) En cas que lesdits comédiens règlent tellement les actions du théâtre qu'elles soient, du tout, exemptes d'impuretés, nous voulons que leur exercice qui peut innocemment divertir nos peuples de diverses occupations mauvaises, ne puisse leur être imputé à blâme ni préjudicier à leur réputation dans le commerce public : ce que nous faisons afin que le désir qu'ils auront d'éviter le reproche que l'on leur a fait jusques ici leur donne autant de sujet de se contenir dans les termes de leur devoir et représentations publiques qu'ils feront, que la crainte des peines qui leur seroient inévitables s'ils contrevenoient à la présente déclaration.

Si donnons, etc.

N° 347. — DÉCLARATION *sur le dessèchement des marais* (1).

Escouen, 4 mai 1641 ; reg. au parl. le dernier mars, en la ch. des compt. le 25 juin, et en la cour des aides le 27 septembre 1642. (Vol. GGG, f° 317.)

N° 348. — DÉCLARATION *portant que les acquéreurs et détenteurs de biens dépendans des évêchés aliénés, à charge de rachat perpétuel ou autrement, seront tenus de payer les sommes auxquelles chacun d'eux sera taxé par le conseil du roi.*

Abbeville, 30 juin 1641 ; publ. au sceau le 20 septembre. (Néron, I, 913.)

---

(1) V. ci-devant déclaration du 12 avril 1639 et la note. Celle-ci n'est qu'une confirmation.

N° 349. — Traité *de confédération et alliance entre la France et le Portugal* (1).

Paris, 1er juin 1641. (Fréd.-Léonard, t. 4. — Rec. des traités de paix, t. 3, p. 410.)

N° 350. — Traité *de confédération et d'alliance entre la France et les Pays-Bas* (2).

Hambourg, 31 juin 1641. (Fréd.-Léon., t. 5. — Rec. des trait. de paix, t. 3, pag. 414.)

N° 351. — Traité *entre la France et le prince de Monaco, par lequel celui-ci se met sous la protection de la France* (3).

8 juillet 1641. (Fréd.-Léon., IV. — Rec. des trait. de paix, III, 415.)

N° 352. — Déclaration *par laquelle le roi pardonne au duc de Bouillon sa rébellion* (4).

6 août 1641; reg. au parl. le 3 septembre. (Merc. franç., tom. 24, pag. 137, 1re partie.)

N° 353. — Lettres-patentes *qui érigent en titres d'offices les jurés crieurs de corps et de vin* (5).

Paris, septembre 1641. (Delamarre, traité de la pol. III, 759.)

---

(1) On reconnaît ici l'activité et la politique de Richelieu; depuis plus d'un siècle que l'Espagne avait conquis le Portugal, ce pays était resté province d'Espagne. En 1640, il se souleva, et il eut pour roi Jean IV de la maison de Bragance. Richelieu s'empressa de profiter de cette circonstance qui porta un coup mortel à la puissance de l'Espagne. Depuis, le Portugal a maintenu son indépendance, mais sa faiblesse et le défaut d'une bonne constitution l'ont soumis aux influences de l'Angleterre, qui, sous le titre de protectrice, dirige tout au gré de ses intérêts.

(2) Il confirme, sauf quelques modifications, le traité de 1638.

(3) Il en était ainsi par le traité de 1814; mais par celui du 20 novembre 1815 et par les actes du congrès de Vienne, la principauté de Monaco est placée sous la protection du roi de Sardaigne. Le prince qui la possède aujourd'hui est pair de France (duc de Valentinois). Il est sujet et souverain. Il s'est déclaré seul boulanger dans son petit état. V. Mémoire sur l'histoire des banalités (1829).

(4) Le comte de Soissons s'était révolté contre l'autorité royale, et avait fortifié la ville, que le roi assiégea et prit. Le duc de Bouillon, possesseur de la principauté de Sedan, s'était joint au comte de Soissons, et avait aussi pris Sedan, que le roi vint encore assiéger; mais il se rendit par capitulation le 3 août 1641. — Pour prix de son pardon, le duc fut obligé de céder la ville de Sedan au roi, et depuis elle est demeurée à la France.

(5) Voy. Ord. des métiers sous saint Louis, 1268, et l'ord. sur la police de

N° 354. — Traité *de reconnaissance de la suzeraineté de la France par les provinces de la Catalogne, du Roussillon et de la Cerdagne* (1).

Péronne, 19 septembre 1641. (Fréd. Léon. IV. — Rec. des traités, III, 119.)

N° 351. — Lettres-patentes *portant que la maison des jésuites de la rue Saint-Antoine, à Paris, est de fondation royale, et réglement pour leurs priviléges.*

Saint-Germain-en-Laye, décembre 1641 ; reg. le 10 avril 1645. (Ord. de Louis XIV, vol. HHH. f° 396.)

N° 352. — Lettres *de révocation de la faculté accordée à la Sainte-Chapelle de percevoir le droit de régale sur les évêchés et archevêchés* (2).

Saint-Germain-en-Laye, décembre 1641, reg. en la ch. des compt., le 25 fév. 1642 avec modification et le 21 mai suivant purement et simplement sur lettres de jussion. (Abrégé des mém. du clergé, XI, 279.)

Charles VI, février 1415. — Voy. ci après ord. de Louis XIV, décembre 1672 sur la juridiction des prévôts des marchands et échevins de Paris. — Le traité de la police ne donne pas le texte des lettres de 1641.

(1) Les états généraux de ces trois provinces s'étaient assemblés à Barcelone le 23 janvier. — La délibération porte comme condition de la soumission ; que l'inquisition sera maintenue (art. 3); que le roi de France ne pourra présenter que des Catalans pour les évêchés et bénéfices (art. 2); que le concile de Trente sera observé dans les trois provinces (art. 10); que jamais la Catalogne ne sera séparée de la France (art. 15); que les Catalans conserveront leurs magistrats et seront seuls nommés juges, capitaines ou gouverneurs (18).

Ce traité constitue seulement un protectorat de la part de la France et nullement un droit absolu de souveraineté. Cependant une guerre longue et sanglante en fut la suite entre la Catalogne et l'Espagne.

(2) Ce privilége avait été accordé à la Sainte-Chapelle par ord. de Charles VII, 19 mars 1452. Voy. sur la régale, bulle d'Innocent III, 15 août 1210; de Clément IV, 13 septembre 1267; de Grégoire X, 11 juillet et 23 décembre 1271; de Grégoire XI, 28 août 1375; lettres de saint Louis, juin 1248 et mars 1269; de Philippe VI, 20 septembre 1332, octobre 1334; de Charles VII, 29 novembre 1447, 14 février 1451, 19 mars 1452; de Louis XI, 24 mai 1463, 19 juin 1464; de Charles VIII, 25 novembre 1498, art. 7; de Louis XII, mars 1498, art. 11; de Henri III, février 1580, art. 20; de Henri IV, décembre 1606 art. 27, et 26 octobre 1609. — Voy. ci après ordonnance de Louis XIV, avril 1667, art. 19 à 24, déclaration du 10 février 1673, 2 avril 1675, janvier 1682, et lettres-patentes de Louis XV, août 1711. — Il n'y a plus de régale. Voy. la constitution civile du clergé, 24 juillet 1790, qui supprime les bénéfices ecclésiastiques et les remplace par un traitement en argent.

N° 353. — Traité entre Gaston, duc d'Orléans, et le roi d'Espagne (1).

Madrid, 13 mars 1642, ratifié par Gaston le 29 août. (Rec. des traités, III, 432.)

N° 354. — Édit sur l'établissement de la compagnie des Indes de l'Amérique (2).

Narbonne, mars 1642; reg. au grand conseil, le 28 mai. (Code de la Martinique, tom. 1er. — Constitutions coloniales par Moreau de Saint-Méry, 1, 51.)

Quelques uns de nos sujets expérimentés aux navigations éloignées, et portés d'un louable désir de former des colonies de François dans les Indes occidentales, ayant reconnu qu'en plusieurs îles et côtes de l'Amérique, on pouvait établir un commerce suffisant à l'entretien de quelques peuplades, auroient dès l'année 1626 pris commission de notre très cher et très amé cousin le cardinal de Richelieu, grand maître, chef et surintendant général de la navigation et commerce de France, pour peupler et habiter sous notre autorité, l'île de Saint-Christophe et autres circonvoisines; à quoi ayant travaillé avec un médiocre succès en ladite île de Saint-Christophe à cause des pertes et dépenses qu'ils auroient faites, ne pouvant continuer leur dessein avec l'espérance d'un notable progrès, s'ils n'étoient secourus, se seroient retirés pardevers notredit cousin qui auroit accordé de nouveaux priviléges et de plus grandes concessions à la société

---

(1) Ce traité qui avait pour objet d'abattre la puissance despotique de Richelieu avait été arrêté dans le conseil de la reine, Anne d'Autriche, entre Cinq-Mars, grand écuyer de France, les ducs d'Orléans et de Bouillon. De Thou, ami intime du grand écuyer, consentait bien à concourir à la ruine du cardinal, mais il voulait que l'affaire se vidât entre Français, et quand une alliance avec l'Espagne fut proposée comme condition obligée de l'entreprise, il déclara qu'il ne consentirait jamais à des conditions de cette nature et ne se rencontrerait même pas en un lieu où elles pussent être proposées. Gaston différa si long-temps la signature du traité de Madrid que Fontrailles lui avait apporté que le voile qui le couvrait fut bientôt percé. Une copie en tomba entre les mains de Richelieu : ce ministre presque disgracié par la haute faveur de Cinq-Mars, son rival et son ennemi, reprit toute sa faveur, et Louis signa en pleurant l'ordre d'arrêter Cinq-Mars et de Thou. V. ci-après, 12 septembre, l'arrêt de condamnation.

(2) V. ci-devant déclaration du 2 juillet 1615, lettres patentes d'octobre 1626, édit de 1628, déclaration du 17 novembre 1629, 25 novembre 1634, articles accordés à la compagnie des Indes le 12 février 1635 et les notes.

formée pour cette entreprise, sous les noms de Compagnie des îles de l'Amérique, que nous aurions agréées et confirmées par notre arrêt du 8 mars 1635, aux charges et conditions portées par les art. desdites concessions; depuis lesquelles, par les travaux, dépenses et bonne conduite de ladite compagnie, la colonie des François s'est tellement accrue, qu'au lieu de l'île Saint-Christophe seule, il y en a maintenant trois ou quatre peuplées; non seulement de 4,000 personnes que la compagnie étoit obligée d'y faire passer en 20 années, mais de plus de 7,000 habitans avec bon nombre de religieux de divers ordres, et de forts construits et munitionnés pour la défense du pays et sureté du commerce; en sorte qu'il y a lieu d'espérer que ladite compagnie continuant ses soins, nous procurera le fruit que nous en avons principalement désiré en la conversion des peuples barbares à la religion chrétienne, outre les avantages que notre royaume peut tirer des colonies avec le temps et les occasions; et pour reconnoître les services agréables que les associés de ladite compagnie nous ont en ce rendus, les recompenser des dépenses qu'ils ont faites, les encourager à l'avenir, et exciter autres de nos sujets à pareilles entreprises :

Savoir faisons, qu'ayant fait examiner en notre conseil où étoient plusieurs princes, officiers de notre couronne et principaux de notre conseil, les contrats du 12 février 1635 et 29 janvier 1642, faits par notre très cher et bien aimé cousin le cardinal duc de Richelieu, grand maître, chef et surintendant général de la navigation et commerce de France, avec le sieur Berruyer, pour les associés en la compagnie des îles de l'Amérique, nous avons ratifié, confirmé et validé, et par ces présentes, ratifions, confirmons et validons lesdits contrats; voulons et nous plaît qu'ils sortent leur plein et entier effet, et que les associés en ladite compagnie, leurs hoirs, successeurs et ayant cause, jouissent du contenu en iceux; et conformément auxdits contrats, avons ordonné et ordonnons ce qui suit :

(1) Que les associés de ladite compagnie continueront de travailler à l'établissement des colonies aux îles de l'Amérique, situées depuis le dixième jusqu'au trentième degré inclusivement, en deçà de la ligne équinoxiale, qui ne sont à présent occupées par aucuns princes chrétiens, ou qui sont tenues par les ennemis de cet état, ou qui se trouveront possédées par autres nos sujets sans concessions par nous approuvées et ratifiées, et même dans les îles occupées par nos alliés; en cas qu'ils le puissent faire de

leur consentement, et avenant que la compagnie veuille entreprendre sur les îles étant en l'obéissance de nos ennemis, nous promettons l'assister de vaisseaux et soldats, armes et munitions, selon les occurrences et l'état de nos affaires.

(2) Et d'autant que le principal objet desdites colonies doit être la gloire de Dieu, lesdits associés ne souffriront dans lesdites îles être fait exercice d'autre religion que de la catholique, apostolique et romaine, et feront tout leur possible pour obliger les gouverneurs et officiers desdites îles à y tenir la main : et pour travailler incessamment à la conversion des sauvages, tant des îles qu'ils auront occupées que des autres voisines, tenues par les anciens peuples de l'Amérique, lesdits associés auront en chacune des colonies, un nombre suffisant d'ecclésiastiques pour l'administration de la parole de Dieu et la célébration du service divin; feront construire des lieux propres à cet effet; fourniront des ornemens, livres et autres choses nécessaires.

(3) Nous avons accordé et accordons à perpétuité aux associés de ladite compagnie, leurs hoirs, successeurs et ayant cause, la propriété desdites îles situées depuis le dixième jusqu'au trentième degré inclusivement en deçà de la ligne équinoxiale et côtes de l'Amérique, en toute justice et seigneurie, les terres, forts, rivières, hâvres, fleuves, étangs, mêmement les mines et minières, pour jouir desdites mines conformément aux ordonnances : de toutes lesquelles choses susdites, nous nous réservons seulement le ressort de la foi et hommage qui nous sera fait et à nos successeurs rois de France, par l'un desdits associés au nom de tous, à chaque mutation de roi, et la provision des officiers de la justice souveraine, qui nous seront nommés et présentés par lesdits associés lorsqu'il sera besoin d'y en établir.

(4) Pourront lesdits associés, faire fortifier des places et construire des forts aux lieux qu'ils jugeront les plus commodes pour la conservation des colonies et sûreté du commerce.

(5) Leur avons permis d'y faire fondre des canons et boulets, forger toutes sortes d'armes offensives et deffensives, faire poudre à canon et autres munitions.

(6) Mettront lesdits associés tels capitaines et gens de guerre que bon leur semblera, dans lesdites îles et sur les vaisseaux qu'ils enverront, nous réservant néanmoins de pourvoir d'un gouverneur général toutes lesdites îles, lequel ne pourra, en façon quelconque, s'entremettre du commerce, distribution des terres, ni

de l'exercice de la justice, ce qui sera expressément porté par sa commission.

(7) Lesdits associés disposeront desdites choses à eux accordées, de telle façon qu'ils aviseront pour le mieux; distribueront les terres entre eux, et à ceux qui s'habitueront sur les lieux, avec réserve de tels droits et devoirs, et à telles charges et conditions qu'ils jugeront plus à propos, même en fief et avec haute, moyenne et basse justice; et en cas qu'ils désirent avoir titres de baronnie, comtés et marquisats, se retireront par devers nous pour leur être pourvus de lettres nécessaires.

(8) Pendant vingt ans, à commencer de la date des présentes, aucun de nos sujets ne pourra aller trafiquer auxdites îles, ports, hâvres et rivières d'icelles, que du consentement par écrit desdits associés, et sous les congés qui leur seront accordés sur ledit consentement, le tout à peine de confiscation des vaisseaux et marchandises de ceux qui iront sans ledit consentement, applicable au profit de ladite compagnie; et pour cet effet ne pourront être délivrés aucuns congés pour aller auxdites îles par notre très cher et bien amé cousin le cardinal duc de Richelieu, grand maître et surintendant général de la navigation et commerce de France et ses successeurs en ladite charge, que sur le consentement desdits associés: et après lesdites vingt années expirées, pourront tous nos sujets aller trafiquer librement auxdites îles, côtes et autres pays de notre obéissance.

(9) Et s'il arrivait guerre civile ou étrangère qui empêchât lesdits associés de jouir librement des privilèges à eux accordés par ces présentes, pendant lesdites vingt années, nous promettons de leur proroger le temps à proportion du trouble et empêchement qu'ils auront souffert.

Et au cas qu'il se trouve des isles dans ladite étendue du dixième au trentième degré qui ne soient point habitées par les François après lesdites vingt années, nous nous réservons l'entière disposition desdites isles non habitées, pour les accorder à telles personnes que bon nous semblera.

(11) Et pour indemniser lesdits associés des grandes dépenses desdits établissemens, et favoriser le commerce et les manufactures qui pourront s'introduire dans lesdites isles, nous leur avons accordé et accordons l'exemption de tous droits d'entrée pour toutes sortes de marchandises provenant desdites isles appartenant aux associés de ladite compagnie, en quelque port de notre royaume qu'elles puissent être amenées, pendant lesdites

vingt années seulement, dont sera fait mention expresse dans les baux à ferme de nos droits qui se feront pendant ledit temps.

(12) Pour convier nos sujets à si glorieuse entreprise et si utile à cet état, nous promettons à ladite compagnie de faire expédier quatre brevets de noblesse, dont elle disposera en faveur de ceux qui occuperont et habiteront, à leurs frais, quelques unes desdites isles, sous l'autorité de ladite compagnie, et demeureront pendant deux années avec cinquante hommes au moins.

(13) Et d'autant qu'aucuns de nos sujets pourroient faire difficulté de transférer leur demeure ésdites isles, craignant que leurs enfans perdissent leur droit de naturalité en ce royaume, nous voulons et ordonnons que les descendans des François habitués ésdites isles, et même les sauvages qui seront convertis à la foi chrétienne et en feront profession, seront censés et réputés naturels françois, capables de toutes les charges, honneurs, successions et donations, ainsi que les originaires et régnicoles, sans être tenus de prendre lettres de déclaration ou naturalité.

(14) Que les artisans qui passeront ésdites isles et y exerceront leurs métiers pendant six années consécutives, seront réputés maîtres de chefs-d'œuvre, et pourront tenir boutique ouverte en toutes les villes de notre royaume, à la réserve de notre ville de Paris, en laquelle ne pourront tenir boutique ouverte que ceux qui ont pratiqué leursdits métiers ésdites isles pendant dix années, parce que le principal objet desdits associés a été la gloire de Dieu et l'honneur de notre royaume, et qu'en formant ladite entreprise pour l'établissement desdites colonies, ils ont bien mérité de cet état.

(15) Nous déclarons qu'eux, leurs successeurs et ayant-cause, de quelque qualité qu'ils soient, prélats, seigneurs, gentilshommes, officiers de notre conseil, cours souveraines ou autres, pourront établir et faire tel commerce que bon leur semblera auxdites isles, diminution de leur noblesse, dignités, qualités, priviléges, prérogatives et immunités.

(16) Et d'autant que ladite compagnie pourroit, en l'exécution des priviléges à eux accordés, avoir plusieurs procès en divers lieux de ce royaume, où le retour de ses vaisseaux et le débit de sesdites marchandises se feront, et qu'il ne seroit pas raisonnable qu'elle fût traduite en diverses juridictions, ce qui la consumeroit en frais et retarderoit l'avancement de ses affaires,

nous avons évoqué et évoquons à nous et à notre personne, tous les procès et différents esquels ladite compagnie est et sera dorénavant partie, où esquels il s'agira de ses privilèges, et iceux avec leurs circonstances et dépendances à nous évoqués, renvoyés et renvoyons en notre grand conseil; auquel à cet effet nous en avons attribué toute cour, juridiction et connoissance, et icelle interdite et défendue à tous autres juges.

Si donnons, etc.

N° 355. — LETTRES d'érection de la pairie de Valentinois en faveur du prince de Monaco (1).

Au camp de Perpignan, mai 1642; reg. au parl. le 18 juillet suivant, en la ch. des comptes de Paris le 27 mars 1643 et en celle de Grenoble le 25 juin 1644. (Vol. GGG, f° 446.)

N° 356. — LETTRES-PATENTES qui approuvent les bulles du pape, en faveur de la congrégation de la mission (2).

Paris, 16 mai 1642, reg. au parl. le 3 septembre. (Vol. GGG. f° 378.)

N° 357. — DÉCLARATION portant que les officiers de la souveraineté de Dombes, qui tiennent des offices au présidial de Lyon, seront tenus d'opter dans trois mois (3).

Fontainebleau, 1er août 1642; reg. le 18 au parl. — (Vol. GGG, f° 391.)

N° 358. — ARRÊT du parlement de Paris, portant défenses à tous juges de procéder à l'avenir à l'instruction des procès en matière de sortilége, et qui réserve l'appel au parlement (4).

Paris, 3 août 1642. (Reg. du parl.)

---

(1) Cette pairie subsiste encore quoique le titulaire soit prince souverain. Si on mettait le pair de France en jugement devant ses pairs, pourrait-il exciper de son inviolabilité comme prince souverain? V. déclaration du 1er août qui, en cas analogue, commande l'option.

(2) V. ci-devant son établissement, mai 1627, et l'ordonn. du 1er juillet 1827, relative aux lazaristes, insérée à sa date dans notre recueil des lois nouvelles.

(3) V. ci-devant note sur l'erection de la pairie de Monaco.

(4) Voy. ci-devant lettres-patentes du 20 janvier 1628; note sur l'arrêt du 18 août 1634, qui condamne Urbain Grandier à être brûlé comme sorcier; et l'édit de Louis XIV, juillet 1682. — Voy. hist. de Paris par Dulaure, t. 6, p. 175 et suiv.

N° 359. — JUGEMENT *par commission qui condamne à mort Cinq-Mars et de Thou, pour crime de haute trahison* (1).

Paris, 12 septembre 1642. (Manuscr. de la bibl. royale, fond de Notre-Dame, coté D, 5, pièce 19.)

Entre le procureur général du roy, demandeur en cas de crime de lèze-majesté d'une part.

Et messire Henry d'Effiat de Cinq-Mars, grand écuyer de France, et François Auguste de Thou, conseiller du roy en ses conseils, prisonnier au château de Pierre-en-Cize de Lyon, défendeurs et accusés d'autre;

Vu le procès extraordinaire fait à la requête dudit procureur du roy, à l'encontre desdits d'Effiat et de Thou, l'information et interrogations, confessions et dénégations, confrontations, copies reconnues des traités faits avec l'Espagne et de la contre-lettre faite en suite desdits traités, datée du 3 mars dernier, et arrêt du 10 de ce mois de septembre, et pièces contenues en iceluy, et tout ce que ledit procureur général du roy a produit et remis; ledit d'Effiat ouy et interrogé en la chambre du conseil du présidial de Lyon sur les cas à luy imposez, sa déclaration, recognoissance, confessions et confrontations dudit d'Effiat et dudit de Thou, contenant aussi les recognoissances et confessions d'iceluy de Thou, ledit de Thou pareillement ouy et interrogé à la chambre du conseil dudit procureur général du roy; tout considéré,

Les commissaires députez par S. M., auxquels M. le chancelier a présidé, faisant droit sur les conclusions du dit procureur général, ont déclaré lesdits d'Effiat et de Thou atteints et convaincus du crime de lèze-majesté, Sçavoir : ledit d'Effiat pour les conspirations, entreprises, proditions, ligues et traités faits avec l'étranger contre l'état; et ledit de Thou pour avoir eu cognoissance et participation desdites conspirations, entreprises et proditions, ligues et traitez;

---

(1) Laubardemont fut le rapporteur. Il alla voir, avant le jugement, Cinq-Mars dans sa prison, lui promettant sa grâce s'il avouait son crime. — Il s'agissait d'un traité fait par Cinq-Mars avec l'Espagne, afin de renverser Richelieu et de relever la noblesse de France. (V. ci-devant 13 mars 1642.) Gaston d'Orléans, frère du roi, était du nombre des conspirateurs, mais il sauva sa vie par une lâche accusation contre ses complices. — Cinq-Mars avoua, mais il fut condamné, et dit avec indignation à Laubardemont, après son jugement : « *Vous m'en répondrez devant Dieu.* »

Pour réparation de quels crimes, les ont privés et privent de tous états, honneurs et dignités, et les ont condamnés à avoir la tête tranchée sur un échaffaud qui à cet effet sera dressé en la place des Terreaux de cette ville, ont déclaré et déclarent tous et chacun de leurs biens meubles et immeubles généralement quelconques, en quels lieux qu'ils soient assis, acquis et confisquez au roy, et ceux par eux tenus immédiatement de la couronne réunis au domaine du roy d'icelle, sur iceux préalablement pris la somme de 60 livres applicables à œuvres pies, et néanmoins ordonné que ledit d'Effiat sera appliqué à la question ordinaire et extraordinaire pour avoir plus ample révélation de ses complices. Fait et prononcé, etc.

N° 360. — EDIT *qui crée le premier médecin du roi surintendant d'enseignement au Jardin des Plantes* (1).

Paris, octobre 1642, reg. en la ch. des compt. le 21 novembre. (Blanchard, compil. chronol.)

N° 361. — LETTRES-PATENTES *relatives à la manufacture de tapis de Turquie dans la maison de la Savonnerie* (2).

Paris, 25 mars 1643, reg. au parl. le 8 février 1653. (Vol. MMM. f° 140.)

Louis, etc. Notre cher amé Simon Lourdet, entrepreneur de l'établissement, en notre royaume, de la manufacture des tapis façon de Turquie, et autres ouvrages de Levant, nous a fait remontrer qu'en considération, tant de son industrie, et du zèle qu'il a témoigné pour l'instruction des pauvres en cet établissement, que du bien qui en revient à nos sujets, nous lui permîmes, par arrêt de notre conseil d'état du 17 avril 1627, de faire ledit établissement des manufactures d'ouvrages, façon de Levant, aux conditions portées par les articles dudit arrêt, et pour le temps de dix-huit années; que depuis ce temps-là il n'a point épargné ses soins, ni son travail, pour l'instruction des pauvres auxdites manufactures, ni pour le progrès de cet établissement,

---

(1) Voy. ci-devant l'édit d'établissement à la date de janvier 1626, et note sur l'édit de mai 1635.

(2) Établie par édit de Henri IV, janvier 1607. Cet établissement reçut de Colbert une nouvelle organisation. Voy. lettres-patentes de 1663. — Le règne de Louis XIII se fait remarquer par un grand nombre de fondations importantes. L'imprimerie royale date à peu près de cette époque; mais nous n'avons trouvé aucun monument législatif qui en parle.

ayant même fait recevoir plusieurs de ses apprentifs maîtres tapissiers en la bonne ville de Paris; mais il ne lui a pas été possible de porter cet établissement à sa perfection, ayant été presque toujours traversé et distrait de son travail par les procès que les maîtres tapissiers, courtepointiers et marchands merciers, grossiers et autres de notredite ville qui se prétendent intéressés audit établissement lui ont suscitez. Et ce qui l'a plus empêché de parvenir à la fin, a été que notre volonté exprimée par ledit arrêt de notre conseil et autres donnez en conséquence n'a pas été exécutée, spécialement en deux chefs principaux; à sçavoir, pour le nombre des enfans que nous avions ordonné lui être donnez par les administrateurs des hôpitaux de notredite ville, et pour les lieux commodes que nous avions ordonné lui être délivrez: étant porté par lesdits arrêts, à l'égard des enfans, qu'il en instruiroit continuellement jusques au nombre de cent; mais ceux qui ont cherché à ruiner son dessein ont toujours empêché qu'il n'en eût cette quantité, et lui ont débauché les mieux instruits de ceux qu'il a eus, avant que le temps de leur apprentissage fût achevé, les ont envoyez travailler en Angleterre ou fait travailler en des maisons particulières, et d'autres s'en sont fuis sans que ledit Lourdet en aye jamais pu tirer raison; et pour ce qui concerne les lieux commodes que nous lui avions destinez, nous avions fait acheter de nos deniers la maison de la Savonnerie, près Chaillot, pour être employée audit établissement, comme il est porté par les titres d'acquisition de ladite maison, et toutefois on y a logé depuis des petits enfans inutiles à ladite manufacture à cause de leur bas âge, établi des écoles, placé des tixerands et autres métiers différens de la manufacture dudit Lourdet, et qui occupent une bonne partie des lieux qui seroient nécessaires pour la commodité dudit établissement, et sans quoi il est impossible de le perfectionner; les enfans qu'il instruit étant logez fort à l'étroit, et ne pouvant ranger dans les lieux qu'il occupe ceux qui lui sont nécessaires, ni dresser tous les métiers dont il a besoin pour l'emploi de ses ouvriers, n'ayant pas aussi les lieux qu'il lui faut pour faire teindre et préparer ses laines, et pour les autres choses nécessaires audit art; de sorte que le temps de dix-huit années que nous lui avions accordées pour faire ledit établissement, s'étant presque tout écoulé sans qu'il ait pu faire paraître les avantages du-

---

(1) Il remplaça Richelieu mort en 1642, qui l'avait désigné lui même au roi comme son successeur.

dit établissemen:, il nous a très humblement supplié de lui continuer le temps dudit établissement pour autres 18 années, à commencer du jour qu'expireront celles que nous lui avons déjà accordées, et de remédier par notre autorité aux contraventions et inconvéniens susdits, afin qu'il puisse commodément établir partout notre royaume ladite manufacture sous notre protection, et mettre ses ouvrages en la recommandation qu'ils méritent.

A ces causes et autres à ce nous mouvans, considérant la beauté et utilité dudit établissement et que par le moyen d'icelui les étrangers pourront être obligez à venir rechercher en notre royaume ce que nos sujets tiroient de chez eux; que plusieurs pauvres valides qui demeurent oisifs dans les hôpitaux seront employez, et beaucoup d'entre eux se rendront capables de gagner honnêtement leur vie;

Après avoir fait voir en notre conseil ledit arrêt et articles du 17 avril 1627, autre arrêt du conseil du 1er décembre 1629, les titres d'acquisition de ladite maison de Savonnerie, et autres pièces justificatives de qui est exposé ci-dessus,

Nous avons accordé et accordons par ces présentes signées de notre main, audit Simon Lourdet, la continuation dudit establissement de la manufacture de tapis façon de Turquie, et autres ouvrages de Levant pour le temps de dix-huict années, à commencer du jour qu'expireront les autres dix-huict années que nous luy avons ci-devant accordées pour exercer, par ledict Lourdet, sa femme et enfans, ladicte manufacture et jouir dudict establissement durant ledit temps aux charges, conditions, dons, privilèges et libertés portés par ledit arrest et articles de 1627; et conformément à iceux, voulons et ordonnons que la pension de 1500 livres que nous luy avons accordée lui soit payée et continuée à luy ou à sa femme et enfans durant ledit temps, en entretenant ledit establissement, et soit prise sur le même fonds qu'elle lui a été payée jusqu'à présent;

Entendons en outre qu'il soit mis ès mains dudit Lourdet le nombre de cent enfans valides pour estre par luy instruits audit art et manufacture, lesquels enfans seront par luy choisis en tous les hôpitaux de ladite ville et faubourgs de Paris;

Ordonnons aux administrateurs d'iceux d'avoir soing par eux ou par tels qu'ils commettront, de faire continuellement nourrir et entretenir lesdits enfans, comme il est convenable, des deniers par nous octroyés pour la nourriture et entretenement des pauvres enfermés.

Et pour l'entière commodité dudit establissement, et faire que la manufacture dudit Lourdet ne soit point empêchée, nous voulons et ordonnons qu'il luy soit donné et délaissé, et aux siens qui auront soing de ladite manufacture, les lieux nécessaires à cet effet, en ladite maison de la savonerie, pendant ledit temps de dix-huict années consécutives comme dit est.

Si donnons, etc.

N. 362. — EDIT *qui supprime l'office de colonel-général de l'infanterie française* (1).

Saint-Germain-en-Laye, avril 1643; reg. au parl. le 23. (Vol. GGG, f° 464.)

N° 363. — EDIT (2) *pour la régence du royaume après la mort du roi, si le dauphin n'avait pas encore atteint sa majorité.*

Saint-Germain-en-Laye, avril 1643; reg. au parl. le 21. (Vol. GGG, f° 458. — Rec. des traités de paix, III, 862. — Du Puy, Traité de la majorité des rois, p. 506.)

Louis, etc. Depuis notre avénement à cette couronne, la bonté divine a donné à ce royaume des marques si visibles de sa protection, que nous ne pouvons réfléchir sans étonnement sur les événemens passez de notre règne, qui sont autant d'effets miraculeux de cette même bonté. Dès notre avénement à la couronne, quelques esprits inquiets et portez au mal, se servirent de l'occasion de notre minorité pour troubler le repos de l'état; mais cette divine main a si puissamment protégé notre innocence et la justice de notre cause, que le commencement et la fin de leurs pernicieux desseins n'a été qu'une même chose, et leurs entreprises injustes, bien loin d'affoiblir notre puissance, n'ont servi qu'à l'affermir davantage. La faction de l'hérésie s'étant soulevée pour former un parti dans l'état, et partager avec nous l'autorité royale, Dieu s'est servi de nous pour abaisser son orgueil, et employant notre bras comme un instrument de sa puissance, il nous

---

(1) Créé par édit de décembre 1584, dont nous n'avons pas donné le texte. Ces titres existent encore en faveur des princes, mais ils sont purement honorifiques.

(2) C'est ce qu'on appelle le testament de Louis XIII. Ce prince mourut quelques jours après (14 mai). Nous donnons le texte de cet édit, parce que tout ce qui touche à la régence est important.

a donné les moyens de rétablir l'exercice de la véritable religion, et de redresser ses autels que l'hérésie avoit abattus dans tous les lieux, d'où elle avoit banni le vrai culte de la divinité. Lorsque nous avons entrepris de protéger nos alliez, le ciel a favorisé nos armes de tant d'heureux succès, qu'à la vue de toute l'Europe, et contre l'attente de tout le monde, nous les avons maintenus dans la possession de leurs états. Lorsque toutes les forces des ennemis communs de cette couronne se sont unies contre nous, Dieu a confondu leurs projets ambitieux. Enfin pour faire éclater davantage sa bonté envers nous, il a répandu ses bénédictions sur notre mariage par la naissance de deux fils, lorsque nous nous y attendions le moins.

Mais si d'un côté la majesté divine nous a rendu le plus grand et le plus glorieux prince de l'Europe, elle nous a fait connoître en même temps, que les plus grands princes ne sont pas exempts de la condition commune de tous les hommes, et elle a permis que, parmi tant de prospéritez, nous ressentissions les effets de la foiblesse de la nature humaine. Et bien que la maladie dont nous avons été attaqué, et qui continue encore, ne nous donne pas lieu de désespérer de notre guérison, et qu'au contraire nous puissions, selon toutes les apparences, nous promettre l'entier rétablissement de notre santé, cependant comme les événemens des maladies sont incertains, et que bien souvent les jugemens des personnes les plus expérimentées sont sujets à être trompez, nous avons cru être obligez de donner ordre à tout ce qui est nécessaire pour la conservation du repos et de la tranquillité de notre royaume, au cas que Dieu disposât de nous. Nous croyons que comme Dieu s'est servi de nous, pour combler de tant de faveurs cette monarchie, il demande encore de nous cette dernière action de prévoyance qui mettra la dernière main à toutes les autres, en donnant des ordres si judicieux pour le gouvernement de cet état, que, lorsqu'il plaira à Dieu de nous appeler à lui, rien ne sera capable d'affoiblir la puissance de cette monarchie, et que durant la minorité de notre successeur, le gouvernement de l'état sera soutenu avec toute la vigueur nécessaire pour le maintien de l'autorité royale. Nous jugeons que c'est là l'unique moyen de faire évanouir toutes les espérances que nos ennemis pourroient concevoir de notre décès, et de les empêcher d'en tirer les avantages qu'ils pourroient s'en promettre; et nous ne pouvons leur opposer des forces plus considérables pour les réduire à la nécessité de faire la paix qu'en donnant pendant notre vie un si bon ordre au gouvernement de l'état, que toute la maison royale se réunisse pour concourir également et dans un même esprit à maintenir cette couronne dans l'état où elle est présentement. La France a bien fait connoître qu'elle est invincible lorsque ses forces sont bien unies, et que comme sa ruine ne peut naître que de sa division, sa grandeur et sa puissance dépendent absolument de son union, et de sa concorde. Par ce moyen les esprits factieux qui sont en France se tiendront dans les bornes du devoir, et n'oseront former aucune entreprise contre le repos de l'état, et ils craindront avec justice que leurs mauvais desseins ne tournent à leur confusion, lorsqu'ils verront l'autorité royale appuyée sur des fondemens si solides et si inébranlables. Enfin nous renouvellerons avec nos confédérez les alliances que nous avons contractées avec eux, et qui font une des principales parties de la puissance de cette monarchie; ce qui est une des plus importantes maximes qui ayent été observées jusqu'ici pour le maintien de sa puissance. Les choses que nous avons faites pendant notre règne n'ont que trop bien fait connoître l'amour que nous avons eu pour la conservation de nos peuples, et le soin que nous avons pris de leur assurer par nos travaux une félicité parfaite : mais nous pouvons dire avec justice que les précautions que nous prenons pour assurer leur repos à l'avenir en vue de notre mortalité, sont les preuves les plus certaines de notre tendresse envers eux, puisque l'exécution de notre dernière volonté produira ces effets lorsque nous ne serons plus au monde, et que nous ne pouvons prendre maintenant d'autre part à la félicité du règne futur, que le plaisir que nous goûtons par avance en prenant des mesures qui doivent assurer le bonheur de cet état.

Et pour parvenir à l'exécution de notre dessein nous avons crû ne pouvoir choisir un chemin plus sûr que celui que les rois nos prédécesseurs ont suivi en pareille occasion. Ces princes éclairez ont jugé avec beaucoup de raison, qu'ils ne pouvoient faire un choix plus judicieux pour la régence du royaume, et pour l'instruction et l'éducation des rois qui sont en âge de minorité, que dans la personne des reines leurs mères, lesquelles sont sans doute plus intéressées à la conservation de leur enfans, et de leur couronne que quelqu'autre personne que ce puisse être. A ces causes de notre science certaine, pleine puissance et autorité royale, nous avons ordonné et ordonnons, voulons et nous plaît,

Qu'au cas que nous venions à décéder avant que le dauphin notre fils aîné, soit entré dans la quatorzième année de son âge, ou en cas que notre fils le dauphin vînt à mourir, avant la majorité de notre second fils le duc d'Anjou, notre chère et bien-aimée épouse et compagne, la reine mère de nosdits enfans, soit régente du royaume de France, et qu'elle dispose de l'éducation et de l'instruction de nos enfans, comme aussi du gouvernement du royaume pendant tout le temps de la minorité de celui qui sera roi, avec l'avis du conseil, et en la forme et manière que nous prescrivons ci-après :

(2) Et s'il arrivoit que ladite dame reine après notre décès, et durant sa régence se trouvât tellement indisposée, qu'elle eût de justes appréhensions de mourir avant la majorité de notre fils, nous voulons et ordonnons qu'elle dispose de la régence, du gouvernement et de l'administration de nos fils et du royaume, avec l'avis du conseil, que nous ordonnerons dans la suite de ce testament; déclarant par ces présentes que nous approuvons et confirmons la disposition qu'elle fera à ce sujet, et que nous voulons qu'elle soit suivie de son plein et entier effet, comme si nous l'avions nous-même ordonnée.

(3) Et pour témoigner à notre très cher et bien-amé frère le duc d'Orléans que rien n'est capable de diminuer l'amour que nous avons toujours eu pour lui, nous voulons et ordonnons qu'après notre décès il soit lieutenant général du roi mineur dans toutes les provinces du royaume, pour exercer durant la minorité ladite charge sous l'autorité de la reine régente et du conseil que nous ordonnerons ci-après, et cela nonobstant la déclaration enregistrée dans notre cour de parlement, qui le rend incapable de toute sorte d'administration dans notre état, à laquelle nous avons dérogé et dérogeons par ces présentes à cet égard. Nous nous promettons de son bon naturel, qu'il exécutera nos ordres avec une entière obéissance, et qu'il servira l'état et nos enfans avec la fidélité et affection à laquelle il est obligé par le devoir de sa naissance, et par les grâces qu'il a reçues de nous, déclarant que s'il arrive qu'il contrevienne en quelque manière que ce soit à ce que nous ordonnons par la présente déclaration, nous voulons qu'il soit privé de ladite charge de lieutenant général, faisant en ce cas là des défenses expresses à tous nos sujets de le reconnoître et lui obéir en cette qualité.

(4) Nous avons tout sujet d'espérer de la vertu, de la piété et de la sage conduite de nostre très chère et bien-aimée épouse et compagne, la reine mère de nos enfans, que son gouvernement sera heureux et avantageux à l'état : mais comme le fardeau de

la régence est si pesant, que l'état se repose entièrement de son salut, et de sa conservation sur celle qui est revêtue de cette charge, et qu'il est impossible qu'elle ait toutes les lumières nécessaires pour s'acquitter d'un emploi si difficile, et cette connoissance parfaite des affaires d'état que l'on ne peut acquérir que par une longue expérience; nous avons jugé à propos d'établir un conseil auprès d'elle pour la régence, par l'avis et autorité duquel les affaires importantes de l'état seront examinées et résolues à la pluralité des voix, et afin que ce conseil soit composé de personnes qui soient dignes de le remplir, nous avons cru que nous ne pouvions faire un meilleur choix pour ministres de nostre état, que de nos très chers et bien-aimez cousins le prince de Condé, et le cardinal Mazarin, de nostre très cher et féal le sieur Séguier, chancelier de France, garde des sceaux et commandeur de nos ordres, et de nos très chers et bien-aimez les sieurs Boutillier, surintendant de nos finances et grand trésorier de nos ordres, et de Chavigni, secrétaire d'état et de nos commandemens. Nous voulons et ordonnons que nostre très cher et bien-aimé frère le duc d'Orléans, et en son absence, nos très chers et bien aimez cousins le prince de Condé et le cardinal Mazarin soient chefs dudit conseil, selon l'ordre qui sera marqué ci-après, sous l'autorité de la reine régente.

(5) Comme nous sommes persuadez que nous ne pouvions faire un plus digne choix, nous défendons très expressément à qui que ce soit d'apporter aucun changement dans ledit conseil, soit en l'augmentant ou en le diminuant pour quelque cause que ce puisse être; voulant néanmoins que lorsqu'il viendra à vaquer quelque place dans le conseil, soit par mort, ou par quelque crime, elle soit remplie par les personnes que la reine régente en jugera capables avec l'avis du conseil, et à la pluralité des voix; déclarant que nostre intention est, que toutes les affaires de paix et de guerre et autres qui concernent l'état, comme aussi celles qui regardent la disposition de nos finances, soient décidées dans ledit conseil à la pluralité des suffrages.

(6) Nous voulons aussi qu'au cas que les charges de la couronne, celles de surintendant des finances, de premier président de nostre cour de parlement de Paris, de secrétaire d'état, celles de la guerre et des armées, et les gouvernemens des places fortes et frontières viennent à vaquer, elles soient remplies par la reine régente avec l'avis du conseil, sans lequel elle ne pourra disposer d'aucune desdites charges. Pour ce qui regarde les arche-

vêchez, évêchez et abbayes qui sont de nostre nomination, comme nous avons toujours eu un soin particulier, que ces bénéfices fussent conférez à des personnes d'un rare mérite et d'une piété singulière, et qui eussent fait profession de l'état ecclésiastique pendant trois ans; après avoir receu tant d'insignes faveurs de la bonté divine, nous croyons être obligé de faire en sorte que le même ordre soit observé à l'avenir.

(7) Pour cet effet nous désirons que la reine régente mère de nos fils imite dans le choix des personnes qui doivent remplir les dignitez ecclésiastiques, l'exemple que nous lui avons donné, et qu'elle se serve en cela de l'avis de nostredit conseiller le cardinal Mazarin, à qui nous avons souvent fait connoître combien nous désirons que Dieu soit honoré dans ces sortes d'élections; et comme l'éminente dignité à laquelle l'église l'a élevé l'oblige d'en maintenir l'honneur; ce qu'on ne peut mieux faire qu'en nommant des personnes pieuses aux dignitez ecclésiastiques, nous nous assurons qu'il ne donnera en cela que des conseils fidèles et conformes à nos intentions, lui qui a donné tant de marques de sa fidélité et de sa capacité au maniement de nos plus grandes et de nos plus importantes affaires, tant dedans que hors de nostre royaume, que c'est avec justice que nous sommes persuadé qu'après nostre décez nous ne pouvons confier l'exécution de cet ordre à qui que ce soit qui puisse s'en acquitter plus dignement : et d'autant que nous avons été obligé par de puissans motifs et par des raisons très importantes au bien de nostre service, d'ôter au sieur de Château-Neuf la charge de garde des sceaux, et de le faire conduire au château d'Angoulême, où il est encore détenu présentement par nostre ordre, nous voulons et entendons que ledit sieur de Château-Neuf demeure dans le même état où il se trouve maintenant dans le château d'Angoulême, jusqu'à conclusion et l'exécution de la paix, à condition néanmoins qu'il ne sera alors mis en liberté que par ordre de ladite reine régente et de l'avis du conseil, qui le reléguera dans quelque lieu, soit dedans ou hors du royaume, selon qu'il sera jugé à propos.

(8) Et comme nostre intention est de prévenir toutes les occasions qui pourroient en quelque manière empêcher l'exécution des ordres que nous donnons pour le repos et la tranquillité de nostre état, la connoissance que nous avons de la mauvaise conduite de la duchesse de Chevreuse, des artifices dont elle s'est servie jusqu'ici pour semer de la division dans nostre royaume,

et les intelligences qu'elle a au-dehors avec nos ennemis, nous oblige de lui défendre, comme en effet nous lui défendons, l'entrée de nostre royaume, tant que la guerre durera. Voulant en outre qu'après la conclusion et exécution de la paix, il ne lui soit permis de revenir dans nostre royaume que par ordre de la reine régente, avec l'avis du conseil, à condition néanmoins qu'elle fera sa demeure dans un lieu éloigné de la cour et de la personne de la reine. Et à l'égard de nos autres sujets, de quelque qualité et condition qu'ils puissent être, que nous avons obligez de sortir de nostre royaume par condamnation ou autrement, nous voulons que la reine régente ne puisse prendre aucune résolution sur leur retour que du consentement dudit conseil. Nous voulons et ordonnons que nostre très chère et bien-aimée épouse et compagne la reine mère de nos fils, et nostre très cher et bien-aimé frère le duc d'Orléans prêtent serment en nostre présence, et en présence des princes de nostre sang et des autres princes, ducs, pairs, et maréchaux de France et officiers de nostre couronne, de garder et observer le contenu en nostre présente déclaration, sans y contrevenir en aucune manière.

Si donnons, etc.

FIN DU RÈGNE DE LOUIS XIII ET DU TOME XVI.

www.ingramcontent.com/pod-product-compliance
Lightning Source LLC
Chambersburg PA
CBHW070836230426
43667CB00011B/1820